HANDBUCH DER KIRCHENGESCHICHTE

II/2

HANDBUCH DER KIRCHENGESCHICHTE

Herausgegeben von

HUBERT JEDIN

Band II

Die Reichskirche nach Konstantin dem Großen

Die Reichskirche nach Konstantin dem Großen

Zweiter Halbband: Die Kirche in Ost und West von Chalkedon bis zum Frühmittelalter (451–700)

von

KARL BAUS
HANS-GEORG BECK
EUGEN EWIG
HERMANN JOSEF VOGT

HERDER
FREIBURG · BASEL · WIEN

Umschlagbild: Kaiser Justinian I. mit Bischof Maximian von Ravenna.
Mosaik in San Vitale, Ravenna
Foto: T. Schneiders (aus: Imago Europae, Verlag Herder)

SONDERAUSGABE

Herstellung: Freiburger Graphische Betriebe 1985
ISBN 3-451-20454-1

INHALT

ERSTER TEIL: DIE FRÜHBYZANTINISCHE KIRCHE

(Univ.-Prof. Dr. Hans-Georg Beck)

ZWEITER TEIL: DIE LATEINISCHE KIRCHE IM ÜBERGANG ZUM FRÜHMITTELALTER

Vorbemerkung

Die Gründe für das relativ späte Erscheinen von Band II dieses Handbuches sind im Vorwort von Band II/1 genannt worden. Daß Band II/2 dann doch knapp zwei Jahre später vorgelegt und damit die letzte Lücke im Gesamtwerk geschlossen werden kann, ist vor allem meinem Schüler Prof. Hermann Josef Vogt (Tübingen) zu danken, der sich bereit fand, eigene Arbeiten zurückzustellen, um die noch ausstehenden vier Kapitel zu schreiben, in deren Quellen und Literatur er sich rasch und sicher eingearbeitet hat. Dabei ist der ursprüngliche Plan für den dritten Abschnitt dieses Halbbandes etwas gestrafft worden.

Den schon an anderer Stelle ausgesprochenen Dank für die große Rücksichtnahme der Kollegen Hans-Georg Beck und Eugen Ewig kann ich hier nur wiederholen

Bonn-Schmelz, im Oktober 1975 *Karl Baus*

VERZEICHNIS DER ABKÜRZUNGEN

(Die Abkürzungen aus Band I S. XIII–XXII und S. 66–68 sowie aus Band II/1 werden hier nicht wiederholt.)

AHVNrh = Annalen des Historischen Vereins für den Niederrhein, insbesondere das alte Erzbistum Köln, Köln 1855 ff

ASRomana = Archivio della Reale Società Romana di Storia Patria, Rom 1878 bis 1934 (ab 1935: ADRomana)

AUF = Archiv für Urkundenforschung, Berlin 1908 ff

BECH = Bibliothèque de l'École des Chartes, Paris 1839 ff

BRAH = Boletín de la Real Academia de la Historia, Madrid

CD = La Ciudad de Dios, El Escorial 1872 ff

Coll Cist = Collectanea Cistercientia, Forges (Belgique)

CRAIC = Comptes rendus de l'Académie des Inscriptions et Belles Lettres, Paris 1857 ff

DR = Downside Review, Downside Abbey, Bath (England)

DS = H. Denzinger – A. Schönmetzer, Enchiridion Symbolorum, Definitionum et Declarationum de rebus fidei et morum (Barcelona - Freiburg i. Br. - Rom - New York [33]1965)

DSp = Dictionnaire de Spiritualité ascétique et mystique. Doctrine et Histoire, hrsg. v. M. Viller, Paris 1932 ff

IP = Regesta Pontificum Romanorum, congessit P. F. Kehr. Italia Pontificia, I–VIII Berlin 1906–35

JR = The Journal of Religion, Chicago 1921 ff

MA = Le Moyen-âge. Revue d'histoire et de philologie, Paris 1888 ff

MG = Monumenta Germaniae Historica inde ab a. C. 500 usque ad a. 1500; Indices v. O. Holder-Egger u. K. Zeumer, Hannover - Berlin 1826 ff
Abteilungen: MGCap = Capitularia; MGEp = Epistolae; MGLL = Leges; MGSS rer. Lang. = Scriptores rerum Langobardicarum; MGSS rer. Mer. = Scriptores rerum Merovingicarum

MIÖG = Mitteilungen des Instituts für österreichische Geschichtsforschung (Innsbruck), Graz - Köln 1880 ff

RHSp = Revue d'Histoire de la Spiritualité, Paris 1972 ff (Fortsetzung von RAM unter Beibehaltung von deren Band- und Jahreszählung)

RömHM = Römische Historische Mitteilungen, Graz - Köln 1858 ff

RQH = Revue des questions historiques, Paris 1866 ff

SSL = Spicilegium sacrum Lovaniense, Löwen 1922 ff (bisher 28 Bde)

TQ = ThQ

WSt = Wiener Studien, Zeitschrift für klassische Philologie, Wien

ZBLG = Zeitschrift für Bayerische Landesgeschichte, München 1928 ff

ZGObrh = Zeitschrift für die Geschichte des Oberrheins, Karlsruhe 1851 ff

ZS = Zeitschrift für Semitistik, Leipzig 1922 ff

ZSKA = ZSavRGkan

ZWTh = Zeitschrift für wissenschaftliche Theologie (Jena, Halle, Leipzig), Frankfurt a. M. 1858–1913)

ALLGEMEINE BIBLIOGRAPHIE

(Die Bibliographien von Bd I 57–68 und Bd II 1 S. XIII–XVIII werden hier vorausgesetzt und nur durch Neuerscheinungen und Neuauflagen ergänzt.)

A. *Die frühbyzantinische Kirche*

Eine umfassende Übersicht über Quellen und Darstellungen zur Geschichte der Ostkirche findet sich in diesem Handbuch Bd III/1 S. XXIX–XXXIX. Dazu folgende Ergänzungen für den Bereich der frühbyzantinischen Kirche:

Zu 1 b (Hilfswissenschaften): *F. Dölger – J. Karayannopulos,* Byzantinische Urkundenlehre I: Die Kaiserurkunden (München 1967).

Zu 2 (Quellenkunde): Im Rahmen des Corpus Christianorum erscheint eine Clavis Patrum Graecorum in 3 Bänden, die die griechisch-patristische Literatur bis zum 8. Jh. erfaßt. Es liegt bereits vor Bd II: Scriptores ab Athanasio ad Chrysostomum, hrsg. von *M. Geerard* (Turnhout 1974). In Kürze (1976) erscheint Bd III: Scriptores saec. V–VIII, Concilia, Catenae; *I. E. Karagiannopulos.* Πηγαὶ τῆς βυζαντινῆς ἱστορίας (Thessalonike 1970).

Zu 3 (Quellensammlungen): Corpus Fontium Historiae byzantinae, Series Berolinensis, hrsg. von *H.-G. Beck, A. Kambylis, R. Keydell* (Berlin 1967ff); eine zweite Serie erscheint in Washington (1967ff).

Zu 4 (Konzilien): Von den Acta conciliorum oecumenicorum ist der noch ausstehende Band erschienen, Tom. IV vol. I: Concilium Universale Constantinopolitanum sub Iustiniano habipars I^{a}: Index codicum et auctorum, congessit *R. Schieffer* (Berlin 1973).
tum, hrsg. von *J. Straub* (Berlin 1971); außerdem Tom. IV vol. III: Index generalis tom. I–IV

Zu 5 (Staatliche Verfügungen): *P. R. Coleman-Norton,* Roman State and Christian Church. A Collection of Legal Documents, Bd 3: 453–534 (London 1966); *C. de Clercq,* Fontes iuridici Ecclesiarum Orientalium (Rom 1967).

Zu 6 (Historisch-statistische Werke): *V. Grumel,* Les Regestes des actes du patriarcat de Constantinople, fasc. 1 (Paris ^{2}1972), fasc. 4 (Paris 1971); *R. Janin,* Géographie ecclésiastique de l'empire byzantin, Bd III: Les églises et les monastères de Constantinople (Paris ^{2}1969); Bd II: Les églises et les monastères des grands centres byzantins (Bithynie, Hellespont, Latros etc.) (Paris 1975).

Zu 7 (Mönchtum): Les moines d'Orient II–IV (Paris 1961/64, Übersetzung frühbyz. Mönchsviten mit wiss. Kommentar von *A.-J. Festugière*).

Zu 8 (Liturgie): Sancti Romani Melodi Cantica: Cantica dubia, hrsg. von *P. Maas – C. A. Trypanis* (Berlin 1970); Romanos le mélode, Hymnes, hrsg. von *J. Grosdidier de Matons,* Bde I–IV: SChr 99 110 114 128 (Paris 1964/67); *C. A. Trypanis,* Fourteen Early Byzantine Cantica (Wien – Köln 1968); *F. Halkin,* Auctarium Bibliothecae hagiographicae Graecae (Brüssel 1969).

Zu IV. Darstellungen

Zu 1 (Politische Geschichte): *R. H. Jenkins*, Byzantium. The Imperial Centuries A. D. 610–1071 (London 1966); *J. M. Hussey* (Hrsg.), The Byzantine Empire, I: Byzantium and its Neighbours, II: Government, Church and Civilisation = The Cambridge Medieval History, Bd IV 1–2 (Cambridge 1966/67); *L. Bréhier*, Le monde byzantin, 3 Bde (Paris ²1968/70); *D. Obolensky*, The Byzantine Commonwealth (History of Civilisation) (London 1971); *A. N. Stratos*, Byzantium in the 7th Century (Amsterdam 1972 ff); *C. D. Gordon*, The Age of Attila. Fifth Century Byzantium and the Barbarians (Ann-Arbor 1960); *B. Rubin*, Das Zeitalter Justinians I, Bd I (Berlin 1960); *J. W. Barker*, Justinian and the Later Roman Empire (Madison 1966); *P. Goubert*, Byzance avant l'Islam, VIe–VIIe siècle, 4 Bde (Paris 1951/65); *St. Runciman*, Byzanz = Kindlers Kulturgeschichte (München 1970); *K. Wessel*, Die Kultur von Byzanz (Frankfurt a. M. 1970); Byzantinische Forschungen (Amsterdam 1966 ff); Travaux et Mémoires. Centre de Recherche d'histoire et civilisation byzantine (Paris 1965 ff); Collection „Le monde byzantin" (Paris 1966 ff).

Zu 2 (Kirchengeschichte): *A. S. Hernández*, Iglesias de Oriente, I–II (Santander 1963); *F. Heiler*, Die Ostkirchen (München 1971); *E. v. Ivanka, J. Tyciak* u. a., Hdb. der Ostkirchenkunde (Düsseldorf 1971); *J. L. van Dieten – C. Mango – P. Wirth*, Geschichte der Patriarchen Sergios I bis Johannes VI (610–715) = Enzyklopädie der Byzantinistik Bd 24 (Amsterdam 1972).

Zu 3 (Papsttum und Ostkirche): *F. Dvornik*, Byzanz und der römische Primat (Stuttgart 1966); *L. Magi*, La Sede Romana nella corrispondenza degli imperatori e patriarchi byzantini, VI–VII sec. (Rom – Löwen 1972).

Zu 4 (Geschichte einzelner Ostkirchen): *J. Ch. et M. Sournia*, L'Orient des premiers chrétiens. Histoire et archéologie de la Syrie byzantine (Paris 1966).

Zu 5 (Rechtsgeschichte): *R. Guilland*, Recherches sur les institutions byzantines, 2 Bde (Berlin – Amsterdam 1967).

Zu 6 (Gesellschaft und Wirtschaft): *D. Claude*, Die byzantinische Stadt im 6. Jh. (München 1969); *G. Downey*, A History of Antioch in Syria from Seleucus to the Arab Conquest (Princeton 1961); *D. J. Constantelos*, Byzantine Philanthropy and Social Welfare (New Brunswick 1968).

Zu 7 (Politische Ideen – Staat und Kirche): *F. Dvornik*, Early Christian and Byzantine Political Philosophy, 2 Bde (Washington 1966); *P. Charanis*, Church and State in the Later Roman Empire. The Religious Policy of Anastasius the First (Thessalonikė ²1974); *A. Riou*, Le monde et l'église selon Maxime le confesseur (Paris 1973).

Zu 8 (Mönchtum): *A.-J. Festugière*, Ursprünge christlicher Frömmigkeit: Bildung oder Heiligkeit im Mönchtum des altchristlichen Orient (Basel 1963).

Zu 9 (Liturgie): *H.-J. Schulz*, Die byzantinische Liturgie. Vom Wesen ihrer Symbolgestalt (Freiburg 1964); *J. Darrouzès*, Recherches sur les Offikia de l'église byzantine (Paris 1970); *E. Wellesz*, A History of Byzantine Music and Hymnography (Oxford ²1961); *E. Wellesz – M. Velimitovii*, Studies in Eastern Chant (London 1966 ff); *J. Grosdidier de Matons*, Romanos le Mélode et les origines de la poésie religieuse à Byzance (Paris 1975).

Zu 10 a (Literaturgeschichte): *P. Lemerle*, Le premier humanisme byzantin. Notes et remarques sur enseignement et culture à Byzance des origines au Xe siècle (Paris 1971).

Zu 10 c (Kunstgeschichte): *K. Wessel*, Reallexikon der byzantinischen Kunst (Stuttgart 1963 ff); *D. T. Rice*, Byzantinische Kunst (München 1964); *J. Beckwith*, The Art of Constantinople (London 1961); *Ch. Delvoye,* L'art byzantin (Paris 1967); *A. Grabar,* Die Kunst im Zeitalter Justinians (München 1967).

Zu 11 (Theologie, Spiritualität): *W. H. C. Frend,* The Rise of the Monophysite Movement (Cambridge 1972); *L. Bouyer,* La spiritualité orthodoxe (Paris 1965); *W. Völker,* Maximus Confessor als Meister des geistlichen Lebens (Wiesbaden 1965); *I. Hausherr,* Études de spiritualité orientale (Rom 1969).

B. Die lateinische Kirche

1. Quellenkunde

Die Handbücher der Patrologie *Altaner-Stuiber*[7] und *Bardenhewer* Bd V; *M. Manitius,* Geschichte der lateinischen Lit. des Mittelalters I (München 1911); *G. de Ghellinck,* La littérature latine au Moyen Age I (Paris 1939); *P. Courcelle,* Histoire littéraire des grandes invasions (Paris [3]1964); *Wattenbach-Levison,* Deutschlands Geschichtsquellen im Mittelalter, Heft 1 (Weimar 1952); *Gebhardt,* Hdb. der deutschen Geschichte, Bd I[9], hrsg. von *H. Grundmann* (Stuttgart 1970), mit ergänztem Quellen- und Literaturverzeichnis im Deutschen Taschenbuch Verlag (München 1973); *J. F. Kenney,* The Sources of the Early History of Ireland I: Ecclesiastical (New York 1929, Ndr. mit Nachträgen: Dublin 1966); *K. Hughes,* Early Christian Ireland: Introduction to the Sources (London 1972); Übersichten über die Quellen finden sich auch in den gleich zu nennenden Darstellungen zur Geschichte der Kirche in den einzelnen Ländern.

2. Allgemeine Darstellungen

H. v. Schubert, Geschichte der christlichen Kirche im Frühmittelalter (Tübingen 1921, Ndr. Hildesheim 1962); *L. Duchesne,* L'Église au VIe siècle (Paris 1925); *Fliche-Martin* Bd 4 u. 5 (Paris [2]1947/48); *Daniel-Rops,* L'Église des temps barbares (Paris 1950); Le Chiese nei regni dell'Europa occidentale e i loro rapporti con Roma sino all'800 = Settimane di studio del centro italiano di studi sull'Alto Medioevo VII (Spoleto 1960); *R. Lorentz,* Das vierte bis sechste Jh.; *G. Haendler,* Geschichte des Frühmittelalters und der Germanenmission = Die Kirche in ihrer Geschichte, Teil C 1 und E (Göttingen 1970 und 1961); *M. Adriani,* L'Europa cristiana. Dal declino della romanità alle soglie dell'anno mille (Storia del Cristianesimo, Rom 1971).

3. Papsttum

E. Caspar, Geschichte des Papsttums II (Tübingen 1933); *J. Haller,* Das Papsttum I (Stuttgart [2]1953); *F. X. Seppelt,* Geschichte der Päpste II (München [2]1955); *W. Ullmann,* The Growth of Papal Government in the Middle Ages (London [3]1970); *P. Conte,* Chiesa e primato nelle lettere dei Papi del secolo VII (Mailand 1971); *L. Magi,* La Sede Romana nella corrispondenza degli imperatori e patriarchi bizantini, VI–VII sec. (Rom – Löwen 1972); *O. Bertolini,* Roma di fronte al Bisanzio e ai Longobardi (Rom 1941).

4. *Germanenbekehrung und Kirchengeschichte der einzelnen Länder*

W. *Lange*, Texte zur germanischen Bekehrungsgeschichte (Tübingen 1962); *K. D. Schmidt*, Die Bekehrung der Germanen zum Christentum I–II (Göttingen 1939/42); La conversione al cristianesimo nell'Europa del Alto Medioevo = Settimane di studio ... XIV (Spoleto 1967); *A. Hauck*, Kirchengeschichte Deutschlands I (Leipzig 1922, Ndr. Berlin 1954); E. Mâle, La fin du paganisme en Gaule et les plus anciennes basiliques chrétiennes (Paris 1950); *E. de Moreau*, Histoire de l'Église en Belgique I (Brüssel ²1945); *R. Bauerreiß*, Kirchengeschichte Bayerns (St. Ottilien ²1958); *R. Pfister*, Kirchengeschichte der Schweiz (Zürich 1964); *Z. García Villada*, Historia eclesiástica de España II: 409–711 (Madrid 1932); *A. K. Ziegler*, Church and State in Visigothic Spain (Washington 1930); *K. Schäferdiek*, Die Kirche in den Reichen der Westgoten und Sueben bis zur Errichtung der katholischen Staatskirche (Berlin 1967); *D. Claude*, Adel, Kirche und Königtum im Westgotenreich (Sigmaringen 1971); *K. Hughes*, The Church in Early Irish Society (London 1966); *L. Hardinge*, The Celtic Church in Britain (London 1972); *J. T. McNeill*, The Celtic Churches. A History, A. D. 200–1200 Chicago-London 1974); *H. Mayr-Harting*, The Coming of Christianity to Anglo-Saxon England (London 1972); *C. J. Godfrey*, The Church in Anglo-Saxon England (Cambridge 1962).

5. *Mönchtum*

Il Monachesimo nell'Alto Medioevo e la formazione della civiltà occidentale = Settimane di studio... IV (Spoleto 1957); *J. Leclercq*, Wissenschaft und Gottverlangen. Zur Mönchstheologie des Mittelalters (Düsseldorf 1963); *G. Penco*, Storia del monachesimo in Italia I (Rom 1961); *Ph. Schmitz*, Geschichte des Benediktinerordens I–II (Einsiedeln 1946/48); *F. Prinz*, Frühes Mönchtum im Frankenreich (4.–8. Jh.; München–Wien 1965); *J. Ryan*, Early Irish Monasticism (Dublin 1931).

6. *Spiritualität*

J. Leclercq et a., La Spiritualité au Moyen Age (Paris 1962); *J. Leclercq*, Aux sources de la spiritualité occidentale (Paris 1964); La Bibbia nell'Alto Medioevo = Settimane di studio X (Spoleto 1963); *F. Graus*, Volk, Herrscher und Heilige im Reich der Merowinger (Prag 1965).

7. *Kirchenrecht*

C. de Clercq, La législation religieuse franque de Clovis à Charlemagne, 507–814, 2 Bde (Löwen 1936/58); *H. E. Feine*, Kirchliche Rechtsgeschichte, I: Die Katholische Kirche (Weimar ⁵1972); *A. W. Ziegler*, Religion, Kirche und Staat in Geschichte und Gegenwart, I: Geschichte (München 1969); *E. Lesne*, La propriété ecclésiastique en France aux époques romaine et mérovingienne (Paris 1910); *S. Mochi Onory*, Vescovi e città (sec. IV–VI; Bologna 1933); *G. Vismara*, Audientia episcopalis (Mailand 1937); *F. Lot – R. Fawtier*, Histoire des institutions françaises au Moyen Age, III: Institutions ecclésiastiques (Paris 1962).

8. *Spezialzeitschriften*

Frühmittelalterliche Forschungen (Berlin 1967 ff); Revue d'histoire de l'Église de France (Paris 1910 ff); Rivista di storia della Chiesa in Italia (Rom 1947 ff); Hispania Sacra (Madrid 1948 ff); Anglo-Saxon England (Cambridge 1972 ff).

II. Profangeschichtlicher Hintergrund

1. Allgemeine Darstellungen

M. *Deanesly*, A History of Early Medieval Europe (London 1956); *J. M. Wallace-Hadrill*, The Barbarian West (London ²1957); Caratteri del secolo VII in occidente = Settimane di studio V (Spoleto 1958); *R. S. López*, La naissance de l'Europe (Paris 1962); Il passaggio dall'antichità al Medioevo = Settimane di studio IX (Spoleto 1962); *H. Dannenbauer*, Die Entstehung Europas, II: Die Anfänge der abendländischen Welt (Stuttgart 1962); Propyläen-Weltgeschichte, V: Islam; Die Entstehung Europas (Frankfurt – Wien 1963); *K. F. Stroheker*, Germanentum und Spätantike (Zürich – Stuttgart 1965); *P. E. Hübinger*, Kulturbruch oder Kulturkontinuität im Übergang von der Antike zum Mittelalter = Wege der Forschung 201 (Darmstadt 1968); *F. G. Maier*, Die Verwandlung der Mittelmeerwelt = Fischers Weltgeschichte 9 (Hamburg 1968); *J. Dhondt* (Hrsg.), Das frühe Mittelalter = Fischers Weltgeschichte 10 (Hamburg 1968); *K. Bosl – A. Gieysztor* u. a., Eastern and Western Europe in the Middle Ages (London 1970); *R. Folz, A. Guillou* u. a., De l'antiquité au monde médiéval (Paris 1972); *Th. Schieder* (Hrsg.), Hdb. der Europäischen Geschichte, I: Europa im Wandel von der Antike zum Mittelalter (Stuttgart 1975).

2. Völkerwanderung

J. Fischer, Die Völkerwanderung im Urteil der zeitgenössischen kirchlichen Schriftsteller (Heidelberg 1948); *F. Behn*, Römertum und Völkerwanderung (Stuttgart 1963); *L. Musset*, Les Invasions. Les vagues germaniques: Nouvelle Clio 12 (Paris 1965); *O. Bertolini*, I Germani – Migrazioni e regni nell'Occidente già romano (Mailand 1965); *L. Schmidt*, Die Ostgermanen (München ²1941, Ndr. 1969); *L. Schmidt*, Geschichte der Vandalen (München ²1942); *C. Courtois*, Les Vandales et l'Afrique (Paris 1955); *H.-J. Diesner*, Das Vandalenreich (Stuttgart 1966); *E. Pontieri*, Le invasioni barbariche e l'Italia del V e VI secolo (Neapel 1960); I Goti in Occidente = Settimane di studio III (Spoleto 1956); *P. Scardiglia*, Die Goten. Sprache und Kultur (München 1973); *G. Pepe*, Il medioevo barbarico d'Italia (Turin 1963); *G. P. Bognetti*, Italia Longobarda I–IV (Mailand 1966/68); Atti del Convegno internazionale sul tema: La civiltà dei Longobardi in Europa (Rom 1974); *O. Perrin*, Les Burgondes. Leur histoire des origines à la fin du premier Royaume, 534 (Neuenburg 1968); Études mérovingiennes (Paris 1953); *J: M. Wallace-Hadrill*, The Longhaired Kings (London 1962); *C. Lelong*, La vie quotidienne en Gaule à l'époque mérovingienne (Paris 1963); *G. Tessier*, Le Baptême de Clovis (Paris 1964); *F. Lot*, Naissance de la France (Paris ²1970); *G. Duby* et a. Histoire de la France, I: Naissance d'une Nation (Paris 1970); *E. Zöllner*, Geschichte der Franken (München 1970); *G. Faider-Feytmans*, La Belgique à l'époque mérovingienne (Brüssel 1964); *R. Menéndez-Pidal* (Hrsg.), Historia de España III (Madrid 1939, Ndr. 1957); *D. Claude*, Geschichte der Westgoten (Stuttgart 1970); *M. Dillon – N. K. Chadwick*, The Celtic Realms (London 1957); *F. M. Stenton*, Anglo-Saxon England (Oxford ³1971); *J. Morris*, The Age of Arthur. A History of the British Iles from 350–650 (London 1973).

3. Kultur- und Geistesgeschichte

M. L. W. Laistner, Thought and Letters in Western Europe A. D. 500–900 (London ²1957); *P. Brezzi*, L'urto delle civiltà nell'alto medioevo (Rom 1971); *P. Riché*, Éducation et culture dans l'Occident barbare. 6ᵉ–8ᵉ siècle (Paris ³1973); *E. I. Raby*, A History of Secular Latin

Poetry in the Middle Ages, 2 Bde (Oxford ²1957); *J. Fontaine*, Isidore de Séville et la culture classique dans l'Espagne wisigothique, 2 Bde (Paris 1959); *E. Salin*, La civilisation mérovingienne, 4 Bde (Paris 1949/59); La Scuola nell'Occidente latino dell'Alto Medioevo = Settimane di Studio XIX (Spoleto 1972); *J. Paul*, Histoire intellectuelle de l'Occident médiéval (Paris 1973).

4. *Kunstgeschichte*

A. Grabar – C. Nordenfolk, Le haut Moyen-Age du IVᵉ au XIᵉ siècle (Genf 1957); *J. Hubert – J. Porcher – W. F. Vollbach*, L'Europe des Invasions (Paris 1967); *P. Verzone*, Werdendes Abendland, 425–800 = Kunst der Welt (Baden-Baden 1967); *J. Beckwith*, Die Kunst des frühen Mittelalters (München 1967).

5. *Wirtschafts- und Sozialgeschichte*

R. Doehard, Le Haut Moyen-Age occidental. Économies et sociétés: Nouvelle Clio 14 (Paris 1971); *A. Dopsch*, Wirtschaftliche und soziale Grundlagen der europäischen Kulturentwicklung aus der Zeit von Caesar bis auf Karl d. Gr., 2 Bde (Wien ²1923/24); *S. Dill*, Roman Society in Gaul in the Merovingian Age (London 1926, Ndr. 1967); *E. Ennen*, Frühgeschichte der europäischen Stadt (Bonn 1953); *J. P. Bodmer*, Der Krieger der Merowingerzeit und seine Welt (Zürich 1957); *R. Latouche*, Les Origines de l'Économie occidentale (Paris ²1970); Moneta e Scambi nell'Alto Medioevo = Settimane di studio VIII (Spoleto 1961); *R. Fossier*, Histoire sociale de l'Occident médiéval (Paris 1970); *F. Fourquin*, Histoire économique de l'Occident médiéval (Paris ²1971); *C. M. Cipolla*, The Fontana Economic History, I: The Middle Ages (London 1972); *C. Verlinden*, L'Esclavage dans l'Europe médiévale I (Brügge 1955).

NACHTRÄGE ZUR BIBLIOGRAPHIE

A. Die frühbyzantinische Kirche

von Hans-Georg Beck und Hermann Josef Vogt

E. Alföldi-Rosenbaum – J. Ward-Perkins, Justinianic mosaic pavements in Cyrenaican churches (1981); *P. Allen*, Neo-Chalcedonism and the patriarchs of the late sixth century: Byz(B) 50 (1980) 5-17; *G. G. Archi* (Ed.), L'imperatore Giustiniano. Storia e Mito (Mailand 1978); *J. Aßfalg – P. Krüger*, Kleines Wörterbuch des christlichen Orients (Wiesbaden 1975); *H.-G. Beck*, Geschichte der orthodoxen Kirche im byzantinischen Reich (Göttingen 1980); *S. Brock*, The Conversations with the Syrian Orthodox under Justinian: OrChrP 47 (1981) 87–121; *A. Cameron*, The early religious policies of Justin II, in: The orthodox churches and the west (Oxford 1976) 51–67; *C. Capizzi*, L'imperatore Anastasio I (Rom 1969); *S. Chauleur*, Histoire des Coptes d'Egypte (Paris 1960); *G. Cuscito*, Aquileia e Bisanzio nella Controversia dei Tre Capitoli, in: Aquileia e l'Oriente mediterraneo (Udine 1977) 231–262; *B. Daley*, The Origenism of Leontius of Byzantium: JThS 27 (1976) 333–369; *A. M. Demicheli*, I regni cristiani di Nubia e i loro rapporti col Mondo bizantino: Aegyptus 58 (1978) 177–208; *ders.*, La politica religiosa di Giustiniano in Egitto: Aegyptus 63 (1983) 217–257; *R. Devreesse*, Le patriarcat d'Antioche depuis la paix de l'église jusqu'à la conquête arabe (Paris 1945); *G. Descoeudres*, Die Pastophorien im syro-byzantinischen Osten. Eine Untersuchung zu architektur- und liturgiegeschichtlichen Problemen (Wiesbaden 1983); *I. Engelhardt*, Mission und Politik in Byzanz … zur Zeit Justins und Justinians (München 1974); *A. W. Epstein*, The Problem of Provincialism: Byzantine Monasteries in Cappadocia and Monks in South Italy: JWCI 42 (1979) 28–46; *D. B. Evans*, Leontius of Byzantium and Dionysius the Areopagite: Byz.Studies 7 (1980) 1–34; *P. T. R. Gray*, The Defense of Chalcedon in the East (451–553) (Leiden 1979); *ders.*, Neo-Chalcedonism and the tradition from patristic to byzantine theology: Byz. Forschungen 8 (1982) 61–70; *A. Grillmeier*, Markos Eremites und der Origenismus, in: Überlieferungsgeschichtliche Untersuchungen (TU 125) (Berlin 1981) 253–283; *W. Hage*, Die oströmische Staatskirche und die

Christenheit des Perserreiches: ZKG 84 (1973) 174–187; *R. v. Haehling*, Heiden im griechischen Osten des 5. Jahrhunderts nach Christus: RQ 77 (1982) 52–85; *E. R. Hardy*, Christian Egypt: Church and People (New York 1952); *F. Heinzer*, Die leidende Menschheit Christi als Quelle des Heiles nach Maximus Confessor in: Christusglaube und Christusverehrung, hrsg. v. L. Scheffczyk – J. Auer u. a. (Aschaffenburg 1982) 55–79; *F. Heyer*, Konfessionskunde (Berlin 1977); *ders.* (Hrsg.), Die Kirche Armeniens (Stuttgart 1978); *R. L. Hohlfelder*, City, town and countryside in the early Byzantine era (New York 1982); *Johannes von Damaskos*, Philosophische Kapitel. Eingel., übers. ... v. G. Richter (Stuttgart 1982); *R. Kaczynski*, Das Wort Gottes in Liturgie und Alltag der Gemeinde des Johannes Chrysostomus (Freiburg 1974); *R. Kasser*, Aux origines du monachisme copte. Fouilles ... aux Kellia (Basse-Egypte): Bull.Soc. d'Egyptol. de Genève 3 (1980) 53–112; *P. Kawerau*, Ostkirchengeschichte. Bd. II: Das Christentum im oströmisch-byzantinischen Reich bis zur osmanisch-türkischen Eroberung Konstantinopels (Louvain 1982); *A. Kazhdan – G. Constable*, People and Power in Byzantium: an introduction to modern byzantine studies (Washington 1982); *F.-M. Lèthel*, La prière de Jésus à Gethsémani dans la controverse monothélite, in: Maximos Confessor. Actes du Symposium Fribourg 1982, 207–214; *S. N. C. Lieu*, The Lives of the Desert Fathers. The Historia Monachorum in Aegyptho (London 1981); *F. von Lilienfeld*, Spiritualität des frühen Wüstenmönchtums (Aufsätze 1962 – 1971) (Erlangen 1983); *A. Louth*, The Origins of the Mystical Tradition from Plato to Denys (Oxford 1981); *W. St. MacCullough*, A short history of Syriac Christianity to the rise of Islam (Ohio, CA 1982); *J. A. McGuckin*, The ‚Theopaschite Confession' (Text and Historical Context). A Study in the Cyrilline Re-Interpretation of Chalcedon: JHE (1984) 239ff; *H. Maguire*, Art and eloquence in Byzantium (Princeton 1981); *C. Mango*, Byzantium. The empire of New Rome (London 1980); *J. Mécérian*, Histoire et institutions de l'église arménienne (Beirut 1965); *U. Monneret de Villard*, Le chiese della Mesopotamia (Rom 1961); *F. Murphy – P. Sherwood*, Constantinople II et Constantinople III (Paris 1974); *M. Nicol*, Church and society in the last centuries of Byzantium (London 1980); *W. Ohnsorge*, Ost-Rom und der Westen. Gesammelte Aufsätze (Darmstadt 1983); *L. Ouspensky*, La théologie de l'icône dans l'église orthodoxe (1980); *L. Perrone*, La chiesa di Palestina e le controversie cristologiche dal concilio di Efeso al secondo concilio di Costantinopoli (Brescia 1980); *P. Piret*, Le Christ et la Trinité selon Maxime Confesseur (Paris 1983); *R. Riedinger*, Concilium Lateranense a. 649 celebratum (ACO II, 1) (Berlin 1984); *M. Roncaglia*, Histoire de l'église copte, 1–4 (Beirut 1966–1973); *W. Selb*, Orientalisches Kirchenrecht, Bd I: Die Geschichte des Kirchenrechts der Nestorianer von den Anfängen bis zur Mongolenzeit (Wien 1981); *I. Shahid*, The conference of Ramla A.D. 524: JNES 23 (1964) 115–131; *ders.*, Byzantium in the South Arabia: DOP 33 (1979) 23–94; *P. van de Ven*, L'accession de Jean Scholastique au siège patriarcal de Constantinople en 565: Byz(B) 35 (1965) 320–352; *A. R. Vine*, The Nestorian churches (London 1937); *W. de Vries*, Entstehung und Entwicklung der autonomen Ostkirchen im ersten Jahrtausend: Kanon 4 (1980) 45–67; *G. Wagner*, Der Ursprung der Chrysostomusliturgie (Münster 1973); *F. Winkelmann*, Kirche und Gesellschaft in Byzanz vom Ende des 6. bis zum Beginn des 8. Jahrhunderts: Klio 59 (1977) 477–489; *G. Winkler*, Das armenische Initiationsrituale ... Untersuchungen der Quellen des 3. bis 10. Jahrhunderts (Rom 1982); *K. Weitzmann*, The monastery of Saint Catherine at Mount Sinai. The icons. Vol. 1: From the 6th to the 10th century (Princeton [2]1981).

B. Die lateinische Kirche

von Hermann Josef Vogt

M. Baltes, Gott, Welt, Mensch in der Consolatio Philosophiae des Boethius: VigChr 34 (1980) 313–390; *R. L. Benson*, The Gelasian Doctrine: Uses and Transformations, in: La notion d'Autorité au Moyen Age (Paris 1982) 13–44; *M. Borgolte*, Papst Leo III., Karl der Große und der Filioque-Streit von Jerusalem: Byzantina 10 (1980) 401–427; *P. Brown*, The cult of the saints. Its rise and function in Latin christianity (Chicago 1981); *T. S. Brown*, The Church of Ravenna and the Imperial Administration in the Seventh Century: EHR 94 (1979) 1–28; *J. P. Bruns*, Augustine's role in the imperial action against Pelagius: JThS 30 (1979) 67–83; *H. B. Clarke – M. Brennan* (Hrsg.), Columbanus and Merovingian monasticism (Oxford 1981); *E. Dekkers*, „Discreto" chez saint Benoît et saint Grégoire: CCist 46 (1984) 79–88; *H. J. Diesner*, Isidor von

Sevilla und das westgotische Spanien (Berlin 1977); *A. Dihle*, Zur spätantiken Kultfrömmigkeit, in: Pietas (FS B. Kötting): JAC.E 8 (1980) 39–54; *M. Doucet*, La Vierge Mère de Dieu dans la théologie de saint Grégoire le Grand: BLE 84 (1983) 163–177; *ders.*, Est-ce que le monothélétisme a fait autant d'illustres victimes? ScEs 35 (1983) 53–84; *J. Eisengarthen*, Die formale und künstlerische Entwicklung des liturgischen Gewandes seit den Anfängen: Das Münster 32 (1979) 117–125; *G. Every*, Was Vigilius a victim or an ally of Justinian? HeyJ 20 (1979) 257–266; *J. Fontaine*, Pénitence publique et conversion personnelle: l'apport d'Isidore de Séville a l'évolution médiévale de la pénitence: RDC 28 (1978) 141–156; *ders.*, Bible et Hagiographie dans le royaume franc mérovingien (600–750): AnBoll 97 (1979) 387–396; *ders.*, Poésie et liturgie. Sur la symbolique christique des luminaires, de Prudence à Isidore de Séville, in: Paradoxos politeia (FS G. Lazzati) (Milano 1979) 318–346; *Ch. A. Frazee*, Late Roman and Byzantine Legislation on the Monastic Life from the Fourth to the Eighth Centuries: ChH 51 (1982) 263–279; *W. H. C. Frend*, Eastern attitudes to Rome during the Acacian schism: StChH 13 (1976) 69–82; *ders.*, The Monophysites and the Transition between the Ancient World and the Middle Ages, in: Conv.Int. „Passaggio dal mondo antico al medioevo da Teodosio a San Gregorio Magno" (Atti Conv. Lincei 45) (Rom 1980) 339–365; *M. Gibson* (Ed.), Boethius. His life, writings and influence (1981); *A. Gauthier*, L'utilisation du droit romain dans la Lettre de Grégoire le Grand à Jean le Défenseur: Angelicum 54 (1977) 417–428; *N. Gauthier*, L'évangélisation des pays de la Moselle (IIIe–VIIIe siècles) (1980); *A. Gough*, The Roman Liturgy, Gregorian Plain-chant and the Gallican Church: JRH 11 (1981) 536–557; *Gregor d. Gr.*, Homilien zu Ezechiel übertr. u. eingel. v. G. Bürke (Einsiedeln 1983); *G. Händler*, Die abendländische Kirche im Zeitalter der Völkerwanderung (Berlin ^{2}1983); *R. P. C. Hanson* (Hrsg.), The life and writings of the historical Saint Patrick (New York 1983); *M. Heinzelmann*, Translationsberichte und andere Quellen des Reliquienkultes (Turnhout 1979); *B. Jaspert*, Bibliographie der Regula Benedicti 1930–1980 (Hildesheim 1983); *H. Löwe*, (Hrsg.), Die Iren und Europa im frühen Mittelalter, 2 Bde (Stuttgart 1982); *M. Lutz-Bachmann*, „Natur" und „Person" in den „opuscula Sacra" des A. M. S. Boethius: ThPh 58 (1983) 48–70; *J. M. McCulloh*, From Antiquity to the Middle Ages: Continuity and Change in Papal Relic Policy from the 6th to the 8th Century, in Pietas (FS B. Kötting): JAC.E 8 (1980) 313–324; *K. N. MacFarlane*, Isidore of Seville on the pagan gods. Origines 8, 11 (Philadelphia 1980); *J. J. O'Donnell*, Cassiodorus (Berkeley 1979); *M. Reydellet*, La royauté dans la littérature latine de Sidoine Apollinarie à Isidore de Sévilla (1981); *J. Richards*, Gregor der Große. Sein Leben – seine Zeit (1983); *K. Schäferdieck*, Der irische Osterzyklus des sechsten und siebten Jahrhunderts: DA 39 (1983) 356–378; *R. Schieffer*, Zur Beurteilung des norditalienischen Dreikapitel-Schismas: ZKG 87 (1976) 167–201; *ders.*, Kaisergesetze in Konzilsakten; in: FS J. Straub (Bonn 1977) 307–318; *R. Schlieben*, Cassiodors Psalmenexegese (Göppingen 1979); *H. Schlunk – T. Hauschild*, Die Denkmäler der frühchristlichen und westgotischen Zeit (Mainz 1978); *B. Schultze*, Zum Ursprung des Filioque: Das Filioque und der römische Primat: OrChrP 48 (1982) 5–18; *G. Schwaiger*, Die Honoriusfrage. Zu einer neuen Untersuchung des alten Falles: ZKG 88 (1977) 85–97; *H. Schwöbel*, Synode und König im Westgotenreich) (Köln-Wien 1982); *E. von Severus*, Gemeinde für die Kirche (Aufsätze zu Benedikt von Nursia) (1981); *D. Sicard*, La liturgie de la mort dans l'église latine des origines à la réforme carolingienne (LWQF 63) (Münster 1978); *M. Simonetti*, Haereticum non facit ignorantia. Una nota su Facondo di Ermiane e la sua difesa dei Tre Capitoli: Orpheus NS 1 (1980) 76–105; *ders.*, La Disputatio contra Acephalos del diacono Rustico: Augustinianum 21 (1981) 259–289; *J. Streit*, Sun and cross. The development from megalithic culture to early Christianity in Ireland (1984); *P. Stockmeier*, Aspekte zur Ausbildung des Klerus in der Spätantike: MThZ 27 (1976) 217–232; *M. Tremesu*, Le célibat consacré, son origine historique, sa justification doctrinale (Paris 1979); *W. Ullmann*, Gelasius I. (492–496): Das Papsttum an der Wende der Spätantike zum Mittelalter (Päpste und Papsttum 18) (Stuttgart 1981); *C. J. de Vogel*, Greek cosmic love and the Christian love of God. Boethius, Dionysius the Areopagite, and the author of the fourth Gospel: VigChr 35 (1981) 57–81; *A. de Vogüé*, Die Regula Benedicti: theol.-spiritueller Kommentar (Hildesheim 1983); *L. Waldmüller*, Die ersten Begegnungen der Slawen mit dem Christentum und den christlichen Völkern vom VI. bis VIII. Jahrhundert (Amsterdam 1976); *G. G. Willis*, The Roman Canon of the Mass at the end of the sixth Century: Downside Review 98 (1980) 124–137; *I. N. Wood*, Early Merovingian devotion in town and country: StChH 16 (1979) 61–76.

ERSTER TEIL

Die frühbyzantinische Kirche

Univ.-Professor Dr. Hans-Georg Beck, München

Vorbemerkung

Der Verfasser hat seinen Beitrag im Juni 1969 abgeschlossen. Aus Gründen, die im Vorwort zur Sprache kommen, hat sich die Veröffentlichung um sechs Jahre verzögert. Inzwischen erschienene wichtigere Literatur konnte noch nachgetragen werden. Dagegen haben sich Veränderungen im Text auf ein Minimum beschränkt.

1. *Kapitel*

Henotikon und Akakianisches Schisma

QUELLEN: Acta conciliorum oecumenicorum, ed. *E. Schwartz*, II, 5 Collectio Sangermanensis 1936; *E. Schwartz*, Publizistische Sammlungen zum akakianischen Schisma: AAM NF 10 (1934); *ders.*, Der Codex Vaticanus graecus 1431, eine antichalkedonische Sammlung aus der Zeit Kaiser Zenos: AAM 32, 6 (1927); Collectio Avellana = Epistulae Imperatorum, Pontificum, aliorum inde ab anno 367 usque ad annum 553 datae (Avellana Collectio), ed. O. *Günther* (Wien 1895/98).
LITERATUR: *F. Hofmann*, Der Kampf der Päpste um Konzil und Dogma von Chalkedon von Leo dem Großen bis Hormisdas (451–519): Chalkedon II (1953) 13–94; *R. Haacke*, Die kaiserliche Politik in den Auseinandersetzungen im Chalkedon (451–553): ebd. 95–177; *S. Helmer*, Der Neuchalkedonismus (Bonn 1962); *I. E. Anastasiou*, Relation of Popes and Patriarchs of Constantinople in Frame of Imperial Policy from the Time of the Acacian Schism to the Death of Justinian: I patriarcati orientali nel primo millennio (Rom 1968) 55–69; *P. Charanis*, Church and State in the Later Roman Empire. The religious policy of Anastasius the First (Thessalonike 1974).

Die große Kirchenversammlung von Chalkedon brachte trotz des Rufes der Konzilsväter „Wir sind einig, es gibt nur einen Glauben" keinen Frieden. Am 31. Oktober 451 hatte die Synode ohne Zustimmung der Legaten des Papstes jenen berühmten Kanon 28 verabschiedet, der den Primat des Erzstuhles von Konstantinopel nach dem Vorgang des I. Constantinopolitanums weiter verfestigte und damit Rom, allerdings nicht Rom allein, zutiefst verstimmte. Es war aber auch nicht zu erwarten, daß die dogmatischen Entscheidungen des Konzils überall bereitwillig hingenommen würden, und das Schicksal des II. Ephesinums von 449 hatte bewiesen, daß auch Reichssynoden nicht wertbeständig zu sein brauchten. Zwar hatten sich die Väter von Chalkedon bemüht, in ihrer Glaubensentscheidung Kyrillos von Alexandreia lobend zu erwähnen, hatten aber keinen Versuch gemacht, die berühmte Formel Kyrills μία φύσις τοῦ θεοῦ λόγου σεσαρκωμένη mit ihrer eigenen Formel ἐν δύο φύσεσι ἓν πρόσωπον καὶ μία ὑπόστασις zu harmonisieren. Sie fixierten vielmehr mit ihrer Definition eine begriffliche Entwicklung, die dem damaligen Stand des theologischen Bewußtseins vieler Bischöfe des Ostens vorauseilte und den Widerstand derer hervorrufen mußte, denen Tradition mehr am Herzen lag als Präzision. Es war nicht zu erwarten, daß sich die geschichtsbewußten Ägypter die einschlußweise Abkehr von der kyrillischen Theologie gefallen lassen würden. Außerdem hatte es die Synode gewagt, den Patriarchen Dioskoros, den Nachfolger Kyrills, abzusetzen und Theodoretos von Kyros, die bête noire der Alexandriner, zu rehabilitieren.

Trotz eines diplomatischen Schreibens der Konzilsväter an den Papst, besonders in Sachen des Kanons 28, argumentierte Leo der Große, der Kanon beeinträchtige die Rechte Alexandreias und Antiocheias, versuchte also, die östlichen Patriarchate zu mobilisieren[1]. Damit hatte er freilich keinen Erfolg: die beiden Hochsitze gedachten ihre Ansprüche ohne Hilfe Roms durchzusetzen. So mußte sich der Papst in seiner Polemik hauptsächlich an den Patriarchen von Konstantinopel, Anatolios (451–458), halten, der seine ganze Härte zu spüren bekam, während der Kaiser mehr als schonend behandelt wurde.

Über all diesen Rangfragen unterließ es der Papst allzulange, sich offiziell und nachdrücklich für die theologischen Entscheidungen von Chalkedon einzusetzen. Erst am 21. März 453 konnte er sich auf Drängen des Kaisers dazu entschließen[2]. Und als dann bald darauf Anatolios sich zu einem allgemein gehaltenen Schreiben verstand, das Entschuldigungen und Bedauern aussprach[3], mußte Leo auch diese Angelegenheit als bereinigt ansehen – jedenfalls kam er nicht mehr energisch darauf zurück. Der Zeitverlust freilich ließ sich nicht mehr aufholen. Wenn die Anerkennung des „Tomus Leonis" auf dem Konzil einen Höhepunkt des päpstlichen Einflusses auf die Theologie des Ostens bedeutet hatte, so folgte nun rasch eine Abkühlung der Beziehungen, von der sich die Ost-West-Beziehungen nicht mehr erholten. Vor allem zerriß das alte Band zwischen Alexandreia und Rom, das noch die ephesinische Konzilspolitik ermöglicht hatte. Die letzten Jahre des Papstes sahen zwar nicht den Zusammenbruch seines Werkes im Osten, aber nachdem man in einem entscheidenden Augenblick seiner Autorität Rechnung getragen hatte, versuchte man nun, ohne Rom fertig zu werden.

Das Schicksal Chalkedons entschied sich im Prinzip in Ägypten. Die ägyptischen Bischöfe hatten sich aus Furcht vor dem abgesetzten Patriarchen Dioskoros geweigert, den „Tomus Leonis" anzunehmen. Dioskoros lebte in der Verbannung. Nun mußten sich die Orthodoxen um einen Nachfolger für ihn bemühen, der geeignet war, die aufgeregten Ägypter, die in ihrem Patriarchen ja auch den anerkannten „nationalen" Führer sahen, zu beruhigen. So wurde ein ehemaliger Vertrauter des Dioskoros, der Erzpriester Proterios, zu seinem Nachfolger bestimmt, ohne daß man freilich mehr als vier Bischöfe für ihn gewinnen konnte. Diese Wahl hatte eine Revolte des Volkes zur Folge: die Soldaten, die Ordnung schaffen sollten, wurden zurückgeschlagen und im Serapeum verbrannt. Ohne neue Truppen aus Konstantinopel gab es keine Hoffnung auf Ruhe. 454 starb Dioskoros und 457 der Kaiser Markian, dem Chalkedon zur Herzenssache geworden war. Wiederum brach ein Aufstand in Alexandreia aus, und der führende Mann der Anhänger des Dioskoros, der Priester Timotheos Ailuros, wurde am 16. März 457 von den Antichalkedoniern zu ihrem Patriarchen geweiht. Der kaiserliche Gouverneur ließ ihn zwar umgehend verhaften,

[1] In Schreiben vom 22. 5. 452 an Markian, Pulcheria und Anatolios.

[2] Ep. 114: PL 54, 1017–20 und ACO II 1, 2, 61.

[3] Im Corpus der Leo-Briefe n. 132: PL 54, 1082–84.

aber die Erregung im Volk war so groß, daß die Maßnahme wieder rückgängig gemacht werden mußte. Trotzdem war die Aufstandsbewegung nicht mehr einzudämmen, und einige Tage später wurde der orthodoxe Patriarch Proterios während des Gottesdienstes ermordet. Da der neue Kaiser Leon I. (457–471)[4] die Zügel in Ägypten zunächst schleifen ließ, konnte sich Timotheos Ailuros durchsetzen. Es gelang ihm, die Bischofsstühle im Land mit seinen Anhängern zu besetzen, und eine Synode in Alexandreia bannte den Papst und die Patriarchen von Konstantinopel und Antiocheia. Der alexandrinische Papst provozierte machtbewußt das Schisma, und alle Beschwerden, die gegen ihn in Konstantinopel einliefen, vermochten nichts dagegen. Einzig die Bestrafung der Mörder des Proterios konnte erreicht werden. Das Vorgehen des Timotheos Ailuros hatte wohl überhaupt wenig mit dogmatischen Fragen zu tun. Der Bann gegen Rom, Konstantinopel und Antiocheia sollte wohl die Nichtberücksichtigung der Formulierungen Kyrills durch Chalkedon rächen, in erster Linie aber die Absetzung des Dioskoros, seines Vorgängers. Und die neue Position, die Konstantinopel in der Gesamtkirche nun anzutreten gewillt war – eine Position, die bisher im Osten Alexandreia innegehabt hatte –, war sicher mitgemeint. Wenn sich der übrige Osten mit Chalkedon zum Teil abfand, so war dies wohl weniger Zeichen echter Überzeugung als eine gewisse Ermüdungserscheinung. Anatolios war kein überzeugter Verfechter der dogmatischen Entscheidung von 451, aber ihm mußte am Konzil liegen, weil ihm am Kanon 28 lag, dessen Nutznießer er war. Hauptherd der Opposition neben Ägypten waren Mönchskreise in Palästina, denen das ständige Taktieren ihres Patriarchen Juvenalios, dessen erstes Interesse auf allen Kirchenversammlungen die Selbständigkeit seines Patriarchates war, einigen Anlaß zur Unzufriedenheit bot. Jetzt warfen ihm die Mönche Verrat an der Theologie Kyrills vor. Sie fanden in der Kaiserin Eudokia[5], der Witwe des Kaisers Theodosios II., die in Jerusalem residierte und intrigierte, die nötige, auch finanzielle Unterstützung. Ihrem Einfluß war es zu verdanken, daß es im Umkreis der Heiligen Stadt bald kein Kloster mehr gab, das Juvenalios die Treue gehalten hätte. Unter der Führung eines Mönches Theodosios stellte man den Patriarchen bei seiner Rückkehr vor die Alternative, Chalkedon zu verwerfen oder abzudanken. Juvenalios floh, Haufen von Mönchen wüteten in Jerusalem, Bischöfe wurden ermordet, vakante Sitze allüberall mit Anhängern dieses Theodosios besetzt. Erst militärische Einheiten, die den Mönchen eine regelrechte Schlacht lieferten, konnten Jerusalem entsetzen und die Ruhe wiederherstellen. Die Führer dieser Mönchsrevolte flohen, doch Eudokia hielt ihre Stellung.

Kaiser Leon I. war ein Militär, der religiösen Fragen fernstand; er hatte genug damit zu tun, sich mit seinem „Protektor“, dem mächtigen Aspar, auseinanderzusetzen, und brachte für Chalkedon nur einen Teil jener Aufmerksamkeit auf, die ihm sein Vorgänger gewidmet hatte. An ihn glaubte Timotheos Ailuros das

[4] Zu Leon I. vgl. W. *Enßlin:* Pauly-Wissowa s. v. XII 2, 1947–61.
[5] *H. G. Beck,* Eudokia: RAC s. v.

Ansinnen stellen zu können, durch ein neues Konzil die Beschlüsse von Chalkedon überprüfen zu lassen. Damit hatte er freilich keinen Erfolg. Immerhin ließ der Kaiser eine Untersuchung anstellen, die klären sollte, wie man sich zur Anerkennung des Timotheos Ailuros als legitimen Patriarchen von Alexandreia stelle und ob die Beschlüsse von Chalkedon aufrechterhalten werden sollten. Die Antwortschreiben aus den meisten Kirchenprovinzen des Ostreiches sprechen sich einhellig gegen die Anerkennung des Timotheos aus, und nur eine Stimme lehnt das Konzil ab[6]. Interessant wäre die Antwort aus den Provinzen, von denen die Schreiben nicht erhalten geblieben sind. Vielleicht waren darunter mehr negative als positive, was das Konzil angeht. Jedenfalls vertrat Leon, wahrscheinlich gedrängt durch Aspar, noch geraume Zeit eine hinhaltende Politik, obwohl der Papst alles tat, ihn zum Einschreiten gegen Timotheos zu drängen. Erst 460 schickte der Kaiser den Alexandriner in die Verbannung nach Paphlagonien und schließlich auf die Krim. Timotheos Salofakiolos wurde Patriarch, dem es aber nicht gelang, in Ägypten die kirchliche Einheit herzustellen.

Als Kaiser Leon I. im Jahre 474 starb, ließ sich der Isaurier Zenon, den Leon schließlich gegen den präpotenten Aspar ausgespielt hatte, von der Kaiserin Verina und ihrem minderjährigen Sohn Leon II. zum Augustus erheben. Er hatte wahrscheinlich an Theologie noch weniger Interesse als sein Vorgänger; aber schon als Magister militum per orientem war er der Persönlichkeit eines Presbyters Petros, genannt der Walker (Γναφεύς-Fullo)[7], erlegen, der sich, gestützt auf die Macht des Magisters, von einer Synode die Wahl zum Patriarchen von Antiocheia erzwang, und zwar wider alles kanonische Recht. Kaiser Leon ließ ihn zwar bald verhaften und nach Ägypten deportieren; aber Petros gelang die Flucht nach Konstantinopel, und da er versprach, Ruhe zu geben, wurde er den superorthodoxen Akoimeten-Mönchen in der Nähe Konstantinopels anvertraut. Zenon, auch als Augustus Halbbarbar geblieben, verstand es nicht, sich beliebt zu machen. Schon 475 mußte er einer Verschwörung weichen, und Basiliskos, einem Bruder Verinas, gelang der Griff nach der Krone – mit nicht mehr Glück als Zenon. Er glaubte Verina abschieben zu können und isolierte sich damit gegenüber beiden Parteien. Vielleicht war er der Ansicht, sich eine feste Anhängerschaft bilden zu können, wenn er den Antichalkedoniern entgegenkäme. Jedenfalls erließ er ohne synodale Beratung ein „Enkyklion"[8], in dem er anordnete, man habe sich mit dem nizänischen Glaubensbekenntnis und seiner Bestätigung durch das I. Constantinopolitanum und das Ephesinum zu begnügen. Der Tomus Leonis und der Horos von Chalkedon werden mit dem

[6] Die Antworten sind im sog. Codex Encyclius gesammelt; siehe ACO II 5, S. 24–98; *Th. Schnitzler*, Zum Kampf um Chalcedon. Geschichte und Inhalt des Codex Encyclius von 584 (Rom 1938).

[7] *U. Riedinger:* LThK² s. v. VIII 384. *E. Schwartz,* Publizistische Sammlungen 182 ff.

[8] Text bei Evagrius HE III 4, 101–104; etwas abweichend nach Vat. gr. 1431 ed. *E. Schwartz,* Codex Vaticanus gr. 1431, eine antichalkedonische Sammlung aus der Zeit Kaiser Zenons: AAM 32, 6 (München 1927) 49 ff.

Anathem belegt, und wer sich diesem Anathem nicht fügte, sollte, wenn Kleriker, abgesetzt, wenn Mönch oder Laie, verbannt werden. Eine Neuerung in Glaubenssachen oder gar ein monophysitisches Schriftstück ist das Enkyklion keinesfalls. Die kurzen Erläuterungen des Glaubens, die es bietet, sind orthodox, nur eben auf dem Stand der Zeit vor dem Chalcedonense: die Taktik des Zurückschraubens in der Terminologie. Das Dekret ermöglichte es Timotheos Ailuros, nach Ägypten zurückzukehren. Er nahm den Weg über Konstantinopel, wo ihm der neue Patriarch Akakios die kalte Schulter zeigte, so wie auch die Mönche in ihrer Mehrzahl nichts mit ihm zu tun haben wollten. Dafür nahm er in Ephesos an einer Synode der Provinz Asia teil, was für ihn insofern eine Genugtuung sein mußte, weil hier die verhaßten Patriarchalrechte Konstantinopels über die Provinz in Abrede gestellt wurden. Dann feierte er triumphalen Einzug in Alexandreia, nachdem sich Timotheos Salofakiolos rechtzeitig in ein Kloster zurückgezogen hatte. Ailuros schlug im übrigen eine gemäßigte Richtung ein und wollte seinen Triumph nicht auskosten. Petros der Walker begab sich wieder nach Antiocheia und nahm für einige Zeit „seinen" Stuhl wieder ein. Auch der Patriarch von Jerusalem gab seine Unterschrift unter das Enkyklion. Der Widerstand dagegen konzentrierte sich in Konstantinopel, wo Patriarch Akakios (473–491) Klerus und Volk mobilisierte. Der Erfolg stellte sich rasch ein, weil die Stellung des Basiliskos immer heikler wurde. In seiner Not ließ er nun auf das Enkyklion ein Antienkyklion[9] folgen, das ersteres pro forma widerrief und anordnete, daß jeder Bischof seinen Platz behalten sollte und daß der Akt Nestorios-Eutyches endgültig geschlossen bleiben müsse. Das Chaos wurde damit komplett. Im September 476 konnte Zenon wieder in Konstantinopel einmarschieren, und Basiliskos ging in die Verbannung. Auch der Walker und der aufsässige Erzbischof von Ephesos mußten ihre Sitze verlassen, und Timotheos Ailuros sollte ein zweites Mal deportiert werden. Doch schließlich ließ man den alten Mann ruhig sterben (Juni 477). Seine Anhänger handelten rasch und wählten seinen alten Freund Petros Mongos zu seinem Nachfolger, der nach bewährten Mustern sofort in einem Versteck verschwand und von da aus seine Schäflein regierte, während Timotheos Salofakiolos von den Behörden zurückgerufen wurde und offiziell als Patriarch der Reichskirche regierte. Wer sonst das Enkyklion unterschrieben hatte, beeilte sich, um Verzeihung zu bitten und sich für die Synode von Chalkedon auszusprechen. Alles schien wieder in Ordnung, aber wer näher zusah, konnte von dieser raschen Pazifizierung kaum angetan sein. Man mußte auf andere Mittel sinnen, der Kirche den Frieden zu geben. Patriarch Akakios von Konstantinopel, nahm sich dieser Aufgabe an.

Akakios war gewiß kein feuriger Anhänger der Formulierungen von Chalkedon; aber einmal wußte er, daß die Privilegien seines Stuhles von der Anerkennung dieser Synode abhingen, zum andern war er gewiß kein „Monophysit", und zum dritten sah er klar, daß das inextrikable Durcheinander in der Kirche

[9] Hrsg. von *E. Schwartz*, Codex Vaticanus 52.

des Ostens zunächst nicht mit Formeln zu lösen war, weil es nicht aus Formeln entstanden war, sondern daß es galt, mit den Persönlichkeiten fertig zu werden, wobei es wenig Erfolg versprach, bei Prüfung der Personalien allzuweit in die Vergangenheit zurückzugehen. Es galt, eine Front guten Willens aufzubauen, da „Oikonomia" walten zu lassen, dort nicht jedes Theologumenon zu einem Schibboleth zu machen; es galt vor allem, zu verstehen, daß die theologische Entwicklung trotz Rom auch mit dem Chalcedonense nicht zum Stillstand gebracht werden konnte, sowenig sie nach den früheren Synoden innegehalten hatte. Die Erfahrung hatte gelehrt, daß nichts gewonnen war, an einem Platz, wo zwei Bischöfe gegeneinanderstanden, einen dritten zu küren (was immer nur zu einer dritten Partei geführt hatte), daß man vielmehr im günstigen Augenblick die zwei Kandidaten gegeneinander abwägen und ihren guten Willen testen mußte – und zwar hic et nunc. Das war die Politik des Akakios – wenn man so will, eine Politik der Schläue, wenn man anders will, die Politik eines verzweifelt guten Willens. Um Akakios wirklich beurteilen zu können, müßte man wissen, wie es in seiner und seiner Zeitgenossen Vorstellung zu einer „ökumenischen" Synode von verbindlicher Geltung kommen konnte und ob Chalkedon diesen Vorstellungen entsprach. Doch das wissen wir nicht; und es steht zu vermuten, daß die Erfahrungen mit den beiden ephesinischen Synoden auch für die Menschen von damals das Problem nicht erleichterten. Auch auf nicht wenige entscheidende Vorgänge auf dem ersten Ephesinum paßte die Bezeichnung „latrocinium"! Akakios kann eine gewisse tragische Größe nicht abgesprochen werden. Er mußte scheitern, nicht weil er selbst an seinem Konzept irre geworden wäre, sondern weil dieses Konzept eine Geschmeidigkeit verlangte, die ihm nur wenige honorierten, weil sie Verrat am Glauben witterten, wo einzig der Versuch zur Debatte stand, einen gordischen Knoten nicht zu durchhauen, sondern geduldig und schrittweise zu lösen.

Im Jahre 481/482 kam im Auftrag des alexandrinischen Patriarchen Timotheos Salofakiolos der Mönch Joannes Talaia[10] nach Konstantinopel mit dem Ersuchen, nach dem Tod des Patriarchen zwar einen Anhänger des Chalcedonense, aber aus den Reihen des ägyptischen Klerus zum Nachfolger zu bestellen. Der Kaiser war damit einverstanden, ließ aber Joannes Talaia vor dem Patriarchen und dem Senat den Eid ablegen, daß er, Talaia, unter keinen Umständen ein Bischofsamt annehmen würde. Dazu veranlaßte den Kaiser die Verbindung Talaias mit dem Isaurier Illos, gegen den mißtrauisch zu sein Kaiser Zenon einigen Grund hatte. Wäre Talaia Patriarch von Alexandreia geworden, hätte Illos im widerspenstigen Ägypten nach Meinung des Kaisers einen allzu mächtigen Parteigänger gehabt. Im Februar 482 starb Salofakiolos, und prompt ließ sich Talaia eidbrüchig zu seinem Nachfolger wählen. Rom bekam die angeblich einstimmige Wahl notifiziert, der Papst wurde um Bestätigung gebeten[11]. Empört ließ Kaiser Zenon Talaia absetzen, und da sich zur gleichen Zeit ägyptische

[10] *E. Schwartz*, Publizistische Sammlungen 195 ff.

Mönche in Konstantinopel für die Person des Patriarchen Petros Mongos verbürgten, unternahm Patriarch Akakios den ersten Versuch zur Lösung der ägyptischen Frage: Petros sollte anerkannt werden, sofern er gewisse Garantien abgebe, die in einem kaiserlichen Edikt niedergelegt wurden, dessen Handschrift eindeutig Akakios als Verfasser verrät. Das „Ἤδικτον Ζήνωνος"[12] betont zunächst die Unantastbarkeit der Entscheidungen von Nikaia, Konstantinopel und Ephesos. Neu ist die kanonische Anerkennung der Anathematismen des Kyrillos von Alexandreia. Sie wird modifiziert durch die Übernahme der Unionsformel von 433. Von der Μία φύσις-Formel Kyrills ist nicht die Rede, und ihre Ablehnung durch Chalkedon wird nicht zurückgenommen. Mit dem Anathem wird belegt, wer diesen Glauben nicht annimmt und wer anders denkt oder gedacht hat, und sei es auch „*in* Chalkedon" oder auf einer anderen Synode[13]. Formell gleitet somit das Edikt über die Synode von Chalkedon hinweg, aber sie wird sowenig verworfen wie der Tomus Leonis. Nicht das Konzil wird verworfen, sondern offensichtlich eine antikyrillische Interpretation seiner Beschlüsse, während der exzessive „Kyrillianismus" durch die Unionsformel von 433 und die Nichtbeachtung der Μία φύσις-Formel zurückgewiesen wird. Das Edikt nimmt somit bis zu einem gewissen Grad eine Interpretation der chalkedonensischen Beschlüsse vorweg, die sich erst im 6. Jh., dann aber für immer, in der Orthodoxie durchsetzte. Die Unentwegten mußten freilich das Glissando über Chalkedon als Verrat an der Synode ansehen, so wie die unentwegten „Monophysiten" die Verurteilung eben dieser Synode vermißten. Akakios, der Schöpfer des Edikts, das unter der Bezeichnung „Henotikon" in die Geschichte eingehen wird, konnte trotzdem hoffen, auf dem Boden dieses Dokuments Frieden zu schaffen. Jedenfalls gelang es, Petros Mongos für das Henotikon zu gewinnen, und Akakios nahm ihn in die Kirchengemeinschaft auf. Freilich, die Mönche, die hinter Joannes Talaia standen, schalten ihn nach wie vor einen Ketzer. Viele sagten ihm die Gemeinschaft auf; er ließ sich zu einigen Konzessionen herbei, die niemand befriedigten, und es bedurfte seiner ganzen Klugheit, um die Ausschreitungen in Grenzen zu halten. In Antiocheia weigerte sich der Patriarch Kalandion, das Henotikon zu unterschreiben; aber er beging die Unklugheit, mit der Partei des Illos gegen den Kaiser zu konspirieren, und mußte deswegen in die Verbannung (484). Wieder einmal fand Petros der Walker Gelegenheit, den begehrten Stuhl von Antiocheia einzunehmen. Er unterschrieb das Henotikon, ohne daß Akakios deshalb die Möglichkeit gesehen hätte, mit dieser schillernden Persönlichkeit die Kirchengemeinschaft aufzunehmen. Keine Schwierigkeiten machte Jerusalem. Schlimm dagegen war, daß Rom für die Per-

[12] Text bei Evagrius HE III 14, 111–114, *E. Schwartz,* Codex Vaticanus n. 75, S. 52–54. Vgl. *S. Salaville,* L'affaire de l'Hénotique ou le premier schisme byzantin au Ve siècle: ÉO 18 (1919) 255–266 389–397, 19 (1920) 49–68 415–433; *ders.,* Hénotique: DThC VI 2153–78; *W. T. Townsend,* The Henoticon Schism and the Roman Church: JR 16 (1936) 78–86.

[13] ... οὐ καινίζοντες πίστιν, ἀλλ' ὑμᾶς πληροφοροῦντες (Evagrius HE III 14, 113).

sonalpolitik des Akakios kein Verständnis zeigte. Der Kaiser hatte es leider unterlassen, das Henotikon in Rom zu notifizieren, wahrscheinlich weil er in dem Dokument keine Neuregelung sah, sondern nur eine explicatio fidei[14]. Jedenfalls war man in Rom darüber offenbar froh, denn man brauchte sich in keine schwierige dogmatische Auseinandersetzung einzulassen, sondern konnte sich ganz auf Fragen des Rechts und der Disziplin verlegen, die der römischen Mentalität wesentlich näher lagen. Die Anerkennung des Petros Mongos teilte der Kaiser selbst dem Papst mit[15]. Der Papst protestierte dagegen beim Kaiser und ermahnte Akakios, den Kaiser umzustimmen. Akakios hüllte sich in kluges Schweigen. Im Jahre 483 wurde Felix III. Papst, und dieser energische Vertreter römischer Interessen ließ sich nicht hinhalten. Er schrieb an Kaiser und Patriarch und vertrat wieder den Standpunkt, daß Petros Mongos ein verurteilter Ketzer sei. Daß sich Petros zur orthodoxen Glaubensformel des Henotikon bekannt hatte, wurde überhaupt nicht erwähnt, ebensowenig der Eidbruch des Talaia[16]. Dieser war inzwischen in Rom eingetroffen und hatte offiziell gegen Akakios Klage erhoben. Unter diesen Umständen entschloß sich der Papst zu dem außerordentlichen Schritt, Akakios entgegen dem Herkommen, daß ein Patriarch nur von einer Reichssynode verurteilt werden könne, vor sein Gericht zu zitieren, angestachelt durch ein Schreiben der konstantinopolitanischen Mönchsgemeinde der Akoimeten, die damals die Orthodoxie für sich allein gepachtet hatten und jetzt den Papst beschuldigten, er sei allzu lässig in der Vertretung des wahren Glaubens[17]. Seine Legaten bekamen die Weisung, sich zunächst mit eben diesen Akoimeten in Verbindung zu setzen und sich von ihnen Anweisungen geben zu lassen. Wie später nicht selten, gelang es byzantinischem Geschick, die päpstlichen Legaten „mit Zuckerbrot und Peitsche“ (E. Schwartz) auf den rechten Weg zu bringen. Bald nach ihrer Ankunft in Konstantinopel sah man sie zusammen mit Akakios und den Abgesandten des Mongos feierlich durch Konstantinopel in die Kirche ziehen. Den Akoimeten gingen sie aus dem Weg, und dem Patriarchen versprachen sie, in Rom die Sache des Mongos gegen Talaia zu betreiben. Nach ihrer Rückkehr ließ Papst Felix die unseligen Legaten von einer Synode absetzen. Petros Mongos wurde als Ketzer weiterhin die Gemeinschaft verweigert und Akakios der größten Strafen für würdig erklärt. Bald darauf ging der Papst einen Schritt weiter und exkommunizierte den konstantinopolitanischen Patriarchen formell. Gründe waren die Einmischung des Patriarchen in die Verhältnisse der übrigen Ostkirchen, also im Grunde die Ausübung seiner Primatialrechte auf der Grundlage des Kanons 28 von Chalkedon, und seine Maßnahmen im Auftrag des Kaisers, dann aber vor allem die

[14] Collectio Avellana 60, 152.

[15] Die Briefe des Papstes an Kaiser und Patriarch ed. *E. Schwartz*, Publizistische Sammlungen 63–69 69–73 und *A. Thiel*, Epistulae Romanorum Pontificum genuinae I (Braunschweig 1868) 222–239.

[16] *E. Schwartz*, Publizistische Sammlungen 3, n. 1.

[17] Evagrius HE III 19, 117.

Gemeinschaft mit Mongos. Von seinem Glauben ist nicht die Rede [18]. Dadurch, daß er der Vorladung des Papstes nicht gefolgt sei, habe er sich selbst schuldig gesprochen. Das war im Jahre 484, und damit war, da Akakios nicht einlenkte, das sogenannte „Akakianische Schisma“ vollendete Tatsache – ein Schisma, bei dem von allen Seiten Glaubensfragen bewußt ausgeschaltet und Personalfragen bis an die Grenzen des Unmöglichen gequält wurden. Akakios glaubte wohl deshalb nicht antworten zu sollen, weil der Papst auf die Erklärungen der Akakianischen Personalpolitik durch Kaiser Zenon überhaupt nicht eingegangen war. Was hätte er dem Gesagten noch hinzufügen können? Die Tatsache, daß Felix immer noch zu Joannes Talaia hielt, versprach keine Verständigungsmöglichkeit.

Akakios starb 489. Nach seinem Tod schien seine Politik zusammenzubrechen. Sein Nachfolger Fravitas vermochte offenbar unter dem Druck der Akoimeten den Kaiser dazu zu bringen, die Verhandlungen mit Rom wiederaufzunehmen. Freilich sollte das Andenken des Akakios geschont und die Gemeinschaft mit Mongos aufrechterhalten bleiben [19]. Fravitas war also offenbar des irrigen Glaubens, es gehe um die Anerkennung der Orthodoxie und nicht um Primatialrechte. Papst Felix belehrte ihn eines Besseren und bestand auf der Streichung des Akakios und des Mongos aus den Diptychen. Fravitas starb schon 490, ohne die Antwort des Papstes noch zu Gesicht bekommen zu haben. Sein Nachfolger wurde Euphemios, ein Syrer, ein Mann der Akoimeten, wie man vermutet hat, jedenfalls ein strenger Chalkedonier. Er strich Petros Mongos von sich aus aus den Diptychen und bekannte sich in einem Schreiben an den Papst uneingeschränkt zur Synode von Chalkedon [20]. Nur eine Verurteilung des Akakios wollte nicht über seine Lippen, was nun doch bei einem solchen Verfechter der chalkedonischen Orthodoxie ein gewichtiges Zeugnis für Akakios ist und es auch ausschließt, in ihm, Euphemios, einen bedenkenlosen Gefolgsmann der Akoimeten zu sehen, die Akakios schlankweg haßten. Euphemios sah offenbar keine christliche Notwendigkeit, Akakios, dessen Politik auch in seinen Augen fragwürdig gewesen sein mochte, über den Tod hinaus zu verfluchen, wie es Rom verlangte. Papst Felix blieb hart und verlängerte damit das Schisma um unnötige zwanzig Jahre. 491 starb Kaiser Zenon, und ihm folgte als neuer Kaiser der Hofbeamte Anastasios (491–518), in kirchlichen Dingen nicht unerfahren und gelegentlich sogar Kandidat für den Patriarchenstuhl von Antiocheia [21]. Im Gegensatz zu den letzten Jahren seines Vorgängers war er gewillt, die politisch unbestreitbaren Erfolge des Henotikon im Osten

[18] Das päpstliche Edikt ed. *E. Schwartz*, Publizistische Sammlungen ... 6–7. Es widersprach dem herkömmlichen Recht und wurde auch dementsprechend moniert, daß ein Papst von sich aus ohne ökumenische Synode einen Kollegen im Patriarchat absetzte.

[19] Erwähnt im Antwortschreiben des Papstes, *A. Thiel* a. a. O. 266–269; *E. Schwartz*, Publizistische Sammlungen 111–113.

[20] Das Schreiben wird vom Chronisten Theophanes erwähnt S. 135 *(de Boor)*. Vgl. *Grumel* *Reg* 175. [21] *L. Brehier*, Anastase: DHGE II 1447–57.

nicht aufs Spiel zu setzen und schon gar nicht einem Papst zu opfern, der in seinen Augen, außerhalb der realen Machtsphäre seines Kaisertums unter dem Protektorat eines Goten stehend, eine Politik betrieb, die auf die schwierigen Verhältnisse der östlichen Kirchen und auf die Idee der Reichseinheit keine Rücksicht nahm. In Rom aber setzte Gelasius (492–496) die Politik seines Vorgängers unbeirrt fort; Euphemios bekam nicht die geringste Unterstützung, und mit jedem Tag wurde es klarer, daß für Rom nicht die Frage nach Chalkedon, sondern nach der Primatialstellung Konstantinopels den fragwürdigen Kern der Sache darstellte. Obwohl der Patriarch dem Papst mitteilte, die Verdammung des Akakios würde unweigerlich zu einer Revolte der Demen, d.h. der sogenannten „Zirkusparteien", führen[22], blieb Gelasius bei seiner Forderung, und selbst als Kaiser Anastasios über König Theoderich Druck auf ihn auszuüben versuchte, fruchtete dies nichts, wahrscheinlich weil der König damals kein Interesse daran hatte, den Papst an Konstantinopel zu binden.

495 trat an die Stelle des Euphemios als Patriarch Makedonios (495–511), den der Kaiser erst bestallte, nachdem er das Henotikon unterzeichnet hatte. In Rom folgte auf den intransigenten Gelasius der Papst Anastasius, der offensichtlich bemüht war, dem Schisma durch eine vernünftige Politik ein Ende zu bereiten. Er starb freilich schon 498, so daß seine Pläne nicht reifen konnten. Außerdem brach jetzt in Rom das sogenannte Laurentianische Schisma aus, das bis 502 jede Ostpolitik unmöglich machte.

War so in Rom die Front gegen das Henotikon, genauer gegen Akakios behindert, so stärkte die Unentschlossenheit der Nachfolger des Akakios im Osten die Fronde gegen das Henotikon, die ihren Ausgang von Theologen nahm, denen man zwar schlecht die Bezeichnung Monophysiten beilegen kann, die aber doch energisch die Synode von Chalkedon ablehnten und im Henotikon ein allzu nachgiebiges Dokument sahen. Die Theologie Kyrills war für sie Ausgangs- und Endpunkt der christologischen Terminologie – ihre Deutung durch Chalkedon lehnten sie ab. Die bedeutendsten Männer dieser Richtung waren Xenaia (Philoxenos) von Mabbug (Hierapolis) und Severos von Antiocheia.

Schon als Lehrer an der Schule von Edessa hatte sich Xenaia[23] scharf gegen die Theologie der alten antiochenischen Schule gewendet, die für ihn nichts als puren Nestorianismus darstellte. Petros der Walker beförderte ihn auf den Bischofsstuhl von Mabbug, und hier entfaltete er in syrischer Sprache – sie allein war ihm geläufig – eine rege schriftstellerische Tätigkeit gegen das Konzil von Chalkedon, aber auch gegen die alten Antiochener Theodoros von Mopsuestia, Theodoretos von Kyros und Ibas von Edessa. Auch dem Kaiser versuchte er den „wahren" Glauben zu erläutern und kam zu diesem Zweck nach Konstantinopel, wo ihn Makedonios freilich nicht empfing, so daß er bald verärgert

[22] Der Brief ist verloren. Teilweise rekonstruierbar aus der Antwort des Papstes bei *A. Thiel* a.a.O. 312–321; *E. Schwartz*, Publizistische Sammlungen 49–55.

[23] *A. de Halleux*, Philoxène de Mabboug (Louvain 1963).

wieder abreiste. Wesentlich mehr Erfolg in der Hauptstadt hatte Severos[24], ein Grieche aus Pisidien, der zunächst die Rechte studierte und sich dann in Maiuma bei Gaza für das mönchische Leben gewinnen ließ. Er benutzte die Zeit im Kloster nicht nur für die Einübung ins asketische Leben, sondern auch zu einem vertieften Studium der gesamten Theologie. Damit erwuchs in ihm der Synode von Chalkedon ein Gegner, dem die Chalkedonier kaum etwas entgegenstellen konnten. Was ihn nach Konstantinopel führte, war zunächst der Konflikt mit einem gewissen Nephalios, der ursprünglich seiner eigenen Partei angehört hatte, jetzt aber auf vehemente Weise die Interessen der Chalkedonier vertrat und die Mönchsgruppe um Severos beim Patriarchen Elias von Jerusalem derart anschwärzte, daß sie dieser aus ihren Klöstern verjagen ließ. Als ihr Sachwalter, begleitet von Scharen von Mönchen, reiste Severos zum Kaiser, der ihn mit höchsten Ehren empfing. Auch als sein Fall entschieden war, blieb er in der Stadt (von 508 bis 511) und entwickelte in Wort und Schrift eine gewaltige Propaganda gegen Chalkedon und implicite auch gegen das Henotikon. Er scharte die Gegner des Patriarchen Makedonios um sich, und man scheute sich nicht, Fälschungen zu verbreiten, um den Patriarchen unmöglich zu machen und ihn in Fallen zu locken. Schibboleth der Sache des Severos wurde das sogenannte „theopaschitische" Trisagion, d.h. jenes Ἅγιος ὁ θεός, ἅγιος ἰσχυρός, ἅγιος ἀθάνατος, dem man ein ὁ σταυρωθεὶς δι' ἡμᾶς hinzufügte – eine Formel also, die weiter nichts bedeutete, wenn man das Trisagion selbst christologisch verstand und nicht trinitarisch, was sowohl historisch wie formal möglich war, die aber zu Mißverständnissen führen mußte, wenn man sie als Alibi für das umstrittene μία φύσις τοῦ θεοῦ λόγου σεσαρκωμένη verwendete[25]. Makedonios wurde über all den Schwierigkeiten, die man ihm machte, und den Verleumdungen, die man gegen ihn vorbrachte, vom Kaiser fallengelassen und durch Timotheos (511–518) ersetzt, der es keiner Partei recht machen konnte. Die Monophysiten wollten an seiner Stelle Severos; die Alexandriner verlangten von ihm ein Anathem gegen Chalkedon und den Tomus Leonis; in Syrien hetzte Xenaia weiter und erreichte die Absetzung des antiochenischen Patriarchen Flavianos, der das Henotikon auf orthodoxe Weise zu verfechten gesucht hatte. An seiner Stelle wurde nun Severos gewählt (512), der die neue Machtposition weidlich ausnützte, um alle weitere Opposition gegen seine Theologumena zu vernichten. Er erklärte damals zwar feierlich, das Henotikon anzunehmen, interpretierte es aber bald auf eine Weise, die an seiner Feindschaft gegen die Synode von Chalkedon keinen Zweifel lassen konnte. Auch der Patriarch von Jerusalem, Elias, fiel Severos zum Opfer. Sein Nachfolger Joannes war bereit,

[24] *G. Bardy*, Sévère d'Antioche: DThC XIV 1988–2000; *J. Lebon*, Le monophysisme sévérien (Louvain 1909); *ders.*, La christologie du monophysisme sévérien: Chalkedon I 425–580. Weitere Literatur bei *Beck* 387–390.

[25] Zum Trisagion vgl. *E. Schwartz*, Publizistische Sammlungen 242; *V. S. Janeras*, Les byzantins et le trisagion christologique: Miscellanea in honorem G. Lercaro II (Rom 1967) 469–499; *W. Elert*, Die theopaschitische Formel: ThLZ 75 (1950) 195–206.

jede Konzession an Severos zu machen, aber die großen Laurahäupter und „Koinobiarchen", Sabas und Theodosios, machten ihm einen Strich durch die Rechnung, und flankiert von den beiden Mönchsvätern, war er gezwungen, feierlich nicht nur Nestorios und Eutyches, sondern jetzt auch Severos zu verfluchen[26]. Auch in der Hauptstadt bildete sich eine ausgesprochene prochalkedonische Fronde, die die Anhänger des gestürzten Makedonios um sich scharte und sogar im Kaiserhaus potente Schützer fand. Als im November 512 wieder einmal eine Prozession von Severianern mit dem theopaschitischen Trisagion durch die Straßen zog, schlug die Opposition los, eine Revolte brach aus, die Statuen des Kaisers wurden umgestürzt, und die Aufständischen verschanzten sich auf dem Forum Constantini. Dem Kaiser gelang es nochmals, durch kluges Verhalten die Ruhe wiederherzustellen, aber nun griff die Opposition auf gefährliche Weise auf die Provinz über. Ein gotischer Offizier im Reichsdienst, Vitalian[27], machte sich die Unzufriedenheit der kaiserlichen foederati auf der Balkanhalbinsel zunutze und marschierte nach Konstantinopel. Um in der Hauptstadt Freunde zu gewinnen, arbeitete er mit prochalkedonischen Parolen. Zunächst glaubte der Kaiser durch Taktieren mit der Gefahr fertig werden zu können. Als dies nicht gelang, sah er sich gezwungen, Vitalian zum Magister militum per Thraciam zu ernennen und ihm die Zusage zu geben, den Papst zu einem Konzil nach Herakleia einzuladen, auf dem das Schisma beendet werden sollte. Eine dementsprechende Sacra ging nach Rom ab. Papst Hormisdas, der 514 auf Symmachus gefolgt war, ließ sich Zeit, offenbar um sich mit Theoderich abzustimmen. So verstrich zunächst der Termin des für den 1. Juli 515 einberufenen Konzils. Vitalian erschien in der Zwischenzeit nochmals vor den Mauern Konstantinopels. Diesmal wurde er von den kaiserlichen Truppen vernichtend geschlagen, und damit hatte das Konzil, an dem auch sonst niemand sonderliches Interesse bezeugt hatte, für den Kaiser seine raison d'être verloren. Der Papst schickte zwar zweimal Legaten, aber sie mußten ohne Erfolg umkehren. So bleibt es beim „Akakianischen Schisma" bis zum Tod des Kaisers Anastasios im April 518.

Wirft man auf die Jahre seit 482 einen Blick zurück, so hat diese Periode einen einzigen bedeutsamen Einschnitt im Pontifikat des Papstes Anastasius. Damals zeigte sich die Hoffnung und die Möglichkeit, auf Grund einer orthodoxen Interpretation des Henotikon, an der Akakios immer festgehalten hatte, wieder zur Einheit zu gelangen. Der Tod des Papstes machte die Hoffnungen zunichte. Weder seine Vorgänger noch seine Nachfolger trugen der Schwierigkeit der Situation im Osten Rechnung. Sie sahen ihre Obödienz im Vikariat

[26] Zur Rolle der chalkedonischen palästinensischen Mönche vgl. *E. Schwartz*, Kyrillos von Skythopolis (Leipzig 1939) 385 f; *H. Bacht*, Die Rolle des orientalischen Mönchtums in den kirchenpolitischen Auseinandersetzungen um Chalkedon: Chalkedon II 193–314, bes. 285 ff.
[27] Vgl. über ihn *E. Stein*, Histoire du Bas-Empire (Brüssel 1949) 178–181; *V. Schurr*, Die Trinitätslehre des Boethius im Lichte der „skythischen Kontroversen" (Paderborn 1935) 127–136.

von Thessalonike gefährdet, sie verstanden es nicht, sich mit dem Junktim der Konzilsdefinition von Chalkedon mit dem berüchtigten Kanon 28 abzufinden, obwohl letzterer kaum Neues gegenüber dem II. Constantinopolitanum gebracht hatte, und sie bauten ihre Politik auf das nur scheinbar stabile Fundament der Gotenherrschaft in Italien. Die Päpste übersahen, daß Konstantinopel und sein Patriarchat der Sieger bleiben mußte, eben weil sie selbst dem Kaiser gegenüber in einer Unabhängigkeit auftraten, die sie einzig dem Goten und Arianer Theoderich verdankten. Das Henotikon einigte die Ostkirchen gegenüber Rom, und einen Ansatzpunkt Alexandreia gab es für Rom fürderhin nicht mehr. Die ersten Jahre der folgenden Kaiserdynastie rechtfertigen die päpstliche Politik nur scheinbar. Johannes II. und Vigilius müssen in Bälde für die Politik eines Felix und eines Gelasius bezahlen.

2. *Kapitel*

Die Ausgestaltung der byzantinischen Reichskirche im Zeitalter Kaiser Justinians I.

QUELLEN: Collectio Avellana (s. S. 3); Acta Conciliorum oecumenicorum, ed. *E. Schwartz*, II (Berlin 1940); *E. Schwartz*, Drei dogmatische Schriften Justinians: AAM, NF 18 (1939) (Neudruck: Mailand 1973); Corpus Juris Civilis, ed. stereot. II; Codex Justinianus, ed. *P. Krüger* (1906); Novellae, ed. *Schöll-Kroll* (1912); The Ecclesiastical History of Evagrius, ed. *J. Bidez – L. Parmentier* (London 1898); Procopii Caesariensis opera omnia, ed. *Haury-Wirth* (Leipzig 1963/1964).
LITERATUR: *A. A. Vasiliev*, Justin the First (Cambridge/Mass. 1950); *W. Schubart*, Justinian und Theodora (München 1943); *B. Rubin*, Das Zeitalter Justinians, 1. Bd. (Berlin 1960); *R. Browning*, Justinian and Theodora (London 1971); *A. Knecht*, Die Religionspolitik Kaiser Justinians I. (Würzburg 1896); *E. Schwartz*, Vigilius-Briefe – Zur Kirchenpolitik Justinians: SAM 1940, 4 (1940); *ders.*, Kyrillos von Skythopolis (Leipzig 1939); *H. S. Alivisatos*, Die kirchliche Gesetzgebung des Kaisers Justinian I. (Berlin 1913); *J. Meyendorff*, Justinian, the Empire and the Church: DOP 22 (1968) 43–60; *E. Hardy*, The Egyptian Policy of Justinian: DOP 22 (1968) 21–41.

Mit den Kaisern Justinos I. (518–527) und Justinianos I (527–565) beginnt nicht nur ein neuer bedeutsamer Abschnitt der Profangeschichte des oströmischen Reiches; ebenso bedeutsam, um nicht zu sagen fragwürdig, ist ihre Herrschaftszeit für die Geschichte der christlichen Kirche. Dabei dürfen wir wahrscheinlich von allem Anfang an in Justinian den spiritus rector auch der Politik seines Oheims Justin sehen. Auch wenn wir dem Historiker Prokopios aus wohlüberlegten Gründen in der Beurteilung der Motive der Kirchenpolitik des späteren Kaisers nicht unbedingt Gefolgschaft leisten, bleibt genug des Rätselhaften, wie denn auch die modernen Historiker bald von einem Zickzackkurs des Kaisers, bald von seiner unbeirrbar konsequenten Politik sprechen. Mit Gewißheit lassen sich einige Ausgangspunkte feststellen; welcher davon jeweils entscheidend ist, wie weit sie zusammenwirken und in welcher Proportion, läßt sich nur selten sagen. Da ist einmal der Traum von der Wiederherstellung der alten Größe des Imperiums, eines von einer glorreichen Mitte aus regierten Weltreiches – ein Traum, der im geistigen Klima des 6. Jh. an der Zerrissenheit der Kirche nicht vorbeigehen konnte. Da ist zum zweiten ein kaum zu leugnendes Sonderinteresse an kirchlichen und religiösen Dingen, und dieses Interesse mag teilweise echter Frömmigkeit entspringen, einer eifernden Frömmigkeit allerdings, die – entgegen dem Herrenwort – jedes vermeintliche Unkraut längst vor der Ernte verbrennen will. Dazu tritt ein besonderes theologisches Engagement des Kaisers, dessen Grundlagen freilich sehr verschieden beurteilt werden: für die einen ist er ein gewiegter Kenner der zeitgenössischen Theologie, für die anderen ein Amateur, ein unglücklich Liebender, der leider Kaiser ist und somit über die Macht verfügt, aus seinen Einfällen Gesetze zu machen. Immer bleibt die Frage nach seinem eigenen Anteil an den Glaubensbekenntnissen und Formulierungen – eine Frage, die denselben Kriterien unterliegt wie die Frage nach seinem Anteil an der ganzen „justinianischen" Gesetzgebung. Und da ist schließlich Theodora, die große, vielgeschmähte Kaiserin, deren Einfluß aus der Kirchenpolitik der Zeit gewiß nicht wegzudenken ist, auch wenn seine Tragweite schwer zu bestimmen bleibt. Man wird kaum mit Prokopios von einer bewußten, ja abgefeimten politischen Teilung sprechen dürfen, wonach etwa Justinian jeweils die orthodoxen Forderungen erfüllt hätte, während Theodora freie Hand behielt, den Monophysiten auf Umwegen ihre Lebensfähigkeit und Wirkfreiheit zu garantieren, so daß sich keine Partei beschweren konnte. Dies scheint mir zu ausgeklügelt. Das Hand-in-Hand und das Gegeneinander des Kaiserpaares scheint mir komplizierter, von den Zeitumständen abhängig, und ohne Reibungen dürfte es kaum abgegangen sein. Daß das System trotzdem funktionierte, liegt wohl im Charakter der Kaiserin und in der Bindung des Kaisers an sie begründet.

Daß Justin und Justinian zunächst einmal bereit waren, mit dem sogenannten „Akakianischen Schisma" Schluß zu machen und Roms Forderungen zu erfüllen, erklärt sich sicherlich nicht aus einem schon damals geplanten Griff nach dem gotischen Italien. Es konnte nicht mehr bezweifelt werden, daß die henotische Politik des Anastasios in der Hauptstadt selbst abgewirtschaftet hatte. Jeder neue Kaiser, vor allem wenn er unter so prekären Umständen auf den Thron gekommen war wie Justin, mußte unter allen Umständen und zuvörderst die Hauptstadt für sich gewinnen. Noch dazu stand der gefährliche Vitalian immerzu im thrakischen Hinterland, abwartend, was die neuen Kaiser zu tun beginnen würden. Mag auch sein, daß Justinian im Grunde ein überzeugter Chalkedonier war. Theodora jedenfalls war erst seit kürzester Zeit seine Frau und offenbar zunächst damit beschäftigt, ihre Stellung zu sichern, was nach ihrer Vergangenheit nicht leicht gewesen sein dürfte.

Sollten Justin und sein Neffe zunächst noch anderen Sinnes gewesen sein, die Ereignisse kurz nach der Krönung des neuen Kaisers mußten sie eines Besseren belehren[1]. Die chalkedonisch gesinnten Mönche, voran die Akoimeten, organisierten einen Sturm des Volkes auf den Sonntagsgottesdienst des Patriarchen Joannes II. (518–520) und zwangen ihn und seine Synode, Chalkedon feierlich anzuerkennen, das Henotikon zu verwerfen und Severos mit dem Bann zu belegen sowie die Verbindung mit dem Heiligen Stuhl aufzunehmen. Justin sah sich veranlaßt, diese Entscheidung durch ein Edikt zu ratifizieren[2]. Und nun gingen Gesandte nach Rom, um die Friedensverhandlungen aufzunehmen. Papst Hormisdas, der nicht nur einen gemessenen Brief des Kaisers[3], sondern auch ein außerordentlich vielversprechendes Schreiben Justinians erhielt[4], war in der besten Verhandlungsposition und gewillt, diese Gelegenheit auch nicht verstreichen zu lassen. Die dogmatische Stellung war längst abgesteckt durch die berühmte „Regula fidei Hormisdae", die der Papst schon für das 515 geplante Unionskonzil vorbereitet hatte[5]. Dieser „libellus" geht aus vom Primat des römischen Stuhls und verurteilt zunächst Nestorios und Eutyches, dann aber auch Timotheos Ailuros, Petros Mongos, Petros den Walker und vor allem Akakios. Im übrigen wird die Entscheidung von Chalkedon zusammen mit dem „Tomus Leonis" als Glaubensnorm eingeschärft. Jetzt findet man sich sogar in Konstantinopel zur Damnatio memoriae des Akakios bereit, und in kaiserlich geforderter, von den Mönchen nachdrücklich postulierter Demut sieht sich der Patriarch veranlaßt, ohne Diskussion die „Regula fidei" anzunehmen und nicht nur Akakios, sondern auch dessen Nachfolger Euphemios und Makedonios, die gewiß ihr Bestes getan hatten, posthum dem Satan zu überantworten. Dasselbe Schicksal traf aber auch die Kaiser Zenon und Anastasios, ohne daß vom Hof dagegen protestiert worden wäre. Dies war am denkwürdigen 28. März 519, einem Tag, der den Sieg des Papstes über das eigenwillige und in den Augen Roms illegitime Patriarchat Konstantinopel zu besiegeln schien – trotz allem ein Pyrrhussieg, wie die nächsten Dezennien lehrten. Kurz vor Abschluß der Verhandlungen hatten die päpstlichen Legaten des Hormisdas in Konstantinopel mit einer merkwürdigen Gruppe zu tun bekommen, den sogenannten „skythischen", in Wirklichkeit wohl gotischen Mönchen aus der Dobrudscha, Leuten des Goten Vitalian, die zu jenen findigen Köpfen gehörten, die der Orthodoxie immer neue Formeln offerierten, von denen sie das Heil erwarteten[6]. Ihre Formel hieß: Εἷς τῆς τριάδος παθών oder „Jesus Christus ex virgine

[1] Die Ereignisse schildert *S. Salaville*, La fête du concile de Chalcédoine dans le rite byzantin: Chalkedon II 677–695.

[2] Darüber berichtet Michael der Syrer II 180 *(Chabot)*. [3] Collectio Avellana n. 160.

[4] Collectio Avellana n. 162. Die gesamte Korrespondenz, die in dieser Zeit von der päpstlichen Kanzlei ausging und dort eintraf, findet sich in dieser Collectio n. 1–104.

[5] Text: Collectio Avellana n. 149. *Mansi* VIII 441–442 Instruktionen für die Legaten. Vgl. W. *Haacke*, Die Glaubensformel des Papstes Hormisdas im acacian. Schisma (Rom 1939).

[6] *V. Schurr*, Die Trinitätslehre des Boethius im Lichte der „skythischen Kontroversen" (Paderborn 1935); *B. Altaner*, Zum Schrifttum der „skythischen" (gotischen) Mönche: HJ 62 (1943) 261–273, 72 (1953) 568–581; *W. Elert*, Die theopaschitische Formel: ThLZ 75 (1950) 195–206.

natus unus ex (oder in) trinitate". Vermutlich wollten sie damit jede nestorianische Interpretation der Formel von Chalkedon verhindern, in Wirklichkeit näherten sie sich jenem Zusatz zum Trisagion, der in der Zwischenzeit längst zum teuren Besitz der Gegner von Chalkedon geworden war. Die Legaten konnten mit diesem Beitrag der lateinischen Theologie – Maxentius, der Führer der Skythen, war „lateinisch gebildet" – nichts anfangen, aber Justinian ließ sich für die Formel gewinnen, vermutlich aus Rücksichtnahme auf Vitalian. Wegweisend für die Zukunft: In einem Schreiben an Hormisdas, in dem er ihm die Mönche und ihre Formel empfahl, konstatierte er von sich aus die Orthodoxie dieser Schrulle [7]. Aber Hormisdas – auf der Höhe seines Erfolgs – dachte nicht daran, dem Thronanwärter auch nur diese Genugtuung zu gewähren, abgesehen davon, daß sich die Mönche in Rom unliebsam bemerkbar machten, so daß er sie aus der Stadt abschieben ließ. Justinian konnte warten.

Mochte Kaiser Justin samt seinem Neffen durch die Union von 519 die Hauptstadt beruhigt haben, so zeigte sich doch an nicht wenigen Stellen, daß das Henotikon noch lebte bzw. daß das Abgehen des Kaisers vom Henotikon nun den Gegnern des Chalcedonense freie Bahn schuf. Die Bischöfe, die nun mit Rom Gemeinschaft aufnehmen sollten, konnten sich nicht immer entschließen, ihre Vorgänger oder gar Akakios zu bannen. Das war vor allem das Problem in den europäischen Reichsprovinzen. Beispielhaft war Thessalonike, der Vorort des päpstlichen Vikariats im Illyricum, dessen Erzbischöfe durch das Akakianische Schisma in die größten Konflikte gestürzt worden waren, da sie einerseits die päpstlichen Interessen wahrnehmen sollten, andererseits in unmittelbarer Reichweite der Kaiserstadt lebten, ohne daß ihnen Rom effektive Hilfe bieten konnte. Als jetzt die päpstlichen Legaten durch die Stadt reisten, wurden sie tätlich angegriffen und ihr Gastgeber ermordet. In Ephesos verurteilte man emphatisch die Synode von Chalkedon. In Antiocheia mußte jetzt zwar Severos seinen Bischofsstuhl verlassen und nach Ägypten fliehen, aber wo immer in Syrien neue Bischöfe eingesetzt wurden, gelang es häufig nur mit militärischer Hilfe, sie zu halten. Noch dazu witterten jetzt die Nestorianer Morgenluft und begannen da und dort, neben Theodoretos auch Theodoros von Mopsuestia und Nestorios selbst öffentlich als Heilige zu feiern. Severos aber hielt von Ägypten aus die Fäden weiter in der Hand, ermahnte, warnte, schrieb Traktate und Predigten und leitete den Widerstand. In Ägypten glaubte Hormisdas in völliger Verkennung der Situation einen seiner Legaten, wenn auch einen Alexandriner, auf den Stuhl des heiligen Markus erheben lassen zu können. Doch die Situation war so gespannt, daß man schließlich den Alexandrinern die Wahl überlassen mußte: sie fiel auf den Monophysiten Timotheos III., der Chalcedonense und Henotikon verwarf, ohne daß ihm darüber ein Haar gekrümmt werden konnte. Mit dem Henotikon zerbrach die letzte Klammer der Reichskirche.

Die neue Allianz des Papstes mit dem Kaiser mußte aber auch den Herrn

[7] Collectio Avellana n. 196 vom 9. 7. 520.

des Papstes in Ravenna, König Theoderich, mißtrauisch machen. Es ist möglich, daß die Annahme, der römische Senatsadel beginne nun mit Konstantinopel zu konspirieren, mehr war als eine Vermutung. Vielleicht hängt der Prozeß gegen Boethius damit zusammen, und vielleicht besteht damit ein gewisser Zusammenhang, wenn nun Justin durch ein Dekret aus dem Ende des Jahres 524 die arianischen (gotischen) Kirchen in Konstantinopel zu schließen befahl und die Arianer von allen Ämtern und Militärstellen ausschloß[8]. Theoderich nahm den Fehdehandschuh auf und schickte den Papst selbst, der damit auf diplomatische Weise völlig in seine Hand gegeben war, als Botschafter nach Konstantinopel, um dort beim Kaiser die Zurücknahme des Edikts zu verlangen. Papst Johannes I. weilte von November 525 bis nach Ostern 526 in der Hauptstadt und wurde mit höchsten Ehren empfangen und behandelt[9]. Daß sich Justin von ihm nochmals habe krönen lassen, ist allerdings eine mißverstandene Interpretation einer einfachen „Festtagskrönung" im Sinne eines konstitutionellen Aktes! Ein wirklicher Erfolg war der Mission des Papstes nicht beschieden. Die meisten arianischen Goten scheinen aus dem Edikt des Kaisers die nötigen Folgerungen gezogen und konvertiert zu haben, so daß der Kaiser leichten Herzens die Rückgabe der Kirchen versprechen konnte. Offenbar sollte nun auch die Rückkehr zum Arianismus wieder gestattet werden. Doch hier blieb der Kaiser hart, und Theoderich ließ seinen päpstlichen Botschafter den Mißerfolg büßen, indem er ihn nach seiner Rückkehr in Ravenna einkerkerte.

Übrigens starb Theoderich kurz darauf im Herbst 526, und 11 Monate später folgte ihm Kaiser Justin. Nun war Flavius Petrus Sabbatius Justinianus Alleinherrscher. Damit hebt eine Periode der Kirchengeschichte an, die wie keine zweite von einer einzelnen Person geprägt ist. Ziel ist eindeutig *ein* Reich, *eine* Kirche und außer ihr kein Heil und keine Hoffnung auf Erden und *ein* Kaiser, dessen vornehmste Sorge eben das Heil dieser Kirche ist. In der Verfolgung dieses Ziels kennt Justinian keine Müdigkeit, und mit besessener Gründlichkeit verfolgt er, was ihm falsch dünkt, bis in die letzten Schlupfwinkel, freilich nicht ohne taktisches Geschick und nicht ohne Anpassung an die Zeitverhältnisse und vor allem an das Verhältnis der Kräfte – auch nicht ohne das Vermögen, beide Augen zu schließen, wo es sich um Männer handelt, die an sich seinem Verdikt verfallen müßten, wären sie nicht so außerordentlich nützlich. Letztlich läßt er alles und jedes auch in der Kirche von seiner eigenen Entscheidung abhängen, auch wenn er den Bischöfen bei Bedarf noch so ehrfürchtig begegnet. Der Papst von Rom ist für ihn ohne Zweifel das Haupt der Christenheit. Er versteht den Primat nicht nur als Ehrenvorrang, sondern auch als den Primat der Lehre und des Glaubens, aber der Primas tut gut daran, sich so zu entscheiden, wie es dem Kaiser gut dünkt.

Die eine und einzige Kirche: Ihr zuliebe darf es keine Heiden mehr geben.

[8] Theophanes der Chronist zum Jahre 6016: S. 109 *(de Boor)*.

[9] W. *Enßlin,* Papst Johannes I. als Gesandter Theoderichs des Großen bei Kaiser Justinos I.: ByZ 44 (1951) 127–134.

Die frühere Gesetzgebung gegen den Paganismus zielte auf den heidnischen Kult und die Rechtsfähigkeit heidnischer Vereinigungen; Justinian verfügt durch Gesetz, daß jeder Heide sich und seine Familie unter Strafe der Konfiskation der Güter katechetisieren und taufen lassen müsse[10]. Der Rückfall eines Christen ins Heidentum wird mit der Todesstrafe geahndet[11]. Das Gesetz traf nicht ins Leere. Es gab immer noch Heiden in gelehrten Zirkeln der Hauptstadt und an historischen Örtlichkeiten wie Athen; es gab eine heidnische Landbevölkerung noch in den Bergen Anatoliens, zu deren Bekehrung dem Kaiser selbst ein Monophysit – Joannes von Asien – gut genug war; es gab heidnische Kultstätten am oberen Nillauf, in den Oasen und in der syrischen Wüste. Die Schließung der neuplatonischen Schule von Athen, eines Thiasos mit geringem philosophischem Appell, geht wohl auf das kaiserliche Edikt zurück[12]. Die Philosophen fanden freundliche Aufnahme am Hofe Chosraus des Persers, der aber vermutlich von ihrer krausen Philosophie ebenfalls nicht sonderlich angetan war, da er ihnen im Frieden von 532 die ungehinderte Rückkehr ins Reich stipulierte. Ein weltgeschichtliches Ereignis war diese Schließung der Schule von Athen keineswegs. Auch in Konstantinopel selbst wurden Grammatiker, Sophisten und Mediziner auch aus höchsten Kreisen als Heiden dingfest gemacht und mit Gewalt bekehrt oder ausgepeitscht und in einzelnen Fällen sogar hingerichtet. Das alles hinderte den Kaiser freilich nicht, an seinem Hof einen Tribonian als quaestor sacri palatii und einen Joannes Kappadox als praefectus praetorio in seine Dienste zu nehmen, denen zeitgenössische Beobachter Heidentum und puren Atheismus bescheinigen[13].

„Leichter" als die Heiden hatten es die Juden, denn ihr Kult galt seit alters als religio licita. Freilich umgab man seit geraumer Zeit diese Lizenz, die man sich aus christlich-dogmatischer Spiegelfechterei schuldig zu sein vorgab, mit einer Dornenkrone von Schikanen, die Justinian leichtfertig um weitere Stacheln vermehrte. Er sprach den Juden die Testierfähigkeit vor Gericht in Sachen mit Christen ab, verbot ihnen den Ankauf von Kirchengut und von Gelände, das für Kirchenbau in Frage kam; er entband sie zwar nicht von der Last der Curialleistungen in den Gemeinden, verbot ihnen aber jede der prekären Ehren, die diese Last mit sich bringen konnte[14]. Schließlich griff er sogar in den synagogalen Gottesdienst ein und erzwang die Erlaubnis zur Lektüre der Torah in griechischer oder lateinischer Sprache, verpflichtete die Juden aber, sich dabei der Septuaginta oder höchstens der Übersetzung des Aquilas zu bedienen[15]. Wie

[10] Codex I 11, 9–10.

[11] A.a.O.

[12] Vgl. Malalas 451 *(Bonn).*

[13] Vgl. *J. Irmscher,* Die geistige Situation der Intelligenz im Zeitalter Justinians: *F. Altheim – R. Stiehl,* Die Araber in der alten Welt IV (Berlin 1967) 334–362; *W. E. Kaegi,* The Fifth-Century Twilight of Byzantine Paganism: Classica et Mediaevalia 27 (1966) 243–275; *D. J. Constantelos,* Paganism and the State in the Age of Justinian: CHR 50 (1964) 372–380.

[14] Novelle 45.

[15] Novelle 146.

Heiden wurden dagegen die Samariter behandelt, deren Synagogen geschlossen wurden[16], was zu fürchterlichen Aufständen dieser palästinensischen Minorität führte, die mit unerhörter Härte niedergeschlagen wurden. 20000 sollen beim Aufstand von 529 umgekommen sein. Trotzdem erhoben sie sich 555 ein zweites Mal, ohne mehr Erfolg zu haben. Bemerkenswert, daß sich 551 sogar der Bischof von Kaisareia für sie einsetzte.

Was sich sonst noch an Häretikern im Reich fand, wurde vom Kaiser von allen Ämtern und Würden ausgeschlossen, ebenso von der Lehrtätigkeit und der Advokatur. Diese Menschen haben kaum noch Rechte gegenüber der Justiz. Ihre Kirchen sind zu schließen[17].

Wenn somit der Kaiser mit seiner Gesetzgebung gegen alles, was außerhalb der Kirche stand, dieser diente, so sollte die Kirche auch ihm dienen. Es wäre zwar falsch, anzunehmen, der Kaiser habe aus den Bischöfen Staatsdiener gemacht, aber er spannte sie in eine ganze Reihe diskretionärer Aufgaben im Dienste und zum Vorteil des Staates ein[18]. Die Bischöfe werden mit der Kontrolle der Gefängnisse beauftragt, sie erhalten schiedsrichterliche Funktionen, wenn Rechtsbeugung eines Gouverneurs vorliegt oder vermutet wird und in Streitfällen in der Provinz, in denen die Gouverneure Partei sind. Sie haben ferner zusammen mit ihren Wirtschaftsdiakonen, den Ökonomen, beim Aufbringen der Steuern seitens der Gemeinde „behilflich" zu sein und mit einem Konsortium vornehmer Bürger die Rechnungsablage der Gemeinde zu prüfen. Auch obliegt ihnen die diskrete Berichterstattung über die Amtsführung der Gouverneure an den Kaiser. Mit anderen Worten: Justinian sieht im Bischof einen vertrauenswürdigen Repräsentanten der kommunalen Notabilität, ohne ihn im eigentlichen Sinne des Wortes in den Reichsdienst zu nehmen. Er bedient sich seiner, um ihn sowohl gegen die Gemeinde wie gegen die kaiserliche Provinzverwaltung ausspielen zu können. Der Bischof erhält damit eine Stellung, deren soziale Auswirkungen völlig offenbleiben. Er kann zum „Feudalherren" werden wie die Notablen der Stadt, mit denen er zusammengeworfen wird, aber auch zum Schützer der Interessen des Volkes, gedeckt durch das Protektorat der Reichszentrale. Um den Bischöfen ihre Position zu erleichtern, griff der Kaiser immer wieder zu dem Mittel, durch gesetzgeberische Maßnahmen den Bestand des Bistumsvermögens zu garantieren[19]. Hier galt es vor allem, die Stiftungen, aus denen das Kirchenvermögen zumeist entstand, zu sichern. Die Kirche einer Stadt bekam das Recht auf Legate, die vom Erblasser auf unbestimmte Weise religiös-caritativen Zwecken vermacht wurden, etwa indem Christus oder ein

[16] Cod. I 5, 17. Vgl. *S. Winkler,* Die Samariter in den Jahren 529/530: KLio 43–45 (1965) 434–457. [17] Cod. I 5, 12.

[18] Zum Folgenden: *H.-G. Beck,* Kirche und Klerus im staatlichen Leben von Byzanz: RÉB 24 (1966) 1–24; dort auch die Belege.

[19] Belege bei *A. Knecht,* System des justinianeischen Kirchenvermögensrechtes (Stuttgart 1905); *M. V. Levčenko,* Das Kirchengut im oströmischen Reiche während des 5. und 6. Jh. (russisch): ViVr 2 (1949) 11–59.

Heiliger als Erbe eingesetzt wurde; der Kaiser setzte des weiteren kurze Fristen, innerhalb deren Legate, die für caritative Anstalten ausgeworfen worden waren, ihrem Zweck zugeführt werden mußten. Kirchenvermögen durfte im Grundsatz nicht veräußert oder sonstwie beeinträchtigt werden. Kein Kaisergesetz sollte gelten, wonach der Unterhalt von Truppen durch Kirchengut sicherzustellen war, keine heiligen Geräte durften profanen Zwecken zugeführt werden – die einzige Ausnahme bildet der Loskauf von Gefangenen, für den sonst die Mittel nicht aufgebracht werden könnten. Schenkungen an die Kirche bleiben frei von der Erwerbssteuer. Ausstehende Schenkungsgelder und Stiftungsgelder können jederzeit eingetrieben werden. Eine Verjährung tritt erst nach hundert Jahren ein. Verpachtung von Kirchengut wird befristet – die Fristen sind kurz, auch wenn sie differieren – und ist nur möglich an begüterte Leute, die den vom Kaiser festgesetzten Pachtzins zu entrichten imstande sind. Eine generelle Steuerfreiheit für Kirchengut kennt die byzantinische Gesetzgebung jedoch nie. Ausnahmen freilich werden gemacht, und die bedeutendste der justinianeischen Regierung ist zweifelsfrei die Steuerfreiheit für die mehr als tausend Wirtschaftsbetriebe (ἐργαστήρια) der „Großen Kirche" in Konstantinopel[20].

Auch wenn Justinian der Kirche im Grundsatz die freie Verwaltung ihres Vermögens garantiert, so mischt er sich doch energisch in die Modalitäten dieser Verwaltung ein. Die Zahl des Verwaltungspersonals in den Provinzen wird genau festgelegt, die Beurkundung im Verwaltungswesen ins Detail geregelt, ebenso die Termine der Rechnungsablage vor dem Bischof, Pachtzinshöhe usw.

Über den Klerus selbst, besonders die Bischöfe, findet die justinianeische Gesetzgebung hohe und höchste Worte[20a]. Um diesen Rang zu garantieren, ergeht sie sich in tausend Bestimmungen über Vorbedingungen zum Eintritt in die Klerikatur, Lebenswandel der Kleriker, Bildung usw. Vieles davon ist bereits in den früheren kirchlichen Kanones enthalten, vieles aber auch minuziöses Kaiserdenken und in mancher Beziehung Ausdruck der Mentalität Justinians und seiner Zeit. Typisch z.B., wenn auch kaum völlig neu, daß nun gesetzlich geregelt wird, daß sich der Anteil des Volkes an der Bischofswahl auf die Vornehmen der Stadt beschränkt[21], ebenso daß der zu Weihende ein orthodoxes Glaubensbekenntnis zu unterzeichnen und zu beschwören hat, daß er sich der Simonie enthalten hat[22], typisch aber auch, daß die Weihesporteln bis ins Detail geregelt werden und daß sie beträchtlich hoch sind – für die Patriarchen nicht weniger als 20 Pfund Gold –, wobei nach des Kaisers Absicht eine Verarmung

[20] Novelle 43 (537). Gewisse Vorrechte erhielt auch die Anastasis in Jerusalem, deren wirtschaftliche Belastung durch den Unterhalt der zahllosen Pilger so gestiegen war, daß sie in der Verwendung ihrer Güter beweglicher gemacht werden mußte, wenn die ruinösen Vermögensverhältnisse nicht andauern sollten. Vgl. W. *Schubart*, Kaiser Justinian und die Anastasiskirche in Jerusalem: ZNW 37 (1938) 195–202.

[20a] *K. L. Noethlichs*, Materialien zum Bischofsbild aus den spätantiken Rechtsquellen: JbAC 16 (1973) 28–59.

[21] Novelle 123, vgl. Novelle 137. [22] Novelle 137.

der Kirchen verhindert werden sollte![23] Offenbar waren die illegalen Sätze beträchtlich höher. Nachdrücklich schärft der Kaiser die Residenzpflicht ein und bemüht sich vor allem, den berühmten byzantinischen Drang zur Reise an den Kaiserhof zu hemmen. Der weltlichen Gerichtsbarkeit darf der Bischof nur mit kaiserlicher Erlaubnis unterworfen werden.

Mit ebensoviel Eifer nimmt sich der Kaiser des Synodalrechts an, bestimmt die Termine für Lokal- und Provinzialsynoden, deren modus procedendi er regelt[24]. Das Recht der Einberufung einer ökumenischen Synode behält er nach Herkommen den Kaisern vor[25]. Die Synodalkanones werden Staatsgesetzen gleichgestellt[26].

Bezeichnend für den nicht illusionsfreien Vorstellungskomplex des Gesetzgebers ist es, daß er das byzantinische Mönchtum nach Möglichkeit auf koinobitische Normen festlegen möchte[27]. Für Anachoreten und Hesychasten *innerhalb* des Klosters gab es ein paar Ausnahmeregelungen. Aber auch sie sollten dem Abt unterstehen. Die Spitze des Klosters ist der von der Kommunität gewählte Abt; die Wahl unterliegt der Kontrolle und Bestätigung des Bischofs, der auch die oberste Jurisdiktion über das Kloster besitzt. Das justinianeische Gesetz kennt keine Exemtion. Das Vermögensrecht des Klosters entspricht dem allgemeinen kirchlichen Vermögensrecht.

Die orthodoxe Gesamtkirche gliedert sich für den Kaiser in die fünf großen Patriarchate in der Reihenfolge Rom, Konstantinopel, Alexandreia, Antiocheia und Jerusalem, wobei, wie schon erwähnt, dem römischen Patriarchat ein absoluter Vorrang eingeräumt wird[28].

Diese kurze Zusammenstellung der Verordnungen Justinians kann auch nicht annähernd vollständig enthalten, was Justinian alles bis in die Kleinigkeiten regelt, und zwar nicht selten über die kirchlichen Kanones weit hinausgehend. Er tut es aus seinem hohepriesterlichen Machtbewußtsein, nicht im Sinne eines modernen Staatskirchentums, wie es denn überhaupt nicht um Staat und Kirche, sondern um Kirche und Kaiser geht. Daß er sich nicht nur als Organisator, sondern auch als Theologe inspiriert und besonders begnadet fühlt, ist an sich in der Vorstellung der Zeit nichts Neues; Papst Leo der Große selbst hatte einem Kaiser wie Markian eine solche Inspiration bescheinigt. Neu ist nur das Ausmaß, in dem sich Justinian dieser Inspiration für seine Kirchenpolitik bedient. Damit wurde er zum Vollender des konstantinischen Kirchenwesens, insofern er alles, was etwa bei Konstantin oder Theodosios noch „numinosen“ Charakter hatte, legistisch fixiert und zugleich die unendlich weite Strecke ab-

[23] Novelle 123. [24] Novelle 123 und 137.

[25] PG 86, 1035. [26] Cod. I 3, 44.

[27] *A. Tabera*, De ordinatione status monachalis in fontibus Justinianeis: Commentarii pro Religiosis 14 (1933) 87–95 199–206, 15 (1934) 412–418; *B. Granic*, Die Rechtsstellung und Organisation der griechischen Klöster: ByZ 29 (1928–29) 6–34. Bes. wichtig die Novelle 133 (539).

[28] Vgl. Cod. I 1, 7 und Novelle 131.

steckt, die ein byzantinischer Kaiser in der Kirche, wenn auch nicht ohne die Kirche, gehen kann. Musterbeispiel dafür ist die zweite Phase seiner Unionspolitik gegenüber den Monophysiten, die mit dem Pakt von 519 nur scheinbar abgeschlossen war – scheinbar erst recht für Justinian, der in dieser ersten Phase allzu viele Zugeständnisse an das Selbstbewußtsein Roms machen mußte.

3. Kapitel

Justinians Zickzackkurs – Die origenistischen Wirren

Daß die Union von 519 ein voller Erfolg gewesen wäre, konnte niemand behaupten. Aber bei aller Schärfe der antihäretischen Gesetzgebung: die renitenten Monophysiten und Gegner des Chalcedonense bekamen sie doch nie voll zu spüren. Justinian, den gewiß nichts mit Manichäern, Novatianern und Montanisten verband, war wohl der Meinung, sich mit den gemäßigten Monophysiten vor allem severianischer Prägung theologisch auseinandersetzen zu können. Bei ihnen handelte es sich auch nicht um irgendwelche verschwindende Minderheiten, sondern um beträchtliche Bevölkerungsteile ganzer Reichsprovinzen. Übrigens spielte sich jetzt auch Kaiserin Theodora selbstbewußt in den Vordergrund. In der Zeit ihres Wanderlebens hatte sie offenbar nur bei monophysitischen Bischöfen, die nicht selten mit der etablierten Gesellschaft auf Kriegsfuß standen, christliches Verständnis gefunden[1], und sie war jetzt auch als Kaiserin nicht bereit, ihnen dies zu vergessen. Während des gefährlichen Nika-Aufstandes im Januar 532 war sie es gewesen, die durch ihre Beherztheit die Flucht des Kaisers vereitelt und ihm damit den Thron gerettet hatte. Daß ihr dies den Kaiser besonders verpflichtete, versteht sich von selbst. Trotzdem kann die neue Politik nicht einfach als Folge des Nika-Aufstandes bezeichnet werden, abgesehen davon, daß dieses politische Ereignis wenig oder nichts mit den konfessionellen Gegensätzen zu tun hatte. Vielmehr hat Justinian schon bald nach dem Antritt seiner selbständigen Herrschaft begonnen, monophysitische Mönche und Bischöfe aus ihrem Exil zu entlassen. Im Sommer 531 lud er ihrer sechs nach Konstantinopel ein. Sie sicherten sich durch eine dogmatische Vorwegerklärung gegen eine Überrumpelung durch den kaiserlichen Theologen ab[2] und kamen dann in die Stadt, wo nach längeren Vorverhandlungen bald nach dem Nika-Aufstand ein Religionsgespräch inszeniert wurde, die sogenannte „Collatio cum Severianis“, auf orthodoxer Seite hauptsächlich von Hypatios von Ephesos bestritten[3]. Das Ergebnis war mager: Die Severianer anerkannten, daß Theodore-

[1] Es ist Joannes von Nikiu, der uns berichtet, daß Theodora damals die Bekanntschaft des Patriarchen Timotheos III. in Alexandreia gemacht habe, der ihr geistlicher Vater wurde.

[2] Einzelbelege bei *E. Schwartz*, Kyrillos von Skythopolis 389.

[3] Wir haben darüber einen eingehenden Bericht eines Teilnehmers, des Bischofs Innokentios von Maroneia, gerichtet an den Presbyter Thomas von Thessalonike, der aber nur lateinisch erhalten ist: ACO IV 2, 167–184.

tos und Ibas von Edessa durch die Väter von Chalkedon nicht zu Unrecht rehabilitiert worden seien, und ein Bischof ließ sich sogar dazu bewegen, das Chalcedonense anzuerkennen. Das war aber auch alles. Haupteinwand der Monophysiten gegen die Beschlüsse von Chalkedon war offensichtlich die Gefahr nestorianischer Deutung der Beschlüsse, und es scheint, daß dieser Einwand beim Kaiser, der sich nur indirekt an der Collatio beteiligte, einen nachhaltigen Eindruck hinterließ und ihn bewog, irgend etwas dagegen zu unternehmen. Jedenfalls hatten die Monophysiten zunächst eine beträchtliche Atempause, und Justinian war bereit, weiter entgegenzukommen. Er veröffentlichte dogmatische Schreiben[4] an das Volk von Konstantinopel und die Städte Asias und an den Patriarchen Epiphanios von Konstantinopel und dessen Synode, die wieder einmal ein merkwürdiges Hinweggleiten über die Beschlüsse von Chalkedon darstellen. Dafür wird jetzt die theopaschitische Formel expresse aufgenommen, die dem Kaiser seit 520 am Herzen lag. Damit waren selbstverständlich die akoimetischen Mönche nicht zufrieden, die ihrer Art entsprechend sofort eine scharfe Kampagne dagegen eröffneten, offenbar ohne sich darüber klarzusein, daß die Zeiten des Kaisers Anastasios vorüber waren. Sie sollen in ihrer „nestorianischen" Deutung des Chalcedonense damals so weit gegangen sein, daß sie Maria sogar das Prädikat „Theotokos" verweigerten, was wohl nicht viel mehr bedeuten muß, als daß die Akoimeten die „communicatio idiomatum" nicht als die ultima ratio der Christologie angesehen wissen wollten. Traditionsgemäß wenden sie sich beschwerdeführend an den Papst; doch Hormisdas ist längst nicht mehr am Leben, und ihrer Delegation folgt eine kaiserliche auf dem Fuß. Papst Johannes II. weicht kaiserlichem Druck und verurteilt die Akoimeten am 23. Dezember 534, schluckt dabei die theopaschitische Formel, die Hormisdas noch perhorresziert hatte, ja verweist in diesbezüglichen Schreiben an Kaiser und Senat sogar auf einen der Anathematismen des Kyrillos, in dem die Formel andeutungsweise vorweggenommen wird[5].

Jetzt kam auf Einladung des Kaisers sogar Severos nach Konstantinopel und fand im Palast Quartier, wo er bis März 536 blieb. Und mit Severos kamen, wie schon seinerzeit unter Anastasios, alle möglichen Mönche nach Konstantinopel, durchsichtige und undurchsichtige, die meisten von Kaiserin Theodoras Hospitalität zehrend und sich in Konstantinopel gebärdend, als sei es die Metropole der Gegner Chalkedons. Als im Jahre 535 der Patriarchenstuhl erledigt war, promovierte der Kaiser einen gewissen Anthimos, der vordem Bischof von Trapezunt gewesen war, diesen Sitz aber verlassen hatte, um in Konstantinopel als Asket zu leben. Auch er kam jetzt aus einem Palast Theodoras zum Vorschein, was den Verdacht erregt, sie sei es gewesen, die ihn dem Kaiser als Kandidaten schmackhaft machte. Gegen seine Orthodoxie hatte man offenbar

[4] Codex Justinianus I 1, 6 und 7.

[5] Schreiben des Kaisers an den Papst: Collectio Avellana ep. 84, 7–21 und Codex Justinianus I 1, 8. Schreiben des Papstes: Collectio Avellana ep. 84. Vgl. auch *V. Grumel*, L'auteur et la date de la composition du tropaire Ὁ μονογενής: ÉO 22 (1923) 398–418.

nichts einzuwenden; aber Patriarch geworden, nahm er die Gemeinschaft mit Severos auf und übersandte seine Inthronistika nicht nur dem kämpferisch orthodoxen Patriarchen Ephraim von Antiocheia, sondern auch dem monophysitischen Kollegen in Alexandreia. Die Gesamtlage erinnert verzweifelt an diejenige unter dem Henotikon, und man darf die Frage stellen, ob es nicht gerade diese Lage war, die Justinian bewußt ansteuerte.

Die Wende kam überraschend schnell, freilich nicht als Ergebnis einer organischen Entwicklung, sondern sozusagen ex machina. Zum zweiten Mal, seit Justinian an der Macht war, im Frühjahr 536, traf ein Papst in Konstantinopel ein: Agapitus, der Nachfolger Johannes' II. Er kam als Gesandter des Gotenkönigs Theodahat. Inzwischen hatte ja Justinian, die Ermordung Amalasunthas, der Tochter Theoderichs des Großen, zum Anlaß nehmend, sich entschlossen, die gotische Herrschaft in Italien vom Süden her aufzurollen; Belisar war bereits in Sizilien gelandet. Widerwillig übernahm der Papst den Auftrag des Königs, den Kaiser zum Einlenken zu bewegen. Die Mission des Papstes blieb ohne jedweden politischen Erfolg. Aber Agapitus war nicht nur als königlicher Botschafter auf Reisen. Von allen Seiten über die merkwürdigen Vorgänge in Konstantinopel informiert, war er entschlossen, seinen Aufenthalt in der Kapitale zur Bekräftigung seiner Primatialrechte zu verwenden, die ja Justinian hochzuhalten schon öfter feierlich versichert hatte. Zunächst verweigerte er von allem Anfang an dem Patriarchen Anthimos die Gemeinschaft, formell unter dem gesuchten Vorwand, daß er als Translatus von Trapezunt nicht gültiger Bischof von Konstantinopel sein könne, de facto wohl, weil er ihn des Monophysitismus verdächtigte. Justinian ließ gehorsam Anthimos sofort fallen, und dieser verschwand, woher er gekommen war, wohl in einem Versteck Theodoras. Menas, ein Mann aus Alexandreia, wurde neuer Patriarch und vom Papst geweiht, nachdem er eine erweiterte „Formula Hormisdae" unterzeichnet hatte. Über das weitere Schicksal des Anthimos sollte eine Synode entscheiden; jedenfalls war dies Agapitus' Plan. Doch er starb vor deren Verwirklichung am 22. April 536 in Konstantinopel. Trotzdem führte der Kaiser auch diesen Wunsch des Papstes durch, und am 2. Mai des Jahres trat die Synode unter Vorsitz des Menas und Beteiligung einer ganzen Reihe lateinischer Bischöfe und römischer Kleriker zusammen, die mit dem Papst gekommen waren, an ihrer Spitze der päpstliche Diakon Pelagius, der spätere Papst. Antiocheia und Jerusalem waren durch Apokrisiare und Delegationen vertreten[6]. Die förmliche Anklage gegen Anthimos übernahmen konstantinopolitanische Äbte. Da Anthimos nicht erschien, obwohl er dreimal geladen wurde, und ihn auch niemand verteidigte, war er im Nu in absentia verurteilt und degradiert. Die Synode hätte auseinandergehen können. Doch jetzt verlangten Mönche aus Palästina auch die Verurteilung des Severos. Menas zögerte, aber Justinian gab die Bahn frei, und so wurde denn auch Severos samt seinem Anhang mit dem Anathem belegt. Die

[6] Akten: Collectio Sabbaitica: ACO III 27–186; *Mansi* VIII 873–1176.

Politik des Papstes Agapitus trug also noch nach seinem Tod Früchte. Die neue „henotische“ Bewegung war zu Ende.

Was Justinian zu diesem Kurswechsel veranlaßte, ist schwer auszumachen. Gewiß: der Papst war für ihn immer theoretisch die höchste Glaubensinstanz, aber in der Praxis verstand es der Kaiser, diese Instanz zu manipulieren. Nicht übersehen werden darf, daß im Grunde all seine Bemühungen um die Gewinnung der Monophysiten ohne sonderlichen Erfolg geblieben waren – auch die theopaschitische Formel konnte ihnen nicht genügen. Vielleicht war der Kaiser froh, die Gegenaktion, die ja auch Theodora treffen mußte, dem Papst zu überlassen, der sie sich gern aufbürden ließ. Vermutlich spielte aber auch die Lage in Italien keine unbedeutende Rolle. Wie intensiv oder lässig Agapitus das Anliegen seines Königs Theodahat vertreten hat, wissen wir nicht. Jedenfalls befand sich Belisar auf dem Marsch nach Rom, und vielleicht verstand es der Papst, dem Kaiser klarzumachen, wie sehr es den Feldzug Belisars erleichtern würde, wenn er als Vertreter einer tadelfreien kaiserlichen Orthodoxie den Goten, diesen Häretikern, entgegentreten könnte! Es ist nicht auszuschließen, daß Justinian damals Italien mehr bedeutete als die rekalzitranten Monophysiten des Ostens. Die Erfolge Belisars sollten nicht durch eine Brüskierung des römischen Papstes und seiner katholischen Obödienz in Italien in Frage gestellt werden.

Nachdem er sich einmal entschieden hatte, zog Justinian die Zügel streng an. Severos und die Severianer wurden aus der Hauptstadt vertrieben. Severos ging wieder als Flüchtling nach Ägypten. Theodora fing ab, was sie abfangen konnte, aber ihre Tätigkeit war jetzt nur noch defensiv, nicht mehr offensiv. Pelagius, der Diakon des Agapitus, blieb als päpstlicher Apokrisiar in Konstantinopel und scheint eine wichtige Rolle als Berater des Kaisers gespielt zu haben. Patriarch Ephraim von Antiocheia, ein ehemaliger General, versuchte sich in der Zwangsbekehrung Syriens zur Orthodoxie. In Ägypten war der Monophysitismus schon derart beheimatet, daß er sich bereits in Parteien spaltete, besonders in die der gemäßigten Severianer und in die der „Phantasiasten“, der Anhänger Julians von Halikarnaß[6a], der in Christi Leib ein ἄφθαρτον sah (Aphthartodoketen). Patriarch Theodosios, ein Freund des Severos, war 535 auf Intervention Theodoras in Alexandreia Patriarch geworden, hatte aber die größten Schwierigkeiten, sich gegen Gainas, den Mann der Julianisten, durchzusetzen. Jetzt wurde Theodosios 537 nach Konstantinopel befohlen; da er sich nicht entschließen konnte, den Horos von Chalkedon zu unterzeichnen, mußte er in die Verbannung. Theodora brachte es nach einiger Zeit fertig, ihn nach Konstantinopel kommen zu lassen, wo er ihren Schutz genoß und alles tun konnte, um aus der Ferne seine ägyptische Kirche zu leiten. Der Kaiser aber ernannte jetzt aus eigener Machtvollkommenheit einen Paulos zum Patriarchen von Alexandreia und stattete ihn mit Vollmachten aus, die denen eines kaiserli-

[6a] *R. Draguet,* Julien d'Halicarnasse et sa controverse avec Sévère d'Antioche (Louvain 1924).

chen Gouverneurs entsprachen. Doch was die Theologie des Kaisers nicht vermocht hatte, vermochte auch seine Gewaltpolitik nicht.

Zu allem Überfluß vermehrte sich gerade um diese Zeit das Repertoire der Theologumena, über die man sich entzweien konnte, um einen neuen Punkt, den man längst tot geglaubt hatte, den Origenismus. Nach dem ersten Origenistenstreit[7] um die Wende zum 5. Jh. war es um die Lehre des großen Alexandriners still geworden. Da und dort ergreift man noch die Feder, um ihn zu widerlegen, aber der christologische Streit bemühte die Gemüter derart, daß für die esoterischen Fragen, die Origenes beschäftigt hatten, kein Raum mehr blieb. In Mönchskreisen aber muß Origenes nach wie vor jene geheimnisvolle Anziehungskraft ausgeübt haben, der schon Euagrios erlegen war. Und als sich die Auseinandersetzung in der ersten Hälfte des 6. Jh. allmählich wieder versteifte, scheint die Problematik dieselbe gewesen zu sein wie eineinhalb Jahrhunderte vorher: eine extreme Spiritualisierung des geistlichen Lebens, erfaßt vom raptus des Aufstiegs zu Gott, um sich in ihm bis zum Verlust der Identität zu verlieren, um in ihm alles Gefallene in einer letzthinnigen Verklärung wiederzufinden. Was im einzelnen die origenistisch gesinnten Mönche ihrem Meister – näherhin den Schriften seines Adepten Euagrios Pontikos – entnahmen, ob sie sich mehr um eine kosmologische Deutung innerseelischer Vorgänge bemühten oder ob sie Origenes „privatisierten", läßt sich nicht mehr sagen, denn was man gegen sie schrieb, ist von Spiritualität allzu weit entfernt[8].

Ausgangspunkt und Mittelpunkt der neuen Bewegung war Palästina. Hier hatte das Mönchtum seit der 2. Hälfte des 5. Jh. sowohl in der koinobitischen wie in der anachoretischen (Lauren-)Form einen ungeheuren Aufschwung genommen. Eine der wichtigsten Gründungen war die Laura des Mönches Sabas aus Kappadokien († 532), entstanden im Jahre 483 (Mar Saba). 494 wurde Sabas der Archimandrit aller Anachoreten Palästinas, d.h. Vertreter des Patriarchen für diese Mönchsgruppe. Er war ein großer Organisator, ein eifriger Bauherr und treuer Verfechter einer problemlosen Orthodoxie, aber nicht der Mann, der auf Grund seiner Vorbildung Verständnis für origenistische Strömungen hätte aufbringen können. Aber auch unter seinen Mönchen gab es diese Richtung, und weil Sabas so war, wie er war, eben Opposition. Schließlich kam es zum Auszug der „Eigenbrötler", der mit ihm Unzufriedenen, die sich um 507 in einer neuen Gründung, der „Neuen Laura", versammelten. Ihr Führer war ein gewisser Nonnos. Sabas gelang es, noch geraume Zeit auch die Neue Laura einigermaßen in der Hand zu behalten und ihr seine Äbte aufzuzwingen. Einer dieser Äbte, Agapetos, vertrieb schließlich die strengen Origenisten aus der neuen Gründung. Erst nach seinem Tod, 519, kamen sie wieder zurück und verfolgten nun die Technik des Schweigens und der geheimen Tradierung und Pflege ihrer Lehre. Das gelang offenbar vorzüglich, denn als der greise Sabas

[7] Siehe Bd II 1 127ff.

[8] Zum Ganzen vgl. *F. Diekamp,* Die origenistischen Streitigkeiten im 6. Jh. und das fünfte allgemeine Concil (Münster 1899); *E. Schwartz,* Kyrillos von Skythopolis 386ff.

im Jahre 531 als Beauftragter der Provinz mit einem Gesuch um Steuernachlaß an den Kaiserhof reiste, nahm er aus den Mönchen der Neuen Laura einen gewissen Leontios[9], einen gebürtigen Konstantinopolitaner, in seine Begleitung auf, der zu den überzeugtesten Origenisten gehörte. In Konstantinopel, seiner Heimat, sah Leontios keinen Grund mehr, sich an die Schweigepflicht der Neuen Laura zu halten, und predigte unbekümmert seine Lehren. Jetzt gingen Sabas die Augen auf, und erzürnt stieß er Leontios aus seinem Gefolge und kehrte – höchst unklugerweise – ohne ihn nach Palästina zurück, wo er 532 starb. Leontios bekam weiteren Zuzug aus der palästinensischen Eremos, vor allem die Mönche Dometianos und Theodoros Askidas[10]. Was sie dem Kaiser, zu dem sie Zugang fanden, erzählten und was er davon verstand, wissen wir nicht. Jedenfalls gewannen sie ihn für sich, und er erhob Theodoros zum Metropoliten von Kaisareia in Kappadokien und Dometianos zum Metropoliten von Ankyra. Theodoros zog es freilich vor, meist in der Nähe des Kaisers zu verweilen und sein Bistum sich selbst zu überlassen.

Inzwischen hatte Patriarch Paulos von Alexandreia alle Hoffnungen, die der Kaiser auf ihn gesetzt hatte, enttäuscht. Seine Gewalttätigkeiten wurden unerträglich, und sogar der Mitschuld an der Ermordung eines Diakons konnte man ihn zeihen. So ließ ihn der Kaiser nach Gaza verbannen, und hier sollte ihn eine Synode absetzen. Die Synode tat ihre Schuldigkeit, und die kaiserlichen Delegierten, die ihr beigewohnt hatten, wurden nun an Ort und Stelle mit dem Origenismus konfrontiert. Einer von ihnen, der am Hofe einflußreiche Papas Eusebios, versuchte mit dem Problem fertig zu werden, indem er dem Abt der Neuen Laura den Auftrag gab, entweder die vertriebenen Origenisten wieder aufzunehmen oder aber auch die entschiedensten Antiorigenisten aus dem Kloster zu weisen. Der Abt Gelasios entschied sich für letzteres. Die Vertriebenen wandten sich nun an den eifernden Patriarchen von Antiocheia, Ephraim, der die Origenisten sofort mit dem Bann belegte. Dometianos und Theodoros Askidas, die in Konstantinopel davon erfuhren, suchten den konstantinopolitanischen Patriarchen Menas zu bewegen, seinerseits Ephraim die Kirchengemeinschaft aufzukündigen. Aber inzwischen kam eine ausführliche Klageschrift der Antiorigenisten aus Palästina, die sich über die Umtriebe ihrer Gegner ausließ. Der Patriarch leitete sie an Kaiser Justinian weiter, und dieser erließ bald darauf ein scharfes Edikt gegen Person und Lehren des Origenes[11].

Stellt man sich die Frage, wer am Hof einflußreich genug war, um gegen Papas Eusebios, gegen Askidas und Dometianos eine solche Maßnahme durchzusetzen, so war es kaum der Patriarch Menas; am wahrscheinlichsten dürfen

[9] Ob dieser Leontios identisch ist mit jenem Leontios Byzantios, der der Dogmengeschichte so viele Sorgen macht, ist umstritten. *E. Schwartz* a. a. O. 388 f ist dagegen; dafür *M. Richard*, Léonce de Byzance était-il origéniste?: RÉB 5 (1947) 31–66; vgl. die Geschichte der Kontroverse bei *S. Helmer*, Neuchalkedonismus 31 ff.

[10] Zu Dometianos und Theodoros vgl. die Literatur bei *Beck* 384.

[11] Dekret gegen die Origenisten: PG 86, 1, 945–990; ACO III 189–214.

wir im Diakon Pelagius den Initiator sehen, der als Apokrisiar an der Synode von Gaza teilgenommen hatte. Wer immer es gewesen sein mag, einmal aufgerufen, griff der Kaiser voll in die Saiten seines theologischen Instrumentars. Sein Edikt ist nicht nur die Verkündigung von Maßnahmen, sondern ein theologischer Traktat in Form eines Konzilsbeschlusses. Er nimmt sich nicht nur vor, Origenes zu widerlegen, sondern ihn auch zu lästern; mit Zitaten, hauptsächlich aus Περὶ ἀρχῶν, macht er sich über die Lehre lustig, die er dann in zehn Anathematismen zusammenfaßt, denen sich die gehorsamen Theologen und Prälaten nur noch zu beugen haben. Das Edikt dürfte in den Beginn des Jahres 542 zu datieren sein. Patriarch Menas wurde angewiesen, es vom gesamten hauptstädtischen Klerus unterzeichnen zu lassen und das Protokoll darüber allen übrigen Bischöfen zur Unterschrift zuzusenden. Weder der Papst noch sonst ein Patriarch verweigerte die Unterschrift. Die führenden Origenisten freilich weigerten sich, diese Entscheidung anzunehmen, und sie zogen es vor, die Laura endgültig zu verlassen und sich anderswo eine Bleibe zu suchen. Dometian scheint nach einigem Schwanken ebenfalls das Edikt abgelehnt zu haben, während es Theodoros Askidas anscheinend verstanden hat, sich um die Unterschrift zu drücken.

Der Origenismus schien zu Tode getroffen. Aber der Schein trog auch hier, denn unter fremdem Namen wird Origenes die großen Mystiker der byzantinischen Kirche auch weiterhin in seinen Bann ziehen[12].

4. Kapitel

Der Dreikapitelstreit und das 5. allgemeine Konzil. Das Ende der justinianeischen Zeit

QUELLEN: *Mansi* IX 171–657; ACO IV, Concilium universale Constantinopolitanum, ed. *J. Straub* (Berlin 1971); *E. Schwartz,* Drei dogmatische Schriften Justinians: AAM NF 18 (München 1939).

LITERATUR: *E. Amann,* Trois Chapitres: DThC XV 1868–1924; *Hefele-Leclercq* III 1, 1–132; *R. Devreesse,* Le cinquième concile et l'œcuménicité byzantine: MiscMercati III (Rom 1946) 1–15; *Ch. Moeller,* Le cinquième concile œcuménique et le magistère ordinaire: RSPhTh 35 (1951) 413–423; *E. Chrysos,* Die Bischofslisten des V. ökumenischen Konzils (553) (Bonn 1966); *E. Schwartz,* Vigiliusbriefe. Zur Kirchenpolitik Justinians: SAM 1940, 2 (München 1940); *F. Diekamp,* Die origenistischen Streitigkeiten im sechsten Jh. und das fünfte allgemeine Concil (Münster 1899); *E. K. Chrysos,* Ἡ ἐκκλησιαστικὴ πολιτικὴ τοῦ Ἰουστινιανοῦ κατὰ τὴν ἔριν περὶ τὰ τρία κεφάλαια καὶ τὴν ε' οἰκουμενικὴν σύνοδον (Thessalonike 1969); *ders.,* Τμήματα τῶν Πρακτικῶν τῆς ε' οἰκουμενικῆς συνόδου παρὰ βυζαντινοῖς χρονογράφοις: Κληρονομία 2 (1970) 376–401; *J. Straub,* Die Verurteilung der drei Kapitel durch Vigilius: Κληρονομία 2 (1970) 347–375; *W. de Vries,* Das zweite Konzil von Konstantinopel (553) und das Lehramt von Papst und Kirche: OrChrP 38 (1972) 331–366.

[12] Vgl. *A. Guillaumont,* Les „Kephalaia gnostika" d'Évagre le Pontique et l'histoire de l'origénisme chez les Grecs et les Syriens (Paris 1962).

Unter den Drei Kapiteln versteht man Person und Werk von drei Theologen, die in der Zeit zwischen dem Ephesinum und dem Chalcedonense eine gewisse Rolle gespielt haben und allmählich, ohne daß die Sache es erfordert hätte, zum Zankapfel zwischen den verschiedenen kirchenpolitischen Parteien wurden. An erster Stelle ein Brief des Ibas von Edessa aus der Zeit nach der Union von 433, der Nestorios keinesfalls verteidigt, aber auch alles andere als freundliche Gefühle für Kyrillos von Alexandreia hegt. Der Brief anerkennt die Union von 433, aber sein Verfasser ist nicht geneigt, in dem großen Exegeten Theodoros von Mopsuestia den Vater des Nestorianismus zu sehen und ihn deshalb zu verurteilen. Sodann Theodoros von Mopsuestia selbst. Man hatte längst begonnen, seine Theologie als nestorianisch abzustempeln, und nun gingen die Bestrebungen dahin, ihn selbst und sein Werk nachträglich dem Bann zu überantworten, obwohl sowohl Ephesos wie Chalkedon dazu nicht bereit gewesen waren. An dritter Stelle stehen einige Schriften des Theodoretos von Kyros, die gegen die Anathematismen des Kyrillos gerichtet waren. Schon 431 hatte sich Kyrillos selbst vergeblich um die Verurteilung des Theodoros bemüht. Aber man hielt ihm entgegen, daß Theodoros zu Lebzeiten nie einer Ketzerei geziehen worden war und daß er im Frieden mit der Kirche gestorben war. Es gehe nicht an, einen solchen Mann nach seinem Tod zu schmähen. Ibas sowohl wie Theodoretos waren zwar von der Räubersynode im Jahre 449 abgesetzt worden, aber Chalkedon hatte beide rehabilitiert. Die Synode hatte am Brief des Ibas so wenig auszusetzen gehabt wie an den antikyrillischen Schriften des Theodoretos. Mit anderen Worten: Ein Angriff auf diese drei κεφάλαια war im Grunde ein Angriff auf die Autorität des Konzils von Chalkedon. Sich auf den Brief des Ibas zu kaprizieren und dann noch zu argumentieren, er sei nicht von Ibas, und damit die Autorität des Konzils zu achten, das somit einen anderen als den Verfasser des Briefes rehabilitiert habe, war schlankweg rabulistisch, da noch dazu implicite das Konzil auch den Inhalt des Briefes anerkannt hatte. Der Angriff auf Theodoros aber verriet nicht nur jeglichen Mangel an Sinn für Begriffsentwicklung, sondern auch den Verlust kirchenpolitischer Dezenz schlechthin. Theodoretos aber mußte einfach fallen, weil er die Schwächen Kyrills zu gut getroffen hatte. Was konnte Kreise, die angaben, zum Chalcedonense zu stehen, bewegen, diese Drei Kapitel zur Zielscheibe gnadenloser Angriffe zu machen und damit das Vertrauen in das Konzil zu erschüttern? Aufs Ganze gesehen, doch wohl nur die ständige Angst, in den Augen der Monophysiten als Nestorianer dazustehen, mit den Formeln von Chalkedon einer nestorianischen Interpretation des christologischen Dogmas Vorschub zu leisten und mit den genannten Persönlichkeiten und ihrem Werk die Aufrichtigkeit des Festhaltens an der Orthodoxie zu kompromittieren. Sie mochten der Meinung sein, würde man die Drei Kapitel über Bord werfen, könnten die Severianer zum Einlenken bewogen werden. Die Médisance der Kirchengeschichte nennt freilich konkretere Anlässe[1].

1 Ausführlich darüber Liberatus in seinem Breviarium causae Nestorianorum et Eutychianorum: ACO II, 5, S. 140ff.

Sie kennt den Namen des Mannes, der den Angriff systematisch vorbereitet hat, und sie weiß von seinen Motiven: Theodoros Askidas, in der Beraterrolle beim Kaiser durch die Angriffe auf den Origenismus, die nicht zuletzt auf ihn selbst zielten, aufs äußerste gefährdet, habe auf Rache gesonnen, und sie sollte sich gegen die strengen Chalkedonier richten, die den Origenismus beim Kaiser denunziert hatten. In dem Angriff auf die Drei Kapitel habe er den Weg gefunden, unter dem Vorwand, Chalkedon von unangenehmen Begleiterscheinungen zu säubern, die Synode im Kern zu treffen und zugleich den Kaiser in einen theologischen Streit solchen Ausmaßes zu verwickeln, daß er darüber auch den Origenismus vergessen müsse und froh wäre, Askidas als Berater zu behalten.

Wie immer die Dinge vor sich gegangen sein mögen, Askidas hatte beim kaiserlichen Theologen Erfolg mit seinen Vorstellungen. Rasch war Justinian bei der Hand, einen gelehrten Traktat zu verfassen, in dem er die Drei Kapitel ausführlich darlegte. Daran schlossen sich Anathematismen an gegen Theodoros und seine Schriften, gegen die Werke des Theodoretos, die er gegen Kyrill verfaßt hatte, und gegen den Brief des Ibas und alle jene, die behaupteten, Ibas sei der Verfasser – wohl das erste Anathem der Kirchengeschichte in Fragen der Literaturkritik! Ausdrücklich glaubte Justinian versichern zu müssen, daß diese Anathematismen keinen anderen Zweck hätten, als die Beschlüsse von 451 zu bestätigen. Der Traktat ist verlorengegangen[2]. Er dürfte in der Zeit zwischen 543 und 545 abgefaßt und veröffentlicht worden sein. Während man bei dem kaiserlichen Dekret gegen die Origenisten noch unterstellen kann, daß ein einzelner die Argumente des ersten Origenistenstreites zusammenfaßte, daß somit die Verurteilung nichts wesentlich Neues brachte, ging Justinian in seinem Dekret – denn dies wollte der Traktat sein – gegen die Drei Kapitel völlig autoritär als Herr über Kirche und Dogma vor, ohne Rückendeckung durch eine Synode und ohne auf lange Zeit an eine Bestätigung durch eine Synode zu denken. Die Bischöfe bekamen den gemessenen Befehl, die Anathematismen zu unterschreiben. Doch diesmal gab es Schwierigkeiten. Patriarch Menas von Konstantinopel unterschrieb schließlich samt seiner Synode, ließ sich aber zusichern, daß er seine Unterschrift zurückziehen könne, falls der Papst die Unterschrift verweigere. Alexandreia machte kaum Schwierigkeiten, wohl aber Patriarch Ephraim von Antiocheia, der jedoch schließlich ebenfalls einlenkte. Mehr Schwierigkeiten bereitete Palästina, wo vor allem die chalkedonisch gesinnten Mönche den Patriarchen unter Druck setzten. Entschieden negativ verhielt sich ein großer Teil der Bischöfe des Westens. Die Apokrisiare des Papstes in Konstantinopel verweigerten dem Patriarchen Menas die Kirchengemeinschaft, weil er unterschrieben hatte; am härtesten opponierte der afrikanische Episkopat und die meisten Bischöfe Italiens und Galliens. So mußte es die wichtigste Aufgabe des Kaisers werden, den Papst zu gewinnen. In Rom hatte 537 Papst Vigilius den Stuhl Petri bestiegen, ein Mann, dessen Rolle bei der Absetzung seines

[2] Fragmente bei *E. Schwartz,* Zur Kirchenpolitik Justinians (München 1940) 73ff.

Vorgängers durch Belisar zu Bedenken Anlaß gegeben hatte[3] und der der byzantinischen Regierung gegenüber immer so etwas wie ein schlechtes Gewissen gehabt zu haben scheint. Jetzt zitierte ihn Justinian der Einfachheit halber nach Konstantinopel, und erst hier, wo er 547 ankam, wurde ihm das neue Dokument offiziell zur Unterschrift vorgelegt. Die Haltung des Papstes jetzt und in der Folgezeit bedarf kaum eines Kommentars. Sie als schwach und ziellos zu bezeichnen heißt sich gelinder Ausdrücke bedienen. Zunächst ließ sich alles vielversprechend an. Wie seine Apokrisiare sagte auch er Menas die Gemeinschaft auf, der offenbar auf die Zusicherung, er könne seine Unterschrift zurückziehen, nicht mehr zu sprechen kam. Menas rächte sich damit, daß er den Papst in der Liturgie nicht mehr erwähnte. Justinian aber wandte jedes nur mögliche Druckmittel an, um den Papst zum Einlenken zu bewegen. So nahm Vigilius im Laufe des Jahres 547 die Gemeinschaft mit Menas wieder auf und erließ im April 548 sein berühmtes „Judicatum", in dem er die Drei Kapitel, wenn auch nicht ohne Einschränkung, preisgab[4]. Die Erregung über dieses Nachgeben des Papstes wuchs ungeheuer und ergriff selbst die unmittelbare Umgebung. Schließlich sah sich Vigilius gezwungen, sogar eine Reihe von Diakonen, die mit ihm aus Rom nach Konstantinopel gekommen waren, zu exkommunizieren, um sich ihrer unangenehmen Kritik zu erwehren. Dafür wurde er selbst von einer Synode afrikanischer Bischöfe exkommuniziert. Die Situation spitzte sich für den Papst vor allem im Westen gefährlich zu, so daß er schließlich verbreiten ließ, er sei mit unlauteren Mitteln zur Publikation des Judicatum bewogen worden. Justinian gab einen Augenblick nach und ließ sich dazu herbei, dem Papst das Judicatum zurückzustellen mit der Versicherung, daß die Angelegenheit auf einer Synode geregelt werden sollte. Dafür ließ er sich freilich vom Papst die schriftliche, beeidete Versicherung geben, er werde nach Kräften an der Verurteilung der Drei Kapitel mitarbeiten und nichts unternehmen, ohne sich mit Justinian zu verständigen – eine totale Preisgabe des Papstes, die freilich geheimgehalten wurde. Die Synode ließ auf sich warten; Bischöfe, auf deren Erscheinen der Hof Wert legte, reisten nicht an, andere wollte man möglichst von der Hauptstadt fernhalten. So war es für Askidas nicht schwer, den Kaiser zu bewegen, neuerdings durch ein Dekret mit 13 Anathematismen die Drei Kapitel feierlich zu verurteilen (Juli 551)[5]. Askidas selbst unternahm es, das Dekret dem Papst auszuhändigen; aber nun verlangte der Papst, wohl unter dem Druck der abendländischen Bischöfe, die Aufhebung des Edikts und bedrohte Askidas und den Patriarchen Menas mit dem Bann. Zugleich hielt er es für notwendig, nach diesem Angriff sich in Sicherheit zu bringen, und floh aus seiner Absteige, der Domus Placidiae, asylsuchend in die Petruskirche im

[3] Liberatus will wissen, Vigilius habe, um Papst zu werden, die Zusage an Kaiserin Theodora gemacht, er werde das Chalcedonense aufgeben (ACO II, 5, S. 136).

[4] Rekonstruierbar aus dem nachher zu nennenden Constitutum: Vgl. Collectio Avellana n. 83, 316–317.

[5] *E. Schwartz,* Drei dogmatische Schriften Justinians 72–111.

Palast des Hormisdas, wo er dann den Bann gegen Askidas offiziell vollzog[6]. Justinian versuchte, den Papst mit Polizeigewalt aus dem Asyl zu zerren, aber Vigilius wehrte sich buchstäblich mit Händen und Füßen. Erst als ihm der Kaiser eine Garantie für seine persönliche Freiheit aussprach, ließ er sich dazu bewegen, wieder in die Domus Placidiae zurückzukehren. Da aber Justinian sein Versprechen nicht einhielt, sondern ihn wie einen Gefangenen behandelte, floh er ein zweites Mal, jetzt über die Propontis in die Konzilskirche der heiligen Euphemia in Chalkedon. Wiederum gab es seitens des Kaisers alle möglichen Zusicherungen, unterbrochen durch Grobheiten und Akte der Gewalt. Selbst Belisar vermochte es nicht, den Papst zur Rückkehr zu bewegen. Vigilius veröffentlichte hier eine Enzyklika[7], in der er seine Haltung zu rechtfertigen suchte und die Absetzung des Askidas aussprach. Es gelang den Anhängern des Papstes sogar, an verschiedenen Stellen die Bannbullen gegen Menas und Askidas öffentlich anzuschlagen. Der endgültige Bruch schien sich anzubahnen; doch so weit wollte es Justinian nicht kommen lassen. Er veranlaßte Menas und Askidas, sich beim Papst zu entschuldigen, und dieser kehrte nach Konstantinopel zurück. Kurz darauf (August 552) starb Menas, und der neue Patriarch Eutychios erklärte von Anfang an seine Loyalität gegenüber dem Papst. Man einigte sich jetzt endgültig, die letzte Entscheidung einer Synode anzuvertrauen. Es folgten schwierige Verhandlungen über die Besetzung des Konzils, bei denen der Kaiser in einer Weise seine eigenen, nur auf die Verurteilung der Drei Kapitel zielenden Vorstellungen durchsetzte, daß dem Papst wenig Aussicht blieb, die Opposition des Abendlandes wirksam werden zu lassen; er war de facto jeder Entscheidungsgewalt beraubt und beschloß dementsprechend, an den Sitzungen des Konzils nicht teilzunehmen. Die Synode – das sogenannte 5. ökumenische Konzil – trat am 5. Mai 553 mit 166 Bischöfen zusammen, von denen nur ein Dutzend das Abendland vertrat. Auch Justinian hielt sich aus taktischen Gründen fern, ließ aber die Bischöfe wissen, daß sie ja die Drei Kapitel durch die Unterschrift unter das kaiserliche Edikt schon verurteilt hätten, daß auch der Papst sie verurteilt habe und daß es sich im Grunde nur noch um eine Ratifizierung dieser Beschlüsse handle. Das Konzil bemühte sich, den Papst zur Teilnahme zu bewegen, aber Vigilius begnügte sich damit, eine offizielle Stellungnahme in Aussicht zu stellen. Seine Teilnahme an den Sitzungen machte er nach wie vor von einer stärkeren Beteiligung der Bischöfe des Westens abhängig. Das Konzil ging darüber zur Tagesordnung über und begann mit der Vorbereitung der Verurteilung der Drei Kapitel. In diesem Augenblick, am 14. Mai, veröffentlichte der Papst ein „Constitutum"[8], das er zusammen mit neun italienischen Bischöfen, zwei aus Afrika, zwei aus dem Illyricum und drei aus Kleinasien unterzeichnete. Vigilius verurteilte „kraft apostolischer Autorität" 60 Sätze aus den Schriften des Theodoros von Mopsuestia, weigerte sich aber strikt, den Kirchenvater selbst mit dem Bann zu belegen, so wie er sich weigerte,

[6] Text bei *E. Schwartz*, Vigiliusbriefe (München 1940) 10–15.

[7] *E. Schwartz* a.a.O. 1–10.

[8] Collectio Avellana n. 83, 230–320.

Theodoretos oder den Verfasser des Ibas-Briefes zu anathematisieren, weil damit die Beschlüsse von Chalkedon in Frage gezogen würden. Das Constitutum verbot jede Polemik gegen die Drei Kapitel, die über dieses Dekret hinausginge. Zwar weigerte sich der Kaiser, das Constitutum überhaupt in Empfang zu nehmen, aber der Inhalt wurde trotzdem bekannt. So trat der Kaiser die Flucht in die Öffentlichkeit an. Er unterbreitete den Konzilsvätern ein Aktenbündel mit Briefen des Papstes, in denen er sein Judicatum verteidigte, und vor allem das Protokoll seiner Eidesleistung von 550. Darauf löschten die Väter den Namen des Papstes in den Diptychen, ohne ihn zu exkommunizieren. Die Autorität des Apostolischen Stuhles als solchen sollte nicht angetastet werden.

Am 2. Juni 553 schließlich auf der letzten Sitzung vollzog die Synode in 14 Anathematismen, die Justinians Dekret entlehnt waren, die Verurteilung der Drei Kapitel in aller Form. Theodoros Askidas schien auf der ganzen Linie gesiegt zu haben: Justinian hatte tatsächlich keine Zeit mehr auf die Durchsetzung seines Dekrets gegen die Origenisten verwendet; sie beherrschten in Palästina Klöster und Bischofsstühle. Aber im Abt Konon der Großen Laura erstand ihnen jetzt unversehens ein gefährlicher Gegner, der genau wußte, daß sie ihren Protektor in Askidas hatten. 551 tauchte er selbst in Konstantinopel auf und denunzierte ihr Treiben beim Kaiser. Justinian wachte auf und entschloß sich durch einen Brief an die zum Konzil angereisten Bischöfe, die Angelegenheit wieder in Gang zu bringen. Zur Erleichterung des Verfahrens garnierte er seinen Traktat wiederum gleich mit 15 Anathematismen[9]. Wenn wir den Verlauf der Verhandlungen auch nicht kennen, so steht doch fest, daß die Bischöfe keine Schwierigkeiten machten. Ihre Sentenz wandte sich nicht nur und nicht zuvörderst gegen Origenes selbst, sondern gegen die Origenisten Palästinas und concomitanter nun auch gegen Euagrios Pontikos. Die Verhandlungen müssen vor Beginn des Konzils höchstwahrscheinlich im März 553 abgeschlossen worden sein, und Vigilius scheint ohne Bedenken seine Zustimmung gegeben zu haben.

Nachdem so alles „bereinigt" war, verlangte der Kaiser von allen Bischöfen, die nicht an der Synode teilgenommen hatten, die Unterschrift unter die Beschlüsse. Im Osten gab es nur geringe Schwierigkeiten. Die Origenisten wurden aus der Neuen Laura vertrieben, einige Bischöfe von ihren Sitzen entfernt. Wichtiger war die Stellungnahme des Papstes. Rom, seit 552 wieder fest in byzantinischer Hand, verlangte dringend die Rückkehr seines Bischofs. Justinian forderte von Vigilius als Vorleistung die Anerkennung der Verurteilung der Drei Kapitel. Wieder einmal gab der Papst nach und sprach die Verurteilung am 8. Dezember 553 aus[10]. Am 23. März 554 erging ein neues Constitutum des Papstes, in dem er die Authentizität des Ibas-Briefes und seine Rechtfertigung durch das Chalcedonense in Abrede stellte[11]. Im Frühjahr 555 schließlich

[9] Zur Echtheit und Datierung *F. Diekamp*, Die origenistischen Streitigkeiten 82ff. Text der Anathematismen 90–97.

[10] *Mansi* IX 419f.

[11] *Mansi* IX 457–488.

konnte der Papst Konstantinopel verlassen. Er starb jedoch auf der Reise in Syrakus. Die Opposition im Westen bekam dadurch nur noch freiere Bahn, und trotz schwer polizeilicher Repressalien hielt sie stand. Wenn schließlich jetzt auch der Diakon Pelagius, der Vigilius immer wieder auf der Bahn der alten Überzeugungen gehalten hatte und deshalb vom Kaiser darüber inhaftiert worden war, den Weg zur Anerkennung des Konzils einschlug, so war dies jetzt für den Kaiser Grund genug, ihn den Römern als Bischof aufzudrängen (556). Der Widerstand, den er in Rom fand, veranlaßte ihn freilich, seine Haltung zu revidieren; aber das Schisma zwischen dem Apostolischen Stuhl und bedeutenden Teilen des westlichen Episkopats war nicht mehr zu verhindern.

Was die Monophysiten anlangt, so ließen die Beschlüsse von 553 sie völlig ungerührt. Die geheime Hoffnung des Kaisers, sie doch noch zu gewinnen, scheiterte kläglich, und Justinian scheint darüber nicht mehr hinweggekommen zu sein. Vielleicht erklärt sich daraus eine neuerliche Annäherung an eine monophysitische Gruppe, die letzte Caprice des kaiserlichen Theologen. Angeblich war es ein palästinensischer Bischof, der ihn näher mit der Lehre des Julian von Halikarnaß[12] vertraut machte, dem sogenannten Aphthartodoketismus, dem zufolge der Leib Christi ein ἄφϑαρτον, ein incorruptibile ist, so daß er am Kreuze nur leiden konnte, weil ein eigenes Wunder es ermöglichte. Die Vertreter dieser Lehre, nach einem ihrer Häupter auch Gaianiten genannt, waren in Ägypten weit verbreitet, und vielleicht gab sich der Kaiser wieder einmal der Hoffnung hin, wenn nicht die Severianer, so doch diese Gruppe der Monophysiten für sich gewinnen zu können. Er ließ sich von der Richtigkeit des Aphthartodoketismus überzeugen[13], und geübt wie er war, entwarf er denn auch sofort ein Glaubensdekret zugunsten dieser Lehre, das allen Bischöfen zur Unterschrift vorgelegt werden sollte. Schon Patriarch Eutychios in der eigenen Hauptstadt verweigerte jegliche Zustimmung. Aber da es der Kaiser besser wußte, mußte der Patriarch in die Verbannung (565). Ob das Dekret wirklich amtlich publiziert wurde, wissen wir nicht. Jedenfalls wurde sein Inhalt rasch bekannt und erregte allgemeines Mißfallen, nicht nur im Westen, sondern jetzt auch im Osten. Aber ehe der neue Konflikt voll zum Ausbruch kam, starb der Kaiser am 14. November 565, und niemand fand sich, der seinen letzten Gedanken aufgenommen und ausgeführt hätte.

Mit Justinian geht eine Ära der Kirchengeschichte zu Ende. Aus seiner eigenen politischen Sicht heraus mag sein Wirken im Raum der Kirche folgerichtig gewesen sein, für die Kirchengeschichte selbst beginnt es erfolgversprechend orthodox, weicht dann „theopaschitisch" auf, um in den Jahren um 536 geradezu papsttreu zu wirken. Dann aber führt der Weg zu den Drei Kapiteln, und

[12] *R. Draguet,* Julien d'Halicarnasse et sa controverse avec Sévère d'Antioche sur l'incorruptibilité du corps du Christ (Louvain 1924).

[13] *M. Jugie,* L'empereur Justinien a-t-il été aphthartodocète?: ÉO 35 (1932) 399–404. Versuchte Ehrenrettung Justinians: *M. Anastos,* The Immutability of Christ and Justinian's Condemnation of Theodore of Mopsuestia: DOP 6 (1951) 123–160.

er opfert ein altes, nüchternes, kostbares theologisches Erbe auf dem Altar einer Politik, die in sich hoffnungslos war. Daß ihm große Teile der Kirche auf diesen gefährlich dilettantischen Wegen folgten, brachte der Kirche theologisch eine Verarmung ein, die lange nicht mehr wettzumachen war, ganz abgesehen davon, daß es von der theologischen Standfestigkeit der Bischöfe kein gutes Zeugnis ablegt. Bemerkenswert war vor allem der Stil, mit dem der Kaiser seine Ideen durchsetzte. So wie er mit Dogma und Glauben umsprang, ohne die kirchliche Lehrautorität zu achten, war kein Kaiser vor ihm verfahren, und kaum einer – abgesehen vielleicht von Manuel I. im 12. Jh. – ist ihm darin nachgefolgt. Ein Beweis dafür, daß ein solches Verfahren nicht einfach aus der byzantinischen Kaiseridee, aus dem kaiserlichen „Priestertum" usw. hergeleitet werden kann. Es mag überraschen: aber so gesehen, ist Justinian nicht einmal typisch für das byzantinische Kaisertum, sondern fast eine Einzelerscheinung. Freilich, er hat mit dieser seiner Art Grenzwerte gesetzt, die in Byzanz immer bedrohlich sichtbar blieben.

5. Kapitel

Die Erben Justinians – Monenergetismus und Monotheletismus

QUELLEN: Akten der römischen Synode von 649: *Mansi,* Akten des ökum. Konzils von 680/81; *Mansi* XI 190–922 (Vorbereitung der kritischen Neuausgabe beider Synoden bei der Bayer. Akademie der Wissenschaften); Theophanes Confessor, ed. *C. de Boor* (Leipzig 1883/85); Nicephorus Patriarche, ed. *C. de Boor* (Leipzig 1880).

LITERATUR: *P. Goubert,* Byzance avant l'Islam sous les successeurs de Justinien Ier (Paris 1951); *ders.,* Les successeurs de Justinien et le monophysisme: Chalkedon II 179–192; *M. Jugie,* Monothélisme: DThC X 2, 2307–23; *V. Grumel,* Recherches sur l'histoire du monothélisme: ÉO 27 (1928) 6–16 257–277, 28 (1929) 19–34 158–166 272–282, 29 (1930) 16–28; *P. Verghese,* The Monothelete Controversy – a Historical Survey: Greek Orth. Theol. Review 13 (1968) 196–211.

Wenn es ziemlich sicher ist, daß Kaiserin Theodora die Kirchenpolitik Justinians maßgeblich beeinflußte und nicht minder maßgeblich behinderte, so ist es nicht unwahrscheinlich, daß ihre Nichte Sophia, die Frau des neuen Kaisers Justin II. (565–578), der selbst bis kurz vor seiner Thronbesteigung es mit den Monophysiten gehalten haben soll, ihre Hände im Spiel hatte, als der Kaiser nach seinem Regierungsantritt begann, einen den Monophysiten entgegenkommenden Kurs zu steuern. Gefangengehaltene und verbannte monophysitische Bischöfe durften zurückkehren, Versuche wurden unternommen, durch Vermittlung kaiserlicher Abgesandter innermonophysitische Zwistigkeiten beizulegen, und schließlich wurde Jakob Baradai mit führenden Köpfen seiner Kirche zu einer Unionskonferenz nach Konstantinopel eingeladen. Die Besprechungen dauerten lange Monate, ohne freilich konkrete Ergebnisse zu zeitigen. So versuchte es Justin II. wie weiland Kaiser Zenon mit einem „Henotikon" (567)[1],

[1] Über das Henotikon des Kaisers berichtet Evagrius HE V 4.

das Zenons Formulierungen neu auflegte, die Drei Kapitel verdammte, die Monophysiten amnestierte, die Rehabilitation des Severos nahelegte – und vom Chalcedonense schwieg. Den Monophysiten war auch dies nicht genug. Auf einer Konferenz, die in Kallinikon am Euphrat stattfand, sollte ein kaiserlicher Kommissar Bischöfe und Mönche zur Annahme bewegen. Jakob Baradai und seine Getreuen wären geneigt gewesen, bei einigen Präzisierungen dem Dokument sich anzuschließen, aber vor allem die Mönche wollten von einem kaiserlichen Unionsversuch nichts wissen, so daß das Treffen mit einem schrillen Mißklang innerhalb der Partei selbst schloß. Nun bereitete der Kaiser eine Neufassung des Edikts vor[2], das „die eine Fleisch gewordene Natur des Logos" anerkannte und von einer Mentaldistinktion der Naturen sprach, wiederum ohne Chalkedon zu erwähnen, aber auch ohne auf die Rehabilitierung des Severos zurückzukommen. Das Dekret sollte mit Gewalt durchgesetzt werden, und Patriarch Joannes Scholastikos von Konstantinopel (565–577) tat alles, um der Gewalt ihren Lauf zu lassen. Es gab Verhaftungen und Deportationen in allen Landstrichen. Die Verfolgung verebbte erst, als Justin II. allmählich dem Wahnsinn verfiel und statt seiner Tiberios II. die Regierungsgeschäfte übernahm (574) und nach Justins Tod den Thron bestieg (578–582). Die Patriarchen, auch Eutychios, den man 577 nach dem Tode des Joannes aus dem Exil zurückrief, versuchten die Verfolgung fortzusetzen, aber der Kaiser wollte davon nicht viel wissen, und Eutychios selbst verhedderte sich bald in eine Doktrin über die Auferstehung alles Fleisches, die ihn der Häresie verdächtig machte[3]. Die Politik des Tiberios war wohl auch beeinflußt von dem Gedanken, die monophysitischen Araber an der wichtigen persischen Grenze nicht zu verprellen. Er empfing ihren Phylarchen al-Mundir feierlich in Konstantinopel und tat manches, um seinen Forderungen auf Freigabe verfolgter Monophysiten entgegenzukommen. Wenn er später auf Anraten des Maurikios al-Mundir fallenließ, so hatte dies andere Gründe[4]. Die Religionspolitik des Tiberios wurde fortgesetzt von seinem Nachfolger Maurikios (582–602), der persönlich ohne Zweifel ein Chalkedonier war. Unter Phokas (602–610) und in den ersten Zeiten der Regierung des Herakleios (610–641) stellte der große Ansturm der Perser, die Teile Kleinasiens, Syriens und Ägyptens besetzten, die Politik der Kaiser vor derartige Anforderungen, daß für die alten konfessionellen Querelen wenig Zeit blieb. Noch dazu entzog die persische Okkupation gerade die Monophysiten mehr oder weniger der kaiserlichen Macht. Die Probleme kamen erst wieder zum Vorschein, seit Herakleios in langen Feldzügen die Perser in die Knie gezwungen hatte, auch wenn die Vorbereitung dazu schon weiter zurückliegt. Die Juden, die den Einmarsch der Perser, wenn nicht gefördert, so doch warm begrüßt hatten, konnten kaum auf Gnade hoffen. Die kaiserlichen Truppen machten nicht viel Federlesens mit ihnen, und der Kampf gegen sie gipfelte in dem kaiserlichen Gebot der Zwangsbekehrung[5]. Wie sollte mit den Monophysiten verfah-

[2] Evagrius a. a. O. [3] Vgl. *Beck* 380.
[4] Siehe unten S. 47. [5] *F. Dölger,* Regesten der byzantinischen Kaiserurkunden n. 206.

ren werden, d. h. nicht mit einer Minderheit, sondern mit der Bevölkerung ganzer Provinzen? Teile von ihnen, etwa die ghassanidischen Araber, denen Maurikios aus militärischem Mißtrauen so übel mitgespielt hatte, dürften den Persern wenig in den Weg gelegt haben, und die Perser scheinen diese Haltung auch honoriert zu haben. Michael der Syrer berichtet aus dieser Zeit: „Die Erinnerung an die Chalkedonier wurde vernichtet vom Euphrat bis zum Orient." Konnte die Reichsregierung weiterhin die separatistischen Tendenzen heterodoxer Syrer und Kopten unbeachtet lassen? Herakleios sann auf Abhilfe und suchte das Heilmittel wiederum in der kirchlichen Union. Sein loyaler und edler Helfer war dabei Patriarch Sergios[6] (610–638), dem nichts ferner lag, als kirchenpolitisch im trüben zu fischen. Ihn entgelten zu lassen, was man dem Papst Honorius nicht gern ankreiden möchte, gehört zu den Taktlosigkeiten der Kirchengeschichte. Wenn es die Lücke der chalkedonischen Christologie gewesen sein soll, daß sie über der Zweiheit die Einheit zuwenig klar herausgearbeitet hat, wenn man andererseits auf die Zweiheit der Naturen in Christo nicht mehr verzichten konnte, der Begriff Person aber immer noch etwas farblos war, so konnte man die Einheit in Christi Wollen und Wirken suchen. Schon bei einigen neuchalkedonischen Theologen finden sich Formeln, die auf die μία ἐνέργεια, das einzige göttliche Wirkvermögen, in Christus hinweisen[7]. Dem Patriarchen schien diese Formel vielversprechend, und schon früh bemühte er sich um ein patristisches Florileg, das die Zeugnisse dafür vermehren konnte. Sergios scheint dabei besonderes Vertrauen in den Bischof Theodoros von Pharan gesetzt zu haben, an dessen Treue zu Chalkedon niemand zweifelte; aber auch in den Bischof Kyros von Phasis[8], der dann 631 vom Kaiser zum Patriarchen der Reichskirche in Alexandreia eingesetzt wurde. Kyros war bereit, aus diesem Gedankengut jene Formeln zu schmieden, die der christlichen Öffentlichkeit als Basis gemeinsamen Glaubens vorgesetzt werden sollten. In neun Sätzen, welche den Ertrag der neuchalkedonischen Theologie, d. h. die Aussöhnung zwischen Kyrill und 451, zum Inhalt hatten, wurde der „Pakt" am 3. Juni 633 feierlich in Alexandreia verkündet[9], dessen Kernstück die Lehre von dem einen und selben Christus, Göttliches und Menschliches wirkend „mit der einen gottmenschlichen Energie (θεανδρικῇ ἐνεργείᾳ), bildete, ein Terminus, bei dem man sich auf die „unverdächtige" Autorität des Ps.-Areopagiten berufen konnte. Die Monophysiten triumphierten: „Jetzt brauchen wir nicht mehr zum Chalcedonense kommen: es kommt zu uns!" Aber die Opposition ließ nicht auf sich warten. Der Mönch Sophronios, der bald darauf Patriarch von Jerusalem wurde (634–638), protestierte gegen die Unionsformel. Für ihn galt der aristotelische Grundsatz, daß die Energie aus der Natur erfließe, daß also in

[6] *Grumel Reg* n. 279–292; *J. L. van Dieten*, Geschichte der Patriarchen von Sergius I. bis Johannes VI. (610–715) (Amsterdam 1972).
[7] Dazu bes. *W. Elert*, Der Ausgang der altchristlichen Christologie (Berlin 1957).
[8] *Beck* 431.
[9] *Hefele-Leclercq* III 1, 333–343.

Christus zwei Energien anzunehmen seien. Er reiste zum Patriarchen Sergios nach Konstantinopel, und es ist für diesen bezeichnend, daß er bereit war, zu verhandeln. Man einigte sich darauf, daß es für die Zukunft richtig sei, überhaupt nicht von Energien zu sprechen, sondern von dem einen wirkenden Christus (εἷς καὶ αὐτὸς ἐνεργῶν), mit anderen Worten, es sollte der eine Wirkende betont werden und nicht Wirkvermögen oder Wirksamkeit. Sophronios ging von seinen zwei Energien offenbar deshalb ab, weil er für den Gebrauch dieser Formel keine Väterstellen nachweisen konnte. Er hielt sich jedenfalls an das Abkommen mit dem Patriarchen, wenn er auch in seiner Enzyklika[10] keinen Zweifel darüber läßt, daß theoretisch zwei Naturen zwei Wirkvermögen zur Folge haben. Der Patriarch Sergios aber veröffentlichte jetzt ein Judicatum[11], das ebenfalls die abstrakte Formel von der einen Energie zugunsten der konkreten persönlichen von dem einen wirkenden Christus aufgab. Selbst Maximos der Bekenner hat später die Formel für eine gute Lösung gehalten. Für die Monophysiten allerdings mußte sie uninteressant bleiben, denn damit war das Problem, ob eine oder zwei Naturen, wieder vom Tisch gewischt. Sergios schilderte Inhalt und Tendenz seiner Lehrentscheidung in einem Schreiben dem Papst Honorius[12]. Der Papst war damit einverstanden, daß man nicht von zwei Energien spreche; das sei bis dato nicht geschehen und könne terminologisch nur Verwirrung bringen. Er akzeptierte die Formel des Patriarchen und folgerte aus ihr, daß es angemessen sei, von einem Willen (una voluntas) in Christus zu sprechen[13]. Die Verteidigung des Papstes bedarf keiner Sophismen. Er zitiert das Jesuswort: Ich bin nicht gekommen, meinen Willen zu tun, sondern den Willen dessen, der mich gesandt hat, und das andere: Nicht mein Wille geschehe, sondern der deine, nimmt also irgendwie ein menschliches Grundvermögen zu wollen in Christus an. Wenn er dann von una voluntas spricht, so meint er offensichtlich nicht dieses Grundvermögen, sondern den jeweils konkreten Willensakt, der bestimmt wird vom göttlichen Willen und nur von diesem. Das Fatale war, daß nur eben wiederum statt eines Verbums ein ungeklärtes Substantiv verwendet wurde, das sich sowohl als Grundvermögen wie als letzthin entscheidendes arbitrium interpretieren ließ.

Sergios war von der Starthilfe, die ihm der Papst bot, angetan. Und wenn der Papst die Formel „una voluntas" vorzog, so war der Patriarch bereit, sie an Stelle des ohnedies schon aufgegebenen μία ἐνέργεια zu setzen; griechisch heißt dies ἓν θέλημα. Er gewann den Kaiser für ein Dekret, und noch im Todesjahr des Patriarchen und des Papstes (638) erschien die Ekthesis[14] des Herakleios, in der das Verbot ausgesprochen wurde, von einer oder zwei Energien

[10] *Mansi* XI 461–510.

[11] Insert: *Mansi:* XI 533 C–E. *V. Grumel:* ÉO 27 (1928) 13 vermutet 536 E – 537 A. Vgl. aber *ders.*, Regest 287.

[12] *Mansi* XI 529–537.

[13] *Mansi* XI 537–544. Vgl. *P. Galtier*, La première lettre du pape Honorius: Gr 29 (1948) 42–61.

[14] *Mansi* X 992–997, dazu das Synodaldekret a. a. O. 1000–1001 in Fragmentform.

zu sprechen, und dafür der eine Wille in Christus als Glaubensformel dekretiert wurde, wiederum mit der Begründung, daß Christus im Fleisch nie getrennt vom Willen des Logos oder gegen diesen etwas gewollt habe, d.h., θέλημα wird nicht interpretiert als ein theoretisches Vermögen, sondern als aktuelles Wollen. Was hier im argen lag, war nicht Theologie, sondern Terminologie.

Erst Maximos der Bekenner, der einst im Dienste des Herakleios gestanden hatte, dann Mönch geworden und vor den Persern nach Afrika geflohen war, entpuppte sich als der Mann, der den sprachlichen Schwierigkeiten philosophischer Natur gewachsen war. Nach einer langen Vorbereitungszeit, in welcher er sich nicht festlegte, etwa um 640, griff er energisch in den Streit ein[15]. Für ihn ist θέλημα φυσικόν ein Grundvermögen, das zur Natur gehört; und da er ein begeisterter Bekenner des Chalcedonense ist, ist er damit Dyothelet. Er muß die Formel des Papstes Honorius und der Ekthesis ablehnen; freilich interpretiert er den Papst orthodox, während er dem griechischen Terminus dies nicht widerfahren läßt. Anders ist es mit dem „gnomischen" θέλημα bestellt, das mit dem arbitrium identisch ist, eine Proprietät der Person; es kann in Christus nur eines sein, da er in der göttlichen Person subsistiert. Die Misere der folgenden Diskussionen bestand darin, daß auf diese rettende Unterscheidung zuwenig geachtet wurde, wohl aber auch darin, daß sie Maximos zu streng forderte, d.h. bei jedem, der ohne Unterscheidung von einem θέλημα sprach, unterstellte, er meine damit das physische Vermögen an sich. Während also im Osten des Reiches sich da und dort der Wille zur Union auf der Basis der Ekthesis abzeichnete, entstand im byzantinischen Afrika ein Zentrum des Widerstands gegen die kaiserliche Politik. Angesichts der Situation entschloß sich Kaiser Konstans II. (641–668) zu einer neuen Verfügung. Sein Typos[16] vom Jahre 648 verbot jegliche Diskussion über eine oder zwei Energien, einen oder zwei Willen und setzte die Ekthesis außer Kraft. Natürlich hatte dieses Verbot nicht die geringste Aussicht, eingehalten zu werden. Maximos wandte sich schließlich nach Rom, wo der neue Papst, Martin I., volles Verständnis für seine Gedankengänge zeigte. So wurde 649 die Lateransynode zelebriert, die ganz unter dem Einfluß der Gedankengänge des Maximos stand. Die Konzilsväter verwarfen sowohl die Ekthesis des Herakleios wie den Typos des Konstans. Sie definierten die Lehre von den zwei Willen in Christus und exkommunizierten Sergios, seinen Nachfolger Pyrrhos und Kyros von Phasis, als ob die Distinktionen des Maximos schon damals Allgemeingut gewesen wären. Daß sie Honorius vom Banne ausnahmen, verstand sich dann im Grunde nur auf Grund der Vorstellungen vom Papsttum. Kaiser Konstans reagierte äußerst heftig. Er ließ Papst Martin 653 aus Rom nach Konstantinopel transportieren. Man machte ihm einen Hochverratsprozeß, wohl deshalb, weil der Exarch von Ravenna, der ihn zunächst 650 hätte verhaften sollen, sich in Rom zum Gegenkaiser hatte

[15] Vgl. *P. Sherwood,* An Annotated Date-List of the Works of Maximus the Confessor (Rom 1952).

[16] *Mansi* X 1029–1032.

ausrufen lassen und mit Papst Martin eine Verständigung herbeigeführt hatte, die wohl nicht ohne stillschweigende Anerkennung der Usurpation durch den Papst gedacht werden kann. Jedenfalls war nun vom ursprünglichen Verhaftungsgrund nicht mehr die Rede, und jeder Versuch des Papstes im Prozeß, den Typos und den Monotheletenstreit in die Debatte zu bringen, wurde vom Gericht zurückgewiesen. Schließlich wurde der Papst wegen Hochverrats zum Tode verurteilt und dann zur Verbannung begnadigt, in der er im Jahre 655 starb. 653 gelang es der kaiserlichen Polizei, auch Maximos in Gewahrsam zu nehmen und nach Konstantinopel zu deportieren, wo ihm ebenfalls ein Hochverratsprozeß angehängt wurde. Es scheint, daß ihm die Freundschaft zum byzantinischen Exarchen Gregorios in Karthago zum Verhängnis geworden ist, der sich damals ebenfalls zum Gegenkaiser ausrufen ließ. Maximos starb, an Händen und Zunge verstümmelt, im Exil im Jahre 662. Damit war die Klimax der Kontroverse überschritten. Konstans II. machte noch den Versuch, persönlich den Westen seine Autorität fühlen zu lassen, wurde aber 668 in Sizilien ermordet.

Auf ihn folgte Konstantin IV. (668–685). Ihm war an der Fortsetzung des Streites, der sich totgelaufen hatte, nichts gelegen. Die Monophysiten waren nicht zu gewinnen. Der größte Teil von ihnen stand längst nicht mehr unter byzantinischer Herrschaft, und es bestand keine Hoffnung, daß das Reich die verlorenen Ostprovinzen wiedergewinnen würde. Afrika, das geraume Zeit der Mittelpunkt der Opposition war, hatte mit Maximos seinen Führer verloren und geriet überdies jetzt ebenfalls in die Hand des Islams. Die neue Orientierung der byzantinischen Politik, die der Italia byzantina größeres Gewicht einräumte, ließ es angemessen erscheinen, den Papst aus einer für das Reich nicht ungefährlichen Opposition herauszuholen. So kam es, da schon Papst Agatho im Jahre 680 eine vorbereitende Synode mit 125 Bischöfen abhalten konnte, die im Geiste der Synode von 649 den Monotheletismus verurteilte, zur 6. ökumenischen Synode in Konstantinopel im Jahre 680/681, bei der der Kaiser selbst den Vorsitz führte. Den Konzilsvätern lag ein Brief des Papstes vor[17], der den einzuschlagenden Weg wies. Fast alle Bischöfe schlossen sich dem päpstlichen Dekret an. Nur sechs machten eine Ausnahme, darunter der Patriarch Makarios von Antiocheia, welcher der einzige repräsentative Vertreter der Lehre des Sergios geblieben zu sein scheint. Alle wurden mit dem Anathem belegt und dieses Anathem neuerdings ausgedehnt auf Theodoros von Pharan, Kyros von Phasis, die Patriarchen Sergios und Pyrrhos und schließlich sogar auf Papst Honorius. Was damit verurteilt wurde, war eine Terminologie, die inzwischen als überholt betrachtet werden konnte. Historisch gerechtfertigt waren die Urteile kaum, wie noch die Erklärung des Patriarchen Makarios auf der Synode zu erkennen gibt. Die Definition der Synode selbst spricht von zwei physischen Willensvermögen in Christus, deren Strebungen nicht gegeneinander gerichtet sind, weil sich der menschliche Wille in allem dem göttlichen, allmächtigen Willen unter-

[17] MPG 87, 1161ff.

ordne[18]. Die Verurteilung der unnachgiebigen Bischöfe führte kein Schisma herbei. Der Akt war geschlossen, und niemand hatte Lust, darauf zurückzukommen; eine Frage war aus der Welt geschafft, die ihren kirchenpolitischen Sinn längst verloren hatte. Nachdem die Monophysiten im großen und ganzen nicht mehr zum Reich gehörten, hatten all diese Kontroversen ihren bedrohlichen Hintergrund verloren; die Orthodoxie zog sich in sich selbst zurück – Byzanz war kleiner geworden.

Es bleibt Episode, wenn in den Jahren 711–713 Kaiser Philippikos Bardanes durch kaiserliches Edikt die Beschlüsse des 6. ökumenischen Konzils verwarf und den Monotheletismus für die einzig zulässige kirchliche Lehre erklärte. Mit seinem Sturz war der Spuk zu Ende. Und wenn später der Ikonoklastenstreit auf das christologische Geleise geschoben wird, so lassen sich gedankliche Verbindungen gewiß nicht leugnen, aber die orthodoxe Christologie im präzisen Sinne des Wortes war mit dem 6. ökumenischen Konzil für alle byzantinischen Jahrhunderte abgeschlossen. Der Sieg war prekär, weil ihm allzuviel Gesundes geopfert worden war; aber eine mehr und mehr schematisierte Dogmatik spürte diese Verluste ohnehin nicht, und manches, was früher als monophysitisch gegolten hatte, war inzwischen durch die Neuchalkedonier orthodox geworden oder in den Besitz der Frömmigkeit eingegangen. Der Monophysitismus und der Monotheletismus konnten als besiegt gelten, aber einen Teil ihrer religiösen Anliegen hatten sie längst in der Orthodoxie in Sicherheit gebracht.

6. Kapitel

Das Aufkommen von Nationalkirchen am Rande des Byzantinischen Reiches

LITERATUR: *L. Duchesne,* Les églises séparées (Paris 1896); *K. Lübeck,* Die christliche Kirche des Orients (Kempten 1911); *A. Fortescue,* The Lesser Eastern Churches (London 1913); *J. B. Kidd,* The Church of Eastern Christendom from 451 to the Present Time (London 1927); *F. Heiler,* Urkirche und Ostkirche (München 1937); *D. Attwater,* The Christian Churches of the East II (Milwaukee 1946); *W. de Vries,* Der christliche Osten in Geschichte und Gegenwart (Würzburg 1951); *R. Janin,* Les églises orientales et les rites orientaux (Paris ^{5}1956); *W. de Vries,* Die orientalischen Kirchen (Würzburg 1960); *B. Spuler,* Die morgenländischen Kirchen: Hdb. der Orientalistik I 8, 2 (Leiden 1961) 120–324; I patriarcati orientali nel primo millennio: Orientalia christiana analecta 181 (Rom 1968).

Die Kirche der Nestorianer: *G. P. Badger,* The Nestorians and their Rituals, 2 Bde (London 1852); *J. Labourt,* Le christianisme dans l'empire Perse sous la dynastie sassanide (224–632) (Paris 1904); *W. A. Wigram,* An Introduction to the History of the Assyrian Church (London 1910); *E. Amann – E. Tisserant,* L'église nestorienne: DThC XI 1, 157–223; *A. Christensen,* L'Iran sous les Sassanides (Kopenhagen 1936); *A. K. Arbanites,* Ἱστορία τῆς ἀσσυριακῆς νεστοριανικῆς ἐκκλησίας (Athen 1968).

[18] *Hefele-Leclercq* III 472–538; *K. Hirsch,* Papst Honorius und das VI. allgemeine Konzil. Festschr. der 57. Vers. der Philol. in Salzburg 1929 (Baden 1929) 157–179; *J. Rissberger,* Das Glaubensbekenntnis des Patriarchen Makarius von Antiochien (Rom 1940; Diss. Teildruck).

Die koptische Kirche: *J. Leipoldt*, Schenute von Atripe und die Entstehung des national-ägyptischen Christentums (Leipzig 1903); *J. Maspéro*, Histoire des patriarches d'Alexandrie depuis la mort de l'empereur Anastase jusqu'à la réconciliation des églises jacobites (518–616) (Paris 1923); *A. Vlieger*, The Origin and Early History of the Coptic Church (Lausanne 1900); *M. Jugie*, Monophysisme (église copte): DThC X 2251–2306; *Chr. Papadopulos*, Ἱστορία τῆς ἐκκλησίας Ἀλεξανδρείας (Alexandria 1934); *A. Böhlig*, Ägypten und Byzanz bis zur arabischen Zeit (München 1953); *C. D. G. Müller*, Die koptische Kirche zwischen Chalkedon und dem Arabereinmarsch: ZKG 75 (1964) 271–308; *E. L. Butcher*, The Story of the Church of Egypt (London 1897); *D. Müller*, Aufbau und Entwicklung der koptischen Kirche nach Chalkedon: Kyrios 10 (1970) 202–210.

Die jakobitische Kirche: *W. A. Wigram*, The Separation of the Monophysites (London 1923); *M. Jugie*, Église syrienne monophysite: DThC X 2216–51; *E. Honigmann*, Évêques et évêchés monophysites d'Asie antérieure au VIe siècle (Louvain 1951); *A. van Roey*, Les débuts de l'église jacobite: Chalkedon II 339–360; *W. Hage*, Die syrisch-jakobitische Kirche in frühislamischer Zeit nach orientalischen Quellen (Wiesbaden 1966); *A. Vööbus*, The Origin of the Monophysite Church in Syria: CH 42 (1973) 17–26; *W. H. C. Frend*, Severus of Antioch and the Origins of the Monophysite Hierarchy. The Heritage of the early Church. Ess. in hon. of G. V. Florovsky (Rom 1973) 261–275.

Die Kirche der Armenier: *F. Tournebize*, Histoire politique et religieuse de l'Arménie (Paris 1900); *ders.*, Arménie: DHGE IV (1925) 290–391; *R. Grousset*, Histoire de l'Arménie des origines à 1071 (Paris 1947); *A. Ter-Mikelian*, Die armenische Kirche in ihren Beziehungen zur byzantinischen vom IV. bis zum XIII. Jh. (Leipzig 1892); *E. Ter-Minassiantz*, Die armenische Kirche in ihren Beziehungen zu den syrischen Kirchen bis zum Ende des 13. Jh. (Leipzig 1904); *M. Ormanian – T. Poladian*, The Church of Armenia (London 1955).

Die Kirche der Nestorianer

Das theologische Problem des sogenannten Nestorianismus wurde auf dem Konzil von Ephesos 431 vorentschieden. Für die Welt der Orthodoxie zog allerdings erst das 5. Konzil in Konstantinopel (553) mit der Verurteilung der Drei Kapitel die letzten teils unnötigen, jedenfalls auch dogmatisch nicht ungefährlichen Folgerungen. Die Entscheidung von Ephesos hätte vielleicht zu keiner Abspaltung einer Sonderkirche geführt, wäre nicht mit Nestorios auch der große Theologe der syrischen Kirche, Theodoros von Mopsuestia, mitgetroffen worden, das Haupt einer exegetischen Schule, die für den ostsyrischen Raum kanonische Geltung besaß und deren Lehren in der Theologenschule von Edessa, einer der vorbildlichsten Lehranstalten der Christenheit, ihre Heimat gefunden hatten[1]. Zwar versuchte der Bischof der Stadt Edessa, Rabula, mit allen Mitteln, die Beschlüsse von Ephesos und die Union von 433 durchzusetzen, aber Ibas, das edessenische Schulhaupt, blieb in der Opposition, so daß ihn der Bischof schließlich von der Schule verwies. Aber Rabula starb 435, und der Anhang des verjagten Lehrers war so groß, daß Ibas jetzt zum Nachfolger gewählt werden konnte. Ihn einen Nestorianer zu nennen, setzt einige Willkür voraus. Was er nicht wollte, war, daß die alexandrinische Terminologie eines christologischen Enthusiasmus die antiochenische Nüchternheit einfach aus

[1] *E. R. Hayes*, L'école d'Édesse (Paris 1930).

dem Feld schlage. Ibas hatte während seines Episkopats manches durchzumachen. Die Räubersynode von 449 setzte ihn ab; Chalkedon rehabilitierte ihn wieder. Er starb 457. Auf ihn folgte ein Metropolit, der nun das Chalcedonense strikt durchzusetzen versuchte. Die Opposition der Schule war ihm ein Dorn im Auge; und das Schulhaupt, das Ibas eingesetzt hatte, Narses, mußte das Feld räumen. Schon 433, als die Unionsformel zustande gekommen war, hatten manche Bischöfe des antiochenischen Sprengels, die dieses Kompromiß nicht annehmen wollten, sich nach Persien abgesetzt. Von der Räubersynode verurteilt, war ihnen auch ein Schüler des Ibas namens Bar Sauma (gest. vor 496) gefolgt und war Bischof von Nisibis geworden. Zu ihm begab sich jetzt Narses, und sie gründeten in Nisibis als Ableger der Schule von Edessa die „Schule der Perser", in der der Nestorianismus eine neue Heimstätte fand[2]. Man darf sagen, daß mit dieser Flucht des Narses der Nestorianismus als eine Denomination mit der Fähigkeit, sich zur Konfession zu entwickeln, im Byzantinischen Reich ausgespielt hatte. Dafür fand er jetzt eine Heimstätte im Persischen Reich, wo er sich zur christlichen „Landeskirche" entwickelte. Die Schule von Nisibis fand ungeheuren Zuspruch; die Organisation war vorbildlich, die Mittel reich, so daß hier Generationen von Theologen und Klerikern herangebildet werden konnten, die der persischen Kirche ihr bestes Gerüst gaben und ihr über die Gefahren ihrer isolierten Stellung am Rande der Gesamtkirche hinweghalfen. Bar Sauma selbst war einer der energischsten Vertreter dieser Landeskirche. Er missionierte unermüdlich, bekämpfte das Vordringen der Monophysiten und Messalianer[3], fand ein gutes Verhältnis zum persischen Großkönig und verstand es, jedes Mittel zu benützen, das seinen Ideen dienen konnte. Daß der Nestorianismus so leicht in die persische Kirche Eingang fand, hängt sicher damit zusammen, daß schon die Schule von Edessa so etwas wie eine Schule der Perser gewesen war, das heißt, daß Absolventen dieser Schule längst ihre Ideen in Persien verbreitet hatten; aber wohl auch damit, daß die Kirche von Persien, die sich schon in einer Synode des Jahres 424 mit Nachdruck für ihre Selbständigkeit, das heißt für ihre Unabhängigkeit von Antiocheia ausgesprochen haben dürfte, im Nestorianismus so etwas wie ein theologisches Eigenbewußtsein gegenüber Westsyrien und dem Byzantinischen Reich entwickeln konnte.

An der Spitze dieser persischen Kirche stand spätestens seit Beginn des 5. Jh. ein „Großmetropolit", auch καθολικός ἐπίσκοπος genannt, mit Sitz in der Doppelstadt am Tigris, Seleukeia-Ktesiphon[4]. Er hatte bald die Stellung eines

[2] *A. Vööbus*, Un vestige d'une lettre de Narsai et son importance historique: OrSyr 9 (1964) 515–523 datiert die Gründung auf 471; die Schule von Edessa wurde 489 geschlossen, und die Gegner der Orthodoxie wanderten nach Nisibis aus. Vgl. auch *J.-B. Chabot*, L'école de Nisibe, son histoire, ses statuts: JA Ser. IX 8 (1896) 43–93; *A. Vööbus*, The Statutes of the School of Nisibis (Stockholm 1962); *ders.*, Abraham de Bet Rabban and his Rôle in the Hermeneutic Traditions of the School of Nisibis: HThR 58 (1965) 203–214.

[3] *A. Vööbus*, Les messaliens et les réformes de Barçauma de Nisibe dans l'église perse (Pinneberg 1947).

[4] *W. de Vries*, Antiochien und Seleucia-Ctesiphon, Patriarch und Katholikos?: Mélanges

Patriarchen: ihm oblag es, die Daten der großen Festzeiten zu bestimmen, Synoden einzuberufen, die Bischöfe alle zwei Jahre zu sich zu rufen. Gelegentlich haben die Synoden seine Befugnisse erweitert: er griff dann in die Einteilung der Diözesen ein und ernannte wohl selbst auch Bischöfe, gelegentlich suchte man ihm in wichtigen Angelegenheiten ein Gremium beizugeben, an dessen Beschlußfassung er gebunden sein sollte. Im allgemeinen aber regiert er in monokratischer Stellung; und nicht zu Unrecht bezeichnet ihn die Synode von 424 als „unseren Petrus". Einbrüche in diese geschlossene Jurisdiktion und Hierarchie machen sich im 6. Jh. bemerkbar, als der Perserkönig 540 Antiocheia eroberte und große Teile der Bevölkerung der Stadt in sein Reich deportierte. Er siedelte sie in einer eigenen Stadt in der Nähe Ktesiphons an, Neu-Antiocheia oder Romagyris (Rumagan) geheißen. Die neue Bevölkerung dürfte, wenn nicht monophysitisch, so doch jedenfalls nicht nestorianisch gewesen sein, und antinestorianische Propaganda aus diesen Kreisen machte sich bald bemerkbar. Im großen und ganzen aber gelang es dem Patriarchat Antiocheia auch über diesen Stützpunkt nicht, seine Jurisdiktion über Persien auszudehnen. Dazu bot sich erst wieder im 10. aufs 11. Jh. Gelegenheit, aber unter ganz anderen historischen Voraussetzungen.

Die Katholikoi wuchsen allmählich in eine Stellung hinein, die der der byzantinischen Patriarchen nicht unähnlich war. Die Großkönige nahmen Einfluß auf ihre Wahl und haben sich offenbar auch gelegentlich die Bestätigung und Bestallung vorbehalten. Dafür erhielten sie, die Patriarchen, einen hohen Hofrang und wurden nicht selten für staatliche Aufgaben, z.B. für Gesandtschaften nach Byzanz und dergleichen, eingesetzt. Der König lieh ihnen gelegentlich sein Brachium saeculare, wenn es darum ging, Ketzer zu verfolgen oder auch sonstige ihrer inneren kirchlichen Angelegenheiten mit Nachdruck zu bereinigen.

Die bedeutendsten Katholikoi des 5. und 6. Jh. waren Babai II. († 502) und Aba Mar I. († 552). Ersterer regierte in einer Periode des Friedens zwischen Byzanz und Persien, und damit hatte der vom Kaiser Anastasios geförderte latente Monophysitismus auch die Möglichkeit, in Persien zu missionieren. Babai versuchte alles, um seine Kirche rein zu erhalten, aber der Einfluß des byzantinischen Kaisers auf den Großkönig war stark genug, daß die Verfolgung der Monophysiten nicht allzu hart ausfiel. Aba Mar war ein Konvertit aus dem Mazdaismus, also der persischen Staatsreligion, und als solcher besonders verdächtig und den Verfolgungen seitens der Reichspriesterschaft ausgesetzt. Er hatte vor seiner Weihe große Reisen auch ins Byzantinische Reich gemacht und versuchte nun, die kanonischen Grundlagen seiner Kirche zu befestigen. Zu diesem Zweck scheute er sich nicht, auch die Kanones der Synode von Chalkedon, soweit sie ihm sachdienlich zu sein schienen, in die Rechtssammlungen seiner

E. Tisserant III (Vatikan 1964) 429–450; W. M. *Macomber*, The Authority of the Catholicos Patriarch of Seleucia-Ctesiphon: I patriarcati orientali nel primo millennio (Rom 1968) 179–200.

Kirche aufzunehmen. Er gründete neue Bistümer, und neben der Schule von Nisibis entstand nun eine eigene in Seleukia, deren Bedeutung sich schon darin ausspricht, daß sie gelegentlich bei der Wahl des Katholikos mitsprechen konnte. Die Tätigkeit des Aba Mar wurde um so höher eingeschätzt, als sie in eine Periode fiel, in der König Chosrau I. dem Christentum in seinem Reich nicht unerhebliche Beschränkungen auferlegte. Schließlich fiel er selbst der Verfolgung zum Opfer. Er entging mit knapper Not dem Tod und mußte in die Verbannung, von der aus er ungebrochenen Mutes weiter seine Kirche zu leiten versuchte. Er starb 552 bald nach seiner Amnestierung. Daß zu seinem Nachfolger ein Leibarzt Chosraus bestellt wurde, ist ein eigenartiger Ausdruck der Verhältnisse. Die Stellung des neuen Katholikos war damit wesentlich besser als die seines Vorgängers, aber er hat sie auch autokratisch mißbraucht. Unter Chosrau II. (590–628) blieben die Christen lange Zeit unbehelligt. Er stand unter dem Einfluß seiner christlichen Frau Shirin, wichtiger aber war doch wohl, daß er seinen Thron dem byzantinischen Kaiser Maurikios verdankte. Nach dem Sturz dieses Kaisers spielte er sich denn auch als Rächer gegenüber Kaiser Phokas auf, und es kam zum großen persisch-byzantinischen Krieg, der schließlich den Zusammenbruch der Sassaniden-Herrschaft mit sich brachte. Je mehr sich dieser Krieg ausweitete, um so prekärer wurde die Lage der nestorianischen Christen. Man sah in ihnen offensichtlich potentielle Helfer der Griechen; und so verbot Chosrau schon 608 die Wahl eines neuen Katholikos, und die Kirche blieb bis zum Jahre 628 ohne Oberhaupt. Es war einer der bedeutendsten Theologen der Kirche: Babai der Große, der in dieser Zeit als eine Art Oberabt der nordpersischen Klöster die Gelegenheit fand, die tatsächliche Leitung der Kirche zu übernehmen und sie vor dem Schlimmsten zu bewahren. Die Schwierigkeiten wuchsen, je mehr byzantinische Territorien zunächst unter persische Besetzung gerieten. Die Bevölkerung Syriens und Ägyptens war zu einem großen Teil monophysitisch. Als Monophysiten von der Reichszentrale verfolgt, setzten sie der persischen Okkupation wahrscheinlich nur geringen Widerstand entgegen und gewannen sich damit Sympathien bei den Persern. Damit setzte eine neue Missions- und Propagandawelle der Monophysiten gegenüber ihren Antipoden, den Nestorianern, in Persien ein; und einen Augenblick schien es sogar, als sollte es ihnen gelingen, das Katholikat in ihre Hände zu bekommen. Unter diesen Umständen verzichteten die persischen Bischöfe lieber auf die Besetzung dieser Stelle, die damals möglich gewesen wäre. Erst 628, als Chosrau II. durch seinen Sohn mit Hilfe eines nestorianischen Persers gestürzt wurde, war es den Nestorianern wieder möglich, aufzuatmen, und ein neuer Katholikos wurde gewählt. Babai, auf den die Wahl verdientermaßen fiel, lehnte ab. An seine Stelle trat Ishar Yahb (628–644 oder 646). Die Jahre seiner Regierung sahen den Zusammenbruch der Sassanidenherrschaft und den Zwangsfrieden mit Byzanz, an dessen Abschluß er als offizieller Delegierter teilnahm. Sie sahen aber auch den Angriff des Islams auf das Persische Reich und damit den Anbruch einer neuen Epoche für seine Kirche.

Das innere Leben dieser Kirche in der geschilderten Zeit ist zu einem guten Teil bestimmt durch die Ausbildung der kanonischen Grundlagen und der Organisation. Eine Folge von Synoden hat sich mit dieser Aufgabe befaßt und hat jeweils versucht, die Rechtsvorschriften den Zeitläufen anzupassen. Wichtiger noch war die Auseinandersetzung mit den vorprellenden Monophysiten, denen es nicht nur gelang, eine Anzahl Klöster für sich zu gewinnen, sondern auch in Tagrit[5] einen Bischofssitz zu schaffen, der zum Herd ihrer Bemühungen wurde. Die Nestorianer, die ja nicht Reichskirche im Sinne der byzantinischen Kirche waren, sondern eine geduldete, nicht selten geförderte, gelegentlich aber auch verfolgte Konfession neben der persischen Reichskirche, sahen sich in die Defensive gedrängt. Es konnte vorkommen, daß sie vor dem mazdaistischen Großkönig mit den Monophysiten zu Religionsgesprächen antreten mußten, die natürlich wie alle solche Unternehmungen keiner Seite einen Erfolg brachten. Es bildeten sich in der nestorianischen Kirche sogar Gruppen, die zur Überzeugung gelangten, daß ein gewisser Anschluß an die byzantinische Orthodoxie, die ja ihrerseits die Monophysiten verfolgte, tunlich sein könnte. Freilich gerieten diese Gruppen bald zwischen zwei Feuer, denn dieselbe byzantinische Orthodoxie hatte ja schließlich unter Justinian gerade den geistigen Vater der persischen Kirche, Theodoros von Mopsuestia, verurteilt. So hatten alle diese Bestrebungen keinen Erfolg; und schließlich entschloß sich die persische Kirche auf der Synode des Jahres 612, die nestorianische Glaubensformel Babais des Großen offiziell zur ihren zu machen[6]. Dabei handelt es sich um einen Satz, der, ins Griechische transponiert, wiedergegeben werden könnte mit der Lehre von zwei Naturen (φύσεις) und zwei ὑποστάσεις in Christus, aber einem einzigen πρόσωπον. Eine prägnante Deutung wird zur Annahme kommen, daß hier ὑπόστασις das je vollständige Vorhandensein aller Charakteristika einer Natur sowohl der göttlichen wie der menschlichen bedeutet, während unter πρόσωπον die tatsächliche geschichtliche Gesamterscheinungsweise zu verstehen ist. Mit anderen Worten: eine Formel, die sich mit den entsprechenden griechischen Termini, mit denen sie wiedergegeben werden könnte, nur annähernd deckt, also frei für die Interpretation bleibt, eine Formel, die ebenso streng nestorianisch wie vielleicht sogar annähernd chalkedonisch interpretiert werden konnte. Nach der Besiegung der Perser durch Herakleios anläßlich des Friedensschlusses wurden auch Religionsgespräche veranstaltet mit dem Ziel einer Union der beiden Kirchen. Dementsprechend legte der Katholikos ein Glaubensbekenntnis vor, das die orthodoxen Partner für rechtgläubig ansahen. Man hat also die Formel der nestorianischen Kirche im Sinne des Konzils von Chalkedon interpretiert. Aber weder Kaiser Herakleios noch der Katholikos konnten

[5] *J. M. Fiey*, Tagrit, esquisse d'histoire chrétienne: OrSyr 8 (1963) 289–342.

[6] *W. de Vries*, Die syrisch-nestorianische Haltung zu Chalkedon: Chalkedon I 603–635; *F. W. Macomber*, The Christology of the Synod of Seleucia-Ctesiphon, A. D. 486: OrChrP 24 (1958) 142–154; *V. Grumel*, Un théologien nestorien, Babai le Grand: ÉO 22 (1923) 153–181 257–280.

ihre Ansicht von einer solchen Übereinstimmung im Glauben ihren Kirchen schmackhaft und glaubhaft machen. Eine lang verschieden verlaufene kirchliche und politische Entwicklung von 200 Jahren hatte längst allzu hohe Barrieren aufgerichtet. Die nestorianischen Bischöfe waren nicht gewillt, die Verurteilung des Theodoros hinzunehmen und den Terminus Gottesmutter zu schlucken.

So ist die nestorianische Kirche in ein Eigenleben abgedrängt, das sie gegenüber dem gesamten Westen, also gegenüber Europa und dem kleinasiatischen Raum, abkapselt. Damit drängt der gewaltige missionarische Elan, der diese Kirche im Gegensatz zur orthodoxen Kirche der frühbyzantinischen Zeit besonders auszeichnet, immer weiter nach dem Osten[7]. Schon in dieser Zeit beginnt jene grandiose Missionstätigkeit, die dann im Mittelalter ihren Höhepunkt erreicht. Bereits im 6. Jh. gelangen nestorianische Missionare bis an die westlichen Ränder Indiens (Malabar); Kosmas, der Indienfahrer, entdeckt sie auf der Insel Sokotra, zwischen der südarabischen und der afrikanischen Küste und auf der Insel Ceylon. Auch im tibetanischen Gebiet geht die nestorianische Mission wahrscheinlich bis in die Mitte des 7. Jh. zurück; ebenso reichen die ersten Spuren der Nestorianer auf chinesischem Gebiet in diese Zeit. Träger dieser Mission waren in allererster Linie die Mönche. Die Anfänge des persischen Mönchtums[8] sind wohl in der Gegend von Nisibis zu suchen, von wo aus es sich mächtig ausbreitete. Als sein Organisator gilt Abraham von Kashkar († 586).

Wenn nun diese Kirche seit der Mitte des 7. Jh. unter islamische Herrschaft gerät, so hatte dies keine entscheidenden Veränderungen zur Folge. Tatsächlich standen nun zwar Monophysiten und Nestorianer wieder unter einer weltlichen Herrschaft, dem Kalifat. Aber dieses scheint bestrebt gewesen zu sein, jeder Konfession ihren Status quo einigermaßen zu belassen, so daß sich die nestorianische Kirche relativ ruhig weiterentwickeln konnte. Wenn sich der Katholikos und manche andere nestorianischen Christen unter persischer Herrschaft auch hoher Würden und Ämter erfreuten, insgesamt waren doch die Nestorianer in Persien Reichsbürger zweiter Klasse, so daß das islamische Herrschaftssystem keine Neuerung brachte.

Die koptische Kirche

Will man der koptischen Kirche als einer im Sinne der späteren byzantinischen Reichskirche unorthodoxen christlichen Konfession mit Gewalt ein Geburtsdatum zuweisen, so könnte man das Jahr 536 nennen, als Kaiser Justinian unter

[7] *F. Nau,* L'expansion nestorienne en Asie (Paris 1914); *A. Mingana,* The Early Spread of Christianity in Central Asia and the Far East: BJRL 9 (1925) 297–371; *J. Stewart,* Nestorian Missionary Enterprise (Cambridge 1928); *J. Dauvillier,* L'expansion de l'église syrienne en Asie centrale et en extrême orient: OrSyr 1 (1956) 76–87; *C. Hendriks,* L'activité apostolique du monachisme monophysite et nestorien: PrOrChr 10 (1960) 3–25 97–113.

[8] *A. Vööbus,* History of Ascetism in the Syrian Orient, 2 Bde (Louvain 1958/60) bes. Bd. 1.

dem Einfluß des Papstes und wohl mit Rücksicht auf seine Kriegspläne in Italien seiner monophysitenfreundlichen Politik ein Ende machte, es zuließ, daß der Patriarch der Reichshauptstadt, Anthimos, abgesetzt wurde, und Severos von Antiocheia aus Konstantinopel verbannte. Die Inkubationszeit beginnt allerdings mit dem Jahr 451 und dem damit einsetzenden Widerstand gegen die Beschlüsse des Konzils von Chalkedon. Timotheos Ailuros und teilweise Petros Mongos stellen die bedeutsamsten Etappen dar, das Wirken eines Severos, eines Julianos von Halikarnaß und ähnlicher Figuren verfestigt im Innern, was die Kirchenleitung Alexandreias gegenüber Byzanz durchsetzt oder durchzusetzen versucht. Damals im Jahre 536 zitierte Justinian auch den alexandrinischen Patriarchen Theodosios nach Konstantinopel, um von ihm die Unterwerfung unter die Beschlüsse der Synode von 536 (Verurteilung des Severos usw.) zu verlangen. Theodosios verweigerte seine Unterschrift und sollte verbannt werden. Er landete freilich, wie so manch anderer Monophysit, in einem Palast der Kaiserin Theodora, wo er im Kreise gleichgesinnter Mönche und Kleriker Spielraum genug hatte, um durch dogmatische Abhandlungen und Pastoralschreiben über den monophysitischen Glauben seiner Herde in Ägypten zu wachen bis zu seinem Tod im Jahre 566. Dies konnte er um so nachhaltiger, als die Reichszentrale mit ihren orthodoxen, gewaltsam in Alexandreia eingeführten Patriarchen wenig Glück hatte; Paulos mußte 542 durch ein Kaisergericht auf einer Synode von Gaza abgesetzt werden; sein Nachfolger Zoilos weigerte sich, die kaiserliche Politik im Dreikapitelstreit mitzumachen, und verlor darüber 551 seinen Sitz. Joannes II. (569–579) fand nicht einmal die Anerkennung aller orthodoxen Kollegen. Freilich erleichterte diese Misere das Los der verfolgten Kopten keineswegs. Der kaiserliche Patriarch Apollinarios kam 551 mit den Vollmachten eines Gouverneurs und Hochkommissars nach Alexandreia und regierte mit unerhörter Gewalttätigkeit. Er konfiszierte sämtliche koptischen, d.h. monophysitischen Kirchen und verwehrte den monophysitischen Klerikern sogar den Zutritt in die Stadt. Noch dazu waren die Monophysiten untereinander uneins. Es gab die starke Gruppe der Anhänger des Julianos von Halikarnaß, gewöhnlich – nach einem der ersten Verfechter – Gaianiten[9] genannt, es gab die Parteigänger der mittleren Linie des Severos, sodann die Tritheisten[10], für die man auch den bekannten Philosophen Joannes Philoponos beansprucht, und noch genug andere. Hätte es sich durchführen lassen, hätte es ebenso viele Patriarchen wie Gruppen gegeben. Im Grunde beruhte die Einheit der Kirche auf dem Volk und dem im Volk besonders beliebten Mönchtum. Die wirklich religiösen Gestalten des Mönchtums waren Monophysiten aus dem Glauben, daß nur diese Konfession die Erlösung durch den fleischgewordenen Logos garantiere, aber es lag ihnen mehr an der Inbrunst dieses Glaubens und der Reinheit des entsprechenden Lebens als an den gelehrten Distinktionen der Schulhäupter. Der bedeutendste Vertreter dieser Richtung ist wohl der Abt

[9] *M. Jugie*, La controverse gaianite: DThC IV 1002–23.
[10] *J. Lebreton*, Le trithéisme: DThC XV 1860ff.

Schenute von Atripe[11], der Vorsteher des „Weißen Klosters" in Oberägypten, der freilich schon 451 gestorben war.

Nach dem Tod des in Konstantinopel residierenden alexandrinischen Patriarchen Theodosios im Jahre 566, der, in Ägypten nicht unbestritten, etwas wie ein ökumenischer Patriarch der Monophysiten gewesen war, war es geraume Zeit nicht möglich, dafür in Ägypten selbst einen Nachfolger zu finden[12]. Jakob Baradai, der „ökumenische" Metropolit der syrischen Monophysiten, hatte noch zu Lebzeiten des Alexandriners einen locum tenens für Ägypten zu bestellen gesucht, ohne am Nil auf Gegenliebe zu stoßen. Das heißt, daß sich jetzt auch Jakobiten und Kopten zerstritten. Als die syrische Kirche doch glaubte eingreifen zu müssen und man den syrischen Archimandriten Theodoros zum ägyptischen Patriarchen bestellte, stieß er in Alexandreia auf entschiedene Ablehnung. Man wählte dort den greisen Diakon Petros zum Gegenpatriarchen (575). Seine erste Tat war, daß er sofort an die 70 Bischöfe ordinierte und sich damit nicht nur eine große Obödienz schuf, sondern auch die durch die Zwistigkeiten entstandenen großen Lücken in der Hierarchie auffüllte und mit diesem Coup ein Gegengewicht gegen die Kaiserlichen, die Melkiten, schuf, wogegen die Regierung auf die Dauer nichts mehr auszurichten imstande war. Doch weil Petros nicht der Kandidat der Syrer war, kam es zu neuen Zwistigkeiten. Schließlich reiste Jakob Baradai selbst an, um nach dem Rechten zu sehen, beugte sich aber bald der Mehrheit, die Petros gefunden hatte. Petros starb schon 577. Bei der Wahl seines Nachfolgers, die wiederum auf sich warten ließ, zeichnete sich so etwas wie ein Kompromiß mit den Jakobiten ab: Der neue Patriarch stammte aus Syrien, war jedoch Mönch in einem ägyptischen Kloster gewesen. Aber auch er, Damianos (578–605), brachte keinen endgültigen Frieden. Nachdem Jakob Baradai im selben Jahr auf einer zweiten Reise nach Ägypten gestorben war, beanspruchte er die Suprematie über die monophysitische Gesamtkirche, freilich mit dem einzigen Erfolg, daß der Streit zwischen Syrien und Ägypten neu aufflammte. Gelegentlich sagten ihm sogar die monophysitischen Mönche den Gehorsam auf, vielleicht nur deshalb, weil er kein Ägypter war.

Aber wenn die monophysitische Kirche Ägyptens auch noch so oft gespalten war, wenn sie sich noch so selten auf einen Patriarchen wirklich einigen konnte: der Widerstand gegen das Konzil von Chalkedon und gegen die von Byzanz verschriebenen chalkedonischen Patriarchen einigte sie immer wieder. Außerdem kam es sogar vor, daß die kaiserlichen Gouverneure, die Augustales, ihrer Konfession, entgegen ihrem amtlichen Auftrag, geneigt waren, so daß die Geächteten der kaiserlichen Politik ein Schnippchen nach dem anderen schlagen konnten. Jedenfalls bleibt in der Folgezeit die Serie der koptischen Patriarchen

[11] *J. Leipoldt,* Schenute von Atripe und die Entstehung des national-ägyptischen Christentums (Leipzig 1923).

[12] *E. W. Brooks,* The Patriarch Paul of Antioch and the Alexandrine Schism of 575: ByZ 30 (1929/30) 468–476.

ungebrochen, und wenn der orthodoxe Patriarch in Alexandreia im Stadtteil Kaisarion mit der Markos-Kathedrale seinen von den Truppen garantierten Sitz hat, so bildet das Kloster Enaton in der Nähe der Hauptstadt für die koptischen Oberhirten einen sicheren Platz, der ihnen die Aktionsfreiheit kaum beschneidet. In der Gestalt des orthodoxen Patriarchen Joannes III. Eleemon (610–619) hatte die Reichskirche wieder einmal einen Vertreter, dessen seelsorgerlicher Eifer, dessen unbescholtenes Leben und dessen legendäre Barmherzigkeit auch auf die monophysitische Bevölkerung ihren Eindruck nicht verfehlten. Doch zu einer Union kam es auch unter ihm nicht. Außerdem rückten im Jahre 619 die Perser in Ägypten ein und hielten es fast 10 Jahre besetzt. Der Schlag traf Monophysiten und Orthodoxe gleichermaßen, aber wenn im Laufe der Jahre eine gewisse Erleichterung eintrat, so konnte jedenfalls die orthodoxe Kirche sich auf keine staatliche Privilegierung stützen, um die Kopten zu verfolgen. Und als Kaiser Herakleios nach der Niederwerfung der persischen Armeen auch Ägypten wieder entsetzte, brachte er bereits jene neue „monenergetische" Glaubensformel mit, der man von beiden Seiten mit einigem Optimismus entgegengehen konnte[13]. Im Jahre 633 verkündigte der kaiserliche Patriarch Kyros von Phasis diese Unionsformel von der einen göttlichen Energie in Christus. Zwar meldete Kyros einen großen Erfolg nach Konstantinopel, aber die Kopten spöttelten, nicht sie seien zum Chalcedonense gekommen, sondern es zu ihnen. Auf die Dauer hatte auch dieser Versuch keinen Erfolg, und bald trat an Stelle der Byzantiner der Islam. Im Jahre 642 mußte derselbe Patriarch Kyros Alexandreia dem islamischen General Amr ausliefern, und nach einigen Jahren war ganz Ägypten in arabischer Hand. Patriarch Benjamin[14], der Oberhirte der Kopten, verstand es, sich mit den arabischen Eroberern bald zu arrangieren und für seine Kirche jene Freiheit garantiert zu bekommen, zu der das islamische Recht des Korans immer bereit war. Der orthodoxen Kirche wäre derselbe Status zugekommen, aber es ist für die unterschiedliche Behandlung der Konfessionen bezeichnend, daß Benjamin bald an die Reorganisation seiner Kirche gehen konnte, während die Melkiten den Stuhl des heiligen Markos geraume Zeit überhaupt nicht mehr besetzen konnten. Wenn dann seit dem 8. Jh. neue Patriarchen orthodoxer Konfession für den Sitz Alexandreia genannt werden, so bleibt es nicht selten unklar, wie sie zu ihrem Amt und auf ihren Sitz gekommen sind und wie groß der Bevölkerungsteil war, für den sie sich überhaupt zuständig erklären konnten. Die ägyptische Kirche des Mittelalters ist die koptische Kirche und keine andere.

Die Herausbildung einer eigenen koptischen Kirche[15] läßt sich gewiß aus dem Widerstand gegen die Beschlüsse der Synode von Chalkedon erklären, in

[13] Siehe oben S. 39.

[14] *C. D. G. Müller*, Benjamin I.: Muséon 69 (1956) 313–340; *ders.*, Neues über Benjamin I.: ebd. 72 (1959) 228–247.

[15] *J. Leipoldt*, Zur Ideologie der frühen koptischen Kirche: Bulletin Soc. Arch. Copte 17 (1964) 101–110.

denen man eine Verurteilung der Theologie, der sakrosankten Gestalt des alexandrinischen Patriarchen Kyrillos sehen zu müssen meinte. Aber schon dieser Widerstand ist nicht rein dogmatischer Natur, sondern zu einem guten Teil Widerstand eines stolzen Selbstbewußtseins, Überrest einer Zeit, in der die Kirche von Alexandreia, monarchisch-autokratisch von ihren Patriarchen regiert, die erste Rolle im Osten spielte, sich stets der Unterstützung Roms rühmen konnte und keinen ernsthaften Konkurrenten hatte. Schon die Synode von Konstantinopel (381) und erst recht der Kanon 28 von Chalkedon hatten dieser Stellung einen Stoß versetzt, und diesen Stoß hinzunehmen waren die selbstbewußten Patriarchen von Alexandreia nicht bereit. Das Volk aber folgte ihnen blindlings, denn es sah im Patriarchen nicht nur den Führer der Kirche, sondern zugleich den „nationalen" Führer, der ihm wesentlich mehr bedeutete als jeder byzantinische Gouverneur oder selbst der Kaiser. Das Volk sieht in ihm den Vertreter seiner koptischen Eigenart, einer, fast könnte man sagen, nationalen Eigenart, der gegenüber Byzanz und alles, was aus Byzanz kommt, als fremd und nicht dazugehörig betrachtet wurde. Dieses Selbstbewußtsein führt dann auch zu einer Entgräzisierung des Kirchenwesens, und es mag behauptet werden, daß diese Entgräzisierung des Kirchenwesens einer eigenen Konfession bedurfte, um sich klar selbst darstellen zu können, und der Monophysitismus war dafür die gegebene Form. Sie führt aber auch zur Herausbildung einer koptischen Kirchenliteratur[16]. Diese besteht zumeist aus Übersetzungen, da aber, wo sie original ist, handelt es sich fast immer um eine literarische Ebene, die einem wenig differenzierten religiösen Bewußtsein mehr entspricht als dogmatischen oder juristischen Präzisionen, so z.B. die Hagiographie[17], die koptischen Heiligen gewidmet wird, wie etwa dem Patron der Wüste, Menas, dem Heiligen der Kameltreiber und der Kaufleute auf dem Kamelrücken. Beispiel aber auch die gesamte Mönchsliteratur, die Literatur der Mönchsregeln und der Mönchssprüche, die dann ins Griechische, Syrische und Arabische übersetzt wird und diese genuin ägyptische Institution, sofern sie die Bezeichnung Institution überhaupt verdient, in alle Welt trägt. Schenute von Atripe ist wiederum einer der besten Repräsentanten dieser Literatur, die nicht gern theoretisiert, sondern von Anlaß zu Anlaß das Wort ergreift. Hierher gehören auch viele Predigten mit einer merkwürdigen Vorliebe für Engel und Erzengel, die Viten von Mönchen und Einsiedlern, deren oberschwelliger Monophysitismus die konfessionellen Gegensätze auf der Ebene der Mirakel austrägt, aber auch ernsthafte Katechesen und Mahnreden von Provinzbischöfen und Klostervorstehern. Das Interesse an „weltlichen" Gegenständen ist gering, ebenso gering die Neigung zum Historischen oder Chronikalischen.

Hinter dieser Literatur steht immer wieder das Mönchtum[18]. Dieses Mönch-

[16] *S. Morenz,* Die koptische Literatur: HO I 2, 207–219; *C. D. G. Müller,* Die koptische Predigt (Heidelberg 1953).

[17] *P. Peeters,* Le tréfonds oriental de l'hagiographie byzantine (Brüssel 1950) 27–48.

[18] *P. Cauwenbergh,* Études sur les moines d'Égypte depuis le concile de Chalcédoine jusqu'à

tum ist koptisch in seinen Ursprüngen und bleibt in Ägypten im eminenten Maße koptisch. Es zieht sich aus der bedrohten ökonomischen Welt des spätantiken romanisierten Ägyptens zurück in die Wüste, aber die Welt eilt ihm nach, die ganze damalige Welt, und zerrt es wieder in die politische Öffentlichkeit zurück. Die Patriarchen von Alexandreia, gleichgültig welcher dogmatischen Farbe, sehen in ihm ihre Helfersmassen und bedienen sich seiner skrupellos. Nicht wenige Mönche finden Gefallen an dieser Rolle und schwingen sich allmählich auf zu Kontrollorganen über das religiöse und kirchliche Leben des Landes, ja nicht nur Ägyptens, sondern weit darüber hinaus. Jedenfalls kann die monophysitische Kirche Ägyptens nicht nur von ihren Kirchenführern, den selbstbewußten Patriarchen, her verstanden werden. Sie ist ebenso eine Kirche eines selbstbewußten Mönchtums. Bei der Bewußtseinslage dieser Mönche kann es selbstverständlich nicht ausbleiben, daß scharfe konfessionelle Grenzen nicht immer gezogen werden können. Die Fronten wechseln, aber das Eigenbewußtsein, und dies ist das Dauerhafte, ein koptisches Eigenbewußtsein macht sie immer mehr zum Rückgrat der monophysitischen Opposition.

Ebenso wie der nestorianischen Kirche eignet auch der monophysitischen ein starker Drang zur Mission nach außen. Für die koptische Kirche bot sich als Missionsfeld in erster Linie das Gebiet südlich von Ägypten an, das heißt Nubien und Äthiopien. Es scheint, daß eine intensive Missionstätigkeit bei den Nubiern erst in der Mitte des 6. Jh. einsetzen konnte[19]. Bis dahin genossen die Nubier, soweit sie in lockerer Form dem Reichsverband angehörten, entgegen den sonst geltenden Heidengesetzen, das Privileg, ihre Göttin in den Heiligtümern in Philai am oberen Nil weiter ungestört zu verehren. 541 machte Justinian diesem Privileg ein Ende, und Kaiserin Theodora entsandte den monophysitischen Presbyter Julian, dem es mit Unterstützung eines ebenfalls monophysitischen Bischofs von Philai gelang, Teile der Nubier zum Christentum zu bekehren. Aber auch orthodoxe Missionare konnten einige Erfolge aufweisen. Auf die Dauer jedoch obsiegte die monophysitische Propaganda, und die nubische Christenheit orientierte sich organisatorisch ganz am koptischen Patriarchat Ägyptens.

Für Äthiopien[20] bedeutete diese Propaganda schon die zweite Missionswelle

l'invasion arabe (Paris – Louvain 1914); *M. Cramer – H. Bacht*, Der antichalkedonische Aspekt im historisch-biographischen Schrifttum der koptischen Monophysiten: Chalkedon II 315–338; *F. R. Farag*, Sociological and Moral Studies in the Field of Coptic Monasticism (Leiden 1964).

[19] *J. Kraus*, Die Anfänge des Christentums in Nubien (Wien 1931); *U. Monneret de Villard*, Storia della Nubia cristiana (Rom 1938); *W. H. C. Frend*, Nubia as an Outpost of Byzantine Cultural Influence: Byzantinoslavica 29 (1968) 319–326; *A. Audollont*, La diffusion du christianisme en Afrique au sud des territoires soumis à Rome après le Ve s. Comptes rendus Acad. Inscr. et Belles Lettres 1942, 202–216; *K. Michalowski*, La Nubie chrétienne: Africana Bulletin 3 (Warschau 1965) 9–26; *J. Kraus*, Neues zur Geschichte des christlichen Nubiens: NZM 24 (1968) 241–257.

[20] *C. Conti-Rossini*, Storia dell'Etiopia (Mailand 1928); *H. M. Hyatt*, The Church of Abes-

nach der ersten im 4. Jh. Auch hier scheint aber erst diese zweite Welle eine intensivere Christianisierung mit sich gebracht zu haben. Daß in Äthiopien der Monophysitismus einen ganz natürlichen Eingang fand, hängt damit zusammen, daß das Land schon seit dem 4. Jh. kirchlich nach Alexandreia orientiert war. Jetzt im 5. Jh. werden besonders die „Neun römischen Heiligen" als Missionare genannt, das heißt Männer aus dem Römischen (Byzantinischen) Reich, worunter wohl syrische monophysitische Mönche zu verstehen sind, auf die mit Wahrscheinlichkeit die Gründung einer Reihe äthiopischer Klöster zurückgeht. Aber diese Mission konnte die Bindung an Alexandreia nicht aufheben. Die Glaubenslehre der äthiopischen Kirche von damals scheint an den innermonophysitischen Kontroversen kein besonderes Interesse gezeigt zu haben, was bei den Entfernungen von den Zentren des Zerwürfnisses nicht überrascht. Man sah jedenfalls im koptischen Patriarchen Ägyptens die höchste Instanz, von der man sich auch seit dem 7. Jh. den eigenen Oberbischof, den Abuna, weihen ließ.

Die jakobitische Kirche

Wenn die Politik Justinians das Ihre dazu beigetragen hat, um die koptische Kirche als selbständige Konfession sich verfestigen zu lassen, so ist es dieselbe Politik, die nicht nur durch ihren Druck, sondern auch durch ihr Gewährenlassen die Entstehung einer monophysitischen Kirche in Syrien veranlaßt hat. Nach dem Konzil von 536 hatte der Kaiser, wie berichtet, den Patriarchen Theodosios von Alexandreia nach Konstantinopel kommen lassen, um ihn für das Konzil von Chalkedon zu gewinnen. Der Erfolg blieb aus; doch statt in die Verbannung zu gehen, fand der Patriarch pflegliche Unterkunft bei der Kaiserin Theodora und regierte aus seinem Versteck, das keines war, seine Kirche, so gut er konnte. Im Jahre 542 drang der durchaus monophysitisch gesinnte byzantinische Klientelkönig der Araber, der Ghassanide bar Harith bar Gabala in der Syrischen Wüste, bei Theodora auf Bestellung einiger Bischöfe für sein Herrschaftsgebiet. Die Kaiserin veranlaßte den alexandrinischen Patriarchen, zwei Monophysiten, die seit längerem in Konstantinopel weilten, zu Bischöfen zu ordinieren: Theodoros „von Arabien" und Jakob Burdeana (Baradai)[21]. Theodoros bekam als Sprengel „die Zeltlager der Araber" zugewiesen, also in der Hauptsache die Syrische Wüste und das transjordanische Gebiet. Näheres über seine Tätigkeit wissen wir nicht, es sei denn die Tatsache, daß die ghassanidischen Araber in der Folgezeit unzweideutige Vertreter des Monophysitismus bleiben. Jakob Baradai († 578) wurde großzügig mit dem ganzen Osten, angefangen von den griechischen Inseln über Kleinasien bis Syrien und Armenien, betraut, mit Sitz

synia (London 1928); *E. Hammerschmidt,* Die Anfänge des Christentums in Äthiopien: ZMR 38 (1954) 281–294.

21 *H. G. Kleyn,* Jacobus Baradeua de stichter der syrische monophysietische kerk (Leiden 1882); *E. Hammerschmidt,* Jakobos Baradai: LThK² V 836.

in Edessa. Mit ungeheurem Enthusiasmus, unter allen erdenklichen Gefahren und Entbehrungen, als Bettler verkleidet, missionierte er weite Landstriche, weihte, nicht immer die strengsten Maßstäbe anlegend, Tausende von Priestern und ging schließlich dazu über, für diese Priester auch eine eigene, sich um die bestehende orthodoxe Hierarchie nicht mehr kümmernde monophysitische Gegenhierarchie einzurichten. Der Boden war längst bereitet. Schon in der ersten Jahrhunderthälfte dürften die meisten syrischen Bischöfe, besonders in der Syria Prima, in der Osrhoene, in der Euphratesia und in der Mesopotamia, eingeschworene Anhänger des Severos von Antiocheia gewesen sein. Jetzt weihte Jakob ca. dreißig neue Bischöfe seiner Konfession für Bischofsstädte, die zumeist fest in den Händen der Bischöfe der Reichskirche waren. 557–558 bestellte er für seine Hierarchie in Sergios von Tella auch einen Patriarchen mit „Sitz" in Antiocheia. In ihm sah er offenbar den einzigen legitimen Nachfolger des Severos. Die Patriarchenreihe wird seitdem kaum mehr unterbrochen, es sei denn durch innermonophysitische Schismen und Querelen. Aus einem vagen Monophysitismus ist jetzt eine Kirche eigenen Rechts geworden. Daß weder der Patriarch noch die meisten Bischöfe in ihren Städten residieren konnten, focht sie wenig an. Es gab genug Klöster, die ihnen Unterschlupf gewährten, und die kaiserliche Politik zugunsten des Chalcedonense konnte ihnen nichts anhaben.

Als Chosrau II., der persische Großkönig, der für die christlichen Kirchen manche Votivgaben übrig hatte[22], weite Gebiete des Byzantinischen Reiches eroberte, vor allem in jenen Territorien, in denen die Monophysiten hausten, mochten sich diese eine Erleichterung erhoffen. Tatsächlich vertrieb der König so manche melkitischen Bischöfe, aber er hielt es für sicherer, die freien Posten dann mit Klerikern aus dem persischen Herrschaftsgebiet zu besetzen. Ob es sich dabei um Nestorianer gehandelt hat, wissen wir allerdings nicht. Immerhin gelang es jetzt den Jakobiten, auch in Persien sich stärker festzusetzen und sogar in Seleukeia-Ktesiphon, der Hochburg der Nestorianer, in den Besitz einer Kirche zu kommen. Das hatte allerdings mit der Ermordung Chosraus wieder ein Ende. Bald fiel nach dem Sieg des Kaisers Herakleios über das Persische Reich das monophysitische Syrien wieder in byzantinische Hand. Man begrüßte jetzt da und dort die Byzantiner notgedrungen als Befreier, aber es konnte vorkommen, daß, wie in Edessa, der Bischof, ein Monophysit, dem orthodoxen Kaiser die Teilnahme am Gottesdienst verweigerte, was natürlich nur neue Repressalien nach sich zog. Immerhin war es gerade Herakleios, der mit der sogenannten monenergetischen Glaubenslehre das letzte Mal eine Kirchenunion versuchte und zu diesem Zweck sogar eine eigene Monophysitensynode einberief, an der er selbst teilnahm. Da auch dieser Versuch fehlschlug, begann die Verfolgung der Monophysiten durch die Reichsbehörden neuerdings, so daß sie die bald darauf ankommenden Muslimos als Befreier vom Kirchenjoch Konstantinopels

[22] Vgl. zur Situation *P. Peeters,* Les ex-voto de Khosrau Aparwez à Saint-Serge de Rosapha: Mémoires Acad. Inscr. et Belles Lettres 54 (1951) 23ff.

begrüßten. Damit begann auch für die syrische Kirche eine Zeit, geprägt von Rechtsverhältnissen, die der Islam gegenüber den „Völkern des Buches" ausgebildet hatte, teilweise ergänzt durch Verträge zwischen den Eroberern und den Bischöfen, die in der Notzeit als eine Art Stadtherren die Übergabe an den Islam in die Wege geleitet hatten, unterbrochen aber auch durch gelegentliche Verfolgungen, die freilich nicht grundsätzlich dogmatischer Natur waren.

Das Oberhaupt dieser syrischen Kirche blieb nach wie vor der Patriarch von Antiocheia, auch wenn es ihm erst im Jahre 720 gelang, seinen Sitz in dieser Stadt, und selbst da nur für kurze Zeit, aufzuschlagen. In der Regel residierten die Patriarchen wie die Bischöfe in den Klöstern, aus denen sie ja zumeist hervorgegangen waren[23]. Was die neue Kirche von der Reichskirche unterschied, war zunächst gewiß nicht die Liturgie oder das kanonische Recht. Hier trat kein großer Bruch ein. Das Eigene war der Glaube oder, besser gesagt, die Dogmatik, und hier nicht einmal so sehr eine Christologie, die sich wesentlich von der orthodoxen unterschieden hätte, als vielmehr der Widerstand gegen das Chalcedonense und seine christologischen Formeln, ein Widerstand, den die Kirche mit dem Vater ihrer Theologie, Severos, teilte[24]. Dieser Widerstand war das eigentliche Schibboleth, zu dem freilich allmählich eine immer stärkere dumpfe Ablehnung gegen alles kam, was die griechische Reichszentrale und ihre Emissäre an kirchenpolitischen Vorstellungen anzubieten hatten, das heißt ein Bewußtsein, das sich zwar nicht als syrisches Nationaldenken bezeichnen läßt, aber eine Art Vorform eines solchen Denkens darstellt, eine Form, die wesentlich vom sprachlichen Unterschied gegenüber dem Griechischen geprägt war und nicht von einer Abneigung gegenüber den großen Gütern der griechischen Geisteswelt schlechthin. Severos hatte nur griechisch geschrieben und Syrisch kaum verstanden. Je länger, desto entschiedener aber wird die Sprache der jakobitischen Theologen syrisch, und es bildet sich eine Literatur heraus, die eine Hochblüte der syrischen Sprache mit sich bringt[25]. Zu nennen ist hier vor allem Xenaia von Mabbug († ca. 523), ferner Jakob von Sarug († 521); ersterer ein Klassiker der syrischen Literatur, Dogmatiker, Polemiker, Prediger und Exeget zugleich, letzterer Vertreter jener metrischen Predigtliteratur, die in ähnlicher Form auch im byzantinischen Bereich Eingang fand. Nicht minder bedeutsam war der berühmte Johannes von Edessa († ca. 586), den Justinian seinerzeit aus unverständlichen Gründen zum Missionar heidnischer Restbestände in Kleinasien bestellt hatte und der schließlich bis zu seiner Verjagung aus Konstantinopel durch Kaiser Justin II. dort die Monophysiten geleitet hatte. Ihm verdanken wir nicht nur eine syrische Kirchengeschichte, sondern auch die „Geschichte der morgenländischen Seligen", jene hagiographische Samm-

[23] Die Residenzen wechselten häufig, auch wenn Antiocheia der „Titel" blieb. Als Stadtresidenzen wechselten Aleppo, Edessa, Amida, Harran usw.

[24] *J. Lebon*, La christologie du monophysisme syrien: Chalkedon I 425–580.

[25] Zusammenfassend zu dieser Lit. vgl. *A. Baumstark*, Geschichte der syrischen Literatur (Bonn 1922); *I. Ortiz de Urbina*, Patrologia syriaca (Rom 1958).

lung, die für das Selbstverständnis seiner Kirche mindestens ebenso wichtig wurde wie alle dogmatischen Traktate. Was die Geschichte der Kirche anlangt, so erhielt er einen bedeutsamen Nachfolger in Kyros von Batna. Für das 7. Jh. sind mit Vorzug zu nennen Paulos von Tella, Mitarbeiter an der „Syro-Hexaplaris“ des Alten Testaments, und Thomas von Harqel, dem dasselbe Verdienst für das syrische Neue Testament zugesprochen werden darf. Einer der wichtigsten Vertreter weitgespannter wissenschaftlicher Interessen war Jakob von Edessa († 708). Sein Bildungsweg führte ihn über Alexandreia, er wurde Bischof von Edessa, verließ diesen Sitz wieder, unterrichtete im Kloster Qennešrin, das damals vielleicht das hervorragendste jakobitische Bildungszentrum war. Er hinterließ einen reichen literarischen Nachlaß. Er gab Unterricht im Griechischen gegen den Widerstand derjenigen, die jetzt nicht nur die Reichskirche, sondern alles Griechische überhaupt verachten wollten; er soll sich auch auf das Hebräische verstanden haben. Viele Übersetzungen aus dem Griechischen gehen auf ihn zurück. Seine Chronographie wurde viel gelesen, und er ist der Verfasser wohl der ältesten syrischen Grammatik. Schließlich versuchte er eine Harmonie profanen und biblischen Wissens über die Entstehung der Welt in einem unvollendet gebliebenen „Hexaemeron“. Nur am Rande sei noch erwähnt, daß man wie im griechischen Sprachgebiet dogmatische Katenen anfertigte, Sammlungen geistlicher Ansprachen von Klosteroberen, daß die Kirchendichtung blühte und daß damit schließlich die Voraussetzungen für eine Entwicklung der liturgischen Texte gegeben war[26]. All das führt zu jener großartigen syrischen Vermittlertätigkeit im 8. Jh., die dem arabischen Islam den Anschluß an die Geistigkeit der mediterranen Welt vermittelte[27].

In dieser Welt der jakobitischen Kirche spielt das Mönchtum eine bedeutsame Rolle[28]. Es ist vielgestaltig wie überall im Orient. Es gibt zahlreiche Einsiedler in Zellen und Berghöhlen, auf Säulen und in Hütten. Es gibt aber auch eine ganze Anzahl gutbevölkerter Koinobia, wo die Meditation gepflegt wurde, wo die Askese ebenso wie in Ägypten zur Virtuosität gesteigert wurde und wo man wirtschaftliche Betätigungen teils mit sehr gemischten Gefühlen betrachtete. Vorab die Mönchssiedlungen in der Wüste entwickelten rein vom Ambiente her Lebensformen, die denen der Beduinen angepaßt waren und der Affinität zu asketischen Formen des Islams nicht entbehrten. Theoretisch unterstand jedes Kloster dem Bischof, ohne den es keine Abtweihe, keine Klostergründung und kein Wirken nach außen gab. Bezeichnend aber bleibt, daß die Gemeinde in der jakobitischen Kirche ihren Einfluß nie verlor, das heißt, daß sie immer

[26] *A. Baumstark*, Festbrevier und Kirchenjahr der syrischen Jakobiten (Paderborn 1910).

[27] *G. Klinge*, Die Bedeutung der syrischen Theologen als Vermittler der griechischen Philosophie an den Islam: ZKG 58 (1939) 346–386; *R. Paret*, Der Islam und das griechische Bildungsgut (Tübingen 1950).

[28] *E. Honigmann*, Nordsyrische Klöster in vorarabischer Zeit: ZS 1 (1922) 15–33; *P. Krüger*, Das syrisch-monophysitische Mönchtum im Tur-Ab(h)din I (Diss. Münster 1937), II: OrChrP 4 (1938) 5–46.

in der Lage war, einer übersteigerten Hierarchisierung der Kirche ihr eigenes Gewicht entgegenzusetzen.

Diese monophysitische, nach ihrem großen Missionar häufig „jakobitisch" genannte Kirche ist nicht nur eine Kirche der Syrer, sondern auch der Araber geworden. Daß sie in den Ghassanidenfürsten in der Syrischen Wüste ihre Förderer hatte, wurde schon erwähnt. Und auf den Karawanenstraßen drang diese Form des Christentums auch ins nördliche und mittlere Arabien vor, ohne daß diese arabischen Territorien eine eigene kirchliche Formation gebildet hätten. Ihr Christentum blieb locker mit dem der syrischen Kirche verbunden. Andererseits waren die Araber längst aus dem Kern ihres Landes auf syrisches Gebiet vorgedrungen, und zwar nicht nur in die Syrische Wüste, sondern auch als Siedler unter den Mauern der Städte im Ostjordanland. Zentren des arabischen Monophysitismus war die Bischofsstadt Bosra und die große Sergios-Wallfahrt in Rusafa, dem Hauptquartier der Ghassaniden (Sergiupolis). Die byzantinischen Kaiser der zweiten Hälfte des 6. Jh. hatten mit der Behandlung der beweglichen Massen der Araber an den Grenzen ihres Reiches nicht immer eine glückliche Hand. Vor allem den Ghassanidenfürsten warfen sie allzuleicht Verrat vor, und so kam es, daß der heranstürmende Islam in diesen christlichen Arabern Verbündete fand, die sich sehr bald der neuen Religion beugten, deren Lebens- und Kultformen in mancher Beziehung nicht allzusehr von den ihrigen verschieden waren. Diese Interferenz zwischen christlichen und früher heidnischen Arabern ist wohl auch dafür verantwortlich zu machen, daß sich im Koran christliche Elemente finden, die man mit einiger Wahrscheinlichkeit als wesentlich monophysitisch bezeichnet hat.

Was das Christentum in Südarabien[29] anlangt, so ist Zeit und Ausgangspunkt der Missionierung ungesichert. Jedenfalls begegnen wir diesem Christentum um die Wende zum 6. Jh., besonders im Nedjran unter Herrschern, die wohl jüdischen Glaubens waren. Hier brach auch 573 eine Verfolgung aus, die diesem jungen Christentum die ersten Martyrer schenkte, besonders den heiligen Arethas (Harith), der dann von den Monophysiten Syriens als einer der ihren gefeiert wurde. Die Verfolgung rief eine durch Byzanz gestützte Aktion der axumitischen Könige hervor, die das arabische Königreich unter ihre Vasallität brachten, bis sie ihrerseits das Gebiet an die Perser abtreten mußten, die wiederum vom Islam abgelöst wurden.

Die Kirche der Armenier

Dem Grundanliegen der Glaubenslehre nach mag man in der armenischen Kirche eine jakobitische Denomination sehen. Die geschichtlichen Ursprünge freilich sind anderer Art. Sie spiegeln auf eigenartige Weise das Hin und Her dieses

[29] *J. Ryckmans,* Le christianisme en Arabie du sud préislamique: L'oriente cristiano nella storia della civiltà (Rom 1964) 413–453, mit Literaturangaben.

Volkes zwischen byzantinischer bzw. persischer Herrschaft einerseits und einem eigenen freien Staatswesen andererseits wider. Die armenische Kirche ist geworden, wie sie ist, weniger auf Grund der dogmatischen und kirchenpolitischen Abfolge von Reichssynoden als auf Grund eben dieser geschichtlichen Fährnisse. Wenn man Nerses den Großen[30], den armenischen Oberbischof († ca. 373), den angeblichen Urenkel des Missionars Armeniens, Gregors des Erleuchters, mit Recht den Organisator der armenischen Kirche genannt hat, so war es eine Organisation in Richtung auf die griechische Kirche, speziell auf die Kirche Kappadokiens, so wie Nerses selbst in Kaisareia erzogen und zum Bischof konsekriert worden war. In seiner Organisation spiegelt sich das Pietätsverhältnis der armenischen Christenheit gegenüber dem Ausgangspunkt der armenischen Mission, Kappadokien, wider. Schon sein Nachfolger, ein Bischof des Königs, mußte sich zum Ärger Kaisareias in der Konkurrenzmetropole Tyana weihen lassen, bis schließlich der König endgültig die kirchliche Verbindung mit Kappadokien aufkündigte. Genau läßt sich der Zeitpunkt dieser Trennung nicht feststellen, es gab manche Verbindungen hin und her, die nach wie vor bestanden, aber der Anfang zur kirchlichen Selbständigkeit Armeniens, wenn auch nicht der Anfang einer neuen konfessionell geprägten Kirche, war getan. Bald darauf festigte sich auch das geistige Selbstbewußtsein der Armenier. Mesrop[31] († 440) gab der Nation eine eigene Schrift, und diese Großtat führte sehr bald zu einer selbständigen armenischen Literatur. Selbstverständlich handelt es sich zunächst um Übersetzungen aus dem Griechischen und aus dem Syrischen, und in diesem Leihverkehr gewann die Orientierung nach den geistigen Zentren des Byzantinischen Reiches neue Bedeutung. Kirchlich freilich war es jetzt nicht mehr Kaisareia, das die große Rolle spielte, sondern Konstantinopel, das inzwischen ja auch die Suprematie über Kappadokien erlangt hatte, an das sich die Armenier wandten.

Seit 429 macht sich freilich der persische Druck auf Armenien besonders stark bemerkbar, und die Verbindung zum Byzantinischen Reich riß auf weite Strecken ab. An der Synode von Ephesos konnten keine persarmenischen Bischöfe teilnehmen, und erst durch nestorianische Missionare erfuhr man dort von dem, was geschehen war. Jetzt ging 435 eine Anfrage des Katholikos nach Byzanz, die mit dem „Tomos" des Proklos beantwortet wurde. Chalkedon wurde wiederum ohne nennenswerte armenische Vertretung zelebriert, und die Ereignisse der zweiten Hälfte des 5. Jh. brachten keine Besserung der Verhältnisse[32]. Man hielt in der armenischen Kirche inzwischen fest an der Lehre von der Einheit in Christus. Chalkedon aber hatte Entscheidungen gebracht, die in diese Einheit für armenische Ohren offenbar kaum bekannte Distinktionen brachten. Die Armenier lernten mit der Zeit den „Tomus Leonis" kennen, aber in einer Übersetzung, die mißverständlich war. Es waren Mönche aus der Schule

[30] *V. Inglisian:* LThK² VII 882–883.
[31] *V. Inglisian:* LThK² VII 319.
[32] *Ders.,* Chalkedon und die armenische Kirche: Chalkedon II 361–417.

des Severos, die schließlich die Armenier mit dem „Henotikon" des Kaisers Zenon bekannt machten und es gegen die Synode von Chalkedon interpretierten. Als im Jahre 505 und 506 Kaiser Anastasios den Persern einen Waffenstillstand abzwingen konnte, der der armenischen Kirche wiederum eine gewisse Freiheit brachte, da war die byzantinische Kirche durch eben diesen Kaiser stark auf eine monophysitische Interpretation des „Henotikon" eingestellt, und diese Interpretation wurde nun auch von der armenischen Kirche übernommen. Der Katholikos Babgen (490–516) versammelte im Jahre 506 in Dvin eine Synode mit armenischen und iberischen Bischöfen, die das „Henotikon" annahmen, freilich weniger in Ablehnung des Chalcedonense, das sie kaum kannten, als um dem Nestorianismus zu begegnen, der unter persischer Herrschaft in Armenien heftig missioniert hatte. An dieser Position der armenischen Kirche änderte sich auch nichts unter der Herrschaft Justinians. 554 versammelte sich wiederum in Dvin eine Synode, die den Bruch mit der Reichskirche vollzog – eine wichtige Entscheidung, vor allem angesichts der immer vorhandenen Bedrohung durch die Perser und die dahinter stehende persisch-nestorianische Kirche; aber auch insofern, als sich das eigene Kirchenbewußtsein gegenüber Byzanz verfestigte und dem armenischen Unabhängigkeitsstreben neue Auftriebe gegeben wurden und neuer Spielraum in der Auseinandersetzung zwischen den beiden Großreichen.

Es war der byzantinische Kaiser Maurikios, der dieser Autonomie der armenischen Kirche ebenso ein Ende bereiten wollte wie der politischen Freiheit und stärksten Druck ausübte, um die Armenier zur Synode von Chalkedon zu bekehren. Das brachte ein Schisma hervor. Der Katholikos Moses II. weigerte sich, an einer Synode in Konstantinopel teilzunehmen, worauf der Kaiser im Jahre 590 einen Gegenkatholikos für die Armenier unter unmittelbarer byzantinischer Herrschaft bestellte. Erst ein neuer Vorstoß auf das byzantinische Armenien seitens der Perser machte 610 der Sache zugunsten der monophysitischen Armenier ein Ende. In dieser Zeit drängte sich auch der iberische Katholikos Kiurion als Anhänger der Griechen und damit der Orthodoxie aus der engen Verbindung und Abhängigkeit von der armenischen Kirche[33].

Der große persisch-byzantinische Krieg unter Kaiser Herakleios führte wiederum einen byzantinischen Herrscher nach Armenien. Der Friede von 629, den die Perser nach ihrer Niederlage schließen mußten, überließ den größten Teil des Landes den Byzantinern. Die Armenier waren im großen und ganzen in diesen schweren Auseinandersetzungen auf seiten des byzantinischen Kaisers. Jetzt aber wurde die Geistlichkeit Armeniens wiederum aufgefordert, ihren Anschluß an die Formeln von Chalkedon zu erklären. Wenn nicht, würde der Kaiser einen Gegenkatholikos bestellen. Der Katholikos Yezr gab nach, und der griechische Klerus offerierte eine lahme Formel, die in der Verdammung des Nestorianismus kulminierte, während Chalkedon mit Stillschweigen über-

[33] *N. Akinian*, Kiurion der Katholikos von Georgien (Wien 1910; armen.); dazu *P. Peeters:* AnBoll 30 (1911) 106–109.

gangen wurde, offenbar, um die Armenier leichter zu gewinnen. Zwar gab es auch gegen diese Formel Widerstand, aber von einem eigentlichen Schisma kann nicht die Rede sein. Daß Herakleios bald darauf bis auf die monenergetische Formel sich den Vorstellungen der Gegner des Chalcedonense näherte, erleichterte das Ralliement. Aber schon seit 640 stießen die Muslimos regelmäßig gegen Armenien vor, und damit war es auch mit dem Anschluß an die byzantinische Kirche zu Ende, schon bevor die Araber endgültig die Herren des Landes wurden. Eine Synode von Dvin unter dem Patriarchen Nerses III. im Jahre 648/649 verwarf endgültig die Formeln von Chalkedon, und der damalige Führer der Nation, Theodor Rechtuni, überantwortete sein Land dem Kalifen, der Armenien ein Statut weitgehender Autonomie zugestand. Der byzantinische Kaiser Konstans II. machte zwar 654 einen energischen Versuch, Armenien politisch und kirchlich zurückzugewinnen, aber auf die Dauer war ihm kein Erfolg beschieden.

Die Leitung der armenischen Kirche lag in den Händen eines Oberbischofs[34], eines „großen Erzbischofs" oder Katholikos, wie er häufig genannt wird – der Titel Patriarch gewinnt erst relativ spät die Oberhand. Diese Katholikoi sind aufs stärkste verwurzelt im Feudalismus des Landes, und das Auf und Ab ihrer Geschichte ist in vieler Hinsicht nur erklärlich aus den Rivalitäten der Stämme und Stammesfürsten, der Könige und Teilkönige. Auch die kirchliche Organisation, die Errichtung von Honorarmetropolen usw. bestimmt sich nicht selten aus diesen politischen Verhältnissen. Das Eigenleben der Kirche drückt sich am reinsten in der Literatur aus, die in einem hohen Maße dem religiösen Bereich verhaftet bleibt. Mit dem schon genannten Mesrop beginnt das sogenannte goldene Zeitalter der armenischen Literatur[35]. Von Mesrop selbst kennen wir religiöse Schriften, Reden und Sendschreiben. Was im einzelnen seinen Schülern zuzuteilen ist, Bibelkommentare, Homilien, Predigten usw., läßt sich heute schwer ausmachen. Für das 5. Jh. von besonderer Bedeutung sind noch Eznik von Kolb, der nicht nur an der armenischen Bibelübersetzung beteiligt war, sondern sich auch in einer Streitschrift gegen die Häresien wandte und Schriften religiöser Natur veröffentlichte, ferner Johannes Mandakuni, der Verfasser von Predigten und von Hymnen, die in die Liturgie Aufnahme fanden. Im 5. Jh. war es auch, daß Mesrop in seinem Schüler Korium seinen Biographen fand und daß ein Mann, der sich Agathangelos nennt, eine Geschichte der Missionierung Armeniens und des Missionars Gregor schrieb – die klassische Legende der frühen Kirchengeschichte des Landes.

Die Kirchengeschichte Armeniens in islamischer Zeit unterscheidet sich kaum von der Geschichte einer anderen Kirche unter der Herrschaft der Araber. Bemerkenswert ist freilich, daß viele Armenier unter dem Druck der Araber

[34] *G. Amadouni,* L'autocéphalie du katholikat arménien: I patriarcati orientali nel primo millennio (Rom 1968) 137–178.

[35] *B. Sargisean,* Dei tesori patristici e biblici conservati nella letteratura armena (Venedig 1897); *H. Thorossian,* Histoire de la littérature arménienne (Paris 1951).

oder auf Grund der innenpolitischen Verhältnisse ihres Landes ins Byzantinische Reich abwanderten und hier oft zu größter Bedeutung gelangten, so daß die Trennung der armenischen Kirche trotz der dogmatischen Differenzen nie jenen tiefen Graben zwischen Byzanz und Armenien bedeutet, wie er etwa zwischen der jakobitischen Kirche und Byzanz oder der koptischen Kirche und Byzanz gezogen worden war.

7. *Kapitel*

Das frühbyzantinische Mönchtum

LITERATUR: *St. Schiwietz,* Das morgenländische Mönchtum, 3 Bde (Mainz und Mödling 1904/38); *J. Bremond,* Les pères du désert (Paris 1927); *K. Holl,* Enthusiasmus und Bußgewalt (Leipzig 1898); *P. van Cauwenbergh,* Études sur les moines d'Égypte depuis le concile de Chalcédoine jusqu'à l'invasion arabe (Paris 1914); *R. Draguet,* Les pères du désert (Paris 1949); *A.-J. Festugière,* Les moines d'Orient (Paris 1961 ff); *H. Bacht,* Die Rolle des Mönchtums in den kirchenpolitischen Auseinandersetzungen um Chalkedon: Chalkedon II 193 bis 314; *D. J. Chitty,* The Desert a City (Oxford 1966); *R. Janin,* Les églises et les monastères de Constantinople (Paris 1953).

Die explosive Entwicklung des Mönchtums im 4. und beginnenden 5. Jh. brachte zwar Krisen und Rückschläge mit sich, aber seine weitere Ausbreitung konnte dadurch nicht unterbunden werden. Ägypten bleibt das Mutterland, Ziel der Wallfahrten zu den berühmten Stätten des ersten Enthusiasmus, aber allmählich schieben sich auch andere Reichsprovinzen stärker in den Vordergrund. Bemerkenswert ist vor allem die Anziehungskraft, die Palästina seit dem beginnenden 5. Jh. ausübt. Der Strom der Pilger aus aller Welt, der zu den Heiligen Stätten eilt, führt manchen mit sich, der schließlich sich in Palästina zu einem gottgefälligen Leben niederläßt. So entsteht hier ein Mönchtum, das weniger in sich „geschlossen" ist als in Ägypten, aufgeschlossener, sowohl was die geographische Herkunft wie den sozialen Status betrifft[1].

Die bedeutendsten Gründerpersönlichkeiten der Zeit sind ohne Zweifel Euthymios der Große, Theodosios der „Koinobiarch" und Sabas. Euthymios († 473)[2] gründete eine Laura, deren Kirche Juvenalios im Jahre 529 einweihte. Schon die Anfänge spiegeln die „Internationalität" wider. Euthymios selbst stammt aus Melitene am Euphrat, einige seiner ersten Mönche aus der Sinaihalbinsel, andere sind Kappadokier und Syrer, ein „Römer" wird genannt und schließlich ein einziger Palästinenser. Das Leben des Gründers bewegt sich nicht nur im Rahmen monastischer Zielsetzungen; kein großer Abt der Zeit kann sich dem kirchenpolitischen Streit um den Patriarchen Juvenalios entziehen und

[1] Vgl. *S. Vailhé,* Les monastères de la Palestine: Bessarione 3 (1897/98) 39–58 209–225 334–356, 4 (1898/99) 193–210.

[2] *Ders.,* Saint Euthyme le Grand, Sonderdr. aus ROC 12–14 (1907/09); *R. Génier,* Vie de saint Euthyme le Grand (Paris 1909).

Chalkedon ignorieren. Die Wüste Palästinas ist Jerusalem zu nahe. Euthymios machte die Revolte der Mönche um Theodosios im Jahre 452 nicht mit, und seinen Bemühungen ist es schließlich gelungen, die Exkaiserin Eudokia, die in Jerusalem ihre Ränke am liebsten spann, wenn sie damit die orthodoxe Richtung des Hofes von Konstantinopel treffen konnte, zur Versöhnung mit Juvenalios und zur Aufgabe der Propaganda gegen Chalkedon zu bewegen. Der „Koinobiarch" Theodosios († 529)[3] legte seine Gründung östlich von Bethlehem von vornherein als Gemeinschaftskloster an. Seine Heimat ist Kappadokien, und er war früh als Psalmensänger in den Kirchendienst getreten. Dieser Umstand und seine Vertrautheit mit den Schriften und Zielen seines großen Landsmannes Basileios sind wohl der Grund dafür, daß er entgegen dem Zug der Zeit ein strenges Koinobion einrichtete. Es galt in Palästina offenbar als Muster seiner Art, und der Patriarch bestellte schließlich Theodosios zum Oberabt über sämtliche Koinobia (Archimandrit). Oberabt der Anachoreten und Lauren, das heißt der vereinzelten und der locker zusammenhängenden Mönchssiedlungen wurde der heilige Sabas († 532)[4], Sohn eines hohen Offiziers aus Kappadokien. Nach manchen Schicksalen in verschiedenen Klöstern des Heiligen Landes zog er sich in eine Einsiedelei in der Nähe des Westufers des Toten Meeres zurück. Um 483 machte er daraus eine Laura, die bald an die 150 Mönche anzog – eine „Stadt in der Wüste", wie man sie genannt hat. Trotz seines organisatorischen Talents hatte er viele Schwierigkeiten, offenbar, weil ihm höhere Fragen der Spiritualität nicht lagen. Als die Kontroverse über die Beurteilung der origenistischen Lehren neu aufflammte, kam es zu einer Sezession einer ganzen Gruppe von Mönchen und zur Gründung der Neuen Laura (508), des Zentrums der origenistischen Bewegung, über das Sabas und seine Nachfolger nur allmählich ihre Autorität geltend machen konnten.

Im großen und ganzen kann man sagen, daß die drei großen Gründer trotz aller Schwierigkeiten viel dazu beigetragen haben, daß Palästina allmählich zu einem Hort der chalkedonischen Orthodoxie wurde. Die beiden vom Patriarchen ernannten Archimandriten taten sich allerdings schwer, auch im Südwesten des Landes ihre Autorität auszuüben; hier entstanden Zentren der monophysitischen Propaganda, die eher nach dem koptischen Ägypten als nach Jerusalem orientiert waren. Der georgische Prinz Nabarnugi, in Palästina unter dem Namen Petros („Petros der Iberer") Mönch geworden[5], hatte in Jerusalem ein Kloster der Iberer gegründet, war dann vor Juvenalios ausgewichen und nach dieser Gegend gezogen. Während des Mönchsaufstandes von 452 wurde er zum Bischof von Gaza bestellt. Er konnte seinen Sitz freilich nur vorüberge-

[3] *E. Weigand*, Das Theodosioskloster: ByZ 23 (1914/19) 167–216; *H. Usener*, Der hl. Theodosios (Leipzig 1890).

[4] *A. Ehrhard*, Das griechische Kloster Mar Saba in Palästina: RQ 7 (1893) 32–79.

[5] *E. Honigmann*, Pierre l'Ibérien et les écrits du Pseudo-Denys l'Aréopagite: Bulletin Acad. Belge 47, 3 (1952); *D. M. Lang*, Peter the Iberian and his Biographers: JEH 2 (1951) 158–168; *R. Raabe*, Petrus der Iberer (Leipzig 1895).

hend einnehmen, aber er machte durch seine Tätigkeit den Küstenstreifen des Landes zu einem Hort der Monophysiten. Es ist bezeichnend, daß Severos, der spätere Patriarch von Antiocheia, sein Schüler wurde und sich schließlich bei Gaza als Mönch niederließ, bevor er seine Karriere in Konstantinopel begann.

Die Blüte des palästinensischen Mönchtums fand ihren Niederschlag auch in der Literatur der Zeit. Während der geistige Gehalt des ägyptischen Mönchtums seinen Ausdruck in den Sammlungen der Apophthegmata der großen Mönchsväter fand, hat Palästina der Mönchsliteratur in der Person des Kyrillos von Skythopolis (6. Jh.) einen großen Biographen geschenkt[6]. Er hat Euthymios und Sabas große Lebensbeschreibungen gewidmet und auch weitere Klosterstifter behandelt. Gewiß steht auch er dem kirchenpolitischen Einsatz der Mönche seiner Zeit nicht ganz gelassen gegenüber. Aber er hat es doch verstanden, die Mönche und ihr Leben „von innen her" zu schildern und zu zeigen, wie trotz aller Politik der große Enthusiasmus von einst immer wieder zu neuem Leben findet. Ein halbes Jahrhundert später findet das monastische Leben in Joannes Moschos[7], den die Reiselust in alle Länder treibt, den liebevollen, von der Anekdote und der Wundergeschichte begeisterten Miniaturisten, der in seiner geistlichen „Wiese" den Zauber der letzten Tage vor dem Ansturm der Perser und Araber einfängt.

Auch die Sinaihalbinsel tritt in dieser Zeit in das volle Licht der Geschichte des mönchischen Lebens. In der Nähe der Bischofsstadt Pharan am Ostufer des Golfes von Suez ist schon um 400 die Mönchssiedlung Raithu (el Tor) bezeugt. Am Sinai selbst entstand das Dornbuschkloster, später Katharinenkloster genannt, das Justinian mit einer Festungsmauer umgeben ließ und für das er die Kirche stiftete[8].

In Syrien wurde um diese Zeit das Dorf Telnešin zu einem der größten Wallfahrtsorte der Christenheit, denn hier erhob sich um die Säule, auf der Symeon der Stylite sein asketisches Leben geführt hatte († 459), ein gewaltiger Komplex von Kirchen, Klosterbauten und Pilgerherbergen, den freilich bald die Monophysiten, wie den Heiligen selbst, für sich in Anspruch nahmen[9]. Die Orthodoxen hielten sich dafür an den jüngeren Styliten Symeon († 596), der seine Säule auf dem „Wunderberg" bei Antiocheia gehabt hatte[10].

6 *E. Schwartz,* Kyrillos von Skythopolis (Leipzig 1939).

7 *Bardenhewer* V 131–135; *E. Amann:* DThC X 2510–13; *Beck* 412–413; *E. Mioni,* Jean Moschus, moine: DSAM VIII (1973) 622–640; *H. Chadwick,* John Moschus and his Friend Sophronius the Sophist: JThS 25 (1974) 41–74.

8 *R. Devreesse,* Le christianisme dans la péninsule sinaïtique des origines à l'année des musulmans: RB 49 (1940) 205–223; *K. Amantos,* Σύντομος ἱστορία τῆς ἱερᾶς μονῆς τοῦ Σινᾶ (Thessalonike 1953); *G. F. Forsyth,* The Monastery of St. Catherine at Mount Sinai: DOP 22 (1968) 1–19.

9 *D. Krencker – R. Naumann:* AAB 1939, H. 4; *B. Kötting,* Peregrinatio religiosa (Münster 1950) 69ff.

10 *J. Gouillard:* DThC XIV 2, 2974–76; *P. Peeters,* Le tréfonds oriental de l'hagiographie byzantine (Brüssel 1950) 160–162 134–136.

In die Hauptstadt Konstantinopel rückt das Mönchtum nur langsam vor. Zunächst setzt es sich in Bithynien und in den asiatischen Vororten fest, und fast immer sind es Fremde, vor allem Syrer, die als Gründer auftreten. So der Einsiedler Auxentios († ca. 473), der sich auf dem Skopos-Berg niederließ und um sich weitere Ansiedlungen von Mönchen organisierte. Das Gebiet um Prusa scheint erst im 7. Jh. Mönchsland geworden zu sein. In Konstantinopel selbst gibt es allen Legenden zum Trotz keine Klöster aus der Zeit Konstantins d. Gr.[11] Gründungen aus der Zeit des Konstantios II. geraten in die Fallen der Ketzergeschichte der Zeit. Für das „orthodoxe" Konstantinopel beginnt die Mönchsgeschichte mit der Gründung des Syrers Isaak, später nach Dalmatos benannt. Die berühmteste und für die kirchenpolitischen Ereignisse in der Hauptstadt bedeutendste Stiftung ist die des Akoimetenklosters durch den Syrer Alexandros, der sich schon am Euphrat als Gründer betätigt hatte und um 405 nach Konstantinopel kam. 463 ist das Gründungsjahr des Studiu-Klosters, das freilich erst in der frühmittelbyzantinischen Zeit seine Blüte erlebte. Im 6. Jh. erscheinen in Konstantinopel plötzlich nicht wenige „Nationalklöster" der Ägypter, Syrer, Besser, Sizilianer, „Römer" usw., die vielleicht nichts anderes waren als von einigen Mönchen verwaltete Absteigquartiere der genannten Denominationen. Sie verschwinden aus der Klostergeschichte Konstantinopels so rasch, wie sie aufgetaucht sind[12].

Möglich, daß es in der Nähe von Thessalonike schon im 6. Jh. ein Kloster gab; was wir aber sonst von Klöstern im eigentlichen Griechenland aus dieser Zeit wissen, ist fast alles Legende.

Die Jahrzehnte um und nach dem Chalcedonense sehen das Mönchtum auf einem Höhepunkt seiner Aktivität in der Kirchenpolitik, damit aber auch auf dem Höhepunkt der Gefährdung seiner Idee und der Ideale der Gründungszeit. Die Gefährdung war so offensichtlich, daß man auf Abhilfe sann[13]. Es war bezeichnenderweise der Kaiser, der eine entsprechende Vorlage einbrachte, die dann von den Konzilsvätern in Chalkedon mit geringen Änderungen als can. 3 und 4 verabschiedet wurde. Can. 4 prangert jene Mönche an, die, gestützt auf das Ansehen ihres Standes in der Öffentlichkeit, in Kirche und Staat Unruhe stifteten, ohne feste Bleibe von Ort zu Ort zogen und, wo es ihnen paßte, „Klöster" gründeten. Der Kanon schreibt vor, daß niemand ein Kloster oder Bethaus gründen darf ohne Erlaubnis des Ortsbischofs, daß jeder Mönch der Aufsicht des Bischofs unterliegt und in Ruhe (ἡσυχία) in seinem Kloster zu verbleiben hat; ferner, daß kein Sklave ohne Einwilligung seines Herrn in ein Kloster aufgenommen werden darf. Zum ersten Mal wird jetzt auch dem Mönch die Eheschließung durch Kirchengesetz verboten (can. 7).

[11] *J. Pargoire*, Les débuts du monachisme à Constantinople: RQH 65 (1899) 67–143; *G. Dragon*, Les moines et la ville: Travaux et mémoires 4 (1970) 229–276.

[12] *R. Janin*, Les monastères nationaux et provinciaux à Byzance: ÉO 32 (1933) 429–438.

[13] *L. Ueding*, Die Kanones von Chalkedon in ihrer Bedeutung für Mönchtum und Klerus: Chalkedon II 569–676.

Mag sein, daß damit zum ersten Mal die Klöster und das Mönchtum überhaupt kirchenrechtlich anerkannt bzw. als Institution des öffentlichen Rechts angesehen werden. Doch der Zweck, den die kaiserlichen Antragsteller im Sinne hatten, wurde kaum erreicht. Zum ersten waren es ja nicht selten gerade die Bischöfe, welche die Mönche für ihre kirchenpolitischen Zwecke mißbrauchten. Nachdem ihnen can. 4 eine Dispensgewalt einräumte, blieben sie in diesem Tun weiterhin unbehindert. Zum anderen glaube ich, daß der Mönchscharakter im einzelnen, nach äußerer Erscheinung sowohl wie rechtlicher Umschreibung, so unpräzis blieb, daß es immer ein leichtes war, sich den Vorschriften des Konzils zu entziehen. Und zum dritten stand die Hierarchie selbst inmitten der Glaubenskämpfe in sich derart ungefestigt, daß „um des höheren Gutes willen" sehr religiöse, aber auch fanatische und fanatisierte Mönche immer wieder Grund genug fanden, sich gegen die Bischöfe als Retter des Glaubens zu gebärden. Jedenfalls zeigt die Kirchengeschichte nach Chalkedon, daß der Erfolg der cann. 3 und 4 nur gering war. Das Klosterwesen der Ostkirche war von allem Anfang an – sieht man etwa von Pachomios und Basileios ab, die aber doch als Organisatoren nur geringe Nachwirkungen hatten – mehr eine Bewegung als eine Institution. Man war Mönch von eigenen Gnaden und Abt von eigenen Gnaden. Die Einwirkung der Hierarchie mußte immer nachhinken, da juristische Konzeptionen dem Wesen dieser Bewegung fremd blieben. Ohne Zweifel haben auch viele gebildete Männer den Weg ins Kloster gefunden. Den großen Massen der Mönche aber, die jede Bildung ablehnten, konnte das enthusiastische Sendungsbewußtsein immer zur Gefahr werden. Es gehört allerdings zum Wesen der Spiritualität, daß sie selten geschichtlich ans Tageslicht tritt. Damit wird auch in Byzanz die Geschichte des Mönchtums leicht zur Geschichte seiner Skandale. Aber die „Apophthegmata Patrum", jene kostbaren Sammlungen mönchischer Spruchweisheit[14], die großen Mönchsviten des 6. Jh., die geistlichen Briefe eines Barsanuphios (6. Jh.), die Konferenzen des palästinensischen Abtes Dorotheos, die geistliche Stufenleiter des Sinaiten Joannes („Klimax") des 7. Jh. sagen über den Kern der Bewegung mehr aus als alle Skandalberichte über Fanatiker und Streithänse im Mönchtum. In Maximos dem Bekenner aber findet die mönchische Mystik jene Höhe der Synthese, die im späteren Byzanz nie mehr erreicht wird.

Die Gesetzgebung des Kaisers Justinian machte den Versuch, auch dieses Mönchtum endgültig zu reglementieren. Es ist ihm zu verdanken, daß genauere Regeln über Aufnahme, Probezeit und Profeß die Berufsbestimmung präzisieren und die kirchliche Kontrolle erleichtern. Wenn er aber den Versuch machte, die strenge Vita communis allgemein verbindlich zu machen, so war dies ein Fehlschlag, der eben am Wesen der „Bewegung" vorbeiging.

Wenn man von einer totalen Vermönchung der byzantinischen Kultur seit dem 6. Jh. gesprochen hat, so ist dies falsch. Davon kann gar keine Rede sein.

[14] Vgl. W. *Bousset*, Apophthegmata (Tübingen 1923).

Das Mönchtum ist mächtig, numerisch und seiner Idee nach, aber es ist nicht imstande, den Rhythmus des spätantiken und frühbyzantinischen Lebens vor allem der Städte zu ändern. Viele Gebildete bleiben diesem Stand gegenüber skeptisch und nehmen ihn eher als eine Bedrohung denn als etwas Positives hin. Die Bischofssitze werden freilich je länger um so häufiger von Mönchen besetzt, doch bleibt es bedeutsam, daß – soviel ich sehe – z.B. der Patriarchenstuhl von Konstantinopel zwischen 450 und 650 nie von einem Mönch besetzt wurde, es sei denn, man sehe in Eutychios eine Ausnahme! Die Bedeutung des Mönchtums für das byzantinische Leben ist die eines Grenzwertes und nicht die eines integrierten Faktors im Alltag.

8. Kapitel

Die theologische und religiöse Literatur

LITERATUR: *M. Richard,* Le néo-chalcédonisme: MSR 3 (1946) 156–161; *Ch. Moeller,* Le chalcédonisme et le néo-chalcédonisme en Orient de 451 à la fin du VIe siècle: Chalkedon I 637–720; *W. Elert,* Der Ausgang der altchristlichen Christologie (Berlin 1957); *S. Helmer,* Der Neuchalkedonismus (Bonn 1962); *M. Jugie,* Monothélisme: DThC X 2, 2307–23; *M. Viller – K. Rahner,* Aszese und Mystik in der Väterzeit (Freiburg 1939); *R. Devreesse,* Chaînes exégétiques: DBS I 1084–1233.

So heftig die dogmatischen Kämpfe gewesen sein mögen, die von der Mitte des 5. Jh. bis zum Ansturm des Islams die Reichskirche erschütterten – zu den großen Perioden klassischer Theologie gehört die Zeit keinesfalls. Die Formel von Chalkedon stellt an ihre Verteidiger eher die Aufgabe der virtuosen Distinktion als die einer Synthese; und die Distinktion hatte auseinanderzuhalten, was für das religiöse Erlebnis sich nur als Einheit darstellen konnte. Wo von Einheit die Rede war, fand sie Ausdruck in einer Terminologie, die noch nicht Gemeingut der Zeit war, und in Adjektiven und Adverbien (ἀδιαίρετος, ἀχώριστος), die eher Privatives als Positives aussagten. Es hätte eben eines überragenden Theologen bedurft, um diese notwendig farblosen Aussagen dem religiösen Erlebnis zugänglich zu machen. Die chalkedonische Theologie besitzt aber lange Zeit keinen solchen Vertreter. So jagen sich Philosopheme, mit denen man den Unterscheidungen gerecht zu werden versucht. Sie zehren zumeist vom Wortschatz der aristotelischen Schule, ohne daß man diejenigen, die sich ihrer bedienten, schlankweg Aristoteliker nennen könnte. Im Tomus des Papstes Leo I. hatte diese Theologie noch das gewaltige Pathos, mit dem die Sprache der lateinischen Redekunst ihre Antithesen in monumentaler Prägnanz aufzubauen versteht. In der modulationsfähigeren griechischen Syntax verriet sie ihre Bedürftigkeit sehr viel leichter. So siecht die strenge chalkedonische Theologie einigermaßen dahin; sie sehnt sich – anders ausgedrückt – nach jener in Chalkedon diskriminierten Formel Kyrills von der einen fleischgewordenen Physis des Logos oder der einen Physis des fleischgewordenen Logos.

Das will nicht heißen, daß die Theologiegeschichte der Zeit keine Namen zu nennen wüßte. Vielleicht darf hier Leontios von Byzanz genannt werden, auch wenn seine Einreihung im Rahmen der Gesamttheologie der Zeit immer noch umstritten ist[1]. Die Mehrzahl der Theologen freilich fängt sehr bald an, ihrer Sehnsucht nach Kyrillos stattzugeben. Die Handhabe bot die sogenannte Communicatio idiomatum, das heißt die Möglichkeit, von der Person Christi her, das heißt mit dem ἓν πρόσωπον Christi als dem eigentlichen Träger der Prädikate, Göttliches und Menschliches in einer einzigen Aussage zusammenzufassen. Man konnte bei dieser Redeweise das „qua ἓν πρόσωπον" nicht mehr mitsprechen, als selbstverständlich voraussetzen oder bewußt verschweigen. Was dann herauskam, war die Lust an „barocken Formulierungen", an eindrucksvollen Antithesen und an einer faszinierenden Ungenauigkeit. Die Richtung ging weiter. Teils in bewußter, teils in unbewußter Annäherung an den Standpunkt der Gegner des Chalcedonense bestand man auf diesen Formulierungen als einem Schibboleth der Orthodoxie, wodurch man diese in schwere innere Auseinandersetzungen (Dreikapitelstreit) stürzte. Zahlreiche Theologen der Zeit schlagen diese Richtung ein, die skythischen Mönche ebenso wie Joannes Grammatikos von Kaisareia in Palästina[2] oder der Patriarch Ephräm von Antiocheia[3], im Kaiser Justinian aber finden sie alle ihren mächtigen Helfer, der ihrer Theologie zum Durchbruch in der Reichskirche verhilft. Am reinsten im Ansatz und am genauesten in der Formulierung findet sich die Lehre wohl bei Bischof Joannes von Skythopolis, der sich bezeichnenderweise auch eingehend mit den Schriften des Ps.-Areopagiten befaßt[4]. Übrigens werden bald darauf die Verfechter des Monenergismus gerade aus den Schriften der sogenannten Neuchalkedonier – so nennt man neuestens die Vertreter dieser Richtung – einen Teil ihrer Argumente beziehen, besonders aus Theodoros von Raithu, sofern dieser nicht überhaupt mit dem Initiator des Monenergismus, Theodoros von Pharan, identisch ist[5].

Die versuchte Annäherung an den Standpunkt der Monophysiten hatte kirchenpolitisch freilich keinen Erfolg. Denn diese besaßen in Severos von Antiocheia den größten Theologen der Zeit, dem die chalkedonische Richtung nichts von gleichem Gewicht entgegenhalten konnte[6]. Vorzüglich auf eine biblisch-patristische Bildung gestützt, ohne sich allzu stark in die Unsicherheit philoso-

[1] Siehe *Beck* 373–374; *St. Otto*, Person und Subsistenz (München 1968); *S. Helmer* a. a. O. 31–41; *D. B. Evans*, Leontius of Byzantium, an Origenist Christology (Washington 1970); *S. Rees*, The Literary Activity of Leontios of Byzantium: JThS 19 (1968) 229–242.

[2] *Beck* 377; *S. Helmer* a. a. O. 160–175. [3] *Beck* 378; *S. Helmer* a. a. O. 185–195.

[4] *Beck* 376–377; *S. Helmer* a. a. O. 176–182.

[5] Vgl. *W. Elert*, Theodor von Pharan und Theodor von Raithu: ThLZ 76 (1951) 67–76.

[6] Am besten immer noch *J. Lebon*, Le monophysisme sévérien (Löwen 1919). Zur Literatur: *Beck* 387–390.

phischer Terminologie zu verstricken, hat er die Theologie Kyrills von Alexandreia neu gefaßt. Er behält immer die konkrete, historische Erscheinung Christi im Auge, und gerade von diesem Konkreten ausgehend, identifiziert er φύσις, ὑπόστασις und πρόσωπον auf weite Strecken. Der Gedanke der Einheit ist das Allbeherrschende; von der Einheit her, der konkreten Einheit Christus, kann es keine zwei Naturen geben – unio deletrix dualitatis. In diesen Widerspruch habe sich gerade die Synode von Chalkedon verstrickt, und deshalb könne es trotz aller begütigenden Interpretationen keine Anerkennung dieser Beschlüsse geben. Terminus der Einheit in Christus könne immer nur die eine göttliche Natur sein.

Was aber Severos zum unumstrittenen Kirchenvater der Monophysiten macht, ist nicht nur sein geschlossenes dogmatisches System, die Tatsache, daß er für jeden Angriff seitens der orthodoxen Theologie eine Antwort bereithält, sondern auch der Umstand, daß sein umfassendes schriftstellerisches Werk alle Gebiete des religiösen Lebens versorgt. Ein weitgestreuter Briefwechsel, feierliche Homilien und Festtagspredigten, liturgische Dichtungen usw. bereichern das Leben einer Kirche, die mit ihm ihren Weg in die Selbständigkeit findet.

Gewiß gab es auch in der monophysitischen Kirche Abweichungen von dieser klassischen Lehre; aber neben Severos nimmt sich etwa Julianos von Halikarnaß, der Vater der Aphthartodoketen, nehmen sich die Vertreter der Theodosianer, Aktisten und Agnoeten und wie sie alle heißen mögen, ärmlich aus. Nur Joannes mit dem Beinamen Philoponos kann für die Entstehungszeit neben Severos bestehen[7]. Seine Arbeit galt dem Ausgleich zwischen Philosophie und Dogma, wobei er allerdings in den Augen derer, die ihm mißtrauten, in eine Art Tritheismus verfiel – eine Deutung, die allerdings in ihrer Berechtigung davon abhängt, wie man seinen trinitarischen Natur- und Wesensbegriff interpretiert. Die Monophysiten selbst haben auf die Dauer den Vorwurf nicht gelten lassen, sondern ihn neben Severos gestellt, den er selbst immer verteidigt hatte. Sein Œuvre ist noch zu wenig erforscht und gewürdigt. Allem Anschein nach ist er einer der bedeutendsten Vertreter jener philosophisch-naturwissenschaftlichen Betrachtungsweise, welche die hohen Schulen von Alexandreia so vorteilhaft vom Unterrichtsbetrieb in Athen unterscheidet. Bedeutsam sein Kommentar zum biblischen Schöpfungsbericht, der teilweise auf der Exegese des großen Basileios beruht und durch seine Art, die Probleme anzufassen, vorteilhaft absticht von jener „Topographie" des Kosmas Indikopleustes[8], die in Wirklichkeit nur ein Versuch ist, das Sechstagewerk zu erläutern, allerdings auf eine erschreckend rückständige Weise. Die Bedeutung des Werkes liegt in einigen interessanten Nachrichten aus den Reiseerfahrungen des Verfassers, keineswegs im theologischen Gehalt.

[7] *H. D. Saffrey*, Le chrétien Jean Philopon et la survivance de l'école d'Alexandrie au VIe siècle: RÉG 67 (1954) 396–410; *B. Schleißheimer*, Zum Problem Glauben und Wissenschaft im sechsten Jahrhundert: Polychordia, Festschr. F. Dölger = Byz. Forschungen 2 (1967) 318 bis 344. [8] *W. Wolska*, La topographie chrétienne de Cosmas Indicopleustès (Paris).

Außerhalb des Rahmens der Dogmatik und Polemik der Zeit steht die Gestalt des zwielichtigen Pseudo-Areopagiten. Soll er nicht identisch sein mit Petros dem Walker[9], so müßte man für diesen einen Zwillingsbruder postulieren! Ein Autor mit einer unzerstörbaren Vorliebe für die Mystifikation und ohne Zweifel auch mit Talent dafür. Gemessen am stürmischen, selten mit Erfolg gesegneten Lebensgang des Walkers, kann seine literarische Tätigkeit als der Versuch betrachtet werden, ein traumhaftes Weltbild aufzubauen und es mit einer unbestreitbaren Autorität zu begnaden – einen Kosmos, der sich ideal von der Umwelt abhob, mit der der Verfasser samt seiner Alltagsautorität nie zurechtkam. Und es gelang ihm etwas, dessen jahrhundertelange ehrfürchtige Hinnahme mit dem Pseudonym allein nicht erklärt werden kann. Der Pseudoareopagite hat mit seinen Traktaten über die himmlische und irdische Hierarchie ein ausgefeiltes System von Entsprechungen geschaffen, das nicht nur den Ansprüchen der Bischöfe seiner und der Folgezeit entgegenkam, sondern auch dem liturgischen Vollzug eine Tiefenschärfe gegeben, die für die liturgische Theologie sowohl wie für die liturgische Kunst der Byzantiner der Folgezeit sehr wichtig wurde. Er hat mit seinem Werk über die göttlichen Namen den freilich seinem innersten Wesen nach zum Scheitern verurteilten Versuch gemacht, eine Systematik der negativen Theologie zu schaffen. Und wenn seine Terminologie auf der „via supereminentiae" in den Aussagen über Gott sich in sprachlichen Unmöglichkeiten verliert, so hat er auch damit ein Zeichen gesetzt für das notwendige Versagen alles Redens von Gott. Es spricht im übrigen für sein mystisches Gespür, daß er neben einem Erleuchtungssystem, das streng hierarchisch vor sich geht und den einfachen Menschen durch eine langgezogene Stufenreihe eher von Gott trennt als mit ihm verbindet, doch immer wieder auch den Gedanken der „Nähe" Gottes betont, an der gemessen die Abstände in seinen „Hierarchien" irrelevant werden.

Auf jeden Fall steht der Pseudo-Areopagite außerhalb seiner Zeit; und wenn man von Severos absieht, so kann man sagen, daß erst der monenergetische Streit des 7. Jh. Byzanz wieder einen Theologen von hohem Rang schenkte: Maximos den Bekenner[10], der freilich noch weniger als Severos auf Dogmatik und Polemik eingeschränkt werden kann. Es ist unstreitig sein Verdienst, in den Wirren um die Bestimmung der Energien und des Willens in Christus durch eine scharfsinnige Terminologie die Voraussetzungen geschaffen zu haben, die notwendig waren, um überhaupt den Kern des Problems zu erfassen. Maximos ist Dyothelet, was das physische Willensvermögen in Christus anlangt, im θέλημα γνωμικόν aber sieht er eine Proprietät der Hypostase – eine Unterschei-

[9] *U. Riedinger*, Peudo-Dionysios Areopagites, Pseudo-Kaisarios und die Akoimeten: ByZ 52 (1959) 276–296; *ders.*, Petros der Walker von Antiocheia als Verfasser der pseudo-dionysischen Schriften: Salzburger Jb. der Philos. 5–6 (1961/62) 135–156; *R. Roques*, L'univers dionysien (Paris 1954).

[10] *H. U. v. Balthasar*, Kosmische Liturgie. Das Weltbild Maximus' des Bekenners (Einsiedeln ²1961); *W. Völker*, Maximos Confessor als Meister des geistlichen Lebens (Wiesbaden 1965).

dung, die geeignet gewesen wäre, der Auseinandersetzung ein rasches Ende zu bereiten, hätte man sich wirklich um sie gekümmert. Doch dies ist nur eine Seite der Bedeutung, die dem Bekenner zukommt. Entscheidend ist wohl, daß bei ihm präzise Dogmatik und Mystik eine unlösliche Verbindung eingegangen sind. Er hat in der Mystik der byzantinischen Kirche kaum neue Elemente zur Geltung gebracht; er ist Euagrios verbunden und über diesen Origenes, während Ps.-Dionysios, den er doch kommentiert hat, eher am Rande bleibt; aber er hat die Christologie, die m.E. Euagrios wenig gekümmert hat, in dieses System eingebaut und aus der Dialektik der christologischen Formeln Chalkedons, die bisher allzu abstrakt, um nicht zu sagen negativ, gehandhabt worden waren, eine mystische Theologie des Kreuzes aufgebaut, an dem ein leidender und verklärter Christus alle Gegensätze zu einer letzthinnigen Einheit zusammenfaßte. Er ist der größte Meister der Christusmystik im byzantinischen Bereich – nie mehr erreicht und leider im Verlauf der Jahrhunderte wenn nicht vergessen, so doch allzuwenig beachtet.

Neben Maximos ist der Patriarch von Jerusalem, Sophronios, zu nennen[11], einer der ersten Verfechter der zwei Energien in Christus gegenüber der alexandrinischen Union von 633, zu erwähnen aber auch als Prediger, Hagiograph und religiöser Dichter; sodann jener Anastasios Sinaites[12], dessen Werk und Persönlichkeit immer noch nicht genügend abgegrenzt sind, eine Art Summist der antimonophysitischen Polemik, der aber auch mit einigen seiner Predigten die gesamte byzantinische Periode homiletisch bestimmt hat.

Es ist merkwürdig, festzustellen, daß neben den großen christologischen Kontroversen der Zeit der neu belebte Origenismus der Zeit – sieht man von offiziellen Verlautbarungen und (vielleicht) von Maximos dem Bekenner ab – kaum einen literarischen Niederschlag gefunden hat. Die Vermutung liegt nahe, daß die πατέρες πνευματικοί in den Mönchssiedlungen Palästinas und anderwärts dem System des großen Alexandriners, soweit sie es überhaupt kennenlernen konnten, kaum viel abgewinnen konnten und daß es wohl nur einzelne unter den palästinensischen Mönchen waren, die mehr als einige Grundelemente des Origenismus beherrschten, während die Masse der „Origenisten" ihnen nur einfach Gefolgschaft leistete. Einzelne Spuren des Origenismus kann man da und dort entdecken, doch ins Gewicht fallen sie nicht. Dafür kennen wir einige Sammlungen einfacher Belehrungen für das geistliche Leben der Mönche, vor allem in der Gemeinschaft, die, weit davon entfernt, sich in Spekulationen zu verlieren, eine erstaunliche Kenntnis tiefenpsychologischer Vorgänge des Lebens in der Weltabgeschiedenheit verraten und daraus für die Anleitung von Eremiten und noch stärker von Koinobiten ihre konkreten Folgerungen ziehen. Die Sammlung von Fragen und Antworten etwa des Reklusen Barsanuphios[13] (Mitte des 6. Jh.) in Palästina mit ihrer sehr diskreten Art von

[11] *Beck* 434–436; *Chr. v. Schönborn*, Sophrone de Jérusalem (Paris 1972).
[12] *S. N. Sakkos*, Περὶ Ἀναστασίων Σιναϊτῶν (Thessalonike 1964).
[13] *Beck* 395–396; *M. Viller – K. Rahner* a.a.O. 149.

Seelenführung, die geistlichen Konferenzen des Abtes Dorotheos[14] aus derselben Zeit und derselben Umgebung, die später noch im Studiu-Kloster sich hohen Ansehens erfreuten, stellen, um nur einiges zu nennen, diese Richtung besonders glücklich dar. – Wenn Gefahr, dann war der Origenismus nicht die einzige für das geistliche Leben der Zeit. Der Messalianismus mit seinem jedenfalls in praxi dualistischen Weltbild, seiner exklusiven Sorge um die „Reinen" und seiner Sehnsucht nach sinnlicher Erfahrung des Gnadenstandes machte den Wächtern des orthodoxen Mönchtums viel zu schaffen. Sie hatten freilich in den geistlichen Unterweisungen des Diadochos von Photike[15] ein Handbuch, das berechtigten Wünschen ebensoweit entgegenkam, wie es feste Grenzen absteckte. Hier war ein geistiges Organ entdeckt, die αἴσθησις νοερά, das zur sicheren Unterscheidung zwischen sinnlich wahrnehmbaren mystischen Phänomenen und dämonischen Vorspiegelungen anleiten sollte – ein Werk erstaunlicher psychologischer Einsicht.

Die klassische, dem Origenismus da und dort durchaus verpflichtete euagrianische Mystik findet erst im 7. Jh. ihre Neubelebung in einer Form, die sie für die Orthodoxie unverdächtig machte. Neben Maximos ist hier vor allem der libysche Mönch Thalassios zu nennen[16]. Dem System verpflichtet ist wohl auch jener Traktat des 7. Jh., der die breiteste Wirkung gefunden hat, die „Κλῖμαξ"(Paradiesesleiter) des Sinaiten Joannes[17], auch wenn bei ihm die letzten Stufen der Gottvereinigung eher angedeutet als ausgeführt sind. Interessant ist die Feststellung, daß in diesem Werk das berühmte Jesusgebet, die μνήμη Ἰησοῦ genauer, deren Methode viel weiter zurückgeht, bereits als integrierender Bestandteil ins Aufstiegssystem eingebaut erscheint, ohne daß der Zugang zur geistigen Haltung, den diese μνήμη voraussetzt, schon vereinfacht und verharmlost wäre. Daß von dieser „sinaitischen" Mystik der Weg direkt zur spätbyzantinischen geht, ist erwiesen[18].

Wenn die spätere byzantinische Bibelexegese immer wieder auf das 6. Jh. zurückgreift, so nicht weil die Schrifterklärung in dieser Zeit besonders vertieft worden wäre, als vielmehr deshalb, weil im 6. Jh. der Grundstock zu jenen Katenen gelegt wurde, die für die Exegese langer Generationen Material und Form zugleich vorbildlich darstellten. So wie die Dogmatiker immer häufiger Blütenlesen aus Väterstellen zu bestimmten sie interessierenden Themen zusammenstellen, um schließlich bald nur noch „florilegistisch" zu argumentieren, so beginnen nun auch die Bibelerklärer zu jedem Vers eines biblischen

[14] *Beck* 396; *M. Viller – K. Rahner* 150–151.

[15] *F. Dörr*, Diadochus von Photike und die Messalianer (Freiburg 1937).

[16] *M.-Th. Disdier:* RÉB 2 (1944) 79–118.

[17] *I. Hausherr,* La méthode d'oraison hésychaste: OrChrA IX 2 (Rom 1927) 134–137; *A. Saudreau*, Doctrine spirituelle de s. Jean Climaque: La Vie spirituelle 9 (1924) 353–370; *G. Couilleau*, Jean Climaque: DSAM VIII (1972) 369–389; *D. Bogdanović*, Jovan Lestvičnik u vizantijskoj i staroj srpskoj književnosti (Beograd 1968); *W. Völker,* Scala Paradisi. Eine Studie zu Johannes Climacus (Wiesbaden 1968).

[18] Vgl. *I. Hausherr,* Les grands courants de la spiritualité orientale: OrChrP 1 (1935) 114–138.

Buches die kommentierenden Texte der verschiedensten älteren Autoren zusammenzustellen und aneinanderzureihen. Merkwürdig bleibt, daß diese Florilegisten – bewußt oder unbewußt – dabei immer noch am stärksten von den großen antiochenischen Exegeten beeinflußt blieben, auch wenn diese als Theologen unter das Anathem kirchlicher Synoden geraten waren, was immerhin für den exegetischen Geschmack der Sammler spricht.

Einer der ersten Katenenschmiede war offenbar Prokopios von Gaza[19] (6. Jh.), berühmter als Haupt einer christlichen Sophistenschule in der palästinensischen Stadt. Seine Katene zum Oktateuch wurde vorbildlich für alle späteren. Auch andere Bücher des Alten Testamentes hat er auf diese Weise kommentiert. Die Homiletik des 6. und 7. Jh. nimmt im Gesamt der theologischen Schriftstellerei nicht annähernd den Platz ein wie etwa Ende des 4. und zu Beginn des 5. Jh. Im Zeitalter umstrittener dogmatischer Nomenklaturen war die rednerische Emphase und Amplifikation offenbar gefährlicher als eine Sammlung von Definitionen! Nur vereinzelt bricht rednerisches Talent durch – bei Severos etwa oder bei Sophronios von Jerusalem und bei Anastasios Sinaites. Im 7. Jh. tauchten dann allerdings zahlreichere Prediger auf, deren nähere Bestimmung nach Zeit und Ort freilich immer noch Schwierigkeiten bereitet, z. B. ein Leontios von Jerusalem, der vielleicht identisch ist mit einem Leontios von Konstantinopel, ein Pantoleon usw.[20]. Wichtig für die Folgezeit wurde auch der homiletische Nachlaß des kyprischen Bischofs Leontios von Neapolis[21], der zugleich der wichtigste Hagiograph des Jahrhunderts ist. Mit seinem Bios des alexandrinischen Patriarchen Joannes des Barmherzigen hat er ein Monument des kirchlichen Lebens Ägyptens vor dem Islam geschaffen[22] und mit der Darstellung des „Narren in Christo", Symeons von Emesa, ein kostbares Dokument bizarren religiösen Volkslebens im Nahen Orient[23].

Überblickt man das Ganze, so darf vielleicht gesagt werden, daß der systematischen Theologie der Zeit, von wenigen Ausnahmen abgesehen, der Zug zum Schöpferischen fehlt. Man zitiert nach, und man betet nach, man ist mitten in der Zeit, in welcher der sogenannte patristische Beweis, schematisch gehandhabt, das Schöpfen aus der Bibel verdrängt; daß manche der Dogmatiker zugleich passionierte und nicht selten skrupellose Kirchenpolitiker sind, macht das Bild nicht sympathischer. Andererseits: ein Petros der Walker, identifiziert mit dem Pseudo-Areopagiten, verrät doch, wessen auch diese Querulanten geistig fähig waren, und deckt damit etwas auf von der zwiespältigen Breite der Begabungen dieser spätantiken Menschen. Und wenn das Mönchtum der Zeit im ganzen nicht besser ist als die Hierarchie, so darf nicht vergessen werden, daß auch hier zumeist nur die Hitzköpfe der Geschichte erhalten geblieben sind. Die genannten asketischen Schriften aus der Wüste sprechen eine andere Sprache. Hier hat die Theologie der Spiritualität Großes geleistet.

[19] *Beck* 414–422. [20] *Beck* 456–458. [21] *Beck* 455–456.
[22] Hrsg. von *H. Gelzer* (Freiburg – Leipzig 1893).
[23] Vgl. *H. Lietzmann*, Byzantinische Legenden (Jena 1911).

9. *Kapitel*

Organisation und inneres Leben der östlichen Reichskirche

LITERATUR: *F. Dvornik,* Byzance et la primauté Romaine (Paris 1964; engl. 1966, dt. 1966); *A. Michel,* Der Kampf um das politische oder petrinische Prinzip der Kirchenführung: Chalkedon II 491–562; *E. Herman,* Chalkedon und die Ausgestaltung des konstantinopolitanischen Primats: ebd. II 459–490; *Feine RG; L. Wenger,* Die Quellen des römischen Rechts (Wien 1953); *J.-M. Hanssens,* Institutiones liturgicae ritibus orientalibus II–III (Rom 1930/32); *S. Salaville,* Liturgies orientales (Paris 1942); N. *Liesel,* Die Liturgien der Ostkirche (Freiburg 1960); *H. J. Schulz,* Die byzantinische Liturgie (Freiburg 1964). – Zur Ikonologie: Reallexikon zur byzantinischen Kunst I 616–662 *(K. Wessel); D. Talbot Rice,* Art of the Byzantine Era (London 1963); O. *Demus,* Die Rolle der byzantinischen Kunst in Europa: JÖByzG 14 (1965) 139–155.

Das Konzil von Chalkedon – und kein Ende. Auch für die Organisation der Reichskirche bildet die Synode ein entscheidendes Datum. Der berühmte Kanon 28[1] nimmt zwar die Bestimmungen der Synode von 381 auf, aber zu einem Primat der Ehre kommen nun jurisdiktionelle Vorrechte: das Weiherecht in den alten, bisher selbständigen Großmetropolen der Provinzen Asia, Pontus und Thrakia und darüber hinaus eine Art Missionsprimat für die bisher keiner Metropole unterstehenden Randgebiete des Reiches. Und wenn 381 von einem Ehrenprimat „nach dem Roms“ die Rede war, so spricht man 451 von einem gleichen Rang mit Rom. Im Grunde handelt es sich aber auch bei diesem Kanon um keine Neuerung. Wir dürfen nicht vergessen, daß wir spätestens seit 421 auch mit der politischen Gleichstellung zwischen Konstantinopel und Rom zu rechnen haben. Schon vorher hatte übrigens Johannes Chrysostomos als Erzbischof von Konstantinopel den energischen Versuch gemacht, aus dem Kanon 3 von 381 materielle Rechte seines Sitzes gegenüber den kleinasiatischen Kirchenprovinzen abzuleiten. Schließlich haben die Kaiser Honorius und Theodosius II. im Jahre 421 bereits den Versuch gemacht, die Autorität des Bischofs ihrer Hauptstadt im Illyricum durchzusetzen. So ist es nicht unwahrscheinlich, daß Chalkedon mit seinem Kanon nur verfestigte, was als Entwicklung bereits hoffnungsvoll angelaufen war. Einen Schritt weiter ging Kaiser Zenon in einem Dekret des Jahres 477[2]. Wenn Theodosius I. anläßlich der Wiederherstellung der Orthodoxie in Konstantinopel gegenüber dem Arianismus noch den Glauben Roms und Alexandreias als Norm dekretiert hatte, so nennt Zenon die Kirche von Konstantinopel „mater nostrae pietatis et christianorum orthodoxae religionis omnium“. Von Rom ist nicht die Rede. Gewiß hat Kaiser Justinian wieder sehr stark den römischen Primat betont und ihm in kritischer Lage auch de facto Rechnung getragen. Aber die Handlungsfreiheit Roms ist aus politischen Gründen bald nicht mehr allzu groß, und der Osten gewöhnt sich rasch

[1] T. O. *Martin,* The Twenty-Eighth Canon of Chalcedon: a Background Note: Chalkedon II 433–458.

[2] Cod. Justin. I 2, 16.

daran, Rom zwar nicht abzuschreiben, aber es doch nur dann zu bemühen, wenn kein anderer Ausweg mehr bleibt. Man leugnet den Primat Roms keineswegs, aber man glaubt offenbar, mit einer „ehrenden Erwähnung" den Anforderungen dieses Primats Genüge zu leisten. Daß sich die alten Patriarchate und Metropolitansitze des Ostens mit Vergnügen dem neuen Primas in Konstantinopel gebeugt hätten, davon kann nicht die Rede sein. Aber je mehr die Oberbischöfe der Reichskirche in Kleinasien, Syrien und Ägypten damit zu tun hatten, sich gegen die Monophysiten zu behaupten und durchzusetzen, desto mehr waren sie auf das Protektorat des Bischofs der Hauptstadt angewiesen. Die Okkupation weiter christlicher Landstriche durch den Islam hat dann diese Entwicklung nur noch gefördert. Was Kanones und Kaisergesetze vorbereiteten, was die Aktivität konstantinopolitanischer Patriarchen unterstrich, das bestätigte die Entwicklung des Protokolls, vor allem des Titels „ökumenischer Patriarch"[3]. Schon der alexandrinische Patriarch Dioskoros hatte sich, freilich ohne Erfolg, diesen Titel anzueignen versucht, und auch in anderen Diözesen gibt es Spuren seiner Verwendung. Spätestens seit dem Akakianischen Schisma wird dem byzantinischen Patriarchen diese Bezeichnung offeriert, wahrscheinlich zunächst mehr rhetorisch als amtlich. Offensichtlich hat sich niemand daran gestoßen. Erst Papst Pelagius II., dem zu Ohren kam, daß nun auch die Synode den Patriarchen offiziell so tituliere, erhob dagegen bei Patriarch Joannes dem Faster (582–595) Einspruch. Gregor der Große, der im übrigen im Gegensatz zu Leo dem Großen den Kanon 28 praktisch anerkannte, nahm diesen Einspruch auf. Kaiser Maurikios glaubte zum Frieden mahnen zu müssen, aber Gregor argumentierte, er verteidige durch seinen Einspruch die Rechte der übrigen Bischöfe, die durch einen solchen Titel geschmälert würden. Erfolg hatte er keinen. Man kann natürlich den Titel mit einem farblosen „Reichspatriarch" übersetzen. Aber daß er einer schwerer wiegenden Interpretation fähig war, beweisen die konstantinopolitanischen Patriarchen selbst. Es ist bezeichnend, daß erst Photios den Titel ins Protokoll der Patriarchenurkunde einführt, daß ihn erst Kerullarios in sein Siegel aufnimmt und daß die Patriarchen erst seit dem 13. Jh. ihn in der Unterschrift führen. Mit anderen Worten: Die Etappen in der Entwicklung des Titels fallen zusammen mit den Etappen gespannter Beziehungen zwischen Rom und Konstantinopel[4].

Da die konstantinopolitanischen Patriarchen sich nicht mit dem Weiherecht in ihrem neuen Gebiet begnügten, sondern in ihm jene Amts- und Lehrautorität ausübten, die früher die Patriarchen Alexandreias in Ägypten und Libyen ihr eigen nannten, ist die Entwicklung ihres Primats begleitet von einer Schwächung der alten Metropolitanverfassung. Das gesamte Leben der Reichskirche konzentriert sich allmählich auf Konstantinopel, und es ist bezeichnend, daß wir im 7. Jh. immer spärlicher Kunde bekommen vom Eigenleben großer Metropo-

[3] Vgl. *S. Vailhé:* ÉO 11 (1908) 161–171; *E. Caspar,* Geschichte der Päpste II (Stuttgart 1933) 847; *E. H. Fischer,* Gregor der Große und Byzanz: ZSavRGkan 36 (1950) 15–144.

[4] *V. Laurent:* RÉB 6 (1948) 5–26; *ders.:* MiscMercati III 373–396.

len und großer Metropoliten, etwa in Kappadokien oder im Pontus. Schon in Chalkedon beschwerten sich die Väter, daß die provinziale Synodalordnung allmählich in Vergessenheit geraten sei, und schärften die Abhaltung solcher Versammlungen ein. Je schwächer der Besuch dieser Synoden in der Provinz wurde, um so beliebter wurde die Synode, die sich um den Patriarchen versammelte, die sogenannte Endemusa[5], die sich bis ins 4. Jh. zurückverfolgen läßt und wo alle Metropoliten zusammenkamen, die aus irgendeinem Grunde in der Hauptstadt verweilten. Das alte Gefüge der Metropolitanverfassung wurde auch durch die immer häufigere Schaffung von autokephalen Erzbistümern gestört, das heißt durch die Erhebung einfacher Bistümer in den Rang von Erzbistümern, die freilich keine Suffragane bekamen[5a]. Diese Eximierung war meist der Erfolg politischer oder persönlicher Rivalitäten. Im Grunde verdankt auch der jüngste Patriarch, der von Jerusalem, einer solchen Eximierung seine Entstehung. Und ähnliches gilt für das autokephale Erzbistum Kypros, gilt aber auch für so ephemere Gründungen wie die Stadt Justiniana Prima durch Kaiser Justinian.

Immer wieder versuchte man, den Status der einzelnen Kirchen auch schriftlich zu fixieren, und diesen Versuchen verdanken wir die sogenannten Notitiae episcopatuum[6], welche den Rang der einzelnen Bistümer untereinander darstellen. Eine solche Liste dürfte für den Patriarchat von Konstantinopel unter Kaiser Justinian zu einem gewissen Abschluß gekommen sein. Vielleicht wurde sie unter der Dynastie des Kaisers Herakleios revidiert. Damals führt sie einen Bestand von 33 Metropolen und nun schon 34 autokephalen Erzbistümern. Die Notitia Antiochena dürfte in der 2. Hälfte des 6. Jh. entstanden sein. Ob für Jerusalem und Alexandreia solche Listen schon in dieser frühen Zeit angefertigt wurden, ist fraglich.

All diese Probleme greifen bereits stark in den Rechtsstatus der Kirche ein. Wenn man auch als primäre Quellen kirchlichen Rechtslebens die Bibel und die Überlieferung der Väter ansah, so stieg doch im Lauf der Generationen der Bedarf an einzelnen Normierungen und Entscheidungen, und bald sah sich die Reichskirche wie das Reich selbst vor dem Problem, das gesamte Material zu kodifizieren[7]. In Antiocheia erfolgte der erste uns erhaltene Versuch einer systematischen Sammlung des geltenden Kirchenrechts. Redaktor ist ein Joannes Scholastikos, der später als Patriarch Joannes III. (565–577) den Stuhl von Konstantinopel bestieg. Er teilte das Material in 50 Kategorien (τίτλοι) ein, unter denen er die einschlägigen Kanones oder Kanonesteile der bis dahin abgehaltenen und als verbindlich geltenden Synoden und Material aus kanonistischen Väterschriften einreihte. Joannes stützt sich dabei auf einen unbekannten

[5] *J. Hajjar*, Le synode permanent dans l'église byzantine des origines au XIe siècle (Rom 1962).
[5a] *E. Chrysos*, Zur Entstehung der Institution der autokephalen Erzbistümer: ByZ 62 (1969) 263–286.
[6] *Beck* 148–232. [7] *Beck* 140–147.

Vorgänger, der um 545 eine Kanonessammlung in 60 Titeln zusammengestellt und ihr einen Anhang von 21 Kaisergesetzen in kirchenrechtlicher Materie beigegeben hatte. Auch Joannes legte nun neben seiner Kanonessammlung eine Sammlung kaiserrechtlicher Bestimmungen über kirchliche Materien an, indem er die wichtigsten Novellen Justinians exzerpierte. Man nennt heute diese Sammlung die Collectio 78 capitum. Joannes blieb mit diesem Eifer, das kirchenrechtliche Material der Novellen zu exzerpieren, nicht allein. Von da ist dann nur noch ein Schritt zu Sammlungen, die Kanon und Nomos gleicherweise berücksichtigen, den sogenannten Nomokanones, das heißt Sammlungen, die sowohl Kirchenrecht wie Kaiserrecht, letzteres, soweit es die Kirche betrifft, in ein einziges System bringen. Der älteste Nomokanon, der sogenannte Nomokanon der 50 Titel, ist vielleicht ebenfalls in Antiocheia entstanden. Als Datum dürfte das Ende des 6. Jh. in Frage kommen. Ein zweiter Nomokanon, genannt Nomokanon der 14 Titel, dürfte in die Zeit des Kaisers Herakleios gehören. Aus ihm erfloß dann später der sogenannte photianische Nomokanon.

Mißt man das Leben der byzantinischen Kirche an den erbarmungslosen dogmatischen Kämpfen, an den harten persönlichen Rivalitäten der Bischöfe und Patriarchen, an dem Blut, das fließt, und an dem Haß, der dieses Blutfließen hervorruft, so stellt sich die Frage, wo denn das Christentum dieser Kirche geblieben ist. Vielleicht wird dieser Eindruck, den die äußeren Begebenheiten vermitteln, einigermaßen gedämpft, wendet man sich der Liturgie der Zeit zu. Was es mit den Ursprüngen der sogenannten Basileios-Liturgie und Chrysostomos-Liturgie auf sich hat, wird noch lange ein Rätsel bleiben. Aller Wahrscheinlichkeit nach stammen beide Liturgien aus dem syrischen Bereich. Aber es sind gerade unsere Jahrhunderte, in denen sie in Konstantinopel ihre volle Ausgestaltung und eine bemerkenswerte Bereicherung erfahren. Es ist nicht unnütz, hier einige kleine Bauelemente zu nennen, die damals der Liturgie eingefügt wurden und die viel von ihrem Reiz ausmachen. Das 5. Jh. bereicherte die liturgischen Formulare mit dem Trisagion[8], über dessen trinitarische oder christologische Deutung es so viel Zank gegeben hat, das aber als Element liturgischer Rhythmisierung und Steigerung nachdrücklich auf die Schriftlesung vorbereitet. Wiederum ohne den dogmatisch zerstrittenen Hintergrund der Zeit undenkbar ist jener vielleicht von Justinian selbst verfaßte Hymnus mit den Einleitungsworten Ὁ μονογενὴς υἱός[9], eines der besten Beispiele dafür, wie im liturgischen Gewand der dogmatische Streit zum religiösen Ursprung zurückfinden kann. Kaiser Justin II. (565–578) soll zwei Hymnen in die Liturgie eingeführt haben, die wahrscheinlich älter sind, aber auf ihrem neuen Platz auf unvergleichliche Weise kurz und tief alles wiedergeben, was zum Wesen der byzantinischen Liturgie gehört: einmal das sogenannte Cherubikon, das alles

[8] *Ch. S. Tsogas,* Ὁ τρισάγιος ὕμνος: Χαριστήριον Π. Κ. Χρήστου (Thessalonike 1967) 275–287.

[9] *V. Grumel,* L'auteur et la date de composition du tropaire Ὁ μονογενής: ÉO 22 (1923) 398–418.

liturgische Handeln in der Kirche als Nachvollzug der Liturgie der Cherubim vor dem Thron des Höchsten darstellt, und dann das Kommunionlied Τοῦ δείπνου σου τοῦ μυστικοῦ, in dem etwas von der Demut orthodoxer Frömmigkeit zum Ausdruck kommt, die dem Schaugepränge des Kirchenwesens immer wieder unvermerkt den Boden entzieht. Wahrscheinlich darf man in das 5./6. Jh. auch die Ausgestaltung jener Prozessionen setzen, die als „der große" und „der kleine Eingang" die dramatischen Höhepunkte der byzantinischen Vormesse darstellen. Auch der Festkalender hat in dieser Zeit bedeutende Bereicherung gefunden. In die Periode Justinians dürfte die Einführung eines der höchsten Marienfeste fallen, des εὐαγγελισμός[10] (Mariä Verkündigung). Kaiser Maurikios dekretierte die Feier der Koimesis (Mariä Himmelfahrt)[11], und das Fest Kreuzerhöhung[12] (14. September) mag zwar schon auf frühere Zeiten zurückgehen, vielleicht als Begleitfest zur Weihe der Anastasis in Jerusalem, aber erst die Wiedergewinnung der Kreuzreliquie durch Kaiser Herakleios nach dem Sieg über die Perser gab ihm seinen besonderen Glanz für alle folgenden Zeiten. Das 6. Jh. schenkte der byzantinischen Kirche auch ihren größten liturgischen Dichter, den Meloden Romanos, den Schöpfer des Kontakion[13]. Diese liturgische Hymnenform ist, wenn man so will, rhythmisierte Prosa und als rhythmisierte Prosa nichts anderes als Predigt. Aber diese literarische Definition kann nicht über die hohen dichterischen Gaben des Romanos hinwegtäuschen, bei dem sich die stilisierte antithetische, dogmatische Aussage auf eigenartige Weise mit einem fast malerischen Talent genrehafter Betrachtung verbindet. Nie mehr sind in der byzantinischen Literatur die Schranken zwischen Rede und Dichtkunst so gründlich niedergelegt worden wie hier. Und was die byzantinische Kirche später an liturgischer Poesie hervorbringt, lebt von der nicht immer gesunden Amplifikation dieser frühen Schöpfung.

Vielleicht ist es etwas gewagt, einen anderen Zweig des frommen Lebens der byzantinischen Kirche, der in dieser Zeit sich besonders entwickelt, als Abkehr von der Logomachie der Theologen der Zeit zu bezeichnen: die Verehrung der heiligen Bilder. Gerade im 6. Jh. läßt es sich feststellen, daß die altchristliche Bilderfeindlichkeit ihr Ende gefunden hat und daß selbst die Gleichgültigkeit gegenüber der Ikone nicht länger aufrechterhalten werden kann[14]. Das Volk bemächtigt sich der Ikonen nicht als einer Biblia pauperum, sondern verehrt sie mit der Inbrunst, die Gnadenträgern gebührt, und die Bilder kommen dem Volk entgegen, indem sie Gnade spenden, Zeichen und Wunder tun, trösten und helfen, wo immer das Vertrauen der Gläubigen es verlangt. Wenn man

[10] *S. Vailhé:* ÉO 9 (1906) 138–145.

[11] *A. Raes,* Aux origines de la fête de l'assomption en Orient: OrChrP 12 (1946) 262–274.

[12] *E. Honigmann,* La date de l'homélie du prêtre Pantoléon sur la fête de l'exaltation de la croix: Bulletin Acad. Belge V 36 (1950) 547–559.

[13] *Beck* 425–427.

[14] *N. H. Baynes,* The Icons Before Iconoclasm: HThR 44 (1951) 93–106; *F. Kitzinger,* The Cult of Images in the Age Before Iconoclasm: DOP 8 (1954) 83–150.

gesagt hat, der Ikonenkult sei Ausdruck der Orthodoxie als solcher, so gilt dies gewiß frühestens erst seit dem 7. Jh., aber von da ab um so nachdrücklicher. Als Flucht aus der dogmatischen Misere ein religiös begreiflicher Vorgang, der allerdings die Dichotomie, die allmählich das byzantinische Kirchenwesen immer stärker bestimmen wird, auf fatale Weise einleitet. Vielleicht darf man aber einen Schritt weitergehen. Es handelt sich nicht nur um Flucht, sondern wohl auch um ein religiöses Ereignis, das auf merkwürdige Weise den dogmatischen Kampf für sich entscheidet. Ohne das Schlagwort „Monophysitismus des byzantinischen Christusbildes" zu gebrauchen, läßt sich doch der Gedanke nicht von der Hand weisen, daß jenes Vakuum, das die Formel von Chalkedon offenließ, im Bild wieder geschlossen wurde, in einem Bild, das, obwohl es künstlerisch nur Natur darzustellen vermochte, diese Natur in einem Maße überhöhte und vergöttlichte, daß, wollte man der byzantinischen Christusikone eine Beischrift geben, die kyrillische Formel dazu geeigneter wäre als die chalkedonische.

Das religiöse Leben des Volkes spiegelt sich auch im „Leben" seiner Heiligen. Von den Mönchsviten ist an anderer Stelle die Rede. Interessant aber ist, daß der hagiographische Roman[15] sich schon in dieser Zeit bemerkbar macht, jene Häufung legendärer und nicht selten pikanter Züge, die gelegentlich sogar das Mißtrauen der kirchlichen Behörden hervorrief, aber den Geschmack des Volkes offenbar besser traf als manches Elaborat hagiographischer Rhetorik. Gewisse Erzeugnisse dieser Art, wie etwa Martyrium und Mirakel des heiligen Konon[16], bildeten wohl so etwas wie ein Wallfahrtsbuch, das man am Kultort des Heiligen feilbot. Ähnlich dürfte es sich mit den großen Wunderberichten verhalten, die es z.B. über das Ärztepaar Kosmas und Damian[17] gab, die bezeichnenderweise den Beinamen Anargyroi, die gratis Kurierenden, erhielten und die besonders in Konstantinopel verehrt wurden, oder über Kyros und Johannes[18], das heilkräftige Paar, das die Nachfolge des Menuthis in Ägypten angetreten hatte. Andere Romane knüpfen an zeitgenössische Ereignisse an. So darf man wohl den Wunderbericht über den Heimgang Mariens mit der Einführung des Festes Mariä Himmelfahrt gegen Ende des 6. Jh. in Zusammenhang bringen[19] und das Auftauchen wunderlicher Heiliger aus dem persischen Bereich – genannt sei etwa die „am Leben gebliebene Martyrin" Golinduch[20] – mit dem Bestreben, die Begeisterung für den Kampf gegen die Feueranbeter zu schüren. Von merkwürdiger Erbaulichkeit ist auch das Leben des Ökonomen Theophilos der Kirche von Adana, in dem man einen Vorläufer der Faustsage erblickt hat[21], und noch merkwürdiger der Sprung, den der heilige Georg aus

15 *H. Delehaye,* Les légendes hagiographiques (Brüssel 1905).
16 BHG 2077. 17 BHG 372ff.
18 BHG 469ff.
19 *M. Jugie,* La mort et l'assomption de la sainte vierge (Vatikan 1944) 117–126.
20 *P. Peeters,* Sainte Golindouch, martyre perse: AnBoll 62 (1944) 74–125.
21 *L. Radermacher,* Griechische Quellen zur Faustsage: SAW 206, 4 (Wien 1927).

dem heidnischen Mythos in das Revier christlicher Drachentöter getan hat[22]; beide Berichte wie auch die ersten Aufzeichnungen in der langen Reihe der Berichte über den heiligen Nikolaus von Myra[23] und die griechische Fassung des Alexios-Romans[24] sind Produkte des 7. Jh. Über dieser romanhaften Hagiographie darf eine „politische" Behandlung der Heiligen nicht vergessen werden. Zeugen sind wohl die beginnende Sammlung der Wunder des Demetrios, des Stadtheiligen von Thessalonike[25], dessen Taten das Geschick dieser Stadt widerspiegeln, Zeugen sind aber auch Texte, wie z. B. der Bericht über das Martyrium des Arethas[26], des Bischofs im südlichsten Arabien, oder die allmähliche Einführung der Legende des Apostels Andreas auf dem Boden der Reichshauptstadt, die dazu führen sollte, dem Bischofssitz dieser Stadt apostolischen Rang zu verleihen[27].

Wenn überhaupt kirchliche Bestimmungen über Zucht und Ordnung bei Klerus und Laien imstande sind, Auskunft über das innere Leben der Gemeinde zu geben, so gilt dies von den Kanones der Synode des Jahres 691/692, die nach dem konstantinopolitanischen Tagungslokal im Kaiserpalast die Synode „in Trullo" genannt wird und sich selbst als eine ökumenische Ergänzung der 5. und 6. Synode verstand, die beide keine disziplinären Kanones erlassen hatten[28]. Ohne systematische Ordnung stellen diese Kanones (102 an der Zahl) eine umfassende und sehr aufschlußreiche Sammlung von Vorschriften über das innerkirchliche Leben der Zeit dar – Reflex zugleich der schwierigen Situation, in welche die byzantinische Kirche durch das Eindringen zahlreicher Barbarenstämme, durch kaiserliche Umsiedlungsmaßnahmen und durch neue Häresien geraten war. Es entspricht der negativen Art der Kanones, daß fast nur die Schattenseiten des kirchlichen Lebens zur Sprache kommen. Dahinter steht eine innerkirchliche Entwicklung, über die man sich angesichts der alle Interessen beanspruchenden konfessionellen und dogmatischen Kämpfe allzuwenig Gedanken gemacht hatte. Das Leben, das hier teils deutlich, teils schemenhaft sichtbar wird, ist von bunter Fülle. Jüdische und heidnische Elemente machen sich breit, Entwicklungen in Richtung auf ganz bestimmte Verengungen der Gesamtauffassung bahnen sich an, Züge vorchristlichen Brauchtums und achristlicher Frömmigkeit machen ihren Weg. Wir begegnen Klerikern mit virgines subintroductae, Klerikern als Schankwirten und Pfandleihern, als Besu-

[22] *K. Krumbacher,* Der heilige Georg (München 1911).

[23] *G. Anrich,* Hagios Nikolaos Bd II (Leipzig – Berlin 1917).

[24] BHG 56c.

[25] *P. Lemerle,* La composition et la chronologie des deux premiers livres des Miracula S. Demetrii: ByZ 46 (1953) 349–361.

[26] *P. Peeters,* Le tréfonds oriental de l'hagiographie byzantine (Brüssel 1950) 88.

[27] *F. Dvornik,* The Idea of Apostolicity in Byzantium and the Legend of the Apostle Andrew (Cambridge/Mass. 1958).

[28] Ausgabe der Kanones *Mansi* XI 921–1006. Vgl. dazu *V. Laurent,* L'œuvre canonique du concile in Trullo (691–692), source primaire du droit de l'église orientale: RÉB 23 (1965) 7–41.

chern von Zirkusspielen und Pferderennen, solchen, die sich gegen ihre Bischöfe verschwörerisch zusammentun; sodann Typen von Askese oder Scheinaskese, die an das Treiben der sogenannten Saloi, der Narren in Christo, erinnern, Juden als den beliebtesten Ärzten der Zeit, Karnevalsveranstaltungen mit ausgelassenem Treiben der Studenten der Rechte, gemeinsamem Baden von Männern und Frauen, falschen Martyrologien, anzüglichen Riten usw. Ohne Zweifel wollte die Synode für die Universalkirche legiferieren, aber ebenso sicher ist es, daß sie dabei das spezifisch byzantinische Kirchenrecht im Auge hatte und in einer Reihe von Kanones expressis verbis gegen Gebräuche der Westkirche Stellung nahm, so in can. 13 über die Klerikerehe, in can. 55 gegen das Fasten am Samstag in der Fastenzeit und in can. 67 mit dem Verbot des Genusses geschächteten Fleisches, ganz abgesehen von der Wiederholung des Anathemas gegen Papst Honorius in can. 1.

Kaiser Justinian II. wollte Papst Sergius I. (687–701) mit Gewalt zur Unterschrift zwingen, aber seine Emissäre scheiterten an den italienischen Milizen, und der Kaiser selbst mußte bald darauf ins Exil. Als er 705 wieder den Thron bestieg, versuchte er es mit friedlicheren Mitteln, und schließlich kam Papst Konstantin I. 711 persönlich in den Osten, und alles spricht dafür, daß er sich mit dem Kaiser mündlich auf die Anerkennung der Kanones einigte unter Streichung derjenigen, die expressis verbis gegen Rom gerichtet waren. Die Überlieferung der Kanones in der Ostkirche hat dieser Vereinbarung nicht Rechnung getragen, aber im Westen gab man sich allmählich zufrieden.

Ist das Bild in diesen Synodalentscheidungen nicht ohne Makel und Runzel, so werden diese Schattenseiten in der kirchlichen Kunst der Zeit glanzvoll überdeckt. Das justinianeische Zeitalter stellt in dieser Hinsicht einen Höhepunkt von säkularer Bedeutung dar. Vornehmster Ausdruck ist die kirchliche Architektur, der Justinian Unsummen widmete. Auf die Fülle der einzelnen Leistungen kann hier nicht eingegangen werden. Aber in der Hagia Sophia wurde nicht nur technisch eine einzigartige Leistung erzielt, sondern zugleich die mystische Einheit von Gottesreich, Kirche und Imperium einmalig zum Ausdruck gebracht. Es ist die Kirche nicht allein, die dies vermochte. Zur Architektur gehört die Liturgie, und zwar kirchliche und Kaiserliturgie zusammen in einer Verflechtung, die eine Sublimierung all dessen bedeutet, was Byzanz heißt – eine Sublimierung, deren das Reich um so mehr bedurfte, je unausgegorener die juristischen und kanonistischen Grundlagen eben dieser Verflechtung waren. Die Hagia Sophia ist Ausdruck der byzantinischen Illusion von einer Reichskirche, deren geschichtliches Werden und Wachsen den Stein gewordenen Traum nie einholte. Diese Flucht aus der Wirklichkeit ist, kirchenhistorisch und nicht kunsthistorisch betrachtet, meines Erachtens auch ein Movens innerhalb der byzantinischen Malerei der Epoche, die mehr und mehr in Richtung auf die Ikone geht, und zwar Ikone verstanden als Bild, das Gnade trägt und Gnade vermittelt. Gerade der Umbruch der Zeiten nach dem Zusammenbruch der justinianeischen Restaurationspolitik im 6. Jahrhundert – Barbaren und Krieg an allen Grenzen und bis ins Kernland des Reiches – weckte eine große Sehnsucht nach dem sichtbaren und berührbaren Heilbringer, und was als malerische Technik begonnen, mündete unter dem Auge des Gläubigen in eine Art Realpräsenz des Dargestellten, unbeholfener Nachhall der Idee von einer „hypostatischen Union“ im Gewand der Kunst. Die Theologen, soweit es sie noch gab, resignierten oder versuchten, selbst mitfortgerissen, mit ebenso unbeholfenen Formeln der Entwicklung der Volksfrömmigkeit nachzuhinken.

10. Kapitel

Die Missionstätigkeit der frühbyzantinischen Reichskirche

Ein gut Teil der missionarischen Tätigkeit der östlichen Christenheit seit der Mitte des 5. Jh., sowohl in Richtung nach Süden wie nach dem Osten, geht auf Rechnung der sich allmählich verselbständigenden Konfessionen der Nestorianer und der Monophysiten. Darüber ist an anderer Stelle berichtet worden. Die Reichskirche selbst hatte nach ihrer Befreiung durch die ersten christlichen Kaiser geraume Zeit gebraucht, bis sie sich wieder ihres Missionsauftrages erinnerte[1]. Zunächst war wenig Impetus zu spüren, das Christentum an die außerhalb der Reichsgrenzen wohnenden Barbaren zu bringen. Vielleicht hängt dies schon mit der beginnenden Gleichsetzung von Orbis Romanus und christlicher Ökumene zusammen. Wenn missioniert wird, dann ist es selten eine Aktion, die von der im Reich residierenden Hierarchie in die Wege geleitet wird, sondern zumeist das Bemühen einzelner, die als Kaufleute, Sklaven oder Kriegsgefangene in die Ferne verschlagen werden und hier auf Heiden treffen, wobei wiederum ihre erste Sorge zunächst nur jenen Heiden gilt, die, wie sie selbst, aus dem Reich stammen und ebenfalls Kriegsgefangene oder Sklaven sind. Erst von diesem Kern einer „Auslandsgemeinde“ aus geht dann das Werk weiter und umfaßt die einheimischen „Barbaren“. Ein zweites Missionsfeld geben jene Fremdstämme ab, die allmählich ins Reich einsickern oder sich mit Gewalt Eingang verschaffen. Sie drängen teilweise selbst zur Taufe, weil sie erkannt haben, daß sie damit die Aufnahme in den Reichsverband leichter erlangen können als ohne sie, und weil sie die Segnungen der Reichskultur mit denen des Christentums gleichsetzen oder verwechseln. So geht in der byzantinischen Mission der christliche Gedanke mit dem Reichsgedanken eine Symbiose ein, die im Grunde nur das Konzept des Eusebios von Kaisareia in die Praxis umsetzt[2].

Besonders interessant unter diesem Gesichtspunkt ist die Beduinenmission im Hinterland Syriens und in Palästina. Kyrill von Skythopolis erzählt uns da-

[1] *E. A. Thompson*, Christianity and Northern Barbarians: A. Momigliano, The Conflict Between Paganism and Christianity in the Fourth Century (Oxford 1963) 56–78.

[2] *H.-G. Beck*, Christliche Mission und politische Propaganda im byzantinischen Reich: La conversione al cristianesimo nell'Europa dell'alto medioevo (Spoleto 1967) 649–694.

von in der Vita des Mönchsvaters Euthymios[3]. Ein Beduinenscheich aus dem persischen Herrschaftsgebiet tritt mit seinem Stamm auf Reichsboden über. Der Comes Orientis Anatolios nimmt ihn auf und überträgt ihm nun die Grenzwacht gegenüber dem Persischen Reich. Aber er hat einen Sohn, der krank ist. Er begibt sich deshalb samt Stamm und Habe zu Euthymios in die palästinensische Wüste, und Euthymios nimmt an dem kleinen Araber eine wunderbare Heilung vor, die den Scheich bewegt, sich und seine Familie taufen zu lassen. Nach einiger Zeit kehrt der Neubekehrte mit Mengen von Beduinen in die Nähe der Mönchssiedlung des Euthymios zurück. Euthymios weist ihnen Lager- und Weideplätze an, katechetisiert sie, tauft sie und baut ihnen im Lager eine Kirche. Damit nicht genug: er veranlaßt den Patriarchen Juvenalios, diesen Beduinen einen eigenen Bischof arabischen Blutes zu geben, und Juvenal weiht den Beduinenscheich, der seit der Taufe Petros heißt, zum Bischof der Seinigen mit Sitz in den „Parembolai", das heißt im Beduinenlager. Der Stammesfürst wird zugleich Bischof, und angepaßt an die Lebensgewohnheiten der Beduinen, weist man ihm keine Bischofsstadt zu, sondern Sitz ist sein eigenes Zeltlager. Das Bistum ist keine Eintagserscheinung, es spielt eine Rolle im kirchlichen Leben Palästinas, und die Bischöfe selbst passen sich bald dem Gehabe ihrer Kollegen in den Städten an. Um die Mitte des 5. Jh. kennen wir bereits ein zweites Zeltbistum in der Phoenicia Secunda, wie denn überhaupt die Bekehrung der Araber bis tief ins Innere des Landes keine unbedeutenden Fortschritte gemacht zu haben scheint. Ein entlegener und doch wichtiger Punkt dieser Mission war z.B. die Insel Iotabe im Golf von Akaba, wo sich um 470 ein fast unabhängiger Klientelstaat des Reiches, bestehend aus Arabern, bildete, die auch ihren eigenen Bischof hatten, ohne daß wir wüßten, woher die Missionare gekommen sind. Das „Reich" kam 498 wieder unter römische Botmäßigkeit, aber das Bistum blieb bestehen. Insgesamt zählen die Präsenzlisten des Konzils von Chalkedon nicht weniger als 20 arabische Bischöfe auf.

Es ist fast selbstverständlich, daß unter den Kaisern Justin und Justinian und ihrem politischen und kirchlichen Konzept auch die Reichsmission stärkere politische Akzente bekam als je zuvor[3a]. Die Perserpolitik beispielsweise spielt dabei keine unbedeutende Rolle, bei der dem kaukasischen Grenzgebiet, einer Nahtstelle beider Reiche, eine große Bedeutung zukam. Es war persischer Druck auf das kaukasische Lazien, der den dortigen König Tzat veranlaßte, nach Byzanz zu fliehen. Das bedeutete, daß er sich taufen lassen mußte. Die Patengeschenke Justins I. brachten dem Geflohenen eine Patrizierin des Reiches als Frau und die Insignien der Königswürde obendrein: aus dem Neophytus sollte ein Vasall des Reiches werden[4]. Je nach dem Gewicht, das die Politik bei einem missionarischen Unternehmen hatte, konnte es geschehen, daß Justin I. genau

[3] *E. Schwartz*, Kyrillos von Skythopolis (Leipzig 1939) 18ff.

[3a] *I. Engelhardt,* Mission und Politik in Byzanz. Ein Beitrag zur Strukturanalyse byzantinischer Mission zur Zeit Justins und Justinians (München 1974).

[4] Dazu *A. A. Vasiliev*, Justin the First (Cambridge/Mass. 1950) 259ff.

wie später Justinian über die „Konfession“ der Missionare hinwegzusehen verstand, auch wenn sie nicht der Konfessionspolitik des Kaisers entsprach. Bei den Himjariten in Südarabien hatte ein jüdischer König, Dhu Nuwas, die Macht an sich gerissen und begonnen, die Ausbreitung des Christentums zu behindern und die einheimischen Christen zu verfolgen. Eine kombinierte Aktion der Byzantiner und der ihnen nahestehenden Könige von Abessinien sollte die Ordnung wiederherstellen[5]. Die Expedition hatte Erfolg, Dhu Nuwas wurde geschlagen und getötet, die Freiheit des Christentums wiederhergestellt. Für die gefährdete Lage des Christentums unter Dhu Nuwas interessierte man sich im Reiche durchaus, vor allem auf monophysitischer Seite, auch wenn der orthodoxe Kaiser die Regelung in die Hand nahm. Und die Abessinier, welche die Besetzung Südarabiens durchführten, dürften ebenfalls der monophysitischen Konfession nähergestanden haben als der Orthodoxie. Aber neben der Freiheit des Christentums ging es dem Kaiser noch um einiges mehr. Das südarabische Territorium mochte das Reich verhältnismäßig wenig interessieren, aber immer wieder versuchten die Perser, hier Fuß zu fassen, und von hier aus konnten sie den byzantinischen Handel durch das Rote Meer und wohl auch über die sogenannte Weihrauchstraße kontrollieren, was das Reich unmöglich zulassen konnte. Selbst in der Passio des heiligen Arethas, einem Bericht über den Martertod eines al-Harith unter Dhu Nuwas, wird der politische Hintergrund ziemlich deutlich.

Dieselbe Linie in seiner Missionspolitik – nur so kann man sie richtig benennen – hält auch Kaiser Justinian ein. Er schickt Missionare zu den Herulern, die sich südlich der Donau niedergelassen haben und hier in ständigen Konflikten mit der einheimischen Bevölkerung leben. Durch ihre Verchristlichung hoffte der Kaiser sie zu „zähmen“ und – wenn man so sagen darf – „reichsfromm“ zu machen. Der Historiker Prokop, Zeuge eines konservativen Römertums, ist der Meinung, es würde sich kaum lohnen, minderwertige Barbaren solcher Art zu bekehren. Aber Justinian sah weiter. Seine Missionare hatten Erfolg, auch der König ließ sich taufen, und Justinian stand Pate. Schließlich muß dann auch Prokop anerkennen, daß sich die Lage an der Donau wesentlich gebessert habe[6].

Die gleiche Sorge wie sein Onkel widmete er auch den kaukasischen Ländern, auch hier wieder in Verbindung mit der christlichen Mission. Besonders lag ihm an den Abasgen, denen er Priester als Missionare schickte, die ihre Aufgabe so gründlich lösten, daß die Abasgen ihren heidnischen Fürsten verjagten und ihre Politik ganz nach den Weisungen von Byzanz einrichteten[7]. Großzügige Planung verrät auch die Missionierung der Tzanen in der Nachbarschaft von Lazica. Hier ist die Christianisierung zugleich „Kolonisierung“; Prokop berich-

[5] Quellenkritik und Darstellung dieser umstrittenen Episode bei *A. A. Vasiliev* a. a. O. 15–17 283 ff; *I. Engelhardt* a. a. O. 171 ff; *J. Ryckmans*, La persécution des chrétiens himyarites au VIe s. (Istanbul 1956); *I. Shahîd*, The Martyrs of Najrân (Brüssel 1971).

[6] *Prokop*, Bella VI 14, 33–35. [7] A. a. O. VIII 3, 21.

tet, Justinian habe unterstellt, man müsse die Lebensbedingungen des Landes ändern, wolle man nicht den Rückfall ins Heidentum riskieren. So ließ er Wälder roden und Schneisen für neue Straßen ziehen; Weiden für die Pferdezucht wurden angelegt, und der Handel mit den benachbarten Stämmen gefördert. Die Vorgeschichte dieser Kultivierung liegt allerdings nicht im Wunsch der Tzanen nach der Taufe, sondern in der Tatsache, daß sie, durch ihre geographische Lage geschützt und unzugänglich, dem politischen Liebeswerben der Byzantiner widerstanden hatten, eben erst aber unter Justinian durch den General Tzittas besiegt worden waren[8]. Mit den Missionaren kamen auch römische Offiziere, die Kastelle anlegten und diese mit römischen Garnisonen ausstatteten. Die Missionierung sollte Lazen wie Tzanen „weltanschaulich" mit dem Reich verbinden und damit von Persien abkehren.

Auch die große Rekonquista im Westen stellte das Reich vor neue missionarische Aufgaben. Nicht in Italien, denn die Bekehrung der arianischen Goten bildete für Justinian kein Problem, da sie nur vereinzelt im Herrschaftsbereich des Kaisers verblieben; aber die Eroberung Afrikas erforderte eine Grenzsicherung in Richtung Sahara, und auch hier wurde die Mission eingesetzt. Wieviel Erfolg sie hatte, ist schwer abzuschätzen. Jedenfalls bestanden christliche Gemeinden in diesem Gebiet – im Gegensatz zu Ägypten und Syrien – nach der Okkupation durch den Islam wohl nur noch in verschwindender Anzahl. Unter byzantinischer Herrschaft hören wir, soviel zu sehen ist, nur einmal, daß ein ganzer berberischer Stamm von Kaiser Justin II. Missionare erbeten habe.

Daß sich Justinian auch die Heidenmission angelegen sein ließ, wurde schon kurz erwähnt. Für Kleinasien beauftragte er damit einen Mönch aus Amida, Joannes, der später den Beinamen Joannes von Asien bekam, ein Monophysit von Herkunft, der sich aber offenbar den Erfordernissen der Reichskirche anzupassen verstanden hatte. Er hat uns selbst über seine Arbeit berichtet, und seine Leistung kaum verkleinert. Interessant bleibt jedenfalls für die Beurteilung der religiösen Verhältnisse im Kernland des Reiches, daß es im Bergland östlich von Smyrna und Ephesos tunlich war, systematisch Heiden zu missionieren. Joannes rühmt sich, ihrer hunderttausend bekehrt zu haben. Er habe für sie an die hundert Kirchen gebaut und annähernd ein Dutzend Klöster. Das Geld dazu kam aus der Kasse Justinians, der auch die weißen Taufkleider stiftete[9]. Im übrigen waren die qualitativ bedeutsamen Reste des Heidentums nicht in entlegenen Berggegenden zu suchen, sondern in den großen Städten unter den Intellektuellen. Und hier von Heidenmission zu sprechen wäre wohl Euphemismus. Sie wurden einfach verfolgt. Eine intellektuelle Auseinandersetzung mit dem Heidentum, wie sie noch in der ersten Hälfte des 5. Jh. etwa von Theodoretos von Kyros auf breiter apologetischer Basis versucht worden war, begegnet in dieser Zeit nur noch in dürftigen Ansätzen, es sei denn auf dem Gebiet der philosophischen Doktrinen, wo z.B. Joannes Philoponos und andere den

[8] *Prokop*, De aedificiis III 6, 9ff. [9] ROC 2 (1897) 482ff.

Kampf gegen den heidnischen Neuplatonismus eines Proklos und seiner Gefolgsleute aufnahmen.

Auch von einer Judenmission zu sprechen wäre mißdeutbar. Als religio licita stand ihre Religion unter dem Schutz des Gesetzes, obwohl kein Prediger in den Spuren des großen Judengegners Joannes Chrysostomos es versäumte, sie als die Pest der Menschheit zu verdammen. Von Mission könnte nur gesprochen werden, wenn man Schikane Mission nennen könnte. Den Kaisern zu Beginn des 7. Jh. fiel es dann ein, sie zwangsweise bekehren zu wollen und die Pflicht zur Bekehrung zum Gesetz zu machen. Auch dies dürfte kaum größere oder gar aufrichtige Massen von Juden beeindruckt haben. Dafür nahm die Zahl der Streitschriften gegen die Juden seit dem Beginn des 7. Jh. stark zu. Zu nennen ist vor allem Leontios von Neapolis. Die Schriften verraten da und dort ziemlich klar, daß es die christlichen Polemiker nicht leicht hatten, mit den Argumenten der Juden, etwa was den Bilderkult anlangte, fertig zu werden.

Kaum etwas wissen wir über Bekehrungsversuche gegenüber jenen neuen Scharen von Barbaren, den Bulgaren und Slaven, die seit dem 6. Jh. vom Norden her in das Reich einströmten. Geplante und zentral gesteuerte Aktionen sind nicht nachweisbar und kaum denkbar. Die Mission setzt ja zumeist erst ein, wenn die politische Situation einigermaßen übersichtlich geworden ist. Das gilt besonders auch vom Islam. Wir haben keine Kunde, daß kurz nach dem Einfall des Islams in den alten byzantinischen Provinzen nennenswerte Versuche gemacht worden wären, die Eroberer für den christlichen Glauben zu gewinnen. Im Rausche des Sieges wäre dies wohl auch für die Eroberer eine allzu gefährliche Zumutung gewesen. Die intellektuelle Auseinandersetzung mit dem neuen Glauben auf altem Reichsboden läßt sich literarisch erst einige Generationen später fassen, die nicht mehr dem hier zu behandelnden Zeitraum angehören.

11. Kapitel

Der Ansturm des Islam

In weniger als einer Generation überflutete der Islam große Teile der östlichen Christenheit und beendete viele Querelen einfach dadurch, daß er sie von der Hauptstadt des Römischen Reiches abschnitt. Dieser Sturm kam nicht aus dem Ungefähr, und die Dauerhaftigkeit seines Erfolges liegt zu einem beträchtlichen Teil darin, daß große Teile der von ihm besiegten Christenheit arabisch oder aber von den Arabern schon stark unterwandert waren. Entlang der Handelsstraße, die von Damaskus nach dem südlichen Arabien führte, der sogenannten Weihrauchstraße, hatte sich im 6. Jh. das Städtewesen dank dem lebhaften Güterverkehr im Gegensatz zu anderen Provinzen des Reiches erheblich entwikkelt[1]. Diese Städte spielen ihre Rolle als Reisestationen und Warendepots der

[1] *R. Paret*, Les villes de Syrie du sud et les routes commerciales d'Arabie à la fin du VIe siècle:

Karawanen aus Mekka, das damals Mittelpunkt des arabischen Handels wurde. Vor den Mauern der Städte entstehen Karawansereien mit arabischem Personal, und diese Zentren arabischen Lebens locken immer mehr Halbnomaden aus der benachbarten Wüste an; und schließlich werden ganze Stämme, wenn nicht verstädtert, so doch in den Bannkreis der Stadt gezogen. Diese Entwicklung wurde um so stärker, je häufiger die übrigen Handelswege des Byzantinischen Reiches nach dem Osten durch die Kriege mit den Persern gesperrt waren.

Aber auch die große Wüste um das Tote Meer jenseits des Jordans und östlich von Damaskus bis zum Persischen Golf war längst der Tummelplatz arabischer Stämme geworden. Von den Großmächten Byzanz und Persien konnten sie nur teilweise in Zaum gehalten werden. Soweit dies gelang, dienten sie ihren Oberherren als Vortrupp gegenüber der anderen Großmacht. So ließen sich im Osten an der Euphratmündung die Araber unter Führung ihrer Scheichs aus der Familie der Lachmiden[2] immer wieder von den Persern gegen die Byzantiner gewinnen. Ihr Hauptort war al-Hira, und von Persien aus wurden sie teilweise für den Nestorianismus gewonnen, auch wenn die Lachmiden selbst die christliche Religion später annahmen als viele ihrer Gefolgsleute. Die „byzantinischen" Araber in der Syrischen Wüste hatten ihren Hauptort in Rusafa, östlich von Homs. Ihre Führer waren die Scheichs aus dem Hause der Ghassaniden[3], die frühzeitig für den Monophysitismus gewonnen worden waren. Von der geschickten Behandlung dieser Wüstenstämme hing für beide Reiche nicht wenig ab. Und gerade die großen Perserkriege im 6. Jh. stellten an dieses Geschick hohe Anforderungen. Man geht wohl nicht fehl in der Annahme, daß die konfessionelle Prägung des Christentums beider Stammesgruppen, hier der Monophysiten, dort der Nestorianer, nicht allzu tief ging. Der Monophysitismus verband die Ghassaniden mit einer Konfession, in der sich ein Selbstbewußtsein gegenüber der Reichszentrale stärker behaupten konnte als in der Orthodoxie, und der Nestorianismus der Lachmiden war nicht die Folge dogmatischer Erwägungen, sondern der Mission der Kirche jenes Landes, in dessen Richtung die politischen Ambitionen dieser Araber gingen. Außerdem fanden sich beide Konfessionen zusammen im Kampf gegen das alte arabische Heidentum, und in den Klostergründungen in der Wüste scheint der Ausgleich besonders glücklich getroffen worden zu sein[4]. Diese Klöster wurden, vermutlich unabhängig von ihrer konfessionellen Denomination, für alle Araber beliebte Raststätten.

Akten des XI. Intern. Byzantinistenkongresses (München 1960) 438–444; *R. Dussaud,* Les Arabes en Syrie avant l'Islam (Paris 1907).

[2] *G. Rothstein,* Die Dynastie der Lahmiden in al-Hira (Berlin 1889); *R. Devreesse,* Arabes-Perses et Arabes-Romains, Lakhmides et Ghassanides: Vivre et Penser ser. 2 (1942) 263–307.

[3] *H. Charles,* Le christianisme des Arabes nomades sur le limes et dans le désert syromésopotamien aux alentours de l'hégire (Paris 1936); *ders.,* Christianisme et Islam des nomades syro-arabes aux alentours de l'hégire: En Terre d'Islam 21 (1946) 71–90; *ders.,* Les nomades de Syro-Mésopotamie et leur islamisation: ebd. 22 (1947) 172–189.

[4] Dazu vor allem *F. Nau,* Les Arabes chrétiens de Mésopotamie et de Syrie du VIIe au VIIIe siècle (Paris 1933).

Das harte Leben in der Wüste dürfte sich von der Askese der christlichen Mönche nicht wesentlich unterschieden haben. Einfache Kultformen, häufige Kniebeugen, das Fasten, aneinandergereihte litaneiartige, religiöse Anrufungen usw. prägten sich den Arabern leicht ein, und die berühmte Formel Εἷς θεός, die gerade im syrischen Gebiet als christlich-religiöse Anrufung weite Verbreitung gefunden hatte[5], stellte an den Glauben keine überhöhten Anforderungen. Viele Araber, angezogen entweder von dieser Religiosität oder müde ihres harten Beduinenlebens, wurden in diesen Klöstern Mönche, und man war bereit, ihrer Eigenart entgegenzukommen. Bestes Beispiel ohne Zweifel die Behandlung, welche schon sehr früh im 5. und 6. Jh. Araber, die dem einsamen Leben in den Höhlen und Lauren Palästinas zugeneigt waren, bei den großen Mönchsvätern Euthymios und Sabas fanden. Hier bekamen die Araber auch wohl zum ersten Mal einen Bischof ihres Blutes, der mit keinem festen Sitz ausgestattet war, sondern als Bischof der Zeltlager für die Missionierung weiterer Stämme zuständig war[6]. Und hier sind auch die Ansätze zu suchen für das weitere Vordringen eines dergestalt abgewandelten Christentums nach dem Süden in die Oasen Nordarabiens über die Karawanenwege nach Mekka und Medina.

So war für Muhammed in der Zeit, als er seine religiösen Erlebnisse hatte und niederschrieb, das Christentum genausowenig eine Unbekannte wie das Judentum, gleichgültig, ob er nun selbst als Handelsreisender nach Syrien gekommen ist oder nicht. Christliche Elemente im Koran sind häufig nachgewiesen worden, und eine genaue Analyse dieser Elemente weist wohl auch auf spezifisch monophysitische Züge hin, mit denen das Christentum, das Muhammed bekannt wurde, behaftet war[7]. Daß Muhammed zunächst im Judentum und Christentum seine Verbündeten sah, ist bekannt. Das war nicht nur Naivität, sondern gründete auf der Gemeinsamkeit der monotheistischen Grundeinstellung und auf der starken Einheitslehre der Monophysiten, wenn auch nicht geleugnet werden kann, was m. E. viel zuwenig betont wird, daß die Stellung, die der Koran Jesus zuweist, wenn sie schon auf christliche Einflüsse zurückgeführt werden soll, eher nach Nestorianismus als nach Monophysitismus aussieht. Freilich, auf die Dauer versagten sowohl die Juden als auch die Christen dem Propheten die Gefolgschaft. Auch sie fielen damit unter das Verdikt der Verfolgung, allerdings ohne das Ziel der Zwangsbekehrung. Als „Leute des Buches", das heißt Besitzer von Offenbarungsschriften, konnten sie, sofern sie sich unterwarfen und Tribut zahlten, auf Duldung und freie Religionsausübung rechnen.

Trotz allem bleibt die Frage, ob diese Duldungspolitik genügt, um die unge-

[5] Vgl. *E. Peterson,* Εἷς θεός (Göttingen 1926).
[6] Dazu oben S. 84.
[7] *H. Grégoire,* Mahomet et le monophysisme: Mélanges Ch. Diehl I (Paris 1930) 107–119; *J. Henninger,* L'influence du christianisme oriental sur l'Islam naissant: L'oriente cristiano nella storia della civiltà (Rom 1964) 379–411; *Tor Andrae,* Les origines de l'Islam et le christianisme (Paris 1955).

heuren Erfolge des Islams im christlichen Raum zu erklären. Man muß ganz gewiß auch die unglückselige Behandlung der christlichen Araber seitens der Perser und der byzantinischen Kaiser mit in Rechnung setzen[8]. Im zwanzigjährigen Krieg zwischen Persien und Byzanz in der zweiten Hälfte des 6. Jh. kam der Haltung der Araber an der Grenze besonders große Bedeutung zu. Der byzantinische Kommandeur und spätere Kaiser Maurikios (582–602), der dem Monophysitismus besonders feindlich gegenüberstand, verdächtigte den Ghassaniden, den Klientelkönig von Byzanz, al-Mundir, des Verrats, ging schließlich so weit, ihn in einen Hinterhalt zu locken, beim Kaiser seine Deportation nach Sizilien durchzusetzen und den ghassanidischen Arabern die annona, die Lebensmittellieferungen, zu sperren, auf die sie als Föderierte des Reichs Anspruch hatten. Natürlich brach eine Revolte aus. Die Araber überfielen byzantinische Garnisonen und plünderten ihre Lebensmittellager; zunächst nicht, um damit ihren Abfall von Byzanz unter Beweis zu stellen, sondern einfach um ihre materielle Daseinsgrundlage zu sichern. Als Maurikios Kaiser geworden war, bemühten sie sich um eine neue Verbindung mit dem Reich, aber Maurikios stellte die in der politischen Lage absurde Forderung, sie sollten auf den Monophysitismus verzichten. Noman, ein Sohn al-Mundirs, soll ihm erwidert haben: „Alle arabischen Stämme sind Jakobiten, und wenn sie erfahren, daß ich eure Kommunion genommen habe, werden sie mich töten." Die Verhandlungen zerschlugen sich; Noman folgte, obwohl man ihm vorher sicheres Geleit zugesagt hatte, seinem Vater ins Exil. Maurikios teilte das arabische Königreich unter ein Dutzend Scheichs auf, die genug mit ihren inneren Auseinandersetzungen und mit dem Traum und der Wiederherstellung ihres Königtums zu tun hatten, als daß sie sich weiter stark für die gegen Persien gerichtete Politik des Maurikios eingesetzt hätten.

Den lachmidischen Arabern ging es unterdessen nicht viel besser. König Chosrau II. fürchtete, diese Araber würden allzu mächtig, und so lockte auch er ihren Scheich, der wiederum Noman hieß, in einen Hinterhalt und ließ ihn ermorden. Die Folgen waren die gleichen wie in der Interessensphäre der Byzantiner: Revolten und Überfälle. Der persische Gouverneur, der mit ihnen fertig werden sollte, konnte sich nur in einem festen Platz halten, die Herrschaft über das weite Land ging verloren. Damit war die Treue der Araber gegenüber ihren bisherigen Oberherren empfindlich gestört; ein gefährliches Vakuum entstand, und der Islam war bereit, es auszufüllen.

Daß Muhammed die großen Raubzüge des Islams selbst geplant hätte, ist unwahrscheinlich. Aber seine Beutezüge zogen immer weitere Kreise, und im Kampf mit den Oasen im Norden kam er zum ersten Mal mit geschlossenen christlichen Araberstämmen in feindliche Berührung. Kurz vor seinem Tod wagte er den ersten Vorstoß auf das Reichsgebiet und suchte zugleich Kontakt zu den Ghassaniden, freilich ohne Erfolg. Es kam schließlich zu einer Niederlage

[8] Dazu ausführlich *P. Goubert,* Byzance avant l'Islam I (Paris 1951).

des Islams bei Mu'ta östlich des Toten Meeres. Ein Rachezug unterblieb, da der Prophet über seinen Plänen starb (632). Die Beziehungen zwischen den Arabern und dem neuen Kaiser Herakleios (610–641) hatten sich inzwischen wieder gebessert, und dies war wohl der Grund für die ersten Erfolge des Reiches gegen die Truppen des Propheten. Freilich blieb nun unglücklicherweise das Reich den verbündeten Arabern wiederum die Lebensmittellieferungen schuldig. Die Gründe sind schwer durchsichtig; es ist aber nicht unwahrscheinlich, daß der Patriarch von Antiocheia, der bisher das Steueraufkommen seiner Kirche dem Reich gegenüber ganz oder teilweise als annona an die Araber abgeführt hatte, diese Lieferungen einstellte, weil der Kaiser für den vorausgegangenen Perserkrieg ungeheure Kredite bei der Kirche aufgenommen hatte, mit deren Verzinsung er nun in Verzug gekommen war. Jedenfalls konnte das Reich in dieser kritischen Situation kaum mehr mit der Loyalität der Araber rechnen. Und so hebt nach dem Tod des Propheten ein gewaltiger Siegeszug an. Daß diese Kämpfe begonnen wurden, hängt wohl auch damit zusammen, daß nach Muhammeds Abgang die religiöse Entwicklung im Islam noch nicht abgeschlossen war und deshalb die Anhänger mit allen Mitteln bei der Sache gehalten werden mußten. Allzu viele Beuteversprechungen des Propheten waren noch unerfüllt, und die Führungsansprüche unter seiner Nachkommenschaft noch ungeklärt. Eine Ablenkung tat not, und die schwache Flanke der beiden Großreiche zeigte die Richtung. In der Schlacht am Jarmuk, einem Nebenfluß des Jordans, am 20. August 636 entschied sich das Schicksal des byzantinischen Syrien, und es waren nicht zuletzt die Ghassaniden, die den Ausschlag zugunsten des Islams gaben. 638 fiel Jerusalem, 639/640 Mesopotamien, ab 640 stehen die Araber in Armenien; Alexandreia, das Tor Ägyptens, fällt 640, 643 die Pentapolis, und schon seit 647 beginnen die Einfälle nach Kappadokien.

Wie gestaltet sich die Lage der Christenheit unter der neuen Herrschaft? Sie war keineswegs ohne rechtliche Grundlagen[9]. Die Eroberer gingen, abgesehen von den unter solchen Umständen unvermeidlichen Härtefällen, vertragsmäßig vor, und die belagerten christlichen Städte scheinen dies genau gewußt zu haben. Der Präzedenzfall für die Araber aber war offenbar der Vertrag mit den Christen Südarabiens, der diesen freie Religionsübung und eine gewisse Selbstverwaltung gewährleistete, während er auf der anderen Seite Tributleistung, Unterhaltsleistungen für die Truppen und gegebenenfalls die Stellung von Hilfskontingenten abforderte. Die Grundlinien dieses Vertrages finden auch bei den syrischen und mesopotamischen Städten Anwendung. Die Lage der Christen wurde auch durch den Umstand erleichtert, daß die Eroberung das Verwaltungssystem zunächst kaum antastete. Zwar wurden muslimische Gouverneure eingesetzt, aber die Verwaltung selbst blieb nach wie vor in der Hand einheimischer Kräfte, also zumeist von Christen. Die gleichen Steuern waren zu bezahlen, und das kirchliche Leben wurde nicht wesentlich gestört. Natürlich kam es nicht selten

[9] *A. S. Tritton*, Nasārā. Handwörterbuch des Islam (Leiden 1941) 577–580; *ders.*, The Caliphs and their non-Muslim Subjects (1930).

vor, daß die Hauptkirche einer Stadt in eine Moschee umgewandelt wurde, aber im Prinzip genossen Kirchen und Klöster eine relative Freiheit. Im einzelnen hing natürlich viel von den Launen der Gouverneure ab. Gelegentlich wurden Kirchen zerstört und der Bau neuer verboten, gelegentlich kam es zu Zwangsbekehrungen oder auch zu Martyrien, die Wahl von Bischöfen und Patriarchen konnte erschwert und verzögert werden. Aber im großen und ganzen sind dies Ausnahmeerscheinungen. Erst unter dem Kalifen Abd-al Malik (685–705) verschlechterte sich die Situation. Christen wurden aus der Verwaltung entlassen, die Kopfsteuer wurde für sie eingeführt, unterscheidende Kleidung vorgeschrieben usw.

Aufs Ganze gesehen, bedeutet freilich die arabische Eroberung für die Reichskirche einen ungeheuren Gebietsverlust. Provinzen, in denen das Christentum seine früheste Jugend erlebt hatte, große Patriarchensitze der alten Kirche, geistig regsame Zentren, wie Edessa, Antiocheia und Alexandreia, Wallfahrtsorte wie Jerusalem gingen der Reichskirche für immer verloren. Die Fiktion der Gleichsetzung von Reich und christlicher Ökumene war zunichte, ebenso der Traum von einem Kaiser und einer Kirche. Dieser hohe Preis brachte der Reichskirche freilich eine größere Einheitlichkeit, denn insofern die Konfessionen damals schon geographisch auseinandergehalten werden konnten, deckte sich das eroberte Gebiet auf weite Strecken mit dem Gelände der Monophysiten und Nestorianer, während das verbliebene Reichsterritorium in der Hauptsache als orthodox angesprochen werden kann. Andererseits brachte das islamische Recht in den besetzten Territorien prinzipiell eine Gleichstellung der Konfessionen, beendete also den Kirchenkampf. Die Melkiten waren nicht mehr in der Lage, die Monophysiten zu verfolgen. Umgekehrt bestand eher Möglichkeit, weil es nicht ganz von der Hand zu weisen war, daß eben die „kaiserlichen“ Christen auch politisch immer noch mit einem Auge nach Byzanz schielten, und wohl auch deshalb, weil der Widerstand der Monophysiten in den Tagen der Eroberung wahrscheinlich geringer war als jener der Orthodoxen, wenn es auch schwer sein dürfte, für diese These allzu viele Belege beizubringen.

Im Laufe der Zeit werden die islamischen Herrscher je nach Lage die Christen ihrer Länder in ihr politisches Spiel mit Byzanz als Faktoren einsetzen und nicht selten den byzantinischen Kaiser als den geborenen Protektor dieser Christen anerkennen. Die byzantinische Kirche hatte davon ihren Gewinn, denn da die melkitischen Patriarchen Syriens und Ägyptens nur über geringe Machtmittel verfügten, werden die Patriarchen von Konstantinopel im Gefolge ihrer Kaiser ebenfalls als Protektoren dieser Patriarchate auftreten und aus dieser Stellung ohne Bedenken papale Ansprüche ableiten.

ZWEITER TEIL

Die lateinische Kirche im Übergang zum Frühmittelalter

ERSTER ABSCHNITT

Die Missionsarbeit der lateinischen Kirche

Univ.-Professor Dr. Eugen Ewig, Bonn

12. Kapitel

Die Anfänge des Christentums in Irland und Schottland

QUELLEN: Libri s. Patricii, ed. *N. J. D. White* (minor edition, London 1918); Libri epistolarum s. Patricii episcopi, ed. *L. Bieler; L. Bieler,* The Works of St. Patrick (London 1953; Übers. ins Englische mit Kommentar); liber Ardmachanus: The Book of Armagh, ed. *J. Gwynn* (Dublin 1913); The Tripartite Life of St. Patrick. Rer. Brit. medii aevi scriptores 89, 2 Bde, ed. *Whitley Stokes* (London 1887); Vitae sanctorum Hiberniae, ed. *C. Plummer* (Oxford 1910); Adamnani Vita Columbae, ed. *I. T. Towler* (Oxford 1920); Adomnan's Life of Columba, edd. *A. O.* und *M. O. Anderson* (London 1961); *G. S. M. Walker,* S. Columbani opera (Dublin 1957); Councils and Ecclesiastical Documents Relating to Great Britain and Ireland, edd. *A. W. Haddan* und *W. Stubbs* I (Oxford 1869). – Weitere Quellen (Annalen, Viten, Inschriften usw.) vgl. *J. F. Kenney,* Sources for the Early History of Ireland I (New York 1929) sowie die Bibliogr. bei *R. P. C. Hanson,* Saint Patrick (Oxford 1968). – *K. Hughes,* Early Christian Ireland. Introduction to the Sources: The Sources of History. Studies in the Uses of Historical Evidence, ed. G. R. Elton, 1972.

LITERATUR: Profangeschichte: *E. Curtis,* A History of Ireland (London [6]1952). Zu korrigieren nach: *T. F. O'Rahilly,* Early Irish History and Mythology (Dublin 1946); *D. A. Binchy,* The Fair of Tailtiu and the Feast of Tara: Eriu 18 (1958) 113–138; *J. V. Kelleher,* Early Irish History and Pseudo-History: Studia Hibernica 3 (1963) 113–127; *N. Chadwick,* Celtic Britain (London 1963); *H. M. Chadwick,* Early Scotland (Cambridge 1949). – Weitere Lit. bei *R. P. C. Hanson* a. a. O.

Missions- und Kirchengeschichte: *L. Gougaud,* Christianity in Celtic Lands (London 1932); *W. A. Phillips,* History of the Church of Ireland I (Oxford 1933); *K. Hughes,* The Church in Early Irish Society (London 1966); *W. Delius,* Gesch. der irischen Kirche von ihren Anfängen bis zum 12. Jh. (München – Basel 1954); *H. Williams,* Christianity in Early Britain (Oxford 1912); *J. Bulloch,* The Life of the Celtic Church (Edinburgh 1963); *N. Chadwick,* Studies in the Early British Church (Cambridge 1958); *dies.,* The Age of Saints in the Early Celtic Church (Oxford 1961); *J. Mac Queen,* St. Nynia (Edinburgh 1961); *W. D. Simpson,* St. Ninian and the Origin of the Christian Church in Scotland (Edinburgh 1940); *L. Bieler,* The Life and Legend of St. Patrick (Dublin 1949); *ders.,* La conversione al cristianesimo dei Celti insulari e le sue ripercussioni nel continente: Settimane di studio … XIV. La conversione al cristianesimo … (Spoleto 1967) 559–580; *J. Carney,* The Problem of St. Patrick (Dublin 1961); *R. P. C. Hanson,* St. Patrick a British Missionary Bishop (Nottingham 1965); *ders.,* St. Patrick (Oxford 1968); *J. Ryan,* The Early Irish Church and the See of St. Peter: Settimane di studio … VII. Le chiese nei regni dell'Europa occidentale … II (Spoleto 1960) 549–574; *ders.,* Irish Monasticism (Dublin 1931); *J. A. Duke,* The Columban Church (Edinburgh 1932); *M. M. Dubois,* St. Colomban (Paris 1950); Mélanges colombaniens (Paris 1950); *G. Schreiber,* Irland im deutschen und abendländischen Sakralraum (Köln – Opladen 1956).

Bildungs- und Kulturgeschichte: *Chr. Mohrmann,* The Latin of St. Patrick (Dublin 1961); *K. Meyer,* Learning in Ireland in the Fifth Century (Dublin 1913); *A. Lorcin,* La vie scolaire dans les monastères d'Irlande aux 5e–7e siècles: Le Moyen Age Latin 1 (1945)

221–236; *B. Bischoff*, Il monachesimo irlandese nei suoi rapporti col continente: Settimane di studio ... IV. Il monachesimo nell'alto medio evo e la formazione della civiltà occidentale (Spoleto 1957) 121–138.

Um die Mitte des 5. Jh. erklingt ein neuer Ton im alten Lobpreis der Stadt Rom. „Ut gens sancta, populus electus, civitas sacerdotalis et regia latius praesideres religione divina quam dominatione terrena", sagt Leo der Große (440–461) in seiner Predigt zum Fest der Apostelfürsten Petrus und Paulus[1]. Als die Kaiser ihre Residenz nach Mailand und Ravenna verlegten, wurde Rom zur Apostelstadt. Als das Imperium in seinen Grundfesten wankte, trug die Kirche das Evangelium über die griechisch-römische Oikumene hinaus zu den Barbaren. Eine neue abendländische Oikumene entstand auf dem Grund des christlichen Glaubens und der lateinischen Kultur. Das war nach dem großen Papst die geschichtstheologische Sendung des Imperiums: ut autem inenarrabilis gratiae (incarnationis) per totum mundum diffunderetur effectus, Romanum regnum divina providentia praeparavit; cuius ad eos limites incrementa perducta sunt, quibus cunctarum undique gentium vicina et contigua esset universitas. Dispositio namque divinitus operi maxime congruebat, ut multa regna confoederarentur imperio, ut cito pervios haberet populos praedicatio generalis, quos unius teneret regimen civitatis[1].

Da die Kirche des Ostens einen zeitlichen Vorsprung vor der des Westens hatte, kann es nicht wundernehmen, daß sie auch zuerst in die Barbarenwelt ausstrahlte. Im übrigen bietet jedoch die Keltenmission des Westens ein echtes Analogon zur Gotenmission des Ostens. Wie im Osten kappadokische, so waren in Hesperien britische Kriegsgefangene die ersten Boten des Evangeliums, das in Irland im 5. Jh. Wurzel schlug. Der Aquitanier Prosper Tiro, ein Freund Leos des Großen, notierte zum Jahre 431 in seiner Chronik: Ad Scottos in Christum credentes ordinatus a papa Caelestino Palladius primus episcopus mittitur[2]. „Schotten" war der alte Name der Iren. Die Notiz setzt die Existenz iroschottischer Christengruppen voraus, die aber noch ohne Bischof waren.

Der erste Irenbischof Palladius begegnet als Diakon schon 429: ad insinuationem Palladii diaconi papa Caelestinus Germanum Autisidorensem episcopum vice sua mittit et deturbatis haereticis Britannos ad catholicam fidem diri-

[1] Daß du als heiliges und auserwähltes Volk, als priesterliche und königliche Stadt durch Gottes Religion in weiterem Kreise den Vorsitz führst als durch irdische Herrschaft. – Damit aber die Wirkung dieser unaussprechlichen Gnade sich über die gesamte Welt entfalten könne, bereitete er das Römische Reich in göttlicher Voraussicht vor, und das Reich wuchs in Grenzen hinein, die es überall zu den nächsten Nachbarn aller Völker machten. Denn dieser Plan war nach göttlicher Fügung dem Erlösungswerk am meisten angemessen: daß durch die Verbindung vieler Länder mit *einem* Imperium die allgemeine Verkündigung Zugang zu den Völkern habe, die unter der Leitung der einen Stadt ständen: Sermo 82 (80): PL 54, 423.

[2] Palladius wird vom Papst Caelestin nach seiner Weihe als erster Bischof zu den christusgläubigen Schotten (= Iren) gesandt (431). – Auf Veranlassung des Diakons Palladius entsendet Papst Caelestin den Bischof Germanus von Auxerre an seiner Statt und führt die Briten nach Vertreibung der Häretiker zum Katholizismus zurück (429): MG Auct. ant. IX 472ff.

git[2]. Es dürfte ein Zusammenhang zwischen der Sendung des Bischofs Germanus von Auxerre nach Britannien und der des Palladius nach Irland bestanden haben. Die Mission des Germanus galt der Bekämpfung des Pelagianismus, der in Britannien zahlreiche Anhänger besaß und von dort auch die kleinen Gruppen irischer Christen beeinflußt haben kann. So mag im Auftrag an Palladius die Sorge für die Orthodoxie der irischen Christen mitbeschlossen gewesen sein.

Als Apostel der Grünen Insel ist indessen nicht Palladius, sondern Patrick in die Geschichte eingegangen. Magonus Sucatus Patricius – so dürfte der volle Name St. Patricks gelautet haben – schildert seine Jugendschicksale selber in der wohl gegen Ende seines Lebens von ihm verfaßten „Confessio". Er entstammte einer brito-römischen Kurialenfamilie, die beim vicus Bannavemtabernae, einem bis heute nicht sicher identifizierten Ort[3], eine „villula" besaß. Obwohl sein Vater Calpornius decurio und Diakon, sein Großvater Potitus Priester gewesen war, war es mit der religiösen Atmosphäre im Elternhaus nicht zum besten bestellt. Patrick war 16 Jahre alt, als ihn Iroschotten auf einem Plünderungszug raubten und ihn als Sklaven nach Irland (wohl Tirawley, Connacht) brachten. Hier fand er den Weg zu Gott. Nach 6 Jahren gelangen ihm Flucht und Heimkehr zu den Eltern. Eine Vision mahnte ihn, den Iren die Frohe Botschaft zu verkünden. So kehrte er schließlich als Missionsbischof nach Irland zurück.

Die „Confessio" enthält leider keine chronologischen Fixpunkte. Spätere irische Annalen, deren Entstehung und Aussagewert neuerdings heftig umstritten sind, verzeichnen die Ankunft des Apostels einhellig zum Jahre 432, seinen Tod aber zu 461 oder 491/492. Das Problem wird noch dadurch kompliziert, daß in diesen Quellen jeweils zwei Patricii mit jeweils verschiedenen Todesdaten verzeichnet sind. Man wird wohl daran festhalten müssen, daß es nur einen Patrick gegeben hat, der wahrscheinlich um 390 geboren wurde, um 432 oder bald darauf als Bischof nach Irland kam und um 460 gestorben ist[4].

Am dunkelsten in St. Patricks Leben ist die Zeit zwischen seiner Flucht aus der irischen Gefangenschaft und seiner Rückkehr nach Irland als Bischof. Nach den gleichfalls umstrittenen „Dicta Patricii" ist Patrick per Gallias ad Italiam gereist, hat er auch die Inseln, quae sunt in mari Terreno (Tyrrheno), besucht. Patricks Biographen aus dem späten 7. und dem 8. Jh. verknüpfen den Heiligen mit dem Bischof Germanus von Auxerre und so auch mit Palladius, der nach kurzer und erfolgloser Tätigkeit auf der Heimreise gestorben oder von den Iren gemartert worden sei. Explicite oder implicite ist damit gesagt, daß Patrick gleichfalls aus der Schule des Germanus stamme und die Nachfolge des Palladius angetreten habe. Demgegenüber hat Hanson neuerdings die Meinung vertreten, daß Patrick während der ganzen Zeit in Britannien geblieben, dort

[3] Übersicht über die vorgeschlagenen Identifizierungen bei *R. P. C. Hanson,* St. Patrick 113–116. Hanson denkt an einen Ort in Somerset, Dorset oder Devon.

[4] So *R. P. C. Hanson* a. a. O. 188.

Mönch geworden und von der britischen Kirche als Missionsbischof zu den Iren entsandt worden sei. Das Missionswerk Patricks ließe sich in der Tat auch aus britischen Voraussetzungen verstehen, da es eine Parallele in der Tätigkeit des Britenbischofs Ninian hat, der im frühen 5. Jh. die Bistumskirche Candida Casa (Whithorn, Galloway) außerhalb der Grenzen des römischen Britannien gründete und bei den südlichen Pikten wirkte[5]. Trotzdem geht es nicht an, die Quellen des 7./8. Jh. zur Geschichte des Irenapostels in Bausch und Bogen zu verwerfen, ohne eine überzeugende Erklärung für die Entstehung ihrer Aussagen beizubringen[6]. Rebus sic stantibus ist daran festzuhalten, daß Patrick vor seiner Erhebung zum Bischof Gallien und Italien bereiste, dabei wohl auch das mittelländisch-provençalische Mönchtum kennenlernte; seine Entsendung durch Germanus von Auxerre mag stärkeren Zweifeln ausgesetzt sein.

Die Erinnerung an die vielleicht nur kurzfristige Tätigkeit des Palladius ist in Irland bald verblaßt. Eine Notiz über drei von ihm gegründete Kirchen läßt darauf schließen, daß Palladius vornehmlich in Südirland tätig war und seinen Hauptsitz vielleicht in Cellfine (county Wicklow, Leinster) aufgeschlagen hat[7]. Patrick scheint dagegen hauptsächlich in Nordirland von Armagh aus gewirkt zu haben. Die in der frühirischen Tradition genannten Bischöfe Auxilius, Secundinus und Iserninus mögen als Begleiter des Palladius nach Irland gekommen sein[8]. Sie dürften aber auch in Beziehung zu St. Patrick getreten sein[9]; zwischen Cellfine und Armagh scheinen kultische Verbindungen bestanden zu haben[10].

[5] *R. P. C. Hanson* a. a. O. 56–63 (ausführliche Diskussion der einschlägigen Lit.) und 146ff.

[6] Die Auffassung, die Verbindung zwischen Patrick und Germanus beruhe auf mündlicher Überlieferung in „form of folk-lore stories connecting Patrick with some great person who had left an impression on the popular mind – Amator or Germanus or Pope Celestine or Loeghaire“ (*R. P. C. Hanson* a. a. O. 94), bildet keine befriedigende Erklärung. Eher könnte man eine Verschmelzung der Palladius- mit der Patricktradition erwägen, wie sie in den Angaben über die beiden Patricii vorzuliegen scheint. Aber auch damit wären die Angaben über Patricks Reisen in Gallien, Italien und auf dem Tyrrhenischen Meer nicht erklärt. Diese Angaben passen gut ins 5., aber nicht mehr ins 7. Jh., da im 7. Jh. selbst der Ruhm von Lérins verblaßt war. Im übrigen läßt sich eine scharfe Trennungslinie zwischen der britischen und der gallischen Kirche nicht ziehen. Auch die Tätigkeit Ninians hat gallorömische Voraussetzungen, nämlich das Werk Martins von Tours und des Metropoliten Victricius von Rouen, wie *Hanson* selbst dargelegt hat.

[7] *L. Bieler*, Conversione 565. [8] *R. P. C. Hanson*, St. Patrick 196.

[9] Hansons Auffassung, daß Patrick nach dem Tode des Palladius als einziger Missionsbischof in Irland tätig gewesen sei, beruht auf einem problematischen argumentum e silentio aus der „Confessio“. Dagegen sprechen die auf den Namen von Patricius, Auxilius und Iserninus lautenden Canones, die wohl ins 6. Jh. zu datieren sind (*Hughes* a. a. O. 49).

[10] Die Kirche Armagh besaß im 8. Jh. Reliquien der Apostelfürsten Petrus und Paulus sowie der Erzmartyrer Stephanus und Laurentius. Diese Reliquien tragen römisches Gepräge. Bieler möchte sie mit den Reliquien identifizieren, die Palladius von Papst Caelestin erhalten hatte, und vermutet ihre Translation von Cellfine nach Armagh (*L. Bieler*, Conversione 565 570ff). Damit wäre ein Indiz dafür gegeben, daß Patrick in aller Form die Nachfolge des Palladius angetreten hätte. – Ein wichtiges Zeugnis für den römischen Auftrag zur Irenmission ist auch

Die ältesten christlichen Gruppen in Irland scheinen ebenso wie die ersten Christen unter den Goten der Unterschicht angehört zu haben[11]. Patrick hat sich an alle Volksschichten gewandt, aber naturgemäß auch die Duldung oder Unterstützung der herrschenden Gruppen zu gewinnen versucht, die er durch Geschenke gewann. Die Irenmission mußte ebenso wie die Gotenmission an die politisch-soziale Struktur des zu bekehrenden Volkes anknüpfen, die sich von der des Imperiums erheblich unterschied. In Irland bestand eine Vielzahl kleiner Stammesreiche (Tuathas), die in 5 Landschaften gruppiert waren (Connacht, Ulster, Meath, Leinster, Munster). Ein zentrales Oberkönigtum gab es im 5. Jh. noch nicht[12]. Die Tuathas bildeten die Grundlage für die Diözesanordnung, die vom Festland auf die Grüne Insel übertragen wurde. Armagh lag in der Nähe von Emain Maechae, dem Königssitz der Ulaid in Ulster, zu denen Patrick wohl in engere Beziehungen trat. Die irischen Bistümer des 5. und frühen 6. Jahrhunderts unterschieden sich im übrigen noch nicht wesentlich von denen des Festlandes. Erst im 6. Jahrhundert trat das monastische Element an den kirchlichen Zentren immer stärker hervor, während zugleich das aristokratische Sippendenken auf die kirchliche Verfassung einwirkte.

Die angedeutete Wandlung der kirchlichen Verfassung machte sich auch bei den Kelten Britanniens bemerkbar, wo sie in einem engen Zusammenhang mit der Entromanisierung der Briten stand. Die Entromanisierung Britanniens beruhte nicht auf einer revolutionären Absage an Rom. Sie war die Folge des Verlusts der am meisten romanisierten Landschaften an die eindringenden Angeln und Sachsen und der durch die Völkerwanderung verursachten Isolierung Britanniens vom Kontinent. Die römischen Strukturen wirkten nach der faktischen Aufgabe der Insel durch die kaiserliche Zentralregierung um 408–410 noch eine Zeitlang nach (sub-roman period). Die entscheidende Wende trat um 457 ein[13]. Die schon 314 als Bischofssitze bezeugten großen Städte London und York fielen in die Hand der eindringenden Germanen, und die Grundfesten des römischen Britannien gerieten ins Wanken. Das Lateinische, das bis dahin noch Umgangssprache der städtischen Bevölkerung gewesen war, wurde auf den kirchlichen Bereich reduziert. Die civitates formten sich zu Stammesreichen um, die sich von denen der Iren und Pikten nicht mehr wesentlich unterschieden. In dieser Krise klammerte sich die britische Bevölkerung um so stärker an die christliche Religion, die schon für Patrick zum Signum der Romanitas geworden

der Brief des Abtes Columban an Papst Bonifatius IV. von 612/615 (Ep. Columbani n. 5: MGEp III 170ff). Ist dieser Auftrag nur auf Palladius zu beziehen, so muß die Erinnerung an Palladius zu Beginn des 7. Jh. in der irischen Kirche noch lebendiger gewesen sein als in späterer Zeit.

[11] *L. Bieler*, Conversione 562[8].

[12] *R. P. C. Hanson*, St. Patrick 225ff (Appendix II).

[13] Ein wesentliches Indiz für diese Datierung ergibt sich aus der altkeltischen Osterrechnung, die dem 342 modifizierten älteren Osterzyklus des Westens entsprach. Wie *Hanson* (St. Patrick 67ff) gezeigt hat, wurden die auf diesem Zyklus beruhenden Instruktionen Leos des Großen von 454 den Kelten noch bekannt, dagegen nicht mehr der 457 von Rom rezipierte Zyklus des Victorius.

war[14] und nun in die werdende keltische Kultur eingeschmolzen wurde. Die Einschmelzung vollzog sich im Zeichen des Mönchtums, das damals im Begriff war, die abendländische Christenheit zu durchdringen, aber die eigenwilligen Kelten in besonderer Weise ansprach. Die Einzelheiten dieses Vorgangs entziehen sich unserem Blick. Als Magister Britannorum galt im 8. Jh. Illtud, Abt der Mönchsinsel Calday (Ynys Pyr) an der Südküste von Wales. Er war der Lehrer der nächsten Generation (2. Drittel des 6. Jh.), aus der vor allem David von Menevia – St. David's (Wales), Samson von Dol (Bretagne) und Gildas zu nennen sind. Schon hier zeichnete sich die Entwicklung ab, in der die Klöster zu Hauptzentren des kirchlichen Lebens wurden. St. David's war wie andere Gründungen seiner Art zugleich Kloster und Kathedrale unter der Leitung eines Abtbischofs.

Die monastische Umformung der irischen Kirche erfolgte nach einer heute in Frage gestellten Überlieferung unter dem Einfluß der britischen Klosterkultur, sogar unter direkter Einwirkung von Männern wie David und Gildas. Sie war jedenfalls das Werk der großen Äbte des 6. Jh., der Heiligen der zweiten und dritten Stufe (nach der ersten der Missionare), unter denen hier Finnian, Comgall, Brendan, Columcille (Columba der Ältere) genannt seien. Die Reihe der großen Klöster eröffnet um 540 Clonard in Meath, eine Gründung des Abtbischofs Finnian, der andere Abteien wie Bangor (Ulster), Clonmacnoise (Connacht), Clonfert, Lismore (Munster), Moville und Kildare (Leinster) folgten. Die irischen Fürsten und Könige unterstützten diese Anstalten, in denen die Abtswürde meist der Sippe des Gründers vorbehalten blieb. Die Abteien wurden Mittelpunkte eigener Seelsorgesprengel (parochiae), die sich um das Mutterkloster und seine Tochtergründungen gruppierten, damit aber den territorialen Rahmen sprengten und über die an die Kleinkönigreiche angelehnten älteren Diözesen hinauswuchsen.

Einige alte Bistümer, darunter Armagh, „reorganisierten sich auf monastischer Basis" (Bieler), d. h. unter der Leitung von Abtbischöfen; andere wurden von den Klöstern und Klosterbezirken absorbiert. Es gab zahlreiche Abteien, darunter die des älteren Columba, deren Äbte die Bischofsweihe nicht selber empfingen, sondern einem ihrer Mönche erteilen ließen. Leiter des kirchlichen Sprengels war in diesem Fall nicht der Bischof, sondern der Abt. In diesen monastischen paruchiae traten Jurisdiktion und Weihegewalt (Ordo) auseinander, was der üblichen Ordnung widersprach und, vom Festland her gesehen, eine Anomalie blieb. Andere Anomalien erklären sich teils aus der Bewahrung älterer Gewohnheiten – so die vom festländischen Brauch abweichende Osterrechnung der Kelten[13] –, teils wohl auch aus der Übernahme volkstümlicher Bräuche – so die von Ohr zu Ohr reichende irische Tonsur.

Die Regeln der irischen Mönchsväter beruhten auf der Tradition des Mönchtums bis zu Johannes Cassianus. Die asketisch-moralische Unterweisung nahm

[14] *R. H. Hodgkin*, A History of the Anglo-Saxons I (^{3}1952) 65; *R. P. C. Hanson*, St. Patrick 185 ff.

in ihnen einen breiten Raum ein. Das Bußwesen beruhte im übrigen auf den Praktiken des orientalischen und provençalischen Mönchtums. Im kultischen Bereich zeigten die Iren eine besondere Vorliebe für Litaneien und apotropäische Gebete (loricae). Der Allerheiligenkult hatte eine seiner Wurzeln in Irland[15].

Der Unterricht in den irischen Klöstern diente in erster Linie der lectio divina: Die Lektüre der heidnischen Klassiker scheint bis zum Ende des 8. Jh. wenig betrieben worden zu sein. Dagegen waren die Iren des 7. und 8. Jh. Meister auf den Gebieten der Exegese, der Grammatik und des Computus[16]. Trotz der innermonastischen Ausrichtung auf das religiös-asketische Leben waren die irischen Klöster aber nicht nur religiöse, sondern auch geistige, gewerbliche und wirtschaftliche Zentren. Ihre Schulen standen Kindern und jungen Leuten aus dem Laienstand offen, die – falls die Eltern keinen anderen Wunsch äußerten – am Mönchsleben teilnahmen[17]. Es ergaben sich daraus oft dauernde Bindungen zwischen Klöstern und Laien, die wiederum den seelsorglichen Aufgaben der Mönche zugute kamen. So haben die Iren das spirituelle Leben der Laien durch Einführung der Ohrenbeichte und eines abgestuften Bußsystems geprägt, die von der klösterlichen Praxis auf die allgemeine Seelsorge übertragen wurden[18]. Nicht zu vergessen sind schließlich die caritativen Pflichten der Mönche. Zu dem Personenkreis, der sich um ein Kloster gruppierte, gehörte auch eine nicht kleine Anzahl Bedürftiger, die versorgt werden mußten. Nimmt man alles in allem, so kann man sagen, daß die irischen Großklöster den kleinen Städten des Frühmittelalters vergleichbar waren. Ausgrabungen haben gezeigt, daß sie auch durch Steinwälle befestigt wurden.

Hatten die Iren bis zur Mitte des 6. Jh. von den Briten gelernt, so überflügelten sie in der 2. Hälfte des Jahrhunderts ihre Meister. Die bedeutendsten Persönlichkeiten unter den altirischen Äbten waren der ältere und der jüngere Columba. Columcille (Taube der Kirche) oder Columba der Ältere (521–597) entstammte dem Königshaus der O'Neill von Connacht und wurde zum Apostel der Pikten im heutigen Schottland (Kaledonien). Er trat als Mönch in Clonard ein, gründete dann selbst das Kloster Derry in Ulster. Nach der Schlacht von Culdranna (ca. 561), die Columba durch einen Streit um ein Bibelmanuskript mitverschuldet hatte, soll er gelobt haben, so viele Menschen für Christus neu zu gewinnen, wie dort im Kampf gefallen waren. So wandte er sich der Piktenmission zu, die schon um 400 durch den Briten Ninian eingeleitet worden, aber nicht über das südliche Piktenland hinausgedrungen war. In Kaledonien hatten iroschottische Fürsten gegen Ende des 5. Jh. das kleine Reich Dalriada oder Argyle (eastern Gael) gegründet. Unweit von Dalriada schenkte ein Piktenfürst 563 Columba die Insel Iona, auf der der irische Abt ein Großkloster gründete.

15 *L. Bieler,* Conversione 577.
16 *B. Bischoff,* Monachesimo irlandese, passim.
17 *A. Lorcin,* Vie scolaire, passim.
18 *B. Poschmann,* Die abendländische Kirchenbuße im frühen Mittelalter (Breslau 1930).

Von Iona aus wurden die Pikten und „Schotten“ Kaledoniens für die Kirche gewonnen. Beim Tode Columbas im Jahre 597 war das Werk abgeschlossen. Iona blieb die kirchliche Metropole der neugewonnenen Gebiete, obwohl seine Äbte die Bischofsweihe nicht empfingen.

Der jüngere Columba oder Columbanus (530/540–615) war mit seinem älteren Namensvetter nicht verwandt. Er stammte aus Leinster, wurde Mönch in St. Comgalls Abtei Bangor (Ulster) und zog 592 mit 12 Gefährten nach Gallien. Er eröffnete die Reihe der iroschottischen Peregrini auf dem Festland und gehört durch seine Gründungen Luxeuil und Bobbio ebensosehr der fränkischen und langobardischen wie der irischen Geschichte an.

13. *Kapitel*

Die Bekehrung der Franken und Burgunden. Entstehung und Ausbau der merowingischen Landeskirche

QUELLEN: MG Scriptores. Auctores antiquissimi IV (Venantius Fortunatus) und VI, 2 (Avitus von Vienne); Scriptores rerum Merovingicarum I–VII (Chroniken und Viten der Merowingerzeit, darunter Gregor von Tours). – MG Leges. Leges nationum germanicarum (Lex Salica, Ribuaria, Alamannorum, Baiuvariorum); Capitularia regum Francorum I; Concilia I (Synoden des Merowingerreichs). Weitere Ausgaben der Volksrechte: *K. A. Eckhardt,* Germanenrechte resp. Germanenrechte NF. – MG Diplomata imperii I, ed. *Pertz* (Merowingische Königsurkunden und Urkunden der karolingischen Hausmeier). Neue Teilausgabe: *Lauer-Samaran,* Diplômes originaux des Mérovingiens (Paris 1908); ältere, die Privaturkunden einschließende Ausgabe: *Bréquigny-Pardessus,* Diplomata, chartae, leges ... ad res franco-gallicas spectantia I und II (Paris 1843/49; Nachdr. Aalen 1969). – MG Epistolae I und II (Register Gregors d. Gr.), III (Briefsammlungen und Briefe der Merowingerzeit, darunter Columban). – Einführungen in die Quellen: *A. Molinier,* Les sources de l'histoire de France I (Paris 1901); *Wattenbach-Levison,* Deutschlands Geschichtsquellen im Mittelalter. Vorzeit und Karolinger I (Weimar 1952) sowie Beiheft: *R. Buchner,* Die Rechtsquellen (Weimar 1953).

Darstellungen der fränkischen Geschichte: *E. Zöllner,* Gesch. der Franken bis zur Mitte des 6. Jh. (München 1970); *F. Lot,* Naissance de la France (Paris ^{2}1970); *F. Steinbach,* Das Frankenreich: Handb. der dt. Gesch. 1^{2}, edd. *O. Brandt – A. O. Meyer – L. Just,* 9. Lf. (o. J.); *H. Loewe,* Deutschland im fränkischen Reich: *B. Gebhardt,* Hdb. d. dt. Gesch. I^{8}, ed. *H. Grundmann* (1954); *G. Tessier,* Le baptême de Clovis (Paris 1964), vorzügliche Darstellung, in der trotz einschränkenden Titels die ganze merowingische Geschichte behandelt ist; *A. Lippold,* Chlodovechus: RE Suppl. (1974), 139–174.

Struktur des Frankenreiches: *E. Ewig,* Die fränkischen Teilungen und Teilreiche 511–613: AAMz 1952 n. 9; *ders.,* Die fränkischen Teilreiche im 7. Jh.: Trierer Zschr. 22 (1954) 85–144; *ders.,* Descriptio Franciae: Karl der Große. Lebenswerk und Nachleben I, edd. *W. Braunfels – H. Beumann* (Düsseldorf 1965) 143–177.

Volksrechte: *F. Beyerle,* Die Lex Ribuaria: ZSavRGgerm. 48 (1928) 348ff; *ders.,* Das Gesetzbuch Ribuariens: ebd. 55 (1935) 10ff; *ders.* in der Einleitung zur Edition der MG Leges I 3, 2; *K. A. Eckhardt,* Lex Ribuaria I (Göttingen 1959); *F. Beyerle,* Die süddeutschen Leges und die merowingische Gesetzgebung: ZSavRGgerm. 49 (1929) 264–432; *ders.,* Die beiden süddeutschen Stammesrechte: ebd 73 (1956) 24–140; *K. A. Eckhardt,* Leges Alamannorum: Germanenrechte NF (Göttingen 1958).

Kirchen- und Missionsgeschichte des Frankenreichs und seiner Länder: *A. Hauck*, Kirchengeschichte Deutschlands I (Neudruck Berlin ^{8}1954); *K. D. Schmidt*, Die Bekehrung der Germanen zum Christentum, II: Die katholische Mission bei den Westgermanen (Göttingen o. J. [1942]) 1–105 (Franken), 173–192 (Alemannen); *Hoops*, Reallexikon der germ. Altertumskunde II^{2} (1974), Bekehrung und Bekehrungsgeschichte, 177 (O. Gschwantler, Burgunden) und 180–188 (K. Schäferdiek, Deutschland und Nachbarländer); *E. Ewig*, Die christliche Mission bei den Franken und im Merowingerreich: Misc. Hist. Eccl. 3 (1970) 24–52; *G. Tessier*, La conversion de Clovis et la christianisation des Francs: Settimane di studio ... XIV. La conversione al cristianesimo nell'Europa dell'Alto Medioevo (Spoleto 1967) 149–189; *E. Mâle*, La fin du paganisme en Gaule et les plus anciennes basiliques chrétiennes (Paris 1950); *H. Büttner*, Die Franken und die Ausbreitung des Christentums bis zu den Tagen des Bonifatius: Hess. Jb. für Landesgesch. 1 (1951) 8–24; *ders.*, Mission und Kirchenorganisation des Frankenreiches bis zum Tode Karls des Großen: Karl der Große. Lebenswerk und Nachleben I, edd. *W. Braunfels – H. Beumann* (Düsseldorf 1965) 454–487; *E. de Moreau*, Histoire de l'église en Belgique I (Brüssel ^{2}1945); *R. Bauerreiß*, Kirchengeschichte Bayerns I (St. Ottilien ^{2}1958); *K. Tüchle*, Kirchengeschichte Schwabens I (Stuttgart 1950); *P. Paulsen*, Die Anfänge des Christentums bei den Alemannen: Zschr. für württ. Landesgesch. 15 (1956) 1–24; *H. Büttner – I. Müller*, Frühes Christentum im schweizerischen Alpenraum (Einsiedeln 1957); *W. Neuß – F. W. Oediger*, Gesch. des Erzbistums Köln I (Köln 1964); *H. Patze – W. Schlesinger*, Geschichte Thüringens I (Köln – Graz 1968); einschlägige Bemerkungen, besonders zur Literatur bei *F. Delbono*, La letteratura catechetica di lingua tedesca: Settimane di studio ... XIV. La conversione al cristianesimo ... (Spoleto 1967) 697 ff.

Gedanke der Universalmission: *W. H. Fritze*, Universalis gentium confessio: Frühma. Studien 3 (1969) 78–130.

Mission und Mönchtum: *F. Prinz*, Frühes Mönchtum im Frankenreich (München – Wien 1965).

Kirchenrecht und Verfassung: *K. Voigt*, Staat und Kirche von Constantin d. Gr. bis zur Karolingerzeit (Stuttgart 1936); *Carlo de Clercq*, La législation religieuse franque de Clovis à Charlemagne: Univ. de Louvain. Recueil de travaux publiés par les membres des Conférences d'Histoire et de Philologie, 2e série, 38e fascicule (Löwen – Paris 1936); *H. Barion*, Das fränkisch-deutsche Synodalrecht des Frühmittelalters: KStuT 5/6 (Bonn – Köln 1931; Nachdr. Amsterdam 1963); *E. Lesne*, Histoire de la propriété ecclésiastique, 6 Bde in 8 Teilen (Lille 1910/43).

Bildungswesen: *H.-I. Marrou*, Histoire de l'éducation dans l'antiquité (Paris 1949), dt.: Geschichte der Erziehung im klassischen Altertum, hrsg. von *R. Harder* (Freiburg – München 1957); *R. Riché*, L'instruction des laïcs en Gaule mérovingienne au 7e siècle: Settimane di studio ... V. Caratteri del seculo VII in Occidente II (Spoleto 1958) 873–888; *ders.*, Éducation et culture dans l'Occident barbare aux 6e–8e siècles (Paris 1962).

Die Bekehrung der Iren und Pikten blieb auf dem Kontinent im 5. und 6. Jh. ohne Parallele. Denn die Germanenmission griff in dieser Zeit nicht über die Grenzen des Imperiums hinaus, sondern erfaßte nur die ins Reich eingedrungenen Völker. Sie erscheint so als ein freilich besonders bedeutsamer Teilvorgang im allgemeinen Prozeß der germanisch-romanischen Assimilation auf dem Boden des Römerreichs. Die führenden Schichten – erst die germanischen Reichswürdenträger, dann die Könige und ihre Großen – gingen dabei voran. Der alte heidnische Glaube zeigte wenig Widerstandskraft und behauptete sich nur in Reliktgebieten. Wir beobachten aber, daß das gotische Prestige zeitweise mit dem römischen in der Barbarenwelt konkurrierte. Wie oben berichtet, gelang es den Goten, die bereits zum Katholizismus übergetretenen Burgunden und spanischen Sweben um die Mitte des 5. Jh. zu ihrem Bekenntnis herüberzuziehen. Diese Feststellung unterstreicht die historische Wende, die Chlodwig in der Geschichte des Abendlandes heraufführte.

Das Land der Begegnung zwischen den heidnischen Germanen und dem katholischen Christentum war Gallien, und Träger der Germanenmission war im 5. und 6. Jh. vornehmlich der gallische Episkopat, in dem der Geist der großen Bischöfe Martin von Tours, Germanus von Auxerre und Lupus von Troyes nicht erloschen war. Schon 428/429 erbaten rheinische Burgunden von einem Bischof Galliens die Taufe. Knapp 20 Jahre später soll Severus von Trier ungenannten Völkern der Germania prima das Evangelium verkündet haben. Chlodwig stand seit dem Beginn seiner Regierung in Beziehungen zu Remigius von Reims, dessen Name mit dem seinen durch die Taufe in alle Zukunft verbunden blieb.

Wenig Licht fällt aus zeitgenössischen Quellen auf die Entstehung des Merowingerreichs und Chlodwigs Bekehrung[1]. Gregor von Tours, der Geschichtsschreiber der Franken, gehörte der Generation von Chlodwigs Enkeln an. Trotzdem dürfte seine Schilderung der Chlodwigzeit in den Grundzügen zutreffen. Nordgallien war seit dem Tod des Aëtius (454) weithin eigene Wege gegangen, die fränkisch-nordgallische Symbiose vor Chlodwig längst angebahnt. Dagegen hatten die Franken wenig Berührung mit der gotisch-arianischen Welt der Mittelmeer- und Donaugermanen. Erst nach der Konsolidierung des Chlodwigreichs zwischen Maas und Loire traten die Goten am Hof von Soissons in Erscheinung: Theoderich der Große suchte die Franken in sein politisches System einzuordnen und heiratete 494 Chlodwigs Schwester Audofleda.

Chlodwig stand nunmehr am Scheideweg. Politik und Religion waren für ihn schwer zu trennen. Die Verbindung mit Theoderich bedeutete für ihn die Aufnahme in den Kreis der germanischen Großkönige um den Preis der Anerkennung des Status quo, d.h. aber auch einer führenden Stellung der beiden gotischen Völker. Eine politische Option für Theoderichs System legte die religiöse Entscheidung für den Arianismus nahe, für die Theoderich nicht ganz ohne Erfolg warb. Chlodwigs Schwester Lantechild trat zur „gotischen Religion“ über, sein ältester Sohn erhielt vielleicht damals nach dem Gotenkönig den Namen Theuderich. Aber der Frankenkönig legte sich nicht fest: er heiratete eine katholische Prinzessin aus dem burgundischen Königshaus und blieb

[1] Grundlegend: *W. v. den Steinen*, Chlodwigs Übergang zum Christentum: MIÖG Erg-Bd 12 (1932/33) 417–501. Die von *A. van de Vijver* in mehreren Aufsätzen (Revue belge de phil. et d'hist. 15 [1936] 859–914, 17 [1938] 63–69 793–813; MA 53 [1947] 177–196) vertretene neue Chronologie der Regierung Chlodwigs kann ich nicht akzeptieren. Auch *Tessier* folgt im wesentlichen *v. d. Steinen*, meint allerdings, daß man in der Frage der Bekehrung Chlodwigs über einen mehr oder minder hohen Grad der Wahrscheinlichkeit nicht hinauskomme. – Abwegig *Rolf Weiss*, Chlodwigs Taufe: Reims 508 (Geist und Werk der Zeiten. Arbeiten aus dem Hist. Seminar der Univ. Zürich, Nr. 29 [1971]). Zuletzt *Lippold* und *Schäferdiek* a.a.O. Vgl. auch *K. Schäferdiek*, Ein neues Bild der Geschichte Chlodwigs?: ZKG 84 (1973) 270–277.

selbst Heide. Bald darauf muß seine politische Entscheidung gegen die Goten gefallen sein: Chlodwig trat 496 zum Kampf gegen den Westgotenkönig Alarich an.

Damit war zugleich eine Vorentscheidung für den Katholizismus gefallen. Auf Wunsch der Königin Chlothilde wurden ihre beiden ersten Kinder Ingomer und Chlodomer katholisch getauft. Trotzdem waren die Würfel noch nicht gefallen. Der Bericht Gregors von Tours läßt erkennen, daß Chlodwig das religiöse Tremendum keineswegs fremd war. Der Tod des ersten Chlothildensohnes gleich nach der Taufe stimmte den König bedenklich. Si in nomine deorum meorum puer fuisset decatus, vixisset utique[2]. Eine Erkrankung Chlodomers nach der Taufe weckte schwere Zweifel am Christengott: Non potest aliud, nisi et de hoc sicut et de fratre eius contingat, ut baptizatus in nomine Christi vestri protinus moriatur[3]. Chlodomer genas. Damit war die Eindeutigkeit des Zeichens *gegen* Christus in Frage gestellt, aber ein positives Zeichen *für* Christus stand noch aus.

Das Zeichen erhielt Chlodwig in der Alemannenschlacht. Noch während des Westgotenkrieges kam es unter nicht näher bekannten Umständen 497 zu einem Kampf zwischen Franken und Alemannen. Die Schlacht stand schlecht für die Franken. Da rief Chlodwig den Christengott an: Jesu Christi, quem Chrotchildis praedicat esse filium Dei vivi, ... tuae opis gloriam devotus efflagito, ut, si mihi victuriam super hos hostes indulseris ... credam tibi et in nomine tuo baptizer[4]. Christus gab den Franken den Sieg.

Trotz der christlich-biblischen Stilisierung von Gregors Bericht liegt hier eine germanische Kultübung vor, wie sie ähnlich auch bei den Langobarden bezeugt ist, die in einer Schlacht gegen die Wandalen unter Anrufung Wodans zum Asenkult übergingen[5]. Der fränkische Sieg über die Alemannen galt als ein Zeichen Gottes. Das erhaltene Schreiben des Metropoliten Avitus von Vienne an Chlodwig spielt deutlich auf dieses Wunder an: Numquid fidem perfecto praedicabimus, quam ante perfectionem *sine praedicatore* vidistis?[6] Ähnlich hatte schon Eusebius die Vision Konstantins und den Sieg an der Milvischen Brücke als wunderbare Offenbarung Christi an den Kaiser gedeutet und mit Pauli Berufung zu Damaskus verbunden: οὐκ ἐξ ἀνθρώπων, οὐδὲ δι᾽ ἀνθρώπων[7].

[2] „Wenn der Knabe im Namen meiner Götter geweiht worden wäre, würde er noch leben" (Gregor, Hist. Fr. II 29).

[3] „Es kann nicht anders sein, als daß es ihm wie seinem Bruder ergehe: daß er getauft im Namen eures Christus sterbe" (ebd.).

[4] „Jesu Christe, den Chlothilde als Sohn des lebendigen Gottes verkündet ... deinen Ruhm, deine Macht flehe ich an: verleihe mir den Sieg über diese Feinde ... und ich will an dich glauben und mich in deinem Namen taufen lassen" (Hist. Fr. II 30).

[5] *K. Hauck*, Lebensnormen und Kultmythen in germanischen Stammes- und Herrschergenealogien: Saeculum 6 (1955) 186–223.

[6] „Was sollen wir euch, die ihr zum Glauben gelangt seid, noch den Glauben predigen, den ihr schon vor eurer Bekehrung ohne Prediger geschaut habt?" (Avitus, Ep. 46 = MG Auct. ant. VI 1.)

[7] *E. Ewig*, Das Bild Constantins d. Gr. in den ersten Jahrhunderten des abendländischen Mittelalters: HJ 75 (1956) 4 Anm. 17.

Den weiteren Hergang hat von den Steinen aus den Quellen und Taufgebräuchen der Zeit überzeugend rekonstruiert: Nachdem der Consensus der Franken herbeigeführt war, versprach Chlodwig 498 in Tours, sich taufen zu lassen, und sandte vor der Taufe eine „Kompetenzerklärung" an den gallischen Episkopat, auf die Avitus in dem zitierten Schreiben antwortete. Die Taufe vollzog Remigius Weihnachten 498 oder 499 in Reims. Das Pathos des historischen Augenblicks ist bis heute lebendig geblieben in dem berühmt gewordenen, anscheinend getreu überlieferten Satz seiner Ansprache: Mitis depone colla, Sigamber; adora quod incendisti, incende quod adorasti[8].

Der Übertritt der Franken zum Katholizismus erscheint dem rückschauenden Beobachter leicht als eine notwendige Konsequenz der politischen Entscheidung gegen die Goten. Die historische Wirklichkeit wird dadurch ungebührlich vereinfacht. Gregors Bericht zeigt deutlich, daß die Annahme der katholischen Religion zunächst noch durch negative Zeichen hinausgeschoben, dann erst durch ein positives Zeichen entschieden wurde. Chlodwigs Bekehrung war also auch eine religiöse Entscheidung – freilich nicht aus tieferer religiös-sittlicher Einsicht, sondern aus dem Glauben an die Macht des Gottes, dem die Königin und der Reimser Bischof anhingen. Daß die Unterweisung des Remigius nur auf dieses Argument abgestellt war, darf man daraus nicht schließen. Der gallische Episkopat hat sich in seiner Polemik gegen den Arianismus auch auf die petrinisch-apostolische Tradition berufen, die man schon im 6. Jh. durch das einprägsame Bild von Petrus als dem Himmelspförtner verständlich machte. Chlodwig, der eine Petrus und den Aposteln geweihte Kirche gründete (Ste-Geneviève bei Paris) und bei seinem Tod eine Krone an den Papst sandte, muß dieses Argument gekannt haben[9]. Außerdem berechtigt das Schreiben des Bischofs Remigius zum Regierungsantritt Chlodwigs, das starke ethische Akzente setzte, zu der Annahme, daß in der Praedicatio des Remigius bei den Franken auch die sittliche Unterweisung einen Platz hatte[10]. Daß christliches Ethos im gallorömischen Episkopat dieser Zeit noch lebendig war, zeigt u.a. die noch im 6. Jh. abgefaßte Vita des Trierer Bischofs Nicetius[11].

Der Übertritt Chlodwigs zum Katholizismus wirkte nach zwei Richtungen: auf die germanischen Könige und auf den gallischen Episkopat. Der Metropolit Avitus von Vienne schrieb zur Taufe des Frankenkönigs den berühmten, aber

[8] „Demütig neige den Nacken, Sigamber; bete an, was du verbrannt hast, und verbrenne, was du angebetet hast!" (Hist. Fr. II 31.)

[9] *E. Ewig*, Der Petrus- und Apostelkult im spätrömischen und fränkischen Gallien: ZKG 71 (1960) 215–251; *ders.*, Die Kathedralpatrozinien im römischen und fränkischen Gallien: HJ 79 (1960) 1–61.

[10] Epp. Austrasicae n. 2 = MGEp III 113. Weitere Zeugnisse aus dem Bereich der Königsethik: *E. Ewig*, Zum christlichen Königsgedanken im Frühmittelalter: Vorträge und Forschungen III, hrsg. von *Th. Mayer* (Lindau – Konstanz 1956) 19ff.

[11] Nicetius nahm sich der Bauern an und trat gegen den Übermut der fränkischen Herren auf (Gregor von Tours, De gloria confessorum 9).

lange mißverstandenen Satz: Vestra fides nostra victoria est[12]. Er enthielt keinen versteckten Appell an die fränkischen Waffen gegen die Burgunden – suchte Avitus doch den Tatendrang Chlodwigs auf die auch Burgund bedrohenden Alemannen abzulenken –, sondern drückte die Hoffnung aus, daß die Burgunden dem fränkischen Beispiel bald folgen möchten. In der Tat hat Chlodwigs Bekehrung den Bann gebrochen, daß ein germanischer König nur Heide oder Arianer sein könne. Der burgundische Unterkönig Sigismund von Genf trat in den ersten Jahren des 6. Jahrhunderts zum Katholizismus über. Er ließ die Petruskathedrale von Genf neu errichten und pilgerte als erster germanischer König zu den römischen Apostelgräbern[13]. Als er 515 dem Vater Gundobad in der Regierung des Gesamtreiches folgte, trat eine zweite katholische Dynastie in Gallien neben die der Merowinger. Sie sollte freilich nicht lange bestehen, da Chlodwigs Nachkommen das Burgunderreich schon 534 eroberten und unter sich aufteilten.

Anders als in Burgund lagen die Verhältnisse im Gotenreich von Toulouse. Die Expansionspolitik König Eurichs (466–484), der die Grenzen seiner Herrschaft bis zur Loire ausgedehnt hatte, hatte eine Kluft zwischen Arianern und Katholiken aufgerissen, die um 500 noch nicht voll überbrückt war. Chlodwig wußte, daß er auf die Sympathien weiter Kreise des Episkopats und eines Großteils der romanischen Bevölkerung zählen konnte, wenngleich es nicht an Kreisen fehlte, die die schon teilweise assimilierten Goten den wilden Franken vorzogen[14]. Wie ein Fanfarenstoß klingt die Proklamation, mit der der Frankenkönig 507 nach Gregor den Krieg gegen die Westgoten eröffnete: Valde molestum fero, quod hi Arriani partem teneant Galliarum. Eamus cum Dei adiutorium, et superatis redegamus terram in ditione nostra[15]. Martin von Tours und Hilarius von Poitiers, die Patrone des gallorömischen Episkopats im gotischen Machtbereich, zeigten sich den Franken günstig. Bei Vouillé im Poitou kam es zur Schlacht, in der das Gotenreich von Toulouse zerbrach. Nun trat Theoderich der Große mit den Ostgoten in die Schranken. Er schirmte die Mittelmeerländer gegen die Franken und die mit ihnen verbündeten Burgunden erfolgreich ab, konnte aber nicht verhindern, daß die beiden aquitanischen Provinzen und die Königsstadt Toulouse unter fränkische Herrschaft kamen. Die Narbonensis (Septimanien) blieb den Goten weiterhin erhalten. Die Gascogne und die Provence wurden dagegen nach Theoderichs Tod gleichfalls von den Franken besetzt.

[12] „Euer Glaube ist unser Sieg" (Avitus, Ep. 46). Zur Interpretation der Stelle vgl. *v. den Steinen* a. a. O.

[13] *M. Burckhardt,* Die Briefsammlung des Bischofs Avitus von Vienne (1938) 76–85; *L. Schmidt,* Die Ostgermanen I (München 1941) 158.

[14] Hierzu neuerdings *K. Schäferdiek,* Die Kirche in den Reichen der Westgoten und Suewen bis zur Errichtung der westgotischen katholischen Staatskirche (Berlin 1967) 32ff.

[15] „Ich ertrage es schwer, daß diese Arianer einen Teil Galliens innehaben. Laßt uns mit Gottes Hilfe aufbrechen, sie überwinden und ihr Land unserer Herrschaft unterwerfen!" (Hist. Fr. II 37.)

Der fränkisch-gotische Krieg von 507–511 ist für die Kirchengeschichte nicht weniger bedeutungsvoll geworden als für die Profanhistorie. Die nordgallischen Kirchen, die unter der Völkerwanderung schwer gelitten hatten, fanden nun einen festen Rückhalt an der katholischen Romania Aquitaniens. Aus der Zusammenarbeit des gallofränkischen Episkopats erwuchs die fränkische „Landeskirche". Im Juli 511 traten die Bischöfe des fränkischen Herrschaftsbereichs auf Veranlassung Chlodwigs in Orléans zum ersten merowingischen Reichskonzil zusammen. Das Konzil, dessen Tagesordnung Chlodwig festsetzte, statuierte unter des Königs Einfluß das Grundrecht der merowingischen Kirche, es leitete die kirchliche Reorganisation im Regnum Francorum ein.

Synoden, auf denen eine größere Anzahl von Bischöfen zusammentrat zur Statuierung von Grundsätzen in Lehre, Recht und Liturgie, waren in der Kirchengeschichte kein Novum. Aber den Rahmen für diese Versammlungen des Episkopats hatte bis zum Beginn des 6. Jh. das Imperium geboten. Die Bischöfe versammelten sich auf der Ebene der Provinzen, der Großländer und des Reiches. Das Neue lag darin, daß sie nunmehr auch auf der Ebene eines Regnums zusammentraten. Die germanischen Könige, die diese „Landeskonzilien" veranlaßten und gestatteten – als erster unter ihnen ist auch für die katholische Kirche der arianische Westgotenkönig Alarich II. zu nennen[16] –, traten so in gewisser Hinsicht an die Stelle des Kaisers. Sie legten auch Wert darauf, daß sich die Grenzen ihrer Regna nicht mit den kirchlichen Grenzen überschnitten. Bistümer, die durch neue politische Grenzen von ihren alten Metropolen getrennt waren, wurden den nächstliegenden Metropolen des eigenen Herrschaftsbereichs zugeordnet, Diözesansplitter als selbständige Bistümer neu konstituiert. In diesen Veränderungen äußerte sich der Zerfall des Imperiums, die Lebenskraft der neuen Regna.

Die germanisch-romanischen Landeskirchen bildeten naturgemäß in der Folgezeit eigene Formen religiösen Lebens aus. Sie blieben dabei aber auf dem Boden der Tradition, sie fühlten sich geradezu als Wächter der Tradition gegenüber dem Kaiser und den von ihm einberufenen Reichssynoden, die weiterhin als ökumenische Konzilien allgemeine Geltung beanspruchten. So nahmen sie im Dreikapitelstreit eine konservative Haltung ein und verweigerten zunächst die Rezeption der Beschlüsse des 5. ökumenischen Konzils von Konstantinopel. Der Dreikapitelstreit überschattete zeitweise auch ihre Beziehungen zu Rom, ohne daß es deshalb zu einem Bruch kam. Denn die überlieferte Autorität der Sedes apostolica als Hüterin der Tradition in Glauben und Recht wurde nicht in Frage gestellt. Als sich im 7. Jh. die Opposition zwischen Rom und Konstantinopel verschärfte, konnten die Päpste durchaus auf die germanisch-romanischen Landeskirchen zählen.

Es fehlt im 6. Jh. nicht an Zeugnissen für Pilgerfahrten aus Gallien nach Rom, für Beziehungen zwischen den Päpsten und den fränkischen Königen und

[16] *K. Schäferdiek* a.a.O. 42ff.

Bischöfen, die freilich auch von den politischen Beziehungen zum Kaiser abhingen. Das Echo des Dreikapitelstreits war im Frankenreich verhältnismäßig schwach, was wohl mit dem Rückgang der theologischen Bildung in der merowingischen Kirche zusammenhing[17]. Der päpstliche Vikariat des Metropoliten von Arles blieb nach der Eingliederung der Provence ins Frankenreich bestehen und hatte bis in die Zeit Gregors des Großen (590–604) noch eine gewisse praktische Bedeutung. In den Konzilsakten des 6. Jh. sind gelegentlich päpstliche Dekretalen zitiert. Es liegt gewiß mit am Versagen der Quellen, wenn wir nach dem Tod Gregors von den fränkisch-römischen Beziehungen nichts mehr hören. Die Pilgerfahrten an die Apostelgräber rissen nicht ganz ab. Um die Mitte des 7. Jh. lichtet sich das Dunkel wieder ein wenig. Papst Martin I. mobilisierte in seinem Kampf gegen den Monotheletismus auch die fränkische Kirche und schrieb in diesem Sinn 649 an König Sigibert III.[18] Er stand in Verbindung mit dem einflußreichen Missionsbischof Amandus, dem „Apostel der Flamen", der an Maas und Schelde wirkte[19]. Die Erhebung Theodors von Tarsus zum Erzbischof von Canterbury 668 bezeichnet eine Epoche nicht nur in der Geschichte der angelsächsischen Kirche, sondern auch in den fränkisch-römischen Beziehungen, die nun indirekt über Britannien allmählich intensiviert wurden, wenngleich noch gehemmt durch die innere Krise des Merowingerreichs.

Die merowingische Landeskirche war keine festgefügte Einheit, da im Frankenreich das Teilungsprinzip herrschte[20]. Obwohl das fränkische Regnum staatsrechtlich eine Einheit war und blieb, machten sich in den Teilreichen Tendenzen zu autonomer Entwicklung geltend, die sich auch auf der kirchlichen Ebene auswirkten. Zwar führte die Grenzziehung zwischen den Teilreichen nur

[17] Schon 549 protestierten in Orléans die gallischen Bischöfe gegen Justinians Edikt und Papst Vigils Judicatum in Sachen der Drei Kapitel. Bischof Nicetius von Trier schrieb im gleichen Sinn an Justinian, wohl nach dem zweiten Konzil von Konstantinopel von 553 (Epp. Austr. n. 7 = MGEp III 118). Dann verstummte die Polemik. Erst 626 hatte sich eine Synode des frankoburgundischen Teilreichs zu Mâcon wieder mit dieser Frage zu beschäftigen. Agrestius, ein früherer Mönch von Luxeuil, hatte sich den Schismatikern von Aquileia angeschlossen und griff auch die Regel Columbans und den Abt Eustasius von Luxeuil an. Nach seiner Abweisung durch den burgundischen Episkopat begab sich Agrestius zu Amatus und Romarich ins austrasische Kloster Remiremont, wo er zunächst aufgenommen wurde (Vita Columbani II 9 und 10 = MGSS rer. Mer. VI). Amatus von Remiremont bekannte sich bei seinem Tod in feierlicher Form zum „Tomus Leonis" (Vita Amati 12 = MGSS rer. Mer. IV 220), das heißt zum Konzil von Chalkedon: doch wohl in Frontstellung gegen das 2. Konzil von Konstantinopel. Der erste Canon der Teilreichssynode von Chalon (647/654) enthält ein Bekenntnis zum Glauben von Nikaia und Chalkedon. Erst die Synode von St-Jean-de-Losne (673–675) bekannte sich formell zu den fünf ökumenischen Konzilien, also auch zum 2. von Konstantinopel, auf dem die Drei Kapitel verurteilt worden waren.

[18] Vita Eligii I 33 = MGSS rer. Mer. IV 689ff; *Jaffé* 2058/59.

[19] *P. E. de Moreau*, St-Amand, apôtre de la Belgique et du Nord de la France (Museum Lessianum, Section missiologique n. 7, 1927). – *W. H. Fritze*, Universalis gentium confessio, a. a. O.

[20] *E. Ewig*, Die fränkischen Teilungen und Teilreiche 511–613: AAMz 9 (1952); *ders.*, Die fränkischen Teilreiche im 7. Jh.: Trierer Zschr. 22 (1954) 85–144.

in der ersten Zeit zur Neugründung von Bistümern, und die Kirchenprovinzen wurden von ihr gar nicht berührt. Aber Konzilien des Gesamtreichs konnten natürlich nur dann tagen, wenn die fränkischen Könige unter sich einig waren oder das Reich unter einer einheitlichen Leitung stand. Man erkennt deutlich zwei Phasen stärkerer Einheit: von 511–555 und von 613–638. In der ersten Phase wurden die Reichskonzilien hauptsächlich von den Königen von Paris und Reims getragen, während das Reich von Soissons gelegentlich abseits stand. Die zweite Phase, das „goldene Zeitalter" der Merowinger, ist gekennzeichnet durch das Einheitskönigtum Chlothars II. und Dagoberts I.

An Synoden, auf denen der Episkopat der einzelnen Teilreiche zusammentrat, hat es nicht gefehlt. Sie setzten im Reimser Ostreich 535 mit dem Konzil von Clermont, in Neustrien erst mit der Pariser Synode von 577 ein. Am bedeutungsvollsten waren die burgundischen Teilreichssynoden unter Guntram (561–593) und Theuderich II. (596–612), die sich in den neustroburgundischen Konzilien nach 638 fortsetzten. Die politischen Wirren brachten schließlich die Synodaltätigkeit in der späten Merowingerzeit zum Erliegen. Von austrasischen Teilreichssynoden des 7. Jh. ist nichts bekannt; das letzte neustroburgundische Reichskonzil tagte um 680. Bischöfe des westlichen Frankenreichs traten 696 noch einmal zusammen[21]. Dann lösten sich mit dem Reich auch die Metropolitanverbände auf, die im 6. Jh. wiederhergestellt worden waren.

Aufschlußreich für die Schwerpunkte des kirchlichen Lebens im Merowingerreich sind die Tagungsorte der Konzilien. In der ersten Phase stand Orléans, an der Nahtstelle der Francia und Aquitaniens gelegen, durchaus im Vordergrund. In der zweiten Hälfte des 6. Jh. trat Paris stärker hervor, das unter Chlothar II. und Dagobert I. zum Zentrum des politischen und kirchlichen Lebens wurde. Neben Paris aber behauptete sich das burgundische Gebiet um Lyon als kirchliches Ausstrahlungszentrum, und in der 2. Hälfte des 7. Jh. tagten die Synoden des Westreichs meist im frankoburgundischen Grenzgebiet. Innerhalb des burgundischen Teilreichs gewann der Bischof von Lyon im 6. Jh. einen übermetropolitanen Vorrang[22]. Dieser Keim eines burgundischen Landesprimats kam aber nicht zur Entfaltung, da das burgundische Teilreich 613 seine Selbständigkeit verlor. Daß sich ein gesamtfränkischer Primat nicht entwickeln konnte, erklärt sich aus der Aufgliederung des Regnums in Teilreiche.

Die Reichs- und Teilreichskonzilien versammelten sich auf Befehl oder jedenfalls mit Genehmigung der Könige. Sie standen aber nicht unter königlicher Leitung und trafen ihre Beschlüsse autonom im Anschluß an das bestehende Kirchenrecht, wenn auch nicht ohne Fühlung mit dem Herrscher. Ihre Canones bedurften keiner königlichen Bestätigung. Wohl nahmen die Könige gelegent-

[21] W. *Levison*, England and the Continent in the 8th Century (Oxford 1946) 47; E. *Ewig*, Beobachtungen zu den Bischofslisten der merowingischen Konzilien und Bischofsprivilegien (Festschr. Franz Petri), 1970, 171–193.

[22] L. *Duchesne*, Fastes épiscopaux I^2 140/141; ferner mein in der vorherigen Anmerkung zitierter Aufsatz.

lich Einzelbeschlüsse in ihre Capitularien auf und förderten damit ihre Durchführung. Auch war es ihnen nicht verwehrt, von sich aus in kirchlichen Angelegenheiten zu statuieren; doch machten die Merowinger von diesem Verordnungsrecht wenig Gebrauch. Konzilien und Großenversammlungen waren im 6. Jh. streng getrennt; erst seit Chlothar II. begannen sich die Grenzen zu verwischen. Der Sinn für die Scheidung der beiden Sphären – ein Erbe der Antike – stumpfte allmählich ab. Es ist sicher kein Zufall, daß gerade in dieser Zeit die Germanisierung des Episkopats begann, der sich bis dahin meist aus Romanen zusammensetzte[23]. Auch begegnen uns von nun an Canones, die den Bischöfen die Teilnahme an Großjagden und das Tragen der Waffen verboten.

Ein erhöhtes Wergeld für den Klerus setzte vielleicht schon Chlodwig fest: für den Priester (und Bischof) den Satz des freien Franken im Königsdienst, für den Diakon den des romanischen Conviva regis. Für Zivilklagen innerhalb des Klerus war nach römischem Recht das kirchliche Gericht zuständig, das auch bei Kriminalklagen gegen Bischöfe über ihre Schuld erkannte und den schuldig Gesprochenen seines Amtes entkleidete. Die Merowinger erkannten diese gerichtliche Autonomie der Kirche an. Chlothar II. fügte 614 die Bestimmung hinzu, daß auch kriminelle Priester vor der Verhängung der Strafe durch das weltliche Gericht vom Bischof zu entkleiden seien.

Ein anderes Prinzip der alten Kirchenverfassung erscheint dagegen seit Chlodwig beeinträchtigt: die Wahl des Bischofs durch Klerus und Volk der Diözese, mit oder ohne Beteiligung des Metropoliten und der Bischöfe der gleichen Provinz[24]. Die Konzilien schärften dieses Prinzip immer wieder ein, aber schon 549 finden wir die Kompromißformel cum voluntate regis iuxta electionem cleri ac plebis. Man suchte wenigstens einseitige und simonistische Ernennungen des Königs zu verhindern. In seinem Edikt von 614 behielt sich Chlothar aber das Recht der Ablehnung und Prüfung der Würdigkeit des Bistumskandidaten vor. Das Bischofsamt war sehr begehrt, da die Bischöfe in Rang und Ansehen allen anderen Amts- und Würdenträgern in den Städten und Provinzen voraufgingen. Es kam hinzu, daß der Reichtum der Kirche sich durch Schenkungen im 6. und 7. Jh. erheblich mehrte und die Immunitätsprivilegien, die die königlichen Amtsträger vom Kirchengut ausschlossen, auch die äußere Macht der Kirche steigerten, insbesondere in den Bischofsstädten[25]. Auch unter diesem Aspekt er-

[23] *H. Wieruszowski,* Die Zusammensetzung des gallischen und fränkischen Episkopats bis zum Vertrag von Verdun: Bonner Jbb 127 (1922) 1–74.

[24] *A. Hauck,* Die Bischofswahlen unter den Merowingern (Erlangen 1883); *E. Vacandard,* Les élections épiscopales sous les Mérovingiens: Études de critique et d'histoire religieuse 1 (Paris 1915) 123–187; *P. Cloché,* Les élections épiscopales sous les Mérovingiens: MA 35 (2e série tome 26) (1924/25) 203–254; *D. Claude,* Die Bestellung der Bischöfe im merowingischen Reich: ZSavRGkan. 80 (1963) 1–75; *F. Lotter,* Designation und angebliches Kooptationsrecht bei Bischofserhebungen: ZRG kan. 59 (1973) 112–150.

[25] *L. Levillain,* Notes sur l'immunité franque: Revue de droit français et étranger, 4e série 6 (1927) 203–254; *F. L. Ganshof,* L'immunité dans la monarchie franque: Recueils de la Soc. J. Bodin 1^2: Les liens de vassalité et les immunités (Brüssel 1958) 171–216.

klärt sich das Interesse der Könige an der Besetzung der Bischofsstühle. War das Bischofsamt im frühen 6. Jh. noch eine Domäne der eingesessenen Senatorenfamilien, so bildete es bald mehr und mehr den Abschluß einer Karriere der germanisch-romanischen Großen im Königsdienst.

Es läßt sich allerdings nicht verkennen, daß die umfassende bischöfliche Amtsgewalt unter den Merowingern in mancher Hinsicht auch beeinträchtigt und durchlöchert wurde. Das erste Konzil von Orléans hatte zwar die monarchische Gewalt des Bischofs über den Personenkreis von Klerus und Mönchtum erneut fixiert, die folgenden Synoden statuierten auch über die Metropolitanordnung und den Gerichtsstand des Klerus vor den geistlichen Instanzen. Doch wurde die altkirchliche Bistumsordnung bald durch das Eigenkirchenwesen gestört[26]. Der Grundsatz, daß alle von Laien gegründeten Kirchen dem Bischof übereignet werden sollten, ließ sich nicht aufrechterhalten. Dem Episkopat entglitten auch die an den Eigenkirchen der Großen angestellten Kleriker. Die Bischöfe suchten dem Eigenklerus der Grundherren ein Existenzminimum zu sichern und behielten sich ein Prüfungsrecht über ihn vor. Sie machten die Verleihung von Benefizien an Kleriker, den Eintritt von Klerikern in Schutzverhältnisse, ihre Heranziehung zu öffentlichen Geschäften von ihrer Zustimmung abhängig. Der Episkopat suchte damit den Einfluß der Großen wie der Könige auf den Klerus in bestimmten Grenzen zu halten: ohne dauernden Erfolg, da das Eigenkirchenwesen im 7. Jh. immer stärker durchdrang. Ob dieser Vorgang als eine Germanisierung der Kirchenverfassung aufzufassen ist, sei dahingestellt. Er ist gewiß nicht nur negativ zu bewerten, da die vielen Eigenkirchen trotz ihrer Mängel die Verchristlichung des flachen Landes auch gefördert haben.

Die Beziehungen zwischen Bischof und Mönchtum[27] waren anderer Art als die Beziehungen zwischen Bischof und Klerus, war doch das Mönchtum seinem Ursprung nach eine Laienbewegung. Nach anfänglichen Schwierigkeiten war es in die alte Bistumsordnung eingegliedert worden. Die Klöster genossen eine interne Autonomie unter der Leitung ihrer Äbte, unterstanden aber der Aufsicht des Diözesanbischofs, der alle Weihehandlungen im Klosterbereich vornahm. Die Äbte sollten jeweils nur *ein* Kloster leiten und waren zum Besuch der Diözesansynoden verpflichtet. Sie durften ohne Erlaubnis des Bischofs ihr Kloster nicht verlassen, keine Güter veräußern, keine Benefizien übernehmen, keine Schutzverhältnisse eingehen. Bei Neugründungen sollte die bischöfliche Genehmigung eingeholt werden. Diese Grundsätze galten im 6. Jh. auch für die von

[26] *U. Stutz,* Die Eigenkirche als Element des mittelalterlichen germanischen Kirchenrechts (1895) (grundlegend); *Feine RG* I 131 ff (mit ausführl. Lit.).

[27] Zusammenfassend über die verschiedenen Strömungen im Mönchtum: *F. Prinz,* Frühes Mönchtum im Frankenreich (München – Wien 1965). – 6. Jh.: *L. Ueding,* Gesch. der Klostergründungen der frühen Merowingerzeit (Eberings Hist. Studien 261, 1935); *Chr. Courtois,* L'évolution du monachisme en Gaule de St. Martin à St. Colomban: Settimane di studio ... IV. Il monachesimo nell'alto medioevo ... (Spoleto 1957) 47–72. – Entwicklung der Privilegien: *E. Ewig,* Beobachtungen zu den Klosterprivilegien des 7. und frühen 8. Jh.: Adel und Kirche, Gerd Tellenbach zum 65. Geburtstag (Freiburg – Basel – Wien 1968) 52–65.

Königen und Großen errichteten Klöster. Die gelegentlich für bischöfliche und königliche Gründungen eingeholten päpstlichen Privilegien wirkten nur der im Frankenreich erkennbaren Tendenz einer allzu weiten Ausdehnung der bischöflichen Gewalt über die Klöster entgegen. Sie garantierten vor allem die freie Abtswahl, die autonome Verwaltung des Klostervermögens und die Freiheit des Klosters von den bei anderen Kirchen üblichen Abgaben an den Bischof. Königliche und private Eigenklöster im strengen Sinn sind im 6. Jh. in Gallien kaum nachweisbar, mögen Könige auch Schutzbriefe für ihre Gründungen ausgestellt haben. Wenn ein Besitzrecht des Gründers am Kloster bestand, so endete es wohl mit seinem Tod.

Eine tiefgreifende Wandlung trat jedoch ein, als Columban 592 mit seinen 12 Gefährten im Frankenreich erschien und am Südwestrand der Vogesen Annegray, Luxeuil und Fontaine gründete, die ersten Festlandsklöster irischer Art[28]. Von Columban gingen religiös-sittliche Impulse stärkster Art aus; aber der große Heilige ignorierte völlig das bestehende gallofränkische Klosterrecht. Er regierte selbstherrlich seine Gründungen, reiste nach seinem Belieben, ließ Weihen durch einen ortsfremden Bischof vornehmen, erkannte kein Bischofsrecht auf Klostergut, auf Abgaben oder Herberge an und übte seelsorgerliche Funktionen außerhalb des Klosterbereichs aus. Als er sich schließlich sogar weigerte, auf Synoden zu erscheinen, und König Theuderich II. eigenmächtig mit der Exkommunikation bedrohte, wurde er 610 aus dem burgundischen Teilreich verwiesen und starb 615 in seiner italischen Gründung Bobbio. Luxeuil blieb trotzdem ein monastisches Zentrum ersten Ranges, das weit nach Nord-, Ost- und Mittelgallien ausstrahlte. Die harte Regula Columbani, der die organisatorischen Bestimmungen weitgehend fehlten, verband sich freilich bald nach dem Fortgang des Mönchsvaters mit der aus Italien eindringenden Regula Benedicti zur Regula mixta. Die irischen Riten hielten sich nicht allzu lange, und Klosterverbände keltischer Art konnten sich auf dem Festland nicht durchsetzen. Aber die klösterlichen Autonomiebestrebungen fanden weitgehende Anerkennung bei den Königen, den geistlichen und weltlichen Großen, die vom Geist von Luxeuil erfaßt wurden. Die Klöster empfingen bischöfliche Privilegien, die ihnen nicht nur die innere Autonomie unter der Regel, die freie Abtswahl und die Unantastbarkeit des Besitzes, sondern sogar manchmal die Freiheit von jeglicher Gewalt des Diözesanbischofs zugestanden. Diese Bischofsprivile-

[28] Hauptquelle ist die Vita Columbani: MGSS rer. Mer. VI 1–152. – Knapper, grundlegender Überblick: W. *Levison,* Die Iren und die fränkische Kirche: Aus rheinischer und fränkischer Frühzeit (Düsseldorf 1948) 247–263. – Neuere Forschungen über Columban und seine Wirkung auf dem Kontinent: Mélanges colombaniens (Paris 1950). – Letzte Monographie über Columban: *M. M. Dubois,* Un pionnier de la civilisation occidentale: St. Colomban (Paris 1950). – Weitere Lit. bei *F. Prinz* a. a. O. – Neuerdings die Beiträge von Johannes Dufo (Irische Einflüsse auf St. Gallen u. Alemannien), Friedrich Prinz (Frühes Mönchtum in Südwestdeutschland und die Anfänge der Reichenau), K. U. Jäschke (Kolumban von Luxeuil u. sein Wirken im alemann. Raum) und František Graus (Die Viten der Heiligen des südalemann. Raums u. die sogenannten Adelsheiligen) in: Vorträge und Forschungen 20 (1974).

gien wurden oft durch Königsurkunden ergänzt, die den Klöstern Luxeuiler Prägung über den Schutz hinaus die eigene Immunität gewährten, sie damit aus der allgemeinen Immunität des Bistumsguts herauslösten und auch im weltlichen Recht als selbständige Kirchen konstituierten. Der damit beschrittene Weg war nicht ohne Gefahren. Wie das Eigenkirchenwesen mußte das Klosterwesen neuer Prägung in den Wirren der späten Merowingerzeit zu einer weitgehenden Auflösung der kirchlichen Ordnungen führen. Auch im Frankenreich traten nun Kloster- und Wanderbischöfe irischer Art auf[29]. Die religiösen Kraftquellen wurden zu Wildbächen – sie bewahrten freilich auch als solche ihre Bedeutung für die Verchristlichung des Merowingerreichs, die mit dem Luxeuiler Mönchtum in ein neues Stadium trat.

Die Ausbreitung des Christentums ist ein wesentliches Kapitel in der Geschichte der merowingischen Landeskirche. Im Norden und Osten Galliens war eine breite Randzone, die von der Provinz Besançon (Maxima Sequanorum) über die Provinzen Mainz (Germania I), Köln (Germania II) und Reims (Belgica II) bis zur Provinz Rouen (Lugdunensis II) reichte, von den Umwälzungen des 5. Jh. stark betroffen worden[30]. Im Norden der Germania II waren die Städte Nimwegen und Xanten schon vor dem Ende der Römerzeit untergegangen; Bistümer sind in ihnen daher nicht mehr errichtet worden. Aber auch in Teilen der Belgica II blieb die christliche Durchdringung schwach. Die salische Einwanderung führte im 5. Jh. zum Zusammenbruch der kirchlichen Organisation in den Gebieten von Tournai, Thérouanne(-Boulogne) und Arras sowie zu einer Verstärkung des ländlichen Heidentums in den civitates von Cambrai, Vermand (St-Quentin – Noyon), Amiens, Beauvais und Rouen. Der Bischofssitz von Vermand wurde nach Noyon, der von Tongern nach Maastricht verlegt. Auch im Siedlungs- und Einflußbereich der Alemannen an Oberrhein und Aare ist die Kirche durch den Zusammenbruch des Imperiums betroffen worden. Das Bistum Augst(-Basel) verschwand ganz, der helvetische Bischof zog sich von Windisch und Avenches nach Lausanne zurück, germanische Siedler verstärkten die heidnische Landbevölkerung im Bereich von Besançon. Das Bistum Chur (Raetia I) erlitt Einbußen in seinen nördlichen Gebieten[31]. Weiter östlich in der Raetia II (Augsburg) und in Noricum ripense (Lorch) brach die Bistums-

[29] *H. Frank*, Die Klosterbischöfe des Frankenreichs: Beiträge zur Gesch. des alten Mönchtums 17 (1932).

[30] Vgl. außer der allgemeinen Lit. zum Kap. (insbesondere *H. Büttner, G. Tessier, E. de Moreau, W. Neuß – F. W. Oediger* auch *E. Ewig*, Das Fortleben römischer Institutionen in Gallien und Germanien: X Congresso internazionale di scienze storiche (Roma 1955), Relazioni VI (Florenz o. J.) 594ff. – Für die Belgica II: *J. Lestocquoy*, L'origine des évêchés de la Belgique Seconde: RHEF 32 (1946) 43–52.

[31] *H. Büttner*, Gesch. des Elsaß (Berlin 1939); *ders.*, Die Entstehung der Konstanzer Diözesangrenzen: ZSKG 48 (1954) 225–274; *ders.*, Zur frühen Gesch. des Bistums Octodurum-Sitten und des Bistums Avenches-Lausanne: ebd. 53 (1959) 241–266; *ders.*, Die Entstehung der Churer Bistumsgrenzen: ebd. 81–104 191–212; *ders.*, Frühmittelalterliche Bistümer im Alpenraum zwischen Großem St. Bernhard und Brennerpaß: HJ 84 (1964) 1–33.

organisation ganz zusammen, wenn auch christliche Gemeinden in Augsburg und Salzburg fortbestanden. Der Bischof von Augsburg scheint nach Säben (-Brixen) geflohen zu sein. Noricum mediterraneum (Osttirol, Kärnten, Steier) wurde von der Katastrophe erst erfaßt, als sich die slowenischen Karantanen dort am Ende des 6. Jh. festsetzten.

Zwischen den beiden Einbruchsgebieten am Nieder- und Oberrhein lag eine Zone stärkerer Kontinuität, die die civitates Köln, Mainz, Worms, Speyer und Straßburg umfaßte. In dieser Zone läßt sich der Fortbestand christlicher Gemeinden nicht nur in den Städten, sondern großenteils auch in den bedeutenderen castra nachweisen. Ob Lücken in den Bischofslisten auf eine zeitweilige Unterbrechung der Bistumsorganisation hindeuten, bleibt offen. Jedenfalls sind die Germanen in diesen Gebieten mit dem Christentum früh in nähere Berührung gekommen, bot sich hier auch die günstigste Gelegenheit für eine kirchliche Restauration. Chlodwig konnte hier freilich noch nicht ansetzen, da er die Rheinlande erst kurz vor seinem Tod in sein Großreich einbezog.

Gregor von Tours berichtet, daß sich mehr als 3000 Franken mit Chlodwig taufen ließen: wohl die königliche Gefolgschaft und die Gruppen, die sich vornehmlich in den späteren Teilreichen von Paris und Orléans niederließen. Der erste merowingische Großkönig hat aber auch die kirchliche Reorganisation in den salfränkischen Gebieten nördlich von Reims in Angriff genommen, freilich ohne durchschlagenden Erfolg. Denn die von ihm geschaffenen Ansätze in Arras und Tournai (?) sind bald wieder verkümmert[32]. Die Merowinger von Soissons, denen diese Gebiete nach Chlodwigs Tod zufielen, hatten – abgesehen von Chilperich I. (561–584) – wenig Kontakt mit den Kirchen Südgalliens, die einen Überschuß an Klerikern abgeben konnten. So wurde denn Arras schließlich mit der Diözese Cambrai vereinigt, das Tournaisis als Missionsgebiet der Diözese Noyon(-St-Quentin) zugeschlagen.

Größeren Erfolg hatten die austrasischen Merowinger von Reims, deren aquitanische Enklaven ein intakt gebliebenes Rekrutierungsgebiet für den Klerus der austrasischen Francia bildeten[33]. Schon Theuderich I (511–533) ließ Kleriker aus der Auvergne nach Trier kommen, und Aquitanier sind auch im Bereich von Reims nachweisbar, obwohl beide Kirchen von den Erschütterungen des 5. Jh. nicht so schwer betroffen waren. Um die Mitte des 6. Jh. setzen die Bischofslisten von Maastricht, Köln, Mainz und Straßburg neu ein mit gallorömischen Namen, deren Träger wenigstens z. T. Aquitanier gewesen sein dürften[34]. Am Ende des 6. Jh. begegnen die ersten Germanen auf diesen

[32] Für Arras: Vita s. Vedasti: MGSS rer. Mer. III 399–422 (Remigius unter Mitwirkung Chlodwigs). – Für Tournai: *L. Duchesne*, Fastes III (1915) 114ff. Es fällt auf, daß die Liste von Arras in der Zeit Gaugerichs abbricht, der seinen Sitz von Arras nach Cambrai verlegte.

[33] *E. Ewig*, L'Aquitaine et les pays rhénans au haut moyen âge: Cahiers de civilisation médiévale 1 (1958) 37–54.

[34] *L. Duchesne*, Fastes III 157 (Mainz: Sidonius), 171 (Straßburg: Solarius), 179 (Köln: Carentinus). – Tongern/Maastricht stellt insofern einen Sonderfall dar, als hier zwei oder drei

Bischofsstühlen, und zu Anfang des 7. Jh. treten auch Bischöfe von Worms und Speyer mit germanischen Namen in Erscheinung[35]. Demnach dürfte eine erste Etappe der Restauration um 550 erreicht, das Werk selbst um 600 abgeschlossen worden sein. Dem Bistum Köln wurden wohl spätestens im 6. Jh. die Gebiete von Xanten und Nimwegen angegliedert, das Bistum Straßburg dehnte sich auf die ehemalige civitas Augst(-Basel) aus. Auf das rechtsrheinische Gebiet griff die Mission noch nicht über. Das Heidentum dürfte am frühesten aus den Städten verschwunden sein[36]. In den Trierer Ardennen erlosch es gegen Ende des 6. Jh.[37] Länger scheint es sich nur in den Lütticher Ardennen und in Toxandrien erhalten zu haben[38].

Diese erste Phase der innerfränkischen Mission stand ganz im Zeichen einer innerkirchlichen Restauration, die an vorhandene Gemeinden anknüpfen konnte und wohl wesentlich vom Klerus getragen wurde, wenn es auch an Mönchen und besonders an Eremiten nicht ganz fehlte[39]. Die Eremiten scheinen

Bischöfe aus dem späten 5. und frühen 6. Jh. bekannt sind (Monulfus, Falco, Domitianus), dann aber eine Lücke zwischen dem zuletzt 535 bezeugten Domitianus und dem 614 zuerst bezeugten Bettulfus bleibt (*L. Duchesne,* Fastes III 189). – Zu Köln vgl. jetzt auch *F. W. Oediger,* Die Regesten der Erzbischöfe von Köln I (Bonn 1954) und *W. Neuß – F. W. Oediger,* Gesch. des Erzbistums Köln I (Köln 1964). – Aquitanische Herkunft ist für keinen der genannten Bischöfe bezeugt, aber mindestens für Sidonius von Mainz auf Grund des Namens zu vermuten.

35 Germanische Namen setzen Ende des 6. Jh. in Trier mit Magnerich, in Köln mit Ebergisel, in Mainz mit Sigimund, in Straßburg (wohl schon etwas früher) mit Arbogast ein. In Maastricht erscheint 614 Bettulfus, in Worms und Speyer setzt im gleichen Jahr die Bischofsliste mit Männern germanischer Namen neu ein. Maastricht stellt insofern einen Sonderfall dar, als hier germanische Namen schon um 500 begegnen (Monulfus, Falco).

Germanische Namen lassen bekanntlich keinen sicheren Schluß auf germanische Abstammung zu. Bischöfe mit romanischen Namen erscheinen nach den genannten noch in den Listen von Trier, Köln und Straßburg. Erst vom 2. oder 3. Jahrzehnt des 7. Jh. an begegnen in diesen Listen nur noch germanische Namen. Von dieser Zeit an darf man mit größerer Sicherheit von einer Germanisierung des Episkopats in den genannten Städten sprechen.

36 Das einzige Zeugnis über Heidentum in den rheinischen Städten betrifft ein fränkisches Fanum in Köln (Gregor von Tours, Vitae patrum 6, 2 = MGSS rer. Mer. I 681, vor 525). Die Nachrichten über die Kirchen in den rheinischen Städten bestätigen die Annahme, daß das Heidentum in ihnen früh erloschen ist.

37 Gregor, Hist. Fr. VIII 15: MGSS rer. Mer. I 380ff.

38 Die Viten der Bischöfe Lambertus und Hubertus von Maastricht/Lüttich sprechen noch von der Bekämpfung des Heidentums in den Ardennen und in Toxandrien. Vgl. *E. de Moreau* a.a.O. 95ff 101ff.

39 Die Kirchen fast aller römischen castra im Bereich der Kölner Diözese befanden sich später in der Hand des Bischofs (*W. Neuß–F. W. Oediger,* Gesch. des Erzbistums Köln 293ff). Das gleiche gilt für den Bereich der Diözese Trier und – cum grano salis – auch für Mainz. Man darf daraus auf eine vom Bischof geleitete und vom bischöflichen Klerus durchgeführte Mission schließen. Bekannt sind außerdem die Namen einer Reihe von Asketen, die nicht große Klöster, sondern kleinere Zellen oder Kirchen auf dem Lande gründeten, wie etwa Wulfilaich, Goar, Fridolin, Ingobert, Wendelin, Disibod, Beatus und Bantus. Genauere Nachrichten sind nur über Wulfilaich erhalten, der ursprünglich als Eremit lebte und nach einer Intervention Magnerichs von Trier zum Leiter einer Missions- oder Seelsorgestation wurde. Analog darf

hauptsächlich unter der Landbevölkerung gewirkt zu haben. Die kirchliche Restauration wurde von den Königen organisatorisch und wohl auch materiell gefördert, ein Zwang zur Bekehrung der Heiden aber nicht ausgeübt. Lediglich die Sonn- und Feiertagsheiligung wurde am Ende des 6. Jh. unter Strafe eingeschärft[40] – ein Zeichen für die kultisch-rituelle Auffassung des Christentums. Das Verbot des heidnischen Kultes, das Childebert I. bald nach 550 erließ, betraf nur das Pariser Teilreich, in dem es damals kaum noch Heiden gegeben haben dürfte[41].

Die zweite Phase der innerkirchlichen Restauration setzte unter Chlothar II. (584/613–629) und Dagobert I. (623/629–638) ein. Sie wurde ganz überwiegend von Kreisen getragen, die dem Mönchtum von Luxeuil – im weitesten Sinne – angehörten oder nahestanden. Auch starke aquitanische Kräfte strömten diesem Mönchtum zu. Die Hauptansatzpunkte lagen im neustrischen Bereich und im alemannisch-burgundisch-rätischen Grenzgebiet.

Der erste Missionar dieser Phase in den nordgallisch-fränkischen Gebieten[42] scheint Walaricus gewesen zu sein, der in den Diözesen Rouen und Amiens wirkte und der Abtei St-Valéry-sur-Somme (Diözese Amiens) den Namen gab. Er soll noch von Columban, d. h. vor 610 oder spätestens 610/612, ausgesandt worden sein. Sein Nachfolger Blitmund wurde in den Jahren 615/628 der eigentliche Gründer der Abtei St-Valéry[43]. Richarius, der Patron der Abtei Centula[44], begann seine Wirksamkeit in der Diözese Amiens unter Dagobert I. Dagobert begründete das Bistum Thérouanne(-Boulogne), dessen erster Bischof der dem Luxeuiler Kreis angehörige Audomar wurde, auf den auch die Anfänge der Abtei Sithiu (St-Omer – St-Bertin) zurückgingen[45]. Noch unter Chlothar II. (um 625) begann die Tätigkeit des Aquitaniers Amandus, die sich hauptsächlich auf den mit Noyon vereinigten Sprengel von Tournai erstreckte, wenn auch Amandus zeitweilig Bischof von Tongern-Maastricht gewesen war (um 649).

man sich auch das Wirken der anderen genannten Heiligen vorstellen. Aquitanische Herkunft ist durch spätere Quellen für Goar und Fridolin bezeugt.

[40] Dekrete des frankoburgundischen Königs Guntram und seines austrasischen Neffen Childebert II. (MGCap I 11 17) sowie zahlreiche Stellen in Konzilsakten und Viten.

[41] MGCap I 21. Das Praeceptum wurde bald nach 550 erlassen, stammt also aus der Spätzeit der Regierung. Die Childebert-Franken erscheinen noch in den siebziger Jahren als eine geschlossene, politisch handelnde Gruppe. Heiden dürfte es in dieser führenden Gruppe nicht mehr gegeben haben – wohl noch unter den kleineren Leuten in den nördlichen Grenzgebieten von Rouen, Amiens und Beauvais.

[42] Zur Mission in diesen Gebieten *E. de Moreau* a. a. O. Ferner *E. Vacandard*, L'idolâtrie en Gaule aux 6e et 7e siècles: RQH 65 (1899). – Zusammenstellung der Zeugnisse aus den Viten: *E. Ewig*, Die fränkischen Teilungen und Teilreiche im 7. Jh.: Trierer Zschr. 22 (1954) 99 n. 61.

[43] Vita Walarici 11 22 35 36: MGSS rer. Mer. IV 164 168 ff 174 ff. – Zum Heidentum im Bistum Amiens auch Vita Lupi ep. Senonici 11 12: ebd. IV 182.

[44] Vita Richarii 2 4: ebd. VII 445 ff.

[45] Vita Audomari 1–5; ebd. V 754–756. – *H. van Werveke*, Het bisdom Terwaan: Université de Gand, Recueil de travaux publ. par la Fac. des Lettres 52e fasc. (Gent – Paris 1924).

Die Abtei Elno-St-Amand, der Hauptstützpunkt des „Vlamenapostels", wurde noch unter Dagobert I. gegründet und von diesem reich ausgestattet. Die „Vita s. Amandi" berichtet u.a. von einer Bekehrungsepisode aus dem Beauvaisis. Eigentliches Missionsfeld des Heiligen aber waren die Gebiete an Schelde und Scarpe (St-Amand), der pagus Gent und das Land von Antwerpen – dieses allerdings wohl erst in den letzten Jahren des Amandus, der hochbetagt 676 starb. Zu den jüngeren Gefährten und Mitarbeitern des Amandus gehörte Bavo, der in Gent wirkte und der bekannten Genter Abtei den Namen gab[46].

Mit Dagobert I. eng verbunden waren die beiden großen Bischöfe Eligius von Noyon (641–690) und Audoin von Rouen (641–684), die aber erst nach dem Tode des Königs die genannten Bischofsstühle bestiegen. Audoin arbeitete eng zusammen mit dem moselländischen Franken Wandregisel, dem Gründer der Abtei St-Wandrille (um 645), während seine Beziehungen zu dem Aquitanier Filibert, dem Gründer von Jumièges, zeitweise gespannt waren. Die letzten Spuren des Heidentums verschwanden damals aus der Diözese Rouen[47]. Die missionarische Tätigkeit des heiligen Eligius konzentrierte sich auf den damaligen Sprengel von Tournai, insbesondere auf die Gebiete von Kortrijk (Suebi), Brügge (pagus Flandrensis) und Gent[48]. Um die gleiche Zeit dürfte Burgundofaro von Meaux den Iren Kilian (Chillena) ins Artois entsandt haben[49], wo Bischof Audebert von Cambrai (645/652–667) damals die Gebeine des ersten Bischofs, Vedastus', erhob und die Abtei St-Vaast von Arras gründete[50]. In Toxandrien tauften Lambertus (671/675 bis vor 706) und Hubertus von Tongern-Maastricht (vor 706–727) die letzten Heiden[38].

Man erkennt deutlich einen Fortschritt von der Absorption mehr oder weniger großer heidnischer Minderheiten in den Gebieten von Rouen, Beauvais, Amiens und Arras zur Mission in Gebieten mit vorwiegend heidnischer Bevölkerung (Thérouanne, Tournaisis, Toxandrien, Kortrijk, Brügge, Gent, Antwerpen), die vielleicht schon in den achtziger Jahren des 7. Jh. von den fränkisch-friesischen Grenzgebieten auf die Friesen übergriff[51]. Die Missionare oder Missionsleiter waren durchweg Mönche oder haben wenigstens dem Mönchtum des Luxeuiler Kreises nahegestanden, dem auch die Aquitanier Amandus, Remaclus und Filibert angehörten. Aus den Missionsstationen haben

[46] Vita s. Amandi 13 24: MGSS rer. Mer. V 436ff 447. – Vita s. Bavonis 3: ebd. IV 537. – *E. de Moreau*, St-Amand, apôtre de la Belgique et du Nord de la France (Löwen 1927); *A. Verhulst*, Over de stichting en de vroegste geschiedenis van de St. Pietersen de St. Baafsabdijen te Gent (Gent 1953).

[47] Vita Audoeni 4: MGSS rer. Mer. V 556. – Vita Wandregisili 16: ebd. V 26ff. – *E. Vacandard*, Vie de St. Ouen, évêque de Rouen (Paris 1902) 641–684.

[48] Vita Eligii II 2: MGSS rer. Mer. IV 695. [49] Vita Faronis 100: ebd. V 194.

[50] *A. B. Hoxie*, Translatio civitatis Atrebatensis: Revue Belge de phil. et d'hist. 16 (1937) 591–598.

[51] Vita Wulframni ep. Senonici 3: MGSS rer. Mer. V 663. Der Wert der Vita ist sehr umstritten. Aber an einer Missionstätigkeit Wulframs in Friesland oder im fränkisch-friesischen Grenzgebiet, wo auch Willibrord noch wirkte, möchte ich festhalten.

sich daher oft Klöster entwickelt, die in einer neugegründeten Diözese wie Thérouanne sogar größere Bedeutung gewinnen konnten als die Kathedralkirche. Ihnen traten zahlreiche monastische Neugründungen zur Seite, so daß die Grenzen zwischen Mission und Klosterwesen oft verschwammen. Eine detaillierte Schilderung der Missionsmethoden enthält nur die um 725 verfaßte „Vita s. Amandi". Aus ihr geht hervor, daß die Predigt des Evangeliums in den vorwiegend oder ganz heidnischen Landschaften nicht frei von Gefahren für Leib und Leben war, also einen ganz persönlichen Einsatz verlangte. Der Missionar bedurfte daher des königlichen Schutzes. Vielleicht ist ein solcher königlicher Schutzbrief der Ausgangspunkt für die Behauptung der „Vita s. Amandi" gewesen, König Dagobert habe einen Befehl zur Zwangstaufe der Heiden erlassen. Von Zwang findet sich sonst keine Spur. Amandus schuf einen ersten Ansatz für Missionsstationen, indem er Sklaven aufkaufen und taufen ließ. Den Durchbruch der Mission in Gent führt die „Vita" auf eine Totenerweckung des Heiligen zurück. Ein direkter Zusammenhang der Mission mit wirtschaftlich-sozialen Wandlungen wurde bisher nicht nachgewiesen, wenngleich die Entstehung großer und reicher Klöster im Endstadium oder nach Abschluß der Bekehrung die Bildung oder Festigung einer besitzenden Oberschicht und die Entwicklung von Handelsplätzen wie Quentovic und Dorestad gefördert haben mag.

Der Anstoß, der von Luxeuil zur Christianisierung der nordgallisch-fränkischen Gebiete ausgegangen war, machte sich ebenso früh, aber noch unmittelbarer auch im burgundisch-alemannisch-rätischen Grenzgebiet geltend, wo aus der kirchlichen Restauration in ganz analoger Weise wie in den nordgallisch-französischen Landen die Alemannenmission herauswuchs.

Die kirchliche Organisation war, wie bereits gesagt, in der alten civitas Augst(-Basel) gänzlich zusammengebrochen. Die Bistümer Windisch-Avenches (Helvetia) und Chur (Raetia I) waren ihrerseits durch die Einwanderung der heidnischen Alemannen in der zweiten Hälfte des 5. und 6. Jh. stark betroffen worden[52]. Die Alemannen waren in das Gebiet der Aare, in das heutige Schweizer Mittelland bis etwa zum Thuner und Vierwaldstätter See, im Osten bis zum Zürichsee und zum Hochrhein eingeströmt. Einige alte christliche Zentren – Zürich (Felix-Regula), Bregenz (Aurelia), Zurzach (Verena) – waren überflutet, wenngleich sich in ihnen die Erinnerung an alte Kulte erhielt. In anderen castra oder vici hatten sich christliche Gemeinden erhalten: so in Konstanz, Arbon, Grabs und Gams, in Solothurn und Grenchen. Hier konnte die kirchliche Restauration und Organisation ansetzen. Einen Rückhalt boten die Bischofsstädte Straßburg, Lausanne(-Avenches) und Chur, deren Kräfte aber

[52] Man vergleiche zu den folgenden Ausführungen die in der Literaturübersicht und in Anm. 31 angeführten Arbeiten von *H. Büttner,* denen alle Einzelangaben entnommen sind. Bei Büttner auch die weitere Lit. – Die Diskussion über die Identität des Columbanschülers Gallus mit dem Gründer von St. Gallen ist neuerdings wieder in Gang gekommen. Hierzu jetzt die Beiträge von Dufo, Prinz und Jäschke in: Vorträge und Forschungen 20, 1974 (wie Anm. 28).

im 6. Jh. noch nicht zur Entfaltung kamen. Hilfe mochten auch die alemannischen Herzöge bieten, die als Mitglieder der austrasisch-burgundischen Reichsaristokratie schon im späteren 6. Jh. Christen geworden sind.

Die Frühzeit der Mission in dem von den Alemannen überfluteten Land ist mit dem Namen Columbans verbunden, dem der austrasische König Theudebert II. hier 610/611 nach seiner Vertreibung aus Luxeuil ein neues Wirkungsfeld zuwies. Columban setzte in der germanisch-romanischen Durchdringungszone zu Tuggen am Zürchersee und in Bregenz am Bodensee an, vermochte aber nicht viel auszurichten, da er nach der Niederlage und dem Tod Theudeberts II. im Jahre 612 nach Italien ausweichen mußte. Dauerhafter war die von seinem Schüler Gallus († nach 629) gegründete Cella, deren späterer Aufstieg zu einer großen Abtei freilich im 7. Jh. noch nicht vorauszusehen war. Noch auf lange Zeit hinaus blieb St. Gallen eine christliche Station neben anderen.

Zur Zeit des heiligen Gallus residierte in Konstanz bereits ein Bischof. Die Christen von Konstanz, Arbon und Grabs waren nach Chur orientiert, in dessen Einflußbereich auch St. Gallen errichtet war. Die Anfänge des Bistums Konstanz, dem in der Folge das von den Alemannen überflutete Land südlich des Rheins attribuiert wurde, liegen im dunkeln. Für die Absetzung von Chur wurde bedeutungsvoll die zeitweilige Zugehörigkeit des südrheinischen Landes zum franko-burgundischen Teilreich (595–609/610, 612ff). Die Erstausstattung des Bistums und seine Delimitierung gegen Chur geht auf Dagobert I. (629–638) zurück, der in Konstanz selbst später als Gründer des Bistums galt. Von burgundischem Einfluß kündete das Benignuspatrozinium der Kirche von Pfäffikon, die mit den neugegründeten Martinskirchen von Olten und Windisch wohl der ersten Ausbauperiode angehörte. Das Bistum umfaßte den Aare- und Thurgau, also Gebiete, die früher zu Helvetien und zu Rätien gehört hatten. Es dehnte sich aber bald auch auf das Alemannenland nördlich des Rheins aus, so daß es zum „Alemannenbistum" schlechthin wurde mit einem selbst für mittelalterliche Verhältnisse ungewöhnlich großen Sprengel. Dies kann nicht ohne nachhaltige Unterstützung der Alemannenherzöge geschehen sein, wenn beim derzeitigen Stand der Forschung auch nähere Aussagen über den Verlauf und die Träger der Mission nicht möglich sind. Allenfalls begegnet einmal ein bloßer Name wie der St. Trudperts im Breisgau[53]. Archäologisch ist die alemannische Missionsprovinz nördlich des Rheins gekennzeichnet durch das Auftreten der „langobardischen" Goldblattkreuze, die auf Einwirkungen aus Italien deuten, aber bisher historisch noch nicht befriedigend interpretiert werden konnten[54].

[53] Zusätzlich: *Th. Mayer*, Beiträge zur Gesch. von St. Trudpert (Freiburg 1937); *H. Büttner*, Franken und Alemannen in Breisgau und Ortenau: ZGObrh NF 52 (1938) 323–359; *ders.*, Christentum und fränkischer Staat in Alemannien und Raetien während des 8. Jh.: ZSKG 43 (1949) 1–16.

[54] Zu den Goldblattkreuzen zuletzt *J. Werner*, Fernhandel und Naturalwirtschaft im östlichen Merowingerreich nach archäologischen und numismatischen Zeugnissen: Settimane di studio... VIII. Moneta e scambi nell'alto medioevo (Spoleto 1961) 577: „In ihrer Masse

Langobardische Einstrahlungen über Chur sind denkbar. Eine herzogliche Schenkung an die Gallus-Cella im Gebiet von Cannstatt aus dem Jahre 708 mag noch in den großen Zusammenhang der Mission gehören, die damals wohl vor dem Abschluß stand. Bei der Bekehrung der Alemannen dürften die 724 gegründete Abtei Reichenau und der Pirminkreis kaum noch eine Rolle gespielt haben, wohl aber bei der Festigung und Vertiefung des Christentums[55]. Die Besitzungen der Reichenau und des Klosters St. Gallen, dessen Aufstieg unter Abt Otmar (719/720 bis 759/760) begann, markierten später die Nordgrenze des Bistums Konstanz.

Um die Zeit, in der das Bistum Konstanz im südrheinischen Raum fundiert wurde, erscheint erstmals auch ein Bischof von Augst-(Basel): Ragnachar, ein ehemaliger Mönch von Luxeuil und Schüler von Columbans Nachfolger Eustasius (610–629). Er dürfte bei der Gründung des Luxeuiler Tochterklosters Moutier-Grandval im Jura mitgewirkt haben, das Abt Waldebert (629–670) zusammen mit den vielleicht schon etwas älteren Zellen St-Ursanne und Vermes dem Luxeuiler Mönch Germanus von Trier unterstellte. Die Neugründung des Bistums Basel hatte allerdings nicht lange Bestand, da der Sprengel im Zusammenhang mit der Südexpansion der Elsässer Herzöge dem Bistum Straßburg angeschlossen wurde. Von Straßburg scheinen früh Einwirkungen zum Hochrhein hin ausgegangen zu sein. Straßburg und Chur erscheinen als Stationen im Leben Fridolins, der im späten 6. oder im 7. Jh. aus dem Poitou an den Rhein kam und die Cella Säckingen gründete. Im Thurgau kündete vom Straßburger Einfluß das Arbogastpatrozinium von Oberwinterthur. Das elsässische Bistum erwarb wohl noch im 7. Jh. Besitz bei Solothurn und am Thuner See. So scheint Straßburg neben Lausanne, Chur und Luxeuil an der kirchlichen Reorganisation und Mission im burgundisch-alemannisch-rätischen Grenzgebiet beteiligt gewesen zu sein.

Auch die Neuanfänge des Bistums Augsburg reichen ins 7. Jh. hinauf[56]. Die

dürften sie einheimische Imitationen sein, die auf der Grundlage des Alpenverkehrs das Übergreifen einer langobardischen Bestattungssitte auf Süddeutschland anzeigen." – *O. v. Hessen,* Die Goldblattkreuze aus der Zone nördlich der Alpen: Problemi della civiltà e dell'economia langobarda. Scritti in memoria di G. P. Bognetti (Mailand 1964) 199–226.

55 Zu Pirmin zuletzt *H. Löwe,* Pirmin, Willibrord und Bonifatius. Ihre Bedeutung für die Missionsgeschichte ihrer Zeit: Settimane di studio ... XIV. La conversione al cristianesimo nell'Europa dell'alto medioevo (Spoleto 1967) 217–261; *A. E. Angenendt,* Monachi peregrini. Studien zu Pirmin und den monastischen Vorstellungen des frühen Mittelalters (Theol. Diss. Münster 1969); *ders.,* Pirmin und Bonifatius. Ihr Verhältnis zu Mönchtum, Bischofsamt und Adel: Vorträge und Forschungen 20 (1974) 251–304.

56 Zu Bayern allgemein: *R. Bauerreiß* (s. Literaturübersicht). – Zu Augsburg, Kempten und Füssen: *F. Zoepfl,* Das Bistum Augsburg und seine Bischöfe im Mittelalter (Augsburg 1956); *E. Klebel,* Zur Gesch. der christlichen Mission im schwäbischen Stammesgebiet: Zschr. für württ. Landesgesch. 17 (1958) 145–218; *F. Prinz,* Frühes Mönchtum 334–336 359–364 406 434; *H. Büttner,* Konstanzer Diözesangrenzen 265–268; *ders.,* Frühmittelalterliche Bistümer 7 9 26; *W. Hübener,* Zum römischen und frühmittelalterlichen Augsburg: Jb. des RG Zentralmuseums Mainz 5 (1958) 154–238; *J. Werner,* Studien zu Abodiacum-Epfach: Münche-

Reorganisation scheint bei St. Afra eingesetzt zu haben, wo sich eine Christengemeinde erhalten hatte. Bei der Abtei, die das Gedächtnis Dagoberts I. beging, legte man neuerdings reiche Gräber aus der Zeit um oder vor 700 frei, darunter vielleicht auch Grablegen älterer Bischöfe. Die Träger der Mission am Lech bleiben anonym. Einflüsse von Italien her können sich schon im späten 6. Jh. bemerkbar gemacht haben. Daß dann von fränkischer Seite Amandus auch in Augsburg gewirkt habe, bleibt eine nur schwach begründete Vermutung. Erst im 8. Jh. lichtet sich das Dunkel etwas. Als kirchliche Zentren erscheinen neben Augsburg Neuburg im Staffelsee, Epfach am Lech und die mit Hilfe der St. Galler Mönche Magnus und Theodor angelegten Stationen Füssen und Kempten im Allgäu. Sollte Magnus im Allgäu wirklich noch missioniert haben, so müßte sich das Heidentum hier freilich ungewöhnlich lange – bis in die vierziger Jahre des 8. Jh. hinein – erhalten haben. Eher ist daher an den organisatorischen Aufbau der Diözese zu denken, zumal gerade in dieser Zeit die Hausmeier die Illergrenze zwischen Augsburg und Konstanz festsetzten.

Augsburg hat um die Wende vom 7. zum 8. Jh. wohl zum Herrschaftsbereich der bayerischen Herzöge gehört, der die alte Provinz Raetia II und Teile von Noricum umfaßte. Wie bei der rätischen Hauptstadt Augsburg hat sich wahrscheinlich auch bei dem großen Legionslager Regensburg eine romanisch-christliche Volksgruppe erhalten, die sich um die dortige Georgsbasilika gruppierte[57]. Die Kontinuität des Floriankultes weist auf ähnliche Verhältnisse bei Lorch hin, eine romanische Christengemeinde kann auch in Passau fortbestanden haben[58]. Größere Gruppen freier und begüterter Romanen lebten nachweislich um Salzburg-Reichenhall fort, deren kirchlicher Mittelpunkt St. Peter von Salzburg gewesen sein dürfte. Hier ist selbst auf dem Lande in Bischofshofen die Kontinuität eines frühchristlichen Kults (Maximilian) nachzuweisen[59]. In

ner Beiträge zur Vor- und Frühgesch. 7 (1964; darin bes. *K. Schmid,* Bischof Wikterp in Epfach. Eine Studie über Bischof und Bischofssitz im 8. Jh.); *K. Reindel,* Die Bistumsorganisation im Alpen-Donau-Raum in der Spätantike und im Frühmittelalter: MIÖG 72 (1964) 277–310.

[57] *F. Prinz,* Frühes Mönchtum 319 332 337 380 Anm. 171; *J. Sydow,* Untersuchungen über die frühen Kirchenbauten in Regensburg: RivAC 31 (1955) 75–96; *E. Klebel,* Regensburg: Vorträge und Forschungen, hrsg. von *Th. Mayer,* IV (Lindau – Konstanz 1958) 87–104; *M. Piendl,* Probleme der frühen Baugeschichte von St. Emmeram in Regensburg: ZBLG 28 (1965) (Festgabe M. Spindler) 32–46; *H. Büttner,* Frühmittelalterliche Bistümer 9 und 14.

[58] *R. Noll,* Frühes Christentum in Österreich von den Anfängen bis um 600 (Wien 1954). – Zu Lorch und St. Florian: *F. Prinz,* Frühes Mönchtum 330ff und 435. – Settimane di studio … XIV. La conversione al cristianesimo (Spoleto 1967) 539/540 (Mor über Florianskult im langobardischen Austrien: Friaul, Vicenza, Treviso, Verona); *F. Lotter,* Lauriacum – Lorch zwischen Antike u. MA: Mitt. des oberösterreichischen Landesarchivs 11 (1974) 31–49. – Zu Linz: *H. Koller,* Der Donauraum zwischen Linz und Wien. Kulturkontinuität und Kulturverlust des Romanentums nördlich der Alpen: Hist. Jb. der Stadt Linz (1960) 1–53. – Zu Passau: *M. Heuwieser,* Gesch. des Bistums Passau I (Passau 1939). – *F. Prinz,* Frühes Mönchtum 325 329ff 413; *ders.,* Salzburg zwischen Antike und MA: Frühma. St. 5 (1974).

[59] *F. Prinz,* Frühes Mönchtum 338 395–404 423ff.

Nordtirol fanden die einwandernden Bajuwaren den Stamm der Breonen vor, bei dem sich christliche Einflüsse noch kaum durchgesetzt hatten.

Die rätisch-norischen Christen im bayerischen Herzogtum waren traditionell nach Aquileia orientiert. Die Verbindung mit der Kirchenprovinz Aquileia hat wohl bis ins frühe 7. Jh. nachgewirkt[60]. Doch erlahmten die von dort ausgehenden Impulse infolge der politischen und kirchlichen Isolierung der alten Metro-

[60] Die jüngere Forschung über die christlichen Beziehungen Bayerns zum Süden und Südosten geht aus von *E. Klebel*, Zur Gesch. des Christentums in Bayern vor Bonifatius: St. Bonifatius. Gedenkgabe zum 1200. Todestag (Fulda 1954) 288–411, zu dem Klebel selbst in seinem in Anm. 56 zitierten Aufsatz noch einige Ergänzungen betr. Augsburg gegeben hat. Klebel untersuchte die Beziehungen auf Grund der Patrozinien, der Archäologie, der Liturgie und der Kirchensprache. Nach seiner Ansicht geben die Patrozinien wenig her, während die frühchristlichen Bauten ebenso wie die Liturgie und die Kirchensprache deutliche östliche Bezüge offenbaren. Klebel dachte dabei an gotisch-arianische Einflüsse und – wie *I. Zibermayr*, Noricum, Bayern und Österreich (1956) – an alte Zusammenhänge mit Sirmium. Die Einflüsse seitens der Alpenromanen, die mit der Provinz Aquileia verbunden waren und wie diese dem Dreikapitelschisma anhingen, schätzte er gering ein. Die jüngste Forschung, die Prinz an verschiedenen Stellen seines Buches resümiert, betont dagegen stark die Verbindungen mit Italien, besonders mit Aquileia.

Prinz nimmt eine mehr oder weniger starke romanische Kontinuität nicht nur im Salzburgischen, sondern auch um Regensburg und Passau an. Er glaubt einen Gegensatz zwischen diesen romanisch-christlichen Gruppen Aquileienser Observanz und den merowingischen Klerikern und Mönchen zu erkennen, die mit der fränkischen Herrschaft ins Land kamen (*F. Prinz* a. a. O. 354 383 Anm. 181). Die Bekehrung der nach Rätien und Noricum eingewanderten Bayern war im wesentlichen das Werk der merowingischen Missionare. Die kirchliche Integration der beiden Bevölkerungsgruppen sei endgültig „wohl erst mit Bonifatius' Kirchenorganisation vollzogen" worden.

Es ergibt sich folgendes Bild: Arianische Einflüsse mögen bei den Bajuwaren wirksam gewesen sein, sind aber nicht recht faßbar (*F. Prinz* a. a. O. 337 Anm. 48, 358 Anm. 100). Die Eigenart der süddeutschen Kirchensprache ist ungeklärt (*F. Prinz* a. a. O. 345 ff).

Einflüsse von Mailand haben in der Liturgie und vielleicht auch im Ambrosiuskult von Augsburg Spuren hinterlassen (*F. Prinz* a. a. O. 334; *E. Klebel*, Mission im schwäbischen Stammesgebiet 211). In der Augsburger Diözese begegnen italische Patrozinien: Valentin von Mais (bei Meran), Zeno von Verona, Justina von Padua, Christina (*E. Klebel* a. a. O.).

Die frühchristliche Architektur Noricums stand in engsten Beziehungen zu Aquileia (*R. Noll*, Frühes Christentum 127 ff). Auch in der Folge blieb der Zusammenhang der kirchlichen Architektur Bayerns mit der des nunmehr langobardischen Italien erhalten (*F. Prinz* a. a. O. 444). – Elemente Aquileienser Liturgie erhielten sich in Salzburg (*F. Prinz* a. a. O. 326 398 401); im salzburgischen Bischofshofen hatte Maximilian von Celeia wohl eine alte Kultstätte (*E. Klebel*, Christentum in Bayern 395). – Zeno von Verona waren Kirchen in den Diözesen Salzburg (*E. Klebel* a. a. O.), Regensburg (Kapelle: *E. Klebel* a. a. O.) und Freising (*E. Klebel* a. a. O.; *F. Prinz* 340 344) geweiht. Vigilius von Trient wurde in der Diözese Freising und in Regensburg verehrt (*E. Klebel* a. a. O.). Cassian von Imola war Patron einer Regensburger Kirche (*E. Klebel* a. a. O.; *F. Prinz* a. a. O. 338; *J. Sydow*, Fragen um die Cassianskirche in Regensburg: Der Schlern 29 [1955] 452–457).

Das Georgspatrozinium kann in Regensburg (St. Emmeram) und vielleicht auch anderwärts aus der Spätantike überliefert sein und auf Italien oder östliche Bezüge hinweisen (*F. Prinz* a. a. O. 337 ff 355; *E. Klebel*, Mission in Bayern 399). – Orientalische Einflüsse (von Sirmium her?) sind in der Passauer Liturgie greifbar (*E. Klebel*, Mission in Bayern 403 ff). –

pole Nordostitaliens im 7. Jh. Damit verloren die romanisch-christlichen Inselgemeinden in Bayern den Rückhalt an den großen kirchlichen Zentren des intakten christlichen Hinterlandes. Von den Bistümern der Provinz Aquileia gehörte allein das kleine Fluchtbistum Säben(-Brixen) im Eisacktal zum Bereich der Bayernherzöge. Obwohl Säben wahrscheinlich die Tradition des altchristlichen Augsburg weitertrug, konnte von ihm keine Initiative zur kirchlichen Reorganisation und Mission der weiteren, von den Bajuwaren besetzten Gebiete ausgehen. Die Kräfte des kleinen Bistums wurden von der Mission im bajuwarisch durchsetzten Breonenland (Nordtirol) absorbiert, Ausstrahlungen machten sich allenfalls im Alpenvorland bis nach Augsburg hin bemerkbar[61].

Die entscheidenden Anstöße zur Bayernmission kamen nicht vom Süden, sondern vom Westen. Schon bei der Begründung des bayerischen Herzogtums durch Theudebert I (533–548) wurden galloromanische Bischöfe (Galliarum episcopi) eingesetzt, die ihren Einfluß auch auf Noricum mediterraneum (Kärnten) auszudehnen suchten[62]. Ihre Tätigkeit blieb ohne nachhaltige Wirkung. Doch erhielten die in ihrer Masse noch heidnischen Bajuwaren eine christliche Spitze. Denn die agilolfingischen Herzöge, die in der 2. Hälfte des 6. Jh. in Erscheinung traten, bekannten sich zum katholischen Glauben. Wenn sie aus Burgund stammten, wie neuerdings meist angenommen wird[63], können sie an

Byzantinischer Schmuck findet sich in bayerischen Adelsgräbern (*F. Prinz* a.a.O. 355). – Goldblattkreuze finden sich am unteren Inn und an der mittleren Salzach (*J. Werner* a.a.O. 54; *H. Büttner*, Frühmittelalterliche Bistümer 21).

Die angeführten Zeugnisse sind nicht alle von der gleichen Aussagekraft und auch wohl nicht immer exakt chronologisch bestimmt. Die meisten italischen Kulte – insbesondere das Cassian- und das relativ am weitesten verbreitete Zenopatrozinium – dürften kaum vor dem 8. Jh. übernommen worden sein. Hier tritt die langobardische Schicht sicher deutlicher hervor als die spätrömisch-altchristliche, die mehr in der Archäologie und vielleicht in der Liturgie faßbar wird. Daß der norische Heilige Florian im langobardischen Austrien viel häufiger als Kirchenpatron erscheint (vgl. Anm. 58) als in Altbayern, daß die heilige Afra „bereits in den oberitalienischen Vorformen des Martyrologium Hieronymianum Eingang gefunden hat" (*F. Prinz* a.a.O. 345 Anm. 75), aber in Schwaben nur selten Kirchenpatronin geworden ist, sind Paradoxe, die noch der Aufklärung harren. Auf eine Verkümmerung der spätrömisch-christlichen Tradition in Rätien und Noricum kann man daraus nicht ohne weiteres schließen, da die Kontinuität des Afraheiligtums im 6. Jh. durch Venantius Fortunatus bezeugt ist und der Wanderweg des Luxeuiler Mönchs Agrestius noch für das frühe 7. Jh. keinen Zweifel an bestehenden Verbindungen zwischen Bayern und Aquileia aufkommen läßt (*H. Büttner*, Frühmittelalterliche Bistümer 22). Auch der wohl 608 verstorbene, in Grado bestattete Bischof Marcianus, der 40 Jahre peregrinatus est pro causa fidei, hat hier seinen Platz. Seine Tätigkeit erstreckte sich nach *H. Büttner* (Frühmittelalterliche Bistümer 21) „am ehesten (auf) das Alpengebiet im Umkreis der Brennerstraße und das nördliche Alpenvorland".

[61] Säben als Fluchtsitz des Bischofs von Augsburg: *R. Heuberger*, Raetien im Altertum und im Frühmittelalter (1932) 172; *H. Büttner*, Frühmittelalterliche Bistümer 18–20 (bayerisch seit etwa 600) 23 28. – Auf alten Besitz der Bistümer Regensburg, Freising und besonders Augsburg im Bereich des Bistums Säben machte *E. Klebel* aufmerksam (Mission im schwäbischen Stammesgebiet 186ff). Ob damit Hinweise auf Missionszusammenhänge gegeben sind, bleibt eine noch offene Frage. [62] MGEp I 1 p. 20; *F. Prinz* a.a.O. 352ff.

[63] *E. Zöllner*, Die Herkunft der Agilulfinger: MIÖG 59 (1951) 245ff.

der Missionsinitiative, die von Eustasius von Luxeuil (610–629) ausging, direkt beteiligt gewesen sein. In der Tat scheint Tassilo I. (592 bis nach 610) Eustasius und seinen Gefährten Agilus bei der Gründung einer Missionsstation in der Nähe von Regensburg unterstützt zu haben, aus der die Abtei Weltenburg hervorging[64]. Aus Luxeuil ging noch unter Eustasius der Mönch Agrestius als Missionar nach Bayern und von dort nach Aquileia, wo er zu den Schismatikern der Drei Kapitel übertrat[60].

Auf seiner Fahrt zu den Slawen muß auch Amandus Bayern durchquert haben, doch wird von einer Mission des Flamenapostels bei den Bajuwaren nichts berichtet. Indessen dürfte die Christianisierung des Volkes in vollem Gange gewesen sein, als Emmeram (Haimchramm) um 665 (oder 685/690) nach Regensburg kam, wo er bei einem schwer zu erhellenden Konflikt mit der Herzogsfamilie den Tod fand. Die Stationen auf Emmerams Weg von Poitiers nach Regensburg sind leider nicht bekannt. Angesichts der frühen Beziehungen des columbanischen Mönchtums zu Bourges und Poitiers liegt die Vermutung nahe, daß auch Emmeram aus dem Luxeuiler Kreis kam. Er könnte den Weg seines wohl etwas älteren Landsmannes Fridolin von Säckingen zum Rhein eingeschlagen haben, auf dem Straßburg eine Zwischenstation gewesen sein mag[65]. Der im frühen 8. Jh. in Regensburg wirkende Klosterbischof Erhard (von Narbonne?) stand nach seinem Biographen in Verbindung zum elsässischen Herzogshaus[66]. Über eine Vermutung kommt man bei Emmeram nicht hinaus. Deutlich tritt jedoch die Herzogsresidenz Regensburg als ein Hauptansatzpunkt der Bayernmission sowohl bei Eustasius wie bei Emmeram und Erhard hervor. Auch Bischof Rupert (Hrodbert), der wohl 695 seine Wormser Diözese aus politischen Gründen verließ, um in Bayern zu wirken, ging anscheinend erst nach Regensburg und erhielt von Herzog Theodor das Salzburger Land als Tätigkeitsfeld mit dem Blick auf die Mission der slawischen Karantanen[67].

64 *F. Prinz* a.a.O. 356–358. Prinz datiert die Bayernmission des Eustasius in die Zeit um 610 im Anschluß an Barrault, Büttner dagegen um 626/627 (Frühmittelalterl. Bistümer 22).

65 Vita Haimhrammi: MGSS rer. Mer. IV 452–526; *F. Prinz* a.a.O. 380ff kehrt mit Löwe gegen Klebel und Zibermayr zur alten Datierung Kruschs auf ca 660/670 zurück. Über die Zwischenstationen Emmerams lassen sich natürlich nur Vermutungen aufstellen. Dabei wäre zu beachten, daß von den merowingischen Missionaren der Überlieferung nach außer Emmeram auch Fridolin von Säckingen und Amandus aus dem Poitou stammten. Bekannt ist die Rolle des Bischofs Dido von Poitiers als des Hauptverbündeten der Pippiniden beim „Staatsstreich" Grimoalds von 656. Indessen betont Prinz mit Recht, daß sich in den Quellen keine Spur der Unterstützung Emmerams durch die Franken findet.

66 Vita Erhardi: MGSS rer. Mer. VI 1–21; *F. Prinz* a.a.O. 385–387. Von der dreifachen Herkunftsangabe der Vita hat die Herkunft aus der Narbonensis (Septimanien) die größte Wahrscheinlichkeit. Zwischenstationen können Moyenmoutier und elsässische Klöster gewesen sein. Wirkungszeit wohl 1. Drittel des 8. Jh.

67 Gesta Hrodberti: MGSS rer. Mer. VI 157–162; *F. Prinz* a.a.O. 394–403. – *Herwig Wolfram,* Der heilige Rupert und die antikarolingische Adelsopposition: MSÖG 80 (1972) 4–34; *H. Baumann,* Zur Textgeschichte der Vita Ruperti: Festschrift für H. Heimpel 3 (1972) 166–196.

Der letzte in der Reihe der „Bayernapostel" war Korbinian, der aus Melun (Prov. Sens) stammte und bald nach 716 in Freising wirkte[68]. Das bayerische Herzogtum war inzwischen geteilt worden, und so ist Korbinian nicht über Regensburg gezogen, aber vielleicht von Rom dem Freisinger Teilherzog präsentiert worden. Der verstorbene Herzog Theodo hatte 716 mit Rom Fühlung genommen, um eine bayerische Kirchenprovinz zu errichten. Diese Initiative Theodos zeigt, daß die Bayernmission äußerlich abgeschlossen war. Seit Emmeram, Rupert und Korbinian gab es in den Herzogsresidenzen Regensburg, Salzburg und Freising, zu denen auch Passau trat, „Klosterbischöfe mit festem Sitz" (Schieffer)[69]. Es kennzeichnet jedoch die Stellung der drei Kirchenmänner, daß keines der werdenden Domklöster von ihnen gegründet worden ist: die drei Patrone Bayerns standen nicht am Anfang der Bekehrungsgeschichte des Landes.

Im ganzen ist das Bild der Mission bei den Bayern etwas deutlicher als bei den Alemannen. König Theudebert I. gab dem Volk wohl eine christliche Führungsspitze und entsandte gallorömische Bischöfe, die sich vielleicht um die Reorganisation fortbestehender romanisch-christlicher Gemeinden bemüht haben. Von diesen konnte kein Missionsimpuls ausgehen, da ihr Rückhalt am intakt gebliebenen christlichen Hinterland von Aquileia durch die politischen Grenzen gestört war und schließlich ganz entfiel. Die Initiative zur Bayernmission kam aus Luxeuil, wobei vielleicht verwandtschaftliche Beziehungen des Mönchs Agilus zum agilolfingischen Herzogshaus eine Rolle spielten. Auch spätere Missionare mögen mit dem Luxeuiler Mönchtum im weiteren Sinne in Verbindung gestanden haben. Ansatzpunkte für die Mission der Bajuwaren boten sowohl die fortbestehenden romanischen Gemeinden wie auch die Residenzen der Agilolfinger. Von einer Mitwirkung der Merowinger ist im 7. Jh. keine Rede mehr[70]. Erst seit Karl Martell machte sich der Einfluß der fränkischen Zentralgewalt wieder geltend. Die Bekehrung der Bayern zum Christentum erscheint demnach wie die der Alemannen als ein Vorgang, der zwar von fränkischen oder irofränkischen Elementen getragen war, sich aber ohne erkennbaren äußeren Druck innerhalb des Stammes abspielte.

Während sich das Christentum bei den Alemannen und Bayern durchsetzte, wurde es auch von den rheinischen Bischofsstädten aus in die rechtsrheinischen Nachbarlande getragen. Dagobert I. hat die erste Utrechter Kirche dem Bistum Köln unterstellt; nach einer späten Quelle soll damals auch Soest dem Kölner

[68] Vita Corbiniani: MGSS rer. Mer. VI 497–635; *F. Prinz* a. a. O. 388–394; *H. Löwe*, Corbinians Romreisen: ZBLG 16 (1951/52) 409–420.

[69] *Th. Schieffer*, Winfrid-Bonifatius und die christliche Grundlegung Europas (Freiburg 1954) 139. – Vgl. dazu die Ausführungen von *F. Prinz* a.a.O. 381/382 386 (Regensburg) 390ff 393ff (Freising) 399 401 407 (Salzburg) 412 (Passau) über die Domklöster an den späteren bayerischen Bischofssitzen.

[70] Allenfalls könnte Dagobert I. noch eingegriffen haben; doch kommt man dabei über Vermutungen nicht hinaus.

Bistum zugeteilt worden sein[71]. Wenn man die Orientierung der Gräber des 7. Jh. in Westfalen südlich der Lippe christlich deuten darf, hätte die Mission sich schon damals auf den ganzen rechtsrheinischen Teil der späteren Kölner Diözese ausgedehnt[72]. Doch ist diese Interpretation umstritten. Die ersten Kirchen von Utrecht und Soest mögen einer fränkischen Besatzung in einer noch weithin heidnischen Umwelt gedient haben. Der Vormarsch der Friesen und Sachsen machte auch diesen vorgeschobenen Stationen ein Ende: im 8. Jh. mußte man neu beginnen.

Die fränkisch gebliebenen Gebiete im rechtsrheinischen Vorland von Köln, Bonn und Koblenz müssen bis zum frühen 8. Jh. christlich geworden sein, da sie in der Karolingerzeit nicht mehr Missionsgebiet waren. Direkte schriftliche Aussagen liegen nicht vor, archäologische Zeugnisse bisher nur für die Rheinorte Niederdollendorf und Leutesdorf[73].

Etwas deutlicher zeichnet sich der Fortgang der Mission im Abschnitt von Mainz, Worms und Speyer ab. Auch hier stammen die ersten Zeugnisse aus rheinischen Orten. In Kastel und Wiesbaden hat das Christentum aus römischer Zeit fortbestanden, ein christlicher Grabstein von Goddelau im Ried (südlich Trebur) datiert aus dem 5. oder frühen 6. Jh. Andere Grabsteine des 7./8. Jh. zeigen ein Vordringen am unteren Main bis in den Niddagau hinein. Eine Inschrift von 711/717 aus Nilkheim bei Aschaffenburg erhärtet, daß das Bistum Mainz damals die Spessartgrenze erreicht hatte. Rückschlüsse erlauben die Feststellung, daß auch die Wetterau damals schon von Mainz her christianisiert worden war. Vorgeschobene Posten, aber im Gegensatz zu Utrecht und Soest fest in fränkischer Hand, waren Büraburg (bei Fritzlar), Amöneburg, Glauberg (bei Büdingen) und die Kesterburg (Christenberg bei Wetter). Die Martinskirche des Christenbergs und die Brigidenkirche der Büraburg wurden wohl im ersten oder zweiten Jahrzehnt des 8. Jahrhunderts erbaut[74].

71 *F. W. Oediger*, Regesten nn. 32 35. Dazu *H. Büttner*, Mission und Kirchenorganisation des Frankenreiches 457.

72 *S. Gollub*, Zur Frage ältester christlicher Bestattungen in Westfalen = Westfäl. Forschungen 11 (1958) 10–16.

73 *J. Dietrich*, Die frühe kirchliche und politische Erschließung des unteren Lahngebiets im Spiegel der konradinischen Besitzgeschichte: AMrhKG 5 (1953) 157–194; *E. Ewig*, Das Bistum Köln im Frühmittelalter: AHVNrh 155/156 (1954) 205–243; *H. Büttner*, Siegerland und Westerwald im frühen Mittelalter: Hess. Jb. für Landesgesch. 5 (1955) 27; *ders.*, Die politische Erfassung des Lahn- und Dillgebiets im Früh- und Hochmittelalter: ebd. 8 (1958) 1–21. – Die genannten Grabsteine gehören dem 7. Jh. an. Die Mission in den weiter ostwärts gelegenen Gebieten ist ins frühe 8. Jh., die kirchliche Organisation ins spätere 8. und ins 9. Jh. zu datieren. Das Trierer Missionszentrum Dietkirchen an der Lahn dürfte um 700 gegründet worden sein.

74 *H. Büttner*, Frühes Christentum in Wetterau und Niddagau: Jb. für das Bistum Mainz 1948, 138–150; *ders.*, Frühes fränkisches Christentum am Mittelrhein: AMrhKG 3 (1951) 16 18 39 (Kastel, Wiesbaden, Goddelau) 40 (Gimbach, Hochheim, Nilkheim) 38 ff (Büraburg, Amöneburg, Glauburg bei Büdingen) 52 (Wetterau, Niddagau, Untermain); *ders.*, Die Mainlande um Aschaffenburg im frühen Mittelalter: Aschaffenburger Jb. 4 (1957) 109–128; *ders.*, Mission und Kirchenorganisation des Frankenreichs 457 ff. – Zu Kesterburg und den anderen

Von Worms aus ist im 7. Jh. der untere Neckar von Ladenburg bis Wimpfen erschlossen und am Ende des Jahrhunderts die Wingarteiba mit dem Bauland erreicht worden. Im frühen 8. Jh. wurde im östlichen Odenwald die Abtei Amorbach errichtet. Von Speyer aus wurden der Kraichgau und das mittlere Neckarland im späten 7. und frühen 8. Jh. missioniert, wobei die um 660 gegründete Abtei Weißenburg eine besondere Rolle gespielt hat[75]. Vermutlich gingen um die gleiche Zeit auch Einwirkungen von Straßburg auf die Ortenau und den Breisgau aus. Die ersten Klöster in der Ortenau entstanden unter dem Einfluß Pirmins allerdings erst nach der fränkischen Eroberung Alemanniens im Jahrzehnt von 740–750[76].

Von Worms aus liefen alte Straßen nach Würzburg, das im 7. und frühen 8. Jh. Sitz des mainländischen Herzogsgeschlechts der „Hedene" war. Christliche Einflüsse wurden hier nach dem ersten Drittel des 7. Jh. wirksam. Der Ire Kilian, der als Apostel des Landes gilt, und seine Gefährten Colman und Totnan kamen um 689 in einem Konflikt mit dem bereits christlichen Herzog Gozbert ums Leben. Gozberts Sohn, Herzog Heden II., der seine Herrschaft um 700 auch auf Thüringen ausdehnte, soll nach später Überlieferung die Würzburger Marienkirche auf dem Marienberg gegründet haben. Heden II. war in der Tat um den kirchlichen Aufbau in seinen Ländern bemüht. Er suchte für diese Aufgabe den Angelsachsen Willibrord zu gewinnen, dem er 704 Güter zu Arnstadt, Mühlberg bei Gotha und Großmonra in Thüringen, 716 sein Erbgut Hammelburg im mainländischen Saalegau zum Zweck einer Klostergründung übertrug. Willibrord hat anscheinend in den Jahren 715–719, in denen ihm das friesische Missionsfeld durch den Friesenkönig Radbod verschlossen war, einige angelsächsische Helfer nach Thüringen abgeordnet. Doch kam das

hessischen Burgen vgl. auch *W. Schlesinger,* Die Franken im Gebiet östlich des mittleren Rheins: Hess. Jb. für Landesgesch. 15 (1965) 18ff; ferner K. Weidemann, R. Gensen und N. Wand in: Althessen im Frankenreich (Nationes II), hrsg. von W. Schlesinger (1975). – Büttner datiert die Missionierung von Wetterau, Niddagau und Untermain ins späte 7. und frühe 8. Jh. Das erste, noch weitmaschige Kirchennetz der Wetterau entstand in der ersten Hälfte des 8. Jh. im Anschluß an fränkische Fiskalbezirke. – Später irischer Einfluß um Gießen: *M. Gockel* und *M. Werner,* Die Urkunde des Beatus von Honau von 778: *W. Küther,* Die Wüstung Hausen (1971) 136–166. – Vgl. ferner die Beiträge von Schlesinger, Wand und Schwind in: Althessen im Frankenreich a. a. O.

[75] *H. Büttner,* Amorbach und die Pirminlegende: AMrhKG 5 (1953) 102–107; *ders.,* Christentum und Kirche zwischen Neckar und Main im 7. und frühen 8. Jh.: St. Bonifatius (Fulda 1954) 363–387; *ders.,* Fränkische Herrschaft und frühes Christentum im mittleren Neckargebiet: 22. Veröffentlichung des Hist. Vereins Heilbronn (1957) 7–15; *ders.,* Die Mainlande um Aschaffenburg 111–112; *ders.,* Das Bistum Worms und der Neckarraum während des Früh- und Hochmittelalters: AMrhKG 10 (1958) 9–38; *ders.,* Mission und Kirchenorganisation des Frankenreiches 458. Büttner betont, daß die früheste kirchliche Organisation auch am Rhein, Neckar und Main in starkem Maße an die fränkischen Fisci anknüpfte.

[76] Die Anfänge von Gengenbach sollen allerdings bis ca 727 hinaufreichen: *H. Jaenichen,* Warin, Ruthard und Scrot: Zschr. für württemberg. Landesgesch. 14 (1955) 327–384. – In der Zeit des starken alemannischen Herzogtums kamen Einflüsse vom Elsaß her jedoch m. E. nicht so sehr zur Geltung.

Kloster in Hammelburg nicht zustande – ein Teil der dem Angelsachsen dort übertragenen Güter ging an die Abtei Echternach über. In der Mark Hammelburg und in Schweinfurt hatte auch die Abtei Weißenburg Besitzungen, die erstmals durch das nach der Mitte des 9. Jh. angelegte Weißenburger Urbar bezeugt sind. Ob diese Güter schon durch Heden II. an die südfränkische Abtei gelangten und auf einen missionarischen Einsatz von Weißenburg schließen lassen, ist nach neueren Untersuchungen zweifelhaft. Die Tradition von der Gründung des Erfurter Petrusklosters durch Weißenburg ist als Fälschung zu verwerfen[77]. Dagegen scheinen Beziehungen Hedens II. zu Mainz bestanden zu haben. Die legendarische Überlieferung, daß Bilichild, die Gründerin des um oder kurz vor 700 gegründeten Mainzer Frauenklosters Altmünster, in verwandtschaftlichen Beziehungen zum Würzburger Herzogshaus gestanden habe, wird durch Ausstattungsgut der Abtei im Umkreis von Würzburg gestützt[78]. Das älteste Kirchennetz in den Mainlanden schloß, wie die Ausstattung des von Bonifatius gegründeten Bistums durch den Hausmeier Karlmann zeigt, eng an die Fiskalorganisation an. Es ist wahrscheinlich nach der Auflösung des mainländisch-thüringischen Herzogtums (um 719) unter Karl Martell ausgebaut worden.

Als Winfrid-Bonifatius seine Tätigkeit in Hessen und in Thüringen jenseits des Waldes aufnahm, gab es in diesen beiden Landschaften und am Main bereits ältere Stützpunkte der Mission. Abgeschlossen war die Christianisierung der rechtsrheinischen fränkischen Vorlande, Alemanniens und Bayerns. Die Germanenmission war aus der kirchlichen Restauration herausgewachsen, die ihre ersten Erfolge am Rhein (6. Jh.), dann im burgundisch-alemannisch-rätischen Grenzgebiet (Ende 6. und Anfang 7. Jh.), schließlich im nordgallisch-fränkischen Land (1. und 2. Drittel des 7. Jh) errungen hatte. Ihre großen Triumphe sind jedoch weitgehend dem Luxeuiler Mönchtum zu verdanken, das den Missionsimpuls erneuerte und sowohl an der nordgallisch-fränkischen Front wie im Bereich der süddeutschen Stämme wirksam wurde.

Die merowingischen Könige haben keine Zwangsmittel für die Mission eingesetzt, wohl aber die kirchliche Restauration und Mission direkt und indirekt gefördert. So holte Theuderich I. Aquitanier in die austrasische Francia, um die gelichteten Reihen im dortigen Klerus wieder aufzufüllen. So hat Theudebert II.

[77] *H. Büttner,* Frühes fränkisches Christentum am Mittelrhein 43–49 (dort auch Reimser Einflüsse); *ders.,* Christentum und Kirche zwischen Neckar und Main 373–375; *ders.,* Die Mainlande um Aschaffenburg 111ff; *ders.,* Fränkische Herrschaft 9ff; *ders.,* Mission und Kirchenorganisation des Frankenreiches 458ff; *F. Prinz* a.a.O. 234–236 238–241; *J. Dienemann,* Der Kult des hl. Kilian im 8. und 9. Jh. (Würzburg 1955). – *Patze-Schlesinger,* Gesch. Thüringens I 338–344; *M. Werner,* Die Gründungstradition des Erfurter Petersklosters: Vorträge und Forschungen, Sonderband 12 (1973).

[78] *H. Büttner,* Frühes fränkisches Christentum am Mittelrhein 50; *ders.,* Die Mainlande um Aschaffenburg 113; *E. Ewig,* Die ältesten Mainzer Bischofsgräber: Universitas 2, Festschrift Bischof A. Stohr (1960) 23; *ders.,* Die ältesten Mainzer Patrozinien und die Frühgeschichte des Bistums Mainz: Das erste Jahrtausend. Kunst und Kultur im werdenden Abendland an Rhein und Ruhr I (Düsseldorf 1962) 125–127; *F. Prinz* a.a.O. 188ff.

Columban und seine Gefährten am Zürich- und Bodensee eingesetzt, hat Dagobert I. Luxeuiler Mönche in die nordgallisch-fränkischen Lande berufen. Die in der Mission tätigen Kleriker und Mönche erhielten den königlichen Schutz und eine bisweilen sehr beträchtliche materielle Unterstützung, wie etwa die Gründung der Abtei St-Amand zeigt. Der Fernbesitz innergallischer Kirchen am Rhein geht daher wohl auch z. T. auf den Einsatz dieser Kirchen in Restauration und Mission zurück. Aus ihm kann man mit der nötigen Vorsicht auf eine Beteiligung der Kirchen von Reims und Châlons, von Trier, Metz und Verdun am Wiederaufbauwerk am Rhein schließen.

Indirekt wirkte sich die königliche Förderung darin aus, daß die Mission bei den Zentren königlicher Herrschaft ansetzen konnte und meist auch angesetzt hat: bei den Königsresidenzen, den römischen und merowingischen Kastellen und bei den großen Fiskalhöfen, wo Kirchen für die Bedürfnisse des Hofes, der fränkischen Garnisonen und Verwaltung früh errichtet wurden und der Schutz durch die merowingischen Amtsträger am wirksamsten war. Der Verfall der merowingischen Königsmacht seit dem 2. Drittel des 7. Jh. hat an dieser Situation grundsätzlich nichts geändert, da die Herzöge Christen waren und in vieler Hinsicht die Funktionen des Königstums gegenüber Christentum und Kirche übernehmen konnten. Sie hatten freilich nicht das Recht, neue Bistümer zu gründen[79]. In der Praxis ergaben sich manchmal Zusammenstöße, wenn die Missionare zugleich als politische Sendlinge der Franken galten oder wenn sie Kirchenrecht und -moral intransigent gegenüber einer noch rudis christianitas vertraten. Wieweit das Missionswerk dabei von Fall zu Fall Schaden erlitt, ist schwer zu erkennen.

Bei den städtischen Königs- und Herzogsresidenzen und den Kastellen gab es sowohl am Rhein wie auch östlich der Iller und südlich der Donau noch romanisch-christliche Gruppen, die die Völkerwanderung überstanden hatten. Sie boten am Rhein, wo die kirchliche Restauration schon im 6. Jh. einsetzte, einen wichtigen Rückhalt für das Aufbauwerk, zumal die aquitanisch-gallischen Kleriker von ihnen nicht als Fremde empfunden wurden. Reaktionen gegen die Helfer aus dem Westen und Süden machten sich allenfalls gelegentlich bei der germanisch-fränkischen Bevölkerung geltend. Reservierter scheinen die rätisch-norischen Romanen den episcopi Galliarum und ihren Helfern, vielleicht auch noch den Luxeuiler Mönchen des 7. Jh. gegenübergestanden zu haben,

[79] Nach dem Tode Dagoberts I. (638) sind im Merowingerreich bis zu Bonifatius keine Bistümer mehr gegründet worden. Dagegen haben die Elsässer Herzöge bei der Ausdehnung ihrer Herrschaft bis in den Schweizer Jura das kurz zuvor wieder erstandene Bistum Basel eingehen lassen und den Basler Sprengel mit Straßburg vereinigt. Konstanz entwickelte sich in der Zeit der faktischen Königsvakanz zu einem nationalalemannischen Bistum, indem es das ganze alemannische Missionsgebiet absorbierte und damit zu einer der größten Diözesen des Mittelalters wurde. Ein Plan des Bayernherzogs Theodo zur kirchlichen Organisation seines Landes von 716 konnte bezeichnenderweise nicht durchgeführt werden. Er bleibt historisch insofern bedeutsam, als damals zum erstenmal im fränkischen Einflußbereich der Versuch gemacht wurde, den Papst zur Gründung von Bistümern heranzuziehen.

wenn auch die Gegensätze von Prinz manchmal überbetont sein dürften. Schließlich sind doch in Regensburg und Salzburg die Kirchen, für die man eine römische Kontinuität annimmt, auch die Keimzellen des neuen Bistums geworden. Wie Prinz selbst betont, dürften die bayerischen Herzöge im allgemeinen gute Beziehungen zur einheimischen Romania unterhalten haben. Die von Anfang an gegebene Symbiose in den Gebieten links des Rheins und südlich der Donau wird jedenfalls die Bekehrung der dort angesiedelten Franken, Alemannen und Bayern im ganzen erleichtert haben.

An der Rheinlinie von Köln bis Worms dürfte das Aufbauwerk durchweg in der Hand der Bischöfe gelegen haben: sei es, daß die Bistumsorganisation trotz der Lücken in den rheinischen Bischofslisten nicht ganz zusammengebrochen war oder daß sie mit Hilfe des aquitanischen und innergallischen Klerus bald wieder aufgebaut werden konnte. Dabei war sicher von Bedeutung, daß die auswärtigen Helfer selbst entweder Kleriker waren oder als Mönche älterer Prägung der episkopalen Ordnung leichter eingegliedert werden konnten. Die ältesten Kirchen unterstanden durchweg dem Bischof oder den vom Bischof abhängigen Äbten der alten Basiliken, in einigen Fällen auch dem König. Die Eigenkirchen der Grundherren traten erst in der Ausbauphase hinzu. Klöster Luxeuiler Prägung wurden gleichfalls erst in dieser zweiten Phase gegründet und entfalteten sich vor allem in den Rodungsgebieten der Ardennen(-Eifel) und Vogesen(-Hardt). Für die Struktur der Diözesen erlangten sie eine größere Bedeutung nur im Bereich der Bistümer Maastricht-Lüttich, Speyer und Straßburg, wo sie am eigentlichen Bekehrungswerk einen stärkeren Anteil hatten.

Deutlich abgehoben von der rheinischen Zone erscheinen in dieser Hinsicht das nordgallisch-fränkische und das alemannische Missionsgebiet, wo die Bistümer Thérouanne und Konstanz gegenüber Abteien wie St-Omer (Sithiu) und St. Gallen (bzw. Reichenau) lange Zeit als parents pauvres erscheinen oder auch die Abtei St-Vaast von Arras gegenüber der Bischofsstadt Cambrai einen gewichtigen Gegenpol bildete. Eine dritte Zone schließlich stellte Bayern dar, wo sich die Bischofskirchen selbst erst aus monastischen Ansätzen entwickelten. Es läßt sich andererseits kaum verkennen, daß die stärkere missionarische Dynamik im 7. Jh. bei den monastisch durchsetzten oder gar monastisch geprägten Landschaften lag.

Damit ist implizit gesagt, daß die Ausbreitung des Christentums sich nicht allein als ein (kirchen)politisch-organisatorischer Vorgang verstehen läßt, wenn auch die organisatorischen Vorgänge am besten zu übersehen sind. Von den Motiven der Bekehrung, von Geist und Methoden der Mission, die auf sie wenigstens teilweise abgestellt waren, geben die Quellen leider nur ein sehr unzulängliches Bild[80]. Im Vordergrund standen oft Machtproben des Christengottes und seiner Verkünder. Procédés simples et violents, wie die Zerstörung heidni-

[80] Vgl. hierzu *F. Graus*, Volk, Herrscher und Heiliger im Reich der Merowinger (Prag 1965); *ders.*, Sozialgesch. Aspekte (wie Anm. 52); besonders *G. Tessier*, Conversion de Clovis 183–187 (s. Literaturübersicht zum Kap.).

scher Kultstätten und -gegenstände, entsprangen im allgemeinen nicht bloßem Fanatismus, sondern sollten die Ohnmacht der Götter ad oculos demonstrieren. Das positive Gegenstück dazu waren die Wunder der Heiligen. Großen Eindruck machten aber auch die prouesses ascétiques nicht nur der columbanischen Mönche, sondern auch älterer Eremiten, wie etwa Wulfilaichs. Echtem christlichem Geist entsprachen die Werke der Barmherzigkeit, darunter die Befreiung der Gefangenen. Die geistliche Unterweisung war anscheinend sehr stark durch Caesarius von Arles bestimmt.

Im Vordergrund standen bei der Bekehrung zweifellos Glaube (Bekenntnis) und Kult, wenn man im christlichen Bereich beide auch nicht so scharf von Ethik und Moral trennen kann, wie Kuhn dies tut[81]. War doch die pietas in der Sprache der Väter sehr stark auf die clementia und misericordia bezogen. Es fehlt im merowingischen Frankenreich nicht ganz an ergreifenden Zeugnissen echter Nächsten- und Feindesliebe. Auch hat die Kirche den Schutz der Wehrlosen und Bedrängten, der Unmündigen und Landfremden weiterhin als ihre besondere Aufgabe betrachtet. Aber im ganzen herrschte doch ein formales Verständnis der christlichen Religion vor, das zu einer Überbetonung von Kultus und Ritus gegenüber dem Ethos führte. Für diesen religiösen Formalismus ist vielleicht nichts kennzeichnender als die Schonung, die die Merowinger in den sonst bis zur völligen Vernichtung führenden Familienfehden ausnahmslos ihren Patenkindern zuteil werden ließen. Das durch die Patenschaft gewobene kultische Band war unverletzbar, stärker als alle Bande des Blutes. In den gleichen Zusammenhang gehört die peinliche Beachtung des kirchlichen Asylrechts, das nur durch List umgangen werden konnte. Andererseits darf man die lebendigen religiösen Impulse auch dieser Frömmigkeit nicht übersehen. In der strengen Beobachtung der kultisch-rituellen Vorschriften äußerte sich echte Gottesfurcht, mochte man damit auch gelegentlich Gott zu überlisten versuchen. Zur Sühne begangener Verbrechen war man zu großen physischen Anstrengungen und materiellen Opfern bereit. Zahlreiche Pilgerfahrten, kirchliche Neugründungen und Schenkungen zeugen von dieser Bereitschaft. Die oft verschwenderische Ausstattung der Altäre, der Heiligengräber und der Kirchen ist ein sprechender Ausdruck der Religiosität dieser Zeit.

Menschen dieser Geistesart mußten die Heiligen mehr als Helfer denn als Vorbilder erscheinen[82]. Eine Wandlung dieser Art war seit dem Ende des 4. Jh. im Gange: seit der Reliquienkult den mehr symbolisch-theologisch verstandenen Heiligenkult der Frühzeit allmählich überdeckte. Germanische Vorstellungen beschleunigten diesen Prozeß. Zu den ältesten in Gallien verehrten Heiligen

[81] *H. Kuhn*, Das Fortleben germanischen Heidentums nach der Christianisierung: Settimane di studio ... XIV. La conversione al cristianesimo 743–757.

[82] Zum folgenden: *E. Ewig*, Die Kathedralpatrozinien im römischen und fränkischen Gallien: HJ 79 (1960) 1–61; *ders.*, Der Petrus- und Apostelkult im spätrömischen und fränkischen Gallien: ZKG 71 (1960) 215–251; *ders.*, Le culte de St. Martin à l'époque franque: RHEF (1962) 1–32.

gehörten Maria, die Apostel oder Apostelfürsten, die ambrosianischen Martyrer, die Erzmartyrer Stephanus, Mauricius (Gallien), Vincentius (Spanien) und Laurentius (Rom) sowie die großen gallischen Bischöfe Hilarius von Poitiers, Martin von Tours, Germanus von Auxerre und Lupus von Troyes. Petrus galt im frühen 6. Jh. als Fundament der katholischen Kirche und Symbol ihrer Einheit. Aber Petrus war in Rom begraben. Unmittelbarer wirkten schon auf Chlodwig Martin und Hilarius, die ihm im Gotenkrieg hold waren, deren Heiligtümer er selbst den Goten entriß. Sie blieben Patrone der Merowinger, ihres Reiches und ihrer Kirche. Neben sie traten im 6. und 7. Jh. die Heiligen der Königsstädte: Remigius von Reims, Medardus von Soissons, Dionysius von Paris, schließlich wohl auch Gereon von Köln. Entscheidend fiel ins Gewicht die Präsenz des heiligen Leichnams in der Königsstadt, in der königlichen Grabbasilika oder auch in einer der großen Bischofsstädte der Francia. In Neustroburgund erhielten die Basiliken gefeierter Heiliger – ubi ipse sanctus corpore requiescit – bald nach der Mitte des 7. Jh. Sonderprivilegien mit eigener Immunität durch die Königin Balthild. Die Individualisierung des Heiligenkults wirkte sich auch auf den Marienkult aus, obwohl dieser nicht an Reliquien gebunden war. Maria, die in der alten Kirche als Symbol der Ecclesia gegolten hatte, wurde im 7. Jh. Patronin der zahlreichen neugegründeten Frauenklöster. Der Petrus- und Apostelkult blieb im 6. Jh. im Episkopat lebendig; im 7. Jh. wurde er nicht zuletzt durch Luxeuiler Mönche in weitere Kreise getragen.

Es entsprach dem Denken der frühmittelalterlichen Gesellschaft, daß das in größerer Nähe zum Ritus stehende kirchliche Recht früher und häufiger hervortrat als die christliche Moral. Im Laufe des 6. Jh. nahmen die Könige allmählich auch kirchliche Satzungen in ihre Capitularien auf. Zu nennen wären u. a. das schon erwähnte Verbot von Götzenkult und Opfermahl durch Childebert I. (ca. 533), die Fastenverordnung Guntrams, das Gebot der Sonntagsheiligung durch Guntram (588) und Childebert II. (596), das Verbot der Verwandtenehen durch Childebert II., der Nonnenheirat durch Chlothar II. (614) sowie Bestimmungen über das Asylrecht. Die unter Chlodwig redigierte Lex Salica ist von christlichem Geist noch kaum berührt. Anders die in der 1. Hälfte des 7. Jh. redigierte Lex Ribuaria. In ihr findet sich erstmals der später so oft zitierte Rechtssatz „Ecclesia vivit lege Romana", mit dem die Anerkennung eines eigenen kirchlichen Rechtskreises ausgesprochen ist. Die Lex Ribuaria hat auch die Gesetzgebung Chlothars II. und Dagoberts I. rezipiert, darunter die Bestimmungen, die die nichtköniglichen Freigelassenen weitgehend dem kirchlichen Patronat unterstellten. Noch stärker ist der kirchliche Einfluß in der Lex Alamannorum und der Lex Baiuvariorum, deren überkommene Fassungen in die zwanziger und vierziger Jahre des 8. Jh. zurückgehen. Ein Großteil der königlichen Bestimmungen (Klerikerwergeld, Sonntagsheiligung, Verwandtschaftsehen, Asylrecht, kirchliches Patronat für Freigelassene) fand Aufnahme in diese Rechte[83].

[83] Am kirchlichen Eherecht haben sich noch manche Konflikte zwischen den Missionaren des 7. und frühen 8. Jh. (Kilian, Korbinian) und den schon bekehrten rechtsrheinischen Herzögen entzündet.

Der Bischof ist in ihnen durch ein Sonderwergeld vom Klerus abgehoben, der Eid teilweise verchristlicht, der Kirchenbann bei besonders schweren Verbrechen (parricidium) der weltlichen Strafe zugesellt. Schwer zu erkennen ist der christliche Einfluß auf den Geist der Rechtsnormen in den Volksrechten[84]. Christliches Rechtsdenken manifestierte sich im allgemeinen erst in einer formal bereits christlichen Umgebung, das heißt nach dem Abschluß der Bekehrung im engeren Sinne. In dieser späteren Phase drängte man auch energischer auf die Abschaffung heidnischer Bräuche. Sie kommt im späten 7. und frühen 8. Jh. deutlicher zum Ausdruck im Wandel der Bestattungsriten: in der Aufgabe der Beigaben und der Beerdigung in Reihengräbern, in der Verlegung der Friedhöfe an die Pfarrkirchen.

Die parallel zur Mission verlaufende Verchristlichung von Staat und Gesellschaft setzte am frühesten und deutlichsten beim Königtum ein[85]. Schon Chlodwig hatte bei seiner Taufe auf den göttlichen Ursprung seines Geschlechts verzichten müssen – sola nobilitate contentus, wie Avitus von Vienne sagte. Die germanischen Vorstellungen von einem besonderen Königsheil gingen dadurch nicht verloren. Auch die alten Formen der Königserhebung und -einweisung änderten sich nicht. Der Wandel setzte ein in der Auffassung des Herrscherberufs: hier ist zuerst eine stetige Einwirkung des christlichen Ethos zu erkennen. Schon Remigius von Reims hatte Chlodwig den Schutz der Waffenlosen und Bedrängten, der Witwen und Waisen ans Herz gelegt, in einfacher Übertragung bischöflicher Pflichten auf den König. Er eröffnet die Reihe der Bischöfe, die die Könige mahnten, die iustitia im Sinne der aequitas zu wahren, die pietas im Sinne der persönlichen Gottesfurcht wie der Fürsorge für die Kirche und die Schutzbedürftigen zu pflegen. In der Liturgie des 7. Jh. trat der König an die Stelle des Kaisers, der fränkische an die Stelle des römischen Namens. Als besondere Aufgabe des Herrschers erschien hier die Wahrung des äußeren Friedens, insbesondere gegenüber den Heiden. Man stellte den König im 7. Jh. als Stellvertreter Gottes in der Regierung der Welt hin, sprach ihm sogar die Funktion zu, das Bischofsamt zu übertragen. Schon begegnen Hinweise auf das alttestamentarische Königtum. Als erster Frankenkönig ist Chlothar II. mit David verglichen worden. Im frühen 8. Jh. wurde Dagobert I. rückschauend als Friedenskönig Salomon bezeichnet.

Damit war ein neuer Ton angeschlagen, der aufhorchen läßt. Viele Indizien zeigen, daß im Zeitraum von etwa 585 bis 638 eine neue Stufe der Verchristlichung von Staat und Gesellschaft erreicht wurde: die Grenzen zwischen Landeskonzilien und Großenversammlungen verschwammen, Germanen traten in größerer Zahl in den Episkopat ein, das Luxeuiler Mönchtum strahlte auf das

[84] *J. Imbert,* L'influence du christianisme sur la législation des peuples francs et germains: Settimane di studio ... XIV. La conversione al cristianesimo 365–396; *G. Vismara,* Cristianesimo e legislazione germaniche. Leggi langobarde, alamanne e bavare: ebd. 397–467.

[85] *E. Ewig,* Zum christlichen Königsgedanken im Frühmittelalter: Vorträge und Forschungen, hrsg. von *Th. Mayer* III (Lindau – Konstanz 1956) 19–24.

Königtum und die Aristokratie der Francia aus, kirchliche Bestimmungen fanden allmählich Eingang in Königs- und Volksrecht. Die Entwicklung als solche kam nicht zum Stillstand, aber die ordnende Macht des Königtums schwand infolge der hoffnungslosen Dekadenz der merowingischen Dynastie, die seit 680 aller Welt offenbar wurde. Erst die Karolinger griffen die Fäden wieder auf und knüpften sie neu.

14. Kapitel

Die Ostgermanen und der Katholizismus
Der Übertritt der Spaniensweben und Westgoten zum Katholizismus und die Nachblüte der christlichen Antike in der gotisch-spanischen Landeskirche

Die wichtigste einschlägige Lit. zum Wandalen- und Ostgotenreich ist in den Anmerkungen 1 und 3 verzeichnet. In die Übersicht sind nur Quellen und Lit. zur Gesch. der Westgoten und Sweben in Spanien aufgenommen.

QUELLEN: Einführende Darstellung und Quellenverzeichnisse: *B. Sánchez Alonso*, Fuentes de la historia española e hispano-americana, 2 Bde (Madrid ³1952); *ders.*, Historia de la historiografía española I (Madrid ²1947); *R. Grosse*, Las fuentes de la época visigoda y bizantina: Fontes Hispaniae antiquae IX (Barcelona 1927); *M. C. Díaz y Díaz*, Index scriptorum latinorum medii aevi hispanorum (Salamanca 1958/59). – Umfassende Quellenpublikation zur spanischen Gesch.: *H. Flórez*, España sagrada, 52 Bde (Madrid 1747/1918); MG Auct. ant. XI (spanische Chroniken des 5.–7. Jh., darunter Hydatius, Johannes von Biclaro, Isidor), VI (Gedichte Martins von Dumio), XIV (Gedichte und Briefe Eugens II. von Toledo); MGSS rer. Mer. V (Historia Wambae regis des Julian von Toledo); MGLL I (Lex Visigothorum); MGEp III (Epistolae Visigothicae); *Mansi* VII–XII und PL 84 (spanische Konzilien); *J. N. Garvin*, The Vitae ss. patrum Emeritensium. Text and translation with an introduction and commentary. The Catholic Univ. of America. Studies in medieval and renaissance latin language and litterature 19 (Washington 1946), auch: Acta Sanctorum. November I. Die Werke der spanischen Kirchenväter finden sich PL 37 (Valerius von Bierzo), 80 (Braulio von Zaragoza, Taio von Zaragoza), 81–84 (Isidor von Sevilla, nach der Edition von Arévalo), 87 (Fructuosus von Braga), 96 (Hildefons und Julian von Toledo). Von neueren Editionen seien zitiert: *J. Madoz*, Epistolario de S. Braulio de Zaragoza, edición crítica. Biblioteca de antiguos escritores cristianos españoles I (Madrid 1941); *Claude W. Barlow*, Martini ep. Bracarensis opera omnia. Papers and Monographs of the American Academy in Rome 12 (New Haven 1950); Isidor, Etymologiarum sive originum libri XX, ed. *W. M. Lindsay*, 2 Bde (Oxford 1911). Inschriften: *J. Vives*, Inscripciones cristianas de la España romana y visigoda (Barcelona 1941); *ders.*, Características hispanas de las inscripciones visigodas: Arbor 1 (1944) 185–199.

LITERATUR: Handbücher und Beiträge zur Geschichte des Westgotenreiches: *R. Menéndez Pidal*, Historia de España III. España visigoda (Madrid 1940); *S. A. Thompson*, The Goths in Spain (Oxford 1969); *R. d'Abadal y de Vinyals*, A propos du legs visigothique en Espagne: Settimane di studio … V. Caratteri del secolo VII in Occidente II (Spoleto 1958) 541–585; *ders.*, Del reino de Tolosa al reino de Toledo (Madrid 1960); *P. Goubert*, Byzance et l'Espagne visigothique: Études byzantines 2 (1944) 5–78; *ders.*, Influences byzantines sur l'Espagne visigothique: RÉB 4 (1946) 111–133; *H. Messmer*, Hispania-Idee und Gotenmythos (Zürich 1960); *C. Sánchez Albornoz*, Otra vez Guadalete y Cavadonga: Cuadernos de

Historia de España 1/2 (1944) 11–114; *ders.*, Donde y cuando murió Don Rodrigo, último rey de los Godos: ebd. 3 (1945) 5–105; *K. F. Stroheker*, Eurich König der Westgoten (Stuttgart 1937); *ders.*, Germanentum und Spätantike (Zürich – Stuttgart 1965). Dieser Sammelband enthält folgende grundlegende Aufsätze Strohekers: „Die geschichtliche Stellung der ostgermanischen Staaten am Mittelmeer", „Leowigild", „Spanische Senatoren der spätrömischen und westgotischen Zeit", „Das spanische Westgotenreich und Byzanz"; *D. Claude*, Geschichte der Westgoten (1970); *ders.*, Adel, Kirche und Königtum im Westgotenreich: Vorträge und Forschungen, Sonderband 8 (1971); *ders.*, Gentile und territoriale Staatsideen im Westgotenreich: Frühmittelalterliche Studien 6 (1972) 1–38.

Recht und Institutionen: *K. Zeumer*, Gesch. der westgotischen Gesetzgebung: NA 23 (1898) 419–516, 24 (1899) 39–122 sowie 571–630, 26 (1901) 91–149; *Th. Melicher*, Der Kampf zwischen Gesetzes- und Gewohnheitsrecht im Westgotenreich (Weimar 1930); *F. S. Lear*, The Public Law in the Visigothic Code: Speculum 26 (1951) 1–23; *C. Sánchez Albornoz*, Pervivencia y crisis de la tradición jurídica romana en la España goda: Settimane di studio ... IX. Il passaggio dall'Antichità al Medio Evo in Occidente (Spoleto 1962) 128–199 (mit Bibliogr. u.a. der Werke von García Gallo und Alvaro d'Ors); *ders.*, El gobierno de las ciudades en España del siglo V al X: Settimane di studio ... VI. La città nell'alto medio evo (Spoleto 1959) 359–391; *J. M. Lacarra*, Panorama de la historia urbana en la península ibérica desde el siglo V al X: ebd. 319–358; *J. Orlandis*, El poder real y la sucesión al trono en la monarquía visigoda: Estudios visigóticos 3 (Rom – Madrid 1962); *C. Sánchez Albornoz*, El aula regia y las asambleas políticas de los Godos: Cuadernos de Historia de España 5 (1946) 5–110; *ders.*, El senatus visigodo: ebd. 6 (1946) 5–97; *P. D. King*, Law and Society in the Visigothic Kingdom (Cambridge 1972).

Archäologie und Kunstgeschichte: *H. Zeiß*, Die Grabfunde aus dem spanischen Westgotenreich (1934); *W. Reinhart*, La tradición visigoda en el nacimiento de Castilla: Estudios dedicados a Menéndez Pidal I. (Madrid 1950) 535–554 (Zusammenfassung älterer Aufsätze des gleichen Autors); *J. Werner*, Die archäologischen Zeugnisse der Goten in Südrußland, Ungarn, Italien und Spanien: Settimane di studio ... III. I Goti in Occidente (Spoleto 1956) 127–130; *P. Palol de Salellas*, Esencia del arte hispánico visigodo; romanismo y germanismo: ebd. 65–126.

Kirchengeschichte: *P. B. Gams*, Die Kirchengeschichte von Spanien, 3 Bde (Regensburg 1862/79, Nachdr. Graz 1956); *Z. García Villada*, Historia eclesiástica de España, 3 Bde (Madrid 1929/36); *P. David*, Études historiques sur la Galice et le Portugal du 6ᵉ au 12ᵉ siècle (Lissabon – Paris 1947); *K. Schäferdiek*, Die Kirche in den Reichen der Westgoten und Suewen bis zur Errichtung der westgotischen katholischen Staatskirche (Berlin 1967); *J. Vives*, Concilios visigóticos e hispano-romanos (Barcelona – Madrid 1963); *J. Orlandis*, El cristianismo en la España visigoda: Estudios visigóticos 1 (Rom – Madrid 1956) 1–14; *ders.*, La Iglesia visigoda y los problemas de la sucesión al trono: Settimane di studio ... VII. Le chiese nei regni dell'Europa occidentale e i loro rapporti con Roma I (Spoleto 1960) 333–351; *J. Lacarra*, La iglesia visigoda en el siglo VII y sus relaciones con Roma: ebd. 353–384; *H. v. Schubert*, Staat und Kirche in den arianischen Königreichen und im Reiche Chlodwigs (München – Berlin 1912); *K. A. Ziegler*, Church and State in Visigothic Spain (Washington 1930); *H. H. Anton*, Der König und die Reichskonzilien im westgotischen Spanien: HJ 92 (1972) 257–281.

Bekehrung der Goten und heidnische Relikte: *E. A. Thompson*, The Conversion of the Visigoths to Catholicism: Nottingham Medieval Studies 4 (1960) 4–35; *J. N. Hillgarth*, La conversión de los visigodos, notas críticas: Analecta sacra Tarraconensia 34 (1961) 21–46; *J. Fontaine*, Conversion et culture chez les Visigoths d'Espagne: Settimane di studio ... XIV. La conversione al cristianesimo nell'Europa dell'alto Medio Evo (Spoleto 1967) 87–147; *S. Mac Kenna*, Paganism and Pagan Survivals in Spain up to the Fall of the Visigothic Kingdom (Washington 1938).

Seelsorge: *E. Göller,* Das spanisch-westgotische Bußwesen vom 6. bis 8. Jh.: RQ 37 (1929) 245–313; *J. Fernández Alonso,* La cura pastoral en la España visigoda (Rom 1955).

Kirchengut: *G. Martínez Díez,* El patrimonio eclesiástico en la España visigoda (Comillas 1959).

Liturgie (Editionen und Lit.): *H. Gilson,* The Mozarabic Psalter (H. Bradshaw Society 30, London 1905) (Hymnarium); *Dom Férotin,* Liber ordinum: Monumenta ecclesiae liturgica 5 (Paris 1904) (Rituale); Liber Commicus, ed. por los padres de Silos: Analecta Maredsolana I (1893) (Episteln und Evangelien); Antiphonarium Mozarabicum, ed. por los padres de Silos (León 1928); Dom Férotin, Liber sacramentorum: Monumenta ecclesiae liturgica 6 (1912) (Sakramentar); *G. Prado,* Manual de liturgía hispanovisigótica o mozárabe (Madrid 1927); *J. Pérez de Urbel,* Orígen de los himnos mozárabos (Bordeaux 1926); *C. Rojo y G. Prado,* El canto mozárabe (Barcelona 1929).

Kirchenrecht: *P. Fournier – G. Le Bras,* Histoire des collections canoniques en Occident I (Paris 1931); *G. Martínez Díez,* La colección canónica hispana I (Madrid – Barcelona 1966).

Mönchtum: *I. Herwegen,* Das Pactum des hl. Fructuosus von Braga (Stuttgart 1907); *J. Pérez de Urbel,* Los monjes españoles en la edad media (Madrid 1934); *A. Mundò,* Il monachesimo nella peninsula ibérica fino al secolo VII: Settimane di studio ... IV. Il monachesimo nell'alto Medio Evo e la formazione della civiltà occidentale (Spoleto 1957) 73–108.

Bildungswesen: *E. Bagué,* Historia de la cultura española (Barcelona 1953); *M. Díaz y Díaz,* La cultura de la España visigótica del siglo VII: Settimane di studio ... V. Caratteri del secolo VII in Occidente II (Spoleto 1958) 818–844; *ders.,* Anecdota visigótica (Salamanca 1959).

Isidor von Sevilla: *J. Fontaine,* Isidore de Séville et la culture classique dans l'Espagne visigothique (Paris 1959) (maßgebende Monographie mit ausführlicher Bibliogr. zu Isidor und Spanien im Zeitalter Isidors); *Ch. H. Beeson,* Isidor-Studien. Quellen und Untersuchungen zur lat. Philologie des Mittelalters IV, 2 (München 1913); *J. L. Romero,* San Isidoro de Sevilla. Su pensamiento histórico-político y sus relaciones con la historia visigoda: Cuadernos de Historia de España 8 (1947) 5–71; *A. Borst,* Das Bild der Gesch. in der Enzyklopädie Isidors von Sevilla: DA 22 (1966) 1–62; *J. Madoz,* El primado romano en España en el cielo isidoriano: RET 2 (1942) 229–255; *ders.,* El concilio de Calcedonia en S. Isidoro de Sevilla: ebd. 12 (1952) 189–204; *P. Séjourné,* Le dernier père de l'Église. St. Isidore de Séville, son rôle dans l'histoire du droit canonique (Paris 1929); *G. Le Bras,* Sur la part d'Isidore de Séville et des Espagnols dans l'histoire des collections canoniques: RevSR 10 (1930) 218–257; Miscellanea Isidoriana (Rom 1936); darin namentlich *P. Séjourné,* St. Isidore et la liturgie visigothique 221–251 sowie *A. E. Anspach,* Das Fortleben Isidors im 7. bis 9. Jh. 323–356; *J. Fontaine,* La diffusion de l'œuvre d'Isidore de Séville dans les scriptoria helvétiques du haut moyen âge: Schweizerische Zschr. für Gesch. 12 (1962) 305–327; *J. N. Hillgarth,* The East, Visigothic Spain, and the Irish: Studia Patristica 4 (Berlin 1961) 422–456; *ders.,* Visigothic Spain and Early christian Ireland: Proceedings of the Royal Irish Academy 62 Section C Nr. 6 (Dublin 1962) 167–194.

Weitere Monographien: *F. Görres,* Leander Bischof von Sevilla und Metropolit der Kirchenprovinz Baetica: ZWTh 29 (1886) 36–50; *ders.,* Mausona Bischof von Mérida und Metropolit der Kirchenprovinz Lusitanien: ebd. 28 (1885) 326–332; Juan de Biclaro, obispo de Gerona, su vida y su obra. Introducción, texto crítico y comentarios por *J. Campos* (Madrid 1960); *J. Madoz,* Martín de Braga; el XIV° centenario de su llegada en la península ibérica: EE 25 (1951) 219–242; *C. H. Lynch,* St. Braulio Bishop of Saragossa 631–651. His life and writings (Washington 1938); *Sister Athanasius Braegelmann,* The Life and Writings of St. Ildefons of Toledo: The Catholic Univ. of America, Studies in Medieval History 4 (Washington 1942); *F. X. Murphy,* Julian of Toledo and the Condemnation of Monotheletism in Spain: Mélanges J. de Gellinck (Gembloux 1951) 361–373.

Ein knappes Jahrhundert – vom Erlöschen der theodosianischen Dynastie (455) bis zum Beginn der Restaurationskriege Justinians (533) – hat der Okzident im Zeichen der Ostgermanen, speziell der Goten, gestanden. Bei der Auflösung des Imperiums im Westen spielten die Wandalen unter Geiserich (428–477), der wohl als erster Herrscher ein souveränes regnum gründete (439–442), eine bedeutsame, aber ephemere Rolle. Im Gegensatz zu den Wandalen sind die Goten allmählich ins Imperium hineingewachsen, obwohl auch sie als Arianer von den Romanen getrennt blieben. Ihre Könige übernahmen das Erbe der großen Heermeister, die das Hesperium regnum seit dem Tode Theodosius' I. geleitet hatten. West- und Ostgoten reichten sich dabei die Hand. Die Westgoten waren nach dem Aufbruch aus dem Balkan 418 als Föderaten im Südwesten Galliens (Aquitania II, Provinz Bordeaux) angesiedelt worden und gründeten dort das Reich von Toulouse, das sich über Südgallien und Nordspanien ausdehnte. Die Ostgoten zogen 489 in Italien ein. Vom Westgoten Eurich (466–484), dem Großkönig in Gallien und Spanien, ging die Hegemonie an den Ostgoten Theoderich (488/493–526), den kaiserlichen Patricius und Großkönig in Italien, über.

Politisch und kirchengeschichtlich nahm das Reich der Wandalen, deren Könige von Geiserich bis Thrasamund eine aktive Arianisierung betrieben, eine Sonderstellung ein. Bei den Wandalen kam es zu einer wirklichen Katholikenverfolgung, die zwar nicht zum Untergang der afroromanischen Kirche führte, aber doch Gewicht und Bedeutung der afrikanischen Kirche innerhalb der gesamten Christenheit erheblich beeinträchtigte[1]. In den beiden gotischen und den gotisch beeinflußten Reichen der Sweben in Spanien und Burgunden in Gallien blieben der katholischen Kirche Prüfungen von dieser Härte erspart. Die Struktur dieser regna war dualistisch bestimmt. Der dualistische Aufbau beruhte auf der spätrömischen Trennung von Militär und Zivil und ermöglichte ein im ganzen friedliches, zeitweise sogar freundliches Nebeneinander von arianischen Germanen (Militär) und katholischen Romanen (Zivil). Er bildete freilich ein Hindernis für die germanisch-romanische Symbiose, obwohl sich die Goten der griechisch-römischen Kultur in höherem Maße öffneten als die Franken. Denn das stärkste Gemeinschaftsband war nicht die Bildung, sondern der Glaube.

Solange die arianischen Germanen als Föderaten innerhalb des Imperiums lebten, waren ihre Beziehungen zur katholischen Kirche unproblematisch, da diese als Reichsinstitution ihrer Kompetenz entzogen war[2]. Es konnte daher zwar zu Übergriffen und Plünderungen kommen, nicht aber zu einem Konflikt

[1] Vgl. auch Kapitel 17. Hier sei nur noch einmal auf die beiden grundlegenden Werke zur Gesch. der Wandalen verwiesen: *L. Schmidt,* Gesch. der Wandalen (München 1942) und bes. *Ch. Courtois,* Les Vandales et l'Afrique (Paris 1950).

[2] Zu den Ausführungen über Eurich und Alarich II vgl. *K. Schäferdiek,* Die Kirche in den Reichen der Westgoten und Suewen 27ff (neue Sicht, mit berechtigter Korrektur bisher gültiger Auffassungen).

von grundsätzlicher Bedeutung. Ein solcher Konflikt entstand erst, als Eurich das Westgotenreich aus dem Imperium herauslöste, dabei die Bindung der katholischen Kirche seines Herrschaftsgebiets an Rom und die Reichskirche zerschnitt und die Neubesetzung vakanter Bistümer in seinem Reich unterband. Diese restriktiven Maßnahmen lähmten das kirchliche Leben und wurden naturgemäß als Verfolgung empfunden, entsprangen aber einer neuen Situation und hatten im Grunde nur einen politischen, nicht einen religiös-kirchlichen Hintergrund. Eurichs Sohn und Nachfolger Alarich II. hat sie durch eine positive Integrationspolitik ersetzt. Die unter ihm 506 publizierte Lex Romana Visigotorum, auch als Breviarium Alaricianum bezeichnet, enthielt die wesentlichen Bestimmungen des Kaiserrechts, die das Leben der Kirche im Imperium regelten und nun als gotisches Reichsrecht für die Romanen sanktioniert wurden. Die Synode von Agde, die noch im gleichen Jahr unter dem Vorsitz des Bischofs Caesarius von Arles zusammentrat, eröffnete 5 Jahre vor der frankogallischen Synode von Orléans und 11 Jahre vor der burgundogallischen von Yenne (Epao) die Reihe der frühmittelalterlichen „Landeskonzilien", die sich künftig auf der Basis eines regnums auf Anordnung oder wenigstens mit Erlaubnis des jeweiligen germanischen Königs versammeln sollten. Die kirchlichen Verhältnisse im Westgotenreiche normalisierten sich, die katholischen Romanen nahmen dafür eine allgemeine, in ihrem Umfang noch nicht näher definierte Kirchenhoheit des arianischen Königs in Kauf.

Alarichs Lösung wurde im gotischen Bereich zunächst nicht wirksam, da der Frankenkrieg von 507 bis 511 die Lebensgrundlagen der Westgoten in Frage stellte. Das Reich von Toulouse zerbrach, die Kerngebiete des Volkes in Westaquitanien gingen mit der Hauptstadt an die Franken verloren. Der große Ostgotenkönig Theoderich rettete das westgotische Brudervolk vor dem Untergang, schloß aber die Provence dem unmittelbaren ostgotischen Herrschaftsbereich an und nahm zugleich die Regierung im Interesse seines westgotischen Enkels Amalarich, des Sohnes Alarichs II., in Anspruch. Unter ostgotischem Schutz wurde die westgotische Hauptstadt zunächst nach Narbonne verlegt.

Theoderich war nicht nur als Ostgotenkönig, sondern zugleich auch als Patricius im Auftrag des Kaisers Regent von Italien. Seine Stellung gegenüber der römischen Kirche wie gegenüber der katholischen Kirche des Westens überhaupt ist daher in landeskirchlichen Kategorien nicht faßbar. Selbst wenn der Amaler auf die römische Kirche in weit stärkerem Maße Einfluß genommen haben sollte, als man bisher glaubte, kam seine Herrschaft faktisch doch der kirchlichen Autonomie Roms gegenüber dem Kaiser zugute[3]. Im gesamtgoti-

[3] Vgl. Kapitel Beitrag Baus. Grundlegend für die herrschende Auffassung: *G. Pfeilschifter*, Der Ostgotenkönig Theoderich der Große und die katholische Kirche (Münster 1896). Einzelkorrekturen bei *W. Enßlin*, Theoderich der Große (München 1947). Neue, aber noch nicht ausdiskutierte Auffassung: *G. P. Picotti*, Osservazioni su alcuni punti della politica religiosa di Teoderico: Settimane di studio ... III. I Goti in Occidente (Spoleto 1956) 173–226; vgl. auch die Literaturübersicht bei *Haendler*. Literaturübersicht 13, 3. – Auch wenn Theoderich

schen Bereich sind die Beziehungen der gallisch-spanischen Kirchen zu Rom wieder gefestigt worden, wie der Sonderauftrag des Papstes Hormisdas an den Bischof von Elche (Prov. Baetica) und die päpstlichen Vikariatsverleihungen von 514 an Arles (für Gallien und Spanien) und von 521 an Sevilla (für die Baetica und Lusitania) zeigen. Im gotisch beherrschten Spanien nahm die Kirche ihre Synodaltätigkeit alten Stils wieder auf: in der Form von Provinzial-, nicht von Landeskonzilien[4].

So bedeutete die Regierung Theoderichs des Großen in den Gotenreichen des Okzidents für die Kirche im Grunde eine Rückkehr zu den Verhältnissen der spätrömischen Zeit. Daran änderte sich im westgotischen Bereich auch nach dem Tode Theoderichs zunächst nichts. Denn als die Restaurationspolitik Justinians auf Italien übergriff, bestand das „intermedio ostrogodo" im Westgotenreich unter den Königen Theudis (531–548) und Theudisclus (548–549) noch fort. Theudis konnte erneuten fränkischen Angriffen 531 und 541 Einhalt gebieten. Die Gotenherrschaft in der Narbonensis I (Septimanien ohne Toulouse) und in Spanien blieb erhalten. In Spanien konnten die Goten über die Tarraconensis und Carthaginiensis hinaus auch in der Baetica (Prov. Sevilla) allmählich Fuß fassen.

Die Zukunft der Westgoten war weniger durch äußere Gefahren als durch innere Auseinandersetzungen bedroht, da es Theudis und Theudisclus nicht gelang, eine neue dynastische Legitimität zu begründen. Die Machtkämpfe der großen Adelsfaktionen drohten beim Ende des „intermedio ostrogodo" zu einem völligen Chaos zu führen. Gegen den 549 erhobenen König Agila rebellierte Athanagild, der beim Kaiser Hilfe suchte. Athanagild setzte sich gegen Agila durch, mußte aber in Kauf nehmen, daß die Byzantiner, die 552 in Südspanien gelandet waren, Teile der Baetica und der Carthaginiensis besetzten und als kaiserliche Provinz einrichteten. Gleichwohl bedeutete die Regierung Athanagilds (551/554–567) einen Neubeginn in der Geschichte der Westgoten. Unter diesem Herrscher trat Toledo, am Südrand des gotischen Siedlungsgebiets in Spanien (Kastilien-León) gelegen, das schon unter Theudis Königsresidenz war, als Hauptstadt deutlicher hervor. Der eigentliche Neubegründer des spanischen Westgotenreichs von Toledo aber wurde erst Athanagilds Nachfolger Leowigild (568/572–586).

Neben dem Westgotenreich bestand in Spanien ein zweites Germanenreich der Sweben, das nur die schwach romanisierte Provinz Gallaecia (Braga) und Teile des nördlichen Lusitanien umfaßte[5]. Die Sweben waren im 5. Jh. unter

weit stärker in die Angelegenheiten der Kirche eingegriffen hätte, als man bisher annahm, bliebe doch ein erheblicher Unterschied zwischen der ostgotischen und der oströmisch-byzantinischen Herrschaft bestehen.

[4] Zur Auswirkung der Herrschaft Theoderichs auf die kirchlichen Verhältnisse im Westgotenreich vgl. *K. Schäferdiek* a. a. O. 68 ff.

[5] Zur Gesch. der Spaniensweben zuletzt *K. Schäferdiek* a. a. O. 120 ff und 247 ff (dort auch Quellen und Lit.). Die Darstellung Schäferdieks behält auch gegenüber Thompson (Goths in Spain) ihren Wert.

gotischem Einfluß Arianer geworden, doch liegen für die Geschichte ihres Reiches für das letzte Drittel des 5. und die 1. Hälfte des 6. Jh. so gut wie keine Nachrichten vor. Das „einzige echte Dokument“ aus dieser Periode, ein Schreiben des Papstes Vigilius an den Metropoliten von Braga aus dem Jahre 538, läßt erkennen, daß die katholische Kirche unter swebischer Herrschaft damals nicht wesentlich behindert war, aber nicht nur dem swebischen Arianismus, sondern auch dem Priscillianismus gegenüberstand, der noch in weiten Kreisen der Provinz verbreitet war. Späteren Quellen ist zu entnehmen, daß selbst das Heidentum in der Landbevölkerung Galiciens noch nicht erloschen war. Eine Wendung in der Kirchengeschichte des Swebenreiches trat ein, als der König Chararich um 550/555 unter dem Einfluß von Wundern am Grabe Martins von Tours zum Katholizismus übertrat und etwa gleichzeitig der nach Spanien gewanderte pannonische Mönch Martinus das neue Missionszentrum Dumio bei Braga errichtete. Martin von Dumio, der bald Metropolit von Braga wurde (nach 561–580), hat mit der Swebenmission erfolgreich auch den Kampf gegen den Priscillianismus und die heidnischen Relikte verbunden. Er begründete die katholische Landeskirche des Swebenreichs. Mit Recht hat man ihn schon zu seiner Zeit als Apostel der Sweben gefeiert, auch wenn der Arianismus bei seinem Tod noch nicht völlig erloschen war.

Das Bekehrungswerk Martins von Dumio hat nicht unmittelbar auf die Westgoten ausgestrahlt. Aber der dualistische Aufbau von Staat und Gesellschaft, der das Charakteristikum der arianischen Germanenreiche gewesen war, war auch bei den Westgoten schon ein Anachronismus geworden. Die kulturelle Romanisierung der Goten hatte schon im Reich von Toulouse eingesetzt. Heiraten zwischen den Großen beider Volksgruppen kamen vor, obwohl sie gesetzlich verboten waren. König Theudis selbst hatte eine Dame aus der hispanoromanischen Senatorenaristokratie heimgeführt. Obwohl Goten und Romanen noch nach verschiedenem Recht lebten, erließ Theudis schon Gesetze, die für beide Volksgruppen Geltung hatten. Gotische Aristokraten und Militärs traten vor allem in den südlichen Gebieten des Reiches in engen Kontakt mit romanischen Großen, die sich politisch zum Gotenreich bekannten[6]. Kirchlich-kulturelle Kontakte mit dem lateinischen Afrika scheinen um die Jahrhundertmitte die katholische Kontroverstheologie in den Südprovinzen angeregt und damit auch einen missionarischen Impuls ausgelöst zu haben, der sich in der gotospanischen Oberschicht auswirkte[7]. Vornehme Goten sind zum Katholizismus übergetreten und auch in die katholische Hierarchie aufgestiegen[8]. Für die Könige stellten sich damit neue Probleme.

[6] Zu diesen Kreisen gehörte die Familie Leanders und Isidors von Sevilla, deren Vater Severian seine Heimatstadt Cartagena verließ, als diese von den Kaiserlichen besetzt wurde, und ins gotisch verbliebene Gebiet übersiedelte.

[7] *J. Fontaine*, Conversion et culture 96ff; vgl. auch *S. A. Thompson*, Goths in Spain 37–38.

[8] Namentlich bekannt sind Masona von Mérida und Johannes von Biclaro, die beide aus dem gotischen Lusitanien stammten.

Leowigild hatte im ersten Jahrzehnt seiner Regierung Reich und Herrschaft gegen innere und äußere Feinde zu festigen. Er warf die unbotmäßige Aristokratie in Nordspanien nieder, errang Erfolge gegen die Sweben und Byzantiner. Die Zukunft der Dynastie sicherte er schon 573, indem er seine Söhne Hermenegild und Rekkared wohl nach kaiserlichem Vorbild zu consortes regni erhob. Dem Königtum gab er neues Prestige durch die Übernahme kaiserlicher Insignien und eine selbständige Münzprägung. Den inneren Neubau des Reiches nahm er wohl 478–580 in Angriff. Das in der Praxis schon vielfach übertretene Eheverbot zwischen Goten und Romanen wurde aufgehoben. Leowigild tat außerdem den entscheidenden Schritt zur Rechtseinheit; er ließ das Gotenrecht Eurichs revidieren und den Codex revisus zum Reichsrecht erheben[9].

War die imitatio imperii das Signum der Regierung Leowigilds, so diente sie doch dem Ruhm der Goten, deren Reich der König mehrte, deren Recht er auch der werdenden gotisch-spanischen Einheit zugrunde legte. Im Zuge dieses Werkes stellte sich auch die Frage der kirchlich religiösen Einheit des Reiches von Toledo. Sie scheint jedoch erst durch eine Familientragödie im Königshaus ausgelöst worden zu sein.

579 erhob Leowigild seinen ältesten Sohn Hermenegild zum Regenten der gotischen Gebiete der Baetica mit dem Sitz in Sevilla. Hermenegild hatte die fränkische Prinzessin Ingund zur Frau, die trotz ihres kindlichen Alters am Hof von Toledo gegen den massiven Druck der Königin Goswinth, ihrer eigenen Großmutter, am katholischen Glauben der Franken festgehalten hatte[10]. In Sevilla trat nun auch Hermenegild selbst unter dem Einfluß des Metropoliten Leander zum Katholizismus über. Der junge Fürst beschwor dadurch einen Konflikt mit dem Vater herauf, der sich die Lösung der religiösen Frage gewiß damals schon ganz anders vorstellte[11]. Es kam zum Bruch. Hermenegild suchte

[9] So Stroheker (Leowigild) und im Anschluß an ihn Schäferdiek. Anders Thompson (Goths in Spain) und Sánchez-Albornoz (Pervivencia y crisis), die an der traditionellen Auffassung festhalten, daß die Rechtseinheit erst durch Chindaswinth und Rekkeswinth hergestellt worden sei. Nach Thompson leitete Rekkared die Entwicklung zur Rechtseinheit ein.

Kompliziert wird die Diskussion durch die entgegengesetzte These von García Gallo, in abgewandelter Form wiederaufgenommen durch Alvaro d'Ors, daß schon der Codex Euricianus und das Breviarium Alaricianum Territorialrechte gewesen seien. Vgl. dazu *K. Schäferdiek* a.a.O. 15 Anm. 35 und *C. Sánchez Albornoz,* Pervivencia y crisis 137ff; zuletzt *D. Claude,* Gentile und territoriale Staatsideen 29.

[10] Ingund war die Tochter des austrasischen Königs Sigibert I. und seiner Gattin Brunichild, durch ihre Mutter Brunichild Enkelin des Westgotenkönigs Athanagild und seiner Gattin Goswinth, die Leowigild nach dem Tode Athanagilds in zweiter Ehe heiratete. Goswinth war die Stiefmutter Hermenegilds und Rekkareds, die aus der ersten Ehe Leowigilds stammten.

[11] Intrigen der Großmutter Goswinth mögen eine Rolle gespielt haben, werden aber kaum die einzige Ursache für den Konflikt gewesen sein. Daß Leowigilds Reformen ein Werk aus einem Guß waren, wird durch die Parallele seines Vorgehens bei der Verwirklichung der Rechts- und Glaubenseinheit nahegelegt. In beiden Fällen boten Gotenrecht und Gotenglaube die Grundlagen der Einheitspolitik, wenn der König auch zur Einbeziehung romanischer Ein-

Hilfe bei den Byzantinern und Sweben, konnte sich aber gegen den Vater nicht durchsetzen. Leowigild eroberte 584 Sevilla und Córdoba, wo der Sohn in seine Hände fiel. Hermenegild ließ sich nicht zum Widerruf bewegen. Er wurde Ostern 585 in Tarragona umgebracht, der Täter blieb straffrei.

Es lag auf der Linie der von ihm eingeschlagenen Politik, wenn Leowigild auch die kirchliche Einheit auf dem Boden der „gotischen Religion" zu verwirklichen suchte, dabei aber gewisse Anpassungen an katholische Vorstellungen vornahm. Der König berief 580 ein arianisches Reichskonzil nach Toledo, das den Übertritt der Katholiken durch die Aufhebung der bis dahin bei Konversionen praktizierten Wiedertaufe erleichterte, die bei den Katholiken als besonders skandalös galt. Darüber hinaus hat Leowigild durch die Übernahme spanischer Heiligenkulte und durch seine Äußerung, daß er die Wesensgleichheit Christi mit dem Vater anerkenne, die Unterschiede zwischen Arianismus und Orthodoxie zu verwischen gesucht, wenn diese Äußerung auch nicht als offizielle Vermittlungsformel aufzufassen ist. Um sein Ziel zu erreichen, hat der König an Belohnungen nicht gespart, aber auch auf äußere Druckmittel, wie Verbannung und Konfiskation, nicht verzichtet. Von einer blutigen Verfolgung konnte allerdings keine Rede sein. Dem Druck des Königs waren naturgemäß in besonderem Maße die Goten ausgesetzt, die den katholischen Glauben angenommen und führende Stellungen in der katholischen Kirche erhalten hatten, wie der Metropolit Masona von Mérida und der Abt Johannes von Biclaro. Auch bei den Sweben, deren Reich er 585 eroberte, führte Leowigild eine arianische Reaktion durch. Die Zwangsmaßnahmen blieben aber keineswegs auf katholische Germanen beschränkt. Ziel der kirchlichen Religionspolitik war auch und gerade die transductio Romanorum ad haeresim Arianam[12].

Leowigild hat dieses Ziel trotz vorübergehender Erfolge nicht erreicht. Sein Sohn und Nachfolger Rekkared (586–601) nahm zehn Monate nach seinem Regierungsantritt die katholische Religion an (587) und leitete damit zugleich den Übertritt des westgotischen Volkes ein, der 589 auf dem dritten Konzil von Toledo, dem ersten Reichskonzil der gotisch-spanischen Kirche, feierlich verkündet wurde. Rekkared erschien hier als Herrscher in der Nachfolge der Kaiser Konstantin und Marcian: renovans temporibus nostris antiquum principem Constantinum magnum sanctam synodum Nicaenam sua illustrasse praesentia, necnon et Marcianum christianissimum imperatorem, cuius instantia Chalchedonensis synodi decreta firmata sunt[13]. So akklamierten ihm auch die

zelelemente bereit war. Hat Leowigild 578 mit seiner Rechtsreform begonnen, dann dürfte er 579/580 auch schon bestimmte Vorstellungen über seine Kirchenpolitik gehabt haben.

[12] Conc. Tolet. III: PL 84, 347. Dieses präzise Quellenzeugnis spricht eindeutig gegen Thompsons Hypothese, daß die Kirchenunion Leowigilds nur auf germanische Kreise (Goten und Sweben) beschränkt gewesen sei.

[13] „In unserer Zeit erneuernd den altehrwürdigen princeps Konstantin den Großen, wie er die heilige Synode von Nicaea mit seiner Gegenwart erleuchtete, und auch den allerchristlichsten Kaiser Marcian, durch dessen beharrliche Mühe die Dekrete von Chalcedon festgelegt wurden" (Conc. Tolet. III: PL 84, 345).

versammelten Bischöfe nach kaiserlicher Art und zugleich in aktueller Anspielung als Apostel der Goten: Cui a Deo aeternum meritum nisi vero catholico Reccaredo regi?... Ipse mereatur veraciter apostolicum meritum qui apostolicum implevit officium[14].

Der König hat den Übertritt der Goten zum Katholizismus dadurch erleichtert, daß er die Übernahme des arianischen Klerus einschließlich der Bischöfe in den katholischen Klerus durchsetzte. Trotzdem gab es natürlich auch Widerstände. Verschwörungen arianischer Gruppen in Lusitanien, am Hof und in Septimanien wurden in den Jahren 587–589 unterdrückt. Ob es später noch zu einer arianischen Reaktion kam, ist unsicher[15]. Man hat jedoch darauf hingewiesen, daß von den 8 arianischen Bischöfen, die 589 die Akten von Toledo unterzeichneten, 4 dem swebischen Bereich angehörten (Viséu, Porto, Tuy, Lugo) und von den 4 Arianerbischöfen des gotischen Bereichs (Valencia, Tortosa, Barcelona, Palencia) nur einer (Palencia) seinen Sitz im Kernland der gotischen Siedlung hatte[16]. Demnach dürfte ein Teil des gotisch-arianischen Klerus gerade in den gotischen Kernlanden 589 noch abseits gestanden haben und erst in der Folgezeit gewonnen worden sein. Ernstlichen Widerstand hat es aber auch hier nicht gegeben. Die Goten der kastillanischen Meseta gaben ihre Bestattungsbräuche im frühen 7. Jh. auf, mit dem Arianismus schwanden hier auch die letzten Reste des Heidentums[17]. In der spanischen Literatur des frühen 7. Jh. spielte die arianische Kontroverse keine Rolle mehr. Der Episkopat rekrutierte sich von 633 an aus den Kreisen der gotischen Aristokratie[18].

Keine Quelle berichtet über die Motive der Konversion Rekkareds. Der Historiker kann daher nicht in das Herz des Königs und seiner Goten hineinleuchten, sondern nur auf die begleitenden Umstände und Personen hinweisen: auf die Familientragödie im Königshaus, die Rekkared als Mittler zwischen Vater und Bruder tief getroffen haben wird[19], auf die wohl überlegene theologische Bildung des katholischen Episkopats, auf die eindrucksvolle Persönlichkeit

[14] „Wem gebührt ewiges Verdienst bei Gott, wenn nicht dem wahrhaft katholischen König Rekkared?... Er verdiene wahrhaft apostolischen Lohn, der ein apostolisches Amt erfüllt hat" (ebd.). Vgl. *E. Ewig*, Zum christlichen Königsgedanken: Vorträge und Forschungen 3. Das Königtum. Seine geistigen und rechtlichen Grundlagen (Lindau – Konstanz 1956) 29 ff.

[15] Die Regierung des Königs Witerich (603–610) hätte nach der communis opinio unter diesem Zeichen gestanden. Dagegen *S. A. Thompson*, Goths in Spain 157 ff.

[16] *J. Fontaine*, Conversion et culture 123 ff; *K. Schäferdiek* a. a. O. 215 ff. Schäferdiek ist die Lokalisierung des Bischofs Murila in Palencia zu danken.

[17] Von heidnischen Gebräuchen ist noch in späterer Zeit die Rede (Toledo XII von 681, Dekret Egicas von 693), doch wird dabei der geographische Bezug nicht deutlich. Heidnische Gebräuche können sich in der gotisch besiedelten Meseta auch in Verbindung mit gotischem Gewohnheitsrecht erhalten haben. Die Frage, ob sich ein germanisches Gewohnheitsrecht der gotischen Landbevölkerung bis ins spanische Mittelalter hinein erhielt, ist noch umstritten. Bejahend äußerte sich zuletzt Sánchez Albornoz (Pervivencia y crisis).

[18] *S. A. Thompson*, Goths in Spain 289–292.

[19] Nach Gregor von Tours (Hist. Fr. V 38) hatte sich Rekkared bei seinem Bruder verbürgt, daß er nicht „gedemütigt" würde, wenn er sich dem Vater ausliefere. Die Nötigung, zum

Leanders von Sevilla und anderer Prälaten. Religiöse und politische Motive dürften im übrigen bei Rekkared wie bei Chlodwig untrennbar verbunden gewesen sein, war doch der Übertritt zugleich auch der entscheidende Schritt zur Einigung Spaniens unter gotischer Führung. In dieser Perspektive hat Rekkared zwar nicht das religiöse, wohl aber das politische Testament seines Vaters auf dem kirchlichen Gebiet vollzogen. Das Werk der Einigung wurde nach Rekkareds Tod fortgeführt durch Sisebut (612–621) und Swinthila (621–631), die die letzten Byzantiner von der Halbinsel vertrieben, durch Chindaswinth (642–653) und Rekkeswinth (649/653–672), die die Lex Visigothorum nach Justinians Vorbild in christlichem Sinne neu prägten und damit das bedeutendste Gesetzeswerk ihrer Zeit im lateinischen Okzident schufen. Dem Einheitsgedanken sollte auch die antijüdische Gesetzgebung der Könige dienen, der der Episkopat teils ablehnend, teils reserviert gegenüberstand. Sie warf einen tiefen Schatten über das spanische Gotenreich und verschärfte im Endeffekt nur die politische Krise des späten 7. Jh. Sie hatte nur im Imperium eine Parallele.

In seiner civitas regia Toledo konnte der orthodoxe Gotenkönig wie ein Nachfolger der Kaiser des Okzidents erscheinen[20] – eines Okzidents freilich, der auf die Pyrenäenhalbinsel und ihr gallisches Nebenland Septimanien eingeschränkt war. Toledo war die einzige Königsstadt des Westens, die wie Konstantinopel auch kirchliche Hauptstadt wurde. In ihr tagten seit 589 alle gotisch-spanischen Reichskonzilien. Wie die Kaiserstadt am Bosporus ist Toledo ursprünglich nur eine einfache Bischofsstadt gewesen. Anzeichen einer Emanzipation von der älteren Metropole Cartagena (Carthago Nova) sind zuerst 531 faßbar. Den Metropolitanrang gewann die Toletaner Kirche endgültig in der Zeit, in der Cartagena in der Hand der Byzantiner war. Als Königsstadt sollte Toledo mit der Zeit die anderen Metropolen des Reiches, darunter auch das traditionsreiche Sevilla, überflügeln. Schon 646 wurde bestimmt, daß die Nachbarbischöfe jährlich in Toledo einen Besuch ad limina machen sollten pro reverentia principis ac regiae sedis honore vel metropolitani civitatis ipsius consolatione. Seit 656 leitete der Metropolit von Toledo die Reichskonzilien, denen bis dahin die Metropoliten wechselweise nach dem Weihealter oder dem Ansehen präsidierten. 681 erhielt er das Recht, bei Bistumsvakanzen im ganzen Reich die vom König designierten Kandidaten zu approbieren, und 683 erging die Bestimmung, daß König und Metropolit von Toledo unter Strafe der Exkommunikation jeden Bischof zu bestimmten liturgischen oder gerichtlichen Handlungen nach Toledo zitieren konnten[21].

Arianismus zurückzukehren, die schließlich zum gewaltsamen Tod Hermenegilds führte, war ein Bruch dieses Versprechens. Rekkared hat dies anscheinend schwer empfunden und den Mörder seines Bruders gleich nach seinem Regierungsantritt töten lassen.

[20] *J. Fontaine*, Isidore de Séville 872; *Ewig*, Zum christlichen Königsgedanken: Vorträge und Forschungen 3. Das Königtum. Seine geistigen und rechtlichen Grundlagen (Lindau – Konstanz 1956) 27ff; *J. Lacarra*, Iglesia visigoda 358 und 376ff.

[21] *K. Schäferdiek* a.a.O. 85; *J. Lacarra*, Iglesia visigoda 376–378; *S. A. Thompson*, Goths in Spain 196 275–277 288.

Die beherrschende Stellung in der gotisch-spanischen Kirche nahm jedoch nicht der Metropolit von Toledo, sondern der König ein[22]. Schon Rekkared hat das Recht in Anspruch genommen, die Bistümer zu besetzen, das seine Nachfolger offenbar in viel weiterem Umfang als die anderen Könige der Zeit ausübten – auch bevor es 681 ausdrücklich fixiert und durch die Mitbeteiligung des Metropoliten von Toledo leicht eingeschränkt wurde. Rekkared hat das erste Reichskonzil nicht nur einberufen, sondern auch geleitet, die Verhandlungsmaterie bestimmt und die Akten unterzeichnet. 681 wurde als Brauch fixiert, daß die Könige das Konzil eröffneten, die von ihnen gewünschten Verhandlungspunkte im Tomus regius vorlegten und sich dann zurückzogen. Sollten die Beschlüsse der Synode reichsrechtliche Gültigkeit erlangen, so bedurften sie der Sanktion durch eine königliche Lex in confirmatione concilii.

Von Anfang an wurden die Bischöfe auch mit weltlichen Angelegenheiten befaßt, freilich streng im Rahmen des im Tomus regius vom Herrscher vorgelegten Programms. Schon 589 wohnten auch weltliche Große den Beratungen bei; die Anwesenheit königlicher Würdenträger wurde in der Folge zur Regel, 653 erhielten sie das Recht der Teilnahme an den Diskussionen und der Unterzeichnung der Akten. Die Toletaner Konzilien sind auf diese Weise schließlich auch zu Reichsversammlungen geworden. Sie haben das westgotische Staatsrecht entscheidend geprägt, Bestimmungen erlassen über die Königswahl, die Rechte der Krone, über Hoch- und Landesverrat, über den Gerichtsstand der Großen. Die Bischöfe haben eine von den spätantiken Tugenden iustitia und pietas bestimmte Herrscherethik geschaffen, die Königsherrschaft zum Königsamt objektiviert und die Königssalbung zur Stärkung der Autorität des Herrschers eingeführt (Erstzeugnis 672). Seit 633 nahm der Episkopat neben den Seniores Gothorum an der Königswahl teil. Um die Mitte des 7. Jh. entstanden gemischte geistlich-weltliche Gremien, die bei der Begnadigung von Rebellen und bei der Publikation von Gesetzen zu konsultieren waren, schließlich auch als Forum für politische Prozesse gegen den Episkopat und den Adel zuständig wurden. „Mittelalterliche" Wandlungen kündigten sich somit selbst in dem sonst noch so stark von der Spätantike geprägten Toletaner Gotenreich an.

Die gotisch-spanische Landeskirche war in sich viel gefestigter und weit stärker zentralisiert als die merowingische. Die Itio in partes, die für die gesamte abendländische Entwicklung im 6. und 7. Jh. charakteristisch ist, zeichnete sich in Spanien vor dem Übertritt der Goten zum Katholizismus beim Tode des großen Theoderich (526) ab, bei dem der 514 an Caesarius von Arles verliehene Vikariat für Gallien und Spanien faktisch erlosch. Die kirchenrechtlichen Sammlungen, die den Grundstock für die Entwicklung des Kirchenrechts im gotischen Spanien bildeten, lassen diesen Einschnitt deutlich erkennen[23]. Die

[22] *S. A. Thompson,* Goths in Spain 275ff; *J. Lacarra,* Iglesia visigoda 355ff 358 364–366 369ff. – Zur Entwicklung des Konzilsbrauchs: *H. H. Anton,* König und Reichskonzilien 259ff, Objektivierung des Herrscheramts und Herrscherethik ebd. 269ff.

[23] *K. Schäferdiek* 69–75; *Fournier – Le Bras* 67–69.

Beziehungen zu Gallien schliefen ein, die zu Afrika traten in den Vordergrund. Wie in den anderen Ländern des Okzidents erregte Justinians Kirchenpolitik auch in Spanien lebhaften Widerspruch, aber die spanische Haltung im Dreikapitelstreit wurde stärker als anderwärts von der afrikanischen Polemik bestimmt. Die spanische Kirche hat das 5. ökumenische Konzil (Konstantinopel II von 553) nie anerkannt[24]. Die Verbindung mit Rom verlor auf Grund der allgemeinen historischen Entwicklung an Intensität, aber auch die Spannungen zwischen dem Westgotenreich und dem Imperium wirkten sich nachteilig auf die Beziehungen der gotischen Reichskirche zum Papsttum aus. Es kam hinzu, daß der gotisch-spanische Episkopat nach dem Übertritt der Goten zum Katholizismus dem Rückhalt an Rom keine große Bedeutung mehr zumaß.

Die spanische Kirche erkannte 589 und 633 dem päpstlichen Synodalschreiben die gleiche Autorität wie den ökumenischen Konzilien zu[25]. Isidor von Sevilla sah im römischen Bischof das Haupt der gesamten Kirche, dem jedermann unabhängig von der persönlichen Qualität des Nachfolgers Petri zu Gehorsam verpflichtet sei: ... in nullo laeditur oboedientia nostra, nisi praeceperit contra fidem[26]. Die Beziehungen zwischen Spanien und Rom hatten sich nach langer Pause unter Gregor dem Großen wieder verstärkt, der mit Leander von Sevilla persönlich befreundet war und ihm auch das Pallium verliehen hatte, ohne allerdings den Sevillaner Vikariat zu erneuern. Rekkared hatte Gregor als dem Haupt aller Bischöfe seinen und seines Volkes Übertritt zum Katholizismus mitgeteilt, König Chintila (636–639) sandte ein Weihegeschenk an St. Peter. Allerdings hatte sich Rekkared mit der Mitteilung an den Papst nicht gerade beeilt: die Verzögerung mag auf ein Mißtrauen des Königs gegenüber dem römischen Bischof als Untertan des Kaisers zurückzuführen sein. Zu einer wirklichen Verstimmung kam es, als Honorius I. 638 in einem Rügeschreiben dem spanischen Episkopat mit scharfen Worten allzu große Nachgiebigkeit gegenüber den perfidi, d. h. wohl den Juden, vorwarf. Im Namen der gotisch-spanischen Kirche antwortete Braulio von Zaragoza. Er erkannte die sollicitudo für die gesamte Kirche als Vorrecht und Aufgabe des römischen Bischofs an, gab aber deutlich zu verstehen, daß die römische Intervention sich von selbst erledige, da Gott den König Chintila schon entsprechend erleuchtet habe. Brau-

[24] *J. Madoz,* Concilio de Calcedonia 197ff.

[25] *J. Lacarra,* Iglesia visigoda 360ff; Lacarra bietet den besten Überblick über die römisch-spanischen Beziehungen. Schematischer ist die Darstellung Thompsons (Goths in Spain 184ff 240ff 250 279).

[26] „... wird unsere Gehorsamspflicht in keinem Punkt berührt, es sei denn, er ordne etwas direkt gegen den Glauben an" (Ep. 6, 2 und 3: PL 83, 903). Die Gehorsamspflicht gegenüber dem Papst als dem Haupt aller Glieder am Leibe Christi betont Isidor auch in einem Schreiben an den Bischof Eugen von Egara (Ep. 8, 2 und 3: PL 83, 908). Die Echtheit dieser Stelle ist freilich umstritten; vgl. dazu *J. Lacarra,* der die Echtheit akzeptiert (Iglesia visigoda 361ff und 362 Anm. 19), sowie *Y. Congar,* der sie bezweifelt (L'ecclésiologie du haut moyen-âge [Paris 1968] 152 Anm. 81). Das Schreiben an Eugen von Egara enthält jedoch keine Aussage, die nicht auch durch andere Zeugnisse aus der Zeit von 589 bis 638 gedeckt wäre.

lio verband damit nicht ohne Ironie den Hinweis, daß der Papst die Aufsicht über andere Kirchen nicht leichtfertig, sondern erst nach gründlicher Prüfung der Sache ausüben dürfe.

In der Folge scheint die Verbindung zwischen Rom und Spanien fast ganz abgerissen zu sein. Päpstliche Dekretalen fanden in der Zeit nach Isidor keinen Eingang mehr ins gotisch-spanische Kirchenrecht. Die Päpste haben ihrerseits den spanischen Episkopat anscheinend nicht zur Stützung ihrer Position gegenüber Konstantinopel im Monotheletenstreit herangezogen. Zu einem erneuten Kontakt kam es erst, als Leo II. der gotisch-spanischen Kirche die Beschlüsse des 6. ökumenischen Konzils (Konstantinopel III von 680/681) mitteilte. Julian von Toledo, unter dem der Landesprimat der Toletaner Kirche voll ausgebaut wurde, ließ die Akten zugleich mit einem Apologeticum fidei, das er selbst aus eigener Initiative verfaßt hatte, auf Provinzialsynoden prüfen. Die Beschlüsse von Konstantinopel wurden von der spanischen Kirche rezipiert. Julian reagierte jedoch ungewöhnlich heftig auf eine nur mündlich geäußerte Kritik Papst Benedikts II. an seinem Apologeticum und ließ seine in provozierender Form verfaßte Antwort 688 auf dem 15. Konzil von Toledo verlesen und billigen. Zu einem Bruch kam es nicht, da man in Rom, wo Benedikt II. inzwischen verstorben war, die Angelegenheit nicht aufgriff. Die Zuspitzung der Lage war weitgehend das Werk Julians, aber die Rückendeckung, die Julian am Episkopat des Gotenreiches fand, läßt doch auch deutlich eine Entfremdung zwischen Spanien und Rom erkennen. Wie weit diese Entfremdung ging, ist schwer zu sagen. Die ältere Auffassung, daß die Kirche Petri die tragende Mitte der Christenheit sei, dürfte sich nicht ganz verloren haben. Denn als die Muslimen das Westgotenreich eroberten, floh der Primas Sindered von Toledo nach Rom, wo er 721 die Akten einer Synode unterzeichnete[27].

Die innere Struktur der gotisch-spanischen Kirche war gekennzeichnet durch eine im ganzen ungestörte Entwicklung auf altchristlicher Grundlage. Die kirchliche Immunität, das Asylrecht, Gerichtsbarkeit und Gerichtsstand des Klerus waren stärker als anderwärts von der Spätantike her bestimmt. Die wirtschaftliche Verselbständigung der Pfarrkirchen und Klöster lag im Zuge der Zeit. Das Eigenkirchenrecht verbreitete sich auch auf der Pyrenäenhalbinsel und griff auf die Klöster über, aber die Grundlagen der altkirchlichen Bistumsordnung wurden dadurch doch nur aufgelockert, nicht erschüttert. Die Liturgie wurde beim Übertritt der Goten zum Katholizismus durch die Aufnahme des Credo in die Messe iuxta orientalium partium morem auf Anordnung König Rekkareds bereichert. Ihre charakteristische Ausformung erhielt sie im 7. Jh. unter der Einwirkung großer Bischöfe und Äbte, die eine bedeutende literarische Tätigkeit entfalteten und damit auch das Selbstbewußtsein der gotisch-spanischen Kirche steigerten. Im Pactum des heiligen Fructuosus von Braga scheint

[27] *S. A. Thompson*, Goths in Spain 250. Lacarra hat dieses Faktum, das für die Beurteilung der Einstellung der gotischen Kirche zu Rom am Ende der Westgotenzeit nicht unwesentlich ist, übersehen.

sich gotisches Rechtsdenken auf die Beziehungen zwischen Abt und Mönch ausgewirkt zu haben.

Ein frühes Zeichen der Heimatverbundenheit war der Stolz auf die heimischen Heiligen, die seit dem späten 4. Jh. zu Maria und den Aposteln traten. Schon Prudentius (348–405) besang die Märtyrer von Mérida, Córdoba, Tarragona, Barcelona, Gerona, Zaragoza, Alcalá und Calahorra[28]. Zu Vinzenz von Zaragoza, der als spanischer Erzmartyrer neben dem römischen Laurentius und dem gallischen Mauricius allgemeine Verehrung auch außerhalb des Gotenreiches fand, zu Eulalia von Mérida, Justus und Pastor von Alcalá, Felix von Gerona und vielen anderen gesellte sich später Leocadia, eine Heilige der Königsstadt Toledo[29]. Auch fremde Kulte fanden Eingang, besonders der Martins von Tours, des Patrons des Swebenapostels Martin von Braga[30].

An bedeutenden Kirchenlehrern, Bischöfen und Äbten war das spätrömische Spanien nicht reich, aber das gotische Spanien hat den Vorsprung anderer Länder aufgeholt. Nach den Wirren der Völkerwanderung erblühte im 6. Jh. neues Leben, vielfach angeregt durch den Zustrom von Fremden, insbesondere von Orientalen und Afrikanern. Mérida hatte in der 1. Hälfte des 6. Jh. drei orientalische Metropoliten. Die Restauration Justinians verstärkte im Süden Lusitaniens, in der Baetica und im Gebiet von Cartagena den griechischen Einfluß, der dort den Untergang der kaiserlichen Herrschaft überdauerte. Sehr alte Beziehungen bestanden zwischen Spanien und Afrika. Sie wurden verstärkt durch zwei Immigrationswellen in der Zeit des Wandalenkönigs Hunerich (477–484) und der maurischen Expansion gegen die kaiserliche Provinz Afrika (um 570), die auch Äbte mit ihren Konventen nach Spanien brachten. Bischofs- und Klosterschulen ersetzten seit etwa 500 die untergegangenen Rhetorikerschulen. Die älteste Klosterschule ist in Valencia nachweisbar. Justus von Urgel, der aus ihr hervorgegangen war, unterzeichnete die Akten des 2. Konzils von Toledo (531), auf dem Bestimmungen über die Ausbildung der Kleriker ergingen. Die Schule von S. Martín de Asán wurde 522 durch den Italiker Victorian gegründet. Um 560 entstand ein neues geistiges Zentrum in Dumio (Galicien). Bald darauf errichtete der Afrikaner Donat das Monasterium Servitanum in der Provinz Cartagena, der Gote Johannes die Abtei Biclaro in der Tarraconensis. Um 600 bestand bei Zaragoza die Abtei S. Engracia, bei Toledo Agalí. Zahlreiche Bischöfe kamen aus diesen Klöstern. Im letzten Viertel des 6. Jh. repräsentierten Leander von Sevilla, Severus von Málaga, Eutrop von Valencia, Maximus von Zaragoza und Johannes von Gerona (Biclaro) das geistige Leben Spaniens. Aus der Schule Leanders ging Isidor von Sevilla, der Kirchenlehrer des Landes, hervor.

Isidor steht neben Augustin und Gregor als einer der großen Lehrer des abendländischen Mittelalters. Er wurde bald nach 550 geboren und folgte sei-

[28] *H. Delehaye*, Les origines du culte des martyrs (Brüssel ²1933) 364–365.

[29] Die Leocadiakirche von Toledo wurde durch König Sisebut (612–621) erbaut: *S. A. Thompson*, Goths in Spain 162ff.

[30] *P. David*, Études historiques 225–242.

nem Bruder Leander als Metropolit von Sevilla (599–636). Seine Bedeutung liegt nicht in der Originalität seiner Gedanken, sondern in seiner enzyklopädischen Gelehrsamkeit, die er vor allem in seinem Hauptwerk, den „Origines“ oder „Etymologiae“, ausbreitete. Das Mittelalter schöpfte aus ihnen u. a. das System der septem artes liberales. Eine Anzahl anderer Traktate befassen sich mit einzelnen Wissensgebieten, so der Grammatik (Differentiae) und der Astronomie (De natura rerum). In der Nachfolge des Hieronymus und Rufins schrieb Isidor eine christliche Literaturgeschichte (De viris illustribus) und eine Weltchronik, die er durch eine Geschichte der Goten, Wandalen und Sweben ergänzte. Nicht wenige seiner Schriften sind der Exegese gewidmet. In den „Synonyma“ erscheint Isidor als Vater der mystischen Theologie des Mittelalters. Die „Sentenzen“, ein auch auf die Laienwelt sich erstreckendes Handbuch der christlichen Lehre, eröffnen die mittelalterliche Sentenzenliteratur. Mit dem kirchlichen Leben beschäftigen sich der Traktat „De ecclesiasticis officiis“ und die „Regula monachorum“, mit der im Gotenreich akuten Judenfrage die apologetische Schrift „De fide catholica“.

Das Werk des Sevillaners ist noch sehr stark von der Antike geprägt – freilich von einer bereits erstarrten Antike. Die hellenistische Naturwissenschaft ist Isidor nur in Rudimenten bekannt geworden, die Philosophie nur in handbuchartigen Verkürzungen. So wurde die Grammatik mit ihren Methoden (Differentiae, Synonyma, Etymologiae) für den Sevillaner zur Grundlage nicht nur des Triviums, sondern auch des Quadriviums, ja selbst der Philosophie und Theologie. Die „Alten“ waren für ihn nicht mehr die Klassiker, sondern ihre späten Kommentatoren, die wie ein Filter zwischen ihm und den großen Autoren des Altertums standen. Freilich hat Isidor auch durch diesen Filter noch den Geist der Antike aufgenommen und sich so weit zu eigen gemacht, daß viele ihn als letzten Repräsentanten der untergehenden Welt betrachten. Die Baetica wurde durch den spanischen Kirchenlehrer zum „Conservatoire de l'érudition grammaticale antique“ (Fontaine) und löste in dieser Funktion das römische Afrika ab, auf dem Isidors Gelehrsamkeit im wesentlichen basierte, das Isidor wohl auch eine nicht geringe Zahl griechischer Werke in lateinischer Übersetzung vermittelte. Nächst Afrika ist nur Italien als Vermittler zu nennen, jedoch in weitem Abstand. Über Rom, das unter Gregor d. Gr. rege Beziehungen zu Spanien unterhielt, mögen manche Codices nach Spanien gelangt sein, darunter die späteren Schriften des Isidor geistesverwandten Cassiodor, die der Sevillaner in sein Werk einbaute.

Isidor wollte mit seinem reichen Werk nicht nur der Wissenschaft dienen. In den „Synonyma“ spricht der Mystiker, in der „Historia Gothorum“ der spanische Patriot zu uns. Als Metropolit von Sevilla war Isidor auch mit den großen Fragen von Kirche und Regnum befaßt. Das 4. Konzil von Toledo (633) und die Definitionen von Königtum und Gesetz in der Lex Visigothorum tragen das Mal seines Geistes. Wahrscheinlich geht auch die „Hispana“, die beste allgemeine Canonessammlung dieser Zeit, die durch die karolingische Renaissance für die kirchenrechtliche Entwicklung des gesamten Abendlands so bedeutsam wurde, letztlich auf Isidor zurück. Sie entstand bald nach 633 auf der Grundlage einer spanischen Epitome, die ihrerseits auf provençalisch-tarraconensischen Sammlungen beruhte. So spiegelt sich in der Entstehung der „Hispana" die Geschichte des Westgotenreichs seit der Neuordnung durch Theoderich d. Gr. Zu Isidors Summa des göttlichen und menschlichen Wissens stellte sich die kirchenrechtliche Summa als ebenbürtige Leistung.

Nach dem Tode des Doctor egregius verschoben sich die Kulturzentren von der Mittelmeerzone nach Innerspanien. Málaga, Sevilla, Cartagena und Valencia traten zurück. Mérida und Zaragoza behaupteten ihren Rang, während Toledo unter den beiden Eugen, Ildefons und Julian neu aufblühte. Der Gote Fructuosus, der in Palencia aufgewachsen war, wurde in den Jahren 640–650 zum Mönchsvater Spaniens. Seine Regel schrieb er für die Kirche im Bierzo, dem Bergland von Alcalá, wo nach ihm auch sein Biograph Valerius von Astorga lebte. König Rekkeswinth erhob Fructuosus zum Bischof von Dumio und schließlich zum Metropoliten von Braga. Die führenden Kirchenmänner dieser Zeit gestalteten, wie erwähnt, die „mozarabische" Liturgie aus. Der „Liber de virginitate s. Mariae" des Ildefons von Toledo bildete einen Markstein in der Geschichte des Marienkultes.

Die Bedeutung der geographischen Verschiebung der Kulturzentren im 7. Jh. erhellt aus der archäologischen Forschung, die eine gotische Siedlungsprovinz nördlich des Tajo in Kastilien und León festgestellt hat, an die sich im Westen die swebische Siedlung in Galicien anschloß. Die spanischen Länder nördlich des Tajo nahmen an der kulturellen Entwicklung der Mittelmeerzone im 6. Jh. noch wenig Anteil. Goten und Sweben waren Arianer, unter den Romanen Galiciens war der Priscillianismus noch nicht erloschen, und in den kantabrisch-baskischen Bergen gab es noch Heiden. Nördlich vorgeschobene Bastionen des Südens waren Mérida und Toledo, die im Ausstrahlungsgebiet von Córdoba lagen. Die Goten bewahrten nach Ausweis der Funde ihre nationalen Sitten bis zur Wende vom 6. zum 7. Jh. Zu dieser Zeit verlor die von Afrika her bestimmte christliche Kunst der Baetica ihre Kraft. Ein neuer Bau- und Kunststil entstand in Mérida und Toledo, die die Brücke vom Süden zum Norden gebildet hatten. Er breitete sich über das gotische Siedlungsgebiet bis in die Tarraconensis und nach Septimanien hinein aus. Diese letzte Epoche der gotisch-spanischen Kunst war nicht mehr afrikanisch geprägt, sondern imperial bestimmt durch ihre Beziehung zum byzantinischen Italien. In ihr spiegelt sich das gotisch-spanische Reichsbewußtsein der Zeit König Rekkeswinths (653–672) und seiner Nachfolger. Nur kleinere Kirchen der Gothia sind aus dieser Phase erhalten, die repräsentativen Bauten von Toledo gingen zugrunde. Aber aus dem bunten Glanz der Kronen von Guarrazar und des Schatzes von Torredonjimeno strahlt noch ein Licht in unsere Tage aus der Zeit der Könige und Metropoliten von Toledo, des Mönchsvaters Fructuosus von Braga, der „Hispana" und der „Lex Visigothorum".

15. *Kapitel*

Die Langobarden und Italien

QUELLEN: Paulus Diaconus, Historia Langobardorum; Vita s. Barbati: MGSS rer. Lang. et Italicarum (1878). MGSS rer. Mer. II (fränk. Quellen mit beiläufigen, aber oft wichtigen Nachrichten zur langobardischen Gesch.); Poetae Latini, insbesondere I (Tituli saec. VIII) und IV (Rhythmi aevi merovingici et carolini); *C. Troya,* Storia d'Italia del medio evo IV (Codice diplomatico longobardo) (1852/59); *L. Schiaparelli,* Codice diplomatico longobardo: Fonti per la storia d'Italia 62–63, 2 Bde (Rom 1929/33); Edictus Rothari, ed. *F. Beyerle* (Weimar 1947) (einschließlich der Kapitularien der langobardischen Könige); *Jaffé; P. F. Kehr,* Italia pontificia, 7 Bde (1906 ff); *F. Schneider,* Die Epitaphien der Päpste (Texte zur KG des MA 6, 1933); *Mansi* X–XII; PL 75–79 (Werke Gregors d. Gr.); MG Ep. I (Register Gregors d. Gr.).

LITERATUR: Geschichte der Langobarden und des langobardischen Italien: *L. Schmidt,* Die Ostgermanen (München [2]1941); Problemi della civiltà e dell'economia longobarda: Scritti in memoria di G. P. Bognetti (Mailand 1964); Atti del I congresso internazionale di studi longobardi (Spoleto 1952); *C. G. Mor,* Lo Stato longobardo nel VII secolo:

G. Pocchettino, I Longobardi nell'Italia meridionale (Caserta 1930); *G. P. Bognetti,* Chierici, A. de Capitani d'Arzago, Santa Maria di Castelseprio (Mailand 1948); *ders.,* Milano longobardo: Storio di Milano II (Mailand 1954); *O. Bertolini,* I Germani. Migrazioni e regni nell'Occidente già romano: Storia universale, dir. da *E. Pontieri* III 1 (Mailand 1965); *G. Fasoli,* I Longobardi in Italia (Bologna 1965).

Langobardenmission, langobardische Kirchengeschichte, Rom und die Langobarden: Vgl. die oben zitierten Werke von Bognetti, Bertolini und Fasoli. Außerdem: *G. P. Bognetti,* La rinascita cattolica dell'Occidente di fronte all'arianesimo e allo scisma: Settimane di studio... VII. Le chiese nei regni dell'Europa occidentale e i loro rapporti con Roma sino all'800 (Spoleto 1960) 15–41; *ders.,* La continuità delle sedi episcopali e l'azione di Roma nel regno longobardo: ebd. 415–454; *P. M. Conti,* Il „monasterium", sacello di fondazione privata e le missioni cattoliche nella Tuscia del secolo VIII: Studi storici, Miscellanea in onore di M. Giuliani (Parma 1965) 81–102; *O. Bertolini,* Roma di fronte a Bisanzio ed ai Longobardi (1941); *ders.,* I papi e le relazioni politiche di Roma con i ducati longobardi di Spoleto e di Benevento: RSTI 6 (1952) 1–46; *ders.,* Riflessi politichi delle controversie religiose con Bisanzio nelle vicende del secolo VII in Italia: Settimane di studio... V. Caratteri del secolo VII in Occidente II (Spoleto 1958) 733–790; *ders.,* Le chiese longobarde dopo la conversione al cattolicesimo ed i loro rapporti con il papato: Settimane di studio... VII. Le Chiese nei regni dell'Europa occidentale I (Spoleto 1960) 455–492. – *Derselbe,* I papi e le missioni fino alla metà del secolo VIII: Settimane di studio... XIV. La conversione al cristianesimo nell' Europa dell'Alto Medio Evo (Spoleto 1967) 327–363; *P. M. Conti,* Aquileian, Eastern and Roman Missions in the Lombard Kingdom: Misc. Hist. eccl. III (Löwen 1970) 62–70.

Spätlinge der Völkerwanderung, Spätlinge auch des Arianismus waren die Langobarden, die kurz vor 490 unter der Hoheit der Heruler in „Rugiland" (Niederösterreich) einrückten, das Land zwischen Enns, Donau und March besetzten und das Joch der Heruler 508 abwarfen. Um 526 zogen sie in die längst von den Römern geräumte erste pannonische Provinz zwischen Donau und Drau ein und wurden damit unmittelbare Nachbarn der Ostgoten. Sie traten unter ihrem König Wacho (ca. 510–540) in freundschaftliche Beziehungen zu den zwischen Theiß und Karpaten ansässigen Gepiden und zu den Franken, die beide Gegner der Ostgoten waren. Eine Wendung trat in der langobardischen Politik ein, als nach Wachos Tod Audoin (ca. 540–560) die Herrschaft übernahm: zunächst als Vormund des Thronerben Walthari, seit etwa 547/548 selbst als König. Audoin überwarf sich mit den Franken und Gepiden und trat um 548 auf die Seite Justinians, der den Langobarden das Land zwischen Donau und Save sowie das östliche Binnennoricum – bis dahin ostgotische Provinzen – zur Siedlung einräumte.

Nach Prokop hätten die Langobarden 548 erklärt, daß sie eines Glaubens mit dem Kaiser seien[1]. Obwohl dies gewiß eine Zweckmeldung der langobardischen Gesandten war, dürfte sie nicht ganz aus der Luft gegriffen sein. Denn über die Franken kann katholischer Einfluß wirksam geworden sein, wenn er sich auch mit einem arianischen Einfluß von gepidischer Seite überkreuzt haben wird. Noch in den ersten Jahren König Alboins (ca. 560–572) stand die religiöse Entscheidung offen, wie ein Brief des Bischofs Nicetius von Trier an Alboins erste Gattin, die fränkische Prinzessin Chlodoswinth, zeigt. Erst nach dem Sieg über die Gepiden, unmittelbar vor dem Aufbruch nach Italien im Jahre 568, entschied sich Alboin für den Arianismus, vielleicht im Hinblick auf die Einschmelzung der donaugermanischen Volkssplitter ins langobardische Volkstum. Auch der Wunsch, die in Italien noch verbliebenen Ostgoten für sich zu gewinnen, dürfte eine Rolle gespielt haben. Dieser spät angenommene Arianismus saß nicht sehr tief. Teile des Volkes blieben sogar heidnisch.

Die Langobarden sind im Gegensatz zu den Ostgoten nicht als Föderaten, sondern als Eroberer in Italien eingezogen[2]. Alboin besetzte die Provinzen Aquileia (Venetien) und Mailand (Ligurien) mit Ausnahme der Küstengebiete, ließ dann auch einen Teil seiner Truppen über den Cisapaß in die Toskana vorstoßen in Richtung auf Benevent. Nach seinem Tode und der kurzen Regierung des Nachfolgers Clef trat ein Interregnum (574–584) ein, in dem die Langobarden nur unter Herzögen lebten[3]. Es gelang in dieser Zeit dem Kaiser, einen nicht geringen Teil der langobardischen Duces in seinen Dienst zu ziehen. Auch nach der Erneuerung der Monarchie im Jahre 584 blieb die Wiederherstellung der politischen Einheit zunächst mehr Programm als Wirklichkeit. Eine fränkisch-byzantinische Koalition brachte König Authari (584–590) an den Rand des Abgrundes. Die Kaiserlichen, die noch starke Brückenköpfe nördlich des Po besaßen, gewannen Reggio, Parma und Piacenza zurück und trieben damit

[1] Bellum Gothicum III 34.

[2] Die Oströmer leisteten allerdings erst Widerstand, als die Langobarden Mailand eroberten und Pavia belagerten. Im Anschluß an Bognetti haben daher Mor und Fasoli die Vermutung geäußert, daß die Langobarden Italien nördlich des Po 568–569 im Einvernehmen mit Kaiser Justin II. besetzt hätten, der daran interessiert gewesen sei, Italien durch die Langobarden gegen die austrasischen Franken abzuschirmen. Verifizieren läßt sich diese Vermutung nicht.

[3] Mor hat die Frage gestellt, ob das „Interregnum" nicht in Wirklichkeit nur eine Zeit der Regentschaft für Chlefs Sohn Authari gewesen sei. Über eine Vermutung kommt man auch hier nicht hinaus.

einen gefährlichen Keil zwischen die Langobarden Norditaliens und die langobardischen Gruppen in der Toskana, in Spoleto und Benevent. Retter des Reiches wurde Agilulf (591–616), der die gegnerischen Herzöge unterwarf, den byzantinischen Keil in der westlichen Aemilia beseitigte und nördlich des Po Cremona, Mantua und Padua eroberte (602/603). Ein weiterer Einbruch in die kaiserlichen Stellungen gelang König Rothari (636–652), der in Venetien Oderzo, in der Aemilia Modena, in Ligurien das ganze Küstengebiet mit Genua gewann. Die Langobarden besaßen nunmehr die ganze Provinz Mailand, die Provinz Aquileia mit Ausnahme von Istrien und der venetischen Lagunen, die Westhälfte der Aemilia (Piacenza, Parma, Reggio, Modena), den größeren Teil der Toskana (Lucca-Pisa, Fiesole-Florenz, Arezzo, Siena, Volterra, Chiusi, Volsinii), den Süden Umbriens (Spoleto) mit Teilen der Sabina, Samnium (Benevent) und Teile Kampaniens (Capua). Die Herzogtümer Spoleto und Benevent, durch den Exarchat von Ravenna und den römischen Dukat vom Regnum getrennt, standen nur in loser Abhängigkeit von der Krone. Eigene Wege ging Benevent, das sich noch nach 663 über Apulien und Lukanien ausdehnte.

Die Schicksale der Kirche im Langobardenreich werden nur auf dem Hintergrund der politischen Geschichte verständlich. Paulus Diaconus berichtet, daß im Gegensatz zu den unter der Herrschaft Alboins besetzten Gebieten die von den langobardischen Herzögen eroberten civitates sehr hart behandelt worden seien[4]. Die moderne Forschung ist geneigt, dieser Aussage des Geschichtsschreibers der Langobarden Glauben zu schenken. Um zu einem gerechten Urteil zu kommen, hat sie auch die Verwüstungen früherer Kriege in Rechnung gestellt, deren Schäden beim Einmarsch der Langobarden noch keineswegs ausgeheilt waren. So ist Venetien (Nordostitalien) besonders stark vom Hunnenzug Attilas (452) betroffen worden, während Mittel- und Unteritalien, aber auch Mailand, schwer im Gotenkrieg Justinians gelitten hatten.

Obwohl die beiden Metropoliten von Aquileia und Mailand 568/569 auf kaiserliches Gebiet flohen – dieser nach Genua, jener nach Grado –, harrten ihre Suffragane größtenteils in den beiden langobardisch besetzten Provinzen aus. Auf Grund des Privilegs, das Alboin dem Bischof von Treviso gleich nach der Besetzung der Stadt erteilte, darf man wohl annehmen, daß auch die anderen Bischöfe, die sich mit der neuen Lage abfanden, vom König Rechtsgarantien erhielten. In Venetien sind überhaupt keine Vakanzen festzustellen[5]. In Ligurien

[4] Per hos Langobardorum duces ... spoliatis ecclesiis, sacerdotibus interfectis, civitatibus subrutis populisque ... extinctis, exceptis his regionibus quas Alboin ceperat, Italia ex maxima parte capta et a Langobardis subiugata est (Hist. Lang. 32). – Grundlegend für die neuere Forschung *G. P. Bognetti*, Continuità. Von der älteren Forschung seien genannt *A. Crivelucci*, Les évêchés d'Italie et l'invasion lombarde: Studi storici 15 (1904/06); *L. Duchesne*, Les évêchés d'Italie ...: MAH 25 und 26 (1905 und 1906); Atti del congresso internazionale di scienze storiche III (Rom 1903).

[5] Für das Jahr 590/591 sind im langobardischen Gebiet 10 Suffragane von Aquileia bezeugt, nämlich Säben, Julium Carnicum, Belluno, Concordia, Trient, Asolo, Verona, Feltre, Treviso und Vicenza (Settimane di studio VII S. 496). Sechs von ihnen – Säben, Julium Carnicum,

war nachweislich nur Como bis zum Beginn des 7. Jh. verwaist, doch ist der Klerus in der Stadt geblieben. Verwirrend ist das Bild in der Toskana, wo in einigen Bischofsstädten (Lucca, besonders Siena) lange Vakanzen eintraten, während in anderen (Arezzo, Pistoia) die Kontinuität nicht gestört wurde[6]. In Spoleto sind Störungen nicht festzustellen, die dortigen Herzöge waren jedenfalls zeitweise föderiert. Gänzlich zusammengebrochen sind dagegen die Bistümer im beneventanischen Bereich, an den Paulus Diaconus vor allem gedacht haben mag, als er von den Verwüstungen der Herzöge sprach. Die Langobarden von Benevent zeichneten sich durch besondere Wildheit aus, unter ihnen gab es auch noch Heiden. Härter betroffen wurden schließlich auch die Städte und Bistümer in der zwischen den Langobardenkönigen und den Kaiserlichen umstrittenen Grenzzone: so in den von Agilulf zurückeroberten civitates der Aemilia und in den spät eroberten venetischen Gebieten von Padua, Oderzo und Altino, deren Bischöfe sich auf die venetischen Lagunen zurückzogen. Im Rückblick kommt man zu der Feststellung, daß größere Störungen in den Gebieten eintraten, die der Macht des Königs zu weit entrückt waren, und in denen, die umstritten oder nach harten Kämpfen spät erobert wurden[7].

Den Langobardenkönigen stand das Vorbild der Amaler vor Augen. Alboin wählte Verona zum Königssitz und tat damit kund, daß er an Theoderich („Dietrich von Bern") anknüpfen wollte. Authari wurde 584 bei Verona zum König erhoben und vermählte sich dort 589 mit der bayerischen Herzogstochter Theodelinde, die durch ihre Mutter dem altlangobardischen Königshaus Wachos entstammte und dessen Tradition dem erneuerten langobardischen Königtum einbrachte. Authari nahm den Beinamen Flavius an, den die Amaler getragen hatten und die Westgotenkönige seit Theudis und Athanagild führten. Damit war ein Regierungsprogramm angedeutet, das auch der italischen Bevölkerung Rechtssicherheit zu garantieren versprach. Der König war allerdings darauf bedacht, die Trennung zwischen Langobarden und Romanen streng aufrechtzuerhalten. Ostern 590 erließ er ein Verbot für die Langobarden, ihre Kinder katholisch taufen zu lassen.

Daß sich einzelne Langobarden in der Zeit Autharis zum Katholizismus be-

Concordia, Trient, Verona und Feltre – waren 579 auf einer Synode in Grado vertreten (ebd. 499).

[6] Siena war schon seit dem Ende des Ostgotenkrieges vakant. Bognetti hat darauf hingewiesen, daß langobardische exercitales in Siena wohl an die Stelle der italorömischen cives getreten sind. Ähnlich können die Verhältnisse in Lucca gelegen haben, wo anscheinend auch eine Gruppe von Ostgoten verblieben war.

[7] Die Kämpfe führten auch zur Entfestigung (Brescello, Mantua) oder gar Zerstörung der Städte (Cremona, Padua), d.h. zu Maßnahmen von Ausnahmecharakter. An Stelle von Padua wurde Monselice langobardisches Herrschaftszentrum, Teile des Civitasterritoriums kamen an die langobardischen Dukate Vicenza und Treviso. Das Territorium von Oderzo wurde unter die Dukate Treviso, Friaul und Ceneda aufgeteilt, in dem langobardischen Herzogssitz Ceneda ein neues Bistum errichtet. Padua ist erst um 800 wieder Sitz eines Bischofs geworden (*G.P. Bognetti,* Continuità 445 447).

kannten, ist durch Gregor d. Gr. bezeugt. Das Verbot der katholischen Taufe läßt vermuten, daß die Konversionen nicht mehr auf kleinste Kreise beschränkt waren. Die Hoffnungen der Katholiken Venetiens und Liguriens mochten sich besonders auf die Königin Theodelinde richten, die gleichfalls katholisch war und gleich ihnen das Konstantinopolitaner Konzil von 553 nicht anerkannte. Die Verurteilung der Drei Kapitel auf diesem Konzil hatte in den Provinzen Mailand und Aquileia zum Schisma geführt. Die kirchliche Distanzierung von Rom und der Reichskirche barg von vornherein die Gefahr einer politischen Distanzierung vom Imperium in sich. Narses hatte sie zunächst gebannt, indem er die Dreikapitler in Norditalien schonte: wohl im Hinblick auf die Franken, die gleichfalls zum Schisma neigten und auch nach ihrer Ausschaltung aus der Halbinsel noch bedrohlich erschienen. Kaiser Mauricius (582–602) hielt an dieser Politik des Narses fest, stieß dabei aber auf den Widerspruch der Päpste, für die die kirchliche Einheit naturgemäß den Vorrang hatte. Der römische Einfluß wirkte sich am stärksten bei dem nach Genua geflüchteten Mailänder Metropoliten aus. Der Mailänder Exilbischof Laurentius gab 573 insgeheim seine Opposition auf, sein 593 erhobener Nachfolger Constantius war orthodox. Die Mailänder Suffragane im Langobardenreich vollzogen jedoch diese Wendung nicht mit. Sie nahmen im langobardischen Brescia gegen Constantius Stellung. Der 600 zum Nachfolger des Constantius erhobene Exilmetropolit Deusdedit wurde zwar in Mailand anerkannt, aber die Union der Provinz lag noch in weiter Ferne. Como, das um 606 in Agrippinus einen neuen Bischof erhielt, schloß sich sogar der eindeutig schismatisch verbliebenen Provinz Aquileia an. Für Aquileia änderte sich die Situation erst, als nach dem Wechsel der kaiserlichen Religionspolitik unter Phokas (602–610) auch in Grado ein orthodoxer Metropolit erhoben wurde (607). Die Suffragane des langobardischen Venetien vollzogen im Gegensatz zu den Bischöfen des langobardischen Ligurien den Bruch und wählten einen eigenen Metropoliten, der seinen Sitz in Cormons nahm. Die alte Provinz Venetia spaltete sich so in einen langobardischen Metropolitanverband Aquileia (Sitz Cormons, später Cividale = Forum Julii) und einen kaiserlichen Metropolitanverband Grado auf.

Die kluge Politik des Narses und des Kaisers Mauricius hat die Abwendung der Schismatiker vom Imperium hinauszögern, aber schließlich doch nicht verhindern können, wie die Ereignisse von 607 zeigen. Die Annäherung der schismatischen Katholiken im Langobardenreich an das langobardische Königtum wurde seit dem 593 aufgebrochenen Zwiespalt in der Mailänder Provinz deutlich. Sie hätte sich aber kaum so schnell vollzogen, wenn die Königin Theodelinde nicht selbst katholisch gewesen wäre und bei ihrem zweiten Gatten Agilulf, der sie nach dem Tode Autharis heimgeführt hatte, volles Verständnis für die wohl zuerst von ihr konzipierte neue Politik einer engen Zusammenarbeit mit den Romanen Norditaliens gefunden hätte. Agilulf blieb persönlich Arianer, aber er verlegte die Residenz aus der „gotischen Königsstadt" Verona ins kaiserliche Mailand, nahm Mailänder Romanen in seinen Rat auf, förderte die

Restauration Mailänder Kirchen und ließ schließlich 603 sogar seinen Sohn Adalwald schismatisch-katholisch taufen – ganz im Gegensatz zum Taufdekret seines Vorgängers Authari. Die Patenschaft über Adalwald übernahm der Abt Secundus von Nano (Diöz. Trient), der langjährige Vertraute der Königin und Geschichtsschreiber des Hofes. Die um 600 einsetzende schismatische Mission bei den Langobarden des regnums vollzog sich im Zeichen der heiligen Euphemia von Chalcedon. Ihr Weg spiegelte sich auch in den Kirchweihen auf die Martyrer des Val di Non (Nano) bei den Langobardensiedlungen des Westens, auf den norischen Martyrer Florian, dessen Kult die Kirche von Aquileia weitertrug, bei den Langobardenkastellen des Ostens[8]. Das Königspaar wußte auch den 612 nach Italien geflohenen Abt Kolumban für seine Zwecke zu interessieren. Es überwies ihm die Kirche St. Peter von Bobbio als Missionsstützpunkt in der Diözese Tortona und suchte durch ihn zugleich Einfluß auf den Papst zu gewinnen.

Die erste Phase der Regierung Agilulfs fiel zusammen mit dem Pontifikat Gregors d. Gr., des Initiators der Angelsachsenmission, der bei seinem Amtsantritt durch das kurz zuvor erlassene Taufdekret Autharis auch mit der Frage der Langobardenbekehrung konfrontiert wurde. Gregor sah jedoch in der Beseitigung des Dreikapitelschismas und im Frieden zwischen dem Langobardenkönig und dem Kaiser die unabdingbaren Voraussetzungen für eine entsprechende römische Initiative. Er hat seine ganze Energie darangesetzt, diese Voraussetzungen zu realisieren, und in diesem Sinne vor allem auf die Königin Theodelinde eingewirkt. Der volle Erfolg blieb ihm versagt. Das langobardische Königspaar kehrte nach seinem Tod sogar den Spieß um, indem es Papst Bonifaz IV. durch Kolumban eine erneute Überprüfung der Dreikapitelfrage nahelegte.

Die Religions- und Friedenspolitik Gregors schien indessen Frucht zu tragen, als der kaiserliche Statthalter in Ravenna nach dem Tode Agilulfs angesichts der schweren Bedrohung des Imperiums durch die Perser seinerseits freundschaftliche Beziehungen zum langobardischen Hof aufnahm[9]. Auch die Kirchenunion wurde damit wieder akut. Die Königinwitwe und der junge König Adalwald ließen sich anscheinend überzeugen, daß das Konzil von Chalcedon durch das 2. Konzil von Konstantinopel nicht in Frage gestellt worden war, und die Bemühungen um die Beilegung des Schismas führten um 625 zur Wiedervereinigung der Metropolitansprengel von Aquileia und Grado. Aber die Verhandlungen waren anscheinend über die Köpfe der langobardischen Großen und des schismatischen Episkopats hinweg geführt worden. Beide Gruppen ver-

[8] Für die Patrozinien der schismatischen Mission vgl. *G. P. Bognetti* (Castelseprio, Milano longobarda) und Mor (Settimane di studio XIV 539 ff).

[9] Nach dem Tode Agilulfs († ca. 616) richtete auch der Westgotenkönig Sisebut ein Schreiben an den langobardischen Hof, in dem er den jungen König und seine Mutter aufforderte, die Langobarden zum Katholizismus zu bekehren. Die Hintergründe dieser westgotischen Initiative sind noch ungeklärt.

banden sich gegen den Hof. Adalwald wurde 625/626 gestürzt, arianische Könige bestiegen wiederum den Thron, die Residenz wurde in das nationallangobardische Pavia verlegt, und das Schisma flammte erneut auf.

Das Rad der Geschichte ließ sich gleichwohl nicht zurückdrehen. Von einer nennenswerten arianischen Reaktion konnte schon deshalb keine Rede sein, weil der neue Herrscher Ariwald auch von den schismatischen Katholiken unterstützt wurde. Es kam hinzu, daß seine Gattin Gundeperga, eine Tochter Agilulfs und Theodelindes, die katholische Tradition am Hofe weiterführte, und zwar auch noch unter dem nächsten König Rothari, den sie in zweiter Ehe heiratete. Gundeperga aber gehörte nicht mehr der schismatischen, sondern der orthodoxen Richtung an. Noch bedeutsamer war, daß sich die Abtei Bobbio nach dem Tode Columbans unter Abt Attala – und zwar schon vor 625 – eindeutig auf die Seite der römischen Orthodoxie gestellt hatte und damit zum ersten Zentrum einer orthodoxen Langobardenmission wurde. Auf Initiative seiner Äbte wurde Bobbio durch Privilegien der Päpste Honorius I. (von 628) und Theodor I. (von 643) aus der Jurisdiktion des Diözesanbischofs von Tortona herausgelöst und Rom direkt unterstellt. Die Abtei blieb dabei dem Königshaus eng verbunden, ihre Bestrebungen gegenüber Tortona wurden sowohl von Ariwald wie von Rothari und Gundeperga unterstützt.

Der faktische Friedenszustand zwischen Regnum und Imperium unter Adalwald und Ariwald, der bis in die ersten Jahre Rotharis (636–652) fortdauerte, erleichterte den Brückenschlag vom langobardischen Hof über Bobbio nach Rom. Als dann Rothari 643 wieder zur Offensive gegen das Imperium überging, hatten sich die Beziehungen zwischen Alt- und Neu-Rom grundlegend geändert durch den 640 ausgebrochenen Monotheletenstreit. So erklärt sich, daß die über Bobbio angeknüpfte kirchliche Zusammenarbeit zwischen Rom und Pavia durch Rotharis Krieg nicht unterbrochen wurde. In der Toskana wurde das Bistum Siena wiederhergestellt – was nur unter aktiver Mitwirkung Roms geschehen konnte, da die Toskana zur römischen Kirchenprovinz gehörte. Die katholische Mission wurde durch geflüchtete Kleriker und Mönche aus dem Osten des Imperiums neu belebt. Sie griff damals auf die tuszischen Langobarden über, die von der schismatischen Mission noch nicht erfaßt worden waren. Rothari gestattete auch, daß die Bischöfe der langobardischen Toskana an der Lateransynode von 649 teilnahmen, der anschließend der Metropolit von Mailand und sein Suffragan von Tortona beitraten. Vielleicht ist der Mailänder Metropolit nach der Eroberung von Genua durch Rothari noch unter der Regierung dieses Königs in seine alte Provinzhauptstadt zurückgekehrt: womit dann neben Bobbio und Siena ein dritter Ansatzpunkt für die Langobardenmission römischer Observanz geschaffen worden wäre. Doch kann dies nicht als ein gesichertes Faktum gelten.

Paradoxerweise hat also die katholisch-orthodoxe Mission gerade unter den beiden arianischen Königen Ariwald und Rothari erste Stützpunkte im Langobardenreich gewonnen. Trägerin der dynastischen und katholischen Kontinuität am Hof war die Königin Gundeperga gewesen. Nach dem Tode Rotharis und der nur kurzfristigen Regierung seines Sohnes Rodoald wurde 653, als die Krise zwischen Kaiser und Papst ihren Höhepunkt erreichte, ein Vetter der Königin zum Herrscher der Langobarden erhoben: Aripert I., ein Brudersohn Theodelindens. Aripert (653–661) war orthodoxer Katholik. Er hat den Arianismus als Staatsreligion abgeschafft und neben der älteren, von Theodelinde errichteten Pfarrkirche St. Johannes Baptist in Monza St. Salvator in Pavia gegründet[10]. Er nutzte aber die im Konflikt zwischen Kaiser und Papst liegenden politischen Chancen nicht aus, erfüllte also nicht die Hoffnungen, die die Langobarden wohl auf ihn gesetzt hatten. So konnte Herzog Grimuald von Benevent nach Ariperts Tod einen Thronstreit der Königssöhne Perctarit und Godepert nutzen, um selbst mit Hilfe einer arianischen Gruppe, die wohl hinter Godepert stand, die Krone zu gewinnen.

Es ist bezeichnend, daß die arianischen Langobarden des Regnums, von denen wohl die Initiative zum Staatsstreich ausgegangen war, sich nicht mehr stark genug fühlten, einen König aus ihren Reihen zu erheben, sondern auf den Herzog von Benevent zurückgriffen. Die Beneventaner Langobarden waren ebenso wie die Spoletiner von der katholischen Mission Norditaliens nicht berührt worden, die großen Fragen des Regnums waren ihnen fremd geblieben. Ihr Arianismus trug die Züge eines handfesten, unreflektierten Volksglaubens, der heidnische und katholische Elemente nicht ausschloß. Grimuald (662–671) war ein Verehrer des Erzengels Michael, dessen Heiligtum auf dem Monte Gargano im Beneventaner Herzogtum lag. Er schrieb dem Erzengel einen Sieg über die Byzantiner zu und übertrug seinen Kult nach Pavia, wo ihn seine katholischen Nachfolger übernahmen. Michael hat den älteren Kult Johannes' des Täufers in den Hintergrund gedrängt und wurde zum Patron von Reich und Volk der Langobarden – merkwürdigerweise durch die Initiative eines arianischen Herrschers, der sich sogar mit den Arabern gegen den Kaiser verbunden hat.

Grimualds Regierung war im Grunde ein Anachronismus, der einer längst eingeleiteten historischen Entwicklung zuwiderlief. Der König lenkte vielleicht selbst noch in seinen letzten Jahren in den Kurs seiner Vorgänger ein. Als er starb, riefen die Langobarden Perctarit zurück.

Unter Perctarit (661/671–688) und seinem schon 678 zum Mitregenten erhobenen Sohn Kunincpert (678/688–700) reiften endlich die Entscheidungen, die schon so lange vorbereitet waren. Bischof Mansuetus von Mailand (672–681) war der erste Metropolit Liguriens – des langobardischen „Neustrien" –, der nachweislich wieder in der alten Hauptstadt Nordwestitaliens residierte. König, Papst und Metropolit nahmen die Reorganisation der Kirchenprovinz in die Hand. Anastasius, der letzte Arianerbischof von Pavia, trat zum Katholizismus über. Die Tage des Schismas in der Mailänder Provinz wa-

10 St. Salvator war nicht die erste katholische Königskirche in Pavia; die Königin Gundeperga hatte dort bereits eine Johanneskirche errichten lassen.

ren gezählt. Die kirchliche Union vollzog sich anscheinend reibungslos, da die gemeinsame Frontstellung in der Monotheletenfrage den alten Dreikapitelstreit gegenstandslos machte. Als Kaiser Konstantin IV. in der Monotheletenfrage einlenkte und Papst Agatho die Landeskirchen des Okzidents 679 zu einer großen Glaubensdemonstration aufrief, tagte erstmals wieder eine Mailänder Provinzialsynode, die sich hinter den Papst stellte. Der Kirchenfriede, den das 6. ökumenische Konzil in Konstantinopel 680/681 sanktionierte, führte auch den ersten offiziellen Friedensschluß zwischen den Langobarden und dem Kaiser herbei. Bei dieser Gelegenheit wurde die Verpflichtung zur Loyalität gegenüber der res publica und dem Kaiser, die die römischen Suffragane beim Obödienzeid gegenüber dem Papst als ihrem Metropoliten eingingen, für die römischen Suffragane im Langobardenreich abgeändert in die Verpflichtung, sich für die Erhaltung des Friedens zwischen der res publica, d.h. dem Imperium, und der gens Langobardorum einzusetzen.

Die Akten der Mailänder Synode sind von dem Diakon Damian redigiert worden, der bald darauf nach dem Tode des zum Katholizismus übergetretenen Anastasius zum Bischof von Pavia und Missionsbischof für die Langobarden erhoben wurde. Die Königsstadt Pavia wurde unter Damian das eigentliche Zentrum in der letzten Phase der Langobardenmission unter römischer Ägide, als solches in Analogie zu Bobbio aus der Kirchenprovinz Mailand gelöst und Rom direkt unterstellt[11]. Damian hatte in Griechenland studiert und war wahrscheinlich selbst Grieche, wie denn auch seine Helfer nach dem Zeugnis ihrer Namen und der Patrozinien der Missionsstationen meist Griechen oder Orientalen und gleich Damian wohl auch von Rom entsandt waren. So bestand zwischen der letzten Phase der Langobardenmission und der letzten Phase der Angelsachsenmission unter Theodor von Tarsus und Hadrian von Neapel ein „parallelismo cronologico e metodico“[12]. Die Immigrationswelle aus Griechenland, dem Orient und Afrika nach Italien, die der Monotheletenstreit und die arabische Invasion ausgelöst hatten, kam der Germanenbekehrung zugute. Bei den Langobarden Norditaliens läßt der Donatuskult auch auf eine Einwirkung aus der Toskana (Arezzo) schließen[13].

Gleichzeitig machte die römisch-orientalische Mission auch im Spoletiner Bereich und – nach der Aussöhnung des Königshauses mit den Beneventaner Herzögen – im langobardischen Unteritalien Fortschritte. Herzog Romuald I. von Benevent (662–687) wurde durch den heiligen Barbatus bekehrt. Bei seiner

[11] *G.P. Bognetti*, Le origini della consacrazione del vescovo di Pavia da parte del pontefice romano e la fine dell'arianesimo presso il Longobardi: Atti e memorie del IV congresso storico lombardo (Mailand 1940). Bognettis Auffassung ist nicht unbestritten, aber mit gewissen Abwandlungen auch von Bertolini akzeptiert worden. Die im Text gegebene Darstellung schließt an Bertolini an.

[12] *G. Fasoli*, Longobardi 140ff.

[13] *G.P. Bognetti*, Continuità 424. Bognetti führt den Donatuskult bei den langobardischen Zentren Norditaliens allerdings nicht auf Missionare, sondern auf umgesiedelte königstreue Arimannen aus dem Umkreis von Arezzo zurück.

Residenz entstand eine Peterskirche, die Bistümer Benevent und Sipont wurden neu errichtet. Nicht Benevent, sondern das langobardische „Austrien" (Provinz Aquileia), die Hauptbastion der Schismatiker, war der letzte Rückhalt der Opposition gegen die katholische Monarchie: einer Opposition freilich, bei der der Arianismus gar keine Rolle mehr spielte und politische Motive den kirchlichen mindestens die Waage hielten. Wortführer der Rebellen war der Herzog Alahis von Trient, dem Perctarit auch das Herzogtum Brescia hatte einräumen müssen. Alahis erhob sich beim Thronwechsel von 688. Auf dem Campus Coronate an der Adda kam es zur Schlacht, in der der Erzengel Michael als Patron des Regnums erschien. Alahis wurde besiegt. Kunincpert ließ auf dem Schlachtfeld eine Kirche zu Ehren St. Georgs erbauen, der als Heerespatron in Byzanz verehrt wurde. Ein Jahrzehnt später besiegelte ein langobardisches Konzil in Pavia die Rückkehr der letzten Schismatiker der Provinz Aquileia zur Orthodoxie. Der König schickte die Akten der Synode 698/699 an den Papst zur Bestätigung. Die Trennung der Kirchenprovinzen Aquileia und Grado, längst verfestigt durch die politischen Grenzen zwischen Regnum und Imperium, blieb bestehen.

Beim Tode Kunincperts war die Entwicklung im wesentlichen abgeschlossen, die unter Agilulf und Theodelinde eingesetzt hatte, aber nicht zuletzt auch durch politische Wechselfälle immer wieder durchkreuzt worden war. Allerdings ist in Rechnung zu stellen, daß der politische Hintergrund in der historischen Retrospektive besonders stark hervortritt. Denn die dürftige Überlieferung läßt die persönlichen Motive der Bekehrer und Bekehrten, den individuellen Einsatz und die Methoden der Missionare kaum erkennen[14]. Wie auch sonst in der Geschichte wird man sich außerdem auch hier davor hüten müssen, im Ergebnis nur die Folge einer zwangsläufigen Entwicklung zu sehen. Sicher war das Gewicht der katholisch-romanischen Tradition in Italien groß und der Arianismus im langobardischen Volk sehr viel schwächer gegründet als bei den Goten. Doch zeigt schon das vielfältige Auf und Ab, der im Vergleich zu anderen germanischen Völkern geradezu chaotisch anmutende Verlauf der langobardischen Missionsgeschichte, daß die religiöse Auseinandersetzung nicht in einem Schema eingefangen werden kann.

Die katholische Monarchie gewann bei den Langobarden infolge einer dynastischen Krise, die die Entwicklung wiederum für ein gutes Jahrzehnt suspendierte, erst unter König Liutprand (712–744) Gestalt. Doch waren wesentliche Grundzüge schon unter Perctarit und Kunincpert fixiert worden. Die Synode von Pavia läßt sich mutatis mutandis mit dem Toletaner Reichskonzil von 589 vergleichen. Sie war vom König einberufen und tagte nach kaiserlichem Vorbild im Saal des Königspalastes. Die Einigung wurde feierlich beschworen in der

[14] Deutlich wird, daß auch in der langobardischen Bekehrungsgeschichte das Wunder eine nicht geringe Rolle spielte (vgl. O. *Bertolini*, I papi 347 Anm. 50), und Gregor d. Gr. mag bei der Abfassung seiner Dialogi auch an eine Wirkung auf die Langobarden gedacht haben. Aber damit ist natürlich nur *ein* Aspekt hervorgehoben.

Kirche des Reichspatrons St. Michael. Die Paveser Bischöfe waren seit Perctarit oder Kunincpert exemt und scheinen im 8. Jh. eine Mittlerstelle zwischen Rom und dem Regnum eingenommen zu haben[15]. König Liutprand gründete die Hofkapelle bei der Salvatorkirche und erbaute St. Peter in Caelo Aureo[16]. Er nahm wie die Franken- und Westgotenkönige Einfluß auf die Besetzung der Bistümer und ließ in seinen Kapitularien kirchliche Grundsätze zur Geltung kommen, einmal sogar ausdrücklich unter Berufung auf den Papst als caput ecclesiarum Dei et sacerdotum (in omni mundo)[17]. Zahlreiche Grenzstreitigkeiten zwischen Bistümern des Regnums während der kirchlichen Reorganisation des Regnums wurden vor sein Forum gebracht. Der Episkopat war in der Spätzeit des Regnums sogar heerespflichtig[18].

Indessen hat Pavia im Gegensatz zu Toledo keine primatiale Stellung erlangt, sind auch im langobardischen Italien im Gegensatz zum gotischen Spanien keine Reichskonzilien nachzuweisen[19]. Dem vollen Ausbau der Landeskirche in Italien stand – anders als in Gallien und Spanien – die alte Metropolitanordnung im Wege. Denn nur zwei kirchliche Metropolen – Mailand und Aquileia (Cividale) – lagen innerhalb des Regnums. Die langobardischen Bistümer der Aemilia gehörten zu Ravenna, die Bistümer der Toskana, Spoletos und Benevents zur Kirchenprovinz Rom.

Die Gotenkönige hatten sich Spanien „angetraut“, wie Isidor von Sevilla sagte. Die Konversion der Langobarden und die Beseitigung des Schismas schien den Langobardenkönigen die Möglichkeit zu bieten, die „Braut“ Italien heimzuführen. Schon Authari soll, so ging die Sage, am Strand von Reggio di Calabria mit seinem Speer die Grenze des Langobardenreiches bezeichnet haben[20]. In der Inschrift einer von ihm gestifteten Krone wurde Agilulf als rex totius Italiae bezeichnet[21]. Kunincperts Epitaph in St. Salvator von Pavia schloß mit den Versen: Quem dominum Italia patrem atque pastorem / Inde flebile maritum iam viduata gemet[22]. Nach dem Umbau des Regnums setzte sich Liutprand das Ziel, seine Hoheit über Spoleto und Benevent zu aktiver Wirkung zu bringen und den Exarchat Ravenna mit der Pentapolis in das Reich der a Deo dilecta et catholica gens Langobardorum einzubeziehen[23]. Gegenüber Rom wollte er

[15] *O. Bertolini,* Le chiese longobarde 475 ff.

[16] Perctarit und seine Gattin hatten in Pavia St. Agatha und vor der Stadt eine Marienbasilika auf dem langobardischen Friedhof errichtet (*G. Fasoli,* Longobardi 138).

[17] *G. Fasoli,* Longobardi 156.

[18] *O. Bertolini,* Le chiese longobarde 491 (Zeugnis für Lucca von 754).

[19] Auch von Provinzial- und Diözesansynoden im langobardischen Italien findet sich kaum eine Spur. Bezeugt ist nach der Paveser Synode von 698 nur eine Mailänder Synode unter König Aistulf (*O. Bertolini:* Settimane di studio VII 1, 515).

[20] Paulus Diaconus, Hist. Lang. 32.

[21] Die Echtheit ist umstritten. Vgl. *R. Elze,* Die eiserne Krone in Monza: Herrschaftszeichen und Staatssymbolik (Schriften der MG 13), negativ, und die Rezension von *G. P. Bognetti,* Archivio storico lombardo, Serie ottava V (1954/55) 1–10, positiv. Der Zusammenhang der Zeugnisse spricht für Echtheit.

[22] Nach *G. P. Bognetti,* Milano longobarda 241.

[23] Die Epitheta sind dem Sprachstil der Kaiserkanzlei entlehnt.

sich mit einer Defensio begnügen. Aber diese Konzeption fand im kaiserlichen Italien kein Echo. Die Grenzen zwischen Regnum und Imperium hatten sich in den Gemütern zu sehr verfestigt, und Rom hielt am politischen Status quo fest, obwohl der Bilderstreit gerade damals zu einem neuen kirchlichen Konflikt mit dem Kaiser geführt hatte. Der politische Konflikt zwischen Papst und König wurde dadurch unvermeidbar. Die Päpste hatten lange an der spätrömischen Reichsidee festgehalten, in der das Heil der universalen Kirche unlösbar mit dem des Imperiums verbunden war; sie empfanden sich nun immer deutlicher als die Schutzherren des kaiserlichen Italien, ja in gewisser Weise noch als Garanten der Autonomie von Spoleto und Benevent. Die eidliche Verpflichtung, für den Frieden zwischen Imperium und Regnum zu wirken, die die langobardischen Suffragane Roms bei ihrer Weihe eingingen, wurde schon 740 umgedeutet in die Verpflichtung, die päpstliche Status-quo-Politik beim Langobardenkönig zu vertreten: zur gleichen Zeit, als der erste päpstliche Appell an die Franken erging. Damit war für die römischen Suffragane im Langobardenreich und über sie hinaus für alle viri devoti im Klerus- und Laienstand ein Gewissenskonflikt gegeben. Die langobardischen Könige haben sich eine Zeitlang bemüht, den Konflikt nur auf der politischen Ebene auszutragen. Noch Aistulf schonte in einer politisch kritischen Situation behutsam die kirchlichen Rechte Roms. Erst Desiderius trat Rom 769 auf dem Felde des Kirchenrechts entgegen, als er die langobardisch besetzten Teile Istriens der Obödienz von Grado zu entziehen versuchte und in Ravenna unkanonisch einen Laien seiner Wahl zum Metropoliten erheben ließ. Fünf Jahre später fiel die Entscheidung: das Regnum Langobardorum ist am Konflikt mit Rom zerbrochen.

16. Kapitel

Die Bekehrung der Angelsachsen und die Entstehung der angelsächsischen Kirche

QUELLEN: MG Auct. ant. XIII, 1 (Gildas und Nennius); MGSS rer. Mer. VI (Leben Wilfrids von York); MGEp I und II (Registrum Gregorii). *Jaffé* I² (1885); *Duchesne LP* (Paris ²1907; Neudr. 1955); *Ch. Plummer,* Venerabilis Bedae opera historica, 2 Bde (Oxford 1896; Neudruck 1966); *P. F. Jones,* A Concordance to the Historia eccl. of Bede (Cambridge/Mass. 1929); Bedae opera de temporibus, ed. *Ch. W. Jones* (Cambridge/Mass. 1943); *W. Jaager,* Vita metrica s. Cuthberti (Leipzig 1935); *B. Colgrave,* Two Lives of St. Cuthbert (Cambridge 1940); *F. A. Gasquet,* A Life of Pope Gregory the Great (Westminster 1904); *B. Thorpe,* The Anglo-Saxon Chronicle, 2 Bde, Rolls Series (1861); *J. Earl – Ch. Plummer,* Two of the Saxon Chronicles Parallel…, 2 Bde (Oxford 1892, 1899); *A. W. Haddan – W. Stubbs,* Councils and Ecclesiastical Documents relating to Great Britain and Ireland III (Oxford 1871); *F. Liebermann,* Die Gesetze der Angelsachsen, 3 Bde (Halle 1903/16; Neudr. Aalen 1960); *F. L. Attenborough,* The Laws of the Earliest English Kings (Cambridge 1922); *J. M. Kemble,* Codex diplomaticus aevi saxonici, 6 Bde (London 1839/48); *W. de Gray Birch,* Cartularium saxonicum, 3 Bde (London 1885/93; Nachdr. 1964).

Zur Chronologie: *R. L. Poole,* Studies in Chronology and History (Oxford 1934).

LITERATUR: *F. M. Stenton*, Anglo-Saxon England (Oxford ²1950), dort S. 679–699 allgemeine Übersicht über die Quellen; *R. H. Hodgkin*, History of the Anglo-Saxons, 2 Bde (Oxford ³1952); *P. Clemoes*, The Anglo-Saxons. Studies presented to Bruce Dickins (London 1960); *W. Levison*, England and the Continent in the Eighth Century (Oxford 1946); *M. Deanesly*, The Pre-Conquest Church in England (London 1961); *dies.*, Side-Lights on the Anglo-Saxon Church (London 1962); *J. Godfrey*, The Church in Anglo-Saxon England (Cambridge 1962); The English Church and the Papacy in the Middle-Ages, ed. *C. H. Lawrence* (London 1965); *G. Haendler* 28–38 E (vgl. Lit. Gotenkapitel); *Th. Schieffer*, Winfrid-Bonifatius und die christliche Grundlegung Europas (Freiburg 1954), mit einem vorzüglichen Kapitel über die Entstehung und Entwicklung der angelsächsischen Kirche bis zum 8. Jh.; *K. Schäferdiek*, Bekehrung und Bekehrungsgeschichte III. England und Schottland: *Hoops*, Reallexikon der germanischen Altertumskunde II² (1974) 188–193.

Papsttum und Mission: *A. V. Seumois, W. H. Fritze* (vgl. Lit. Gotenkapitel).

Zu Beda, seinen Quellen und den damit verbundenen Fragen über die römischen Anfänge der Mission: Bede, his Life, Time and Writings, ed. *A. H. Thompson* (Oxford 1935); *S. Brechter*, Die Quellen zur Angelsachsenmission Gregors d. Gr.: Beiträge zur Geschichte des alten Mönchtums und des Benediktinerordens 21 (Münster 1941); *ders.*, Das Apostolat des hl. Bonifatius und Gregors Missionsinstruktionen für England: St. Bonifatius, Gedenkgabe zum 1200. Todestag (Fulda 1954) 22–33; *ders.*, Zur Bekehrungsgeschichte der Angelsachsen: Settimane di studio ... XIV. La conversione al cristianesimo nell'Europa dell'Alto Medio Evo (Spoleto 1967) 191–215. – Gegenpositionen: *M. Deanesly – P. Grosjean*, The Canterbury Edition of the Answers of Pope Gregory I to St. Augustine: JEH 10 (1959) 1–49; *P. Meyvaert*, Les Responsiones de St. Grégoire à St. Augustin de Cantorbéry: RHE 54 (1959) 879–894; *M. Deanesly*, The Capitulare Text of the Responsiones of Pope Gregory I to St. Augustine: JEH 12 (1961) 231–234. – Umfassend: *J. M. Wallace-Hadrill*, Rome and the Early English Church. Some questions of transmission: Settimane di studio ... VII. Le chiese nei regni dell'Europa occidentale e i loro rapporti con Roma sino all'800, II (Spoleto 1960) 519–548.

Das Zeitalter der Völkerwanderung bezeichnete für Britannien einen sehr viel tieferen Einschnitt als für Gallien, Italien und Spanien. Die germanischen Stämme der „Angelsachsen" (Angeln, Sachsen, Jüten und andere Volkssplitter) besetzten die am nachhaltigsten romanisierten Ostprovinzen mit den Metropolen London und York und beschleunigten dadurch den Prozeß der Entromanisierung bei den nach Westen zurückweichenden, vom Kontinent mehr und mehr isolierten Briten. Keltische Sprache und Kultur schlugen also bei der alteingesessenen Bevölkerung wieder durch, wenn die Briten auch am christlichen Glauben und an der lateinischen Sprache in der Liturgie festhielten, ja sich geraume Zeit noch als Glieder der Romania empfanden[1]. In ihrer politisch-sozialen Struktur unterschieden sich die Briten und Angelsachsen nicht wesentlich voneinander. Beide waren – wie die Pikten Schottlands – in Kleinreichen organisiert, unter denen allenfalls das eine oder andere eine hegemoniale Stellung einnahm. Aber zu einer Symbiose der beiden Völker kam es nicht. Es blieb, zumal im Süden der Insel, bei einem feindlichen Gegenüber, das einen missionarischen Impuls bei den Briten nicht aufkommen ließ.

Erste christliche Einflüsse machten sich denn auch bei den Angelsachsen nicht von den britischen Nachbargebieten, sondern von Gallien her bemerkbar. Aethelbert von Kent, der als Bretwalda (Beherrscher Britanniens) eine hegemo-

[1] Entsprechende Zeugnisse aus den Schriften St. Patricks sind zitiert bei *J. Ryan*, The Early

niale Stellung südlich des Humber einnahm, heiratete vor 589 eine merowingische Prinzessin: Bertha, die Tochter Chariberts I. von Paris (561–567). Im Gefolge Berthas kam der fränkische Bischof Liuthard an den Hof von Canterbury. Für den Gottesdienst der Königin wurde eine Cömeterialbasilika des römischen Canterbury eingerichtet und vermutlich damals auf den Namen Martins von Tours geweiht[2]. Ein Schatzfund in dieser Kirche weist auf Beziehungen zur Garonne. Anscheinend sind durch die fränkische Heirat des Königs Verbindungen zu dem von Charibert I. beherrschten Gebiet zwischen der unteren Loire und der Garonne (Nantes, Tours, Poitiers, Bordeaux) angeknüpft worden. Wieweit dabei ältere kirchliche Beziehungen zwischen Gallien und Britannien aus dem 5. Jh. wiederbelebt wurden, steht dahin. Eine stärkere missionarische Aktivität konnte die merowingische Kirche jedoch jenseits des Kanals am Ende des 6. Jh. kaum entwickeln, da sie von der kirchlichen Restauration im Reichsinnern noch ganz absorbiert war.

Die eigentliche Initiative zur Angelsachsenmission ging von Gregor dem Großen aus. Der universale Missionsauftrag Christi war in der römischen Kirche nie ganz in Vergessenheit geraten. Leo d. Gr. hatte ihn noch in Verbindung mit einer providentiellen Sendung des römischen Imperiums gesehen: disposito namque divinitus operi congruebat, ut multa regna uno confoederarentur imperio, et cito pervios haberet populos praedicatio generalis, quos unius teneret regimen civitatis[3]. Gregor d. Gr. stand in dieser Tradition, lebte aber in einer gewandelten Welt. Unter dem Einfluß Augustins hat er das biblisch-eschatologische Verständnis der universalen Heidenmission neu geprägt und ist dabei von der „grundsätzlichen Bejahung des universalmissionarischen Auftrags der Kirche" zur „Planung und Organisation eines missionarischen Unternehmens außerhalb der Grenzen des Romanum imperium" fortgeschritten[4].

Irish Church and the See of Peter: Settimane di studio… VII. Le chiese nei regni dell'Europa occidentale e i loro rapporti con Roma sino all' 800, II (Spoleto 1960) 551. Am deutlichsten: Ecclesia Scottorum, immo Romanorum, ut Christiani ita ut Romani sitis. Die diesem Ausspruch zugrunde liegende Vorstellung ist der unten erwähnten Auffassung Leos des Großen eng verwandt.

[2] Beda datiert das Martinspatrozinium von Canterbury in die römische Zeit. *Wallace-Hadrill* ist geneigt, dieses Zeugnis zu akzeptieren (Rome and the Early English Church 529). Vgl. aber *M. Deanesly*, Pre-Conquest Church 35 48.

[3] „Denn dem von Gott angeordneten Werk entsprach es besonders, daß viele Reiche dem *einen* Imperium konföderiert wurden und (so) die allgemeine Glaubensverkündigung rasch Zugang habe zu den Völkern, die das Regiment der einen Stadt in Bann hielt" (Sermo 82 in natali apostolorum Petri et Pauli: PL 54, 423).

[4] *W. H. Fritze*, Universalis gentium confessio 113. Fritze erhebt mit Recht Widerspruch gegen die namentlich in der englischen Forschung vertretene Auffassung, daß Gregors Missionswerk aus römisch-imperialen Voraussetzungen zu verstehen sei (vgl. etwa *M. Deanesly*, Pre-Conquest England 45 und *J. Godfrey*, The Church in Anglo-Saxon England 69). Daß indessen bei Gregor reichskirchliches Denken noch nicht erloschen war, läßt sich bei aller Anerkennung seiner spezifischen Leistung – der Erneuerung des biblischen „theonomen" Missionsgedankens – kaum leugnen. Dem Papst war bekannt, daß das von den Angelsachsen okkupierte Britannien einst zum Imperium gehört hatte, und sein kirchlicher Organisationsplan schloß

Ist der geistige Hintergrund der für die Zukunft des Abendlandes hochbedeutsamen Initiative des großen Papstes einigermaßen einsichtig, so bleiben die näheren Umstände, durch die Gregors Interesse gerade auf die Angelsachsen gerichtet wurde, doch verhüllt. Die Frage, wie das der römischen Oikumene seit anderthalb Jahrhunderten entglittene Britannien wieder in den Gesichtskreis Roms trat, hat die bekannte, durch die northumbrische Vita Gregorii und von Beda überlieferte northumbrische Legende prägnant, aber vereinfachend beantwortet. Die äußere Schönheit angelsächsischer Sklaven, die Gregor bei einem Besuch des Forums aufgefallen sei, habe ihn erkennen lassen, daß die Angeln zu Miterben der Engel berufen seien[5]. Der einprägsamen Erzählung liegt wahrscheinlich die Tatsache zugrunde, daß Gregor 595 den Auftrag erteilte, angelsächsische Sklaven in Gallien – d. h. wohl in Marseille – aufzukaufen, um sie im christlichen Glauben im Hinblick auf eine künftige Missionstätigkeit in ihrer Heimat erziehen zu lassen, wenngleich es nicht ausgeschlossen ist, daß angelsächsische Sklaven auch auf den römischen Markt kamen. Als Zeugnis für northumbrische Vorstellungen von den Anfängen der Mission ist die Erzählung wertvoll, als historischer Faktenbericht begegnet sie kritischen Bedenken.

Die von Beda erzählte Geschichte soll sich in der Zeit Papst Benedikts I. (575–579) abgespielt haben. Ein erster Hinweis auf Britannien findet sich in den Moralia Gregors, die zwischen 585 und 595 redigiert wurden. Die Frage, ob Gregor schon um 585 den Missionsplan gefaßt habe und ihn damals – 5 Jahre vor seinem Pontifikatsantritt – persönlich durchführen wollte, ist kontrovers. Doch wurde die Mission sicher von langer Hand vorbereitet, wie der erwähnte Auftrag zum Aufkauf angelsächsischer Sklaven vom 10. September 595 zeigt. Die Rekrutierung der ersten Missionare bereitete Schwierigkeiten, da der römische Weltklerus sich offenbar versagte. So entsandte Gregor schließlich im späten Frühjahr 596 den Propst Augustin mit einer Gruppe von Mönchen aus dem von ihm selbst gegründeten Andreaskloster auf dem Mons Caelius. Die römischen Missionare landeten im Frühjahr 597 auf der zum Königreich Kent gehörigen Insel Thanet.

Gregor hat den kentischen Ansatzpunkt für die Mission gewiß nicht zufällig gewählt. Er muß über die Möglichkeiten einer missionarischen Wirksamkeit

an ältere römische Ordnungen an. Die innere Verbundenheit Gregors mit dem Imperium geht auch aus anderen Zeugnissen hervor, und die Wiederherstellung der kaiserlichen Herrschaft im Westen lag wenigstens für die Zeitgenossen im Bereich der Möglichkeit (*J. M. Wallace-Hadrill*, Rome and the Early English Church 522). So scheint mir doch die Distanz zwischen Leo d. Gr. und Gregor nicht so groß zu sein, wie Fritze annimmt.

[5] ... Rursus ergo interrogavit, quod esset vocabulum gentis illius. Responsum est, quod *Angli* vocarentur. At ille: „Bene“, inquit, „nam et *anglicam* habent *faciem*, et tales angelorum in caelis decet esse coheredes. Quod habet nomen ista provincia de qua isti sunt adlati?“ Responsum est, quod *Deiri* vocarentur idem provinciales. At ille: „Bene“, inquit, „Deiri; de ira eruti et ad misericordiam Christi vocati. Rex provinciae illius, quomodo appellatur?“ Responsum est, quod *Aelli* diceretur. Ad ille adludens ad nomen ait: „Alleluia, laudem Dei Creatoris illis in partibus oportet cantari!“ (Hist. eccl. II 1.)

am Hof von Canterbury wenigstens in großen Zügen informiert gewesen sein. Dennoch erschien die Reise ins ferne Heidenland wenigstens den Betroffenen als ein gefährliches Abenteuer – sie wären am liebsten schon bald nach ihrem Aufbruch wieder zurückgekehrt. Gregor gab nicht nach, stellte seinen Sendlingen aber Empfehlungsbriefe an den päpstlichen Vikar von Arles, an die Bischöfe von Aix(-en-Provence), Vienne und Autun, an den Abt von Lérins, an die fränkische Königin Brunichild und ihre Enkel Theuderich II. von Frankoburgund (Chalon-s.-Saône) und Theudebert II. von Auster (Metz) aus. Gegenüber der Königin motivierte der Papst seine Missionsgesandtschaft: er habe vernommen, daß die Angeln Christen werden wollten, aber kein Bischof in der Nachbarschaft für sie Sorge trage. Man könnte daraus auf eine Initiative aus Kent schließen. Dem widerspricht jedoch u. a. das Mißtrauen, mit dem das Königshaus von Kent nach Beda zunächst den römischen Missionaren begegnete. The Christian Franks in Kent seem not to have over-busied themselves in 30 years in preparing the king for St. Augustine[6].

Die ersten Schwierigkeiten wurden jedoch bald überwunden, und das Missionswerk nahm einen guten Fortgang. Hilfe kam aus dem Merowingerreich durch den Bischof Syagrius von Autun, der der Königin Brunichild nahestand. Gregor konnte dem Patriarchen von Alexandria im Juli 598 von großen Erfolgen berichten, die durch den Übertritt König Aethelberts (Taufe wahrscheinlich Ostern 601) gekrönt wurden. Augustin, der im Frankenreich zum Bischof geweiht worden war, gründete mit Hilfe des Königs die Kathedrale von Canterbury (Christ Church) und bei der Martinsbasilika ein Mönchskloster, dessen Kirche (St. Austin) auch die Gräber der Bischöfe und des Königshauses von Kent aufnehmen sollte. Die Bischofskirche erhielt nach dem Vorbild der römischen Kathedrale im Lateran das Salvatorpatrozinium, die Klosterkirche wurde den Apostelfürsten geweiht.

Die entstehende angelsächsische Kirche sollte nach dem Willen Gregors von der gallischen Kirche und dem päpstlichen Vikar in Arles unabhängig sein, aber mit den keltobritischen Kirchen der Insel zusammengeschlossen werden. Augustin sollte die Gründung zweier Kirchenprovinzen mit den Metropolen London und York für je 12 Bistümer vorbereiten, die nach seinem Tod zu vervollständigen seien. Als Haupt aller Kirchen Britanniens erhielt er 601 das Pallium mit der Maßgabe, seinen Sitz in London zu nehmen.

Der Organisationsplan Gregors beruht auf der älteren römischen Gliederung Britanniens – die jüngere diokletianische Ordnung, nach der Britannien in 5 Provinzen eingeteilt war, kannte man anscheinend in Rom nicht mehr. Das Organisationsschema entsprach jedoch weder den politischen Verhältnissen des frühen 7. Jh. noch dem Stand der Mission. London gehörte zum Königreich Essex, dessen Herrscher dem Bretwalda von Canterbury untergeordnet und zudem 601 noch Heide war. Die Übersiedlung Augustins in die alte britorömische

[6] *J. M. Wallace-Hadrill,* Rome and the Early English Church 527.

Metropole war unter diesen Umständen undurchführbar, und die Union der angelsächsischen mit den britischen Kirchen scheiterte sowohl an der Verschiedenheit der kirchlichen Gebräuche wie am nationalen Gegensatz der Völker und am herrischen Auftreten Augustins.

Die Glaubensverkündigung konnte sich nur auf der Grundlage der bestehenden Verhältnisse entfalten, und so strahlte die Mission vorerst nur auf die Königtümer aus, die mit Kent in enger Verbindung standen: auf Essex und Ostangeln (Norfolk und Suffolk). Festeren Fuß faßten Augustin und seine Gefährten in Essex, wo ein Schwestersohn König Aethelberts herrschte. In Kent wurde 604 als zweites Bistum Rochester (Kathedrale St. Andreas), in Essex das Bistum London (St. Paul beim römischen Forum) gegründet. Ein Zwang zur Annahme des Christentums wurde ebensowenig wie in Kent ausgeübt: Didicerat enim (rex) a doctoribus auctoribusque suae salutis servitium Christi voluntarium, non coacticium esse debere[7]. Gregor hatte die Missionare angewiesen, die heidnischen Tempel nicht zu zerstören, sondern in Kirchen umzuwandeln und den heidnischen Festen einen christlichen Sinn zu geben: ut dum eis aliqua exterius gaudia reservantur, ad interiora gaudia consentire facilius valeant. Nam duris mentibus simul omnia abscidere impossibile esse non dubium est, quia et is, qui summum locum ascendere nititur, gradibus vel passibus, non autem saltibus elevatur[8].

Die auf individuelle Bekehrung abgestellte Mission Augustins schloß natürlich nicht aus, daß die Konversion angesehener Fürsten auch den globalen Übertritt von Gefolgschaften und Klientelen nach sich zog, wobei gelegentlich Druck ausgeübt worden sein mag. Doch waren beim Tode Augustins (zwischen 604 und 609) noch nicht einmal alle Angehörigen der Königshäuser von Kent und Essex Christen geworden. So konnte es nach dem Tode König Aethelberts (616) und seines ostsächsischen Neffen zu einer heidnischen Reaktion kommen, die in Kent zwar nur einen vorübergehenden Rückschlag brachte, in Essex und Ostangeln aber die ersten Keime des Christentums zerstörte[9]. Dafür eröffneten sich

[7] „Der König hatte nämlich von seinen Lehrern, von denen er das Heil empfing, gelernt, daß der Dienst Christi ein freiwilliger, nicht ein erzwungener sein müsse" (Hist. eccl. I 26).

[8] „...damit sie, wenn ihnen äußerlich einige Freuden erhalten bleiben, leichter den inneren Freuden zustimmen mögen. Denn es ist zweifellos unmöglich, harten Herzen alles zugleich abzuschneiden, weil auch, wer zum höchsten Ort aufzusteigen sucht, stufen- und schrittweise, nicht in Sprüngen erhöht wird" (Hist. eccl. I 30). – Die Großzügigkeit, mit der Gregor den Verhältnissen der Mission auch in Sachen der kirchlichen Disziplin und im Eherecht Rechnung trug, erhellt aus seinen bei Beda überlieferten Responsa (Ep. XI 56a), die nach neueren Untersuchungen englischer und belgischer Forscher bis auf wenige Interpolationen wohl als echt anzusehen sind (zur Kontroverse mit S. Brechter vgl. die Literatur dieses Kapitels).

[9] Sehr verschiedene Auffassungen des Christentums werden deutlich am Beispiel zweier Könige von Ostangeln und Essex. Raedwald von Ostangeln hatte in seinem heidnischen Fanum einen christlichen und einen heidnischen Altar (Hist. eccl. II 15), huldigte also einem religiösen Synkretismus. Sigibert von Essex wurde erschlagen, weil er die Feindesliebe praktizierte (Hist. eccl. III 22), also das Grundgebot der christlichen Ethik verstanden und sich in einer für seine Zeit seltenen Weise zu eigen gemacht hatte.

ein Jahrzehnt später große Aussichten für die Mission im Norden Englands. König Aedwin von Deira (Yorkshire), der auch Bernicia (Northumbrien) und die Lindissi (Lindsey) beherrschte und die Hegemonie im angelsächsischen Bereich gewann, führte 625 eine Tochter Aethelberts von Kent heim. Mit der Königin ging Paulinus, einer der Missionare aus Kent, der zum Bischof erhoben wurde, nach Nordengland. Aedwin befand sich im Konflikt mit den Westsachsen und stellte 626 für den Fall seines Sieges seine Konversion in Aussicht. Nach dem glücklichen Ausgang des Kampfes legte er dem Witenagemot, d.h. der Großversammlung seines Reiches, die Frage vor, ob man das Christentum annehmen solle. Der Witenagemot entschied für den kollektiven Übertritt. Der König ließ sich Ostern 627 taufen.

Der Bericht Bedas über die Diskussion auf dem Witenagemot ist ein bedeutsames Denkmal aus der Geschichte der Germanenmission, wenn er auch nicht im strikten Sinn als zeitgenössisches Zeugnis gelten kann. Er zeigt, daß nicht nur der Sieg und Erfolg verheißende Gott Eindruck machte, sondern auch die Frage nach dem Sinn und Ziel des menschlichen Lebens eine Rolle spielte. „Talis", inquiens (unus optimatum), „mihi videtur, rex, vita hominum praesens in terris, ad conparationem eius, quod nobis incertum est, temporis: quale cum te residente ad caenam cum ducibus ac ministris tuis tempore brumali, accenso quidem foco in medio, et calido effecto caenaculo, furentibus autem foris per omnia turbinibus hiemalium pluviarum vel nivium, adveniens unus passerum domum citissime pervolaverit; qui per unum ostium ingrediens, mox per aliud exierit. Ipso quidem tempore, quo intus est, hiemis tempestate non tangitur, sed tamen parvissimo spatio serenitatis ad momentum excurso, mox de hieme in hiemem regrediens, tuis oculis elabitur. Ita haec hominum vita ad modicum apparet; quid autem sequatur, penitus ignoramus. Unde si haec nova doctrina certius aliquid attulit, merito esse sequenda videtur."[10]

Die von Gregor geplante zweite Kirchenprovinz York schien nach dem öffentlich beschlossenen Übertritt der Angeln nördlich des Humber Wirklichkeit zu werden. Paulinus nahm seinen Sitz in York, wo man bald nach der Taufe König Aedwins mit dem Bau einer steinernen Kathedrale begann, die eine noch vor der Taufe des Königs errichtete und St. Peter geweihte Holzkirche ersetzen sollte. Die Päpste Bonifatius V. (619–625) und Honorius I. (625–638) hielten

[10] „Das gegenwärtige Leben der Menschen auf Erden, o König", sagte einer der Großen, „scheint mir im Vergleich zu der Zeit, die uns ungewiß ist, von dieser Art zu sein: wie wenn ein Sperling dein Haus im Flug durcheilt, wo du zur Winterszeit mit deinen Herzögen und Dienern zum Mahle niedersitzest, um das Herdfeuer im warmen Gemach – draußen aber toben überall die winterlichen Regen- und Schneestürme. Der Sperling fliegt durch ein Tor hinein und gleich durchs andere wieder hinaus. Solange er drinnen ist, bleibt er unberührt von der Wut des Winters. Aber durchflogen ist im Nu die winzige Spanne heiterer Sorglosigkeit, und schon entgleitet er deinen Augen, aus dem Winter zurückkehrend in den Winter. So scheint das Leben der Menschen eine kleine Weile auf; was aber folgen mag, wissen wir nicht. Wenn daher diese neue Lehre etwas mehr Gewißheit bringt, sollte man ihr mit Recht folgen" (Hist. eccl. II 13).

auch mit der northumbrischen Mission Kontakt. Die Verbindung zwischen Rom und den ultimi habitatores mundi festigte sich, und Honorius erreichte in diesen Jahren sogar, daß Südirland die römische Osterrechnung rezipierte (629/632)[11]. Aber die geringe politische Stabilität Britanniens führte erneut zu einem schweren Rückschlag. König Aedwin fiel 632 bei Hatfield im Kampf gegen Penda von Mercien und den Britenkönig Caedwalla von Gwynedd. Die northumbrische Mission brach zusammen. Als Honorius I. das Pallium für Paulinus von York übersandte, befand sich dieser mit der Königin und ihren Kindern auf der Flucht nach Kent. Penda, der Herrscher des mittelenglischen Reiches Mercien („Markenreich“ der Angeln gegen die Briten), wurde bis zu seinem Tode (654) die „zentrale Gestalt der angelsächsischen Geschichte“[12]. Er war und blieb Heide.

Paulinus beschloß sein Leben als Bischof von Rochester (635–644). Canterbury und Rochester, die beiden kentischen Bistümer, hatten den Sturm überstanden, und der Vorrang von Canterbury im römischen Missionsbereich wurde 624 mit der Übersendung des Palliums durch Papst Bonifatius V. sanktioniert. Aber die Missionssphäre von Canterbury schrumpfte in der Folgezeit erheblich ein. Rom war fern und bot wenig Hilfe. An die Stelle des römischen Rückhalts trat mit Billigung der Päpste der Rückhalt an der merowingischen Reichskirche in Gallien, die schon den Flüchtlingen der ersten heidnischen Reaktion, den Bischöfen Mellitus von London und Iustus von Rochester, Zuflucht geboten hatte[13].

Südlich des Humber gab es in der Zeit Pendas von Mercien (632–654) nur zwei Königreiche, die man als christlich bezeichnen konnte: Kent und Ostangeln. Neben ihnen ist als drittes Reich Wessex zu nennen, das sich damals aber erst der neuen Lehre öffnete[14]. Christliche Einflüsse waren in Ostangeln zuerst von Kent (Canterbury), dann von Deira (York) aus zur Geltung gekommen. Die nova doctrina festigte sich aber erst unter König Sigebert (630–635), der in Gallien getauft war und bei seinem Herrschaftsantritt den frankoburgundischen Bischof Felix einführte. Felix stammte wohl aus dem Kreis des Luxeuiler Mönchtums; seine Beziehungen weisen vor allem auf Meaux und das Kloster Faremoutiers, das sehr früh zu einem Anziehungspunkt für angelsächsische Prinzessinnen und Damen aus dem angelsächsischen Adel wurde. Der frankoburgundische Bischof, dessen Missionstätigkeit von Canterbury autorisiert wurde, gründete das Bistum Dunwich im Süden des ostanglischen regnums (Suffolk). Im Norden des Landes (Norfolk) faßte noch unter Sigebert die irische

[11] *J. Ryan*, The Early Irish Church and the See of Peter 568/569.

[12] Stenton 39. Nach *Deanesly* scheint Penda Bretwalda gewesen zu sein oder wenigstens eine analoge Hegemonie de facto ausgeübt zu haben (Pre-Conquest Church 81). Anders Stenton, der an Bedas Aussage über die Hegemonie Oswalds von Northumbrien festhält.

[13] Die hier vorgetragenen Auffassungen beruhen vornehmlich auf *J. M. Wallace-Hadrill*, Rome and the Early English Church 535–536.

[14] *M. Deanesly*, Pre-Conquest Church 81.

Mission durch den Abt Furseus Fuß (Cnobheresburg bei Yarmouth). Die beiden ostanglischen Missionsgruppen standen allem Anschein nach in freundschaftlichen Beziehungen. Sie waren geeint im gemeinsamen Werk, und die Verschiedenheit der Observanzen war durch den irischen Einfluß auf den Luxeuiler Kreis zumindest gemildert[15].

Unabhängig von Canterbury wirkte seit etwa 633 der Gallier (?) Birinus in Wessex, das bisher in die Mission noch nicht einbezogen war. Birinus hatte die Erlaubnis zur Heidenpredigt von Papst Honorius I. erhalten und war vom Mailänder Exilmetropoliten Asterius zum Bischof geweiht worden. Er taufte 636 den westsächsischen König Cynegils und nahm seinen Sitz in Dorchester, dem damaligen Zentrum des Reiches. Sein Nachfolger wurde der Franke Agilbert (ca. 650–660), der zum Kreise der Gründer des Klosters Jouarre (Diöz. Meaux) gehörte, in Südirland studiert hatte und im Merowingerreich zum Missionsbischof geweiht worden war. Agilbert fiel 660 in Ungnade, weil er der sächsischen Sprache nicht hinreichend mächtig war[16]. Sein Nachfolger Wini, gleichfalls in Gallien geweiht, verlegte um 663 den Bischofssitz in die neue Hauptresidenz Winchester, konnte sich aber nicht lange halten. Ihm folgte Agilberts Neffe Hlothere (Chlothar) auf Wunsch des westsächsischen Königs und

[15] The earliest Anglian Church was founded, through the initiative of Canterbury, by a Burgundian bishop, Felix. Its Gaulish affinities need no emphasis; they leed one to Faremoutiers, Chelles, Lagny, Péronne and quite possibly to Luxeuil (*J. M. Wallace-Hadrill,* Rome and the Early English Church 530). Die Ausführungen des englischen Historikers bedürfen eines Kommentars. Faremoutiers und Chelles waren merowingische Frauenklöster, in denen das angelsächsische Element besonders stark vertreten war. Chelles ist als Frauenkloster jedoch erst nach dem Tode des Bischofs Felix († 647) durch die Königin Balthild gegründet worden. Unmittelbare Beziehungen können also nur zwischen Felix und Faremoutiers bestanden haben. – Lagny (Diöz. Meaux) wurde von Furseus nach seiner Übersiedlung ins Frankenreich (frühestens 640, wahrscheinlich 644/645) mit Hilfe des neustroburgundischen Hausmeiers Erchinoald gegründet. Dieser überführte die Leiche des Furseus († 650) nach Péronne, wo er ein Kloster gründete, dessen Leitung er dem 650 ins Merowingerreich übersiedelten Foillan, einem Bruder des Furseus, übertrug (*P. Grosjean,* Notes d'hagiographie celtique 38: AnBoll 75 [1957] 392 ff). Direkte Beziehungen können wiederum nur zwischen Lagny und Bischof Felix bestanden haben. Die Möglichkeit besteht, daß Felix durch seine merowingischen Beziehungen die Klostergründung des Furseus unterstützte. Die Indizien weisen somit auf engere Beziehungen zur Diözese Meaux hin. – Über die beiden ostanglischen Missionsgruppen vgl. auch *M. Deanesly,* Pre-Conquest Church 76 81 ff.

[16] Agilbert kehrte erst nach der northumbrischen Synode von Whitby (664) endgültig ins Merowingerreich zurück, wurde um 667 Bischof von Paris und starb zwischen 680 und 691. Er wurde in Jouarre begraben, sein Sarkophag ist erhalten. Die Abtei Jouarre wurde von Ado, einem Bruder des großen Bischofs Audoin von Rouen, gegründet und früh in ein Doppelkloster umgewandelt (vor 650, vielleicht schon vor 642). Die erste Äbtissin Theudechildis war eine Schwester Agilberts. Die Nonnen scheinen aus dem nur 20 km entfernten Faremoutiers gekommen zu sein. Jouarre selbst stellte die ersten Nonnen für das Königskloster Chelles und für Ebroins Hauskloster Notre-Dame de Soissons. Die in Jouarre bestattete heilige Osanna soll eine Schwester des northumbrischen Königs Osred (705–716) gewesen sein. Vgl. *J. Guérout,* Les origines et le premier siècle de l'abbaye: L'abbaye royale Notre-Dame de Jouarre (Paris 1961) 1–67.

mit Billigung des Erzbischofs von Canterbury[17], dessen Vorrang damit auch in Wessex anerkannt wurde. Von einer Leitung der Mission durch die Metropoliten in Canterbury konnte freilich weder in Ostangeln noch in Wessex die Rede sein. Deusdedit (654–663), der erste Angelsachse auf dem erzbischöflichen Stuhl, war in seiner Wirksamkeit faktisch auf Kent beschränkt.

Die große Wende der Mission ging vom Norden aus. Die Angeln nördlich des Humber wurden nach der Niederlage von Hatfield neu geeint durch die Brüder Oswald (633–641) und Oswiu (641–670) aus dem Königshaus von Bernicia. Oswald fiel 641 im Kampf gegen Penda von Mercien, aber Oswiu konnte 654 in der Schlacht von Winwood die Vorherrschaft Merciens brechen und die northumbrische Hegemonie wiederherstellen.

Die beiden Brüder hatten während der Regierung Aedwins von Deira (616–632) im Exil bei den Iren und Pikten Kaledoniens gelebt und waren dort Christen irischer Observanz geworden. Oswald ließ 634 aus Jona den Iren Aidan kommen, der mit Hilfe des Königs das Kloster Lindisfarne gründete und dort Abtbischof wurde. Auf Aidan folgten Finnan (651–661) und Colman (661–664). Nach Oswius Sieg von 654 taufte Finnan Pendas Sohn Peada, der eine Tochter Oswius heiratete, und den König Sigbert von Essex, einen „Freund" des northumbrischen Herrschers. Der Ire Diuma wurde als Missionsbischof nach Mercien, sein angelsächsischer Gefährte Cedd bald darauf nach Essex entsandt.

So stieg der irische Einfluß in England im 2. Drittel des 7. Jh. ständig an. Andererseits machten sich römisch-kontinentale Einflüsse über Wessex und Kent auch im irisch geprägten Northumbrien bemerkbar. Die Missionskreise überschnitten sich in weiten Teilen der angelsächsischen Welt, und Reibungen konnten nicht ausbleiben. In den Mittelpunkt der Kontroversen rückte die Divergenz der Ostertermine (und damit auch der Fastenzeiten), die das tägliche Leben im engeren Kreise erheblich erschwerte. Am northumbrischen Hof feierte König Oswiu das Osterfest nach dem irischen, die in Kent erzogene Königin nach dem römischen Kalender. Die Unzuträglichkeiten, die sich daraus ergaben, verlangten gebieterisch nach einer Klärung, und so berief der König 664 eine Synode nach Whitby.

In den kentischen Anfängen der Mission hatte der Gegensatz zwischen dem römisch-kontinentalen und dem keltisch-insularen Kirchenwesen, verstärkt durch die angelsächsisch-britische Feindschaft, zeitweise scharfe Formen angenommen. In Whitby herrschte ein anderes Klima. Römische Einflüsse hatten sich in der irischen Kirche geltend gemacht, die Südiren hatten die römische Osterrechnung schon eine Generation vorher rezipiert. Die irischen Kirchenmänner stellten die Apostolizität des Glaubens als Grundlage der kirchlichen Einheit nicht in Frage, sie pilgerten nach Gallien und nach Rom, sie hielten auch ihre Schüler dazu an[18]. So konnte die Entscheidung von Whitby kaum

[17] *J. M. Wallace-Hadrill,* Rome and the Early English Church 530.

[18] *M. Deanesly,* Pre-Conquest Church 83. – Wallace-Hadrill sieht im „emotional link with

zweifelhaft sein. Der fränkische Bischof Agilbert von Wessex und sein angelsächsischer Schüler, Abt Wilfrid von Ripon, vertraten den römischen Standpunkt gegen Colman von Lindisfarne. Als sich Wilfrid auf die Autorität Petri berief und dabei Matthäus 16,18 zitierte, griff der König ein: „Verene, Colmane, haec illi Petro dicta sunt a Domino?" Qui ait: „Vere, rex." Ait ille: „Habetis", inquit, „vos proferre aliquid tantae potestatis vestro Columbano datum?" At ille ait: „Nihil." Rursum rex: „Sic utrique vestrum", inquit, „in hoc sine ulla controversia consentiunt, quod haec principaliter Petro dicta, et ei claves regni caelorum sint data a Domino?" Responderunt: „Etiam" utrique. At ille ita conclusit: „Et ego vobis dico, quia hic est ostiarius ille, cui ego contradicere nolo; sed, in quantum novi vel valeo, huius cupio in omnibus oboedire statutis; ne forte, me adveniente ad fores regni caelorum, non sit qui reserat, averso, illo, qui claves tenere probatur."[19] Damit war das Streitgespräch zugunsten der römischen Gruppe entschieden. Colman verließ Northumbrien mit einer Gruppe von Intransigenten, andere Iren blieben zurück. Das große Abtbistum Lindisfarne wurde in die Bistümer Ripon und York geteilt.

Nicht weniger bedeutsam als die Synode von Whitby wurde der Pontifikatswechsel, der bald darauf in Canterbury eintrat. Als der von den Königen von Kent und Northumbrien ausersehene angelsächsische Kandidat nach seiner Ankunft in Rom starb, erhob Papst Vitalian nach sorgfältiger Wahl den Griechen Theodor von Tarsus. Theodor traf 669 in Kent ein, begleitet von dem Neapolitaner Abt Hadrian, der von Geburt Afrikaner war. Während seines langen Pontifikats (669–690) hat er, der als erster Bischof von Canterbury in der gesamten englischen Kirche anerkannt wurde, dieser Kirche Gestalt gegeben. Sieben Bistümer, darunter zwei für Kent (Canterbury und Rochester), je eines für die Reiche Northumbrien (York), Ostangeln (Dunwich), Mercia (Lichfield), Essex (London) und Wessex (Winchester) wurden reorganisiert. Neue Diözesen wurden errichtet in den relativ großen Reichen Northumbrien (Lindisfarne, Hexham) und Mercien (Lindsey, Worcester, Hereford). Nach der Bekehrung der Südsachsen durch Wilfrid (680/685) entstand das Bistum Selsey in Sussex.

the cultus of St. Peter, and thus with St. Peter's successors" das einigende Band, das die so verschieden geprägten angelsächsischen Kirchen schon vor der Entsendung Theodors von Canterbury zusammenhielt (Rome and the Early English Church 531).

[19] „Hat dies der Herr wirklich jenem Petrus gesagt, Colman?" Der antwortete: „So ist es, o König." Darauf fragte der König: „Habt ihr etwas von solcher Kraft für euren Columba vorzubringen?" Jener antwortete: „Nichts." Da sprach der König: „So stimmt ihr beide ohne Streit darin überein, daß dies in erster Linie dem Petrus gesagt wurde und ihm vom Herrn die Schlüssel des Himmelreiches übergeben seien?" Beide antworteten: „Ja." Da beschloß der König (das Streitgespräch) also: „Und ich sage euch: Dieser ist der Pförtner, dem ich nicht widersprechen will; vielmehr wünsche ich nach meinem Wissen und Können seinen Anordnungen in allem zu gehorchen: damit nicht etwa, wenn ich vor die Himmelstür trete, niemand da sei, der öffne, weil der sich von mir abkehrt, der nachweislich die Schlüssel hält" (Hist. eccl. III 25). – Zu dem längst traditionell gewordenen Bild des Himmelspförtners vgl. *K. Hallinger,* Römische Voraussetzungen der bonifatianischen Wirksamkeit im Frankenreich: St. Bonifatius. Gedenkgabe zum 1200. Todestag (Fulda 1954) 320–361.

Nach Theodors Tod ist die Zahl der angelsächsischen Bistümer nur noch durch wenige Neugründungen in Northumbrien (Whithorn), Ostangeln (Elmham), Mercien (Leicester, Dorchester) und Wessex (Sherborne) vermehrt worden.

Unter der Leitung des Erzbischofs von Canterbury wurde England zu einer kirchlichen Einheit, längst ehe es eine politische Einheit bildete. Die englische Kirche trat zu Provinzialsynoden zusammen, die zugleich „Nationalsynoden" waren. Da die Konzilien infolge der politischen Vielgestaltigkeit nicht nach Königsjahren datiert werden konnten, griff der Episkopat die Inkarnationsrechnung auf, die bald von England ihren Siegeszug durch das Abendland antrat. Die Osterberechnung wurde definiert, die Stabilitas loci für die Mönche, den Klerus und den Episkopat festgesetzt. Doch übernahm Theodor von Tarsus auch Grundelemente der irischen Bußpraxis, schrieb er doch erstmals allgemein die jährliche Beichte vor. Ein Poenitentiale, das auf Theodors Anweisungen beruhte und unter seinem Namen weit verbreitet wurde, „wirkte mit darauf hin, daß das verfeinerte und individuelle Bußsystem der Ohrenbeichte mit gestaffelten Sühneleistungen auch für geheime Verfehlungen zum Gemeingut der Gesamtkirche wurde"[20]. Andererseits strahlte der römische Einfluß von England auf die Kelten der Britischen Inseln aus. In den Jahren 704 und 716 nahmen auch die Nordiren von Bangor und die Pikten die römische Osterrechnung an. Nur die Kelten von Wales hielten bis 768 am alten Brauch Columbas fest[21].

England blieb zwei Generationen lang unter der kirchlichen Leitung von Canterbury. Als dann 735 der Bischof von York das Pallium erhielt, löste sich Northumbrien von der gesamtenglischen Kirchenprovinz. Diese Zweiteilung entsprach nicht nur dem Plan Papst Gregors, sondern auch der Sonderentwicklung des angelsächsischen Nordreichs. Bei ihr ist es in Zukunft geblieben. Die im 8. Jh. von den mercischen Oberkönigen des Südens konstituierte Kirchenprovinz Lichfield (788–803) hatte keinen Bestand. Auch ein Versuch des Königs von Mercien, die kirchliche Metropole Südenglands von Canterbury nach London zu verlegen, blieb erfolglos, obwohl man sich dabei auf Gregor den Großen berufen konnte. Zu mächtig war bereits die Tradition der Sedes Augustins und Theodors von Tarsus.

(Viri de gente Anglorum), qui maxime familiariores apostolicae sedi semper existunt[22], sagt noch eine Quelle des 9. Jh. von den Angelsachsen. Nach ihrem Ursprung und ihrem Charakter als frühmittelalterliche Missionskirche war die Kirche Englands „römischer" als die des Franken-, Goten- und Langobardenreichs, die in ihren Wurzeln in die Antike zurückgingen und ein reicheres Erbe

[20] *Th. Schieffer* a. a. O. 76. – Erzbischof Theodor hatte keine Vorurteile gegenüber den Iren. Er erhob drei Zöglinge irischer Schulen zu Bischöfen (*M. Deanesly*, Pre-Conquest Church 102; zu seiner Persönlichkeit ebd. 104–107).

[21] *M. Deanesly*, Pre-Conquest Church 89 ff.

[22] (Die Männer aus dem Volk der Engländer), die dem Apostolischen Stuhl von jeher besonders nahestehen (Gesta abb. Fontanellensium 14, ed. *Löwenfeld* S. 42). Dazu *J. M. Wallace-Hadrill* a. a. O. 520 ff.

besaßen. Der Petruskult war in allen germanisch-romanischen Kirchen fest verankert[23], aber er gewann in England eine besondere Intensität. „St. Peter wurde geradezu der Nationalheilige, dem man in großer Zahl Klöster und Kirchen ... weihte. Das augenfälligste und bekannteste Kennzeichen dieser religiösen Hingabe ist der Strom der angelsächsischen Pilger zu den Schwellen der Apostel ... mancher beschloß in Rom sein irdisches Leben, so die beiden Könige ... Caedwalla († 689) und Ine von Wessex († 726)."[24] Die angelsächsische Kirche trat 679 auf Ersuchen des Papstes in Hatfield zusammen, um sich in der Monotheletenfrage hinter Rom zu stellen. Die Bindung an Rom nahm in England auch juristische Formen an. Hier war das Metropolitanrecht schon durch Gregor erstmals an den Empfang des Palliums gebunden worden, eines Gewandstreifens aus weißer Wolle, das die Päpste früher ihren Vikaren verliehen. Durch das Pallium erhielt der Metropolit Anteil an den Rechten des Papstes und den Titel „Erzbischof", der in früherer Zeit eine obermetropolitane Stellung bezeichnete. Wie im Langobardenreich, wo der Papst an der Langobardenmission und an der Reorganisation der Kirchenprovinz Mailand beteiligt war, kam es auch in England zur Exemtion von Klöstern, die von der Gewalt des Ortsbischofs befreit und Rom direkt unterstellt wurden[25]. Freilich bedeuteten diese Exemtionsprivilegien, die nur in wenigen Sonderfällen auf Initiative der Gründer erteilt wurden, nicht einen Versuch, von Rom aus in die Verhältnisse der englischen Kirche einzugreifen. Denn die englische Kirche war nicht weniger als die fränkische, gotische und langobardische eine „Landeskirche", wenn auch fester mit Rom verbunden. Die Zuständigkeit von König und Erzbischof, von Witenagemot (Großenversammlung) und Synode erstreckte sich „auf so bedeutende Aufgaben wie die Errichtung von Bistümern, ... die Nominierung des Bischofs durch den König (wurde) nicht als ungewöhnlich, ... seine Zustimmung zur Wahl als selbstverständlich, die Verweisung des Bischofs aus seiner Kirche durch den König nicht als unerhört empfunden. Die Hoheit des Königs dokumentierte sich in einer Gesetzgebung, die der Kirche den staatlichen Schutz sicherte, aber auch eine kirchliche Disziplinargewalt über Kleriker und Laien handhabte ... Die Bischöfe und Äbte kamen aus fürstlichen und adeligen Familien, die sich mit Eifer der Stiftung von Kirchen und Klöstern widmeten, sie aber auch nach eigenkirchlichen Gewohnheiten in Besitz hielten."[26]

Die Phasen der Verchristlichung des angelsächsischen Lebens lassen sich deutlich verfolgen. Der erste Angelsachse auf dem Stuhl von Canterbury war Frithona (654–663), der den christlichen Namen Deusdedit annahm. In den

[23] *E. Ewig*, Der Petrus- und Apostelkult im spätrömischen und fränkischen Gallien: ZKG 71 (1960) 215–251. Der Petruskult hatte außerhalb Englands altchristliche Wurzeln. Er symbolisierte zugleich die apostolische Sukzession des Episkopats und die Verbundenheit der Bischöfe mit Rom.

[24] *Th. Schieffer* a.a.O. 75.

[25] *W. Levison* a.a.O. 25ff.

[26] *Th. Schieffer* a.a.O. 73.

vierziger und fünfziger Jahren des 7. Jh. begegnen die ersten Angelsachsen unter den Bischöfen von Rochester (Kent), Ostangeln und Wessex. Wenn man von Canterbury absieht, waren seit den siebziger Jahren alle Bischofsstühle Englands mit Einheimischen besetzt. Als erster angelsächsischer König hat Earconbert von Kent (640–664) die Zerstörung heidnischer Heiligtümer in seinem Reich angeordnet. Strafen für Angriffe auf Gott, den Klerus und die Kirchen setzte schon König Aethelbert von Kent fest, der das älteste angelsächsische Volksrecht redigieren ließ. Aber von stärkerem christlichem Einfluß zeugen erst die Volksrechte, die Ine von Wessex und Wihtred von Kent 694 und 695 erließen. Das Urkundenwesen, das die Kirche nach England brachte, setzt deutlich unter dem Pontifikat Theodors von Canterbury ein. Mit dem Mönchtum war die angelsächsische Kirche von jeher aufs engste verbunden, und zwar sowohl von Irland wie von Rom und von Gallien her. Aber die großen angelsächsischen Mönchsväter – Cuthbert von Lindisfarne, Wilfrid von York, Benedikt Biscop, Aldhelm von Malmesbury – gehörten der Generation Theodors an oder waren jüngere Zeitgenossen des Erzbischofs von Canterbury. Cuthbert († 687) faßte die irischen Gewohnheiten seines Klosters in einer Regel zusammen. Mit der Romanisierung der englischen Kirche fand die Benediktinerregel Eingang, der Wilfrid von York und Benedikt Biscop († 690) in weiten Landesteilen Geltung verschafften. Die Benediktinerabteien wurden in weit höherem Maße Bildungszentren als die meist mit Seelsorge überlasteten Irenklöster. Doch darf die benediktinische Prägung des angelsächsischen Mönchtums nicht überschätzt werden. Augustin und seine Gefährten waren keine „Benediktiner“, und bis ins 8. Jh. kann man wohl von einer benediktinischen Dominante, nicht aber von einem exklusiv benediktinisch geprägten Mönchtum bei den Angelsachsen sprechen[27]. Charakteristisch für das frühe angelsächsische Mönchtum waren die Doppelklöster, die im Merowingerreich entstanden waren, aber in England zu besonderer Blüte kamen[28]. Reine Frauenklöster scheint es in der angelsächsischen Frühzeit nicht gegeben zu haben. Unter den großen Äbtissinnen, die Männer- und Frauenkonventen vorstanden, ragte Hild von Whitby hervor († 680), eine Verwandte König Oswius von Northumbrien.

Die angelsächsischen Schulen treten erst mit Erzbischof Theodor und Abt Hadrian von Canterbury (669–707/10) ins Licht der Geschichte. Ein besonderer Vorzug der Schule von Canterbury war das Studium des Römischen Rechts und die damals ganz singuläre Pflege des Griechischen. Der Glanz der südenglischen Kathedralschule verblaßte jedoch im 8. Jh. Das angelsächsische Bildungszentrum verlagerte sich nach Northumbrien: zuerst an die von Benedikt Biscop 674 und 681/82 gegründeten Klöster Wearmouth (St. Peter) und Jarrow (St. Paul), von dort unter Erzbischof Egbert (734/735–766) an die Domkirche von York. Neben den großen Schulen von Canterbury, Wearmouth-Jarrow und

[27] *K. Hallinger,* Papst Gregor d. Gr. und der hl. Benedikt: SA 42, 265.

[28] *St. Hilpisch,* Die Doppelklöster. Entstehung und Organisation: Beiträge zur Geschichte des alten Mönchtums 15 (Münster 1928). – *W. Levison* a. a. O. 22ff.

York standen jedoch manch andere, noch wenig erforschte Bildungszentren, unter ihnen das mercische Lichfield.

Die Gründung oder Erneuerung der Schule von Canterbury unter Theodor und Hadrian bezeichnete den Beginn der angelsächsischen „Renaissance", die vornehmlich durch Aldhelm von Malmesbury (ca. 640–709), Beda Venerabilis (672–735) und Alkuin repräsentiert wurde und mit Alkuin in die karolingische „Renaissance" hinüberleitete. Die Bedeutung des Westsachsen Aldhelm, der durch die Schule von Canterbury gegangen war, lag auf dem Gebiete der Grammatik, der Verslehre und der religiösen Bildung. Größer als er war der Northumbrier Beda, der als Lehrer in Jarrow nicht nur die Bibelexegese, die Grammatik und Verskunst, sondern auch die Chronologie und die Geschichtsschreibung pflegte. „Die Nachwirkungen seines chronologischen Werkes... reichen bis auf den heutigen Tag, denn Beda goß hier die alexandrinisch-römische Festberechnung in die für das Mittelalter kanonische Form und leitete den endgültigen Sieg dieses noch für uns maßgebenden Osterzyklus ein. Ja er schlug in doppelter Hinsicht die Brücke... zum römischen 6. Jh., indem er auch die Zeitrechnung nach der Geburt Christi in der Geschichtsschreibung einbürgerte. Und gerade als Historiker genießt Beda unvergänglichen Ruhm, denn sein Hauptwerk, die... Historia ecclesiastica gentis Anglorum, bezeichnete bereits einen Höhepunkt der eben erst einsetzenden mittelalterlichen Geschichtsschreibung."[29]

Die Grundlagen der christlich-angelsächsischen Kultur waren römisch; gekennzeichnet durch die kanonische Rechtssammlung des Dionysius Exiguus, den römischen Osterzyklus, den Ordo cantandi Romanus, die Regula Benedicti. Benedikt Biscop reiste nicht weniger als sechsmal nach Rom und brachte von dort „eine unzählige Menge von Büchern aller Art mit"[30]. Aber er hat auch in Vienne Bücher aufgekauft und ist zwei Jahre Mönch in Lérins gewesen. Sein Freund Wilfrid von York empfing entscheidende Eindrücke kirchlichen Lebens in Lyon. Lyon und die benachbarten Städte besaßen im Frühmittelalter gutdotierte Bibliotheken, in denen auch die spanische Literatur, insbesondere Isidor von Sevilla, vertreten war. Beda war vertraut mit Isidor und der gallischen Literatur des 4.–6. Jh.: ein großer Teil der Werke, die ihm zur Verfügung standen, wird unmittelbar aus dem Frankenreich gekommen sein[31].

Der irische Einschlag in der angelsächsischen Kultur ist so deutlich, daß man

[29] *Th. Schieffer* a. a. O. 79. Neuere Forschungen haben jedoch den Anteil der Kirche von Canterbury unterstrichen. Wenn die Historia ecclesiastica über den engen nordenglischen Rahmen hinausgewachsen ist zu einer allgemeinen Kirchengeschichte Englands, so ist dies in doppelter Weise dem Abt Albinus von St. Austin (Peter und Paul) zu verdanken: durch die Anregung, die er Beda gab, und durch das dokumentarische Material, das er ihm über den Londoner Priester Nothelm lieferte (*M. Deanesly*, Pre-Conquest Church 42 ff). Die Beziehungen der northumbrischen Klöster Wearmouth und Jarrow zu Canterbury gingen auf Benedict Biscop zurück, der zwei Jahre lang die Abtei St. Austin geleitet hat.

[30] *Beda*, Historia abbatum 6, ed. *Plummer* 369.

[31] *J. M. Wallace-Hadrill*, Rome and the Early English Church 527 ff.

oft ohne nähere Unterscheidung beider Elemente einfachhin von insularer Kultur spricht. Das gemeinsame Kriterium, das in die Augen fällt, ist die irische Schrift, die in England allgemein Geltung fand und „Insulare" von „Kontinentalen" unterschied. Doch ist auch an das irische Bußrecht zu denken, von dem schon die Rede war. Umstritten ist die Herkunft der insularen Buchillustration, die aus der Übertragung der „barbarischen" Metallkunst auf das Buch entstand. Die traditionelle Auffassung, daß die insulare Miniatur eine Leistung der Iren des 6./7. Jh. sei, ist heute erschüttert. Gewichtige Argumente sprechen in der Tat dafür, daß diese hochentwickelte Kunst um 700 in Northumbrien entstand[32]. Merkwürdigerweise kam der literarische Einfluß der Grünen Insel um 700 besonders in Südengland zur Geltung: durch Aldhelm, der in der von Iren gegründeten westsächsischen Abtei Malmesbury groß geworden war und den dunklen, durch Alliteration und gesuchten Wortschatz gekennzeichneten Stil der Iren übernahm.

Während in den romanischen Ländern das Lateinische der Umgangssprache noch so nahe stand, daß es auch in weiteren Kreisen noch verstanden werden konnte, stellte sich in Irland und England früh das Problem der Volkssprache. Die Christianisierung hatte in Irland bereits eine volkssprachliche Literatur ins Leben gerufen, und das gleiche Phänomen beobachten wir auch in England. Aethelberts kentische Lex ist das erste in germanischer Sprache aufgezeichnete Volksrecht. Der Widsid und das Beowulfepos – Denkmäler der heidnischen Heroenzeit – dürften im 8. Jh. zuerst schriftlich fixiert worden sein. Aber auch die neuen christlichen Inhalte drängten nach einem Ausdruck in der Volkssprache: Beda berichtet von dem Stallknecht Caedmon, der von Gott durch ein Traumgesicht den Auftrag erhielt, sein Lob zu singen. Caedmon trat ins Kloster Whitby ein und folgte dem Auftrag, ita ut, quicquid ex divinis litteris per interpretes disceret, hoc ipse post pusillum verbis poeticis maxima suavitate et conpunctione conpositis, in sua, i.e. Anglorum lingua proferret[33]. Caedmon leitete eine religiöse Dichtung in der Volkssprache ein, deren Hauptwerke dem 8. und frühen 9. Jh. angehören.

Die Anfänge der christlich-angelsächsischen Kultur fielen zusammen mit dem

[32] A. W. *Clapham*, Notes on the Origins of Hiberno-Saxon Art: Antiquity 8 (1934) 43–57; *F. Massai*, Essai sur les origines de la miniature dite irlandaise (Brüssel 1974); *F. Henry*, Les débuts de la miniature irlandaise: Gazette des Beaux Arts 1950, 5–34; *F. Massai*, Il monachesimo irlandese nei suoi rapporti col continente: Settimane di studio IV. Il monachesimo nell'Alto Medioevo e la formazione della civiltà occidentale (Spoleto 1957) 139–163. Nach *M. Deanesly* kam die abstrakte hiberno-sächsische Kunst der Kreuze und Manuskripte von Jona über den Solway Firth nach Lindisfarne. Die northumbrische Buchmalerei kombinierte keltische und klassische Traditionen (relationship, nicht filiation mit der irischen Kunst des Book of Durrow und des Book of Kells) und entwickelte einen eigenen figürlichen Stil (Pre-Conquest Church 183–187).

[33] „... so daß er, was immer er aus der Heiligen Schrift durch Dolmetscher lernte, dies selbst nach kurzer Frist in dichterischen Worten von feinstem Schmelz und tiefstem Empfinden in seiner, d. h. der Sprache der Angeln, vortrug" (Hist. eccl. IV 22).

Abschluß der Mission in England, deren letzte Akte die Bekehrung von Sussex (680–685) und der Insel Wight waren. Wenige Jahre später griff die Mission mit Willibrord auf das Festland über. Die angelsächsische Mission auf dem Festland gehört jedoch der fränkischen Geschichte an. Denn die Heimat eines Heiligen ist – wie wir in Abwandlung eines schönen Wortes von Delehaye sagen möchten[34] – nicht das Land, in dem er geboren wurde, sondern der Fleck Erde, auf dem er wirkte und in dem seine Gebeine ruhen.

[34] La patrie du martyr n'est pas la contrée qui lui a donné le jour, mais l'endroit de la terre qu'il a arrosé de son sang et où reposent ses restes (*H. Delehaye,* Les origines du culte des martyrs [Brüssel ²1933] 40).

ZWEITER ABSCHNITT

Innerkirchliches Leben bis zum Ausgang des siebten Jahrhunderts

Univ.-Professor Dr. Karl Baus, Bonn-Schmelz (Kap. 17, 18, 21)
Univ.-Professor Dr. Hermann Josef Vogt, Tübingen (Kap. 19, 20, 22, 23)

17. Kapitel

Das nordafrikanische Christentum vom Beginn der Vandalenherrschaft bis zur islamischen Invasion[1]

QUELLEN: Victor Vitensis, Historia persecutionis Africanae provinciae, rec. *M. Petschenig:* CSEL 7 (Wien 1881); Quodvultdeus Carthag., Sermones: ClP n. 401–412; PL Suppl 3, 261–298; Fulgentius Ruspensis, Opera, ed. *J. Fraipont:* CChr 91–91 A (Turnhout 1968); Ferrandus diac., Epistulae: PL 67, 887–950; Breviatio canonum: ebd. 949–962; Vita s. Fulgentii, ed. *G.-G. Lapeyre* (Paris 1929); Facundus Hermian., Opera: PL 67; Victor Tunnunensis, Chronicon, ed. *Th. Mommsen:* MGAuct. ant. 11, 2 (Berlin 1894); Procopius, Bellum Vandalicum, ed. *J. Haury* (Leipzig 1905); ed. *O. Veh* (München 1971); Concilia Africae. A. 345 bis A. 525 cura et studio *C. Munier:* CChr 149 (Turnhout 1974).

LITERATUR: *A. Audollent,* Afrique: DACL 1, 810–861; *J. Mesnage,* Le christianisme en Afrique. Déclin et extinction (Algier 1915); *J. Ferron – G.-G. Lapeyre,* Carthage chrétienne: DHGE 11 (1948) 1149–1159; *A. Berthier et a.,* Les vestiges du christianisme antique dans la Numidie centrale (Paris 1951). – *L. Schmidt,* Geschichte der Vandalen (München ²1942); *Ch. Courtois,* Les Vandales et l'Afrique (Paris 1955); *P. Courcelle,* Histoire littéraire des grandes invasions germaniques (Paris ⁴1964); *H.-J. Diesner,* Das Vandalenreich (Stuttgart 1966). – *G.-G. Lapeyre,* Saint Fulgence de Ruspe (Paris 1929); *H.-J. Diesner,* Fulgentius von Ruspe als Theologe und Kirchenpolitiker (Stuttgart 1966). – *Ch. Diehl,* L'Afrique byzantine 533–709 (Paris 1896; Nachdr. New York 1964); *Ch.-A. Julien,* Histoire de l'Afrique du Nord I (Paris ²1968). – *M. Dall'Arche,* Scomparsa del cristianesimo ed espansione dell'Islam nell'Africa settentrionale (Rom 1967).

Als sich Augustins Leben seinem Ende näherte, schien die Kirche Nordafrikas einer ruhigen Weiterentwicklung entgegenzusehen. Die Mehrheit der Bevölkerung der römischen Provinzen, vor allem in den Städten, bekannte sich zum Christentum, die verbleibende heidnische Minorität, darunter noch Angehörige der intellektuellen und besitzenden Oberschicht, konnte durch behutsame Missionsarbeit ebenso gewonnen werden wie die heidnischen Stämme an der langen Südgrenze des romanisierten Raumes, denen man sich bisher zuwenig gewidmet hatte, weil allzu viele Kräfte durch den Konflikt zwischen Katholiken und Donatisten gebunden waren. Die donatistische Konfession existierte zwar durchaus weiter, war aber durch staatliche Maßnahmen und vor allem durch

[1] Da das nordafrikanische Christentum von 430 bis 700 eine von der übrigen lateinischen Kirche stark abweichende Entwicklung zu durchlaufen hatte, legt sich hier eine zusammenfassende Darstellung dafür nahe.

die theologische Arbeit Augustins in die Defensive gedrängt. Auch hier konnte eine positive Entwicklung erwartet werden, wenn man Augustins Programm folgte, das die innere Aussöhnung der beiden Konfessionen zum Ziele hatte. All das hing jedoch entscheidend von einer Konsolidierung der politischen Verhältnisse im westlichen Reichsteil ab, die durch die Ereignisse der Völkerwanderung in eine sehr prekäre Lage geraten waren.

Die nordafrikanische Kirche unter der Vandalenherrschaft

Die noch relativ ruhige Situation änderte sich jedoch auch für Nordafrika schlagartig, als im Mai 429 der Stamm der arianischen Vandalen, der damals etwa 80 000 Menschen umfaßte, unter König Geiserich (428–477) von der spanischen Südküste aus nach Tanger übersetzte und seinen Zug durch die römischen Provinzen antrat[2]. Damit begann für die nordafrikanische Kirche eine über hundert Jahre andauernde Periode der Unterdrückung und Verfolgung durch die neuen Machthaber, die ihr schwere materielle und noch tiefer reichende moralische Schäden zufügte. Diese Verfolgung, die wohl Katholiken wie Donatisten in gleicher Weise traf, kannte zwar Phasen größerer und geringerer Intensität, sie hatte auch lokal begrenzte Schwerpunkte und setzte zuweilen mehrere Jahre aus, aber sie kann weder als Ganzes bezweifelt noch in ihrem brutalen Grundzug bagatellisiert werden. Die Aussagen der verschiedenen Quellen, darunter Augenzeugenberichte, sind dafür zu übereinstimmend und werden zum Teil durch die archäologische Forschung bestätigt[3].

Die erste, überaus harte Welle der Verfolgung reicht vom Beginn der Invasion bis zur endgültigen Sicherung der vandalischen Macht (429–442). Da den Vandalen der Ruf einer besonderen Intoleranz gegenüber dem katholischen Klerus vorausging, dachten viele Bischöfe und Presbyter an Flucht, aber der greise Augustinus griff sofort mit einem klärenden Wort ein und betonte entschieden, es sei Pflicht des Klerus, überall auszuharren, wo auch nur ein Rest der Gemeinden zurückbleibe, der dann gerade in solcher Notsituation der Hilfe seiner Priester bedürfe[4]. Die ersten Nachrichten über das Verhalten der Eroberer, die in die östlichen Provinzen gelangten, waren bedrückend: Verbrannte Kirchen, zerstörte Klöster, geschändete Friedhöfe, geplünderte Privathäuser säumten ebenso ihren Anmarschweg wie die Leichen der Erschlagenen oder zu Tode Gefolterten[5]. Die Straßen waren von Flüchtlingen überflutet, und Bischof Capreolus von Karthago konnte nicht einmal die Bischöfe zu einer Synode ver-

[2] Victor Vit., Historia persecutionis Africanae provinciae 1, 2. Zur Vorgeschichte der Vandalen vgl. die Werke von *L. Schmidt* und *Ch. Courtois* (Lit.).
[3] Der Versuch von *Ch. Courtois*, Victor de Vita et son œuvre (Algier 1954), den Aussagewert von Victors *Historia persecutionis* weitgehend in Frage zu stellen, ist mit Recht zurückgewiesen worden.
[4] Augustin., Ep. 228 ad Honoratum, von Possidius in seine Vita s. Aug. c. 30 aufgenommen.
[5] Victor Vit., Hist. 1, 3–4; Possidius, Vita s. Aug. c. 28.

sammeln, um die Delegierten für das Konzil von Ephesos zu bestimmen[6]. Nur wenige Städte, wie Cirta, Hippo und Karthago, die zudem durch geflohene Landbewohner überfüllt waren, konnten sich länger halten. Ein erstes Abkommen mit Ravenna, das die Vandalen als foederati anerkannte (435), benutzte Geiserich zur Vorbereitung neuer Kampfmaßnahmen, auch die Verfolgung des Klerus dauerte an. In der Provinz Byzacena wurden die Bischöfe von Vita und Usurita zu Tode gequält, drei weitere, darunter Possidius aus Calama, wurden verbannt, drei vornehme Spanier in vandalischen Diensten, die es ablehnten, zum Arianismus überzutreten, wurden hingerichtet[7]. Über die Situation und Stimmung der Katholiken vor allem in Karthago vor der Eroberung der Stadt (439) gibt eine Serie von Predigten Auskunft, die mit guten Gründen dem Bischof Quodvultdeus zugeschrieben werden[8]. Das Unheil, das über die Kirche Nordafrikas hereingebrochen ist, wertet er als Strafe für die Lauheit vieler Christen, die auch jetzt noch im Circus zu finden sind, anstatt sich leiten zu lassen vom heroischen Vorbild ihrer Martyrer Perpetua, Felicitas und derer, die eben jetzt draußen im Lande lieber den Tod erdulden als ihren Glauben verraten. Eine offensichtlich beträchtliche Zahl von Christen erliegt bereits dem Druck oder der Verlockung der Vandalen und tritt zum arianischen Bekenntnis über. In schärfsten Formulierungen wird vor deren Erpressungs- und Bestechungsversuchen gewarnt[9].

Nach dem Fall Karthagos entlud sich der Zorn der Eroberer wegen des langen Widerstandes in voller Wucht über die Einwohner, von denen so viele den Tod fanden, daß man sie ohne kirchliches Begräbnis in einem Massengrab beisetzen mußte. Die Plünderung traf vor allem den kirchlichen Besitz, die Hauptkirchen der Stadt wurden dem vandalischen Klerus übergeben, andere als Kasernen benutzt. Bischof Quodvultdeus wurde mit einem Teil seines Klerus verbannt und auf havarierte Schiffe gebracht, die aber doch bis Neapel gelangten[10]. Auch die Senatoren und andere Angehörige der Oberschicht wurden zunächst aus der Stadt vertrieben, dann des Landes verwiesen. Manche von ihnen verschlug die Flucht bis nach Syrien, wo sich Bischof Theodoret von Kyros für sie verwandte[11]. Eine geordnete Seelsorge war in den besetzten Gebieten auf Jahre hinaus nicht möglich, die demoralisierenden Folgen blieben nicht aus. Der Druck ließ teilweise nach, als ein neuer Vertrag zwischen Geiserich und Kaiser Valentinian III. (442) den Vandalen die Provinzen Proconsularis, Byzacena, Tripolitana und das östliche Numidien als unabhängiges Hoheitsgebiet überließ

[6] Capreolus, Ep. ad concil. Ephes.: ACO I 2, 64 = PL Suppl 3, 259.

[7] Victor Vit., Hist. 1, 10; Honoratus, Ep. ad Arcadium (PL 50, 567–570); Prosper, Chron. ad a. 437/38.

[8] Katalog der 12 Sermones: ClP n. 401–412; Übersicht über den Stand der Diskussion um den Autor bei *P. Courcelle,* Histoire littéraire 126 Anm. 7.

[9] Besonders charakteristisch die beiden *sermones de tempore barbarico:* PL Suppl 3, 287–298 und PL 40, 698–708.

[10] Victor Vit., Hist. 1, 6; 1, 9; 1, 16.

[11] Ebd. 1, 12; 1, 15; Theodoret. Cyr., Ep. 29 31 36 52–53 70.

(die sog. *sortes Vandalorum*), während das westliche Numidien und die beiden Mauretanien kaiserlich blieben. Papst Leo I. bemühte sich sofort, wenigstens in diesen Provinzen wieder eine funktionsfähige Kirchenleitung aufzubauen[12]. Nach 15jähriger Vakanz gestattete der Vandalenkönig auch die Wiederbesetzung des Stuhles von Karthago durch Bischof Deogratias (454)[13].

Das durch die Ermordung Valentinians III. (455) verursachte politische Chaos in Italien nutzte Geiserich zu einem raschen Vorstoß seiner Flotte ins Tyrrhenische Meer, nahm in einem Handstreich Rom und legte der Stadt eine hohe Kontribution an Kunstschätzen und Edelmetallen auf, auch Papst Leo I. mußte liturgische Gefäße ausliefern, erreichte dafür aber von Geiserich, daß die Stadt vor Brandstiftung und Blutvergießen bewahrt blieb. Außer der Kaiserinwitwe mit ihren beiden Töchtern entführten die Vandalen eine große Zahl Gefangene verschiedenen Ranges nach Afrika, deren Not Bischof Deogratias nach Kräften zu lindern suchte. Da er schon 457 starb, war die karthagische Kirche erneut 24 Jahre verwaist[14]. Jede Neubesetzung eines frei gewordenen Bischofssitzes wurde verboten, so daß von den 164 bischöflichen Gemeinden der Proconsularis schließlich noch drei einen Leiter hatten[15]. Erst gegen Ende der Regierung Geiserichs konnte Kaiser Zenon die Erlaubnis zur Rückkehr der verbannten Kleriker erwirken (475)[16].

Die ersten Regierungsjahre König *Hunerichs* (477–484) schienen eine Wende zum Besseren einzuleiten, da der katholische Gottesdienst wieder gestattet wurde und die Gemeinde von Karthago in Bischof Eugenius ein neues Oberhaupt erhielt (481)[17]. Durch seine soziale Fürsorge gewann dieser rasch hohes Ansehen, weckte damit jedoch den Neid des vandalischen Klerus und des Patriarchen Kyrila, denen es allmählich gelang, den König zu einem Kurswechsel zu bestimmen. Zunächst wurde der Besuch des katholischen Gottesdienstes allen untersagt, die vandalische Tracht trugen, also auch allen Katholiken, die in Diensten der Vandalen standen[18]. Eine abstoßende Kampagne der moralischen Diffamierung von Klerus und Klosterfrauen schloß sich an. Dann wurden alle Katholiken in Heer und Verwaltung vor die Entscheidung gestellt, das arianische Bekenntnis anzunehmen oder aus ihren Stellungen auszuscheiden, letzteres wurde aber mit Konfiskation des Vermögens und Verbannung nach Sizilien oder Sardinien geahndet[19]. Mit dem Erlaß eines Dekretes (483), das fast 5000 Personen, Kleriker und Laien aller Schichten, in das von den Mauren beherrschte Grenzgebiet der Provinz Byzacena verbannte, erreichte die Verfolgung

[12] Leo I., Ep. 12; Ad episc. Afr. (PL 54, 646–656).
[13] Victor Vit., Hist. 1, 24.
[14] Ebd. 1, 25–27. Zur Eroberung Roms und ihren Folgen siehe zuletzt *H.-J. Diesner*, Das Vandalenreich 64f.
[15] Victor Vit., Hist. 1, 28–29.
[16] Ebd. 1, 51.
[17] Ebd. 2, 1–5.
[18] Ebd. 2, 6–11.
[19] Ebd. 2, 23–25.

unter Hunerich einen ersten Höhepunkt. Victor von Vita hat den Zug der Verbannten nach der Wüste zum Teil als Augenzeuge geschildert, der für viele zum Weg in den Tod wurde. Wiedergefundene Inschriften und die Reste einer Gedächtniskapelle von ihren Gräbern bestätigen seinen Bericht[20].

Wohl als Antwort auf Vorhaltungen Kaiser Zenons berief Hunerich die katholischen Bischöfe auf den 1. Februar 484 zu einem Religionsgespräch nach Karthago[21], obwohl der vandalische Klerus im Gegensatz zum katholischen bisher wenig Interesse an theologischer Diskussion gezeigt hatte[22]. Bischof Eugenius wollte dazu auch katholische Vertreter aus nichtafrikanischen Gebieten, besonders aus Rom, eingeladen haben, weil eine Diskussion zwischen Arianern und Katholiken keine rein innerafrikanische Angelegenheit sei. Die Bitte wurde abgewiesen, vor Beginn der Konferenz wurden jedoch einige theologisch versierte Bischöfe der Katholiken noch verbannt oder durch Mißhandlungen eingeschüchtert[23]. Was sich dann bei den Sitzungen unter Vorsitz des vandalischen Patriarchen Kyrila abspielte, war weniger ein Religionsgespräch als eine hitzige Debatte beider Seiten um Verfahrensfragen, die Katholiken konnten immerhin ein wohl von Eugenius formuliertes ausführliches Glaubensbekenntnis vorlegen[24]. König Hunerich griff die Beschuldigung der vandalischen Tagungsteilnehmer, die katholischen Bischöfe seien die wirklichen Unruhestifter, sofort auf und erließ ein Edikt, das die katholische Kirche völlig unter Ausnahmerecht stellte. Danach sollten die früheren Kaisergesetze gegen die Häretiker wieder gegen alle in Kraft gesetzt werden, die nicht innerhalb einer bestimmten Frist zum Arianismus übertreten würden: Alle Kirchen seien zu schließen, jeder Gottesdienst, Taufen und Weihen seien zu unterlassen, die liturgischen Bücher zu vernichten, das Kirchenvermögen dem vandalischen Klerus zu übereignen[25]. Nach mannigfachen Quälereien wurde ein Teil der Bischöfe nach Korsika deportiert, die Mehrzahl zu Kolonen degradiert, ein Rest zur Arbeit in den Bergwerken gezwungen[26]. Auch über das einfache Volk brach nun die härteste Phase der Verfolgung herein, die zuweilen sadistische Züge annahm. Dazu kam eine schwere Hungersnot, so daß unter dem zweifachen Druck die Zahl der Übertritte zum Arianismus aus allen Schichten stark anstieg, während andere Folter und Tod tapfer auf sich nahmen[27]. Erst der Regierungsantritt König Gunthamunds (484–496) brachte ein Nachlassen des Schreckens. Die Verbannungsde-

[20] Ebd. 2, 26–37. Die Inschriften bei *O. Fiebinger – L. Schmidt,* Inschriftensammlung zur Geschichte der Ostgermanen: DAWW 60 (1917) und 70 (1939) Nr. 39 bzw. Nr. 15, Abbildung einer Inschrift bei *P. Courcelle,* Histoire litt. Taf. 31, Text S. 362.

[21] Das Einberufungsdekret bei Victor Vit., Hist. 2, 39.

[22] Bekannt ist bis 484 nur eine Diskussion zwischen Cerealis und dem arianischen Bischof Maximinus (PL 58, 757–768), während auf katholischer Seite eine Reihe afrikanischer Schriftsteller sich mit dem Thema Arianismus befaßten, siehe *Bardenhewer* 4, 545–557.

[23] Victor Vit., Hist. 2, 39–46. Die Liste der Teilnehmer: Notitia provinciarum et civitatum Africae: CSEL 7, 117–134.

[24] Victor Vit., Hist. 2, 56–101. [25] Text des Ediktes: ebd. 3, 3–14.

[26] Ebd. 3, 20–21. [27] Ebd. 3, 22–54; die Hungersnot und ihre Folgen: 3, 55–58.

krete wurden zum Teil aufgehoben, Bischof Eugenius konnte nach seiner Rückkehr (487) auch den Gottesdienst in der Friedhofskirche eines Vorortes von Karthago wiederaufnehmen, auf seine Bitten hin gestattete Gunthamund schließlich im Jahre 494 die Heimkehr aller Verbannten, allenthalben im Lande wurden wieder katholische Gotteshäuser geöffnet. Die afrikanische Kirche als Ganzes bot ein Bild der Verwüstung, dabei wogen die seelisch-moralischen Schäden weit schwerer als die materiellen, eine Regeneration mußte Jahre dauern. Da die überlebenden Bischöfe zunächst nicht zu einer gesamtafrikanischen Synode zusammenkommen konnten, überließen sie die Frage der Behandlung der zahlreichen lapsi den Anweisungen Roms, über die Zahl der Bußwilligen machen die Quellen jedoch keine Angaben[28].

Zu einem wirksamen Wiederaufbau nach innen und außen kam es jedoch nicht, da die Periode relativer Toleranz schon nach den ersten Regierungsjahren König Thrasamunds (496–523) zu Ende ging. Als die Kirchenleitung in der Provinz Byzacena um die Jahrhundertwende daranging, den verwaisten Gemeinden, allerdings im Widerspruch zu einem königlichen Erlaß, nach Möglichkeit neue Bischöfe zu geben, schickte ein neues Dekret sowohl Konsekratoren wie Neugeweihte in die Verbannung. Wiederum mußte ein Teil der Bischöfe fliehen oder ein Versteck aufsuchen, wiederum waren Übertritte zum Arianismus zu verzeichnen[29]. Unter den Deportierten befand sich auch der neue Bischof der Stadt Ruspe, Fulgentius, den seine theologische Bildung bald zum geistigen Führer des afrikanischen Episkopates werden ließ[30]. Durch seine ausgedehnte Korrespondenz, die er zum Teil als „Sekretär" der exilierten Bischöfe von Sardinien aus führte, durch sein Wirken als Vorsteher des von ihm in Calaris gegründeten Klosters, durch seine Predigt- und Vortragstätigkeit wurde er zu einem kirchenpolitischen Faktor, dessen Gewicht der Vandalenkönig nicht durch bloße Verbannung neutralisieren konnte. Als Thrasamund ihn um 515 nach Karthago bringen ließ[31], um ihn zu den Einwänden des arianischen Klerus gegen die katholische Trinitätslehre Stellung nehmen zu lassen, schien er sich von einer allein mit Fulgentius geführten schriftlichen Disputation mehr zu versprechen als von einem Religionsgespräch nach dem Modell des Jahres 484. Der arianische Redaktor der „objectiones", die der König dem Fulgentius einmal schriftlich zustellen, das andere Mal nur vorlesen ließ, ist unbekannt. Fulgentius antwortete in zwei Schriften, die in ihrer verbalen Devotion gegenüber dem König der Etikette entsprachen, in der Sache jedoch kompromißlos den katholischen Standpunkt vertraten, die zweite wandte sich direkt an Thrasamund und forderte ihn zur Annahme der katholischen Lehre auf[32]. Da Fulgentius die ihm

[28] *Mansi* 7, 1056–59 1171–74.

[29] Gregor. Tur., Hist. Franc. II 2, 3; Coll. Avell. n. 230–231; Ferrandus, Vita s. Fulg. 9 13 17–18; Ennodius, Ep. 2, 14.

[30] Vgl. die Arbeiten von *G.-G. Lapeyre* und *H.-J. Diesner* (Lit.).

[31] Ferrandus, Vita s. Fulg. 20.

[32] Die beiden Schriften des Fulgentius: a) Responsiones ad dicta regis Thrasamundi, b) Ad Thrasamundum regem Vandalorum libri tres: CChr 91, 67–185.

in Karthago gewährte relative Freiheit zu erfolgreicher Tätigkeit bei Katholiken und Arianern nutzte, mußte er auf Drängen des vandalischen Klerus in das Exil nach Sardinien zurückkehren (517). Ein am augustinischen Vorbild orientierter, scharf antiarianischer Psalmus abecedarius aus seiner Feder, der die Katholiken zur Glaubenstreue mahnt, läßt sich in diese Zeit einordnen[33]. So endete der Versuch König Thrasamunds, die katholische Kirche Nordafrikas zuerst durch Repressalien, dann durch mehr kirchenpolitisches Vorgehen in den Dienst des Vandalenreiches zu nehmen, mit einem Fehlschlag.

Einen dauerhaften Frieden für die katholische Kirche Nordafrikas brachte erst die Thronbesteigung König Hilderichs (523–530), dem Katholikenfeindlichkeit fremd war, da er jahrzehntelang in Konstantinopel zugebracht hatte und sich durch seine mütterliche Ahnenreihe – er war Sohn der Eudokia und Enkel Valentinians III. – als Glied der theodosianischen Dynastie empfand. Seine ersten Maßnahmen, wohl im Einvernehmen mit Kaiser Justin I. getroffen – Aufhebung des Verbannungsdekrets für die Bischöfe, Rückgabe der enteigneten Kirchen, Erlaubnis zur Neubesetzung der verwaisten Bischofssitze[34] –, gaben der Kirche die Freiheit des Kultes und der Verkündigung zurück und ermöglichten ihr, den Wiederaufbau eines zutiefst gestörten kirchlichen Lebens in Angriff zu nehmen. Schon im Jahre 523 machten die Bischöfe der Byzacena auf Synoden in Junca und Sufes Bestandsaufnahme, zwei Jahre später berief der neue Bischof von Karthago, Bonifatius, ein Generalkonzil ein, dessen Teilnehmerliste (nur 60 Bischöfe) allerdings viele Absenzen zu verzeichnen hat[35]. Die katholikenfreundliche Kirchenpolitik Hilderichs rief jedoch eine mehr und mehr erstarkende Opposition unter den Vandalen wach, an deren Spitze sich Gelimer, ein Urenkel Geiserichs stellte. Als dann noch Hilderichs Truppen im Kampf gegen aufständische Berber mehrere Niederlagen erlitten, ließ Gelimer ihn gefangennehmen und sich selbst zum König der Vandalen ausrufen (530). Der sich immer deutlicher abzeichnende Verfall der vandalischen Macht veranlaßte Kaiser Justinian I., trotz mancher Bedenken wegen der technischen Schwierigkeiten des Unternehmens, durch eine militärische Intervention die nordafrikanischen Provinzen wieder in die volle Gewalt des Reiches zu bringen. In einem halben Jahr (Sept. 533 bis März 534) gelang es dem byzantinischen Expeditionsheer unter Belisar, unterstützt von der einheimischen Bevölkerung, den Widerstand der Vandalen zu brechen. Im Triumphzug des Siegers in Konstantinopel sah man auch ihren letzten König Gelimer[36].

[33] Ferrandus, Vita s. Fulg. 21. Zum Psalmus abecedarius siehe *C. Lambot:* RBén 48 (1936) 221–234, danach der Text: CChr 91 A, 877–885.

[34] Ferrandus, Vita s. Fulg. 25–26; Victor Tunn., Chron. ad a. 523; Isidor Hisp., Hist. Wandal. 82. Dazu *H.-J. Diesner,* Die Auswirkungen der Religionspolitik Thrasamunds und Hilderichs auf Ostgoten und Byzantiner (Berlin 1967).

[35] Akten: CChr 149, 254–282, Liste der Teilnehmer ebd. 271f, dazu *Hefele-Leclercq* 2, 1055–74.

[36] Vgl. *C. Saumagne,* Le reconquête byzantine de l'Afrique: Les Cahiers de Tunisie 7 (1959) 281–297.

Das Christentum im byzantinischen Nordafrika

Kaiser Justinian, der sich durch das Gelingen des nordafrikanischen Unternehmens in seiner religiösen Sendung bestätigt sah, verhieß in dem Gesetz, das die Verwaltung der Diözese Afrika neu ordnete, alle Einwohner dieser Provinzen würden erkennen, in welcher Freiheit sie unter seiner Herrschaft leben könnten[37]. Vor allem der katholische Klerus konnte annehmen, daß er auf Freiheit besonderen Anspruch habe. Er begann alsbald auf einer Generalsynode unter Bischof Reparatus von Karthago (534), an der bereits 220 Bischöfe teilnehmen konnten, die Beratungen über die Sanierung seiner so schwer getroffenen Kirche. Drei Probleme standen dabei im Vordergrund: 1. die Rückführung aller afrikanischen Kleriker, die sich noch im übrigen Reichsgebiet aufhielten, jetzt aber für den Wiederaufbau einer geordneten Seelsorge in der Heimat benötigt wurden; 2. das Verfahren bei der Wiederaufnahme der durch Zwang oder Verlockung zum Arianismus übergetretenen Katholiken, unter denen sich zahlreiche Kleriker befanden; 3. die Wiedereinsetzung der katholischen Kirche in ihre früheren Rechte, die sowohl die Rückgabe des ehemaligen Besitzes wie die Anerkennung der Sonderstellung der katholischen Konfession einschloß. Zu den beiden ersten Fragen erbat das Konzil die Bestätigung seiner Beschlüsse durch Rom. Danach sollten nur jene Kleriker „in Übersee" Aufnahme finden, die schriftlich einen Sonderauftrag ihres Bischofs nachweisen könnten. Ferner sollte jeder rückkehrwillige arianische Kleriker nur als Laie aufgenommen werden, die Kirche sollte aber für seinen angemessenen Lebensunterhalt sorgen[38]. Für die Regelung der dritten Frage war eine kaiserliche Verfügung erforderlich, die Justinian im August 535 erließ[39]. Sie ordnete die Rückgabe aller Kirchengebäude und liturgischen Geräte an und bestätigte die Metropolitanrechte des Bischofs von Karthago. Überaus hart waren die Maßnahmen, die der Erlaß hinsichtlich der Arianer, Donatisten, Juden und Heiden traf; sie mußten ihre Gotteshäuser schließen, jede kultische Handlung unterlassen, jede Zusammenkunft wurde verboten, es genüge, wenn sie leben könnten. Der Papst beglückwünschte den Kaiser zu solchem Eifer für die Ausbreitung des Gottesreiches[40].

Diese Härte sollte sich bitter rächen. Als bald nach der Rückkehr Belisars nach Konstantinopel Eingeborenenstämme im Süden und Westen der Zentralprovinzen sich gegen das neue Regime erhoben, unterstützte der arianische und donatistische Klerus nach Möglichkeit die Rebellen in ihrem Kampf, der sich über 15 Jahre hinzog und eine stetige, wirksame Wiederaufbauarbeit der katholischen Kirche unmöglich machte. Man gewinnt den Eindruck, daß der Epi-

[37] *R. Devreesse,* L'église d'Afrique durant l'occupation byzantine: MAH 57 (1940) 143–168. Das Gesetz Justinians: Cod. Just. I 27.

[38] Brief der Synode an Papst Johannes II. und die Antworten Papst Agapets: Coll. Avell. n. 85–87.

[39] Nov. 37.

[40] Coll. Avell. n. 88.

skopat dafür aber auch keine auf weite Sicht geplante umfassende Konzeption besaß, da zwar gelegentlich Synoden abgehalten wurden, die sich aber, wie die der Byzacena 541, vorrangig mit den Sonderrechten ihrer Kirchenprovinz befaßten[41]. Dazu kam als weitere Belastung der *Dreikapitelstreit,* in dem sich der afrikanische Episkopat stark engagierte. Als seine Wortführer traten zunächst Facundus von Hermiane und der Diakon Ferrandus von Karthago auf, die beide Justinians Theologie verwarfen oder zum Widerstand gegen sie aufforderten[42]. Die Synode von Karthago 550 kündigte Papst Vigilius sogar die Gemeinschaft auf, falls er sein Judicatum widerrufe, und protestierte formell beim Kaiser gegen die Verurteilung der Drei Kapitel[43]. Von den nach Konstantinopel befohlenen Vorstehern der afrikanischen Kirchenprovinzen zeigte sich nur der Primas von Numidien den kaiserlichen Wünschen gefügig, während Reparatus von Karthago seine Ablehnung mit der Verbannung nach dem Pontus bezahlen mußte, wo er 563 starb. Eine zweite Gruppe von acht Bischöfen, die wohl als Delegaten für das Konzil von 553 von dem kaisertreuen Primosus von Karthago, dem Nachfolger des Reparatus, ausgewählt wurden, erhob ebenfalls keine Schwierigkeiten. Nach dem Konzil schloß sich auch Primasius von Hadrumetum der Verurteilung der Drei Kapitel an, wofür ihn Justinian mit der Würde des Primas der Byzacena belohnte. Bei ihrer Rückkehr nach Afrika stießen diese Bischöfe jedoch auf eisige Ablehnung ihrer Kollegen und konnten deren Widerstand gegen die Beschlüsse von 553 nur mit Hilfe der staatlichen Gewalt brechen. Zu den Unversöhnlichen gehörte Victor von Tunnuna, der als Verbannter ein unstetes Wanderleben führen mußte und schließlich in einem Kloster in Konstantinopel interniert wurde[44].

Mit dem Regierungsantritt Justins II. (565–578) klang dieser theologische Streit allmählich ab, das autoritäre Auftreten des byzantinischen Kaisers ließ aber seine Spuren im afrikanischen Episkopat zurück. Im Exarchen von Karthago hatten sie stets den Repräsentanten der kaiserlichen Macht in ihrer Nähe, der zwar den wahren Glauben zu fördern hatte, der diesen Auftrag aber zugleich als Kontrolle über die Kirche und als Eingriffsrecht in ihre Belange verstand. So breitete sich mehr und mehr eine gewisse Resignation unter den Bischöfen aus, immer geringer wurde die Zahl derer, die sich mit Hingabe um eine Gesundung des religiösen Lebens mühten. Eine diesem günstige friedliche Entwicklung wurde ohnehin immer wieder in Frage gestellt durch langwierige Kämpfe mit den aufständischen Stammesfürsten, wie etwa dem König Garmul, die erst unter Kaiser Maurikios ein Ende fanden.

[41] *Mansi* 9, 111f; Just., Nov. 131.

[42] Ferrandus, Ep. 6; Facundus Hermian., Pro defensione trium capitulorum: PL 67,527–852; zwei weitere Schriften zur Frage ebd. 853–878. Die führende Rolle der afrikanischen Bischöfe im Dreikapitelstreit unterstreicht *R. A. Markus,* Reflections on Religious Dissent in North Africa in the Byzantine Period: StChH 3 (1966) 140–149.

[43] Victor Tunn., Chron. ad a. 550.

[44] Ebd. ad a. 551 ss.

Gegenüber den häufigen Übergriffen einer oft korrupten Beamtenschaft suchte die afrikanische Kirche mehr als früher Hilfe beim römischen Papst, aber nur Männer wie Gregor d. Gr. konnten hier gelegentlich Abhilfe schaffen. Seine Korrespondenz mit seinem Legaten Hilarus, mit einigen zuverlässigen Bischöfen und den hohen staatlichen Stellen enthüllt zum Teil schwere Mißstände auch im höheren Klerus, die als Zeichen einer fortschreitenden negativen Entwicklung gelten müssen. Unermüdlich versuchte Gregor die Bischöfe aus ihrer Lethargie aufzurütteln, die sich vor allem gegenüber den in Numidien wieder sehr aktiv werdenden Donatisten zeigte, seit Kaiser Maurikios die strengen Bestimmungen Justinians gelockert hatte. Die Synode unter Dominicus von Karthago 594 beschloß wenigstens, eifriger als bisher über die Reinerhaltung des Glaubens zu wachen, sie mußte aber doch allzu lässigen Bischöfen die Amtsenthebung androhen. Mehrere Synoden Numidiens bemühten sich ebenfalls um die Eingrenzung der Gefahr, der Donatismus bestand aber weiter bis zur islamischen Eroberung[45].

Einen positiven Zug im Leben der afrikanischen Kirche dieser Zeit stellt jedoch die Wiederaufnahme der *Missionsarbeit* unter den heidnischen Stämmen in den Grenzzonen der Provinzen dar. Hier traf sich die byzantinische Politik, durch Christianisierung der Bevölkerung zugleich die Reichsgrenzen zu sichern, mit dem Missionsauftrag der Kirche. Schon unter Justinian haben sich maurische Stämme im Süden der Provinz Tripolis für das Christentum gewinnen lassen. Das Jahr 569 brachte die Bekehrung der Garamanten in der Landschaft Fezzan im Südwesten Libyens[46]. Auch im Süden der Byzacena fand das Christentum Eingang bei den Stämmen im Oasengebiet von Djerba und am Südhang des Aurèsgebirges. Im äußersten Westen der Mauretania Caesariensis leben unter der Herrschaft des Königs Masuna zahlreiche Christen, deren Bischöfe an den Synoden in Karthago teilnehmen. Auch arabische Schriftsteller bezeugen, daß die islamischen Truppen bei ihrer Eroberung auf viele Eingeborenenstämme stießen, die sich zum Christentum bekannten[47]. Die Träger dieser reichen Missionstätigkeit sind im einzelnen nicht bekannt. Das Ergebnis ihrer Mühen war jedoch nicht von Dauer, da die Jahre erfordernde missionarische Nacharbeit ausblieb, die eine in die Tiefe reichende Bekehrung garantiert hätte. Unter den bald hereinbrechenden Belastungen der islamischen Invasion besaß der neue Glaube nur geringe, allzu rasch erlahmende Widerstandskraft.

Die spärlichen Quellen zur inneren Situation des nordafrikanischen Chri-

[45] Zur Korrespondenz Gregors mit Afrika siehe *P. Goubert,* Byzance avant l'Islam II 2 (Paris 1965) 226–233, zum Donatismus um 600: *R. A. Markus:* StChH 1 (1964) 118–126, der jedoch, kaum zu Recht, den Grund für die lässige Haltung mancher katholischen Bischöfe gegenüber den Donatisten in einer inzwischen eingetretenen, von beiden Konfessionen bejahten Toleranz sehen möchte.

[46] Procop., De aedif. 6, 4, 12; Joh. Biclar., Chron. ad a. 569.

[47] Siehe *A. Audollent,* La diffusion du christianisme en Afrique au sud des territoires soumis à Rome, après le Ve siècle: CRAI 1942, 202–216, bes. 212f.

stentums in den ersten Jahrzehnten des 7. Jh. beginnen etwas reicher zu fließen, als der *monotheletische Streit* sich auch hier auswirkte. Mit der Welle östlicher Christen, die vor dem islamischen Eroberer um 640 nach Afrika flohen, kamen auch Anhänger des Monotheletismus, deren Propaganda allerdings zunächst vom Exarchen Georgios unter dem Beifall der Katholiken scharf unterdrückt wurde[48]. Anlaß für die afrikanische Kirche, die neue theologische Doktrin ebenso entschieden wie einst die Verurteilung der „Drei Kapitel" abzulehnen, war der öffentliche Disput zwischen Maximos dem Bekenner und dem ehemaligen Konstantinopler Patriarchen Pyrrhos in Karthago 645, bei dem Maximos die Unhaltbarkeit der monotheletischen Theologie überlegen nachwies[49]. Die Bischöfe informierten Papst Theodor über ihre Ablehnung des Monotheletismus und baten ihn zugleich, den Patriarchen Paulos von Konstantinopel zur selben Haltung zu bewegen oder ihn aus der kirchlichen Gemeinschaft auszuschließen. Ein Schreiben gleichen Inhaltes richteten sie an Kaiser Konstans II. (641–668) und forderten schließlich den Patriarchen direkt auf, von der Irrlehre abzulassen (Anfang 646)[50]. Eine Delegation afrikanischer Bischöfe nahm noch an der Lateransynode 649 teil, auf der Papst Martin I. den Monotheletismus feierlich verwarf. Mit dem Episkopat der übrigen westlichen Länder schlossen sich auch die Bischöfe Afrikas dem Urteil Roms an, das der Papst durch eine Enzyklika allen Kirchen bekanntgab[51].

Die islamische Invasion und der Untergang des nordafrikanischen Christentums

Die langwierigen theologischen Auseinandersetzungen hatten in der Bevölkerung der nordafrikanischen Provinzen, neben anderen Gründen, zu einer neuen Welle feindseliger Haltung gegenüber der byzantinischen Herrschaft geführt. Diese Situation nutzte der Exarch Gregorios zur offenen Rebellion gegen die Zentralregierung, er wurde aber bald durch einen Vorstoß arabischer Truppen bei Sufetula in der Byzacena zum Kampf gestellt, in dem er den Tod fand (647). Das Ereignis hätte für die byzantinische Regierung das Signal sein müssen, die nordafrikanischen Provinzen sofort in Verteidigungszustand zu setzen. Als die Araber zwei Jahrzehnte später erneut in die gleiche Provinz eindrangen, konnten sie jedoch ungestört die Stadt Kairuan als ihr religiöses und militärisches Zentrum in Nordafrika aufbauen, mit dem eine stete Bedrohung Karthagos und des übrigen Nordafrika gegeben war. Erst als die Araber 696 unter Hassan Karthago in ihre Gewalt brachten, entsandte Kaiser Leontios eine Flotte, die

[48] *Hefele – Leclercq* III 1, 402–404.

[49] *Mansi* 10, 709–760 und PG 91, 287–354, dazu *Hefele – Leclercq* 422–425.

[50] *Mansi* 10, 929–931 943–949, dazu *Hefele – Leclercq* 426–430 und *V. Grumel:* ÉO 26 (1927) 24–32.

[51] Akten der Synode: *Mansi* 10, 863–1183, dazu *E. Caspar:* ZKG 51 (1932) 75–137.

zwar die Stadt zunächst entsetzen konnte, aber vor einem erneuten Angriff im Frühjahr 697 wichen die Byzantiner kampflos zurück. In den nächsten Jahren brachen die islamischen Truppen den Widerstand der Berberstämme in Numidien und Mauretanien, 709 war ganz Nordafrika bis auf den Brückenkopf Septem (Ceuta) in ihrer Hand[52].

Leider fehlt ein Augenzeugenbericht aus christlicher Feder, der eingehend über das Verhalten einzelner Christen wie der kirchlichen Führung unmittelbar während der islamischen Eroberung und über die Situation des Christentums in den folgenden Jahrzehnten informieren würde. Man darf gewiß schon mit einem erheblichen Rückgang der christlichen Bevölkerung in den Jahren der Unterwerfung rechnen, der durch die Flucht vieler Christen nach Italien und Gallien sowie durch den Tod zahlreicher Einwohner bei den harten Kämpfen um den Besitz der Städte verursacht wurde, die ja in der Mehrheit christlich waren[53]. Der Rest der Christen wurde jedoch zunächst nach der üblichen Praxis der Eroberer behandelt, das heißt, die Ausübung ihrer Religion wurde ihnen gegen Zahlung einer Steuer und unter Verzicht auf jegliche Glaubenspropaganda gestattet. Aber um 720 setzte ein starker Druck unter dem Kalifen Omar II. auf die noch christlichen Berber ein, zum Islam überzutreten, dem die meisten erlagen. Die archäologische Forschung hat zwar eine beträchtliche Zahl christlicher Inschriften und Reste christlicher Kultgebäude ans Licht bringen können, die die Fortexistenz von Christen an mehreren Orten Nordafrikas noch lange nach der Eroberung belegen[54]. Auch Nachrichten arabischer Schriftsteller und sogar Briefe aus der päpstlichen Kanzlei im 11. Jh. bezeugen das Weiterleben wenigstens kleiner christlicher Gruppen bis in diese Zeit[55]. Aber auch diese Zeugnisse unterstreichen letztlich doch die Tatsache, daß das nordafrikanische Christentum anders als das ägyptische oder syrische unter ähnlichen Bedingungen als größere organisierte Gemeinschaft relativ rasch untergegangen ist. Die oft gestellte Frage nach den Ursachen dieses Vorganges läßt sich nur mit dem Hinweis auf eine Mehrzahl von Faktoren beantworten[56]. Eine weit zurückreichende Ursache war schon mit der Spaltung der afrikanischen Christenheit in eine katholische und donatistische Konfession gegeben, die ihre innere Kraft immer wieder minderte. Eine weitere Schwächung erfolgte durch die vandalische Verfolgung mit ihrer zermürbenden Dauerwirkung, von der sich die Kirche nie recht erholt hat. Der rasche Abfall der christianisierten Berberstämme

[52] Vgl. zuletzt *M. Dall'Arche,* Scomparsa del Cristianesimo ed espansione dell'Islam nell'Africa settentrionale (Rom 1967).

[53] *M. Dall'Arche* a.a.O. 150f.

[54] Siehe *W. Seston,* Sur les derniers temps du christianisme en Afrique: MAH 53 (1936) 101–124.

[55] *Ch. Courtois,* Grégoire VII et l'Afrique du Nord. Remarques sur les communautés chrétiennes d'Afrique au XIe siècle: RH 195 (1945) 97–122 193–226.

[56] *C. J. Speel,* The Disappearance of Christianity from North Africa in the Wake of the Rise of Islam: CH 29 (1960) 379–397, der besonders stark die Folgen der vandalischen Verfolgung betont.

schließlich geht sehr zu Lasten der afrikanischen Christen selbst, die sich im 4. Jh. zuwenig und danach zu spät einer intensiven Missionstätigkeit unter diesem Bevölkerungsteil zuwandten und so keine existentielle Konversion erreichen konnten. Die übrige westliche und östliche Christenheit hat den Untergang einer Kirche, die Gestalten wie Tertullian, Felicitas und Perpetua, Cyprian und Augustinus hervorgebracht hatte, in seiner ganzen Tragik kaum wahrgenommen. Es gab keine Stimme, die der Erschütterung über diesen Verlust gültigen Ausdruck verliehen hätte.

18. Kapitel

Das Papsttum zwischen Byzanz und den Germanenreichen von Hilarus (461–468) bis Sergius I. (687–701)

QUELLEN: *Duchesne LP; Jaffé* I–II; die Papstbriefe in PL 59 65–67 69 72 80 87 89 96. *A. Thiel,* Epistolae Romanorum Pontificum I (von Hilarus bis Hormisdas, Braunsberg 1867); Collectio Avellana, ed. *O. Guenther;* CSEL 35 (Wien 1895/98). Teilausgaben: 18 Briefe Felix' II. und 8 Gelasius' I. bei *E. Schwartz,* Publizistische Sammlungen zum Acacianischen Schisma = AAM 1934, 10; Gelasius, Brief gegen die Lupercalien und 18 Meßliturgien aus dem Sacramentarium Leonianum ed. *G. Pomarès:* SChr 65 (Paris 1959); 4 Vigiliusbriefe ed. *E. Schwartz:* SAM 1940, 2; *P. M. Gassó – C. M. Batlle,* Pelagii I epistulae quae supersunt (Montserrat 1956). – Die Werke Gregors d. Gr.: PL 75–79; Registrum epistularum edd. *P. Ewald – L. M. Hartmann:* MGEp. 1–2 (1891/99); *G. Corti,* Le lettere di Greg. M. L. I 1–50, Text u. Übers. (Mailand 1972); Dialogi ed. *U. Moricca* (Rom 1924); Moralia in Job, ll. 1–2 edd. *R. Gillet – A. de Gaudemaris:* SChr 32 (Paris 1950, Neuaufl. in Vorber.); ll. 11–14 ed. *A. Bogognano:* SChr 212 (Paris 1974); Kommentar zum Hohenlied und Buch I der Könige ed. *P. Verbraken:* CChr L 144 (1963).

LITERATUR: Siehe Bd II/1 Kap. 15, ferner: *E. Caspar,* Bd II: Das Papsttum unter byzantinischer Herrschaft (Tübingen 1933); *F. X. Seppelt,* Bd II: Von Gregor d. Gr. bis zur Mitte des 11. Jh. (München ²1955); *V. Monachino,* I papi nella storia I (Rom 1961); *W. Ullmann,* The Growth of Papal Government in the Middle Ages (London ³1970); *W. H. C. Frend,* The Rise of the Monophysite Movement (Cambridge 1972). – *W. Kissling,* Das Verhältnis zwischen Sacerdotium und Imperium von Leo I. bis Gelasius I. (Paderborn 1921); *L. Knabe,* Die gelasianische Zweigewaltentheorie bis zum Ende des Investiturstreites (Berlin 1936); *P. Charanis,* Church and State in the Later Roman Empire (491–518) (Madison 1939); *W. Haacke,* Die Glaubensformel des Papstes Hormisdas im acacianischen Schisma (Rom 1939), dazu S. Martin: RET 1 (1941) 767–812; *G. Westenburger,* Der Symmachusprozeß von 501 (Diss. Tübingen 1940); *O. Bertolini,* Roma di fronte a Bisanzio e ai Langobardi = Storia di Roma IX (Bologna 1941); Chalkedon II 13–192 491–562; *E. Pontieri,* Le invasioni barbariche e l'Italia del V e VI secolo (Napoli 1960); *H. Rahner,* Kirche und Staat im frühen Christentum (München 1961); *G. Pepe,* Il medio evo barbarico d'Italia (Turin 1963); *F. Dvornik,* Das Papsttum und der römische Primat (Stuttgart 1966); *A. St. McGrade,* Two fifth-century Conceptions of Papal Primacy: Studies in Medieval and Renaissance History 7 (1970) 3–45; *J. Gaudemet,* Aspects de la primauté romaine du Ve au XVe siècle: Jus Can. 11 (1971) 92–134; *P. Conti,* Chiesa e primato nelle lettere dei papi del secolo VII (Mailand 1971); *L. Magi,* La Sede Romana nella corrispondenza degli imperatori e patriarchi bizantini, VI–VII sec. (Löwen 1972). – *F. X. Dudden,* Gregory the Great, 2 Bde (London 1905); *H. Grisar,* San Gregorio Magno (Rom ²1928); *P. Batiffol,* Saint Grégoire le Grand (Paris 1928); *R. Gillet,* Grég. le

Grand: DSp 6 (1967) 872–910; *L. Weber,* Hauptfragen der Moraltheologie Gregors d. Gr. (Freiburg/Schweiz 1947, 259–268 die frühere Lit.); *D. Hofmann,* Die geistige Auslegung der Schrift bei Gregor d. Gr. (Münsterschwarzach 1968); *O. Giordano,* L'invasione longobarda e Gregorio Magno (Bari 1970). – Gregor der Große und Byzanz: *E. H. Fischer:* ZSKA 67 (1950) 15–144; *P. Goubert,* Byzance avant l'Islam II 2 (Paris 1965) 129–177.

Das unter Papst Leo I. erreichte relative Einvernehmen mit dem christlichen Osten, insbesondere mit Byzanz, dauerte unter seinem Nachfolger *Hilarus* (461–468)[1] an, der als Legat auf der Synode von Ephesos 449 den Osten aus eigener Anschauung kennengelernt hatte. Aber ein neues Thema zukünftiger päpstlicher Sorge deutet sich unter seiner Regierung bereits an, das Verhältnis zu den arianischen Germanen. Hilarus mußte es hinnehmen, daß eine arianische Gemeinde in Rom Fuß faßte und mit Hilfe des germanischen Heermeisters Rikimer ein eigenes Gotteshaus errichtete, aus dem sich die Kirche S. Agata dei Goti entwickelt[2]. Sein beim Regierungsantritt verkündetes Programm, er werde besonders um die Einigkeit des Episkopates bemüht sein, ließ ihn wiederholt in Kompetenzstreitigkeiten gallischer und spanischer Bischöfe eingreifen, dabei ließ er seine Entscheidungen mit Vorliebe auf römischen Synoden erarbeiten[3].

Die erhaltene Korrespondenz[4] des Papstes *Simplicius* (468–483) zeigt, daß die nachchalkedonische Entwicklung im Osten die besondere Aufmerksamkeit der Päpste zu beanspruchen begann. Hier war es der schon unter den Kaisern Leon I. (457–474) und Zenon (474–491) sich neu formierenden monophysitischen Bewegung gelungen, die Sitze von Alexandrien (Timotheos Ailuros) und Antiochien (Petros Gnapheus) mit Männern ihrer Richtung zu besetzen, die sich der besonderen Gunst des Usurpators Basiliskos (475–476) erfreuten. Als dieser unter deren Einfluß in seinem „Enkyklion" das Glaubensbekenntnis von Chalkedon wie auch die Epistula dogmatica Papst Leos I. verdammte, damit also die christologische Frage auf den Stand von Ephesos 431 reduzieren wollte, und als etwa 500 Bischöfe, wenn auch unter Druck, dem Edikt zustimmten, erkannte man in Rom, auf welch schwankendem Grund das so mühsam in Chalkedon gewonnene Ergebnis stand. In einer Serie von Briefen beschwor Papst Simplicius den wieder zur Macht gelangten Kaiser Zenon (476) und den Patriarchen Akakios (473–491), doch das Erbe von Chalkedon zu wahren und die es bedrohenden Persönlichkeiten auszuschalten. Die hinhaltende Taktik des Akakios, über dessen mangelnden Informationswillen der Papst sich wiederholt bitter beklagte[5], führte zu einem stetig wachsenden Mißtrauen Roms, zumal als Konstantinopel einen offenen Parteigänger des Timotheos Ailuros, Petros

[1] Briefe bei *A. Thiel* a. a. O. 126–174.

[2] Siehe *H. Grisar,* Geschichte Roms und der Päpste I 88.

[3] Die *universalis concordia sacerdotum:* ep. 6, 2; hier auch sein 2. Prinzip: *ut in una ecclesia ... una sit in omnibus observantia disciplinae.*

[4] *Thiel* 174–214; 14 Briefe auch in der Coll. Avell. Zur nachchalkedonischen Entwicklung im Osten siehe oben Kap. 1–5 und *W. H. C. Frend* (Lit.). Sie wird hier nur berührt, soweit sie für das gleichzeitige Papsttum relevant ist.

[5] Vgl. etwa Ep. 17 18 20.

Mongos, zum Patriarchen von Alexandrien erhob. Dieses Mißtrauen Roms wirkte sich verhängnisvoll aus gegenüber dem von Patriarch Akakios verfaßten und vom Kaiser 482 erlassenen Edikt (Henotikon), das mit einem Kompromiß eine Einigung zwischen den Parteien herbeiführen wollte, indem es ein eindeutiges Bekenntnis zu Chalkedon vermied, aber die Anathematismen Kyrills ausdrücklich anerkannte. Das Henotikon fand auch prompt die Zustimmung der Patriarchen von Alexandrien und Antiochien, die es im monophysitischen Sinne interpretierten. Die beschwörenden Warnungen des Papstes vor einer Verwischung des Grundsätzlichen blieben jedoch unbeachtet.

Da weder Kaiser noch Patriarch den Papst über das Henotikon auch nur informierten, entschloß sich der im Vergleich zu Simplicius weit selbstbewußtere und energische *Felix II.* (483–492)[6] zu entschiedenen, aber folgenschweren Maßnahmen, zumal auch der Abt des Konstantinopler Akoimetenklosters die bisherige zögernde Haltung Roms gegenüber der wiedererstarkenden monophysitischen Bewegung beklagte. Eine päpstliche Gesandtschaft überbrachte Briefe für den Kaiser und den Patriarchen, in denen letzterer vor eine Synode nach Rom vorgeladen wurde. Als daraufhin die päpstlichen Legaten in Konstantinopel zuerst eingekerkert und dann durch Bestechung dafür gewonnen wurden, Gemeinschaft mit Akakios und Petros Mongos aufzunehmen, ließ Felix II. den Bischof von Konstantinopel im Rahmen einer Synode (Juli 484) feierlich seines Priesteramtes entheben und jede Gemeinschaft mit ihm untersagen. In mehreren Schreiben an Klerus und Volk von Byzanz, an die Mönche der Stadt und der Umgebung, vor allem aber an Akakios und den Kaiser selbst wurde der Beschluß der Synode mitgeteilt und in scharfen Formulierungen begründet[7]. Hauptgrund für die Verurteilung des Patriarchen ist in römischer Sicht die Tatsache, daß er die kirchliche Gemeinschaft mit Petros Mongos wiederaufnahm, den er selbst einmal als Häretiker verdammt und dessen Verurteilung er auch von Rom gefordert hatte. In Rom blieb man trotz der gegenteiligen Beteuerung des Akakios davon überzeugt, daß der alexandrinische Patriarch seine Ablehnung von Chalkedon nie aufgegeben habe, zumal Anhänger des Petros dies in Rom bestätigten[8]. So bedeutete die römische Entscheidung den offenen Bruch zwischen Ost und West (Akakianisches Schisma), der noch vertieft wurde durch die seit Ambrosius nicht mehr vernommene, zuweilen schneidend scharfe Belehrung an die Adresse Kaiser Zenons über die Grenzen kaiserlicher Gewalt gegenüber der Kirche: „Der Kaiser ist ein Sohn der Kirche, nicht ein Bischof der Kirche. In Sachen des Glaubens hat er zu lernen, nicht zu lehren... Den Bischöfen kommt nach Gottes Willen die Leitung der Kirche zu, nicht der weltlichen Macht. Ist diese gläubig, dann will Gott, daß sie sich der Kirche unterordnet."[9]

[6] Seine Briefe bei *Thiel* 222–277 und zum Teil bei *E. Schwartz*, Publizistische Sammlungen (München 1934). [7] Felix II., Ep. 3–4 6–12.

[8] Siehe die wohl noch unter Felix II. zusammengestellte weitläufige Rechtfertigung Roms unter den Briefen des Gelasius: Ep. 1, 18. [9] Ebd. 1, 10.

Papst Gelasius I. (492–496)

Die hier geforderte Freiheit der Kirche von staatlicher Bevormundung war auch das vorrangige Ziel der Tätigkeit Papst *Gelasius' I.* (492–496), der die angeführten Sätze noch als Diakon Felix' II. formuliert hatte[10]. Die Streichung der Namen des Akakios und Petros Mongos aus den Diptychen blieb für Rom die condicio sine qua non für die Wiederherstellung der Einheit, nur so wurde, wie man glaubte, ein eindeutiges Bekenntnis zu Chalkedon garantiert. An dieser Haltung hielt man auch fest, als der Nachfolger des Akakios, Fravitas, dem Papst gegenüber die Hoffnung auf Beilegung der Spaltung aussprach, selbst dann noch, als der nächste Patriarch, Euphemios (490–495), sich von Petros Mongos distanzierte, weil dieser von Fravitas die Ablehnung des Konzils von Chalkedon gefordert hatte und damit den Verdacht Roms auf seine monophysitische Überzeugung selbst bestätigte[11]. Die Antwort Gelasius' I. auf die um Frieden geradezu werbende, mit Lob für den Papst nicht sparende Wahlanzeige des Euphemios ist nicht nur in der Sache unerbittlich, sondern auch in der Form eine bestürzende Mischung von kühler Unverbindlichkeit und Ironie[12]. Schon den ersten Kontakt mit Kaiser Anastasios I. (491–518) benutzte der Papst zu der im Ton gemäßigteren, inhaltlich so zukunftsträchtigen Darstellung von Aufgabe und Rang der beiden Gewalten, durch die die Welt regiert werde, die auctoritas sacrata pontificum und die regalis potestas[13]. Die Zuständigkeit der letzteren für den weltlichen Bereich wird durchaus anerkannt, sie bindet auch die Bischöfe, sie bleibt jedoch der ersteren untergeordnet, so daß der Kaiser die Bischöfe, denen die res divinae anvertraut sind, nicht nach seinem Willen lenken kann, sondern von ihrem Urteil abhängig ist. Unter den Trägern der geistlichen Autorität ragt wiederum der Inhaber jenes Stuhles hervor, den Christi Wort allen vorangesetzt und den die Kirche seit je als ihr Oberhaupt anerkannt habe. Die diesem Apostolischen Stuhl auferlegte Verantwortung für die Reinerhaltung des Glaubens habe auch die Trennung von Akakios notwendig gemacht, da er Gemeinschaft mit jenen hielt, die das Bekenntnis von Chalkedon verwarfen[14]. Diese Anschauungen vertrat Gelasius auch unentwegt in seinen

[10] Vgl. *H. Koch*, Gelasius im kirchenpolitischen Dienst seiner Vorgänger: SAM 1935, 6, dazu einschränkend *N. Ertl:* AUF 1 (1937) 56–112 und DA 2 (1938) 219f. Die Briefe und Traktate des Gelasius bei *Thiel* 285–613, die Briefe der Collectio Britannica bei *P. Ewald:* NA 5 (1880) 509–562 und bei *S. Löwenfeld,* Epistulae Pontificum Romanorum ineditae (Leipzig 1885, Nachdr. Graz 1959).

[11] Felix II., Ep. 14 und 15; den Konflikt des Petros Mongos mit Euphemios berichtet Theophanes, Chron. ad a. 5981.

[12] Gelas. I., Ep. 3.

[13] Gelas. I., Ep. 12, 2–3. Zur Terminologie siehe *W. Enßlin:* HJ 74 (1955) 661–668 und *W. Ullmann* a.a.O. 18–20; Zur Religionspolitik des Kaisers siehe *C. Capizzi,* L'imperatore Anastasio I (Rom 1969) 100–137.

[14] Gelas. I., Ep. 12.

Schreiben an den Episkopat der Provinzen Illyrien und Dardanien, die der griechischen Gegenpropaganda besonders ausgesetzt waren. Dabei verwahrt er sich entschieden gegen den von griechischer Seite erhobenen Vorwurf, es gehe dem römischen Stuhl im Grunde nicht um die Glaubensfrage, sondern um die Verurteilung von Personen, durch die er sich gekränkt fühle[15]. In Wirklichkeit hat auch die theologische Frage den Papst so intensiv beschäftigt, daß er sich in mehreren, zum Teil ausführlichen Traktaten über sie Rechenschaft gab, so vor allem in der Abhandlung „De duabus naturis", die über Leos I. Leistung hinauskommt, da sie eine tiefere Kenntnis der griechischen Theologie verrät und präzisere Formulierungen findet, wenn sie auch noch nicht das exakte Verhältnis von Natur und Person bestimmen kann[16]. Man wird zugeben müssen, daß Gelasius I. sich in hohem Maße dafür verantwortlich wußte, das Erbe von Chalkedon vor jeder Verfälschung und Entwertung zu bewahren, und da er es auch durch die kaiserliche Gewalt bedroht sah, hat er auch deren Grenzen gegenüber der Kirche in aller Schärfe aufgewiesen. Leider hat er seine Auffassung gegenüber Konstantinopel mit einer Schroffheit vertreten, die den Gegner eher verhärten mußte als gewinnen konnte.

Die Meinung, die intransigente Haltung des Papstes erkläre sich aus der starken Rückendeckung, die ihm die Gotenherrschaft in Italien gegenüber Byzanz gab, findet in den Quellen keine Stütze. Schon als Diakon hat Gelasius diese Politik gegenüber Konstantinopel vertreten, ehe sich Theoderich in Italien fest etabliert hatte, und als Papst hat er ebenso mutig den gotischen Comes Teja gemahnt, sich nicht in kirchliche Belange einzumischen, zumal er anderer Konfession sei und sein Herr (Theoderich) die Eigenständigkeit der Kirche anerkannt habe. Als er einmal Beispiele für den kirchlichen Widerstand gegen staatliche Übergriffe aufzählte, konnte er mit Genugtuung darauf hinweisen, daß er selber dem Germanenfürsten Odoaker jeden Gehorsam verweigert habe, als dieser Gesetzwidriges von ihm verlangte[17]. Daß sich der Papst wiederholt aus nichtpolitischem Anlaß an Theoderich wandte, wird man begreiflich finden, da der Gotenkönig ausdrücklich die Respektierung der katholischen Kirche und speziell die des römischen Stuhles garantiert hatte[18]. Vergleicht man das gelasianische Primatsverständnis, wie es sich in Wort und Tat manifestierte, mit dem Leos I., so ragen zwei bedeutsame *Weiterentwicklungen* heraus: Die Verpflichtung des römischen Bischofs, über die Reinheit der Lehre zu wachen, wird stärker in den Vordergrund gerückt und kompromißloser wahrgenommen; die Kirchenfreiheit gegenüber dem höchsten Repräsentanten der staatlichen Gewalt

[15] Gelas. I., Ep. 7 18 26 27.

[16] Der Traktat „De duabus naturis" bei *E. Schwartz*, Publizistische Sammlungen 85–106, danach PL Suppl 3, 763–787; zur dogmengeschichtlichen Bedeutung siehe *F. Hofmann:* Chalkedon II 64. Auch die umfangreiche Abhandlung „Adversus Pelagianam haeresim" (*Thiel* 571–598) bezeugt das theologische Interesse des Papstes.

[17] Siehe Anm. 9. Brief an Teja: PL Suppl 3, 753f; über Odoaker: Ep. 26, 11.

[18] Siehe *W. Enßlin*, Theoderich der Große (München ^{2}1959) 98–103.

wird neu und tiefer durchdacht und in einer Präzision formuliert, die das Verhältnis der beiden Gewalten zueinander in einem vom Verständnis der byzantinischen Kaisermacht stark abweichenden Sinn für den Westen auf Jahrhunderte hin bestimmt[18a].

Gegenüber dieser Aktivität läßt man einen anderen Sektor im Gesamtwerk Gelasius' I. zuweilen über Gebühr in den Hintergrund treten, sein umfassendes pastorales Wirken. In den schweren Bedrängnissen, die die ostgotische Eroberung für die Bevölkerung Italiens brachte, hat er sich unermüdlich um die Linderung jeglicher Not bemüht. Von der Mutter Theoderichs, der Katholikin Ereleuva, erbittet er Unterstützung für sein Hilfegesuch beim König[19]. Wiederholt erinnert er den Klerus daran, daß ein Viertel der Einkünfte einer Kirche für die Armen verwandt werden müsse, die Bischöfe sollten von ihrem Anteil Gefangene und Fremde unterstützen, eine gewissenhafte Verwaltung des Kirchenvermögens sei bischöfliche Amtspflicht[20]. Die Sorgen für die Witwen und Waisen muß ein stetes Anliegen des Klerus bleiben[21]. Gegen die in jenen unruhigen Zeiten häufigere Verletzung des Asylrechts der Kirchen legt er öfters Verwahrung ein[22]. Eine unabdingbare Voraussetzung für die pastorale Sendung der Kirche sieht Gelasius in einem eifrigen, gewissenhaften Klerus, in einer umfangreichen Dekretale faßt er die Richtlinien für die Auswahl des Nachwuchses, für seine Ausbildung, für die Seelsorgstätigkeit, über Bau, Ausstattung und Weihe der Gotteshäuser zusammen[23]. Der Papst hat zwar an seinem Klerus weit mehr zu rügen als zu loben, aber er hat doch ein mitfühlendes Herz für seine Probleme und Nöte; teilnahmsvoll erkundigt er sich nach dem Gesundheitszustand eines erkrankten Bischofs, warm tritt er ein für einen Presbyter, dem man nach einem Unglücksfall seine Stelle nehmen will, einem Beamten, der die Rechte seines Klerus mißachtet, droht er mit einer Anzeige beim König[24]. Ebensowenig duldet der Papst eine Schmälerung der Rechte des niederen Klerus und der Laien durch die Bischöfe; als bei einer anstehenden Bischofswahl die Bischöfe die Entscheidung über den Kandidaten unter sich treffen wollen, besteht er entschieden darauf, daß der Klerus aller Pfarreien und das gesamte Volk an der Wahl beteiligt werden[25].

Nicht den letzten Rang nimmt die liturgische Aktivität im pastoralen Wirken Gelasius' I. ein. Er darf als der Redaktor der altrömischen Kyrie-Litanei, der *Deprecatio Gelasii*, gelten, die wohl im Zusammenhang mit einer Umgestaltung des ihr inhaltlich verwandten Allgemeinen Kirchengebetes in der Meßliturgie

18a Siehe *A. St. McGrade* (oben Lit.).

19 Gelas. I., Fragm. 36.

20 Gelas. I., Ep. 14, 27; 17, 1; Fragm. 22–24 28 34. Seine Wohltätigkeit rühmt Dionysius Exiguus: „... *omnes fere pauperes ditans inops ipse moreretur*", *Thiel* 287.

21 Fragm. 31–33; Ep. 1 *Löwenfeld*.

22 Fragm. 39–40.

23 Gelas. I., Ep. 14; einen knappen Bischofsspiegel bietet Fragm. 48.

24 Fragm. 9; Ep. 9 *Löwenfeld*.

25 Fragm. 4.

eingeführt wurde[26]. Auf ihn lassen sich schließlich 18 Meßformulare zurückführen, die das Sacramentarium Leonianum aufbewahrt hat. Sie stehen alle im Zusammenhang mit dem Kampf Gelasius' I. gegen das in seinen Tagen noch immer viele Römer anziehende, wenn auch in seinem heidnischen Sinngehalt nicht mehr durchschaute Frühjahrsfest der Lupercalien am 15. Februar, gegen das er in einem umfangreichen „Offenen Brief" Stellung nahm[27].

Unter Papst *Anastasius II.* (496–498) schien sich eine Wendung in den Beziehungen zwischen Rom und Byzanz anzubahnen, da dieser eine Gesandtschaft nach dem Osten abordnete, um dem Kaiser seine Wahlanzeige überbringen zu lassen. In einem der Form nach sehr devoten Brief[28] spricht der Papst sein Bedauern über die eingetretene Trennung aus und erkennt ausdrücklich die Gültigkeit der von Akakios vorgenommenen Weihen und Taufen an, aber er sieht sich doch außerstande, durch die Aufnahme seines Namens in die Diptychen dessen Rechtgläubigkeit zu bestätigen. An anderer Stelle spricht er sogar unverhohlen seine Genugtuung darüber aus, daß die Kirche von Thessalonike dem Urteil Gelasius' I. über Akakios zugestimmt habe[29]. Anastasius verwahrt sich auch gegen den Vorwurf, der Apostolische Stuhl, für den er den Primat in der Gesamtkirche beansprucht, habe bei der Verurteilung des Konstantinopler Bischofs nicht aus Sorge für den Glauben, sondern aus Hochmut gehandelt. Der baldige Tod des Papstes verhinderte weitere Gespräche.

Die Spaltung der römischen Gemeinde in der Frage, welche Haltung gegenüber Byzanz einzunehmen sei, führte zu einer Doppelwahl und damit zum *Laurentianischen Schisma*[30], das über Jahre hinaus die Aktivität des römischen Stuhles lähmte. Nach Anhörung der sich erbittert befehdenden Parteien in Ravenna entschied sich König Theoderich zunächst gegen den probyzantinischen Presbyter Laurentius für *Symmachus* (498–514), für den auch der frühere Zeitpunkt der Weihe und die größere Zahl der Anhänger sprachen. Auf einer römischen Synode (499) suchte Symmachus einer Wiederholung solcher Vorkommnisse durch ein einzigartiges Papstwahldekret[31] vorzubeugen, das dem jeweiligen Papst eine Art Designationsrecht für seine Nachfolge sichern, praktisch also die Mitwirkung der Gemeinde bei der Wahl des Papstes ausschließen wollte. Obwohl Laurentius die Synodalbeschlüsse mitunterzeichnete und danach das Bistum Nocera übernahm, setzte die byzanzfreundliche Senatsgruppe

[26] Die Deprecatio Gelasii ediert von *B. Capelle:* RBén 46 (1934) 135–144, dazu *J. A. Jungmann,* Missarum sollemnia I 416–419 (mit Text der Deprecatio).

[27] Alle Texte ed. von *G. Pomarès:* SChr 65 (Paris 1959) mit Einleitung über die Urheberschaft des Gelasius.

[28] Anastas. II., Ep. 1 (die 4 echten Briefe des Papstes – 1 3 4 6 – bei *Thiel* 615–637).

[29] Anastas. II., Ep. 3, 1.

[30] Die wichtigsten Quellen bei *E. Caspar,* Theoderich der Große und das Papsttum = KlT 162 (Berlin 1931). Zur Geschichte des Schismas grundlegend *R. Cessi:* ASRomana 42 (1929) 5–229; zu den Synoden *G. P. Picotti:* Studi in onore di *G. Volpe* II (Florenz 1958) 743–786; zuletzt *Ch. Pietri:* MAH 78 (1966) 123–139.

[31] Erhalten als Ep. 1 der Symmachusbriefe: *Thiel* 641–654.

ihre Opposition gegen Symmachus fort und klagte ihn bei Theoderich schwerer moralischer Vergehen, der Verschleuderung von Kirchengut und der Mißachtung des Ostertermins an, worauf der König eine Untersuchung der Vorwürfe durch eine Synode anordnete und bis zur Klärung der Angelegenheit einen Visitator für die römische Kirche bestellte. Trotz wiederholter Mahnung von seiten Theoderichs und Drängen der Senatsmehrheit, konnte sich die Synode, die vom Frühsommer bis zum Spätherbst 502 tagte, jedoch nicht zu einem förmlichen richterlichen Verfahren gegen Symmachus entschließen, weil man der Meinung war, der Inhaber des römischen Stuhles könne nicht von Untergebenen gerichtet werden. Sie kam schließlich zu dem eigenartig formulierten Beschluß, man müsse das Urteil in diesem Falle Gott überlassen, Symmachus selbst solle als unanfechtbar (immunis) gelten und frei in allen Kirchen die Liturgie feiern können[32]. Dieser Ausgang verhärtete jedoch nur den Widerstand der Opposition, die Laurentius nach Rom zurückführte und außer der Papstresidenz des Laterans auch die meisten römischen Titelkirchen in ihren Besitz bringen konnte, während Symmachus auf die Petersbasilika beschränkt blieb. Die fortdauernden Unruhen in der Stadt wurden begleitet von heftigen literarischen Fehden, in die auch Ennodius, damals noch Diakon in Mailand, und Avitus von Vienne eingriffen und in deren Verlauf die sog. Symmachianischen Fälschungen lanciert wurden, deren Ziel es war, am Beispiel angeblicher Vorfälle aus der Geschichte des Papsttums das Prinzip zu erweisen, daß der erste Bischofssitz keinem Gericht unterworfen werden könne *(Prima sedes a nemine iudicatur)*[33]. Erst im Herbst 506, als Theoderich wachsende politische Spannungen mit Byzanz in Rechnung stellen mußte, entschied er sich demonstrativ und endgültig für Symmachus, dem er alle Kirchen Roms zurückgeben ließ, und führte so das Ende des Schismas herbei, zumal die Gegenpartei durch den baldigen Tod des noch von Symmachus gebannten Laurentius ihr Haupt verlor[34].

Wie sehr dieser Sieg das Selbstbewußtsein des Papstes gegenüber Konstantinopel steigerte, offenbart seine Antwort auf ein Schreiben des Kaisers Anastasios, der sich vom römischen Senat verraten sah und in seinem Zorn den „nicht rechtmäßig geweihten" Papst als Manichäer beschimpft hatte. Symmachus zahlte mit gleich grober Münze zurück, beschuldigte den Kaiser der Begünstigung jeglicher Häresie und brandmarkte ihn als Verfolger der Rechtgläubigen und Verächter des römischen Stuhles[35]. Auch ein wohl von Ennodius im päpstlichen Auftrag verfaßtes Schreiben an den illyrischen Episkopat ist gekennzeichnet von der gleichen Unversöhnlichkeit gegenüber Konstantinopel[36], die Kluft war unter diesem Papst nicht zu überbrücken.

[32] Der Beschluß der synodus palmaris bei *E. Caspar* a.a.O. 17.

[33] Texte der Fälschungen: *Duchesne LP* I CXXXIIIff; ein Teil auch PL Suppl 3, 1249ff. – Ennodius, Libellus pro synodo; Avitus, Ep. 34 bei *Caspar* 32–59. Zur vorkonstantinischen Entwicklung des Prinzips siehe *M. Koeniger:* Festgabe A. Ehrhard (Bonn 1922) 273–300.

[34] Fragm. Laurent. bei *Caspar* 31.

[35] Symmachus, Ep. 10; Anastasios' Schreiben nicht erhalten.

[36] Symmachus, Ep. 13.

Im Abendland brachte Symmachus der Kirche Galliens ein besonderes Interesse entgegen. Er stellte nicht nur die alten Vikariatsrechte von Arles in vollem Umfang wieder her, sondern dehnte dessen Jurisdiktion noch auf spanische Bistümer aus. Eine bis dahin nicht übliche Auszeichnung eines Bischofs war die Verleihung des Palliums an Caesarius von Arles[37]. Der Übertritt des arianischen Burgunderfürsten Sigismund von Genf zum Katholizismus (er erschien auch als Pilger in Rom[38]), der erste Fall eines Konfessionswechsels eines germanischen Königs, scheint jedoch in seiner Tragweite dem Papst nicht bewußt geworden zu sein, ebensowenig läßt sich bereits eine römische Reaktion auf die Taufe des Frankenkönigs Chlodwig erkennen.

Papst Hormisdas (514–523)

Auch für den bisherigen vertrauten Mitarbeiter und Nachfolger des Symmachus, Papst *Hormisdas* (514–523)[39], blieb die Aussöhnung mit dem Osten eine erstrangige Aufgabe, deren Lösung er aber mit ungleich größerer Umsicht, Elastizität und echter Friedensbereitschaft in Angriff nahm. Dabei kamen ihm gewisse Faktoren der innenpolitischen Entwicklung im Osten, wie die wachsende Unzufriedenheit der Bevölkerung der Hauptstadt mit der monophysitenfreundlichen Politik der Regierung und die Revolte des Generals Vitalian (513/15)[40], entgegen, die Kaiser Anastasios wenigstens vorübergehend zu größerer Nachgiebigkeit zwangen. Auf zwei Briefe des Kaisers, die Hormisdas zu einer Synode nach Herakleia einluden[41], antwortete dieser mit der Entsendung einer sorgfältig vorbereiteten Delegation unter Führung des Ennodius von Pavia im August 515, die in Konstantinopel die römischen Vorbedingungen für eine Wiederherstellung des Friedens vortrug: Anerkennung des Chalcedonense und der einschlägigen Schreiben Papst Leos durch den Kaiser und die Bischöfe des Ostens; Verurteilung des Nestorios, Eutyches und ihrer Anhänger unter Einschluß des Akakios; Unterzeichnung eines libellus (= *Formula Hormisdae*) und Verhandlung über die Fälle der abgesetzten oder exilierten Bischöfe vor einem päpstlichen Gericht. Für die Führung der Verhandlungen waren der päpstlichen Gesandtschaft außerdem detaillierte Instruktionen mitgegeben worden[42]. Das ganze Unternehmen endete jedoch mit einem Mißerfolg, da der Kaiser nach

[37] Die Umschreibung der Vikariatsrechte: Symmachus, Ep. 14 und 16. Die Verleihung des Palliums in der Dekretale Ep. 15, 9, dazu *G. Langgärtner*, Die Gallienpolitik der Päpste im V. und VI. Jahrh. (Bonn 1964).

[38] Avitus Vienn., Ep. 8 und 29 (Sigismund an Symmachus).

[39] Die Korrespondenz des Hormisdas bei *Thiel* 741–990 und, mit wenigen Ausnahmen, auch in der Coll. Avell. (CSEL 35).

[40] Vgl. *E. Stein*, Histoire du Bas-Empire II (Paris 1949) 177–185.

[41] Coll. Avell. n. 109 und 107. Die Synode hat aber wohl kaum stattgefunden.

[42] Die römischen Bedingungen im *Indiculus Hormisdae:* Coll. Avell. n. 116a, die *Formula Hormisdae* ebd. n. 116b; der Brief an den Kaiser n. 115.

einem Abflauen der innenpolitischen Schwierigkeiten sich nicht bereit fand, die römischen Forderungen, vor allem die Verurteilung des Akakios, anzuerkennen[43]. Das gleiche Los war einem zweiten Versuch des Papstes im Jahre 517 beschieden, der diesmal seinen Legaten eine Serie von Briefen und Werbeschreiben an den Patriarchen, die Bischöfe des Ostens und an Klerus und Volk der Hauptstadt mitgegeben hatte. Papst und Kaiser blieben bei ihren grundsätzlichen Positionen, Anastasios erklärte in einem schroffen Schreiben weitere Verhandlungen für sinnlos, da er von Rom „keine Befehle entgegennehmen könne"[44].

Die grundlegende Wende brachte so erst der Thronwechsel des Jahres 518, der die byzantinische Religionspolitik in die Hände des chalkedontreuen Kaisers Justinos (518–527) und seines Neffen und Nachfolgers Justinian (527–565) legte. Da beide alsbald ihre Bereitschaft zum Frieden beteuerten und um Entsendung einer Gesandtschaft oder, falls dies möglich sei, um das persönliche Erscheinen des Papstes baten, gab dieser seinen Legaten die schon für Anastasios I. ausgearbeiteten Entwürfe für einen Friedensschluß nebst Briefen an Justinos, den kaiserlichen Neffen, den Patriarchen Johannes und weitere hochgestellte Persönlichkeiten der Hauptstadt mit, in denen die frohe und sichere Erwartung der Wiederherstellung der Kirchengemeinschaft betont ausgesprochen war[45]. Schon auf der Anreise der Delegation nahmen einige Bischöfe auf dem Balkan den libellus des Hormisdas an und bestärkten so den römischen Optimismus[46]. Überraschend schnell konnten die Legaten dem Papst einen ausführlichen Bericht über die am 28. März 519 vollzogene Einigung zukommen lassen, als der Patriarch nach anfänglichem Zögern unter den Jubelrufen von Klerus und Volk den libellus unterzeichnete[47]. Ein Hochgefühl der Freude und des Dankes ob der Beendigung des 35jährigen Schismas durchzieht die aus diesem Anlaß gewechselten Briefe beider Seiten, dabei hebt der Papst rühmend den Anteil des Kaisers am Zustandekommen der Union hervor, mahnt ihn aber auch, für die volle Wiederherstellung der Einheit in Antiochien und Alexandrien tätig zu sein[48].

Es besteht kein Anlaß, an der Lauterkeit des „Gloria in excelsis Deo" im Dank- und Glückwunschschreiben des Papstes Hormisdas an Kaiser Justinos zu zweifeln[49]. Mißt man freilich den Wert des Erreichten nur an dem Maßstab der Dauerhaftigkeit des Erfolges, so könnte man im Blick auf die bald auftau-

[43] Eine kaiserliche Delegation sollte dem Papst und dem römischen Senat den Standpunkt des Anastasios erläutern: Coll. Avell. n. 111–114 125 137.

[44] Coll. Avell. n. 126–134 138. Zu den Einzelheiten dieses zweiten Versuchs siehe *F. Hofmann:* Chalkedon II 81–84.

[45] Coll. Avell. n. 141–158

[46] Ebd. n. 213 214.

[47] Bericht der Gesandtschaft Coll. Avell. n. 223, zu ergänzen durch Coll. Avell. n. 167.

[48] Die gesamte Korrespondenz Coll. Avell. n. 160–165 168–170 176, Analyse der Briefe von Kaiser und Patriarch nach Rom bei *L. Magi* 29–55.

[49] Coll. Avell. n. 168.

chenden neuen Schwierigkeiten geneigt sein, von einem Pyrrhussieg Roms zu sprechen. Eine solche Wertung ist jedoch den grundsätzlich religiösen Motiven nicht angemessen, von denen sich das Papsttum bei seinen Bemühungen um die Sicherung der christologischen Aussage von Chalkedon leiten ließ. Man braucht nur zu fragen, was aus dieser geworden wäre, hätte sie das Papsttum widerstandslos den wechselnden Interessen der Reichspolitik des byzantinischen Kaisertums überlassen.

Widerstand gegen die wiedergewonnene Einigung kam, wie zu erwarten, vor allem aus Ägypten, von wo aus der verbannte Severos von Antiochien sie zu sabotieren suchte, und von dem Metropoliten Dorotheos von Thessalonike, dessen Amtsenthebung der Papst beim Kaiser nicht durchsetzen konnte[50]. Eine im Grunde völlig überflüssige Bedrohung des Friedens stellte auch der sog. *Theopaschitische Streit*[51] dar, der von einer Gruppe skythischer Mönche ausging. Diese forderten die feierliche Anerkennung der Formel „Einer aus der Trinität hat im Fleische gelitten", weil durch sie das Chalcedonense vor jeder nestorianischen Interpretation wirksam geschützt sei. Weder die päpstlichen Legaten in Konstantinopel noch Hormisdas in Rom sahen die Notwendigkeit der an sich korrekten Formel ein und lehnten sie als inopportun ab, da die Aussagen Leos I. und des Konzils von 451 eines solchen interpretierenden Zusatzes, der vielleicht neue Diskussionen heraufbeschwören würde, nicht bedürften.

Bei aller Inanspruchnahme durch die Unionsfrage suchte Papst Hormisdas engen Kontakt mit der abendländischen Kirche zu halten, wie seine Korrespondenz mit den spanischen Bischöfen Johannes von Elche, Sallustius von Sevilla, den Bischöfen der Provinz Baetica und dem spanischen Gesamtepiskopat erkennen läßt[52]. Er informiert sie u. a. über das Ende des Akazianischen Schismas, gibt Richtlinien hinsichtlich der Disziplin des Klerus, schärft die Abhaltung jährlicher Synoden ein und bestätigt und umschreibt den Bereich des Vikariates von Sevilla, immer gelenkt von dem Bestreben, das Bewußtsein einer lebendigen Verbindung der spanischen Kirche mit Rom gerade unter der Herrschaft der Westgoten wachzuhalten und zu vertiefen[53]. Auch sein Briefwechsel mit Avitus von Vienne und Caesarius von Arles[54] will mit den Nachrichten über Stand und Fortschritt der Unionsverhandlungen mit dem Osten das Interesse für die Geschicke der Gesamtkirche stimulieren.

Hormisdas' Nachfolger *Johannes I.* (523–526) eröffnet die Reihe jener auffallend kurzfristigen Pontifikate, deren Inhaber zwangsläufig in den Kampf verstrickt wurden, den das tödlich bedrohte Ostgotenreich mit der überlegenen byzantinischen Macht zu führen hatte. Den damit verbundenen Belastungen

[50] Coll. Avell. n. 225–227.
[51] Siehe *A. Grillmeier:* Chalkedon II 797–805 (Lit.).
[52] Hormisd., Epp. 24–26 88 142–143 *Thiel.*
[53] Siehe die Analyse der Briefe durch *K. Schaeferdiek*, Die Kirche in den Reichen der Westgoten und Suewen (Berlin 1967) 75–81.
[54] Hormisd., Ep. 9 22 150.

waren diese Päpste teils nicht seelisch und moralisch, teils nicht einmal physisch gewachsen, so daß das Papsttum dieser Jahre einen unverkennbaren Autoritätsverlust erleiden mußte. Der Abstieg setzte in den letzten Regierungsjahren des Königs Theoderich ein, der durch die Hinwendung des Burgunders Sigismund und des Vandalenkönigs Hilderich (523) zum byzantinischen Kaiser in eine politische Isolierung geriet, die ihn seine bisher tolerante Haltung gegenüber den Katholiken Italiens aufgeben ließ. In seinem Mißtrauen ließ er nacheinander den Patrizier Albinus, seinen Minister Boëthius (524) und dessen Schwiegervater Symmachus, den Führer des Senates, wegen angeblicher Konspiration mit Ostrom oder Begünstigung des Hochverrates hinrichten[55]. Als er erfuhr, daß Kaiser Justinos die Häretikergesetze gegen die Arianer des Ostreiches anwandte, ihre Kirchen den Katholiken überwies und viele Arianer unter Druck deren Glauben annahmen, mutete er dem Papst eine beschämende Mission zu: Johannes I. sollte durch eine persönliche Intervention beim oströmischen Kaiser die Rücknahme dieser Maßnahmen fordern. Der Papst lehnte es allerdings noch vor seiner Abreise in Ravenna ab, für eine Rückkehr der konvertierten Arianer zu ihrem früheren Bekenntnis einzutreten. Die ihm auferlegte Demütigung konnte nicht aufgewogen werden durch die vielfachen Ehrungen des päpstlichen Gastes – der Kaiser gewährte ihm die an sich nur der Majestät zukommende adoratio und ließ sich beim Ostergottesdienst (526) von ihm, statt wie üblich von seinem Patriarchen, die Kaiserkrone aufsetzen –, sie verstärkten nur den Argwohn des Königs, der den Papst nach seiner Rückkehr wegen der Nichterfüllung seiner Hauptforderung in Ravenna festhielt, wo er alsbald starb[56]. Diese Behandlung machte Johannes I. in den Augen der römischen Katholiken zum Martyrer, während schon wenige Generationen später die Legende den arianischen Gotenkönig zum düsteren Katholikenverfolger werden und ihn wie schon den Begründer seiner Konfession, Arius, eines phantasievoll ausgemalten grauenvollen Todes sterben ließ[57].

Um einen Mann seines Vertrauens auf dem römischen Stuhl zu wissen, veranlaßte Theoderich die Erhebung des Diakons *Felix III.* (526–530) zum Papst[58], der baldige Tod des Königs (August 526) ließ es jedoch nicht zu einer längeren Zusammenarbeit kommen. Von Bedeutung wurde das Eingreifen Felix' III. in die Endphase des Gnadenstreites, als er Caesarius von Arles in der Abwehr semipelagianischer Strömungen unterstützte, eine Hilfe, die der gallische Bischof auf der Synode von Orange wirksam verwertete[59]. Da der Gegen-

[55] W. *Enßlin,* Theoderich der Große (München ²1959) 305–316.

[56] Zum Verhältnis Theoderichs zu Papst Johannes I. und zur Reise des Papstes nach Byzanz siehe *H. Löwe:* HJ 72 (1953) 83–100 und *P. Goubert:* OrChrP 24 (1958) 339–352.

[57] Siehe Anonym. Vales. 16, 94–96; Procop., Bell. Goth. 1, 1, 35; Gregor I., Dialogi 4, 30.

[58] So übereinstimmend *LP* I 106 *Duchesne* und Cassiod., Var. 8, 15, 1.

[59] Felix III., Ep. ad Caesar. Arell. = Caesar., Ep. 11. Der von Bonifatius II. bestätigte Syllabus der Synode von Orange: Caesar., Op. II 70–78 *Morin,* dazu *G. de Plinval: Fliche-Martin* 4, 397–418.

satz zwischen progotischen und byzanzfreundlichen Gruppen auch im römischen Klerus fortbestand, suchte Felix III. einer möglichen Doppelwahl nach seinem Tode durch die Designation seines Nachfolgers, des Archidiakons Bonifatius, zu begegnen. Seine Absicht unterstützte ein Dekret des Senates, das jede Wahlagitation zu Lebzeiten eines Papstes untersagte[60].

Trotzdem entschied sich die Mehrheit des Klerus nach Felix' Tod für den byzanztreuen ehemaligen alexandrinischen Diakon Dioskur, der aber nach wenigen Wochen starb, so daß *Bonifatius II.* (530–532) rasch allgemeine Anerkennung fand[61]. Als aber auch er den Diakon Vigilius als Nachfolger designierte, zwang ihn der Klerus unter Mitwirkung des Senates, diese unkanonische Verfügung zurückzunehmen[62], ein Vorgang, der dem päpstlichen Ansehen weiteren Abbruch tat. Welche Konfliktsmöglichkeiten zwischen Rom und Byzanz auch weiterhin die Frage der jurisdiktionellen Zuständigkeit auf dem Balkan bot, zeigt der Fall des Metropoliten Stephanos von Larissa, der vom Konstantinopler Patriarchen seines Amtes enthoben wurde, obwohl sein Sitz zum Vikariat Thessalonike gehörte, seine Appellation an Papst Bonifatius wurde Verhandlungsgegenstand einer römischen Synode[63].

Nach einer Sedisvakanz von drei Monaten, während der das Papsttum durch den Streit um die Nachfolge weiter an Geltung verlor, wurde nach dem Willen des Gotenkönigs Athalarich der Presbyter Mercurius zum Bischof von Rom gewählt, der sich – das erste Beispiel eines päpstlichen Namenswechsels – *Johannes II.* (533–535)[64] nannte. Von Kaiser Justinian I. ließ er sich für die Anerkennung der theopaschitischen Formel gewinnen, mit der dieser seine Unionspolitik gegenüber den Monophysiten stärken wollte[65]. Justinian hatte dabei zwar die Lehrautorität des römischen Bischofs in hohen Worten gepriesen, aber schon hier wurde deutlich, daß er sie jeweils für seine eigenen religionspolitischen Ziele einspannen würde, eine Haltung, die das Papsttum leicht in schwere Konflikte oder in unwürdige Abhängigkeit vom byzantinischen Kaisertum bringen mußte.

Dieser Gefahr zeigte sich Papst *Agapet I.* (535–536)[66] noch in etwa gewachsen, der wie wenige Jahre zuvor Johannes I. ebenfalls auf Befehl eines Gotenkönigs (Theodahad) die Reise an den byzantinischen Kaiserhof antreten mußte, um Justinian zu veranlassen, die schon weit gediehenen Vorbereitungen Ostroms für die Befreiung Italiens von der Gotenherrschaft einzustellen[67]. Wäh-

[60] Praeceptum Felicis und Senatus consultum: ACO IV, II, 96f = PL Suppl 3, 1280f.

[61] Anerkennungsformular der ehemaligen Dioskuranhänger: PL Suppl 3, 1282.

[62] *LP* I 281 *Duchesne.*

[63] Die Akten der Synode in der Coll. Thessal. 1–16 *Silva-Tarouca.*

[64] Von ihm sind erhalten je ein Brief an Kaiser Justinian (Coll. Avell. n. 84) und den römischen Senat (ACO IV, II, 206–210) und drei nach Gallien, Ep. 12–14 unter den Briefen des Caesarius von Arles.

[65] Justinians Schreiben ist in die Antwort des Papstes aufgenommen.

[66] Briefe: PL 66, 35–47, Coll. Avell. n. 86–91, Caesar. Arel., Ep. 15 und 16.

[67] Vgl. *E. Stein,* Histoire du Bas-Empire II 343.

rend der Kaiser, der es wiederum an äußerer Reverenz gegenüber dem Papst nicht fehlen ließ, das Ansinnen Theodahads brüsk ablehnte, erwies er sich im kirchenpolitischen Bereich überraschend zugänglich. Als sich Agapet trotz aller Pressionen unentwegt weigerte, mit dem monophysitenfreundlichen, von Trapezunt auf den Stuhl von Konstantinopel transferierten Patriarchen Anthimos, einem Günstling der Kaiserin Theodora, Gemeinschaft aufzunehmen, ließ Justinian diesen kurzerhand fallen und berief an seiner Stelle den bisherigen Presbyter Menas, der sich vom römischen Papst sogar die Weihe erteilen ließ. Kaiser und Patriarch bekannten sich erneut zur Hormisdasformel, und Justinian bekräftigte auch das Urteil einer Synode, das sich gegen Anthimos, Severos von Antiochien und ihren Anhang aussprach, obwohl Papst Agapet wenige Wochen nach der Erhebung des Menas nach kurzer Krankheit in Konstantinopel gestorben war[68]. Der plötzliche Tod dieses grundsatzfesten, auch für die theologische Wissenschaft sehr aufgeschlossenen Mannes[69], leitete die schwerste Krise des Papsttums im 6. Jh. ein.

Dem nach dem Eintreffen der Todesnachricht rasch von Theodahad zum Papst erhobenen Hormisdassohn *Silverius* (536–537) wurden der Kampf zwischen Byzantinern und Ostgoten um den Besitz der Stadt Rom und die Intrigen des Diakons Vigilius, der mit seiner eigenen Wahl gerechnet hatte, zum Verhängnis. Obwohl auf seinen Rat hin die Römer die Stadt kampflos dem byzantinischen General Belisar übergeben hatten, wurde der Papst des Hochverrates bezichtigt, in entwürdigender Form abgesetzt und nach Lykien verbannt. Auf Befehl Belisars, der wohl einer Weisung der Kaiserin Theodora folgte, wählte man *Vigilius* (537–555) zu seinem Nachfolger. Justinian ließ Silverius zwar zu neuer Untersuchung nach Italien zurückbringen, aber Vigilius ließ ihn durch Belisar auf die Insel Ponza verbannen, wo er, wahrscheinlich nach dem Verzicht auf seine Würde, noch 537 starb[70]. Vigilius glaubte sich am nunmehr ungefährdeten Ziel seiner Wünsche[71]. Für die Methoden, deren er sich dabei bedient hatte, sollte er mit einer Demütigung büßen, wie sie bislang keinem Papst widerfahren war.

Kaiser Justinian hatte durch ein Edikt im Jahre 543 die sog. Drei Kapitel verurteilt und suchte nun den Widerstand des Abendlandes gegen diesen Erlaß gerade dadurch zunichte machen, daß er ihn ausgerechnet vom römischen Papst unterschrieben haben wollte, den er dafür kurzerhand nach Konstantinopel beorderte. Das Trauerspiel während der acht Jahre des oströmischen Aufenthaltes des Papstes ist bereits geschildert worden (Kap. 4): Auf der einen Seite die

[68] Coll. Avell. n. 89 und 90, dazu *Caspar* II 222–228.

[69] Siehe *H.-I. Marrou:* MAH 48 (1931) 124–169.

[70] Zur Absetzung des Silverius siehe *P. Hildebrand:* HJ 42 (1922) 213–249, *O. Bertolini:* ASRomana 47 (1924) 325ff und *E. Stein* II 386f.

[71] Seine Briefe und Erlasse: PL 69, 15–178, zu ergänzen durch *E. Schwartz*, Vigiliusbriefe: SAM 1940, 2, 1–15 und ACO IV, II, 138–168. Zum Ganzen *L. Duchesne*, L'Église au VIe siècle (Paris 1925) 151–218, *P. Batiffol*, Cathedra Petri (Paris 1938) 286–314 und *Seppelt* II 270–290.

Gestalt des autoritären Basileus, der im Widerspruch zur bisherigen Ordnung selbstherrlich über Lehre und Glauben der Kirche verfügte und mit der seelischen Not des Vigilius ein abstoßend grausames Spiel trieb, auf der anderen die ebenso bedrückende Figur des Papstes, der charakterlos seine Meinung bei längerem Druck des Kaisers wechselte, mit ihm kompromittierende geheime Absprachen traf, dem letztlich der Mut zum Zeugnisgeben fehlte, zu dem ihn sein Amt verpflichtete. Dabei hätte er sich für eine klare, entschiedene Stellungnahme auf die weitgehende Unterstützung des abendländischen Episkopates berufen können, von dem er statt dessen einen stürmischen Protest hinnehmen mußte, der in seiner Exkommunikation durch eine afrikanische Bischofssynode gipfelte[72]. Seelisch und physisch gebrochen, starb Vigilius auf der Rückreise nach Rom in Syrakus.

Die von ihm hinterlassene Hypothek belastete den Pontifikat seines von Justinian bestimmten Nachfolgers *Pelagius I.* (556–561)[73] schwer, der zwar als päpstlicher Apokrisiar in Byzanz zunächst seinen Herrn zum Widerstand gegen die Forderungen des Kaisers aufforderte und in einer eigenen Schrift gegen sie auftrat[74], sich aber dann doch dem Spruch der Synode von 553 gegen die Drei Kapitel angeschlossen hatte. Nur mühsam und teilweise mit geringem Erfolg konnte er das enorme Mißtrauen überwinden, das ihm allenthalben im Abendland entgegenschlug. In der Toskana weigerten sich mehrere Bischöfe, seinen Namen bei der Eucharistiefeier zu erwähnen, die Metropoliten von Aquileia und Mailand sagten die Kirchengemeinschaft mit ihm auf, in Gallien verbreitete man seine Schrift zur Verteidigung der Drei Kapitel und verglich sie hämisch mit seiner späteren Haltung. Immer wieder betonte der Papst seine Treue zu Chalkedon und den Lehrschriften Papst Leos I., zu seinen Vorgängern Johannes II. und Agapet und sandte sogar dem Frankenkönig Childebert ein feierliches Glaubensbekenntnis[75]. Den Widerstand der stadtrömischen Bevölkerung konnte er allmählich überwinden durch seine großzügige Armenfürsorge, durch die Renovierung der in den Kriegswirren ausgeplünderten Kirchen, durch die Reorganisation der Verwaltung der päpstlichen Patrimonien und nicht zuletzt durch seine Bemühungen um den Klerusnachwuchs.

Das oberitalienische Schisma konnte allerdings erst sein Nachfolger *Johannes III.* (561–574) mindern, als er 572 den Bischof von Mailand für sich gewann; die Kirchenprovinz Aquileia versagte sich aber weiter jeder Einigung. In seinen Pontifikat fällt der Einbruch der arianischen Langobarden in Italien (568), deren erbarmungslose Kriegführung auch die Tätigkeit seiner unmittel-

[72] Victor Tunn., Chron. ad a. 550 (2, 202 *Mommsen*). Auch Facundus von Hermiane, Pro defensione trium capit. II 6 belastet den Papst.

[73] *Caspar* II 286–305.

[74] In defensione trium capitulorum, ed. *R. Devreesse* (Rom 1932), danach PL Suppl 4, 1284–1369.

[75] Pelag. I., Ep. 7 (nach der Zählung von *Gassó–Batlle*); auch vor der römischen Gemeinde legte er gleich nach der Wahl ein Glaubensbekenntnis ab: Ep. 11.

baren Nachfolger *Benedikt I.* (575–579) und *Pelagius II.* (579–590) weitgehend einschränkte. Die Hilferufe nach Konstantinopel blieben ohne nennenswertes Echo, da man im Osten durch den Perserkrieg gebunden war. Pelagius II. sah aber schon damals im Frankenreich eine mögliche Stütze für das Papsttum, da er dessen Könige als die von Gott bestellten Helfer Roms und Italiens bezeichnete, eine Konzeption, die anderthalb Jahrhunderte später verwirklicht wurde. Unter Pelagius II. kam es auch zu einem ersten Konflikt mit der byzantinischen Kirche um den Titel „Ökumenischer Patriarch", den der Papst als Bezeichnung für den Konstantinopler Bischof in den Akten der Synode des Jahres 587 vorfand[76].

Papst Gregor der Große (590–604)

Mit dem Urenkel Felix' III.[77] aus senatorischer Familie, der im Zivildienst zum Leiter der Stadtverwaltung Roms aufgestiegen war, danach in dem von ihm gegründeten römischen Andreaskloster als Mönch lebte[78], bis er im Jahre 579 zum Diakon geweiht wurde, bestieg ein Mann den römischen Stuhl, der das päpstliche Amt durch die Eigenart seiner religiösen und priesterlichen Persönlichkeit so unverwechselbar neu repräsentierte, daß er der Nachwelt lange als die Idealgestalt des Papsttums galt, an der sich seine späteren Vertreter immer wieder messen lassen mußten.

Gregor hat das Verhältnis des Papsttums zum byzantinischen Kaisertum und damit auch das Verhältnis von Kirche und Staat im wesentlich gleichen Verständnis wie seine Vorgänger gesehen. Für ihn, der mehrere Jahre (bis Ende 585) als päpstlicher Apokrisiar am byzantinischen Hof lebte, blieb der Basileus, selbst wenn es ein so fragwürdiger Charakter wie Kaiser Phokas (602–610) war, grundsätzlich das von Gott berufene Oberhaupt des christlichen Imperiums, dem auch der Papst nur in den festgelegten Formen höfischer Etikette begegnen konnte. Wenn Gregor gegenüber den Langobarden eine andere Haltung für notwendig hielt als Kaiser Maurikios (582–602), so war das nicht Anzeichen oder Ergebnis einer grundsätzlichen Neuorientierung der päpstlichen Politik, sondern eine aus der bitteren konkreten Situation Italiens gewonnene Einsicht, die letztlich auf pastoralen Überlegungen beruhte[79]. Da der Exarch von Ravenna militärisch den Langobarden nicht gewachsen war, ließ sich deren Druck auf Bevölkerung und Kirche Italiens nur durch einen Friedensschluß mit

[76] Pelag. II., Ep. ad Aunarium episc. (MGEp III, 448), ACO IV 2, 105–132; *O. Bertolini* 225–300.

[77] Siehe *A. Ferrua,* Gli antenati di s. Gregorio M.: CivCatt 1964, 4, 239/246.

[78] Zur Diskussion um den „benediktinischen" Charakter dieses Klosters siehe *K. Hallinger:* SA 42 (1957) 231–319; *O. M. Porcel:* Scripta et Doc. 12 (1960, Montserrat) 1–95 und *P. Verbraken:* StudMon 2 (1960) 438–440.

[79] Siehe Gregors in der Form respektvollen, in der Sache entschiedenen Brief an Maurikios: Reg., Ep. 5, 36.

ihnen beseitigen, und dieser wiederum war nur gesichert, wenn es gelang, sie für das katholische Bekenntnis zu gewinnen.

Es waren auch in erster Linie seelsorgerliche Motive, die Gregors beträchtliche Korrespondenz mit den merowingischen Herrschern veranlaßten, ohne deren Zustimmung und Mithilfe ein Wandel im fränkischen Klerus, besonders im weitgehend durch Simonie verseuchten Episkopat, nicht zu erreichen war. Einen „ewigen Frieden" zwischen Franken und Byzantinern hat er deshalb vorgeschlagen[80], weil er in seinen Augen die Voraussetzung für die Wiedergesundung des religiösen Lebens vor allem in Italien war. Wenn demnach auch Gregor das Frankenbündnis nicht intendierte, so hat er doch faktisch durch diese Kontakte mit dem Merowingerreich erste Ansätze für eine Entwicklung mitgeschaffen, in deren Verlauf schließlich die byzantinische Schutzherrschaft gegen die germanische ausgetauscht wurde.

Gregors Rang in der Geschichte des Papsttums beruht auch nicht auf einer besonders markanten Verteidigung des römischen Primates oder auf einer vertieften theoretischen Begründung der Primatsidee. Wie sein Vorgänger hat auch er gegen den Titel „Ökumenischer Patriarch" bei Johannes dem Faster in Konstantinopel protestiert, weil er ihm den Vorrang der römischen Kirche in Frage zu stellen schien. Aber er hat seinem Protest eher die Form einer inoffiziellen Erörterung gegeben und den Patriarchen auf den unbiblischen Charakter dieses Titels hingewiesen, wie auch er für sich den Titel universalis episcopus zurückwies. Als sein Einspruch ohne Wirkung blieb, hat er es deshalb nicht zum Bruch mit dem Osten kommen lassen, sondern im Rückgriff auf ein Wort Augustins die Formel *servus servorum Dei* in seinen Briefen bevorzugt, die später von der päpstlichen Kanzlei übernommen wurde[81].

Die eigentliche Größe Gregors gründet vielmehr in seinem umfassenden pastoralen Wirken, das ihn zu einem der bedeutendsten Seelsorger unter den Päpsten werden ließ. Hier ist einmal die keine Mühe und kein Opfer scheuende caritative Tätigkeit zu nennen, mit der er der erdrückenden Not der Bevölkerung Italiens zu steuern suchte. Ohne Zögern hat er den großen Patrimonialbesitz der römischen Kirche in Italien, Sizilien, Dalmatien und der Provence, der nach einem seiner schönsten Worte „das Eigentum der Armen"[82] sei, dafür verwandt und dessen infolge der jahrelangen Kriegswirren zerrüttete Verwaltung im Interesse besserer Erträge tatkräftig reorganisiert. Die Beamten nahm er direkt in päpstlichen Dienst, mahnte sie unentwegt an Treue und Gerechtigkeit und schützte vor allem die Kleinpächter vor Ausbeutung. Gerade den sozial Schwachen, den Waisen, den verschämten Armen, den durch Unglücksfälle plötzlich in Not Geratenen galt seine warmherzige Sorge. Diese Seite seines Wirkens hat Gregor außer der dankbaren Anhänglichkeit des einfachen Volkes in der Öffentlichkeit Italiens ein Maß von Ansehen eingebracht, das ihn weit

[80] Im Brief an König Theuderich II.: Reg., Ep. 13, 9.
[81] Siehe *E. H. Fischer* 97–110.
[82] Reg., Ep. 13, 23, 19.

über den ranghöchsten Beamten des Landes, den Exarchen von Ravenna, hob.

Ein hohes Maß von Zeit und Energie verwandte Gregor auf die Besserung des Klerus, der allenthalben, vor allem im Frankenreich, auf ein tiefes Niveau abgesunken war. Für ihn schrieb er in seiner *Regula pastoralis* einen eindringlichen Hirtenspiegel, dem er das geglückte Motto gab: *ars est artium regimen animarum.* Jahrhundertelang war dieses Buch für die Seelsorger des Abendlandes vom gleichen Rang, wie ihn die Regula Benedikts für das abendländische Mönchtum gewinnen sollte[83]. Neben der Pflicht zur täglichen Selbstprüfung schärfte er dem Klerus besonders die Verantwortung für die rechte Glaubensverkündigung ein. Die Predigt sollte während der Eucharistiefeier gehalten werden und vor allem das Tagesevangelium auslegen. In die eigene Predigtweise gewähren Gregors 40 erhaltene *Evangelienhomilien*[84] einen instruktiven Einblick. Sie verzichten auf jedes rhetorische Beiwerk, wollen in ihrer bewußt schlichten Sprache das Herz des einfachen Gläubigen erreichen und mit ihren vielen dem Leben entnommenen Exempla sich dem Gedächtnis einprägen.

Der ehemalige Mönch Gregor hat auch als Papst dem Mönchtum in seinem Denken und Arbeiten einen bevorzugten Platz eingeräumt, den in Not geratenen Klöstern wirksame Hilfe gewährt und die klösterliche Disziplin auf jede Art zu stützen und zu erneuern gesucht. An die Mönche wendet er sich in seinem umfangreichsten Werk, den *Moralia in Job*[85], aus mündlichen Vorträgen entstanden, die er später überarbeitete. Hier und in den 22 *Homilien über Ezechiel,* die ebenfalls eine vorwiegend monastische Leserschaft voraussetzen, hat Gregor seine Gedanken über christliche Ethik, Frömmigkeit und Vollkommenheitsstreben niedergelegt[86], die er durch eine gern angewandte allegorische Auslegung der Schrift gewinnt. Was dem heutigen Leser als Mangel erscheint, eben die Allegorie, die Breite der Darstellung, die zahlreichen Abschweifungen, galt einer anderen Zeit als rühmenswerter Vorzug und hat diesen Werken in den mittelalterlichen Klöstern und, mehr vom Inhalt her, in der Moraltheologie dieser Zeit eine tiefreichende Nachwirkung eingebracht[87]. Gregors persönliche Frömmigkeit nährte sich außer aus der Schrift von der seines Lieblingsautors Augustinus, wenn ihm auch für die Wiedergabe von dessen Gedanken am Ende des 6. Jh. nicht mehr die gleichen sprachlichen Aussagemöglichkeiten zur Ver-

[83] PL 77, 13–128. Das Motto, vielleicht aus Gregor. Naz., Or. 2, 16, Reg. past. I 1. Vgl. *D. M. Wertz,* The Influence of the Regula pastoralis to the Year 900 (Diss. Ithaca 1936); *Ch. Chazottes,* Sacerdoce et ministère pastoral d'après la correspondance de s. Grégoire le Grand (Diss. Lyon 1955); *G. Hocquard:* La tradition sacerdotale (Lyon 1959) 143–167 (Priesterideal).

[84] PL 76, 1075–1312, dazu *H. Schwank,* Gregor d. Gr. als Prediger (Diss. Berlin, Hannover 1934). Über Gregors liturgische Aktivitäten s. Kap. 20.

[85] PL 75, 509–1162; 76, 9–782; SChr 32 (1950); SChr 212 (1974).

[86] Siehe *R. Gillet:* DSp VI (1967) 881–910 und *C. Butler,* Western Mysticism (London ³1967) 65–92 171–188.

[87] Siehe *D. Hofmann* (Lit.) und *R. Wasselynck,* L'influence des Moralia in Job de s. Grégoire le Grand sur la théologie morale entre le VIIe et le XIIe siècle (Diss. Lyon 1956, masch.).

fügung stehen. Von seiner innersten Neigung her ganz der contemplatio zugetan, hat er sich wie sein Vorbild dem Dienst am Mitmenschen in und außerhalb der Kirche nicht versagt. Obwohl Gregor tief von dem Gedanken durchdrungen war, daß eine alternde Welt ihrem baldigen Ende entgegenging[88], hat diese Überzeugung keinen Augenblick seine Aktivität gelähmt, die er zudem einem meist kranken Körper abringen mußte. Diese eschatologische Spannung hat ihn eher zu dem kirchenhistorisch wie universalgeschichtlich folgenreichsten Unternehmen angetrieben, das seiner Initiative entsprungen ist, der Missionierung der Angelsachsen. Wie kein Papst vor ihm hat er die Missionsarbeit als erstrangige Pflicht des Oberhauptes der Kirche empfunden und dabei bewußt als erster Papst seinen Blick über die Grenzen des Imperiums hinaus gerichtet. Sein Bemühen, die Langobarden für den Katholizismus zu gewinnen, war zum Teil noch mitbestimmt von der harten Not der Kirche in Italien selbst, in dem angelsächsischen Unternehmen wirkte sich der biblische Missionsauftrag in ursprünglicher Reinheit aus. (Über Verlauf und Erfolg der Angelsachsenmission siehe Kap. 16.)

Man hat Gregor einmal als „recht kleinen großen Mann" bezeichnet und behauptet, den Beinamen der Große verdiene er nicht[89]. Ein solches Urteil ist weitgehend bestimmt von der Verständnislosigkeit für die religiösen und moralischen Qualitäten, die sich im seelsorgerlichen Wirken Gregors kundtun. Das gläubige Volk Italiens und später der übrigen Länder Westeuropas hat mit sicherem Gespür empfunden, daß es neben diplomatischer Gewandtheit und herrscherlicher Repräsentation noch die Größe des Herzens gibt, und hat sich willig von der religiösen Welt Gregors jahrhundertelang prägen lassen.

Päpste des 7. Jahrhunderts

Die unmittelbaren Nachfolger Gregors konnten in ihren meist kurzen Pontifikaten das Papsttum nicht auf der von ihm erreichten Höhe halten. Mehr als je zuvor geriet es in die Abhängigkeit vom byzantinischen Kaisertum und in das wirre Geflecht seiner Kirchenpolitik, die sich vor allem im monotheletischen Streit verhängnisvoll auswirkte. Nur einige seiner Vertreter werden im folgenden herausgehoben.

In der römischen Stadtgeschichte hat *Bonifatius IV.* (608–615) Spuren hinterlassen, da er das von Kaiser Phokas erbetene Pantheon zur Marienkirche weihte (S. Maria ad Martyres), das dadurch bis in die Gegenwart erhalten blieb[90]. Die römische Synode von 610 sah den ersten Bischof von London, Mellitus, unter ihren Teilnehmern[91]. Das immer noch nicht bereinigte Schisma der

[88] *Cl. Dagens,* La fin des temps et l'église selon saint Grégoire le Grand: RSR 58 (1970) 273–288.
[89] Siehe *Haller* I 295, vgl. dagegen *Caspar* II 512–514.
[90] *Dölger,* Reg. nr. 156.
[91] *Beda,* HE 2, 4.

Dreikapitelanhänger in den Kirchenprovinzen Mailand und Aquileia entfachte neue Diskussionen, als der Langobardenkönig Agilulf sie begünstigte und der Mönch Kolumban vom Kloster Bobbio sich von ihm zum Eingreifen in den Streit bewegen ließ. In einem langen Schreiben ermahnte er den Papst mit irischem Wortreichtum und kühnsten Formulierungen zu jener Wachsamkeit, an der es Papst Vigilius trotz seines Namens habe fehlen lassen[92].

Der Schüler Gregors d. Gr., Papst *Honorius I.* (625–638)[93], suchte sein Amt im Geiste seines Vorbildes zu führen, mit dem er die Sorge für eine korrekte Verwaltung des römischen Patrimoniums und den Eifer für die Gewinnung der Langobarden teilte. Einen Teilerfolg hatte er bei seinen Bemühungen um Beseitigung des oberitalienischen Schismas, da er die Metropole Grado mit einem romtreuen Bischof besetzen konnte[94]. Großes Interesse brachte Honorius I. auch dem Fortschritt der Angelsachsenmission entgegen und verlieh den Metropoliten von Canterbury und York das Pallium[95]. Unheilvoll wirkte sich jedoch seine Stellungnahme im Monotheletenstreit aus, mit der er die Voraussetzungen für das Entstehen der auf dem I. Vaticanum so viel diskutierten „Honoriusfrage“ schuf[96]. Als Patriarch Sergios I. von Konstantinopel dem Papst über die Spaltungen in dieser Frage innerhalb der Ostkirche berichtete (634) und ihm im Interesse einer Beilegung des Streites den Vorschlag machte, weiterhin nicht mehr von einer oder zwei Energien, sondern nur von einem Willen in Christus zu sprechen, schloß sich Honorius, ohne dessen theologische Tragweite ernsthaft zu prüfen und ohne die entgegengesetzte Stellungnahme etwa des Patriarchen Sophronios von Jerusalem zu überdenken, weitgehend diesem Vorschlag an. Er lobte dabei das Vermeiden der Redeweise von einer Energie und bekannte „einen Willen des Herrn Jesus Christus“, betonte allerdings, daß er in dieser Frage dem schlichten Glauben der Bibel folgen wolle und alles ablehne, was an neuen Formeln vor allem für die Unmündigen in der Kirche zum Ärgernis werden könnte[97]. Der historische Kontext dieser Äußerungen – Billigung eines Vorschlages des Konstantinopler Patriarchen, der keine allgemeinverbindliche Glaubensentscheidung erbeten hatte, ungenügende Prüfung des theologischen Problems – läßt es als höchst zweifelhaft erscheinen, daß Honorius hier eine Entscheidung ex cathedra im heutigen

92 Columban., Ep. 5, dazu *G. S. M. Walker*, S. Columbani Opera (Dublin 1957) XXXVIII f.

93 Seine Briefe PL 80, 467–494 601–607; PL Suppl 4, 1658 f.

94 Honor. I., Ep. 2, die *Silva – Tarouca:* Gr 12 (1931) 44 zwar für unecht halten möchte, die aber inhaltlich bestätigt wird durch eine Inschrift aus der Peterskirche, siehe *Duchesne LP* 325 f.

95 Honor. I., Ep. 6 und 7 = Beda, HE 2, 17 und 18.

96 Siehe *P. Stockmeier*, Die Causa Honorii und *K. J. v. Hefele:* TQ 148 (1968) 405–428; *ders.*, Der Fall des Honorius und das erste Vatikanische Konzil = G. Schwaiger (Hrsg.), Hundert Jahre nach dem Ersten Vatikanum (Regensburg 1970) 109–130 (Lit.).

97 Schreiben Sergios' I.: *Mansi* 11, 530 ff; Antwort des Honorius ebd. 538–549, dazu *P. Galtier*, La première lettre du Pape Honorius: Gr 29 (1948) 42–61; Fragmente eines 2. Honoriusbriefes an Sergios: *Mansi* 11, 579 ff.

Verständnis treffen wollte. Ihr eigentliches Gewicht erhält die Honoriusfrage vielmehr dadurch, daß das 6. allgemeine Konzil von 680/81 den römischen Papst wegen seiner Äußerungen als Häretiker verurteilen zu dürfen und zu müssen glaubte und daß Papst Leo II. (682/83) die Beschlüsse des Konzils und damit dessen Urteil über Honorius bestätigte, wenn er es auch durch den Hinweis abzuschwächen suchte, der Papst sei durch sein fahrlässiges Verhalten in dieser Frage zu einem Förderer der Häresie geworden[98].

Wie schwer es war, sich aus der Verflechtung mit der kaiserlichen Religionspolitik zu lösen, sollte nach erfolglosen Versuchen *Theodors I.* (642–649) vor allem Papst *Martin I.* (649–653/655)[99] erfahren, der als ehemaliger Apokrisiar über eine gute Kenntnis der theologischen Streitfrage und der an der Diskussion beteiligten Persönlichkeiten verfügte. Ohne die kaiserliche Bestätigung seiner Wahl abzuwarten, ließ er sich konsekrieren und berief für Oktober 649 eine Synode nach dem Lateran ein, auf der er den Monotheletismus, seine führenden Vertreter und deren Schriften verurteilen und das Urteil der gesamten Kirche bekanntgeben ließ[100]. Kaiser Konstans II. (641–668), dem der Papst die Synodalakten mit der Bitte, dem Anathem zuzustimmen, übersandt hatte[101], wollte seinen Willen in Italien mit Gewalt durchsetzen, ließ nach einem ersten mißglückten Versuch den Papst durch seinen Exarchen im Juni 653 verhaften und nach Konstantinopel bringen. Hier wurde er nicht wegen der Verwerfung des Monotheletismus, sondern wegen angeblichen Hochverrates zum Tode verurteilt, dann zur Verbannung nach Cherson auf der Krim begnadigt, wo er nach wenigen Monaten an physischer und seelischer Erschöpfung starb (Sept. 655)[102]. Über alles bedrückte Martin das völlige Schweigen des römischen Klerus, der schon im August 654, kaiserlichem Wunsch allzu gefügig, einen Nachfolger, Papst *Eugen* (654–657), gewählt hatte[103].

Erst unter Papst *Agatho* (678–681) wurde die Aussöhnung zwischen Rom und Byzanz möglich, als dieser der Bitte Konstantins IV. Pogonatos (668–685) nachkam und nach Vorbereitung durch die Lateransynode von 680 eine Delegation zu einer „Konferenz" nach Konstantinopel entsandte, die zum 6. allgemeinen Konzil wurde. Auf der 4. Sitzung wurde das dogmatische Schreiben des Papstes gebilligt und im abschließenden Glaubensdekret der Monotheletismus endgültig verworfen[104]. Jedoch unter dem letzten Papst dieses Jahrhunderts,

[98] Die betr. Akten des Konzils von 680/81: *Mansi* 11, 550ff, die Stellungnahme Papst Leos II. ebd. 11, 730ff und PL 96, 408–419. Dazu *K. Hirsch,* Papst Honorius und das VI. Allgemeine Konzil: Festschrift der 57. Versammlung deutscher Philologen zu Salzburg 1929 (Baden bei Wien 1929) 158–179. Zum Ganzen: DTHC 7, 93–132; Caspar II 530–542; Seppelt II² 47–58.

[99] Die Briefe Martins I.: PL 87, 119–204; *Mansi* 10, 785–1188.

[100] Zu den Akten der Synode *E. Caspar:* ZKG 51 (1932) 75–135.

[101] Martin. I., Ep. 3.

[102] Ein Augenzeugenbericht über den Prozeßverlauf: PL 129, 591–604; Martins Schilderung seiner Verhaftung und Fahrt nach Konstantinopel: Ep. 14f.

[103] Martin. I., Ep. 16 und 17.

[104] Die Akten der Synode: *Mansi* 11, 19–920; die Glaubensdefinition auch D 289.

Sergius (687–701), ergaben sich bereits neue Spannungen, als Kaiser Justinian II. (685–695; 705–711) eine Synode nach Konstantinopel berief (Trullanum II oder Quinisextum 692), auf der ohne Beteiligung des Westens unter fast ausschließlicher Verwertung östlicher Kirchenrechtsquellen 102 Canones[105] vorwiegend disziplinären Charakters beschlossen wurden, die aber lateinische Bräuche wie das Samstagsfasten oder den Priesterzölibat zum Teil scharf verwarfen. Als Papst Sergius die vom Kaiser geforderte Zustimmung zu diesen Synodalbeschlüssen entschieden ablehnte, sollte er, wie zuvor Papst Martin, nach gewaltsamer Entführung in Konstantinopel gefügig gemacht werden, der Plan scheiterte jedoch am Widerstand der Milizen Roms, Ravennas und der Pentapolis[106]. Die fehlgeschlagene Aktion enthüllte unübersehbar die nunmehrigen Grenzen kaiserlicher Macht auf italienischem Boden und leitete endgültig den Prozeß der politischen und kirchlichen Lösung des Westens vom Osten ein.

19. Kapitel

Kirchliche Organisation und Klerus

QUELLEN: Gregor d. Gr., Registrum Epistolarum: MGEp, tom. 1 u. 2 (Berlin ²1957). Epistolae Arelatenses genuinae: MGEp III, 1–83 (Berlin ²1957). *H. T. Bruns,* Canones apostolorum et conciliorum saeculorum IV, V, VI, VII, 2 Bde (Berlin 1839). Concilia Galliae: CChr Series Latina, Bd. 148 u. 148 a, edd. *C. Munier – C. de Clercq* (Turnhout 1963). Concilios visigóticos e hispano-romanos, ed. *J. Vives* (Barcelona – Madrid 1963). Gregorii episcopi Turonensis libri historiarum: MGSS rer. Mer. I, 1 (Hannover 1951); Separatausgabe mit dt. Übers. von *R. Buchner,* 2 Bde (Darmstadt 1970).
LITERATUR: *E. Caspar,* Geschichte des Papsttums II (Tübingen 1933); *G. Langgärtner,* Die Gallienpolitik der Päpste im 5. u. 6. Jh. = Theophaneia 16 (Bonn 1964); *H. G. J. Beck,* The Pastoral Care of Souls in South-East France during the Sixth Century = AnGr 51 (Rom 1950); *J. Fernández Alonso,* La cura pastoral en la España romanovisigoda = Publicaciones del Inst. Esp. de Est. Ecles. A 2 (Rom 1955); *W. Seston,* Note sur les origines religieuses des paroisses rurales: RHPhR 35 (1935) 241–254; *E. Griffe,* Les paroisses rurales de la Gaule: MD 36 (1953) 33–62; *ders.,* La Gaule chrétienne à l'époque romaine, Vol. 3: La cité chrétienne (Paris 1965); *M. J. Delage,* Einleitung zu: Césaire d'Arles, Sermons au peuple, Tome 1 (SChr 175) (Paris 1971) 11–216; *J. M. Lacarra,* La Iglesia visigoda en el siglo VII y sus relaciones con Roma: Settimane di studi del centro Italiano di studi sull'Alto Medioevo VII (Spoleto 1960) 353–384: *J. M. Wallace-Hadrill,* Rome and the Early English Church: some questions of transmission: ebd. 519–548; *G. le Bras,* Sociologie de l'église dans le Haut Moyen-Age: ebd. 595–611; *P. Riché,* Éducation et culture dans l'occident barbare, VIᵉ–VIIIᵉ siècles (Paris ³1973); *R. Gryson,* Les origines du célibat ecclésiastique du premier au septième siècle, Recherches et Synthèses, Histoire II (Gembloux 1970); *H. F. Muller,* L'époque mérovingienne. Essai de synthèse de philologie et d'histoire (New York 1945); *O. Giordano,* L'invasione longo-

[105] *Mansi* 11, 921–1006, dazu *Hefele-Leclercq* 3, 560–581.
[106] *Duchesne LP* 372f.

barda e Gregorio Magno (Bari 1970); *J. B. Sägmüller,* Die Entwicklung des Archipresbyterats und Dekanats bis zum Ende der Karolingerzeit (Tübingen 1898); *P. Conte,* Chiesa e Primato nelle lettere dei Papi del secolo VII (Mailand 1971).

Päpstliche Vikariate

Spanien

Papst Simplicius (468–483) war der erste, der einem spanischen Bischof, nämlich Zeno von Sevilla, besondere Vollmachten übertrug. Zeno sollte auf Grund seiner besonderen Verdienste an Stelle des Römischen Stuhles und mit dessen Autorität in Spanien dafür sorgen, daß die von den heiligen Vätern festgesetzten Bestimmungen nicht übertreten werden[1]. Im gleichen Sinne schrieb Papst Felix (483–492), der Nachfolger des Simplicius, an denselben Zeno von Sevilla. 30 Jahre später erneuerte Papst Hormisdas (514–523) die Vollmacht des Bischofs von Sevilla, jetzt des Sallustius. Allerdings enthält dieses Schreiben[2] offenbar eine Einschränkung; die Stellvertretungsvollmacht gilt nur noch für die Provinzen Baetica und Lusitania, also für Süd- und Südwestspanien, nicht mehr für Mittelspanien, für den Norden und Nordwesten. Auch inhaltlich waren die Vollmachten, die Sallustius von Papst Hormisdas erhielt, nicht sehr groß: die Privilegien der Metropoliten sollten nicht angetastet werden. Der päpstliche Vikar sollte hauptsächlich für die Einhaltung der kirchlichen Tradition sorgen und gegebenenfalls Synoden einberufen. Es scheint auch, daß diese Privilegierung des Bischofs Sallustius von Sevilla nicht motu proprio seitens des Papstes erfolgte, sondern herausgefordert wurde durch ein Schreiben der Bischöfe der Provinz Baetica, die sich dadurch beunruhigt zeigten, daß Papst Hormisdas dem Bischof Johannes von Elche besondere Vollmachten übertragen hatte. Bischof Johannes von Elche war im Jahr 517 nach Rom gekommen und hatte den Papst einerseits über die Verhältnisse in Spanien informiert, andererseits von ihm den Auftrag bekommen, dort einen Libellus über die Akakios-Frage zur Unterzeichnung zu versenden und Verhaltensmaßregeln über Kirchengemeinschaft mit Leuten, die aus dem Orient kamen, zu erteilen[3]. Allerdings wurde dem Bischof von Elche, welches nur etwa 100 km nördlich von Cartagena lag und zu dessen Kirchenprovinz gehörte, nicht eine Vollmacht übertragen, die jener des Bischofs von Sevilla vergleichbar wäre. Er sollte nur auf die Wahrung der kirchlichen Canones und der päpstlichen Dekrete, speziell derjenigen des Hormisdas selber, drängen, außerdem die bedeutenden Rechtsfälle (causae ecclesiasticae) dem Papst mitteilen[4]. Ob der Bischof von Elche, gestützt auf dieses päpstliche Schreiben, mit besonderer Autorität aufgetreten ist, wissen wir nicht. Auch sonst ist über disziplinäre Maßnahmen der päpstlichen Vikare von Sevilla nichts bekannt[5]. Die einzigen Zeugnisse sind die päpstlichen Schreiben selbst. Man wird also vielleicht besser tun, nicht von Vikariaten im allgemeinen Sinn zu

[1] PL 58, 35. [2] PL 63, 426. [3] *Caspar,* Geschichte des Papsttums II, 144.
[4] PL 84, 819f. [5] *Fernández Alonso* a.a.O. 236.

sprechen, sondern lediglich die jeweils persönlich angeschriebenen Bischöfe als vom jeweiligen Papst nur für die Dauer seines Pontifikates zu ganz bestimmten Funktionen ermächtigte Sonderbeauftragte zu betrachten, deren Eifer durch die Verleihung der „Stellvertretung" angespornt werden sollte. Seit der Konversion der Westgoten unter König Rekkared im Jahre 586 war einem Vikariat in Spanien der Boden entzogen. Die Kirche fühlte sich unter dem Schutz des Königs sicher und lehnte die Fürsorge des weit entfernten Papstes geradezu ab[6]. Das scheint schon Gregor d. Gr. empfunden zu haben, jedenfalls sandte er seinem Freund, Bischof Leander von Sevilla, das Pallium als rein persönliche Auszeichnung, wenn er sich dabei auch auf die Tradition berief[7] und auch König Rekkared in Kenntnis setzte[8]. Eine Vikariatsverleihung war das aber gerade nicht.

Arles

Mehr als über die päpstlichen Vikariate in Spanien wissen wir vom Vikariat Arles, das schon auf Papst Zosimus (417/418) zurückgeht[9] und von Leo d. Gr. bestätigt wurde. Leos Nachfolger, Papst Hilarus (461–468), erwartete vom Erzbischof von Arles jeweils Berichte über alle wichtigen kirchlichen Ereignisse und Probleme und tadelte ihn, wenn solche Informationen von anderer Seite eingingen[10]. Der Bischof von Arles sollte Synoden abhalten und die Empfehlungsbriefe für ausreisende gallische Geistliche ausstellen. Damit gewann aber Arles noch nicht den Vorrang in Südgallien; noch bestand die alte Rivalität zwischen Arles und Vienne, das in Avitus einen aus dem gallischen Gesamtepiskopat weit herausragenden Bischof besaß. Ja, es gab Ende des 5. Jh. ein Zwischenspiel zugunsten von Vienne. Papst Anastasius, dessen Schreiben jedoch verloren ist, gab Avitus von Vienne das Recht der Bischofsweihe in einigen Kirchen, die bisher zum Metropolitansprengel von Arles gehört hatten. Papst Symmachus bestätigte im Jahre 500 dem Bischof von Arles seine Rechte, weil Anastasius gegen die Tradition verstoßen habe[11]. Im Jahre darauf beschwichtigte Symmachus den Metropoliten von Vienne, er solle keine Einbuße erleiden, wenn er Dokumente vorlegen könne, aus denen die Rechtmäßigkeit der Entscheidung des Anastasius hervorgehe[12]. Erst im Jahre 513 bestätigte Papst Sym-

[6] Braulio von Saragossa, Ep. 21; vgl. *Lacarra,* Settimane VII, 362 ff. Theoretische Grundlage für solche Haltung mag man in Isidors Erklärung des erzbischöflichen Amtes finden (Etym. VIII, XII, 6.7): der Erzbischof ist Vorgesetzter der übrigen Bischöfe und Metropoliten, die ohne ihn nichts unternehmen dürfen, weil er zwar nicht eine „sedes apostolica" innehat wie der Patriarch, aber doch die „vices apostolica" besitzt, d. h. an Stelle eines Apostels steht. Wenn aber jeder Erzbischof kraft Amtes Apostelstellvertretung innehat, dann bedeutet eine Verleihung besonderer Stellvertretung des römischen Patriarchen (ebd. Nr. 5) keine erstrebenswerte Rangerhöhung.

[7] Reg. Epp. IX, 227. [8] Ebd. IX, 228.

[9] Vgl. MGEp tom. III, Ep. Arelatenses Nr. 1–7.

[10] Ebd. Nr. 15 u. 19.

[11] Ebd. Nr. 23.

[12] PL 62, 51.

machus endgültig den Vorrang von Arles[13], und das, obwohl Avitus von Vienne etwa ein Jahrzehnt zuvor den burgundischen Königssohn Sigismund zum katholischen Christentum bekehrt hatte und dieser als erster königlicher Rompilger aus einem Germanenreich erschienen war. Symmachus knüpfte nicht nur an die alte Tradition wieder an; Caesarius, der Erzbischof von Arles, hatte sich ihm bei seinem Besuch in Rom persönlich besonders dadurch empfohlen, daß er neue päpstliche Erlasse erbat für Fragen, die eigentlich kirchenrechtlich längst geregelt waren[14]. So verlieh ihm der Papst als erstem westlichem Bischof überhaupt das Recht, das Pallium zu tragen[15]. Im Jahre darauf wurde Caesarius ausdrücklich zum Vikar für alle gallischen und spanischen Provinzen bestellt[16], was aber wohl nur bedeutet, daß Caesarius für alle unter der Oberhoheit des Theoderich von Ravenna stehenden Provinzen zuständig sein sollte, welcher zu der Zeit die Provence beherrschte und über das spanische Westgotenreich die Vormundschaft ausübte. Der weitaus größere Teil Galliens befand sich aber damals schon in Händen der Franken bzw. der nun aber schnell an Bedeutung verlierenden Burgunder. Caesarius sollte als päpstlicher Vikar die Funktion des Obermetropoliten ausüben; er allein sollte die Geleitbriefe für alle aus Gallien ausreisenden Geistlichen ausstellen, wie es schon Papst Zosimus verfügt und Papst Hilarus erneuert hatte. So besaß Arles in Südgallien eine deutliche Vorrangstellung, aber die wäre diesem Bischofssitz wohl auch ohne päpstliches Vikariat zugefallen. Zwar ist schon von besonderer Sorge in Glaubensfragen die Rede[17], aber Caesarius trat im ganzen Semipelagianerstreit durchaus nicht wie ein besonderer Bevollmächtigung bewußter Kirchenfürst auf. Vielmehr erbat er sich von Rom Anweisung und erhielt sie von Papst Felix IV.; außerdem ließ er die Beschlüsse seiner Synode noch einmal von Papst Bonifaz II. bestätigen[18]. Im Streit um die Kirchenbuße des Bischofs Contumeliosus von Riez wurde Caesarius von Papst Johannes II. ausdrücklich mit der Überwachung des vakanten Stuhles betraut[19], was sich bei einem päpstlichen Vikar von selbst hätte verstehen sollen. Außerdem desavouierte bald darauf Papst Agapitus Caesarius in dieser selben Sache völlig unnötig, indem er ihm ein zu hartes Urteil vorwarf, welches Caesarius gar nicht gefällt hatte[20]. Er hatte vielmehr, devot wie immer, das Urteil des Papstes Johannes II. allen gallischen Bischöfen gegenüber verteidigt und durch Synodenexzerpte untermauert[21]. Es läßt sich wohl am Beispiel des Caesarius und seinem Verhältnis zu den verschiedenen Päpsten erkennen, daß die Vikarsvollmacht keine festumrissene Größe, das Vikariat also

[13] MGEp III, I, Nr. 25.
[14] Ebd. Nr. 26 u. 27.
[15] Ebd.
[16] Ebd. Nr. 28 u. 29.
[17] Ebd. Nr. 28.
[18] Vgl. unten S. 301f.
[19] MGEp III, I, Nr. 33.
[20] Ebd. Nr. 36 u. 37.
[21] Ebd. Nr. 34 u. 35.

kein kirchliches Strukturelement war; der Vikar hatte nur ad nutum pontificis zu handeln. Das galt selbst dann, wenn etwa im Brief des Papstes Pelagius I. (556–561) davon die Rede ist, daß die Kirche von Arles den Primat über Gallien und die Stellvertretung des Apostolischen Stuhles innehat[22]. Pelagius selbst hatte Bischof Sapaudus von Arles keineswegs von vornherein als Vikar angesehen, sondern ihm solche Ehrung nur in Aussicht gestellt, wenn er darum nachsuchte und sich besonders für die römische Kirche einsetzte[23]. Erst im nächsten Schreiben erhielt er die Würde[24]. Pelagius lag übrigens daran, Sapaudus, obwohl er einigermaßen säumig gewesen zu sein scheint[25], besonders an sich zu binden; er sollte alle in Gallien bestehenden Zweifel an der persönlichen Rechtgläubigkeit des Papstes, der noch vor seiner Wahl das ursprünglich von ihm bekämpfte 5. Konzil von 553 anerkannt hatte[26], zerstreuen. Sapaudus scheint allerdings nichts ausgerichtet zu haben[27], ja er mußte es sogar hinnehmen, daß der Frankenkönig Childebert ihn vor das Gericht eines untergeordneten Bischofs lud[28], was eine deutliche Mißachtung der Primats- und Vikariatswürde darstellte, zugleich aber erkennen ließ, daß einem päpstlichen Vikariat von Arles im Fränkischen Reich keine Zukunft beschieden sein konnte, zumal es für Seelsorge und innerkirchliches Leben offenbar nie eine Rolle spielte[29]. Diese Vorzeichen scheint Gregor d. Gr. später nicht beachtet zu haben.

Besonders hervorgehoben zu werden verdient, daß sich bei Papst Vigilius (537–555), dem Vorgänger des Pelagius, ein neues Element in der Vikariatsverleihung bemerkbar macht[30]. Er holte erst das Einverständnis des Kaisers Justinian ein, bevor er im Jahre 545 der schon 543 vorgebrachten Bitte des Auxanius von Arles entsprach und ihm die besondere synodale Gerichtsbarkeit mit Ausnahme der causae maiores übertrug[31]. Im Jahre darauf verband Vigilius die Verleihung der Vikarswürde an Aurelian von Arles sogar mit dem Auftrag, für gutes Einvernehmen zwischen den byzantinischen Majestäten Justinian und Theodora und dem fränkischen König Childebert zu sorgen. Der päpstliche Vikar in Arles sollte also zur politisch-militärischen Einkreisung des in Italien operierenden Ostgotenkönigs Totila beitragen[32]. Ob Aurelian in dieser Sache etwas unternahm und Erfolg hatte, ist freilich unbekannt.

In den Jahren danach scheint das Verhältnis zwischen Rom und Arles nicht besonders eng gewesen zu sein, jedenfalls mußte Gregor d. Gr. den Metropoliten

[22] Ebd. Nr. 51. [23] Ebd. Nr. 49.
[24] Ebd. Nr. 50.
[25] Vgl. ebd. Nr. 53.
[26] Vgl. unten S. 304f.
[27] Vgl. *Caspar* a.a.O. II, 301, *Langgärtner* a.a.O. 164.
[28] Vgl. MGEp III, I, Nr. 52.
[29] *Beck* a.a.O. 34.
[30] *Langgärtner* a.a.O. 131f sieht darin allerdings nur eine selbstverständliche Übung, die rein zufällig sonst nicht bezeugt sei.
[31] MGEp III, I, Nr. 39 u. 40.
[32] *Caspar* II, 237.

von Arles durch einen anderen gallischen Bischof mahnen lassen, die Erträge, welche sein Vorgänger aus den Besitzungen der Römischen Kirche gezogen, aber einbehalten hatte, nun endlich nach Rom abzuliefern[33]. Man wird daraus aber nicht auf eine Verschlechterung des Verhältnisses zwischen Gregor und dem im Jahr zuvor zum Vikar ernannten Vergilius von Arles schließen dürfen; denn der Grund dafür, daß Gregor sich an Protasius von Aix wandte, lag lediglich darin, daß dieser unter dem Vorgänger des Vergilius Vermögensverwalter der Kirche von Arles gewesen war.

Die deutlichste und umfassendste Umschreibung des päpstlichen Vikariats für Arles haben wir von Gregor d. Gr. in seinen 3 Briefen an Vergilius, die Bischöfe im Reich Childeberts und an diesen selbst[34]. Vergilius sollte im ganzen Reich des Childebert die Vertretung des Papstes ausüben; ohne seine Erlaubnis sollte kein Bischof eine größere Reise antreten dürfen; Glaubensfragen sollte Vergilius mit einem Zwölferkollegium von Bischöfen entscheiden. Nur wenn eine Frage nicht entschieden werden könnte, sollte sie dem Papst vorgelegt werden[35], während bis dahin grundsätzlich alle „causae maiores" dem Papst vorbehalten waren. Die Bischöfe wurden ermahnt, den von Vergilius zu erwartenden Einladungen zu Synoden eifrig zu folgen. Childebert, welcher das Gesuch des Vergilius um Verleihung der Vikariatswürde unterstützt hatte, wurde aufgefordert, diesem alle Hilfe angedeihen zu lassen, damit die in der Kirche Galliens eingerissenen Mißbräuche, nämlich Simonie und voreilige Ordination von Laien, abgestellt werden könnten. Man würde für dieses weitreichende und mit so viel Einsatz betriebene Vorhaben Gregors Erfolg erwarten. Aber sein Vikar in Arles gewann trotz der ihm verliehenen großen Vollmachten keinen bedeutenden Einfluß. Dazu lag Arles zu sehr am Rand des Frankenreiches und war zu spät in es eingegliedert worden. Im Laufe des 6. Jh. hatte der Bischof von Lyon im Frankenreich größere Bedeutung gewonnen; er wurde von der Synode von Mâcon 585 sogar als Patriarch bezeichnet[36]. Allerdings waren in Mâcon nur die Bischöfe aus dem Reich des Königs Guntram, also aus Burgund-Orléans, aber immerhin aus sechs Metropolitansprengeln versammelt. Auf den großen Synoden des 7. Jh., in Paris 614, Clichy 627, Chalon 650, präsidierten die Bischöfe von Lyon unangefochten. Das Vikariat in Arles ging in dem Augenblick, wo es seine größte Vollmacht erhalten hätte, zu Ende. Bonifaz IV. verlieh 613 dem Bischof Florian von Arles das Pallium nur noch als persönliche Auszeichnung, nachdem schon Gregor sich dazu bereit gefunden hatte, es auch an Bischof Syagrius von Autun zu vergeben, allerdings nicht nur weil die Frankenkönigin Brunichilde für ihn eintrat, sondern auch weil er sich um die Englandmission verdient gemacht zu haben scheint[37].

[33] Reg. Epp. VI, 53.
[34] Ebd. V, 58–60.
[35] Ebd. V, 58.
[36] Conc. Galliae CChr 148 A, S. 238, 3; vgl. *Caspar* a. a. O. II, 495.
[37] Reg. Epp. IX, 213 u. 222.

Schon Gregor d. Gr. selbst hat wohl eingesehen, daß er seinen Einfluß über seinen Vikar in Arles im Frankenreich nicht genügend geltend machen konnte. Deshalb versuchte er, durch den nach Gallien entsandten Abt Cyriacus[38] und den Presbyter Candidus, den er zum Verwalter des römischen Besitzes in Gallien bestellt hatte[39], auf die Kirche im Frankenreich einzuwirken und durch eine Synode, die unter dem Vorsitz des Syagrius stehen sollte, ihre Mißstände zu bessern[40]. Aber die neuen Männer haben ihn ebenso enttäuscht; weder die Synode noch die Reform der fränkischen Kirche kam zustande!

Thessalonich

Nachdem auf dem Konzil von Chalkedon i. J. 451 (can. 28) die politischen Diözesen Asia, Pontus und Thrakien der kirchlichen Oberhoheit des neuen Rom unterstellt worden waren, blieb das westliche Illyricum der Oberhoheit des einzigen Patriarchen überlassen, der darauf Anspruch erheben konnte, nämlich des Bischofs von Rom. Zwar gehörte auch ein Teil des westlichen Illyricums zur östlichen Reichshälfte, aber durch die Abgrenzung eines konstantinopolitanischen Sprengels konnte es, von Rom her gesehen, als weniger dringend erscheinen, einen Vertrauensmann im Illyricum zu haben, als zu Ende des 4. Jh., als gerade der Westkaiser diese Provinzen an das Ostreich abgetreten hatte und auch eine kirchliche Ostorientierung dieser Bistümer zu befürchten war. So geriet denn das päpstliche Vikariat Thessalonich um 500 herum offenbar in Rom selbst in Vergessenheit und wurde dort erst wieder in Erinnerung gebracht durch die Appellation des Bischofs Stephan von Larissa, der in Konstantinopel abgesetzt worden war und sich deshalb hilfesuchend nach Rom wandte. Auf der römischen Synode von 531[41] legten die Vertreter des Metropoliten von Larissa, zwei seiner Suffragane, 27 Urkunden vor, die sich alle auf die Vikarsfunktion des Bischofs von Thessalonich bezogen. Papst Agapet ließ sie anhand des römischen Registers auf ihre Echtheit überprüfen. Es fällt auf, daß Papst Agapet nun keineswegs den Metropoliten von Thessalonich aufforderte, in dieser Angelegenheit tätig zu werden, oder ihn dafür tadelte, daß er den Fall des Stephan von Larissa nicht an sich gezogen und im Namen des Römischen Stuhles entschieden hatte. Etwas Derartiges war auch von seiten der illyrischen Bittsteller nicht beabsichtigt. Der Hinweis auf die zum wiederholten Male an Thessalonich vergebene Vikariatsfunktion diente nur dazu, die Zuständigkeit des Bischofs von Rom (und nicht die des konstantinopolitanischen) für das Illyricum zu betonen. Dabei war man sich wohl bewußt, daß einerseits die illyrischen Bischöfe zur Appellation nach Konstantinopel, d.h. aber offenbar an den Kaiser, nicht so sehr an den Patriarchen, neigten und andererseits in konstantinopolitanischen Kreisen Appellation an den Römischen Stuhl sehr ungern gesehen wurde.

[38] Ebd. IX, 213 218 219. [39] Ebd. VI, 53 u. IX, 221.
[40] Ebd. IX, 218 u. 222.
[41] *Mansi* VIII, 739ff; vgl. *Caspar* a.a.O. II, 207f.

Diese römische Synode von 531 brachte aber nicht, wie man es hätte erwarten können, eine Erneuerung des päpstlichen Vikariats von Thessalonich. Vielmehr wurde bald darauf Kaiser Justinian tätig; er erhob im Jahre 535 seine Heimatstadt unter dem Namen Justiniana Prima zur kirchlichen Obermetropole und wies ihr als Jurisdiktionsbereich Provinzen zu, für die bisher Thessalonich zuständig gewesen war. Weder wurde die Zustimmung des Papstes eingeholt noch das päpstliche Vikariat von Thessalonich überhaupt erwähnt[42]. Das Gesetz Nr. 131 vom Jahre 545 gab dann der Novelle von 535 die endgültige Fassung. Es wird darin auf eine Abmachung mit Papst Vigilius wenigstens hingewiesen, was aber nicht sehr viel bedeutet, da der Papst sich wohl einfach hat fügen müssen. Der Stadt Justiniana Prima wird jetzt für die ihr endgültig zugewiesenen Provinzen die Stellvertretung Roms verliehen. Dabei handelt es sich also nicht um eine päpstliche Beauftragung des Bischofs von Justiniana Prima, sondern um eine kaiserlich verfügte Rangerhöhung dieser Stadt, wozu man sich einer in Rom üblichen Rechtsfigur, eben des Vikariates, bediente. Das geschah zugleich zum Schaden von Thessalonich, dessen Einflußbereich vermindert wurde. Aber weder der Bischof von Justiniana Prima noch der von Thessalonich scheint im 6. Jh. im römischen Auftrag Vikariatsbefugnis ausgeübt zu haben[43]. Erst Gregor d. Gr. weist in einem seiner Briefe auf die Vikarsstellung des Bischofs von Justiniana Prima hin. Er tadelt[44] den Bischof Johannes, weil er im Rechtsstreit des Bischofs Adrian von Theben „occasione vicium nostrarum“ Unrecht zu tun gewagt habe[45]. Zwar war dem Johannes die Richterkompetenz vom Kaiser von Konstantinopel übertragen worden, aber er hatte einen Diakon dem weltlichen Arm übergeben und foltern lassen. Gregor d. Gr. prüfte die ihm überbrachten Akten des Prozesses und fällte selbst eine Entscheidung, schaltete also nicht etwa den Bischof von Thessalonich ein. Er hat sich mit der Übertragung der Würde nach Justiniana Prima offenbar abgefunden, denn er verlieh sie dem Nachfolger des getadelten Bischofs Johannes, der auch Johannes hieß, wieder: Pallium ... ex more transmisimus et vices vos apostolicae sedis agere iterata innovatione decernimus[46] ... Viel Vollmacht wird dabei aber nicht erkennbar. Johannes wird ermahnt, ein guter Hirt zu sein und sich vor allem selbst vor simonistischen Weihen zu hüten[47]. Gregor hatte offenbar nicht vor, durch den Bischof von Justiniana Prima auf dem Balkan tätig zu werden. Bei anderer Gelegenheit[48] redet er die Metropoliten des Illyricums ohne Unter-

[42] *Caspar* a. a. O. II, 209.

[43] Zum kirchlichen Sprengel und zur Lage von Justiniana Prima (zwischen Nisch und Skopje) vgl. Atlas zur Kirchengeschichte, hrsg. von *H. Jedin, K. S. Latourette* und *J. Martin* (Freiburg 1970) Nr. 20.

[44] Reg. Epp. II, 6.

[45] Vgl. *Caspar* a. a. O. II, 440f.

[46] Reg. Epp. V, 16. Allerdings muß man damit rechnen, daß das Register hier die falsche Reihenfolge bietet, also V, 16 vor II, 6 gehört und es sich in beiden Fällen um denselben Bischof Johannes handelt.

[47] Ebd. V, 16. [48] Ebd. IX, 156.

schied der Reihenfolge oder Würde an. Es entsprach mehr seiner Politik, auch auf dem Balkan durch seine Gutsverwalter einzugreifen, indem er ihnen auch in jurisdiktionellen Fragen Überwachungs- und Vertretungsaufgaben zuwies. So erhielt der Subdiakon Antoninus die Anweisung, für eine kanonische Bischofswahl in Salona zu sorgen, d.h. eine simonistische Wahl zu verhindern[49] und den Archidiakon Honoratus von Salona voll zu rehabilitieren[50].

Überhaupt neigte Gregor d. Gr. dazu, die Rektoren der römischen Kirchengüter, die er selbst eingesetzt hatte, um so seiner Kirche die notwendigen Einkünfte zu sichern – der örtliche Episkopat, dem früher die Verwaltung der Güter oblag, war in der Ablieferung der Erträge recht säumig –, nun auch mit kirchendisziplinären Aufgaben zu betrauen. Schon der allererste uns von Gregor erhaltene Brief spricht von dem Subdiakon Petrus, der die römischen Kirchengüter in Sizilien verwalten sollte und außerdem stellvertretende Vollmacht unter Hinweis auf frühere Vorbilder erhielt. Wenn damit die Vikariate von Arles und Thessalonich gemeint sind, wird hier noch einmal deutlich, daß, wie die päpstlichen Gutsverwalter ganz ad nutum pontificis eingesetzt waren, auch die Vikariate nur so aufzufassen sind und nicht Kirchenstrukturelemente darstellen; kirchengeschichtlich hatten sie jedenfalls ebensowenig Zukunft wie die vielen neuen Stellvertretungen, die Gregor verlieh[51]. In Nordafrika, in Britannien und Irland hat es nie päpstliche Vikariate gegeben. In Afrika war einerseits die Stellung des Primas von Karthago, andererseits das Unabhängigkeitsstreben der Kirche zu stark, so daß dort immer schon eine ähnliche Situation gegeben war wie im Spanien des 7. Jahrhunderts. Irland lag wohl zu sehr am Rande Europas, und England sollte zunächst von Gallien aus mitbetreut werden.

Pfarrorganisation

Zwar begann sich die zukünftige Pfarrorganisation sowohl auf dem Lande als auch in der Stadt schon im 4. Jh. abzuzeichnen, in den großen Städten wie Rom, Karthago, Alexandrien sogar noch früher, aber das, was heute unter Pfarrei verstanden wird, die ja auch dem Bistum gegenüber eine gewisse Eigenständigkeit besitzt, findet sich so erst in dem hier zu überblickenden Zeitraum[52]. Kirchen

[49] Ebd. III, 22. [50] Ebd. III, 32.

[51] Zum Beispiel dem Bischof von Syracus (Brief-Reg. II, 8) und dem Diakon Cyprian in Sizilien (ebd. VII, 38 u. ö.). Im ganzen 7. Jh. taucht der Titel eines päpstlichen Vikars in dem hier gebrauchten Sinn nur zweimal auf, beide Male im Zusammenhang mit Thessalonich. Papst Martin (649–653) sah bei dem häretischen Paul von Thessalonich eine besondere Bosheit darin, daß er nicht „wie ein dem Apostolischen Stuhl unterstehender Vikar" gehandelt hatte (PL 87, 191 D). Dreißig Jahre später unterschrieb Johannes von Thessalonich die Akten des 6. Allgemeinen Konzils (681) mit dem Titel „Vikar des römischen Apostolischen Stuhles". Von einer Verleihung des Titels aber hören wir nichts (P. Conte, S. 206–210). Offensichtlich hatte sich aber in Thessalonich und in Rom trotz des Zwischenspiels von Justiniana Prima wenigstens eine Erinnerung erhalten.

[52] *N. Maurice-Denis-Boulet:* MD 36 (1953) 32.

auf dem Lande bezeugt schon das erste Konzil von Toledo, welches i. J. 398 verlangt (can. 5), daß jeder Kleriker, wenn es an seinem Aufenthaltsort eine Kirche gibt, täglich zum „sacrificium" dort hinkommt. Dabei werden ausdrücklich außer den Städten auch die castella, vici (Dörfer) und villae (Landgüter) als Orte genannt, an denen es Kirchen gibt, wo also die Kleriker dieser Pflicht nachkommen sollen. Allerdings erscheint diese Vorschrift in Nr. 63 der gesammelten Kapitel des Bischofs Martin von Bracara in Nordwestspanien um das Jahr 585 in der Form, daß die Kleriker zum Opfer des Psallierens (psallendi sacrificium) morgens und abends zur Kirche kommen sollen, während die Teilnahme an der Meßfeier nur sonntags von allen Klerikern verlangt wird (ebd. 64). Schon das Konzil von Tarraco bestand 516 auf der täglichen Feier von Vesper und Matutin in allen Kirchen; dabei durften sich aber Presbyter und Diakon wochenweise abwechseln. So hat wohl das erste Konzil von Toledo nicht jeden Kleriker zur täglichen Mitfeier der Eucharistie in seiner Kirche verpflichten wollen[53], sondern nur den Klerikern den Kirchbesuch als nicht ortsgebundene Standespflicht eingeschärft. Die Synode bezeugt, daß Kirchen mit regelmäßigem Gottesdienst auch auf dem Land nichts Ungewöhnliches mehr sind. Ob sie aber Pfarrkirchen waren, ob also der Klerus für einen bestimmten Sprengel seelsorgerliche Verantwortung und Vollmacht besaß, bleibt unklar. Es mochte auch der regelmäßige Gottesdienst freies Angebot für die umwohnende Bevölkerung darstellen oder dem Wunsch der Stifter entsprochen[54] oder auch gelegentlich der Verehrung von Reliquien gedient haben. Jedenfalls wurde i. J. 517 in Epaon in Burgund (can. 25) verboten, Heiligenreliquien in einer Kirche zu deponieren, in der es nicht wenigstens einen Kleriker gebe, der für das regelmäßige Psalmgebet sorgen könnte. Die Landpfarrkirchen wurden offenbar, jedenfalls in Südgallien, nicht in irgendeinem Siedlungskern errichtet, sondern an einer Stelle, die auch schon vorchristlich ein religiöses Zentrum für die umliegende Landbevölkerung darstellte[55]. Daran läßt sich erkennen, daß die Organisation des Pfarrsystems auf dem Lande mit der Missionierung des Landes zusammenfällt. So hat Martin von Tours während seines langen Episkopates die Christianisierung der Landbevölkerung durch die Errichtung von Pfarreien gefestigt. Allerdings hat er selbst nur 6, seine Nachfolger bis zum Ende des 5. Jh. 14 weitere Pfarreien gegründet. So umfaßte das Bistum Tours, das damals immerhin das Ausmaß eines heutigen Départements hatte, um 500 nur etwa 20 Pfarreien[56]. Um die gleiche Zeit hatte etwa das Bistum Auxerre die gleiche Zahl von Kirchen auf dem Lande, davon 8 in vici und 12 in villae; 100 Jahre später waren es 37, davon 13 in vici und 24 in villae[57]. Dabei war nicht das gesamte Gebiet des Bistums auf diese Seelsorgszentren aufgeteilt, sondern sie waren nur

[53] So *Fernández Alonso* a. a. O. 207.
[54] Vgl. Gregor d. Gr., Briefregister IX, 71.
[55] *Seston* a. a. O. 241–254.
[56] Gregor v. Tours, Hist. 10, 31; vgl. *E. Griffe:* MD 36 (1953) 44.
[57] *Griffe:* ebd. 55.

für einen kleineren Sprengel verantwortlich, die Sorge für das übrige Territorium oblag weiterhin unmittelbar dem Bischof.

Während das Konzil von Agde (can. 44) im Jahr 506 noch ausdrücklich den Priestern verbot, in der Kirche den Gläubigen den *Segen* oder die Buße zu erteilen, sieht Isidor von Sevilla zu Beginn des 7. Jh. eine Aufgabe des Priesters gerade darin, das Volk zu segnen. In der Zwischenzeit muß also ein entscheidender Wandel eingetreten sein; das Verdienst daran kommt Cäsarius von Arles zu, der zwar in Agde schon den Vorsitz hatte, aber damals erst wenige Jahre Seelsorgserfahrung besaß. Zwanzig Jahre später zog er auf der Synode von Carpentras i. J. 527 die kirchenrechtlichen Konsequenzen aus seinen Erfahrungen als Bischof und setzte eine bis zu einem gewissen Maße selbständige Vermögensverwaltung der Landkirchen durch. Bis dahin erhielt[58] der Bischof die Hälfte der Altargaben in der Kathedralkirche – die andere Hälfte der übrige Klerus – und ein Drittel der Altargaben in den Landkirchen; deren Land- und übriger Besitz wurde überhaupt von ihm verwaltet. Jetzt sollte nach dem Willen des Cäsarius der Bischof nur noch auf die Landkirchen zurückgreifen können, wenn sie reich waren und seine Kathedrale sich in besonderer Not befand[59]. Die ebenfalls von Cäsarius präsidierte 2. Synode von Vaison i. J. 529 erteilte den Priestern auf dem Lande ausdrücklich das Predigtrecht, welches zugleich Predigtpflicht bedeutete; wenn kein Presbyter anwesend war, sollte der Diakon wenigstens eine Väterpredigt verlesen (can. 2). Predigt war für Cäsarius eben das Hauptmittel der Seelsorge. Zwar hatte schon Papst Cölestin einige südgallische Bischöfe dafür getadelt, daß sie die ganze Predigttätigkeit ihren Presbytern überließen[60], aber dabei scheint es sich um die Gottesdienste in der Bischofskirche gehandelt zu haben. Vielleicht hat aber diese päpstliche Mahnung dazu beigetragen, daß bis in das folgende Jahrhundert hinein die Presbyter als nicht predigtberechtigt galten. So war die Entscheidung des Cäsarius von Arles wirklich eine tief eingreifende Maßnahme und gab dem Landklerus und damit den Landkirchen ein bedeutendes Gewicht.

Cäsarius wollte sogar noch weitergehen und die Priester auf dem Lande dazu verpflichten, selbst Nachwuchs heranzuziehen, d.h. zunächst junge Lektoren auszubilden[61], wobei er sich zwar auf italienische Bräuche berief, die er selbst bei seiner Reise nach Ravenna und Rom erlebt hatte, aber er dachte sicher auch an das Vorbild der Schule in seinem eigenen Bischofshaus und bei vielen seiner gebildeten Kollegen[62]. So wurde hier der Anfang zur Pfarrschule gemacht, ja es zeichnete sich sogar schon so etwas wie ein Priesterseminar ab. Cäsarius scheint selbst keine Landpfarrei gegründet zu haben, sie waren wohl im Gebiet von Arles in ausreichender Zahl vorhanden[63]. Aber die Mahnung an die Pfarrer,

[58] Jedenfalls nach can. 14 u. 15 von Orléans 511.
[59] Concilia Galliae CChr 158A, 48.
[60] *E. Griffe*, La Gaule chrétienne II, 367f.
[61] Synode von Vaison 529, can. 1.
[62] Vgl. *Riché* a.a.O. 166ff.
[63] *Delage:* SChr 175, S. 124.

für jungen Klerus zu sorgen, scheint Erfolg gehabt zu haben; jedenfalls berichtet die Vita (II, 20), daß Cäsarius bei einer seiner Visitationsreisen einen erst achtjährigen Kleriker wunderbar geheilt hat. Im Laufe des 6. Jh. entstanden dann an verschiedenen Stellen Galliens Pfarrschulen, aber nicht nur in Form eines Internates, wie es Cäsarius vorschwebte, sondern auch für externe Schüler[64]. Aber auch diese kamen natürlich dem zukünftigen Klerus zugute.

Die Forderung der Synode von Mérida in Südspanien vom Jahre 666 (can. 18) geht zwar in eine ähnliche Richtung, hat aber eine geringere Tragweite. Da werden die Pfarrer auf Grund des reichen Kirchenbesitzes, der auch Sklaven (familia ecclesiae) umfaßte, gemahnt, solche Kirchensklaven in ihrem Hause aufzuziehen und zu niederen Klerikern (heute würde man sie Meßdiener nennen) und Dienern auszubilden. Daß sie als Priesternachwuchs angesehen wurden, ist nicht anzunehmen. Außerdem weiß man nicht, wieviel Erfolg der Kanon hatte, so daß man aus ihm nicht auf die Existenz von Pfarrschulen in ganz Spanien schließen kann[65]. Man wird annehmen dürfen, daß es um die Mitte des 6. Jh. im ganzen christlichen Abendland Landpfarreien gegeben hat, wenn auch das Netz der Pfarrorganisation in den nachfolgenden Jahrhunderten noch ständig dichter wurde. Selbst in den gut dokumentierten Gegenden des Frankenreiches ist die Zahl der Pfarreien damals etwa fünfmal kleiner gewesen als heute. Übrigens scheint die arianische Vandalenkirche in Afrika schon um das Jahr 500 auch Landpfarreien zu kennen; jedenfalls berichtet die Vita des Fulgentius (Kap. 6 und 7) von einem auf einem Landgut residierenden arianischen Priester. Von Italien hören wir, abgesehen von dem Hinweis bei Cäsarius, kaum etwas. Die Nachrichten über die italienischen „pievi" (plebes) setzen erst im 8. Jh. ein.

Die Frage, von wann ab auch auf Landgütern (villae) Pfarreien errichtet werden, ist nicht leicht zu beantworten. Zwar setzt schon das 1. Konzil von Toledo im Jahre 400 Kirchen in villae voraus, und das 1. Konzil von Orange 441 regelt die Zuständigkeit des Diözesanbischofs für solche Kirchen; aber gerade daraus, daß die Grundbesitzer diese Kirchen erbauten, scheint hervorzugehen, daß es sich nicht um Pfarrkirchen handelte. Zu solchen wurden viele Kirchen der villae erst im Laufe des 6. Jh., auf jeden Fall gab es sie schon im Jahre 541, in welchem eine Synode in Orléans (can. 26 u. 33) für sie hinlängliche Ausstattung und zugleich Unterordnung unter den Bischof verlangte[66]. Die ersten Erbauer von „Eigenkirchen" scheinen Bischöfe gewesen zu sein, die auf diese Weise für die Bevölkerung eines ihrer Kathedralkirche gehörenden Landgutes sorgen wollten. Zu solcher Sorge fühlten sie sich auch dann berechtigt, wenn das Landgut im Sprengel eines anderen Bischofs lag. Großgrundbesitzer aus dem Laienstand scheinen dann solchem bischöflichen Vorbild gefolgt zu sein. Jedenfalls läßt can. 9 des 1. Konzils von Orange vom Jahre 441 dies vermuten, wenn er verlangt, daß die Weihe und die gesamte Verwaltung einer solchen Kirche dem

64 Zum Beispiel in der Auvergne; vgl. *Riché* a.a.O. 324.
65 Das tut *Fernández Alonso* a.a.O. 116.
66 Vgl. *Beck* a.a.O. 75.

Bischof, der für dieses Territorium zuständig ist, vorbehalten bleibt und nicht dem Erbauerbischof, erst recht nicht einem nach Belieben eingeladenen Bischof zusteht. Wenn damit auch die Vermögensverwaltung gemeint war, dann hat sich der Wille dieser Synode nicht allgemein durchgesetzt. Jedenfalls mußte das 2. Konzil von Bracara in Nordwestspanien im Jahre 572 (can. 6) beklagen, daß Kirchen z. T. einfach zum Zweck des Gelderwerbs erbaut wurden, indem der Erbauer den dort angestellten Klerikern die Hälfte der eingehenden Spenden überließ, sich selbst die andere Hälfte reservierte. Da das Konzil in vorausgehenden Canones Maßnahmen gegen die Habsucht von Bischöfen ergreift, drängt sich der Verdacht auf, daß auch die getadelte Errichtung von Kirchen zu reinen Erwerbszwecken auf Bischöfe zurückzuführen ist. Noch das 7. Konzil von Toledo im Jahr 646 mußte die Pfarrpriester gegen die Habgier der Bischöfe verteidigen (can. 4). Viel häufiger aber mußten sich Synoden mit den Eigenkirchen befassen, um einzuschärfen, daß sie und vor allem der dort diensttuende Klerus unter der Weisung des Diözesanbischofs bzw. seines Archidiakons stand. Solche Mahnungen richten sich an den Eigenkirchenklerus[67] oder auch an die Eigenkirchenherren[68].

Die Pfarrorganisation selbst griff langsam von Süden nach Norden aus. In England etwa setzt sie sich im 8. Jh. allmählich durch[69]. In Thüringen, Hessen und Bayern dagegen scheint sie schon vor dem Auftreten des Bonifatius bestanden zu haben. Er traf jedenfalls auf Landpriester, die er als Halbheiden, als irrgläubig und unmoralisch ansehen mußte (Brief 68 und 91), woraus doch wohl zu schließen ist, daß schon ein gewisser Verfall eingetreten war.

Es verdient festgehalten zu werden, daß auch parallel zur Vermehrung der Kirchen auf dem Lande die Vorrechte der Pfarrkirchen betont wurden. Zwar erkannte schon die Synode von Agde i. J. 506 die Berechtigung von Oratorien und Gottesdiensten auf dem Lande „propter fatigationem familiae“ (also um den Leibeigenen weite Wege zu ersparen) an; zu Ostern, Weihnachten, Epiphanie, Himmelfahrt, Pfingsten und Geburt Johannes' d. T. aber sollte die Meßfeier nur in den Städten (Kathedralen) und Pfarrkirchen stattfinden; dorthin müßten die Kleriker der Oratorien kommen, es sei denn, der Bischof gestatte eine Ausnahme. Vier Jahre später, i. J. 511, erscheint in Orléans (can. 25) diese Forderung einerseits auf die drei Hauptfeste (Ostern, Weihnachten, Pfingsten) eingeschränkt, andererseits betrifft sie nur die Bürger, nicht die Kleriker. Für die Leibeigenen durfte also wohl auch an diesen Festen Liturgie gefeiert werden. In Zentralgallien war man also weitherziger als im Süden. Im Burgunderreich wiederum wurden die erwachsenen Bürger gemahnt, an Ostern und Weihnachten irgendeinen Bischof in der Stadt aufzusuchen, um von ihm den Segen zu empfangen[70]. Diese Vorschrift hat freilich mit Pfarrprinzip nichts zu tun. Dafür

[67] Orléans 541 can. 26.

[68] Lérida 546 can. 3; Toledo 633 can. 33; Chalon 650 can. 14.

[69] *Wallace-Hadrill:* Settimane VII, 545.

[70] Epaon 517 can. 35.

kam dies dann i. J. 535 auf der auvergnatischen Synode (can. 15) um so deutlicher zum Ausdruck, wo die Vorschrift von Agde erneuert wurde, damit sich alle nicht in den Pfarreien „kanonischen" Geistlichen um den Bischof scharen; auch die erwachsenen Bürger sollten das tun. In den Pfarrkirchen sollte also an diesen Festtagen Gottesdienst gehalten werden, nicht aber in den privaten Oratorien. Schließlich bestimmte das Konzil von Orléans i. J. 541 (can. 3), die ersten Bürger dürften nicht außerhalb der Stadt Ostern feiern; tue einer es doch, ohne vom Bischof ausdrücklich dazu die Erlaubnis eingeholt zu haben, sei ihm an diesem Festtag die Kommunion zu verweigern. Da wird also die Eucharistiefeier auch an diesen Hochfesten in den villae vorausgesetzt.

Nach der Mitte des 6. Jh. verschwinden solche Anweisungen. Offenbar mußte man sich damit abfinden, daß auch in den privaten Kirchen alle hohen Feste gefeiert wurden; außerdem war die Zahl der Pfarreien auf dem Lande, d.h. auch in den villae, erheblich angewachsen. So beschränkte sich das Konzil von Lyon i. J. 583 (can. 5) darauf, den Bischöfen selbst einzuschärfen, daß sie an Ostern und Weihnachten in ihren eigenen Kirchen zelebrieren, es sei denn, sie seien durch königlichen Auftrag daran gehindert. Und fast ein Jahrhundert später, i. J. 673, mußte das Konzil im burgundischen Saint-Jean de Losne (can. 8) genau diese Forderung wieder einschärfen. Hinter all diesen Bestimmungen steht natürlich die selbstverständliche Voraussetzung, daß der Bischof oder der Pfarrer bzw. der Priester eines Oratoriums täglich nur einmal zelebriert und daß es ausreichend Klerus gibt. Eine ganz andere Entwicklung ergab sich im westgotischen Spanien. Obwohl manche Kirchen reich waren an Land und Landarbeitern, besaßen andere nichts, so daß der Unterhalt eines Geistlichen nicht garantiert war und einem Priester mehrere Kirchen übertragen werden mußten. Der wurde dann aber verpflichtet, an allen Sonntagen in allen seinen Kirchen das Opfer darzubringen, also mehrmals zu zelebrieren[71].

Bemerkenswert in der Geschichte der Pfarrei ist die *Namensverschiebung;* parrochia bezeichnet ursprünglich die vom Bischof geleitete Stadtgemeinde. Landgemeinden werden zum erstenmal durch Papst Zosimus im Jahr 417 so genannt[72]. Zunächst hieß eine solche vom Bischof abhängende Gemeinde „diocesis", wodurch zum Ausdruck kam, daß die Landpfarrei eine Verwaltungseinheit der bischöflichen Ortskirche war. Seit Apollinaris Sidonius (Ende des 5. Jh.) bürgerte es sich ein, beide Ausdrücke wechselweise zu gebrauchen. Im Laufe des 6. Jh. setzte sich die heute übliche Namensaufteilung mit einigen Schwankungen durch; das gilt sowohl für das Merowingerreich als auch für die aus Spanien und Italien (Briefe Gregors)[73] vorliegenden Quellen. Ab dem 7. Jh.

[71] Konzil von Mérida i. J. 666 can. 19. Diese Verpflichtung zu mehrfacher Zelebration am selben Tage scheint zu dem Mißbrauch geführt zu haben, daß manche Priester selbst nur in der letzten der von ihnen an einem Tage gefeierten Messe kommunizierten. Diesen Mißbrauch tadelte das 12. Konzil von Toledo i. J. 681 heftig (can. 5) und setzte ein Jahr Ausschluß von der Kommunion als Strafe fest. [72] MGEp III, I, Nr. 1; vgl. *Seston* a. a. O. 251 ff.
[73] Gregor d. Gr., Reg. Epp. IX, 122: dem Bischof gehört eine Diözese, aber eine Vielzahl

wird dann allgemein der Sprengel eines Bischofs mit diocesis, die ihm unterstellte Einzelgemeinde mit parrochia bezeichnet. Die Bischofskirche hat sozusagen ihren Ehrennamen abgegeben und ist zur Verwaltungseinheit geworden; das religiöse Leben hat sich für die Mehrzahl der Gläubigen in die Pfarreien verlagert. Die Folge davon war, daß die Pfarreien sich nicht mehr so eng miteinander verbunden fühlten, wie dies in der Einheit der bischöflichen parrochia der Fall war. Der Bischof büßte ein gut Teil seiner religiösen Autorität ein und suchte sie anderwärts zu kompensieren, indem er nämlich sich auf die Feudalherren stützte[74]. Allerdings dürfte der Grund dafür nicht allein im Erstarken der Pfarreien zu suchen sein, sondern darin, daß die ursprünglich jährliche *Visitationsreise* der Bischöfe durch alle Pfarreien vernachlässigt wurde. Das Konzil von Tarraco stellt sie i. J. 516 als alten Brauch dar (can. 8), der aber schon nicht mehr überall geübt wird, so daß Kirchen verfallen können, ohne daß sich jemand darum kümmert. Die Synode von Braga stellte i. J. 572 ein genaues Programm für die Visitationsreise auf (can. 1), und die 4. Synode von Toledo schärfte im J. 633 die Pflicht der jährlichen Visitation neu ein (can. 36), wobei der Bischof sich, wenn er krank oder verhindert war, durch einen Priester vertreten lassen konnte. Man wird also schließen müssen, daß wohl Visitationsreisen gehalten wurden, aber nicht mit der nötigen Regelmäßigkeit. Ebenso oder noch bedeutsamer für den Zusammenhalt von Bischof und Pfarreien wären die *Diözesansynoden* gewesen. Die älteste, deren Akten uns erhalten sind, fand in Auxerre zwischen 561 und 605 statt. In Spanien mußte auf der Diözesansynode jeder Pfarrer Bericht erstatten, andererseits informierte der Bischof über die Ergebnisse der Provinzialsynode[75]. Insgesamt scheinen aber auch diese Synoden nicht sehr häufig gewesen zu sein, so daß die Entfremdung zwischen Bischof und Landklerus einreißen konnte.

Klerus

Bildung

Die gallischen Konzilien vor allem reden viel von der notwendigen Moral, den Vermögensverhältnissen und den Rechten der Kleriker (vor allem vom Gerichtsprivileg), aber nur sehr wenig von ihrer *Bildung* und Ausbildung. Abgesehen von der Initiative des Cäsarius zur Nachwuchsförderung[76], wird auf Konzilien gelegentlich darauf hingewiesen, daß Laien, die Priester oder Bischöfe werden sollen, wenigstens ein Jahr lang die kirchliche Disziplin lernen müssen[77]. Als

von Parrochien; IX, 214: dem Bischof von Turin wurden einige Parrochien, die nun auf fränkischem Gebiet liegen, abgenommen. Anders Reg. IX, 218: die sacerdotes, also die Bischöfe, sollen in Gallien „per parrochias concilia" abhalten. Übrigens scheint nach Meinung Gregors die Hauptaufgabe des „presbyter parrochialis" Taufe und Begräbnis zu sein.

[74] *Seston* a. a. O. 253.

[75] *Le Bras:* Settimane VII, 600.

[76] Vgl. oben S. 223.

[77] Can. 2 von Arles 524, can. 6 von Orléans 538 und can. 9 von Orléans 549.

Grund für die Ordination von Laien zu Bischöfen und Priestern gibt Cäsarius im Jahre 524 in Arles (can. 2) die stark angewachsene Zahl der Kirchen an. Immerhin wundert man sich, daß gerade Cäsarius dieses Argument vorbringt, obwohl er selbst keine Pfarrei gegründet, sondern genügend Kirchen vorgefunden zu haben scheint[78]. Wenn die Synoden von Orléans i. J. 533 (can. 16) und Narbonne i. J. 589 (can. 11) verlangen, daß nur jemand, der lesen und schreiben kann, zum Diakon ordiniert werden darf, dann ist das ein Zeichen für einen recht niedrigen Bildungsstand der Kleriker. Die Diözesansynode von Auxerre, die zwischen 561 und 605 stattgefunden hat, sagt (can. 44), daß die Laien die Belehrung und Ermahnung seitens des Erzpriesters, d.h. wohl allgemein seitens ihres Pfarrers, nicht vernachlässigen dürfen; man fragt sich aber, wie diese Kleriker imstande gewesen sind, Belehrung und Ermahnung zu leisten. Zu theologischen Auseinandersetzungen dürfte im 6. Jh. die übergroße Mehrheit der Pfarrer nicht imstande gewesen sein, auch wenn sie etwa die vorbildliche kirchliche Laufbahn (10 Jahre Lektor, 5 Jahre Subdiakon, 15 Jahre Diakon, 20 Jahre Priester) hinter sich gebracht hatten, wie etwa der Priester Cato in Clermont, der sich deshalb zur Nachfolge des verstorbenen Bischofs berechtigt glaubte[79], sich also wohl mit Recht für eine Besonderheit hielt. Aber wer zehn Jahre Lektor war, erfüllte wohl die Forderung des Cäsarius (Vita I, 56), jeder zukünftige Diakon müßte viermal alle biblischen Bücher gelesen haben.

Auch in Spanien mußte sich die Konzilsgesetzgebung mit der *Bildung* des Klerus befassen. So verlangte das 2. Konzil von Toledo i. J. 527 (can. 1), daß jugendliche Lektoren im Haus des Bischofs unter einem Vorgesetzten erzogen und in die kirchlichen Kenntnisse eingeführt würden; das wollte zur gleichen Zeit Cäsarius von Arles nicht nur auf Bistumsebene, sondern, wohl in bescheidenem Umfang, auf der Ebene der Pfarrei geleistet wissen. In Narbonne wurden 589 (can. 11) die ungebildeten Priester und Diakone zum Lesen- und Schreibenlernen verpflichtet. Das Konzil von Toledo i. J. 633 bedauert (can. 25) die Unkenntnis mancher Priester; sie sei die Mutter aller Irrtümer, deswegen müßten die Priester (= Bischöfe), die doch das Volk belehren sollen, unablässig die Heiligen Schriften und die Canones studieren und meditieren. Kenntnis der Canones wurde auch in Gallien von den Bischöfen verlangt[80]. Daß sich in Gallien keine Klagen der Synoden über Unwissenheit der Priester finden, beweist wohl noch nicht, daß der Klerus allgemein besser ausgebildet war als in Spanien. Denn wenn es auch etwa in zwanzig Bischofsstädten Galliens bischöfliche Schulen gab[81], so hatte davon hauptsächlich der Stadtklerus, kaum der auf dem Lande Nutzen. Die spanischen Bischofsschulen, die Gegenstand konziliarer Gesetzgebung waren, sind aber nicht der Grund dafür, daß es in Spanien litera-

[78] Vgl. oben S. 223.
[79] Gregor. Tur., hist. 4, 6.
[80] Carpentras 529 ep. synod.; Orléans 538 can. 36.
[81] Vgl. *Riché* a.a.O. 328ff.

risch hervorragende Bischöfe gab; die haben vielmehr ihre Bildung in Klosterschulen empfangen[82]. Damit der einzelne Priester in seiner Pfarrei nicht sich selbst überlassen blieb, verlangte das Konzil von Toledo 633 (can. 26), daß der Bischof ihm ein Sakramentar (libellus officialis) in die Hand gab. In Gallien wird uns von solchen Büchern nicht berichtet, es sei denn von dem, welches Apollinaris Sidonius, jener überaus gebildete Bischof von Clermont, am Ende des 5. Jh. offenbar nur für den eigenen Gebrauch zusammengestellt hatte[83]. Abhängig sollte der Klerus aber auch in Spanien nicht von solchen Büchern sein, sondern den ganzen Psalter, die gebräuchlichen Hymnen und Cantica und den Taufritus auswendig kennen[84].

Moral

Um die *Moral* der Kleriker haben sich die Synoden mehr Sorgen gemacht. Im Jahre 583 wurde in Orléans bestimmt (can. 30), daß Kleriker vom Diakon aufwärts keine Zinsgeschäfte machen dürften, die offenbar nicht überhaupt für einen Christen verboten waren, sondern nur für die Kleriker, die sich allgemein von weltlichen Geschäften lösen sollten. So wurde ihnen schon auf dem burgundischen Nationalkonzil von Epaon 517 (can. 4) und 585 in Mâcon (can. 13) der Besitz von Jagdhunden und Jagdvögeln und 673 in Saint-Jean de Losne in Burgund die Teilnahme an der Jagd verboten. Die Synode, die 662 in der Nähe von Bordeaux tagte, verbot den Klerikern, Waffen oder auffällige Kleidung zu tragen (can. 1). Ähnlich war schon 589 in Narbonne (can. 1), das damals freilich unter westgotisch-spanischer Herrschaft stand, den Klerikern verboten worden, Purpurgewänder zu tragen. Einige Jahre vorher war in Mâcon (581, can. 5) den Klerikern auferlegt worden, weltliche Kleidung überhaupt zu meiden; allerdings wird an keiner dieser Stellen gesagt, wie etwa das geistliche Gewand der Kleriker aussehen sollte.

Kleriker, genauer gesagt Priester und Diakone, durften ohne Ausweis ihres Bischofs keine Reise unternehmen, jedenfalls nirgends zur sakramentalen Gemeinschaft zugelassen werden[85]. Seit Papst Zosimus sollte der Bischof von Arles für alle aus Gallien ausreisenden Kleriker die geforderten Reisepässe ausstellen[86]. Nach der Meinung des Konzils von Orléans im Jahre 533 (can. 9) durften Priester nicht einmal mit sogenannten Weltleuten zusammenwohnen, es sei denn, der Bischof habe es ihnen gestattet.

Zölibat

Den größten Raum in der Klerikergesetzgebung nimmt der *Zölibat* ein. Die Zölibatsforderung für die höheren Kleriker wurde zwar schon um das Jahr 300

[82] *Riché* a. a. O. 335 ff.
[83] Vgl. Gregor. Tur., hist. 2, 22. In diese Zeit ist also die allmähliche Entstehung von Meßlibelli und Sakramentaren anzusetzen. Vgl. unten S. 236 ff.
[84] 8. Konzil von Toledo 653 can. 8.
[85] Zum Beispiel Orléans 538 can. 18.
[86] Vgl. oben S. 215.

in Elvira erhoben, aber dieses Konzil scheint auf die weitere Entwicklung keinen Einfluß gehabt zu haben. Die Zölibatsforderung tritt vielmehr gegen Ende des 4. Jh. bei den Päpsten Damasus und Siricius neu auf. Vor allem auf Siricius beriefen sich dann im 5. Jh. Innozenz und Leo d. Gr., der die Forderung der Ehelosigkeit auch auf die Subdiakone ausdehnte. Das bedeutet jedoch nicht, daß verheiratete Männer nicht zu den höheren Weihestufen zugelassen worden wären, sondern nur, daß diese vor der Weihe das Versprechen ablegen mußten, mit ihrer Frau nicht mehr ehelich zusammenzuleben. Päpstlicherseits hatte man aber immer gegen die Amtseinsetzung eines Verheirateten Bedenken, vor allem wenn er Kinder hatte. So hat Papst Pelagius I. (555–561) nur sehr widerwillig die Kandidatur eines verheirateten Mannes auf den Bischofsstuhl von Syrakus akzeptiert. Auf jeden Fall verlangte er, daß eine komplette Liste seines Privatvermögens angelegt wurde, um so sicherzustellen, daß er bei seinem Tode nicht etwa seinen Kindern einen Teil des Kirchengutes vererben würde[87]. Hier ist eine wichtige Wurzel der Zölibatsgesetzgebung zu erkennen, nämlich die Sorge um die Kirchengüter. Der Zölibat war die sicherste Garantie, daß die kirchlichen Amtsträger keine Erben hätten. Unter Pelagius II. (578–590) wurde allerdings deutlich, daß jedenfalls die Subdiakone in Sizilien, die schon weit über 100 Jahre vorher erhobene Forderung Leos d. Gr. nicht erfüllten und die entsprechende Anweisung des jetzigen Papstes ihnen wie eine Neuerung erschien[88]. Sehr eindringlich äußerte sich Gregor d. Gr. zur Sache und erklärte, daß verheiratete Männer, welche die höhere Weihe empfangen, ihre Frau zwar nicht wegschicken dürfen, aber von da ab mit ihr in vollkommener Enthaltsamkeit zusammenleben müssen[89]. Gregor bringt auch in seinen Dialogen (4, 11) ein Beispiel dafür, wie solche Enthaltsamkeit von einem Priester und seiner Frau vorbildlich eingehalten wurde.

In Gallien ist man auf die neue Gesetzgebung von Rom bereitwillig eingegangen. Schon das Konzil von Orange i. J. 441 schrieb vor (can. 21), in Zukunft zu Diakonen nur noch dann Verheiratete zu weihen, wenn sie ein asketisches Leben beginnen, d.h. das Gelübde vollkommener Keuschheit ablegen. Dieses Gelübde wurde auch von den Frauen dieser Kleriker verlangt, so daß sie, wenn der Mann etwa gestorben war, ihrerseits nicht wieder heiraten konnten[90]. Es konnten aber nicht alle Verheirateten zu den höheren Stufen des Klerus ordiniert werden; wer zum zweitenmal verheiratet war oder wer eine Witwe geheiratet hatte, kam ebensowenig in Frage wie jemand, der öffentlich Buße geübt hatte, denn diese schloß vom Klerus überhaupt aus[91]. Das Gelübde vollkommener Keuschheit, in dem man in Gallien den wirksamsten Schutz des Zölibats sah, wurde in Spanien erst rund 200 Jahre später, nämlich vom 4. Konzil von Toledo

[87] Brief 33 an den Patricius Cethegus. [88] Vgl. *Gryson* a.a.O. 166.

[89] Reg. Epp. I, 50; IX, 110.

[90] Vgl. Agde 506 can. 16; Orléans 511 can. 13. In Mâcon 585 can. 16 wurde dies sogar auf die Frauen der Exorzisten und Akolythen ausgedehnt.

[91] Epaon 517 can. 2.

im Jahre 633, gefordert[92]. In Gallien hat man auch die römischen Begründungen für den Zölibat übernommen, vor allem die Umdeutung von 1 Kor 7,5, wo Paulus, eigentlich um den asketischen Übereifer einzuschränken und seine Korinther vor Enttäuschungen zu bewahren, die Anweisung gegeben hatte, sie sollten sich einander nur entziehen, um sich vorübergehend besonders dem Gebet zu widmen. Daraus wurde dann, nachdem der Zölibat nun einmal gefordert schien[93], die Anweisung: Wenn schon die Laien enthaltsam leben müssen, damit ihr Gebet erhört wird, um wieviel mehr dann die Priester und Leviten, die ständig vor Gott Dienst tun und für das Volk beten müssen. So nimmt es nicht wunder, daß fast alle Synoden des 5. und 6. Jh. in Gallien den höheren Klerikern die Pflicht zur Enthaltsamkeit einschärften. Interessant dabei ist, daß die Frau des Bischofs episcopa genannt wurde und offenbar in der Verwaltung des Bistums gelegentlich eine bedeutsame Rolle spielte, etwa indem sie die karitative Tätigkeit übernahm[94]. Ein Bischof, der keine episcopa hat, scheint nach dem Konzil von Tours im Jahre 567 (can. 14) geradezu eine Ausnahme zu sein. Er soll sich von Klerikern bedienen lassen; diese sollen aufpassen, daß keine Frauen ins Haus kommen. Das gleiche Konzil spricht von der Frau eines Presbyters (presbytera) und von der diaconissa und der subdiaconissa (can. 20), die alle offenbar einen würdigen kirchlich-gesellschaftlichen Rang innehatten, aber nicht mehr ehelich mit ihren Männern zusammenleben durften. Auch die Strafbestimmungen für Übertretungen dieser Vorschriften sind häufig, genauso wie sich die Synoden öfters damit befassen mußten, Kleriker, die nicht verheiratet waren, wegen des Umgangs mit Frauen zu tadeln und Regelungen zu treffen, in welcher Weise für den Haushalt eines Priesters gesorgt werden sollte. Nur nahe weibliche Verwandte durften im Hause eines Bischofs oder Priesters sein, etwa die Mutter, Schwester, Tochter oder sonst Personen, die keinerlei Verdacht erregen konnten[95]. Im übrigen sollten vor allen Dingen die Erzpriester auf dem Lande dafür sorgen, daß sich in ihrer Begleitung stets andere Angehörige des Klerus befänden, die von ihrer Enthaltsamkeit Zeugnis ablegen könnten[96]. In Spanien sprach das Konzil von Gerona i. J. 517 (can. 6) den Wunsch aus, höhere Kleriker sollten nach ihrer Weihe nicht mehr mit ihren Frauen, die sie nun als Schwester zu betrachten haben, in einem Hause leben; Gesetz wurde diese Forderung allerdings nicht. Nach der Bekehrung der arianisch gewesenen Westgoten i. J. 586 ergab sich für die spanische katholische Kirche ein besonderes Problem durch die Konversion arianischer Geistlicher, die bis dahin verheiratet waren und nun auch, nachdem sie nach besonderer Prüfung im einzelnen Falle in den katholischen Klerus übernommen worden waren, ihre Ehe fortsetzen wollten. Das 3. Konzil von Toledo bestimmte aber i. J. 589 (can. 5), daß

[92] Vgl. *Gryson* a.a.O. 190.
[93] Vgl. *Gryson* a.a.O. 199.
[94] Vgl. *Beck* a.a.O. 27.
[95] Gerona 517 can. 7; Clermont 535 can. 16; Tours 567 can. 10 u.ö.
[96] Konzil von Tours 567 can. 20.

solche Geistliche, wenn sie an ihrer Ehe festhalten, auf den Rang eines Lektors degradiert werden sollen. Besonders scharf geht derselbe Canon gegen das Konkubinat vor: der Geistliche soll den kanonischen Strafen unterworfen, d.h. abgesetzt und in ein Kloster eingewiesen, die Frau als Sklavin verkauft und der Kaufpreis unter die Armen verteilt werden (can. 5). Das 4. Konzil von Toledo i. J. 633, das ganz unter dem Einfluß des Isidor von Sevilla stand, verlangte (can. 27), daß die Priester und Diakone der Landpfarreien vor ihrem Bischof ein feierliches Gelübde der Keuschheit ablegten; i. J. 666 wurde in Mérida das gleiche von den Bischöfen verlangt (can. 4). Das 8. Konzil von Toledo (i. J. 653) sah sich mit Subdiakonen konfrontiert, die nicht nur ihre Ehe fortsetzten, sondern auch mit solchen, die sich berechtigt glaubten, nach dem Tod ihrer Frau wiederum zu heiraten. Als Begründung gaben sie an, sie hätten bei ihrer Ordination vom Bischof keine Benedictio empfangen, wie dies bei den Priestern und Diakonen der Fall sei. Das Konzil beschloß (can. 8), in den Weiheritus für die Subdiakone eine Benedictio einzufügen, damit solcher Ausflucht kein Weg mehr offenstehe. Das 9. Konzil von Toledo mußte 2 Jahre später, also 655, feststellen (can. 10), daß die zahlreichen Entscheidungen der Väter, die dazu dienen sollten, die Zügellosigkeit der Kleriker einzuschränken, bis jetzt keine Wirkung getan hatten, und griff deshalb zu den schärfsten Mitteln: Kinder, die einem Kleriker, vom Subdiakon bis zum Bischof, nach seiner Weihe geboren wurden, sollten nicht erbberechtigt sein, ja für alle Zeit Sklaven der Kirche bleiben, an der der Geistliche Dienst tat. Wenn das 11. Konzil von Toledo i. J. 675 Exkommunikation und ewige Verbannung festsetzte für einen Bischof, der etwa eine Angehörige eines weltlichen Machthabers verführen sollte, dann ist da sicher an einen Einzelfall gedacht, nicht aber ein Hinweis auf die allgemein niedere Moral des spanischen Episkopats gegeben.

Trotzdem muß man zugeben, daß gegen Ende des 7. Jh. im spanischen Episkopat ein intellektueller und moralischer Niedergang zu beklagen ist, der auf die starke Verflechtung von Kirche und Staat zurückging: die Bischöfe gehörten zum Wahlgremium für das Königtum, und der König ernannte alle Bischöfe. Auch im fränkischen Gallien ist der Einfluß des Königtums auf die Besetzung der Bischofsstühle schon im 6. Jh. groß gewesen[97]. Folge davon war, daß häufig Laien ordiniert wurden und daß die Simonie um sich griff. Daß auch in Gallien die Bischöfe sich im 7. Jh. zunehmend in die Politik verstrickten, ist wohl mit darauf zurückzuführen, daß seit der Mitte des 7. Jh. das Pfarrsystem errichtet war und die Bischöfe innerkirchlich keine dynamische Aufgabe mehr hatten[98]. Andererseits lag ein Grund dafür auch in der mangelnden Bildung des Episkopats. Zwar ließen sich gallische Bischöfe um 575 gern von Venantius Fortunatus wegen ihrer stilistischen Gewandtheit rühmen, und auf der Synode von Mâcon im Jahre 585 erhielt Bischof Praetextatus von Rouen nur geteilten Beifall für

[97] Gregor. Tur., hist. 3, 17; 4, 6; 4, 26.
[98] *H. F. Muller*, L'époque mérovingienne (New York 1945) 93f.

seine Predigt, weil sie keine rhetorische Kunst verriet[99], so daß man Stilbewußtsein bei der Mehrheit des Episkopats vermuten möchte, aber die Klagen über den Niedergang der Bildung sind allgemein[100]. Gregor d. Gr. versuchte vor allem, aus Mönchskreisen Bischöfe zu gewinnen, weil sie ein Minimum an geistig-sittlicher Bildung garantierten. Trotzdem muß man sich vor Schwarzmalerei hüten. Für das 6. Jh. lassen sich jedenfalls in Südostgallien östlich der Rhône und südlich von Lyon unter 148 Bischöfen immerhin 34 nennen, die als Heilige verehrt wurden[101]. Und wenn man sieht, wie entschlossen Gregor d. Gr. gegen Pflichtverletzungen vorging[102], dann kann man nicht annehmen, der gesamte Episkopat sei verrottet gewesen[103].

Archipresbyter

Mit der Ausbildung der Pfarrorganisation kam, jedenfalls in Gallien, der Titel „*Erzpriester*", der bis dahin einem Kleriker an der Bischofskirche vorbehalten war, zu weiterer Verwendung. Dabei waren diese nun auf dem Lande auftauchenden Erzpriester (sie werden der Deutlichkeit halber im Jahr 567 auf der Synode von Tours, can. 20, „Dorferzpriester", archipresbyteri vicani, genannt) nicht etwa wie später im karolingischen Zeitalter für mehrere Pfarreien zuständig, sondern jeweils nur für ihre eigene Pfarrei, dort aber nicht nur für die Seelsorge, sondern auch für den Lebenswandel des gesamten übrigen Pfarrklerus, zu dem außer Vorlesern, Sängern, jedenfalls im merowingischen Gallien, immer wenigstens ein Diakon und ein Subdiakon gehört zu haben scheinen, verantwortlich. In vielen Fällen scheint es außer dem Erzpriester noch andere Priester am Ort gegeben zu haben. Da die Zahl der Landpfarrer, welche den Titel „Erzpriester" trugen, sehr hoch ist, aber doch geringer als die Zahl der Pfarrer überhaupt[104], wird man annehmen dürfen, daß nur solche Pfarrer nicht den Titel Erzpriester trugen, in deren Pfarrei es keinen weiteren Priester gab[105].

In Spanien dagegen blieb es dabei, daß es in jeder Bischofskirche nur einen Erzpriester gibt. Er (oder der Archidiakon) hatte nach can. 7 der Synode von Bracara aus dem Jahre 563, die freilich nur für Galicien galt, die Aufgabe, das Drittel der Kircheneinkünfte zu verwalten, das für die Kultzwecke bestimmt war. Und noch die Synode von Mérida bestimmte im Jahre 666 (can. 5) für ganz Spanien, daß ein Bischof sich auf einer Synode durch seinen Erzpriester oder einen anderen würdigen Priester, keineswegs aber durch einen Diakon vertreten lassen dürfte. So erscheint in Spanien der Erzpriester neben dem Erzdiakon, ja mit einem gewissen Vorrang. Im merowingischen Gallien dagegen ist der eine Erzdiakon in jedem Bistum den vielen Erzpriestern der Pfarreien über-

[99] Gregor. Tur., hist. 8, 20.
[100] Gregor. Tur., hist. praef.; Gregor. M., Regula pastoralis 1 Introd.
[101] *Beck* a. a. O. 40.
[102] Zum Beispiel Reg. Epp. III, 44.45.
[103] *Giordano* a. a. O. 81 f.
[104] *E. Griffe:* MD 36 (1953) 57. [105] So schon *Sägmüller* a. a. O. 35.

geordnet, denn ihm (oder dem Bischof) sind Verfehlungen des Klerus anzuzeigen[106]; er ist jurisdiktionell Stellvertreter des Bischofs und bei Sedisvakanz der letztverantwortliche Vermögensverwalter des Bistums. Einige gallische Konzilien haben offenbar das Ansehen der Erzpriester heben wollen; sie sollten nur mit Zustimmung der anderen Priester[107] und nur bei ernster Verfehlung[108] abgesetzt werden; sie sollten selbst dafür sorgen, daß immer jüngere Kleriker bei ihnen seien, die ihre Zölibatstreue bezeugen könnten[109].

Zwei Synoden des 7. Jh., die von Clichy im Jahre 626 (can. 21) und die von Saint-Jean de Losne in Burgund im Jahre 673 (can. 9), verbieten uneingeschränkt, einem *Laien* das Amt des Archipresbyters zu übertragen; dieser Brauch hatte sich also wohl eingeschlichen. Dabei wird aber nicht etwa Habgier getadelt, wie man vermuten möchte[110]. Es scheint einen anderen Grund gegeben zu haben. Auch das schon erwähnte Konzil, welches nach 614 an unbekanntem Ort stattgefunden hat, verbot die Einsetzung von Laien als Archipresbyter durch den Bischof, es sei denn, der Kandidat weise besondere persönliche Vorzüge auf und sei allein imstande, die Pfarrangehörigen zu verteidigen. Der Erzpriester war ja nicht nur für die Seelsorge und die Überwachung des übrigen Pfarrklerus, sondern auch für die Verteidigung bzw. Vertretung des Pfarrklerus in der Öffentlichkeit zuständig. Die Diözesansynode von Auxerre (zwischen 561 und 605) hielt fest (can. 43), daß kein Richter einen Kleriker ohne Zustimmung des Bischof oder des Archidiakons oder wenigstens des zuständigen Erzpriesters vor Gericht ziehen dürfe. Offenbar ist es im Laufe des 7. Jh. im Rahmen des Verfalls des Merowingerreiches und seiner Ordnung schwierig geworden, den Pfarrklerus in dieser Weise zu verteidigen. Es mochte das allenfalls noch Leuten möglich sein, die weltliches Ansehen und weltliche Macht hatten und die deswegen von den Bischöfen als Erzpriester eingesetzt wurden. Hier hätte man einen Vergleich zu dem später sich einbürgerndem Amt des Klostervogts; allerdings hat diese Einrichtung des Erzpriesters aus dem Laienstand keine Zukunft gehabt.

[106] Zum Beispiel Auxerre 573/603 can. 20.
[107] Tours 567 can. 7.
[108] Konzil an unbekanntem Ort nach 614 can. 11.
[109] Tours 567 can. 20.
[110] Allerdings kann dieser Grund nicht ausgeschlossen werden; can. 5 der Synode von Chalon (zwischen 647 und 653) tadelt, daß Laien (saeculares) die Güter einer Pfarrei oder die Pfarrei selbst (offenbar der Güter wegen) übertragen erhielten.

20. Kapitel*

Liturgie, Seelsorge, Frömmigkeit

QUELLEN: Sacramentarium Veronense, hrsg. von *L. C. Mohlberg* u.a. = Rerum Ecclesiasticarum Documenta, Series Maior, Fontes I (Rom 1956); Liber Sacramentorum Romanae Aeclesiae Ordinis Anni Circuli (Sacramentarium Gelasianum), hrsg. von *L. C. Mohlberg* u.a. = Rerum Ecclesiasticarum Documenta, Series Maior, Fontes IV (Rom 1960); *J. Deshusses,* Le Sacramentaire Grégorien. Ses principales formes d'après les plus anciens manuscrits: Spicilegium Friburgense 16 (Fribourg 1971); *M. Andrieu,* Les Ordines Romani du Haut Moyen-Age: SSL, Études et Documents, Fasc. 11, 23, 24, 28 (Louvain 1931–56); *J. Beckmann,* Quellen zur Geschichte des christlichen Gottesdienstes (Gütersloh 1956); Concilia Galliae s. zu Kap. 19; Concilios Visigóticos s. zu Kap. 19; Gregor. M. Reg. Epp. s. zu Kap. 19; *ders.,* Homiliae in Hiezechihelem Prophetam: CChr Series Latina 142 ed. *M. Adriaen* (Turnhout 1971); Gregor v. Tours s. zu Kap. 19; Sancti Caesarii Arelatensis Sermones, ed. *G. Morin:* CChr Series Latina 103 und 104 (Turnhout 1953); Martini Episcopi Bracarensis, Opera Omnia, ed. *C. W. Barlow* (New Haven 1950).

LITERATUR: *A. Stuiber,* Libelli Sacramentorum Romani = Theophaneia VI (Bonn 1950); *A. Chavasse,* Le Sacramentaire Gélasien (Vaticanus Reginensis 316) Sacramentaire Presbytéral en usage dans les titres romains au VIIe siècle, Bibliothèque de Théologie Série IV. Histoire de la Théologie Vol. I (Desclée 1958); *ders.,* Messes du Pape Vigile (537–555) dans le Sacramentaire Léonien: ELit 64 (1950) 161–213, 66 (1952) 145–219; *C. Coebergh,* Le Sacramentaire Gélasien Ancien, une compilation de clercs romanisants du VIIe siècle: ALW VII, 1 (1961) 45–88; *K. Gamber,* Das kampanische Meßbuch als Vorläufer des Gelasianum. Ist der hl. Paulinus von Nola der Verfasser?: SE 12 (1961) 5–111; *ders.,* Sakramentartypen. Versuch einer Gruppierung der Handschriften und Fragmente bis zur Jahrtausendwende. Texte und Arbeiten, Heft 49/50 (Beuron 1958); *S. J. P. van Dijk,* The Urban and Papal Rites in Seventh and Eighth-Century Rome: SE 12 (1961) 411–487; *ders.,* Gregory the Great, Founder of the urban schola cantorum: ELit 77 (1963) 335–356; *M. Vos,* A la recherche de normes pour les textes liturgiques de la messe (V[e]–VIIe siècles): RHE 69 (1974) 5–37; *C. Vogel,* Les échanges liturgiques entre Rome et les pays francs jusqu'à l'époque de Charlemagne: Settimane di studio del centro Italiano di studi sull'alto Medioevo VII (Spoleto 1960) 185–295; *ders.,* Le pèlerinage pénitentiel: Pellegrinaggi e culto dei santi in Europa fino alla Ia Crociata. Convegni del centro di studi sulla spiritualità medievale IV (Todi 1963) 39–92; *B. de Gaiffier,* Pellegrinaggi e culto dei santi: ebd. S. 9–35; *A. Petrucci,* Aspetti del culto e del pellegrinaggio di S. Michele Arcangelo sul monte Gargano: ebd. 145–180; *E. Delaruelle,* La spiritualité des pèlerinages à Saint-Martin de Tours du Ve au Xe siècle: ebd. 199–244; *A. Prandi,* La tomba di S. Pietro nei pellegrinaggi dell'età medievale: ebd. 283–447; *Beck* s. zu Kap. 19; *Fernández Alonso* s. zu Kap. 19; *Delage* s. zu Kap. 19; *Muller* s. zu Kap. 19; *É. Griffe,* A travers les paroisses rurales de la Gaule au VIe siècle: BLE 76 (1975) 3–26; *B. Kötting,* Peregrinatio religiosa. Wallfahrten in der Antike und das Pilgerwesen in der alten Kirche = Forschungen zur Volkskunde Heft 33/34/35 (Münster 1950); *ders.,* Reliquienverehrung, ihre Entstehung und ihre Formen: TThZ 67 (1958) 321–334; *E. Ewig,* Der Petrus- und Apostelkult im spätrömischen Gallien: ZKG 71 (1960) 215–251; *L. J. van der Lof,* De san Agustín a san Gregorio de Tours. Sobre la intervención de los mártires: Augustinus XIX (1974) 35–43.

* Der Verfasser hat vor allem bei diesem Kapitel seinem Lehrer Karl Baus für die Überlassung von Notizen und Literaturangaben zu danken, bedauert aber zugleich, daß nicht allen Erscheinungen des innerkirchlichen Lebens in der kurzen, noch zur Verfügung stehenden Zeit so nachgegangen werden konnte, wie es die früher ins Auge gefaßte Zweiteilung des Kapitels hätte wünschen lassen.

Liturgie

Die Periode zwischen dem Pontifikat Leos d. Gr. und der Wende zum 8. Jh. bringt die römische Liturgie zur vollen Entfaltung und in vielen Zügen zu ihrer endgültigen Gestalt. Die älteste erhaltene Sammlung von Meßgebeten trägt den Namen Papst Leos d. Gr.; eine andere, die einen späteren Entwicklungsstand verrät, wird in der Überlieferung auf Papst Gelasius (492–496) und eine dritte, in welcher die Liturgie wesentlich gekürzt und gestrafft erscheint, auf Papst Gregor d. Gr. (590–604) zurückgeführt.

Das älteste dieser Sakramentare dürfte entstanden sein durch Zusammenfügung einzelner Hefte (Meß-Libelli), welche verschiedene Meßformulare für dasselbe Herren- oder Heiligenfest zusammenfaßten. Diese Hefte selbst muß man wohl so erklären, daß sich römische Presbyter die im Archiv des Lateran aufbewahrten, von einzelnen Päpsten jeweils neu entworfenen Meßgebete zusammenschrieben[1]. Das *Leonianum,* besser einfach nach seinem Fundort Veronense genannt, erstreckt sich nur noch über die Monate April bis Dezember, der Anfang scheint verloren zu sein. Im April finden sich 44 Meßformulare für Heiligenfeste mit unterschiedlicher Zahl der Orationen zusammengefaßt; für Weihnachten werden 9 Formulare angeboten, die zwar nicht alle vollständig sind, aber alle eine eigene Präfation enthalten. Man gewinnt den Eindruck, daß der Kompilator alles auffindbare römisch-liturgische Gebetsgut erhalten wollte, es gelegentlich aber falsch einordnete. So finden wir in diesem Sakramentar unter dem Datum vom 2. August, dem alten römischen Fest des 258 in der valerianischen Verfolgung gestorbenen Papstes Stephanus, und unter der Ortsangabe: in cymeterio Callisti in via Appia (also der Begräbnisstätte der Päpste des 3. Jh.), neun Meßformulare, die alle dem in Jerusalem gestorbenen Erzmärtyrer Stephanus gelten, dessen Fest, seit er überhaupt im Westen verehrt wird, am 26. Dezember gefeiert wurde[2]. Dabei lassen aber einige der Formulare durch Erwähnung der Geburt Christi erkennen, daß sie für dieses Stephanusfest entworfen wurden. Einem römischen Kleriker wäre eine solche Verwechslung wohl nicht unterlaufen.

Das uns erhaltene älteste Manuskript des Sakramentars, das mit Papst *Gelasius* in Beziehung gebracht wird, stammt nicht aus Rom, sondern aus dem Frankenreich und ist eines der vielen Zeugnisse für den Eifer, mit dem im Frankenreich auf rein private Initiative im Laufe des 7. Jh. römisch-liturgisches Gut übernommen wurde. Die gelasianischen Messen zeichnen sich dadurch aus, daß sie vor dem Gabengebet zwei oder drei Orationen bieten, die offenbar nicht zur Auswahl gestellt sind (dann nämlich heißt es: item alia) und so auf mehr als nur zwei Schriftlesungen schließen lassen. In Gallien und Spanien waren bis zur Übernahme der römischen Liturgie drei Lesungen üblich[3].

[1] Vgl. *A. Stuiber,* Libelli Sacramentorum Romani = Theophaneia VI (Bonn 1950).
[2] Vgl. Calendarium Polemei Silvii vom Jahre 448: PL 13, 676/688.
[3] Vgl. unten S. 245.

Das Sacramentarium *Gregorianum* ist uns im wesentlichen in zwei Formen erhalten: einmal als das Karl d. Gr. auf seine Bitte hin von Papst Hadrian I. übersandte sogenannte Hadrianum, welches aber im Frankenreich ergänzt werden mußte, da die Sonntagsmessen fehlten, und dann das nach seinem Auffindungsort genannte Paduense, welches ebenfalls im Frankenreich geschrieben ist, aber über Verona, wo ihm die Messe des heiligen Zeno angefügt wurde, nach Padua geriet[4]. Im Sacramentarium Gregorianum fühlt sich der moderne Leser, dem die Liturgie aus der Zeit vor der Reform des 2. Vatikanums vertraut ist, sofort heimisch. Die Meßformulare enthalten in der Regel nur noch drei Orationen (gelegentlich eine weitere zur Auswahl); die Präfationen sind stark gekürzt. Hier war offenbar ein Mann am Werk, dem es auf Übersichtlichkeit, Klarheit und Verständlichkeit ankam. Man ist gerne bereit, hierin das Werk des großen Papstes zu erkennen, der an der Wende zum 7. Jh. das römische Kirchenwesen neu organisierte. Wohl der leichteren Benützung wegen sind die Meßformulare in eine fortlaufende Serie gebracht, während das Gelasianum in drei Büchern erst das „Proprium de tempore“, im zweiten Buch das „Proprium des Sanctis“, im dritten Buch die „Votivmessen“ brachte. Allerdings stellt der Übergang zum Gregorianum nicht immer auch einen qualitativen Fortschritt dar; daß Papst Gregor an einigen Stellen alte Orationen umgestaltend verflacht hat, scheint schon dem fränkischen Kompilator des uns erhaltenen Gelasianum[5] aufgefallen zu sein; an einigen Stellen übernahm er nicht die neueren Gebete, sondern folgte der älteren, besseren Form[6]. Während das Gelasianum für die Donnerstage der Fastenzeit noch keine Meßformulare bietet, fanden sich solche von Anfang an im Gregorianum-Hadrianum (im Paduense wurden sie später hinzugefügt). Tatsächlich hat aber nach Auskunft des Liber Pontificalis erst Papst Gregor II. (715–731), welcher auch als erster Papst offiziell darauf hinwirkte, der römischen Liturgie außerhalb Roms (nämlich durch Bonifatius in Bayern) Einfluß zu verschaffen, diese Donnerstagsmessen eingerichtet und Texte für sie schaffen lassen. Das Sacramentarium Gregorianum-Hadrianum kann also seine endgültige Form nicht schon unter Gregor I., sondern frühestens unter Gregor II. gefunden haben, was aber auch schon aus dem Vorhandensein des Gregoriusfestes am 12. März[7] hervorgeht. Wenn also in dem Buchtitel behauptet wird, dieses Sakramentar sei vom heiligen Papst Gregor herausgegeben (editum), dann bedeutet das nur, daß Gregor für das 8. Jh. die liturgische Autorität war, wohl weil seine liturgieschöpferische Tätigkeit noch in bester, aber wohl übertreibender Erinnerung war. Eine erste Redaktion des Gregorianum war wohl schon unter Honorius (625–638) erfolgt[8]. Besonders charakteristisch, andererseits wiederum dem modernen, mit der vorkonziliaren Liturgie vertrauten Leser geläufig, ist die Angabe der römischen Kirchen, in denen die Messe gefeiert wurde, wohin sich also der Papst jeweils begab, an Weihnachten z. B. Groß-Sankt Marien in der Nacht, St. Anastasia in der

[4] Vgl. *Deshusses*, Einl. [5] Cod. Vat. Regin. lat. 316. [6] *C. Coebergh:* ALW VII, 1 (1961) 56. [7] Sect. 30, Nr. 137–139, ed. *Deshusses.* [8] Vgl. *Deshusses* 53.

Frühe, St. Peter am Tage. Es erweist sich also das Gregorianum als eindeutig für den päpstlichen Gottesdienst geschaffen, während das *Gelasianum* keine Stationskirchen anführt, sondern etwa für die drei Weihnachtsmessen nur die Tageszeiten nennt, sich also unter anderem dadurch als Presbytermeßbuch zu erkennen gibt. Chavasse hat in ihm zwei Schichten entdeckt, die er durch zwei römische, nicht päpstliche Liturgiezentren, nämlich St. Peter im Vatikan und St. Peter in den Ketten, erklären möchte. Darin freilich ist ihm die Wissenschaft nicht unbedingt gefolgt. Die zwei Schichten lassen sich wohl auch durch die Annahme erklären, daß zwei verschiedene nach Rom gekommene Presbyter, wohl aus dem Mönchsstand, für die Zusammenstellung verantwortlich zu machen sind[9]. Einer von den beiden könnte aus Campanien gekommen sein, was die tatsächlich sehr auffällige Betonung campanischer Heiliger im Gelasianum erklären würde, ohne daß man campanischen Ursprung größerer Teile des Gelasianums anzunehmen brauchte. Auf jeden Fall scheint auch schon das Alt-Gelasianum – später entstanden in Italien und im Frankenreich viele Mischformen – kein genuin-römisches Werk zu sein. Die Vermischung der im 6. Jh. noch lokal getrennten, das heißt nur in den einzelnen, den Heiligen geweihten Kirchen gefeierten Feste, scheint dies auszuschließen[10]. Daß Bischof Maximian von Ravenna der Urheber ist[11], scheint aber noch nicht hinlänglich bewiesen zu sein. Das Gelasianum geht zwar in die Zeit vor Gregor d. Gr. zurück, kann aber die Gestalt, in der es dann von Rom ins Frankenreich wanderte, nicht vor dem Jahre 628 erhalten haben, in welchem Kaiser Herakleios das heilige Kreuz wieder aus Persien nach Jerusalem brachte, denn wir finden da am 14. September das Fest der Kreuzerhöhung, welches den Sieg des Herakleios feiert.

Aus den Sakramentaren lassen sich zwar einige Hinweise auf die Gestalt der Meßfeier entnehmen, aber sie enthalten keine liturgischen Anweisungen. Diese Lücke wird geschlossen durch die sogenannten *Ordines Romani,* welche den äußeren Ablauf der Papstmesse (Ordo Nr. 1), der Taufvorbereitung (Ordo Nr. 11), die Feier der Karwoche (Ordo Nr. 27), die Weihen der Geistlichen vom Akolythen bis zum Bischof (Ordo Nr. 34) u. a. enthalten.

Im Ordo Nr. 1 wird die feierliche päpstliche Stationsmesse beschrieben, wobei die Gesamtfeier mit der Versammlung des römischen Stadtklerus beim Lateranpalast beginnt. Es wird angegeben, aus welcher der sieben Regionen der Stadt der Klerus an den einzelnen Wochentagen den Dienst im Papstgottesdienst zu verrichten hat. Es wird beschrieben, in welcher Reihenfolge der Klerus zur Stationskirche zieht, es wird sogar geregelt, in welcher Weise ein des Weges Daherkommender dem Papst (dem Apostolicus) eine Bitte vortragen darf. Am Ostersonntag, wenn der Papst nach Groß-St. Marien zieht, tritt ihm in der Via Merulana der Notar dieser Region entgegen und teilt ihm die Zahl der am Vortag in Groß-St. Marien getauften Kinder mit. Der Papst reitet zur Stationskirche,

9 *C. Coebergh:* ALW VII, 1 (1961) 72.
10 *Ders.*, a. a. O. 71.
11 *K. Gamber:* SE 12 (1961) 19.

einige andere hohe Würdenträger begleiten ihn ebenfalls zu Pferd, wohingegen die Mehrzahl des Klerus zu Fuß vorausgeht. Natürlich ist unter so zahlreicher Begleitung der Einzug des Papstes in die Stationskirche eine sehr feierliche Prozession, und man wundert sich nicht, daß dabei die Schola einen Gesang vorträgt, nämlich den Introitus. Vor dem Papst her geht ein Subdiakon mit dem Weihrauchfaß und sieben Akolythen mit Kerzenständern. Der Ordo regelt genau, wie bei welchen Abschnitten des Gottesdienstes die Kerzenständer im Altarraum aufzustellen sind. Nach dem Introitus singt die Schola das Kyrie eleison, dann wendet sich der Papst, an seinem eigens mitgeführten Tragsitz (Ordo I, 23) stehend, zum Volk und stimmt das Gloria an, dreht sich aber sofort wieder nach Osten bzw. zur Apsis hin. Zum „Pax vobis" kehrt er sich wieder dem Volk zu, spricht aber das Oremus und die Oration wieder nach Osten gewendet. Diese Rubrik scheint die tatsächlich meist nicht gegebene Ostung aller (römischen) Kirchen vorauszusetzen, läßt sich also wohl als fränkische Umdeutung erkennen[12].

Für die Richtung, in welcher der Papst betet, ist auch die Anweisung von Bedeutung (Ordo I, 87), daß vor Beginn der Präfation die Regionar-Subdiakone sich dem Papst gegenüber auf der anderen Altarseite aufstellen sollen (retro altare aspicientes ad pontificem), damit sie ihm die Antworten auf das „Dominus vobiscum", „Sursum corda" und „Gratias agamus" geben können. Es ist also zwar nicht ausgeschlossen, aber auch nicht selbstverständlich, daß der zelebrierende Papst auf der anderen Seite des Altares das Volk sich gegenübersieht.

Kontakt mit der Schar der Gläubigen (zumindest mit den Gläubigen senatorischen Ranges) nimmt der zelebrierende Papst bei der Gabenbereitung und bei der Kommunion. Nach dem offenbar schon lange funktionslos gewordenen „Dominus vobiscum" und „Oremus" nach dem Evangelium (Ordo I, 63.69) geht der Papst, rechts und links gestützt vom ersten Notar und ersten Defensor, von seinem Sitz hinab ins Kirchenschiff, um die Gaben der Adeligen (principes) entgegenzunehmen. Er reicht sie dem Regionar-Subdiakon weiter, und sie gelangen durch die Hände des nächsten Subdiakons auf den Altar. Zur gleichen Zeit, da der Papst die Gabenbrote entgegennimmt, nimmt der Erzdiakon die Weinspenden in kleinen Gefäßen an und gießt sie in einen größeren Kelch, der dann wiederum in ein größeres Gefäß umgefüllt wird (ebd. Nr. 70). Die Brot- und Weingaben des übrigen Volkes nimmt der Bischof, der den Wochendienst verrichtet, bzw. der nächste Diakon entgegen (Nr. 72 u. 73). Es wird ausdrücklich hervorgehoben, daß der Papst auch zur Frauenseite hinübergeht, um die Gaben in Empfang zu nehmen. Interessant ist, daß offenbar auch alle am Gottesdienst beteiligten Kleriker Gaben zum Altar bringen; sogar der Papst läßt sich vom Archidiakon seine persönlichen Brotgaben reichen (Nr. 74.82.83).

Während der eigentlichen Eucharistiefeier stehen auf dem Altar Patene und nur ein Henkelkelch. Dieser reicht natürlich nicht für die Kelchkommunion des

Vgl. *C. Vogel*, L'orientation dans les ordines Romani: Studi medievali III (1960) 452ff.

gesamten Klerus und des Volkes aus. Der Papst kommuniziert übrigens, offenbar der Feierlichkeit wegen, aber doch wohl dem Sinn der Eucharistiefeier wenig entsprechend, nicht am Altar, sondern am Sitz. Während ein Diakon die offenbar sehr große Patene[13] zu dem auf seinem Sessel sitzenden Papst bringt, wird darauf geachtet, daß ein Stück der eucharistischen Brotsgestalt auf dem Altare bleibt, damit während der Meßfeier „der Altar nicht ohne Opfer sei" (Nr. 105). Nach der Kommunion des Papstes wird ein wenig aus dem konsekrierten Kelch in das große, nicht konsekrierten Wein enthaltende Gefäß gegossen, welches die Akolythen halten. Dann kommunizieren alle anwesenden Kleriker am Altar, wobei der Ranghöchste der mitfeiernden Bischöfe den Kelch aus der Hand des Erzdiakons entgegennimmt (Nr. 110). Der konsekrierte Wein, der nach der Klerikerkommunion noch übrig ist, wird ebenfalls in das schon erwähnte große Gefäß gegossen. Dann geht der Papst selbst ins Kirchenschiff hinab, um den Gläubigen, die senatorischen Ranges sind, das konsekrierte Brot zu reichen. Der Erzdiakon gibt ihnen das heilige Blut (Nr. 113), aber offenbar nicht aus dem Kelch, der inzwischen schon wieder weggeschlossen wurde (Nr. 112), sondern aus dem anderen Gefäß, welches aus dem großen Krug gefüllt wird (Nr. 111.115). Der Wein, den die Gläubigen bei der Kommunion empfangen, ist also durch Kontakt mit dem hineingegossenen heiligen Blut konsekriert[14]. Dies scheint römischer Sonderbrauch gewesen zu sein. In Gallien hatte man offenbar von vornherein zwei bis drei Kelche auf dem Altar, um auch für die Laien genügend konsekrierten Wein zur Verfügung zu haben. Diesen Brauch aber tadelte später Papst Gregor II. in seinem 14. Brief an Bonifatius: Christus habe einen Kelch ergriffen und gesagt: „Dieser Kelch" … usw., deshalb sei es nicht angebracht, zwei oder drei Kelche auf dem Altar zu haben.

Auch zur Kommunionausteilung geht der Papst auf die Frauenseite (Ordo I, 118) und kehrt zum letzten Gebet auf seinen Sitz zurück. Der äußere Verlauf der Meßfeier ist stark geprägt durch die beiden Zeremonien des Friedenskusses, der vom Klerus ans Volk weitergegeben wird (Nr. 96), und die Brechung des eucharistischen Brotes, an der sich alle anwesenden Presbyter beteiligen (Nr. 102). Damit keine Partikel verlorengehen, werden die konsekrierten Brote zuvor in kleine Säckchen getan (Nr. 101). Die Zeremonie der Brotbrechung wird vom Gesang des Agnus Dei begleitet, welches nach Ordo I, 105 von der Schola, nach Ordo XV, 53 von allen gesungen wird. Während dieses Gesanges diktiert der Papst einem Schreiber die Namen derer, die für diesen Tag zum Mittagsmahl bei ihm selbst oder beim Vizedominus eingeladen werden sollen. Zwei Kleriker gehen dann unverzüglich ins Kirchenschiff hinab und sprechen die Einladung aus. Ebenso befremdlich ist es für heutige Leser, daß der Erzdiakon mit dem eucharistischen Kelch in der Hand verkündet, wo der nächste Sta-

[13] Sie kann auch von 2 Klerikern getragen werden: Ordo I, 103.

[14] Vgl. M. *Andrieu*, Immixtio et consecratio. La consécration par contact dans les documents liturgiques du moyen âge (Paris 1924).

tionsgottesdienst stattfindet (Nr. 108). Der Grund ist vielleicht der, daß sich während der Kommunion schon viele entfernten, so daß mit dieser Ankündigung nicht bis zum Ende des Gottesdienstes gewartet werden konnte. Interessant ist auch, daß weder Ordo I noch Ordo XV am Ende der Messe einen Segen bezeugen. Wohl ruft ein Diakon das „Ite missa est", aber das letzte Wort des Papstes ist die Schlußoration, vor der er das einleitende „Dominus vobiscum" übrigens nicht zum Volk gewendet, sondern nach Osten bzw. zur Apsis hin spricht (Nr. 123). Beim Hinausziehen allerdings segnet der Papst nacheinander die Bischöfe, die Presbyter, die Mönche, die Schola, die Bannerträger, die Kerzenträger und die Mesner (I, 126; ähnlich Ordo XV, 65).

Die Beschreibung der Meßfeier im Ordo XV läßt zwar weniger Personal auftreten; es ist aber fraglich, ob sie deswegen als älter zu betrachten ist[15]. Es mag sich auch dabei um verschiedene Feierlichkeitsstufen handeln. Beide Meßbeschreibungen mögen wohl noch dem 7. Jh. angehören[16], dann aber dessen letzten Jahren, denn erst Papst Sergius (687–701) hat das in beiden bezeugte Agnus Dei in die römische Liturgie eingeführt[17]. Vor allem Ordo I zeigt eine so reich entfaltete und gleichzeitig so bis in Einzelheiten festgelegte und auf die verschiedenen Stufen des Klerus verteilte Meßgestaltung, daß man wohl mit Recht byzantinischen Einfluß dafür verantwortlich macht[18]. Genauer wird man an die Regierungszeit des Papstes Vitalian denken dürfen (657–672), der über die dogmatischen Spannungen des Monotheletenstreites hinwegsah und auf Ausgleich mit Byzanz bedacht war. Daß die päpstlichen Sänger später „Vitaliani" genannt werden können[19], läßt darauf schließen, daß Vitalian der einen der beiden von Gregor d. Gr. gegründeten Sängerscholen, nämlich derjenigen am Lateran, die neuen Gesänge übertrug, während die andere bei St. Peter den alten stadtrömischen Gesang weiterpflegte[20].

So entwickelte sich in der 2. Hälfte des 7. Jh. der neue typisch päpstliche Ritus und Gesang, der sich vom altrömischen erheblich unterschied, aber erst von Papst Gregor II. (715–731) kodifiziert und zur Verbreitung im Westen empfohlen wurde[21]. Dafür scheint auch zu sprechen, daß die englische Kirche, welche doch von Rom aus gegründet worden war und demgemäß weitgehend römische Liturgie übernommen hatte, gegen Ende des 7. Jh. neue Kontaktaufnahme mit Rom für nötig hielt. Jedenfalls reiste Benedikt Biscop, der 689 gestorbene Abt von Wearmouth und Jarrow, mehrmals nach Rom und brachte jedesmal liturgische Bücher mit. Bei der Reise z. Z. des Papstes Agatho (678 bis 681) kam Johannes, der Abt des römischen St.-Martins-Klosters, der gleichzeitig Archikantor in St. Peter war, mit nach England, wo er viele Kleriker ausbildete und Bücher über den Kirchengesang schrieb[22]. Dies alles scheint darauf

[15] *Van Dijk:* SE 12 (1961) 458f. [16] *Ders.,* a.a.O. 458. 466.
[17] Liber Pontificalis, ed. *L. Duchesne,* I 376.
[18] *Van Dijk:* SE 12 (1961) 462ff. [19] *Ders.,* a.a.O. 487.
[20] *Ders.:* ELit 77 (1963) 335–356. [21] *Ders.:* SE 12 (1961) 484.
[22] Beda, hist. IV, 18; vgl. *Andrieu,* Ordines II 27f. und oben S. 177.

hinzudeuten, daß in der 2. Hälfte des 7. Jh. in Rom ein entscheidender liturgischer Wandel vor sich gegangen ist.

Aber auch aus den Sakramentaren lassen sich Hinweise auf Wandlungen des Ritus entnehmen, die schon im 6. Jh. stattgefunden haben. So enthalten die Meßformulare des Gelasianums nach der mit „post communionem" bezeichneten Oratio sehr häufig eine weitere, welche mit „ad populum" überschrieben ist. Auch schon die Formulare des Leonianums bieten regelmäßig nach der Präfation zwei Orationen, von denen die letzte den Schutz Gottes für das christliche Volk, die Gläubigen, die Familie Gottes usw. erbittet. Bis ins 6. Jh. hinein scheint also am Schluß der Messe in Rom kein Segen gesprochen worden zu sein, sondern das Gebet über das Volk. Das Gregorianum enthält sowohl in seiner hadrianischen wie in seiner paduanischen Fassung ein Gebet über das Volk nur für die Werktage der Fastenzeit, wie es sich ja bis in unsere Zeit erhalten hat. Offenbar ist im Laufe des 7. Jh. an die Stelle des Gebetes über das Volk als Schluß der Messe in Rom der bischöfliche Segen getreten[23]. Da diese Form wohl eine gewisse Feierlichkeit darstellte, scheint sie für die Werktage der Fastenzeit nicht angewendet worden zu sein. Daß man im 6. Jh. außer dem Gebet über das Volk keine andere Form des Schlußsegens kannte, geht aus dem Bericht über die Verhaftung des Papstes Vigilius durch die byzantinische Polizei hervor. Man schleppte ihn aus der Messe weg, das Volk folgte ihm und verlangte, das Gebet (Oratio) von ihm zu empfangen. Nachdem er das Gebet gegeben hatte, antwortete das Volk „Amen", und das Schiff mit dem Papst fuhr ab[24]. Später hat man dem Gregorianum-Hadrianum im Frankenreich eine Serie von 52 Benediktionen für die verschiedenen Anlässe hinzugefügt. Der Unterschied, der zwischen der Benedictio und der Oratio super populum besteht, ist nicht nur der, daß die Oratio sehr viel knapper ist als die Benedictio, sondern vor allem, daß die Oratio Gott anspricht, wohingegen die Benedictio das Volk anspricht und Gott in der dritten Person erwähnt.

Die Benediktionen waren vor allem in der gallikanischen und spanischen Liturgie beliebt, hatten dort aber ihren Platz vor der Kommunion. Besonders gefördert wurde diese Segnung von Cäsarius von Arles[25]; die Synode von Agde 506 (can. 44) reservierte diesen Segen ausdrücklich dem Bischof. Außerdem wurde festgesetzt (can. 47), niemand dürfe aus dem Gottesdienst weggehen, ohne den Segen des Bischofs empfangen zu haben[26]. Daß dann viele den Kirchenraum verließen und nur noch die Kommunizierenden dablieben, hat man wohl als unvermeidlich in Kauf genommen. Daß in Rom der Ort des nächsten Stationsgottesdienstes vor der Kommunionausteilung verkündet wurde[27], scheint darauf hinzuweisen, daß auch dort ähnliche Sitten herrschten. Die bischöfliche Benedictio bot den Seelsorgern Gelegenheit, noch einmal auf das

[23] Vgl. *Chavasse,* Le sacramentaire Gélasien 188f.
[24] Lib. Pont. I 297; vgl. *Chavasse* a.a.O. 189.
[25] Caesarius, Sermo 73, 2; 74, 2; 76, 3.
[26] Vgl. dazu *Delage* 165. [27] Vgl. oben S. 240f.

Festgeheimnis einzugehen und den Gläubigen einen Mahnspruch mit auf den Weg zu geben. Zugleich konnte einer dabei all seine rhetorische Begabung beweisen. Jedenfalls scheint dieser Segen in Gallien und Spanien bei Episkopat und Volk außerordentlich beliebt gewesen zu sein, sind uns doch insgesamt 2093 verschiedene Benediktionsformeln erhalten[28], und dies, obwohl Papst Zacharias i. J. 751 in seinem Brief an Bonifatius gegen solch gallischen Sonderbrauch schwerste, allerdings wohl nicht angemessene exegetische Argumente ins Feld führte und die ruhmsüchtigen Gallier mit Leuten verglich, die ein anderes Evangelium verkünden[29]. Die Benedictio ist zweifelsohne eines der Elemente der gallikanischen bzw. westgotisch-spanischen Liturgie, durch welches sie sich sehr viel stärker pastoral ausgerichtet und volkstümlicher erweist als die römische Liturgie. Deshalb ist es zu begrüßen, wenn die feierliche Benedictio in der jüngsten Liturgiereform wieder zu Ehren gekommen ist, wofern sie nur pastoral genützt wird und nicht starrer Verfeierlichung dient.

Die jedenfalls in Rom übliche *liturgische Kleidung* ist für den heutigen Leser eher verwirrend. Daß man Ende des 7. Jh. zwischen den liturgischen und den Alltagsgewändern unterschied, bezeugt der Ordo Romanus I ausdrücklich. In Verbindung mit Ordo 34, 10 läßt sich erkennen, daß mit Ausnahme des Diakons, welcher in die Dalmatik gekleidet ist, alle Kleriker vom Akolythen bis zum Bischof (also auch Subdiakon und Presbyter) während der Liturgie die Planeta tragen, welche aber den Meßgewändern der Neuzeit wohl nicht ähnlich war, sondern sehr lang und weit gewesen sein muß, wohl auch aus dünnem Stoff, so daß die Akolythen mit durch die Planeta verhüllten Händen die heiligen Gefäße oder das Evangelienbuch tragen konnten.

Die in *Gallien* und in *Spanien* gebräuchliche Liturgie wich nicht nur, was die schon erwähnte bischöfliche Benedictio vor der Kommunion angeht, von der römischen ab, wobei allerdings eher vom Abweichen der römischen Liturgie von einem ursprünglich wohl weitgehend übereinstimmenden Grundtypus gesprochen werden sollte. Darauf, daß die Dreizahl der Orationen am Anfang der Messe im Leonianum und im Gelasianum auf drei Lesungen auch in Rom zu deuten scheint, wurde schon hingewiesen[30]. Allerdings muß man damit rechnen, daß eine in Rom bezeugte weitere Lesung wie auch die erste Oratio nicht in den Stationsgottesdienst gehören, sondern in der Versammlungskirche gesprochen wurden, von wo aus man zur Stationskirche zog[31]. Die Kirchen Galliens und Spaniens jedenfalls pflegten drei Lesungen vorzutragen, und zwar regelmäßig eine aus dem Alten Testament, eine aus den Apostelbriefen und eine aus dem Evangelium. Dabei konnte an Heiligenfesten die alttestamentliche Lesung durch die Passio oder Vita des Heiligen, oder wenigstens deren letzten Teil, welcher in dem feierlichen Morgenoffizium noch nicht verlesen worden war, ersetzt werden[32].

[28] Vgl. CChr Series Latina 162 u. 162a, ed. *E. Moeller* (1971). [29] PL 89, 951 f.
[30] Vgl. oben S. 236. [31] *K. Gamber,* Oratio ad collectam: ELit 82 (1968) 45–47.
[32] Gregor. Tur., Gloria martyrum 89; vgl. *É. Griffe:* BLE (1975) 23.

Auffallend ist, daß in *Südspanien* vor der Mitte des 6. Jh. Evangelium und Predigt anscheinend erst nach der Gabenbereitung und der Entlassung der Katechumenen stattfanden. Jedenfalls ordnete das Konzil von Valencia 549 (can. 1) an, das Evangelium solle vor der „inlatio munerum" und der „missa catechuminum" verlesen werden, damit die Katechumenen ebenso wie die Büßer durch Evangelium und Predigt erbaut und andere dadurch vielleicht sogar bekehrt werden könnten, wie es gelegentlich schon geschehen sei. Wenige Jahre später, nämlich 561, bestimmte das 1. Konzil von Braga, welches freilich nur für das kleine, damals noch selbständige Suewenreich Anordnungen traf, die Messe sollte nach jenem Modell gefeiert werden, das Bischof Profuturus von Rom empfangen hatte (can. 4); ebenso sollte die Taufe nach römischem Muster gespendet werden (can. 5).

Tatsächlich hatte Papst Vigilius zu Beginn seines Pontifikates (im Jahr 538) dem Bischof von Braga auf dessen Wunsch hin ein Taufritual und einen „ordo precum" geschickt und darauf hingewiesen, daß dieser bei der Meßfeier immer gleich bleibt, daß man nur an Ostern, Himmelfahrt, Pfingsten, Epiphanie und an den Heiligenfesten den Tagen besonders angemessene „capitula" einschiebt[33]. Daraus darf man wohl schließen, daß einerseits in Rom z. Z. des Vigilius noch keine liturgischen Bücher, in denen die Meßfeiern eines Jahres oder auch nur eines Abschnittes des Kirchenjahres zusammengefaßt waren, zur Verfügung standen[34], daß man andererseits eine Reglementierung des veränderlichen Gebetsgutes nicht für nötig hielt. Tatsächlich hat im Gegensatz zur afrikanischen Kirche, welche sehr früh Vorschriften bezüglich der liturgischen Gebete kannte, die römische Kirche erst im 8. Jh. die ersten Versuche in dieser Richtung gemacht[35]. Bis dahin waren der liturgieschöpferischen Tätigkeit der Päpste kaum Grenzen gesetzt. So enthält auch die älteste römische Gebetssammlung, also das sogenannte Sacramentarium Leonianum, etliche Meßformulare, die wohl Papst Vigilius verfaßt hat[36]. Es verdient hervorgehoben zu werden, daß auf der Synode von Braga die von Rom gekommenen Texte als ausreichende Modelle erschienen, daß man also für die veränderlichen Gebete, deren Umfang in der spanischen Liturgie die variablen Gebete der römischen Messe um ein Mehrfaches übertraf, der freien schöpferischen Tätigkeit der Bischöfe keine Grenzen setzen wollte.

Wenn es auch fragwürdig ist, von einer gallikanischen Liturgie zu sprechen, weil es in *Gallien* durchaus keine Einheitlichkeit gab, so lassen sich doch einige gemeinsame charakteristische Züge hervorheben. Allerdings besitzen wir hinreichende Quellen erst für das 7. Jh., denn die Briefe des Pseudo-Germanus, in welchen sich eine Liturgiebeschreibung findet, sind in Wirklichkeit ein „erbaulicher Kommentar zu liturgischen Beschlüssen eines unbekannten fränki-

33 PL 69, 18 C = PL 84, 832 B; vgl. *C. Vogel*, Settimane VII, 192f.

34 *K. Gamber*, Sakramentartypen 51f.

35 Vgl. *M. Vos* 11.

36 *Chavasse:* ELit 64 (1950) 161–213; 66 (1952) 145–219.

schen Konzils vom Ende des 7. Jh." Alle erhaltenen gallikanischen Sakramentare (z.B. das Gallicanum Vetus, das Missale Goticum usw.) sind schon romanisiert[37]. Man hat darauf hingewiesen, daß die gallikanische (und ebenso die spanische) Liturgie größere Gemeinsamkeit mit der orientalischen zeigt als mit der römischen. Es muß aber festgehalten werden, daß in der Variabilität der Meßgebete römische und gallikanische Liturgie gegen die orientalischen Liturgien übereinstimmen[38].

Die *gallikanische Bischofsmesse* hat wohl vor dem 7. Jh. einen feierlichen, von Gesang begleiteten Einzug des Bischofs nicht gekannt; der Bischof scheint vielmehr ohne Aufhebens hereingekommen zu sein, so daß der Diakon zuerst die Gläubigen zur Stille mahnen mußte, damit der Bischof dann das Volk begrüßen konnte[39]. Danach wurde das „Trishagion" griechisch und lateinisch gesungen, welches aber wohl erst im 7. Jh. vom Osten her übernommen wurde und dann die ältere, an dieser Stelle stehende Kyrie-Litanei, die ihrerseits durch die Synode von Vaison 529 (can. 3) nicht nur für die Messe, sondern auch für Laudes und Vesper eingeführt worden war, zu einem bloßen Anhängsel reduzierte. Das Benedictus nahm den Platz ein, den in Rom seit Papst Symmachus das Gloria behauptet. Danach sprach der Zelebrant das erste Gebet, die Collecta. Nach alttestamentlicher und Apostelbrieflesung wurde als Zwischengesang der „Benedictio" genannte Gesang der drei Jünglinge vorgetragen. Das Evangelium wurde vom Ambo verlesen, zu welchem man in feierlicher Prozession zog. Schon danach haben manche Gläubige das Gotteshaus verlassen, was etwa Cäsarius beklagte (Sermo 73,2) und zu ändern versuchte (u.a. dadurch, daß er die Kirchentüren schließen ließ). Nach der Predigt trug der Diakon eine Litanei vor, die durch die Kollekte des Zelebranten abgeschlossen wurde. Auf die Entlassung der Katechumenen und der Büßer folgte das Gebet der Gläubigen, was aber wohl, wie auch in Rom, unter dem Gewicht der gelasianischen Kyrie-Litanei stark reduziert worden war. Während der Gabenprozession zum Altar wurden die sogenannten Laudes, das heißt ein dreifaches Alleluja, gesungen. Daran schloß sich die Nennung der Namen der Verstorbenen, für welche gebetet werden sollte, die in einem eigenen Gebet „post nomina" fortgeführt wurde. Danach gab man sich den Friedenskuß, der durch ein geeignetes Gebet „ad pacem" eingeleitet wurde. In Rom hatte der Friedenskuß im frühen 5. Jh. seinen Platz an der uns heute noch vertrauten Stelle gefunden. In Rom wurde auch gelegentlich getadelt, daß in Gallien die Namen derer, für die gebetet wurde, schon vor dem Kanon genannt werden. Die in der gallischen Liturgie „contestatio" genannte Präfation war oft eine lange Beschreibung der Wunder eines Heiligen[40]. Der weitere Verlauf der Messe, nämlich Kanon, Brotbrechung, Pater noster, ist mit Ausnahme des bischöflichen Segens vor der Kommunion dem

[37] *Vogel*, Settimane VII, 201f.
[38] *Ders.*, a.a.O. 200.
[39] *Beck* 137ff.
[40] Gregor. Tur., Virt. s. Martini 2, 14; vgl. *Beck* 147.

römischen weitgehend ähnlich. Hervorgehoben sei aber noch, daß in Gallien zur Kommunion der Psalm 33 gesungen wurde, offenbar wegen Vers 9: Gustate et videte, quoniam suavis est dominus.

Die *spanisch-westgotische Messe* kannte jedenfalls seit Julian von Toledo zu Beginn einen Bußakt des Priesters[41]. Isidor von Sevilla zählt sieben wechselnde Gebete auf[42], die dem Gottesdienst der Gläubigen zuzuordnen sind. Das erste ist ein Gebet der Ermahnung an das Volk, das zweite eine Anrufung an Gott, daß er die Gaben annehmen möge, entspricht also der römischen Secreta. Das 3. Gebet ist die Oratio post nomina, also die Fürbitte für die gerade genannten Verstorbenen. Das 4. Gebet bezieht sich auf den Friedenskuß, das heißt, bittet darum, daß in den Gläubigen wirklich ist, was sie durch das äußere Zeichen ausdrücken. Das 5. veränderliche Gebet, die Inlatio, entspricht der Präfation. Auch nach dem Sanctus gibt es ein veränderliches Gebet, welches zur Konsekration überleitet. Der Liber ordinum führt als 7. veränderliches Gebet eines nach dem Abendmahlsbericht (post pridie), Isidor dagegen die Überleitung zum Pater noster an. Offenbar hat Isidor die heilige Siebenzahl herausstreichen wollen und deswegen die Benedictio und die Conpleturia, die uns durch den Liber Ordinum und andere liturgische Dokumente[43] bezeugt sind, unerwähnt gelassen.

Vor allem im Vergleich mit der ausführlichen Nennung der Namen der Verstorbenen und den Gebeten „post nomina" der gallikanischen und spanischen Liturgie nimmt es wunder, daß sich im Gregorianum-Hadrianum im Kanon kein Totengedächtnis findet. Das dürfte sich jedoch so erklären lassen, daß in Rom an Sonn- und Feiertagen, anders als in Gallien, die Toten nicht ausdrücklich genannt wurden[44] und das nach Aachen gesandte Musterexemplar eben nur die feierliche Form des Papstgottesdienstes enthielt. Das Memento mortuorum scheint übrigens zusammen mit dem „Nobis quoque peccatoribus" von Papst Gelasius in den Kanon eingefügt worden zu sein, als die Oratio fidelium abgeschafft und wenigstens z. T. durch die Kyrie-Litanei ersetzt wurde[45]. Wenn man bedenkt, daß den Gläubigen die Fürbitten für Lebende und Verstorbene ein besonderes Anliegen gewesen sein dürften, dann hat in Rom jedenfalls die Feierlichkeit über die Volksnähe in der Liturgie gesiegt. Vollends der im 7. Jh. neu eingeführte, byzantinisch beeinflußte päpstliche Ritus und Gesang machte aus den Teilnehmern des Gottesdienstes bloße Zuschauer und Zuhörer[46]. Sowohl die gallikanische als auch die spanische Liturgie waren unter pastoralen Gesichtspunkten der römischen überlegen, freilich nur so lange, wie das Volk die Liturgiesprache verstand.

[41] *Fernández Alonso* 314.
[42] Eccl. off. I, 15; PL 83, 752ff; *Fernández Alonso* 318ff.
[43] Vgl. *Beckmann* 91.96. [44] Vgl. *Andrieu*, Ordines II 276.
[45] *Ders.*, a.a.O. 278, Anm. 1 und Hinweis auf *K. L. Kennedy*, The Saints of the Canon of the Mass (1938) 34–38.
[46] *Van Dijk:* ELit 77 (1963) 336.

Zum regelmäßigen liturgischen Leben gehört nicht nur die Eucharistiefeier, sondern auch das Gebet der *Tagzeiten*. Schon das frühe Christentum pflegte, wie Tertullian bezeugt, die großen Stunden des Tages durch Gebet zu heiligen. Dies wurde dann die besondere Aufgabe der Mönche. Aber auch an den Bischofskirchen finden sich im 6. Jh. wohl auf Grund von Übernahme aus dem Mönchsleben diese Tagesgebete des Officium divinum. Am sichersten ist uns dies bezeugt für Arles, wo Cäsarius, der auch während seines langen Pontifikates sein monastisch-asketisches Leben beibehielt, das ganze Offizium, nämlich Laudes, Terz, Sext, Non, Vesper und vor den großen Festen die Vigil von seinem Klerus, aber unter Beteiligung des Volkes abhalten ließ, weil sie ihm ein wichtiges Instrument der Seelsorge darstellten, zumal er häufig im Morgen- oder Abendgottesdienst predigte. In der Beteiligung an diesen Gebetszeiten, die er jedenfalls für die Fastenzeit als verbindlich darstellte (Sermo 196, 2), sah er eine wesentliche Betätigung der Frömmigkeit[47]. Es muß aber auch an den Landkirchen und Kapellen Psalmengesang, d.h. also Gebetszeiten gegeben haben, wenigstens ein Morgen- und Abendgebet[48], aber der genauere Umfang ist uns nicht bekannt. In Spanien bezeugt uns erst Isidor v. Sevilla[49] die kleinen Horen als Aufgabe der Säkularkleriker, allerdings ist von einer Teilnahmeverpflichtung des Volkes nichts wahrzunehmen. Außerdem scheint es Isidor, der im Grunde ebenso monastisch gesinnt war wie Cäsarius, nicht gelungen zu sein, die kleinen Tagzeiten als festen Bestandteil des Kathedral-Offiziums einzuführen[50]. Immerhin war inzwischen die Differenzierung so weit gegangen, daß Isidor die Komplet als eigene Gebetszeit nach der Vesper bezeugt[51].

Während man so in den meisten Bereichen der Christenheit für das 7. Jh. einen Unterschied machen muß zwischen der Mönchsliturgie und der Liturgie der Säkularkleriker, ist dies in Rom nicht der Fall, weil bei den großen Basiliken Klöster bestanden[52]. Ja, die schon vor Benedikt in Rom diensttuenden Mönche haben „das alte Kathedralgebet durch ihre Ordnung so gründlich verdrängt, daß das heutige römische Offizium einen ausgesprochen monastischen Charakter hat“[53]. Im 7. Jh. fanden in Rom alle später üblichen Tagzeiten statt, wie sich aus dem Ordo Romanus XII entnehmen läßt. Ausdrücklich wird darauf hingewiesen, daß am Karsamstag nur die Nokturnen und die Matutinae Laudes gebetet wurden. Besonders beeindruckend muß die in Rom übliche doppelte Vigilfeier vor hohen Festen gewesen sein. Am Vorabend wurde eine Vigil ohne Invitatorium und ohne Beteiligung des Volkes gehalten, die zwischen fünf und neun Lesungen und sechs bis neun Psalmen umfaßte. Um Mitternacht begann dann die 2. Vigil, die durch das Invitatorium eingeleitet und unter Beteiligung

[47] *Beck* 119. [48] Vgl. oben S. 222.
[49] Eccl. off. I 19–23.
[50] *Fernández Alonso* 340f.
[51] Eccl. off. I 20 21.
[52] *Van Dijk:* SE 12 (1961) 430.
[53] *Pascher:* LThK 2 (1958) 680.

des Volkes gehalten wurde, woran sich dann die Matutinae Laudes anschlossen[54].

Die *Leseordnung* für die Tagzeiten begann in Rom im Frühjahr, sieben Tage vor Beginn der Fastenzeit, mit der Genesis, woran sich die übrigen Mosesbücher, dann Josue und Richter anschließen (Ordo Romanus XIV, 27). Für fränkisches Empfinden begann aber das *Kirchenjahr* mit dem Advent, so daß Ordo XVI, welcher die Übernahme der römischen Leseordnung in fränkische Klöster bezeugt, mit Isaias beginnt, welcher auch in Rom im Advent gelesen wurde, die Bücher Moses aber in der Fastenzeit stehen läßt. So wird man annehmen dürfen, daß, seit man sich überhaupt Gedanken machte über die Frage des Kirchenjahrbeginns, der Frühjahrstermin der älteste ist. Zwar lassen sowohl das Gelasianum als auch das Gregorianum den Jahreszyklus mit dem Weihnachtsfest beginnen, aber die Adventsmessen stehen auch noch im St. Galler Junggelasianum[55], das einerseits stark fränkisch beeinflußt ist, andererseits der Einteilung des Gregorianums folgt, am Ende der Reihe.

In Spanien dagegen ist es im 7. Jh. üblich geworden, das Kirchenjahr sogar mit dem 17. November, also mit Beginn der langen Weihnachtsvorbereitungszeit, einsetzen zu lassen[56]. Endgültig durchgesetzt hat sich aber der ursprünglich gallische Brauch, mit einem kürzeren Advent zu beginnen. Während man in Rom neben den biblischen Büchern in den Nokturnen auch die Traktate des Hieronymus, des Ambrosius und der übrigen Väter las[57], hatten sich in Gallien auch die Leidensberichte der Märtyrer und die Lebensbeschreibungen der Väter darin einen Platz erobert und ließen sich auch bei Übernahme der römischen Leseordnung nicht mehr daraus verdrängen[58].

Die *Hymnen*, ohne die kirchliches Stundengebet kaum möglich ist, hatten in den Ländern der abendländischen Christenheit ein sehr unterschiedliches Schicksal, das sich am leichtesten am Karfreitagsoffizium illustrieren läßt. Während in Rom schon sehr früh die aus dem Osten stammende Missa praesanctificatorum (des Brotes und des Kelches) für den Karfreitag übernommen wurde[59], kannte noch Isidor von Sevilla, welcher den Palmsonntag auch Capitilavium nennt, weil an ihm den Kindern, „qui unguendi sunt", der Kopf gewaschen wurde, und ausdrücklich von der liturgischen Feier der Cena Domini berichtet, keine Karfreitagsliturgie. Sie wurde erst durch das 4. Konzil von Toledo 633 (can. 7) eingeführt. Daß im Karfreitagsoffizium der von Venantius Fortunatus verfaßte Hymnus „Crux fidelis" gesungen wurde, war nur möglich, nachdem die Bestimmung des 1. Konzils von Braga 563 (can. 12), welches alle nicht-

[54] Ordo Romanus XII, 23.24; vgl. dazu *Andrieu*, Ordines II 465, Anm. 23: Hinweis auf Amalar: PL 105, 1305b.

[55] Das fränkische Sacramentarium Gelasianum in alemannischer Überlieferung, ed. *K. Mohlberg* = Liturgiegesch. Quellen 1/2 (Münster 1939).

[56] *Fernández Alonso* 354.

[57] Vgl. Ordo Romanus XIV 10.

[58] Vgl. Ordo XIV 10, Codex M.

[59] Vgl. Gelasianum I, XLI und *Andrieu*, Ordines III 139.

biblischen Hymnen aus der Liturgie ausgeschlossen hatte – offenbar aus Sorge, sie seien nicht rechtgläubig –, ihre Bedeutung verloren hatte. Immerhin sah sich das genannte 4. Toletanum genötigt, die neu gedichteten Hymnen ausdrücklich zu verteidigen und ihre Verwerfung mit Exkommunikation zu bedrohen (can. 13); es würden ja auch sonst „Orationen" und „Handauflegungen" für den Gottesdienst verfaßt. Tatsächlich hat die spanische Kirche im 7. Jh. etwa 50 Hymnen hervorgebracht.

Seelsorge

Predigt

Wenn man gelegentlich auch in der Veröffentlichung der Konzilsbeschlüsse[60] oder in der Verlesung der Leidensberichte der Märtyrer, nach der z.B. Braulio von Saragossa die Predigt ausfallen ließ[61], ein wichtiges Seelsorgsmittel sah, so war doch das Hauptinstrument, über welches die Seelsorger vor allem des 6. Jh. verfügten, die Predigt. Sie war stets Unterweisung der Erwachsenen; von eigener Katechese für die Kinder hören wir nirgends[62].

Wenn man bedenkt, daß es am Ende des 6. Jh. sowohl in Spanien als auch vor allem in Gallien auf dem Lande noch viele Heiden gab[63], dann ist man verwundert darüber, daß sich gar keine Zeugnisse für missionarische Initiativen finden[64]. Man rechnete höchstens damit, daß Heiden zum Gottesdienst kamen und sich durch das Anhören von Evangelium und Predigt bekehren ließen[65]. Gregor d. Gr., der die Angelsachsenmission einleitete und seinen Missionaren sehr nützliche Anweisungen mitgab und auch die heidnischen oder häretischen Germanen in Italien durch Predigt und Ermahnung bekehrt wissen wollte[66], empfahl zur Überwindung des noch in Sizilien bestehenden Restheidentums sozusagen nur Verwaltungsmaßnahmen: die Heiden, die auf kirchlichen Gütern arbeiteten und lebten (rustici), sollten notfalls durch Erhöhung der Abgabenforderung zur Konversion gezwungen werden[67].

Wenn Cäsarius von Arles erklärt, das Wort Gottes und damit dessen Auslegung in der Predigt sei nicht geringer als der Leib Christi, das heißt der Kommunionempfang (Sermo 78, 2), dann bezeugt er damit die allgemein im Gallien des 6. Jh. übliche Hochschätzung der Predigt. Auch in Rom wußte man, daß es damals in Gallien tüchtige Prediger gab[68]. Schon die Statuta Ecclesiae anti-

[60] Vgl. 16. Konzil von Toledo 693 can. 7.
[61] Vita sancti Aemiliani 2; vgl. *Fernández Alonso* 383.
[62] *Fernández Alonso* 400.
[63] Vgl. Gregor. Tur., Vit. Pat. XVII 5.
[64] *Fernández Alonso* 258; *Beck* 184.
[65] Ildefons., Cogn. baptismi XVII und Konzil von Valencia 549 can. 1; dazu s. oben S. 244.
[66] Reg. Epp. II 4; IX 102. [67] Ebd. IV 26.
[68] Arator an Parthenius: PL 68, 252; vgl. *Beck* 259.

quae (Nr. 31) bedrohten solche Gläubige mit Exkommunikation, die während der Predigt des Bischofs hinausgingen. Cäsarius ermahnte nicht nur zum Bleiben, er trat auch persönlich solchen in den Weg, die den Gottesdienst vorzeitig verlassen wollten, ja er ließ sogar die Kirchentüren schließen und erst wieder nach dem Segen öffnen[69]. Es wäre aber falsch, wollte man aus diesen Hinweisen schließen, das Volk habe an der Predigt keinen Anteil genommen; im Gallien des 6. Jh. war es durchaus noch üblich, daß die Gläubigen mit Beifall oder auch Ablehnung auf die Predigt reagierten; besonders gegen gezielte moralische Vermahnung wurde gelegentlich laut gemurrt[70]. Cäsarius forderte von seinen Kollegen und von sich selbst, an allen Sonn- und Feiertagen zu predigen; in der Fastenzeit tat er es sogar täglich (Sermo 230, 6), manchmal sogar morgens und abends, nämlich in den Laudes und in der Vesper[71]. Auch nach Avitus von Vienne sollte die Predigt häufig sein. Die normale Predigt dauerte, jedenfalls bei Cäsarius, nicht über eine halbe Stunde[72]. In den meisten Fällen dürften die Predigten sehr schlicht gewesen sein, weil die Prediger über keine allzu große Bildung verfügten, aber auch weil man sich dem einfachen Zuhörer verständlich machen wollte[73]. Von Cäsarius weiß man, daß er ganz bewußt auf verschiedenem Niveau predigte, je nach dem Bildungsstand seiner Zuhörer[74]. Cäsarius war wohl nicht der erste, der seine Predigten anderen zur Verfügung stellte, aber er war der erste, der selbst Predigtsammlungen anlegte und sie verschickte, und zwar bis nach Spanien[75].

Die Bischöfe predigten nicht nur in ihren Kathedralen, sondern vor allem auch anläßlich der Visitation in den Pfarrkirchen. So ist die Schrift von der Besserung der Landbewohner des Erzbischofs Martin von Braga in Nordwestspanien nichts anderes als eine Musterpredigt, um die er von seinem Kollegen Polemius von Astorga gebeten worden war und die hauptsächlich anläßlich der jährlich für nötig gehaltenen Visitation vorgetragen werden sollte[76]. Auch von Cäsarius gibt es eine Visitationspredigt: sermo in parrochiis necessarius[77]. Eine solche Predigt konnte natürlich kaum auf die Abschnitte des Kirchenjahres Rücksicht nehmen; aber aus vielen Predigten des Cäsarius und des Avitus läßt sich entnehmen, daß die gallischen Seelsorger des 6. Jh. in den Festen des Kirchenjahres und den dazugehörigen biblischen Lesungen reiche Anknüpfungspunkte fanden[78]. Der Hauptzweck der Predigt scheint gewesen zu sein, die Gedanken der Zuhörer auf die Ewigkeit zu lenken. Dabei kam es aber Gregor

[69] Vita Caesarii I 27.
[70] *Beck* 266.
[71] Vita Caesarii I 59.
[72] *Beck* 263.
[73] Gregor. Tur., hist. praef.
[74] *Delage* 202.
[75] Vita Caesarii I 55.
[76] Correct. Nr. 1; *Barlow* 183.
[77] Bei *Morin* Nr. 13.
[78] Vgl. *Beck* 125 264.

d. Gr. besonders darauf an, die Gläubigen zu trösten, damit sie nicht in der Plage dieses Lebens untergehen (Moralia I, XIV, 27); Gregor lebte eben in notvollen Zeiten, die auch seine liturgische Produktion gekennzeichnet haben. Cäsarius dagegen stellte eher Sorglosigkeit bei seinen Gläubigen fest und hielt ihnen das Bild des richtenden Christus vor Augen. Ja, er kann sogar behaupten, die Worte Christi über das Jüngste Gericht würden für sich allein völlig ausreichen; mehr brauchte man von der Heiligen Schrift nicht zu besitzen (Sermo 158, 1).

In der entschiedenen Bekämpfung von Aberglaube und Zauberpraktiken, vor allem zu Heilungszwecken, wie sie sich aus der heidnischen Zeit erhalten hatten, stimmen Cäsarius und Martin von Braga überein[79]. Vor dieser Aufgabe dürften sich die Seelsorger der ganzen Christenheit zu der Zeit gesehen haben. Cäsarius von Arles sah sich außerdem genötigt, vor allem vor der Trunksucht zu warnen; für Martin von Braga dagegen scheinen Hochmut und Eitelkeit die besonderen Gefahren für das christliche Leben gewesen zu sein[80]. Cäsarius betont, daß es wichtiger ist, Christus als Vorbild vor Augen zu haben, als Einzelgebote zu beherzigen (Sermo 35, 2). Der Christenname allein tue es nicht; auch das Kreuzzeichen allein helfe nicht, nötig seien Almosen, Liebe, Gerechtigkeit und Keuschheit (Sermo 13)[81]. Andererseits betont Cäsarius auch die Notwendigkeit minimaler Glaubenskenntnisse, wenigstens Glaubensbekenntnis und „Vater unser" müsse man beherrschen (Sermo 135, 1). Zum tätigen Christenleben gehören aber auch die Altargaben (Wachs, Öl, Brot und Wein) und der Besuch der Sonntagsmesse (Sermo 13). Später verlangte das 2. Konzil von Mâcon 585, (can. 4), daß alle Männer und Frauen jeden Sonntag Wein und Brot zum Altar bringen, weil man so hoffen dürfe, der Sünden ledig und der Gemeinschaft der Seligen teilhaftig zu werden. Die Forderung nach Sonntagsruhe schließlich wurde nicht nur in den Predigten, sondern auch in Synodalentscheidungen eingeschärft[82].

Sonntagsruhe wurde allerdings nicht um ihrer selbst willen gefordert; einerseits wurde sie sozusagen innerlich begrenzt: gute Werke, ja weite Wege zum Besuch eines Freundes waren erlaubt[83]. Ja die erste erhaltene Synodalentscheidung zur Frage[84] ist zunächst gegen „jüdische" Übertreibung gerichtet, die keinerlei Reisen, Zubereitung von Speisen, Reinigung usw. zuließ. Nur die landwirtschaftliche Arbeit soll ruhen. Im übrigen war die Sonntagsruhe nicht nur ein Stück religiöse Kultur[85], sondern christliches Bekenntnis, vor allem dort, wo sie die bisher am Donnerstag, also am Tag Jupiters, übliche Arbeitsruhe ablöste[86].

[79] *Beck* 280; *Fernández Alonso* 412. [80] *Fernández Alonso* a. a. O.
[81] Vgl. *Griffe:* BLE 76 (1975) 25.
[82] Konzil von Orléans 538 can. 31; Narbonne 586 can. 4; Chalon 647/653 can. 18.
[83] Martin. Bracar., corr. 18; *Barlow* 202, 15 ff.
[84] Orléans 538 can. 31. [85] Isidor., de natura rerum I, 4: PL 83, 965.
[86] Caesarius, Sermo 13, 5; 52, 2.

Aus der moralischen Unterweisung, die Cäsarius seinen Hörern zuteil werden ließ, seien noch zwei Punkte herausgegriffen, weil sie ein grelles Licht auf die Verhältnisse im südlichen Gallien des frühen 6. Jh. werfen. Trotz aller Bemühungen der Seelsorger war die Zahl der jungen Männer, die früh ein Konkubinat und erst später eine legitime Ehe eingingen, so groß, daß es nicht möglich war, alle zu exkommunizieren (Sermo 43,4.5). Natürlich herrschte diese üble Gewohnheit nur in der gehobenen Schicht. Die Frauen der Vornehmen wurden von Cäsarius getadelt, weil sie die Kinderzahl auf höchstens zwei oder drei beschränken wollten und deshalb Mittel tranken, die eine Fehlgeburt verursachen oder unfruchtbar machen sollten. Beides hält Cäsarius für Mord. Gegen die Empfängnisverhütung hat er aber noch ein interessantes argumentum ad hominem parat: die vornehmen Frauen legen Wert darauf, daß ihre Dienerinnen zahlreiche Kinder haben, damit eine große Dienerschaft heranwächst. Dann sollen sie aber auch selbst die Zahl der zukünftigen Diener Gottes nicht beschränken (Sermo 44,2)[87].

Taufe

In dem Maße, wie im Laufe des 6. Jh. die Taufe in immer größerem Umfang Kindern und nicht mehr Erwachsenen gespendet wurde, vollzog sie sich immer mehr in den Pfarreien, nicht nur in den Bischofskirchen. Allerdings gibt es Nachrichten über Taufspendung, jedenfalls für das Gallien des 6. Jh., nur bei Cäsarius[88]. Allenfalls lassen sich Hinweise finden, daß nicht nur Säuglinge, sondern auch ein- bis zweijährige Kinder getauft wurden. Zwar versuchte man, an der Osternacht als dem eigentlichen Tauftermin festzuhalten, aber das Konzil von Mâcon 585 (can. 3) mußte beklagen, daß sich für diesen Termin jeweils höchstens zwei oder drei Kinder finden ließen. Die meisten Kinder wurden an Weihnachten oder am Fest des heiligen Johannes oder einem anderen Heiligenfest getauft[89]; auch Chlodwig, der erste bekehrte Frankenkönig, war an Weihnachten getauft worden, wie aus dem Brief des Avitus an den König hervorgeht[90]. Cäsarius stellte sich auf die neue Situation nicht nur dadurch ein, daß er das alte Katechumenat, welches seine intensivste Phase in der Fastenzeit hatte, den Bedingungen der Kindertaufe anpaßte, sondern auch in der Weise, daß er die sonst in der Fastenzeit angesiedelten Taufvorbereitungen in verkürzter Form jeder Taufe vorausschickte. Auch die Säuglinge wurden unter die „competentes" eingeschrieben und erhielten Handauflegung und Ölsalbung auf die Stirn[91]. Waren in Rom „scrutinia" als Prüfungen des Glaubens und Lebens der competentes üblich und sah man in Afrika in den Skrutinien Exorzismen, so stand

[87] Vgl. *Delage* 133.
[88] *Beck* 164.
[89] Gregor. Tur., hist. 8, 9.
[90] Vgl. *Beck* 168. [91] Vgl. *Delage* 162.

der Brauch Galliens, nämlich exorzistische Anhauchungen, dem afrikanischen näher als dem römischen[92]. Die Verabreichung von Salz an die competentes ist typisch römischer Brauch und hat in Gallien keine Parallele. Im Rahmen der längeren vorösterlichen Taufvorbereitung spielte eine besondere Unterweisung, die sich vorwiegend an die Paten richtete, eine besondere Rolle. Sie verpflichteten sich, dem Kinde später die Mindestglaubenskenntnisse (nämlich Credo und Pater noster) beizubringen und seine Anleitung zur Tugend zu garantieren. Bei Taufen im Laufe des Jahres verlangte Cäsarius wenigstens eine Woche der Vorbereitung, während der das Kind Salbung und Handauflegung empfangen und die Eltern fasten und wenigstens am Morgengottesdienst teilnehmen sollten[93]. Allerdings verweigerte er die Taufe auch dann nicht, wenn die Eltern erst zur Taufe selbst mit dem Kind in der Kirche erschienen. Eine unmittelbar vor der Taufe gespendete Salbung kannte man in Gallien nicht, wohl aber nach der Taufe zuerst Salbung mit Öl, dann mit Chrisam und schließlich die „consignatio", das heißt die Besiegelung mit dem Kreuzzeichen. Höchstwahrscheinlich wurde nach der Absage an den Teufel dem Täufling oder seinem Paten das ganze Glaubensbekenntnis abgefragt, etwa in der Weise, wie es schon in der Kirchenordnung Hippolyts bezeugt ist[94]. Als letzte Zeremonie wurde in Gallien die Fußwaschung an den Neugetauften vollzogen. Ein weiteres Symbol des Glaubens an die Dreifaltigkeit mag man in den drei Stufen erblicken, die zum Taufbecken hinabführten.

Die Baptisterien in Gallien waren gelegentlich flankiert von einem Badehaus, welches der Reinigung vor der Taufe diente. Gelegentlich fand sich auch ein anderer mit Apsis versehener Raum, in dem vom Bischof die Firmung gespendet wurde[95]. In Spanien rechnet noch Ildefons von Toledo (also im 7. Jh.) ebenso wie im 6. Jh. Martin von Braga mit erwachsenen Taufbewerbern, denen am Palmsonntag das Glaubensbekenntnis tradiert und am Gründonnerstag abgefragt wurde[96]. Es wird sich dabei wohl nicht nur um zwangsweise getaufte Juden gehandelt haben; aber die Seelsorgspraxis der spanischen Kirche ist jedenfalls im 7. Jh. stark überschattet von der Zwangsbekehrung der Juden. Zwar versuchte das 4. Konzil von Toledo 633 (can. 57), Glaubensfreiheit zu garantieren, aber es gestattete nicht die Rückkehr der Zwangsbekehrten zum Judentum. Außerdem führte schon das 6. Konzil von Toledo im Jahre 638 (can. 3) wieder die alte harte Sprache.

Buße

Während sich in den meisten Teilen der westlichen Kirche die Bischöfe die Verwaltung der Buße und die Erteilung der Rekonziliation vorbehielten, war sie

[92] Das Wort Scrutinium wurde übrigens nicht verwendet; *Beck* 172f.
[93] Sermo 225, 6; 229, 6; 121, 8.
[94] Caesarius, Sermo 12, 4; 85, 3; vgl. Martin von Braga, corr. 15.
[95] *Beck* 180.
[96] *Fernández Alonso* 274.

in Rom ausdrücklich ebenso wie die Taufe Sache der Presbyter[97]. So enthält denn auch das für priesterlichen Gebrauch bestimmte Sacramentarium Gelasianum Anweisungen und Gebete für die Behandlung der Büßer am Aschermittwoch (I, XVI Nr. 83) und ihre Wiederaufnahme in die Gemeinde am Gründonnerstag (I, XXXVIII, Nr. 352f), wohingegen das zum päpstlichen Gebrauch bestimmte Gregorianum weder zum Aschermittwoch noch zum Gründonnerstag einen Hinweis auf die Büßer enthält. Das einzige Büßergebet, das sich da findet (Nr. 989), ist eine spätere Hinzufügung[98]. Das Gelasianum schreibt übrigens am Aschermittwoch eine feierliche Einschließung der Büßer vor. Wo dies zu geschehen habe, wird nicht gesagt; auf jeden Fall scheint es sich um römischen Sonderbrauch zu handeln. Am Gründonnerstag wurden die Büßer wieder aus ihrer freiwilligen Haft entlassen[99].

Im 6. Jh. wurden, obwohl man grundsätzlich an der alten Form der öffentlichen Kirchenbuße festhielt, jedenfalls in Gallien die Bußzeiten gegenüber früherem Brauch stark verkürzt, wobei sich die Bischöfe dessen klar bewußt waren[100]. Aber man hielt an den alten Formen fest: Der Bischof legte dem Büßer zu Beginn der Bußzeit die Hand auf und übergab ihm das Cilicium, eine Kapuze aus Ziegenhaar[101]. Der Büßer selbst war dann verpflichtet, sich die Haare zu scheren und Bußkleider anzulegen[102]. Die Büßer durften nicht an Gastmählern teilnehmen und keinen Handel treiben, vielmehr sollten sie mit Fasten und Gebet ihr Leben zubringen; auch der Militärdienst war ihnen verwehrt. Cäsarius von Arles erwartete von den Büßern alle Werke der leiblichen Barmherzigkeit, wie Almosengeben, Fremde beherbergen, Kranke pflegen, Tote begraben und schließlich die Kirche putzen[103]. Die einschneidendste Forderung aber war die nach vollkommener Enthaltsamkeit in der Ehe. Diese Verpflichtung blieb auch nach der Rekonziliation bestehen, gehörte also zu den Dauerfolgen der Buße ebenso wie die Unfähigkeit, in den Klerus aufgenommen zu werden[104]. Besonders gravierend war, daß auch eine auf dem Sterbebett übernommene Buße im Falle der unerwarteten Genesung die gleichen Folgen hatte wie jede andere öffentliche Buße.

Was die Aufnahme in den Klerus angeht, hat man hier offenbar ein sehr ernstes Problem gesehen, das man schon im Jahre 517 auf dem Konzil von Gerona (can. 1) zu lösen versuchte: Wer sich nur allgemein in schwerster Krankheit als Sünder erklärt hatte, ohne aber tatsächlich schwere Sünden zu bekennen, der sollte später doch Kleriker werden können. Das 4. Konzil von Toledo erneu-

[97] Vgl. Gregor. M., in Ezech. 40, Hom. 10, 13. 14.

[98] Vgl. *Chavasse*, Le Sacramentaire Gélasien, 141f.

[99] Cod. Vat. Regin. lat. 316, ed. *Mohlberg*, Nr. 83 352; vgl. dazu *J. A. Jungmann*, Die lateinischen Bußriten in ihrer geschichtlichen Entwicklung (Innsbruck 1932) 65f.

[100] Konzil von Epaon 517 can. 26; vgl. *Beck* 193f.

[101] Konzil von Agde 506 can. 15.

[102] Ebd. und 1. Konzil von Barcelona 540 can. 6 7.

[103] *Delage* 166.

[104] *Delage* 167; vgl. oben S. 230.

erte 633 diese Vorschrift (can. 54). Das Problem der durch die Buße geforderten ehelichen Enthaltsamkeit wurde verschieden gelöst. Avitus von Vienne[105] riet, jüngere Leute, die keine Culpae capitales haben, lieber ohne Buße sterben zu lassen, als sie in die Gefahr zu bringen, daß sie bei Wiedergenesung die eheliche Enthaltsamkeit nicht einhalten könnten und darum als Apostaten betrachtet werden müßten. Das Konzil von Orléans 538 (can. 27) bestimmte im gleichen Sinne, jungen Leuten dürfte man den Segen der Buße nicht anvertrauen; Verheiratete dürften nur in vorgerücktem Alter und außerdem mit Zustimmung des anderen Gatten den Bußsegen erhalten. Man wundert sich, daß an keiner Stelle gefragt wird, mit welchem Recht eigentlich auch nach Ableistung der Buße noch die dauernde Enthaltsamkeit gefordert wurde. Nur Fulgentius von Ruspe scheint das Problem als Seelsorger überzeugend gelöst zu haben. Schon in seinem ersten Brief erklärt er, die in Todesgefahr übernommene Buße verpflichte nur dann zur Enthaltsamkeit, wenn der andere Ehegatte zugestimmt habe. Aber auch in diesem Falle wollte er eine gewisse Milde walten lassen. Wer die Enthaltsamkeit nicht zu leisten vermochte, der sollte sich von aller Bosheit enthalten und sich vor allem vor Geiz hüten, das heißt Almosen geben. Dann durfte er nach der Versicherung des Fulgentius darauf bauen, nicht verdammt zu werden. Eine synodale Regelung des Problems fand anscheinend erst das 6. Konzil von Toledo 638 (can. 8), indem es als Gnade gestattete, daß jemand, der in Todesgefahr die Buße übernommen hatte, aber wiedergenesen war, zum ehelichen Leben zurückkehren durfte; starb aber der andere Ehegatte, dann durfte der Büßer nicht wieder heiraten; dem anderen Gatten aber war im Falle des Ablebens des rekonziliierten Büßers Wiederheirat gestattet. Damit war aber die Last der Buße und ihrer Folgen offenbar noch nicht erträglich gemacht, denn noch das 16. Konzil von Toledo mußte im Jahre 693 (can. 4) feststellen, daß manche Sünder aus Verzweiflung über die einschneidende Buße Selbstmord begingen. Eine Lösung für dieses Problem wußten die Bischöfe aber nicht: Man wird wohl sagen müssen, daß hier die Buße buchstäblich ad absurdum geführt ist.

Im übrigen läßt sich im Laufe des 7. Jh. ein breiter Verfall der öffentlichen Buße in Spanien feststellen; an ihre Stelle trat langsam die *Privat-Buße*[106]. In Gallien mußte Cäsarius schon zu Beginn des 6. Jh. feststellen, daß die meisten mit der Buße bis zum Lebensende warteten (Sermo 60, 4); diese Lage verschärfte sich noch im Laufe des 6. Jh. So war die Zeit eindeutig reif für die Privatbuße. Sie kam jedoch nicht völlig neu durch die keltischen Mönche, die Schüler Kolumbans, in Übung, sondern war durch Bräuche, die sich schon im 6. Jh. in Gallien und in Spanien feststellen lassen, vorbereitet[107]. Das gilt sowohl für die Laien wie für die Kleriker. Ursprünglich hatte es keine Klerikerbuße gegeben; sie wurden abgesetzt, durften aber als Laien kommunizieren; Rehabilitation war nicht möglich. Allmählich aber bürgerte sich auch für Kleriker eine

[105] Ep. de subitanea poenitentia: MG Auct. ant. VI 2, 30; vgl. *Beck* 201.
[106] *Fernández Alonso* 541.
[107] *Beck* 220f.

Bußzeit, meist in einem Kloster, ein und danach die Rückkehr ins Amt[108]. Gregor d. Gr. schrieb öfters sogar Bischöfen eine Buße vor, z. B. legte er dem Johannes von Justiniana Prima 30 Tage Verzicht auf die Eucharistie[109], spanischen Bischöfen sechs Monate Klosterbuße auf[110]. Eine solche Buße war zweifelsohne öffentlich, hinderte aber den Gemaßregelten nicht am Verbleiben bzw. an der Rückkehr ins Amt.

Das 3. Konzil von Toledo 589 (can. 11) wollte den Mißbrauch, daß in manchen Kirchen Spaniens Leute so Buße übten, daß sie ebenso häufig die Rekonziliation verlangten, wie sie gesündigt hatten, abstellen und die alte kanonische Form wieder in Geltung bringen. So viel scheint da doch sicher zu sein, daß die Priester in Ausübung ihres Amtes handelten und daß es dabei um Sünden ging, welche von der Eucharistie ausschlossen[111]. Weniger deutlich ist eine Rekonziliation, das heißt Absolution von schweren Sünden, ohne öffentliche Kirchenbuße bei Cäsarius von Arles. Er umging zunächst die Schwierigkeiten, die mit der öffentlichen Buße verbunden waren, indem er zu häufiger selbstauferlegter Buße und vor allem zur Gewissenserforschung ermahnte (Sermo 50, 3). Wenn er erklärt, die crimina (also schwere Sünden) müßten entweder durch „elemosynarum remedia" oder durch „poenitentiae medicamenta" getilgt werden (Sermo 56, 2), scheint er doch der privaten Frömmigkeitsübung des Almosengebens gleiche Wirkung zuzuschreiben wie der öffentlichen Kirchenbuße. Die Konsequenz daraus wäre, daß der Büßer nach eigenem Gewissensurteil wieder zum Empfang der Eucharistie hinzutritt[112]. Andererseits spricht Cäsarius nicht nur in der Jungfrauenregel von Bekenntnis, durch welches die Schuld eröffnet wird[113], sondern er ermahnt jüngere Unzuchtsünder, schnell zu Bekenntnis und Buße zu kommen[114]. Wenn man bedenkt, wie zurückhaltend er sonst mit der Buße, vor allen Dingen für jüngere Leute ist, kann es sich hier wohl nicht um die öffentliche Kirchenbuße mit all ihren Konsequenzen handeln. Und wenn er schließlich ausdrücklich erklärt, die Buße, die einer öffentlich übernimmt, könnte auch geheim (secretius) geleistet werden, dann scheint an ein Verfahren gedacht zu sein, das zwar nicht vor der Gemeinde geschah, aber doch insofern als kirchlich zu betrachten ist, als es unter Aufsicht und Verantwortung des Bischofs stand[115].

In der Vita des Bischofs Desiderius von Vienne und in der Vita des Bischofs Siffred scheinen bischöfliche Absolutionen außerhalb der öffentlichen Kirchenbuße bezeugt zu sein[116]. Am interessantesten ist, daß Bischof Philipp von Vienne

[108] *Fernández Alonso* 560ff.

[109] Reg. Epp. III 6.

[110] Ebd. XIII 47.

[111] *Fernández Alonso* 571.

[112] So *Delage* 169f gegen C. *Vogel*, La discipline pénitentielle en Gaule des origines à la fin du VIIe siècle (Paris 1952).

[113] Floril. Patr. 34, S. 36.

[114] Sermo 66, 1; ähnlich 56, 3; 65, 2.

[115] *Beck* 217.

[116] So *Beck* 210f.

im Jahre 570 den Priester Theudarius als Pönitentiar für seine Diözese aufgestellt hat[117]. Es heißt, viele seien zu ihm gekommen und hätten ihre geheimen Sünden bekannt; jeder sei „medicatus sanusque ... securior et laetior" davongegangen. Da scheint doch Beichte und Sündenvergebung fast schon im ganz modernen Sinne bezeugt zu sein[118].

In diesem Zusammenhang sei auch auf die 9. Predigt Gregors d. Gr. zu Ezechiel 40 hingewiesen. Er verlangt da (Nr. 18) Unterscheidungsfähigkeit in der Buße: weder dürfe die Disziplin zu streng noch die Barmherzigkeit zu weich sein; weder dürfe die Schuld ordnungswidrig nachgelassen werden, weil sonst der Schuldige sich noch stärker in Schuld verstricke, noch dürfe die Schuld über das Maß hinaus behalten werden, weil sonst der Büßer noch schlechter werde, da er keine Barmherzigkeit erfahre. Ja es könne sogar geschehen, daß ein Seelsorger, dem der Geist der Unterscheidung fehlt, entweder Sünden so nachläßt, daß er sie nicht bessert, oder aber, weil er beim Bessern in Wirklichkeit verwundet, die Sünden nicht nachläßt (Nr. 20). Bei dieser Gelegenheit berichtet Gregor, daß viele durch die Predigt auf ihre Sünden aufmerksam werden und nachher zum Prediger kommen und bekennen und ihn um Fürsprache für ihre Sünden bitten; er solle durch sein Gebet die Schuld tilgen, die er durch seine Predigt offenkundig gemacht hat. Die heiligen Lehrer müßten nämlich für die reumütigen und ihre Schuld bekennenden Sünder zum allmächtigen Gott beten. Es ist auffällig, wie in diesem Zusammenhang mehrfach das Bekenntnis betont wird. Wenn man dazu bedenkt, daß die normale Büßerseelsorge, also auch Exkommunikation und Rekonziliation, in Rom nicht vom Papst selbst, sondern durch die Presbyter der Titelkirchen wahrgenommen wurden, dann ist man geneigt, hier so etwas wie private oder, besser gesagt, nicht öffentliche Beichte oder Buße zu sehen. Vielleicht darf man sogar in dem Gebet des heiligen Lehrers, welches nach Gregor Sünden tilgen soll, eine deprekatorische Lossprechungsform erblicken, zumal schon Leo d. Gr. (ep. 108, 3) erklärte, die Sündenschuld werde durch die Fürsprache des Bischofs (sacerdotalis supplicatio) gelöst, welche die öffentliche Bußleistung zum Abschluß bringt. Daß schließlich um die Mitte des 7. Jh. die Buße nicht mehr an einen Büßerstand gebunden war, scheint aus can. 8 des Konzils von Chalon (zwischen 647 und 653) hervorzugehen, da dort die Buße als Heilmittel der Sünde und für alle Menschen nützlich bezeichnet wird.

Salbung und Handauflegung

Es wurde schon darauf hingewiesen, daß in Spanien und Gallien ebenso wie in Rom in unserem Zeitraum die Neugetauften eine *Salbung*, mancherorts auch eine doppelte Salbung empfingen[119]. Diese Salbung wurde zu keinem Zeitpunkt für das Firmsakrament gehalten oder mit dem Heiligen Geist in Verbindung

[117] Vita Theudarii 14.
[118] *Beck* 214.
[119] Vgl. oben S. 252f.

gebracht, vielmehr erklärt beispielsweise Isidor, der nur eine postbaptismale Salbung kennt, nämlich die mit Chrisam, diese Salbung geschehe zur Verähnlichung mit Christus, danach erst werde den Getauften und Gesalbten durch Handauflegung des Bischofs der Heilige Geist verliehen[120] bzw. der Heilige Geist herbeigerufen[121]. Außerdem wissen wir aus einem Brief des Eugenius von Toledo an Braulio von Saragossa[122], daß manchmal sogar die Diakone die Chrisamsalbung nach der Taufe vollzogen. Salbung mit Chrisam ist insofern mehrdeutig, als sie auch das äußere Zeichen der Wiederaufnahme von Häretikern in die Kirche sein konnte[123]. So bestimmt das Konzil von Epaon 517 (can. 16), daß Häretiker, die sich bekehren wollen, vom Bischof das Chrisma erbitten sollen; wenn sie aber im Sterben sind, darf der Presbyter ihnen mit Chrisma zu Hilfe kommen. Hier handelt es sich also nicht um Krankensalbung, sondern um eine Salbung, die mit der postbaptismalen Salbung in Parallele gesetzt werden kann. Die sonst übliche *Handauflegung* als Zeichen der Rekonziliation von Häretikern war zwar etwa noch von Papst Siricius in seinem Brief an Himerius von Tarragona[123a] mit der Anrufung des siebenfältigen Geistes in Verbindung gebracht worden, aber Papst Vigilius hatte in seinem Brief an Profuturus von Braga (Nr. 3)[123b] eine sorgfältige Unterscheidung eingeführt: Die Rekonziliation geschieht nicht durch jene Handauflegung, welche durch Anrufung des Heiligen Geistes wirkt, sondern durch jene, durch welche die Frucht der Buße angeeignet wird und die Wiederherstellung der heiligen Kommunion (der Kirchengemeinschaft) vollendet wird.

Trotzdem scheint noch das 2. Konzil von Sevilla 619 (can. 7) keinen Unterschied zwischen diesen beiden Handauflegungen zu machen, wenn es in einem Atemzug den Priestern verbietet, durch Handauflegung den getauften Gläubigen oder den aus Häresie bekehrten den Heiligen Geist zu geben. Vielleicht darf man darin das Nachwirken früher afrikanischer Theologie sehen, denn diese Auffassung entspricht genau jener der Gegner Cyprians, welche nicht wiedertaufen, sondern nur zum Geistempfang Handauflegung spenden wollten.

Die *Krankensalbung* ist für das 6. Jh. sowohl in Gallien als auch in Spanien bezeugt. In Spanien wurde das Öl für die Krankensalbung am Fest der heiligen Ärzte Kosmas und Damian geweiht, und zwar mit einem Gebet, welches um Heil des Leibes und der Seele kraft des Leidens Christi bat[124]. In Gallien gibt es viele Zeugnisse dafür, daß dieses heilige Öl von Laien angewendet wurde, um Kranke zu heilen oder um Dämonen zu vertreiben. Dazu wurden die Gläubigen vom Klerus, z. B. von Cäsarius von Arles, sogar ermuntert, aber offenbar hauptsächlich um sie von alten heidnischen Zauberpraktiken abzuziehen[124a]. Cäsarius von Arles fordert die Kranken auf, zur Kirche zu kommen, zu kommunizieren und sich salben zu lassen; so werde die Anweisung des Jakobusbriefes

[120] Eccl. off. II, 26. [121] Etym. 6, 19, 54. [122] Braulio, Ep. 35.
[123] Vgl. unten S. 285f.
[123a] Siehe Denzinger-Schönmetzer Nr. 183.
[123b] PL 69, 18 A = PL 84, 831 C. [124] *Fernández Alonso* 577. [124a] *Beck* 242.

(5,14f) erfüllt (Sermo 19,5). Man ist erstaunt, daß Cäsarius aber auch die Kranken anweisen kann, sich vom Priester das geweihte Öl geben zu lassen und sich (selbst?) zu salben (Sermo 13,3). Daß Cäsarius auch darin die Erfüllung von Jak. 5,14 sieht, scheint aber darauf hinzudeuten, daß er nicht an eine Selbstsalbung der Kranken gedacht, sondern sich nur verkürzt ausgedrückt hat[125].

Frömmigkeit

An der Wende vom 5. zum 6. Jh. ging die Häufigkeit des Empfangs der *Eucharistie* stark zurück. Schon das Konzil von Agde 506 mußte erklären (can. 18), wer nicht wenigstens an Weihnachten, Ostern und Pfingsten kommuniziere, könne nicht als Christ gelten. Da das gleiche Konzil aber eine strenge Vorbereitung auf die Kommunion forderte, konnte es kaum den Weg zu häufiger Kommunion bahnen. Cäsarius von Arles rief in seinen Predigten außerdem zur Kommunion am Fest Johannes' des Täufers und der übrigen Märtyrer auf, aber eine regelmäßige Sonntagskommunion wagte auch er nicht zu fordern. Der Grund dafür ist ohne Zweifel der strenge Maßstab, der an die notwendige Vorbereitung gelegt wurde. So verlangte etwa Cäsarius von solchen, die kommunizieren wollten, wenigstens mehrere Tage eheliche Enthaltsamkeit (Sermo 16,2; 19,3; 44,3)[126]. Die Neuvermählten forderte er auf, einen Monat der Kirche fernzubleiben (Sermo 43,23). Daß er die Gleichberechtigung und Gleichverpflichtung beider Geschlechter nach christlichem Glauben betont, verdient hervorgehoben zu werden (Sermo 44,5). In Spanien wurde sogar in der Trauungszeremonie die Enthaltsamkeit als Kommunionvoraussetzung eingeschärft, und Isidor (eccl. off. 1,18,9–10) verlangte viele Tage Enthaltsamkeit, worin aber vielleicht eine bewußte Übertreibung liegt[127]. Jedenfalls bedeutete selbst tägliche Teilnahme an der Messe noch nicht häufige Kommunion[128].

Christliche Frömmigkeit ist jeweils stark geprägt durch die Heiligen, denen besondere Verehrung gilt. Von heutigem Verständnis her fragt man zuerst nach dem Platz, den *Maria* im christlichen Bewußtsein einnimmt. Zwar führte man in Rom den Namen Mariens zu Beginn des 6. Jh. in den Kanon ein, aber die ersten Marienfeste datieren im Westen erst aus dem 7. Jh. Das Sacramentarium Veronense (Leonianum), dem freilich die ersten drei Monate fehlen, kennt neben den Festen der römischen Lokalheiligen die Verehrung des Täufers und des Erzmärtyrers Stephanus, aber Maria wird nur in einer Präfation zum Täuferfest genannt[129]. Unter Papst Theodor (642–649) wurde das Fest der Purificatio (2. Febr.) eingeführt, und noch vor Papst Sergius (687–701) kamen die Feste der Verkündigung Mariens (25. März), ihrer Aufnahme in den Himmel

[125] So jedenfalls *Beck* 245ff.
[126] Vgl. *Delage* 157.
[127] So *Fernández Alonso* 335.
[128] Gregor. Tur., Gl. Conf. 65.
[129] Sacramentarium Veronense, ed. *Mohlberg* u.a., Nr. 234.

(15. Aug.) und ihrer Geburt (8. Sept.) hinzu. Hier ist deutlich östlicher Einfluß wahrzunehmen[130]. Bemerkenswert dabei ist, daß Papst Sergius mit der Form und den Meßformularen der drei zuletzt genannten Marienfeste offenbar nicht zufrieden war, sondern größere Feierlichkeit wünschte. Dies erreichte er dadurch, daß er auch für diese Feste eine Prozession einführte, zu der man aus einer anderen Kirche aufbrach. In dieser Versammlungskirche wurde die Collecta gesprochen. So erhielten diese drei letzten Feste gleiche Feierlichkeit, wie sie schon am Fest der Purificatio üblich war. Dies läßt sich daran erkennen, daß das Hadrianum und das Paduense im Meßformular des 2. Februar übereinstimmen und beide am Anfang eine Collecta bieten. Dagegen haben die drei anderen Feste im Paduense keine Collecta, also fand keine Prozession statt. Das Hadrianum weist für die drei letzten Marienfeste vom Paduense abweichende Gebete und je eine Collecta am Anfang auf[131].

Die Marienfeste sind aber nicht die älteste Bezeugung der Marienverehrung; bei Gregor d. Gr. etwa finden wir kein Marienfest bezeugt, wohl aber erwähnt er der Gottesmutter geweihte Kirchen, und zwar nicht nur in Rom Groß-St. Marien, sondern darüber hinaus etliche Kirchen und Oratorien in Italien, eines auch in Gallien, nämlich in Autun[132]. In Gallien lassen sich dann im 7. Jh. zahlreiche Frauenklöster feststellen, deren Kirchen Maria geweiht sind[133]; ja, das war die Regel, während die Männerklöster meist Petrus und Paulus gewidmet waren. Um 705 wird dem schwer erkrankten Wilfrid von York durch eine Engelerscheinung vorgehalten, daß er zwar Kirchen für Petrus und Andreas, aber noch keine zu Ehren Mariens erbaut habe[134], woraus wohl zu entnehmen ist, „daß Maria und die Apostel in der Frömmigkeit der Zeit zusammengehörten"! Aber die durch Patrozinien belegte Marienverehrung läßt sich weiter zurückverfolgen. Um 400 scheint Nicasius in Reims die erste Marienkathedrale erbaut zu haben[135], und das hat so sehr Schule gemacht, daß sich im 6. Jh. in vielen Bischofskirchen ein Komplex von drei Kirchen ausmachen läßt, nämlich mit einer den Aposteln geweihten Klerikerkirche, einer Maria geweihten Katechumenenkirche und dem Johannes Baptista geweihten Baptisterium[136]. In Spanien waren im 6. u. 7. Jh. die Kathedralkirchen meist Maria geweiht; literarisch greifbar aber wird dort die Marienverehrung erst in der Mitte des 7. Jh. mit dem Traktat des Ildefons von Toledo über die immerwährende Jungfräulichkeit Mariens. Das 10. Konzil von Toledo verlegte 656 (can. 1) das Fest der Verkündigung Mariens, das bis dahin in Spanien noch nicht einheitlich am 25. März gefeiert worden war, auf den 18. Dezember. Der Tag wurde sicher nicht nur gewählt, weil er eine Woche vor der Geburt des Herrn liegt, sondern

[130] *Deshusses* 53.
[131] *Deshusses* 54.
[132] Vgl. Reg. Epp. MGEp. II Index.
[133] *E. Ewig*, Der Petrus- und Apostelkult im spätrömischen Gallien: ZKG 71 (1960) 217.
[134] *Ders.*, a.a.O. 227.
[135] *Ders.*, a.a.O. 247. [136] *Ders.*, a.a.O.

auch weil man auf dem 5. Konzil von Toledo 636 (can. 1) für das Triduum vom 15.–17. Dezember neue Bittage eingeführt hatte. Dabei war es wohl nur darum gegangen, dem himmlischen Schutz suchenden König Chintila entgegenzukommen, aber später dienten diese Bittage zur Erhöhung der Feierlichkeit dieses nun in den Advent verlegten Marienfestes. Daß in der Festmesse der genannte Traktat des Ildefons, in sechs oder sieben Abschnitte aufgeteilt, anstelle der alttestamentlichen Lesung vorgetragen wurde, zeigt, wie beweglich, volks- und zeitnah die spanische Kirche des 7. Jh. ihre Liturgie gestaltete[137].

Die lange verbreitete Vorstellung, die „Merowingerzeit" habe im Zeichen der Landes- und Ortspatrone gestanden" und der Petruskult sei erst den Karolingern durch die Angelsachsen übermittelt worden, läßt sich heute nicht mehr halten, nachdem nachgewiesen werden konnte, daß nicht nur im 7. Jh. allein 78 Klöster mit Petruspatrozinium (verbunden gelegentlich mit dem Paulus- oder Marienpatrozinium) auftraten[138], sondern daß sich schon für die frühe Merowingerzeit etwa vierzig Petrusbasiliken und etwa halb soviel Petruskathedralen namhaft machen lassen[139]. Dabei scheint an vielen Stellen das Petruspatrozinium einem allgemeinen Apostelpatrozinium nachgefolgt zu sein, so daß der „Apostelkult eine persönlichere Note erhielt". Die Apostelfürsten, vor allem Petrus, sind im Frühmittelalter als Sonderpatrone der römischen Kirche ins allgemeine Bewußtsein getreten[140]. Der spätantike lateinische Episkopat hatte, um die Einheit des Reiches gegen alle Untergangserscheinungen zu betonen, den Kult der beiden Apostelfürsten gefördert und ihn so den neu bekehrten Burgundern, Westgoten und Franken vermittelt[141]. An vielen Stellen wurde der Petruskult in der späten Merowingerzeit aber durch die Verehrung jener Heiligen überlagert, deren Leiber am Ort begraben waren. Das hing nicht zuletzt damit zusammen, daß man von den römischen Apostelgräbern nur Berührungsreliquien erhalten konnte, die Körperreliquien der germanischen Mentalität aber mehr entsprachen.

Wie die Petrusverehrung, so übernahmen die jungen germanischen, christlich gewordenen Völker auch den Brauch des *Wallfahrens* von der lateinischen (und griechischen) Antike. Der erste christliche König der Burgunder, Sigismund, ist zugleich auch der erste christliche Germanenkönig, der nach Rom gewallfahrtet ist. Er brachte Reliquien mit, die aber offenbar bald aufgebraucht waren, denn er sandte einen Diakon nach Rom, um neue Reliquien zu holen[142]. Bischof Gregor von Tours sandte im Jahre 590 ebenfalls seinen Diakon nach Rom; er brachte ihm viele Reliquien mit. Von ihm auch erfuhr Gregor, wie in Rom das Petrusgrab verehrt wurde. Besonders beeindruckend ist die Schilderung, daß, wenn einer fromm und andächtig genug betete, das Tüchlein, das man auf das

[137] *Fernández Alonso* 389.
[138] *E. Ewig*, a. a. O. 226.
[139] *Ders.*, a. a. O. 242 bzw. 244.
[140] *Ders.*, a. a. O. 249. [141] *Ders.*, a. a. O. 250.
[142] Avitus, Ep. 27: MG Auct. ant. VI 2, 59.

Petrusgrab hinabzusenken pflegte, um so eine Berührungsreliquie zu gewinnen, nach der Berührung mit dem Grab schwerer wog als vorher und man so einen Beweis für die Gnade Gottes hatte[143]. Auch von den Britischen Inseln kamen schon vor dem Jahre 500 Wallfahrer nach Rom. Die neuen germanischen Herren der Insel, die sich dem katholischen Glauben zuwandten, übernahmen auch die Hochschätzung für Petrus und den Sinn für das Wallfahren. Einige Herrscher legten ihre Kronen ab und pilgerten nach Rom. Im eigenen Land gründeten sie Peterskirchen als Ersatz; wer nicht nach Rom gehen könne, sollte hier Petrus verehren[144]. Diesen eifrigen Wallfahrten der Germanen ist es mit zu verdanken, daß im 5. und 6. Jh., wo Rom allmählich seinen äußeren Glanz verlor, nachdem es schon seine Macht verloren hatte, die ehemalige Zentrale des Reiches zur heiligen Stadt wurde. In ihr wurden in diesen Jahrhunderten die berühmtesten Märtyrer der ganzen Christenheit verehrt; Rom wurde so zur Vermittlerin und Verteilerin dieser Schätze. Für die religiöse und kulturelle Entwicklung des Abendlandes ist die Reliquienwallfahrt nach Rom von größter Bedeutung gewesen[145]. Ja man kann sogar sagen, daß die Wallfahrten einen katholischen Geist geschaffen und entwickelt haben, das heißt einen universalen Geist des gesamten Christentums. Durch die Wallfahrten verbreitete sich eine wirklich brüderliche Gesinnung zwischen den Gläubigen in den verschiedensten Ländern[146]. Im 7. Jh. entwickelte sich in der abendländischen Christenheit unter dem Einfluß der neuen Bußpraxis der irischen Mönche eine neue Form der Wallfahrt, nämlich die Bußwallfahrt. Sie wurde hauptsächlich von Klerikern, welche ja nicht zur öffentlichen Buße zugelassen wurden, zur Tilgung schwerer Vergehen unternommen; dabei kam es nicht auf ein bestimmtes Ziel an, sondern darauf, Heimatlosigkeit als Sühne auf sich zu nehmen. Freilich führten auch solche Wallfahrten an die heiligen Orte und trugen zur Verbreitung von Heiligenkult und Reliquien bei[147]. Erwähnung verdient in diesem Zusammenhang auch die Wallfahrt zum Heiligtum des Erzengels Michael auf dem Monte Gargano in Süditalien, weil sich hier nämlich nicht ein Grab eines Heiligen oder der Ort eines biblischen Ereignisses im Zentrum der Wallfahrt findet, sondern der Ort, an dem der Legende nach der Engel erschienen ist. Die Wallfahrt, die dann im Mittelalter gesamteuropäische Ausmaße annahm und sich fast mit den Wallfahrten nach Rom und zum angeblichen Apostelgrab in Santiago de Compostela vergleichen läßt, nahm ihren Anfang offenbar schon im 7. Jh.[148] Zu erwähnen wäre natürlich auch die Wallfahrt zum Grab des heiligen Martin in Tours, welche im 6. Jh. gelegentlich sogar höher geschätzt wurde als die Wallfahrt nach Rom. So jedenfalls entsprach es der rührigen Propaganda des

143 Gregor. Tur., Gl. Mart. 28; PL 71, 728ff.
144 *B. Kötting*, Peregrinatio religiosa, 242.
145 *Ders.*, a.a.O. 244f.
146 *B. de Gaiffier* 35.
147 *C. Vogel*, Le pèlerinage Pénitentiel, 56f.
148 *A. Petrucci* 149–153.

Bischofs Gregor von Tours[149]. Es muß aber daran festgehalten werden, daß die Wallfahrt nach Rom, die offenbar schon sehr früh den Charakter einer Sühnewallfahrt annahm, insofern eine Sonderstellung einnahm, als man dabei eben nicht nur zum Apostelgrab pilgerte, sondern zugleich und im Laufe der Zeit auch verstärkt zum Nachfolger des Apostels, zum römischen Papst, in dem man die Schlüsselgewalt, das heißt die Vergebungsvollmacht des Petrus, lebendig wußte[150].

In Arles gab es im 6. Jh. etwa 20–25 *Heiligenfeste*[151]; überhaupt brachte dieses Jahrhundert ein starkes Anwachsen der Heiligenverehrung, wie man vor allem aus den Schriften des Gregor von Tours sehen kann[152]. Ursprünglich galt die Verehrung natürlich den Märtyrern, dann wurde sie auf die Asketen ausgedehnt, die durch ihre Strenge bewiesen hatten, daß sie von gleichem Rang waren wie die Märtyrer[153]. In vielen Städten, etwa Südostgalliens, fanden sich Gräber von Heiligen, und man war daran interessiert, neue zu finden, und baute dann über den Gräbern z.T. große Kirchen[154]. Die Heiligen wurden aber nicht nur an ihrem Grabe angerufen, sondern auch in weiter Entfernung davon; freilich versuchte man dann, durch Reliquien mit ihnen in Kontakt zu treten. Gregor von Tours empfahl ihre Anwendung im Krankheitsfalle, wohl auch um die Gläubigen von Zauberpraktiken abzubringen. Bemerkenswert ist, daß Cäsarius diesen Gebrauch der Reliquien noch nicht kannte.

Es war wichtig, den genauen Todestag eines Heiligen zu kennen, weil an diesem sein Fest gefeiert werden mußte. Die ganze Nacht hindurch wurde Vigil gehalten oder doch wenigstens eine sehr früh am Morgen beginnende Morgenfeier. Die feierliche Messe begann um 9 Uhr, in ihr wurde die Passio oder die Vita des Heiligen vorgelesen. Der Klerus, der Dienst im Heiligtum eines Märtyrers tat, war übrigens verpflichtet, das zusammengeströmte Volk mit Wein zu bewirten. Ihrerseits suchten die Gläubigen möglichst engen Kontakt mit dem Grab eines Heiligen. So nahmen sie etwa Öl aus den dort brennenden Lampen mit, um es gegen Krankheit zu verwenden[155]. Die Verehrung der Heiligen darf man nicht nur für einen Zug der Volksfrömmigkeit halten, sie war vielmehr ein Teil der bischöflichen Seelsorge. Das Bild des Heiligen mochte mehr ausrichten als die Predigt des Bischofs, ja man hat sogar sagen können, daß der Heilige die Tätigkeit des Bischofs vollende, sei er doch eine geheimnisvoll allwissende Kraft, die dort zu handeln beginne, wo das Tun des Bischofs aufhörte[156]. Im allgemeinen scheinen die Bischöfe keine Reserven gegen die Heiligen- und Reliquienverehrung gehabt zu haben; im Gegenteil. Das 3. Konzil von Braga (can. 5) sah sich im Jahre 576 genötigt, den wohl auch der persönlichen Eitelkeit der Bischöfe dienenden Eifer etwas zu zügeln. Die Reliquienschreine sollten von

149 *E. Delaruelle* 216f. 150 *A. Prandi* 446f.
151 *Beck* 314.
152 *Griffe* 23. 153 *Beck* 287.
154 *Ders.* 292f.
155 *Ders.* 234ff. 156 *Muller* 81.

Diakonen getragen werden; keinesfalls aber sollte sich ein Bischof, unter dem Vorwand, er habe den Reliquienschrein zu halten, auf einem Sessel tragen lassen. Nur einmal ist uns bezeugt, daß ein Bischof, nämlich Serenus von Marseille, Ende des 6. Jh., gegen die Heiligenverehrung Stellung nahm. Er ließ sogar ihre Bilder zerstören, weil er annahm, das Volk bete sie an[157]. Gregor d. Gr.[158] lobte zwar seinen Eifer für die ausschließliche Anbetung Gottes, tadelte aber zugleich die Zerstörung der Bilder, da sie ungebildeten Menschen zum Glauben dienlich sein könnten[159].

Es verdient hervorgehoben zu werden, daß die *Reliquienverehrung* keineswegs nur ein Charakteristikum der Volksfrömmigkeit gewesen ist; vielmehr haben sich schon die christlichen Theologen der Spätantike mit der Frage beschäftigt und den Gläubigen versichert, daß auch der kleinste Teil einer Märtyrerreliquie einen großen Schatz bedeute, denn die Kraft und Gnade des Heiligen sei in gleicher Weise in jedem Teilchen wie in seinem ganzen Leib[160]. Die Aufteilung der Reliquien ermöglichte andererseits die Sammlung von Reliquien vieler Heiligen, dabei dachte man wohl ganz naiv, sich so den Schutz vieler Heiliger zu garantieren. Auf diesem Wege ist das Phylakterienwesen, das heißt die Anfertigung und der Gebrauch von Amuletten mit Reliquien, in Blüte gekommen[161]. Daß man in Rom keine Körperreliquien der Apostel abgab, sondern lediglich Berührungsreliquien, ist nicht nur mit der Verehrung der Apostel zu begründen, sondern hat seinen Grund darin, daß jede Aufteilung der Reliquien der Apostel die Position des päpstlichen Primates geschwächt hätte, welche für die Zeit nicht nur in der Nachfolge Petri, sondern im Besitz der Apostelgräber begründet war[162].

Wenn man nun bedenkt, daß Isidors Mönchsregel (24, 1–2), also eine Schrift aus dem 7. Jh., zum ersten Mal einen jährlichen Gedächtnistag, an dem für alle Toten das heilige Opfer dargebracht werden sollte, erwähnt[163] – Totenmessen, die z. T. sogar zur genauen Todesstunde des Verstorbenen gehalten wurden, kannte man in Gallien schon im 6. Jh.[164] –, dann wird man sagen dürfen, daß die entscheidenden Merkmale christlicher Frömmigkeit in dem hier zu überblikkenden Zeitraum ausgeformt wurden. Dies gilt vor allem dann, wenn angenommen werden darf, daß auch die erst unter dem Einfluß der keltischen Mönche allgemein in Übung kommende Einzelbeichte, welche zweifelsohne ein Charakteristikum katholischer Frömmigkeit ist, schon in diesem Zeitraum auf Grund der Weiterbildung antik-westlicher Bußpraxis vorbereitet wurde.

157 Dies scheint aber nicht der Fall gewesen zu sein. Aus den Berichten des Gregor von Tours geht vielmehr hervor, daß auch die eifrigsten Heiligenverehrer sich von Gottes Allmacht abhängig wußten, bei welcher die Heiligen nur intervenieren können. Vgl. dazu *van der Lof* S. 40.

158 Reg. Epp. IX 208 und XI 10.

159 *Beck* 306.

160 *Kötting*, Reliquienverehrung 326.

161 *Ders.*, a.a.O. 327.

162 *Ders.*, a.a.O. 330.

163 Vgl. *Fernández Alonso* 586f.

164 *Beck* 256f.

21. Kapitel

Lateinisches Mönchtum von der Mitte des 5. bis zum Ende des 7. Jahrhunderts

QUELLEN: 1. Die Mönchs- und Nonnenregeln der Zeit, zuerst gesammelt von Benedikt von Aniane († 821) in seinem *Codex Regularum*, ediert von *L. Holste* († 1661) in Rom 1661, in neuer Bearbeitung herausgegeben von *M. Brockie* (Augsburg 1759, abgedruckt PL 103, 393–664), anastatischer Neudruck Graz 1957; vgl. *J. Neufville*, Les éditeurs des regulae Patrum, S. Benoît d'Aniane et Lukas Holste: RBén 76 (1966) 327–343. Neuausgabe im Corpus Consuetudinum Monasticarum in Vorbereitung. Übersicht über die Mönchsregeln von *A. Mundó;* LThK² VII 540–542 und ClP n. n. 1838–1876. 2. Sonderausgaben einzelner Regeln: *Regula Magistri* (= RM), Éd. diplomatique par *H. Vandenhoven – F. Masai – P. B. Corbett* (Bruxelles 1953); ed. *A. de Vogüé*, SChr 105–107 (Paris 1964/65, Bibl. S. 15–25). *Regula Benedicti* (= RB): ed. *C. Butler* (Freiburg ³1935); *G. Penco* (Florenz 1958, mit ital. Übers.); *R. Hanslik*, CSEL 75 (Wien 1960); *Ph. Schmitz* (Maredsous ²1962); *G. M. Colombás – L. M. Sansegundo – O. M. Cunill*, BAC 115 (Madrid ²1968, mit Gregors d. Gr. Dialogi lib. II); *A. de Vogüé – J. Neufville*, SChr 181–186 (Paris 1971/72, mit wichtiger Einl. Bd I 13–410). Seit 1972 erscheint ein Jahrbuch: Regulae Benedicti Studia (Hildesheim), hrsg. von *B. Jaspert* und *E. Manning*, ab 2 (1973) mit internat. Bibliogr. zur RB. Caesarius Arel., Regula ss. virginum, ed. *G. Morin*, Florpatr 34 (Bonn 1933); Reglas monásticas de la España visigoda (Leander, Fructuosus, Isidor) ed. *J. Campos – I. Roca*, BAC 321 (Madrid 1971, mit span. Übers.).

LITERATUR: Allgemein: Siehe Bd II/1 Kap. 19 und 20, ferner: *T. P. McLaughlin*, Le très ancien droit monastique de l'Occident (Poitiers 1935); *ders.*, Il monachesimo nell'alto medio evo e la formazione della civiltà occidentale (Spoleto 1957); *G. Penco*, Il concetto di monaco e di vita monastica in Occidente nel secolo VI: StMon (1959) 7–50; *J. Leclercq*, Érémitisme en Occident: Le Millénaire du Mont Athos I (1963) 161–180; Théologie de la vie monastique (Paris 1961) 323–383; Los monjes y los estudios (Poblet 1963) 41–103; *B. Steidle*, Die Einsetzung des Abtes im alten Mönchtum: Erbe und Auftrag 40 (1964) 179–196; *F. Weißengruber*, Weltliche Bildung der Mönche (5./6. Jh.): RömHM 8/9 (1964/65) 13–28, 10 (1966/67) 12–42; *A. Mundó*, Las reglas monásticas del siglo VI y la ‚lectio divina': StMon 9 (1967) 229–255; *K. S. Frank*, Frühes Mönchtum im Abendland, I: Lebensnormen (München 1975).

Italien: *G. Ferrari; G. Penco* (Bd II/1 Kap. 20); Monographien zu Benedikt von Nursia: *J. Chapman* (London 1929); *L. Salvatorelli* (Hamburg 1937); *J. McCann* (London 1937); *S. Brechter* (Hrsg.), Benedikt, Vater des Abendlandes (St. Ottilien 1947); *R. Molitor* (Hrsg.), Vir Dei Benedictus (Münster 1947); *I. Herwegen* (Düsseldorf ⁴1951); *I. Schuster* (Viboldone ³1953); *Cl.-J. Nesmy* (Paris 1958); *I. Herwegen*, Sinn und Geist der Benediktinerregel (Einsiedeln 1944); *E. v. Hippel*, Die Krieger Gottes. Die Regel Benedikts als Ausdruck frühchristlicher Gemeinschaftsbildung (Paderborn ²1953); *Fr. A. Blazovich*, Soziologie des Mönchtums und der Benediktinerregel (Wien 1954); *A. de Vogüé*, La communauté et l'abbé dans la Règle de s. Benoît (Paris 1960); *S. Pawlowsky*, Die biblischen Grundlagen der Regula Benedicti (Wien 1965); *H. Schlögl*, Der hl. Benedikt als Pädagoge und Psychologe (Diss. Wien 1966). – Benediktiner bis 700: *C. Butler*, Benediktinisches Mönchtum (St. Ottilien 1929); *St. Hilpisch*, Benediktin. Mönchtum (Freiburg 1929); *Ph. Schmitz*, Geschichte des Benediktinerordens I/II (Einsiedeln 1946/48). – *D. Cappuyns*, Cassiodore: DHGE 11, 1349–1408; *A. van de Vyver*, Les Institutions de Cassiodore et sa fondation à Vivarium: RBén 53 (1941) 59–88; *G. Ludwig*, Cassiodor. Über den Ursprung der abendländischen Schule (Frankfurt 1967, Bibliogr. 169 ff); *R. Schlieben*, Christliche Theologie und Philologie in der Spätantike. Die schulwissenschaftlichen Methoden der Psalmenexegese Cassiodors (Berlin 1974). – *O. Porcel*, La doctrina monástica de san Gregorio Magno y la ,Regula monachorum' (Madrid 1950); *P. Rudmann*, Mönchtum und kirchlicher Dienst in den Schriften Gregors d. Gr. (St. Ottilien 1956).

Gallien: *L. Ueding*, Geschichte der Klostergründungen der frühen Merowingerzeit (Berlin 1935); *F. Prinz*, Frühes Mönchtum im Frankenreich (München 1965); *G. Holzherr*, Regula Ferioli (Einsiedeln 1961); *G. Moyse*, Les Origines du monachisme dans le diocèse de Besançon (V–X s.): BEC 131 (1973) 21–104; *F. Villegas*, La ,Regula monasterii Tarnatensis'. Texte, sources et datation: RBén 84 (1974) 7–65.

Irofränkisches Mönchtum: *H. Leclercq*, Luxeuil: DACL 9 (1930) 2722–2787; S. Columbani opera ed. *G. S. M. Walker* (Dublin 1957, mit Bibliogr. S. LXXXII–XCII); Mélanges Colombaniens (Luxeuil–Paris 1951); *J. O. Caroll*, The Chronology of St. Columban: IThQ 24 (1957) 76–95; *F. MacManus*, Saint Columban (New York 1962).

Spanien: *Pérez de Urbel* I (Bd II/1 Kap. 20) 165–528; *J. F. Alonso*, La cura pastoral en la España romano-visigoda (Rom 1955) 463–507; *A. Mundó*, Monachesimo nella penisola iberica fino al secolo VII = Il monachesimo nell'alto medio evo (Spoleto 1957) 73–108; *P. J. Mullins*, The Spiritual Life according to St. Isidore (Washington 1940); *C. M. Aherne*, Valerio of Bierzo (Diss. Washington 1949); *M. Martins*, O monacato de s. Fructuoso de Braga (Coimbra 1950); *J. Campos*, Juan de Biclaro (Madrid 1960); *A. Viñayo Gonzales*, San Fructuoso de Braga (León 1966); *M. C. Díaz y Díaz*, La vida eremítica en el reino visigodo = España eremítica, Analecta Legerensia I (Pamplona 1970) 49–62; *A. Linage Conde*, Los orígenes del monacato benedictino en la peninsula ibérica, T. I: El monacato hispano prebenedictino (León 1973).

Nordafrika: *J. J. Gavigan* (Bd II/1 Kap. 20); *J. Diesner*, Das Mönchtum der Vandalenzeit in Afrika = Kirche und Staat im spätrömischen Reich (Berlin ^{2}1964) 140–148.

Die Weiterentwicklung des lateinischen Mönchtums von etwa 450 bis 700 läßt klar erkennen, daß das Ereignis der Völkerwanderung mit seinen Auswirkungen die bisherige Hochschätzung des Mönchsideals weit mehr gefördert als gehemmt hat. Auch die Kontinuität mit dem Mönchtum des 4. Jh. wird gewahrt, da sowohl seine ideelle Grundlage, das Vorbildhafte des Orients, wie auch die bisherigen Formen, Koinobitentum und Eremitentum, fortbestehen. Letzteres erfährt eine gewisse Differenzierung, da einmal neben dem strengen Einsiedlertum des einzelnen eine Form häufiger wird, die den Eremiten in der Nähe eines Klosters und damit in Verbindung mit dessen Abt beläßt, und zweitens nun *Wandereremiten*, zunächst vorwiegend irischer Herkunft, auftreten, die die *peregrinatio*, den asketischen Verzicht auf Heimat und alles, was sie bedeutet, mit der Anachorese verbinden[1]. Das Eremitentum wird weiterhin als Hochform mönchischer Existenz gewertet, deren Anforderungen sich nur der zuvor in einer klösterlichen Gemeinschaft Erprobte aussetzen soll[2].

Die große Mehrheit der Asketen wählt demnach die koinobitische Lebensweise, die im hier behandelten Zeitraum einige charakteristische Merkmale hinzugewinnt. Die an Zahl enorm ansteigenden Klöster – ihre Gründer sind außer dem einzelnen Mönch Bischöfe, Päpste, aber auch vermögende Laien, vor allem der merowingische Adel und das Königtum – festigen zunächst einmal

[1] Siehe *J. Leclercq*, Mönchtum und Peregrinatio im frühen Mittelalter: RQ 55 (1960) 212–225 mit zahlreichen Belegen für das Eremitentum des 6. und 7. Jh., ferner seine Übersicht: Le Millénaire du Mont Athos I (1963) 161–180; *P. Doyère:* DSp 4 (1960) 953–982.

[2] So schon Joh. Cassian., Instit. coenob. 5, 36; 8, 17; Collat. 18, 3; Bened., Reg. c. 1, dazu *A. Hastings*, St. Benedict and the Eremitical Life: DR 61 (1950) 191–211.

ihre innere Organisation, da sie mehr und mehr nach einer bestimmten, nun auch schriftlich fixierten *Regel* leben[2a]. In solchen Regeln ist zwar immer noch das Ideal des orientalischen Koinobitentums bestimmend, aber allenthalben wird doch eine Anpassung an die konkreten Gegebenheiten der westeuropäischen Gebiete vorgenommen. Sie wird bereits faßbar in den Institutiones (1–4) des Johannes Cassian und in der lateinischen Form der Ascetica des Basilius, deutlicher in der Bearbeitung der Pachomiusregel und den beiden aus Lerinum stammenden *Regula quattuor Patrum* und *Regula Macarii,* die noch dem 5. Jh. angehören[3]. In Südgallien versammeln sich zuweilen die Äbte mehrerer Klöster zu Beratungen über die innere Struktur ihrer Klöster, aus deren Beschlüssen die sog. Regula quattuor patrum, die *Regula secunda* und *tertia Patrum* hervorgehen[4]. Das 6. Jh. ist die Zeit der großen Regeln des Magister und Benedikts von Nursia in Italien, der Arelatenser Bischöfe Caesarius und Aurelian in Gallien, die aber frühere Arbeiten verwerten. Einige der neuen Regeln sind ausgesprochene *Mischregeln* (Regulae mixtae), wie die *Regula Ferioli,* die *Regula Tarnatensis Monasterii,* die *Regula Orientalis* und die *Regula Pauli et Stephani,* die ganze Partien vorliegender Regeln übernehmen[5]. So erhält auch das irofränkische Mönchtum eine eigene Form durch die Kombination der Kolumbanregel mit der *Regula Benedicti.* In den Klosterregeln Spaniens aus dem 7. Jh., die Leander von Sevilla, sein Bruder Isidor und Fructuosus von Braga verfassen, ist wieder mehr orientalischer Einfluß neben dem der Augustinusregel spürbar[6]. Die Befolgung der gleichen Regel in mehreren Klöstern führt aber noch nicht zu ihrem organisatorischen Zusammenschluß.

An einem so bedeutsamen Faktor innerkirchlichen Lebens, wie ihn die zahlreichen Klöster darstellen, zeigt der zeitgenössische Episkopat begreifliches Interesse und will, angeregt durch die Klostergesetzgebung des Konzils von Chalkedon[7], auch im lateinischen Westen das Klosterwesen grundsätzlich seiner *Jurisdiktion* unterstellt sehen. Noch im 5. Jh. setzt dieser Prozeß steigender bischöflicher Kontrolle ein, der freilich nicht überall gleichmäßig verläuft. In Nordafrika begünstigt die bedrängte Lage der Kirche unter der Vandalenherrschaft eine weitgehende Unabhängigkeit der Klöster. In Italien setzt sich nach der byzantinischen Rückeroberung (535) das östliche Klosterrecht vor allem im byzantinischen Herrschaftsbereich durch und gibt damit dem Bischof die

2a Vgl. *A. de Vogüé,* Sub regula vel abbate: CollCist 3 (1971) 209–241.

3 Regula Macharii, ed. *H. Styblo:* WSt 76 (1963) 124–158 und *A. C. Vega:* BRAH 164 (1969) 27–34.

4 Regula quattuor Patrum: PL 103, 435–442; Regula secunda Patrum, ed. *J. Neufville:* RBén 77 (1967) 92–95; Regula tertia Patrum PL 103, 443–446, dazu *A. Mundó,* Les anciens synodes abbatiaux et les ‚Regulae Patrum‘: SA 44 (1959) 107–125.

5 Katalog der Regeln des 6. Jh. für Gallien und Spanien bei *A. Mundó:* StMon 9 (1967) 229–231.

6 Die Ausgaben der einzelnen Regeln siehe unter Anm. 61ff.

7 Zu den Nachwirkungen der chalkedonischen Klosterkanones in der kirchlichen Gesetzgebung des Abendlandes siehe *L. Ueding:* Chalkedon II 642–660.

Möglichkeit, die Mönche der besonders im Süden zahlreicheren kleineren Klöster zu seelsorgerlichen Aufgaben heranzuziehen. In dem von den Ostgoten und dann von den Langobarden kontrollierten Raum Italiens behalten jedoch die weniger zahlreichen, oft aber bedeutenderen Klöster gegenüber dem Bischof eine größere Bewegungsfreiheit[8]. Gregor d. Gr. unterstellt sie dann generell der bischöflichen Aufsicht, die auch im Lauf des 6. Jh. in Gallien und Spanien zur Anerkennung gelangt, wie die Synodalgesetzgebung der Zeit erkennen läßt. Schwerpunkte der bischöflichen Kontrolle sind Einfluß oder mindestens Prüfung bei der Abtswahl und die Aufsicht über die Verwaltung des klösterlichen Besitzes. Eine Lockerung und Einschränkung der bischöflichen Jurisdiktion folgt jedoch im 7. Jh. aus dem Einfluß, den sich der an der Klostergründung beteiligte reiche Laie wahren kann, oder aus Privilegien, die der Landesherr einem Kloster gewährt[9]. Die sich hier anbahnende klösterliche *Exemtion* wird erstmals in vollem Umfang im Jahre 628 von Papst Honorius I. dem oberitalienischen Kloster Bobbio verliehen[10].

Eine weitere bedeutsame Entwicklung im abendländischen Mönchtum dieser Zeit ist mit der Übernahme *missionarischer Tätigkeit* in einem bisher nicht gekannten Ausmaß gegeben. Von der bislang üblichen, oft mehr gelegentlichen Mission unter der Bevölkerung im näheren Bereich eines Klosters wird der Blick auf ferne Ziele gelenkt, man geht über zur Missionierung fremder Völker, die, wie bei der Angelsachsenmission, in großem Maßstab geplant und in Angriff genommen wird. Als dann die iroschottischen Mönche die asketische Peregrinatio mit der Missionsarbeit auf dem Festlande verbinden, wird die große missionarische Aufgabe fest im Bewußtsein des abendländischen Mönchtums verankert[11].

Als letztes Charakteristikum des lateinischen Mönchtums dieser Epoche ist die nun allenthalben verbreitete Institution der *Klosterschule* zu nennen. Sie dient zwar ausschließlich der Ausbildung des eigenen klösterlichen Nachwuchses, der in den Stand gesetzt werden muß, die Texte für den liturgischen Dienst und die Heilige Schrift als Stoff für die „lectio divina“ lesen und die dafür notwendigen Handschriften anfertigen zu können, sie schließt also bewußt die profane, vor allem heidnische Literatur der Antike aus ihrem Programm aus. Aber diese Klosterschule ist doch nicht ein mehr und mehr verkümmernder Rest des mit den übrigen Institutionen des spätantiken Reiches untergehenden Schulwesens, sondern trotz ihres elementaren Charakters der lebensfähige Keim, aus dem ebenso wie aus den Bischofsschulen der Zeit die mittelalterliche Schule als Vermittlerin der christlich-abendländischen Bildung erwachsen wird[12]. In der folgenden geographisch geordneten Übersicht werden die wich-

8 *G. Penco,* Storia del monachesimo 27–42.

9 Zur bischöflichen Jurisdiktion über das frühe Mönchtum: *T. P. McLaughlin.*

10 Das *Privilegium Bobiensi coenobio datum:* PL 80, 483 und IP VI 2, 249 n. 6.

11 Zur Angelsachsen- und Iroschottenmission auf dem Festland s. Kap. 16 u. 13.

12 Siehe *H.-I. Marrou,* Geschichte der Erziehung im klassischen Altertum (Freiburg 1957)

tigsten Fakten, Persönlichkeiten und Strömungen im Mönchtum der Zeit hervorgehoben.

Italien

Das um die Wende vom 4. zum 5. Jh. schon beachtliche *Eremitentum* Italiens behält auch in der Folgezeit seinen Rang, es findet sich jetzt außer auf den bevorzugten Inseln des Mittelmeeres auch im Landesinnern, wie z.B. auf dem Montelucano bei Spoleto[13]. Der hier vorliegende Einfluß des ägyptischen Anachoretentums wurde wachgehalten durch die lateinischen Übersetzungen der Apophthegmenliteratur des 6. Jh. (Verba seniorum), an denen auch die späteren Päpste Pelagius I. (556–561) und Johannes III. (561–574) beteiligt waren[14]. Aber auch das italische *Koinobitentum* orientiert sich weiter am östlichen Vorbild, wie etwa der wohl aus Syrien stammende Laurentius, der um die Mitte des 6. Jh. das später so bedeutende Kloster Farfa bei Spoleto gründete[15]. Italischen Ursprung hält man auch für wahrscheinlich bei der zu Beginn des 6. Jh. entstandenen *Regula Orientalis,* deren Titel schon auf östlichen Einfluß hinweist. Schon Gennadius lobte ihre Klarheit, schrieb sie freilich irrtümlich einem Diakon Vigilius zu[16]. Gewisse Impulse auf das italische Mönchtum dieser Zeit gingen auch von afrikanischen Mönchen aus, die unter dem Druck der Vandalenherrschaft ihre Heimat verließen. So gründete der Afrikaner Gaudentius ein Kloster in Neapel, und Fulgentius von Ruspe sammelte afrikanische Mönche in zwei Niederlassungen in Calaris auf Sardinien, in denen das theologische Studium einen nicht geringen Rang einnahm[17]. Um das Jahr 500 siedelte sich eine Mönchsgemeinschaft um das Grab des heiligen Severin im Castellum Lucullanum bei Neapel an, deren zweiter Abt Eugippius, der Verfasser der Severinsvita, nach Isidor von Sevilla auch eine Regel für sein Kloster schrieb, die höchstwahrscheinlich identisch ist mit der anonymen „Regel" einer Pariser Handschrift[18]. Im Verlauf des 6. Jh. hat die Zahl der Klöster in Italien enorm zugenommen, wie die Korrespondenz und die Dialogi Gregors d. Gr. zeigen, in denen eine Fülle klösterlicher Niederlassungen erwähnt wird, über deren Entstehungsverhältnisse jedoch keine präzisen Nachrichten vorliegen.

Dem 6. Jh. werden heute fast ausnahmslos die beiden umfangreichsten Mönchsregeln dieser Übergangszeit zugeschrieben, die seit 1938 Gegenstand einer intensiven und noch nicht abgeschlossenen Diskussion sind, die sog.

481 f; *P. Riché,* Éducation et culture dans l'Occident barbare (Paris ³1973) 140–163 200–215 336–350.

13 *G. Penco* a.a.O. 22.

14 *A. H. Salonius,* Vitae Patrum (Lund 1920).

15 *G. Penco* a.a.O. 22f und: Atti II° convegno Studi umbri (Perugia 1965) 257–276.

16 Text der Regula Orientalis: PL 103, 477–484, dazu *A. Mundó:* StMon 9 (1967) 231, Gennad., Script. eccles. c. 51.

17 Vita Fulg. 19; 24.

18 Eugipp., Vita Sever. 46, 6; Isidor. Hisp., Vir. ill. 26, dazu *A. de Vogüé,* La Règle d'Eugippe retrouvée: RAM 47 (1971) 233–266.

Regula Magistri (RM) und die Regel Benedikts von Nursia (RB)[19]. Zwischen beiden besteht eine so starke inhaltliche und formale Verwandtschaft, daß sich zwingend einmal die Frage nach ihrer gegenseitigen Abhängigkeit, zum andern die der zeitlichen Priorität der einen vor der andern aufdrängt. Die RM ist anonym und im Vergleich zur RB von etwa dreifachem Umfang, als Verfasser der letzteren wird in den meisten Handschriften ein Benedikt genannt, der offensichtlich identisch ist mit jenem Benedikt von Monte Cassino, dessen Zeichen und Wundertaten Papst Gregor d. Gr. im 2. Buch seiner Dialogi schildert und von dem er eine Mönchsregel geschrieben sein läßt, die sich durch discretio und lichtvolle Sprache auszeichne (Dial. II 36). Gregor bietet zwar nur wenige chronologische Hinweise auf Ereignisse im Leben Benedikts, aber zusammen mit einigen glaubwürdigen Anhaltspunkten aus der sonstigen Überlieferung über ihn erlauben sie doch, seine Lebensspanne etwa zwischen 480/90 und 550/60 anzusetzen. Diese Tradition läßt ihn aus der antiken Provinz Nursia stammen und als Jüngling eine Zeitlang in Rom studieren. Er verläßt aber bald die Stadt, um in einer Höhle bei Subiaco als Einsiedler zu leben, bis sich ihm Schüler anschließen, die er in mehreren Gemeinschaften nach pachomianischem Vorbild vereint haben soll. Seine hier gewonnenen Erfahrungen und Einsichten über das rechte Koinobitentum sucht er dann in einer Neugründung auf dem Monte Cassino zu realisieren, wo er Mitte des 6. Jh. gestorben sein dürfte.

Als gesichertes und auch fast allgemein anerkanntes Ergebnis der eben genannten Diskussion darf heute die Priorität der RM gelten und deren Entstehung den ersten drei Jahrzehnten des 6. Jh. zugewiesen werden, da sie u.a. ein weniger entwickeltes Koinobitentum gegenüber der RB darstellt, da sie ferner apokryphes Schrifttum in einem Ausmaß verwertet, wie es sich mit dem am Beginn des 6. Jh. entstandenen sog. Decretum Gelasianum de libris recipiendis et non recipiendis nur schwer vereinen läßt, und da sie schließlich bereits von Abt Eugippius von Lucullanum († um 530) in seiner nunmehr identifizierten „Regel" benutzt wurde. Weniger einig ist man sich hingegen über die Heimat der RM; man möchte sie meist in der Umgebung Roms entstanden sehen, andere glauben eher an eine Herkunft aus der Provence[20].

Mit der Priorität der RM steht auch ihre Benutzung durch Benedikt fest, da eine beiden gemeinsame Vorlage ebensowenig überzeugend nachgewiesen

[19] Die gesamte Bibliographie zur Erforschung der beiden Regeln aus den Jahren 1938 bis 1970 wurde zusammengestellt von *B. Jaspert:* StMon 13 (1971) 129–171, auch separat als Subsidia Monastica I (Montserrat 1971). Die Diskussion über die beiden Regeln wurde zwar eröffnet durch *M. Álamo,* La Règle de s. Benoît éclairée par sa source, la Règle du Maître: RHE 34 (1938) 740–755, der aber mündlich durch *A. Genestout* auf das Problem aufmerksam gemacht wurde, siehe *A. Genestout,* La Règle du Maître et la Règle de s. Benoît: RAM 21 (1940) 51–112.

[20] Einen guten Überblick über den gegenwärtigen Forschungsstand bieten die Referate und Diskussionen des I. Internationalen Regula-Benedicti-Kongresses vom 4.–9. Okt. 1971 in Rom, wiedergegeben im Jahrgang 1 (Hildesheim 1972) der Regulae Benedicti Studia. Auf viele noch zu klärende Einzelprobleme kann hier nicht eingegangen werden.

werden konnte wie die These, Benedikt sei der Verfasser beider Regeln. Diese haben ihre endgültige Form nicht schon bei ihrer ersten Niederschrift gefunden, sondern sind inhaltlich erweitert (RM) oder formal verbessert worden (RB), sehr wahrscheinlich hat die RM Benedikt in einer kürzeren Zwischenform vorgelegen. Unter den beiden Regeln gemeinsamen Quellen steht die Heilige Schrift an erster Stelle, beide greifen ferner auf Cassian zurück, auch Cyprian ist ihnen bekannt, während die spärliche Benutzung der Apokryphen durch Benedikt nicht auf unmittelbare Kenntnis derselben, sondern auf direkte Übernahme aus der RM, wahrscheinlich sogar ohne näheres Wissen um ihren Charakter, hinweist. Als Eigengut der RM erscheint die Kenntnis des Julianus Pomerius, des Caesarius von Arles und des Niketas von Remesiana, während Benedikt mit einem weit umfangreicheren einschlägigen Schrifttum vertraut ist, wie etwa den Vitae patrum, der „Regel unseres heiligen Vaters Basilius“, der Historia monachorum, der Pachomiana und vor allem der Regel Augustins, aus der er manchen Gedanken entnimmt, ohne sie ausdrücklich zu nennen[21]. Mit dem aus diesen Quellen geschöpften Ideengut hat Benedikt die aus eigener Erfahrung und Meditation stammenden Erkenntnisse in eine Ordnung eingebracht, wie sie ihm für die koinobitische Lebensform wesentlich und zugleich menschlich realisierbar schien. So hat er, auch mit größerer kompositorischer Kraft, als sie dem Verfasser der RM zur Verfügung stand, in einer geglückten Synthese die bis dahin geschlossenste Klosterregel geschaffen, der vor allen anderen Regeln aus der Frühzeit des Mönchtums die größere Ausstrahlungskraft für die nächsten Jahrhunderte zukommen sollte. Es schmälert keineswegs den Rang der Leistung Benedikts, wenn man darauf verzichtet, ihn, historisch unzutreffend, als den Gründer des westlichen Mönchtums oder gar als Vater des Abendlandes zu bezeichnen[22].

Fragt man nach dem Grundgedanken der RB, so wird man ihre Christozentrik nennen dürfen[23]. Bereits das entscheidende Motiv für den Eintritt in die klösterliche Gemeinschaft ist der Wille zu unbedingter Christusnachfolge. Der Dienst in der *militia Christi Regis* bestimmt die ganze Lebensführung des Mönches *(conversatio morum)*. Er leistet dem Abt[24] Gehorsam, weil er in ihm Chri-

[21] Zu den Quellen beider Regeln siehe jeweils die Einleitung zu deren Ausgaben von *A. de Vogüé* in den SChr.

[22] Siehe *B. Jaspert*, Benedikt von Nursia – der Vater des Abendlandes? Kritische Bemerkungen zur Typologie eines Heiligen: Erbe und Auftrag 49 (1973) 90–103; 190–207.

[23] Hierzu außer den kommentierten Ausgaben die Kommentare von *I. Herwegen*, Sinn und Geist der Benediktinerregel (Einsiedeln 1944); *B. Steidle*, Die Regel St. Benedikts (Beuron 1952); *ders.* (Hrsg.), Commentationes in Regulam S. Benedicti: SA 42 (Rom 1957); *G. Turbessi*, Ascetismo e monachesimo in San Benedetto (Rom 1965); *P. Delatte*, Commentaire sur la Règle de s. Benoît (Solesmes 1969). Zur Christozentrik der RB siehe *A. Borias*, Le Christ dans la Règle de s. Benoît: RBén 82 (1972) 109–139.

[24] Zur Stellung des Abtes, zur Wahl und Ordination siehe außer *A. de Vogüé* (Paris 1960, oben Lit.) *K. Hallinger:* ZKG 76 (1965) 233–245; *H. Grundmann:* ebd. 77 (1966) 217–223; *R. Somerville:* RBén 77 (1967) 246–263; *M. Angerer:* StMon 12 (1970) 43–56.

stus sieht; er pflegt den kranken Bruder, weil er in ihm Christus dient; er nimmt alle Entsagung auf sich, weil er teilhaben will an der Passion Christi; nichts ist ihm teurer als die Liebe zu Christus. Diese zentrale Christusnachfolge zu sichern ist das Ziel der Anordnungen über den liturgischen Dienst *(opus Dei)*[25], über die *lectio divina* und die *stabilitas loci*[26]. Mit der so verstandenen Nachfolge Christi wird auch das zweite fundamentale Anliegen Benedikts gesichert, die caritas fraterna, die zugleich als zutiefst christliche humanitas Grundlage jeder klösterlichen Gemeinschaft sein muß, eine Einsicht, die Benedikt in hohem Maße der Lektüre der Augustinusregel verdankt[26a]. Manche Einzelvorschriften der RB sind so elastisch gefaßt, daß sie leicht verschiedenen klimatischen Bedingungen angepaßt werden konnten, ihr Autor hat also mit einer Ausbreitung derselben gerechnet. Während jedoch die Zeugnisse für die Existenz der RM im 6. Jh. relativ häufig sind, setzen sie für die RB erst im 7. Jh. ein. Gewiß hat das Benediktbild der Dialogi Gregors d. Gr. ihre Verbreitung gefördert, relativ früh tritt sie im Merowingerreich auf, zuweilen als Teil einer Regula mixta, etwa zusammen mit der Regel Kolumbans, bis sie im Laufe des 8. Jh. stark an Boden gewinnt und durch die vereinten Bemühungen der ersten Karolingerkaiser und des Abtes Benedikt von Aniane († 821) fast ausschließliche Geltung erlangt[27].

In dem ehemaligen Minister des Ostgotenkönigs Theoderich, *Cassiodor*[28] (geboren um 485), begegnen wir einem Laien, der als eifriger Förderer des Mönchtums auf seinem süditalienischen Besitz Squillace zwei Niederlassungen gründete[29], eine Anachoretensiedlung auf der Anhöhe von Castellum und in unmittelbarer Nähe das eigentliche Kloster Vivarium, das aber einer spezifischen Aufgabe dienen sollte, nämlich der über die bisherige lectio divina weit hinausgehenden wissenschaftlich fundierten und organisierten Arbeit an der Bibel. In seinen den Mönchen gewidmeten *Institutiones divinarum et saecularium litterarum*[30] hat Cassiodor seine Vorstellungen darüber niedergelegt und ein konkretes Studienprogramm entwickelt. Wichtige Voraussetzung dafür war

[25] Dazu *A. de Vogüé:* RBén 71 (1961) 233–264; RAM 42 (1966) 389–404, 43 (1967) 21–33.

[26] Zur *conversatio* und *stabilitas* siehe *B. Steidle:* SA 44 (1959) 136–144 und Erbe und Auftrag 36 (1960) 103–112; *H. Hoppenbrouwers,* Graecitas et Latinitas Christianorum primaeva, Suppl. I (Nijmegen 1964) 45–96.

[26a] Siehe die Nachweise bei *A. de Vogüé,* La Règle de s. Benoît I 31 f und *A. Borias,* Hospitalité augustinienne et bénédictine: RHSp 50 (1974) 3–16.

[27] Zur Verbreitung beider Regeln siehe *G. Penco:* Benedictina 10 (1956) 181–198; SA 42 (1957) 321–345.

[28] Siehe außer *D. Cappuyns* und *R. Helm:* RAC 2, 915–926, *J. van Besselaar,* Cassiodorus, Leven en werken (Antwerpen 1950).

[29] Zur Lage und Struktur der Cassiodorschen Gründung *P. Courcelle:* MAH 55 (1938) 259–307. Daß Cassiodor in Vivarium schon die RB einführte, ist ebenso unbewiesen wie die Meinung, er sei der Verfasser der RM, die *D. Cappuyns:* RThAM 15 (1948) 209–268 vorträgt.

[30] Ausgabe von *R. A. B. Mynors* (Oxford 1937). Zur Bedeutung der Institutiones *L. Alfonsi:* Klearchos 6 (1964) 6–20.

eine Bibliothek[31], in der einwandfreie Bibelhandschriften, Einführungen in die Bibel, die exegetischen Schriften der Kirchenväter und jene Werke der Profanliteratur vorhanden waren, die für ein wissenschaftlich fruchtbares Bibelstudium nicht entbehrt werden konnten. Ein eigenes Scriptorium sollte die Herstellung der erforderlichen Handschriften übernehmen. Neu an dieser Konzeption war einmal die Forderung der echten wissenschaftlichen Betätigung überhaupt und dann der starke Akzent, der auf die Heranziehung der profanen Literaturwissenschaft gelegt wurde, die aber Cassiodor immer wieder zu rechtfertigen sucht. Für die Verwirklichung solch hochgesteckter Ziele kamen natürlich nicht alle Mönche des Klosters in Frage, und es bedurfte ohnehin einer längeren Anlaufzeit, bis ein leistungsfähiges Arbeitsteam herangebildet war. Aber schon mit dem Tode des Gründers († um 580) begann offensichtlich das Interesse an dem Unternehmen zu erlahmen, und so ist aus Vivarium nur ein exegetisches Werk hervorgegangen, eine *Expositio psalmorum*, und auch diese stammt aus der Feder Cassiodors[32] selbst, der sich dabei auf Augustins *Enarrationes in psalmos* stützte, ohne deren religiösen Gehalt auch nur entfernt zu erreichen. Das Wertvollste waren so zunächst die von Cassiodor erworbenen Bestände der Bibliothek und sein in den Institutionen entwickeltes Programm, das allerdings später einen wesentlichen Anteil an der Erneuerung der wissenschaftlichen Tätigkeit im Abendland gewinnen sollte[33].

Die starken Impulse, die von Gregor d. Gr., selbst Mönch und Klostergründer in Rom und auf Sizilien, auf das zeitgenössische Mönchtum Italiens ausgingen, sind schon wiederholt erwähnt worden. Viele seiner Maßnahmen galten dem äußeren und inneren Wiederaufbau des Klosterwesens, das ebenso wie das kirchliche Leben insgesamt unter den Wirren der Langobardeninvasion gelitten hatte[34]. Bedeutsam war weiter, daß Gregor mehr und mehr das Mönchtum in den unmittelbaren Dienst der Kirche nahm, Äbte zu Bischöfen berief, sie mit wichtigen Missionen etwa nach Ravenna oder Pavia sandte oder ihnen die Predigt bei den Langobarden und die Missionierung der Angelsachsen übertrug. Hier wird ein aufschlußreicher Wandel in Gregors Auffassung von der Bestimmung des Mönches faßbar, der in seinem eigenen Lebensweg begründet ist. Während er zunächst Mönchsein und Ausübung eines kirchlichen Amtes oder Auftrags für unvereinbar hielt, hat er später im kirchlichen Dienst eine Möglichkeit zur Erlangung höchster Vollkommenheit gesehen, da man in ihm vita

[31] Dazu *P. Courcelle*, Les lettres grecques en Occident (Paris ²1948) 313–388 und *L. Teutsch*, Cassiodorus Senator. Ein Beitrag zur Würdigung seiner wissenschaftlich-bibliothekarischen Leistung: Libri e Riviste 9 (1959) 215–239; *P. Riché* a.a.O. 204–212.

[32] CChr 97–98, ed. *M. Adriaen* (Terhout 1958). Vgl. *A. Ceresa-Gastaldo*, Contenuto e metodo dell'Expositio psalmorum di Cassiodoro: VetChr 5 (1968) 61–71.

[33] Zur Nachwirkung Cassiodors *H. Thiele*: SM 50 (1932) 378–419.

[34] *T. Leccisotti*, Le conseguenze dell'invasione longobarda per l'antico Monachesimo italico: Atti I° congr. internaz. Studi longobardi (Spoleto 1951) 369–376. Zur Zerstörung Monte Cassinos (577) siehe *H. S. Brechter*: SM 56 (1938) 109–150.

activa und contemplativa miteinander verbinden könne[35]. Bald nach Gregors Tod gewann das iroschottische Mönchtum Einfluß auf das italische, als Columban († 615) im Jahre 612 unweit der Trebbia (südlich von Pavia) sein letztes Kloster *Bobbio* gründete, das sich von Anfang an der reichen Förderung des langobardischen Königshauses erfreute und in gewissem Sinn zunächst ein königliches Eigenkloster war. Sein rasches wirtschaftliches Aufblühen gestattete ihm eine intensive Tätigkeit im kulturellen und theologischen Bereich, speziell durch sein Scriptorium wurde Bobbio zu einem erstrangigen geistigen Zentrum im damaligen Italien, das mit seinen zahlreichen Zweigniederlassungen und durch die Ausbreitung des Columbankultes nicht nur in den Bereich der Langobardenherrschaft, sondern auch in das byzantinische Gebiet ausstrahlte. Die strenge Regel Columbans blieb unter seinen ersten Nachfolgern in Geltung, erst in der 2. Jahrhunderthälfte macht sich allmählich der Einfluß der RB geltend, die dann im 8. Jh. alleinbestimmend wird[36].

Mönchtum im Merowingerreich

Im ehemaligen Gallien blieben die beiden Schwerpunkte der Ausbreitung des Mönchtums im 4./5. Jh., das Gebiet des unteren Rhônetales und Aquitanien, bestehen, erfuhren aber im 6./7. Jh. wichtige, z.T. von außen kommende Differenzierungen. Im Rhônemönchtum blieb zunächst der Einfluß von Lérins noch vorherrschend, wie besonders die schon genannte Regula Macharii erkennen läßt[37]. Auf die Bedeutung der jetzt aufkommenden Abtssynoden in den Provinzen Narbonne und Provence wurde schon hingewiesen[38]. Zum bedeutendsten Förderer des südostgallischen Mönchtums wurde Bischof Caesarius von Arles († um 542), der selbst Mönch in Lerinum war, ehe er die Leitung des Männerklosters vor den Toren der Stadt Arles übernahm (bis 502). In den beiden von ihm verfaßten Klosterregeln – die erste[39] schrieb er für das von ihm als Bischof gegründete Nonnenkloster St. Johannes, dem seine Schwester Caesaria vorstand, die zweite, eine Männerregel, ist wohl nur eine umgearbeitete Verkürzung der Nonnenregel[40] – wird aber nun neben der Lerinenser Tradition deutlich der Einfluß der Augustinusregel spürbar[41]. Die Nonnenregel gelangte zu

[35] Vgl. außer *P. Rudmann* (Lit.) *R. Gillet*, Spiritualité et place du moine dans l'Église selon s. Grégoire le Grand = Théologie de la vie monastique (Paris 1961) 323–351.

[36] Die frühen Urkunden für Bobbio bei *C. Cipolla*, Codice diplomatico del monastero di s. Colombano di Bobbio I (Rom 1918). Zur Rechtsstellung Bobbios siehe *C. G. Mor*, S. Colombano e la sua opera in Italia (Bobbio – Parma 1953) 73–83. – *A. Maestri*, Il culto di s. Colombano in Italia (Piacenza 1955). Über die Bedeutung Bobbios für die Mission bei den Langobarden siehe oben Kap. 15. [37] Siehe Anm. 3. [38] Siehe Anm. 4.

[39] Caesar. Arel., Opera II 101–129 (ed. *G. Morin*) und separat: FlorPatr 34 (Bonn 1933).

[40] Ebd. II 149–155, dazu *A. de Vogüé:* RAM 47 (1971) 369–406.

[41] Schon nachgewiesen von *C. Lambot:* RBén 41 (1929) 333–341, vgl. zuletzt *L. Rodorel de Seilhac*, L'utilisation par s. Césaire d'Arles de la Règle de s. Augustin (Diss. masch. Paris 1967).

besonderem Ansehen, als Chlothars I. Gemahlin Radegundis († 587) sie für das von ihr in Poitiers ins Leben gerufene Frauenkloster St. Marien (später Ste-Croix) übernahm, wahrscheinlich galt sie auch in den beiden von der Königin Brunhilde gestifteten Frauenklöstern von Autun[42]. Beide Caesariusregeln haben anregend auf spätere Verfasser von Klosterregeln gewirkt, so auf seinen Nachfolger Aurelian, der sich in seinen Regeln für die von König Childebert errichteten Klöster in Arles stark an Caesarius anlehnt[43]. Auch für den anonymen Autor der *Regula Tarnatensis monasterii*, das wohl am Fluß Tarn in Südgallien lag, war Caesarius neben Augustinus eine Quelle, aus der er z. T. wörtlich schöpfte. Eine mehr ideenmäßige Verwandtschaft mit den Caesariusregeln liegt vor in der Regel des Bischofs Ferreolus von Uzès (553–581) in Südfrankreich, dem aber auch die Regula Tarnatensis schon bekannt war. Alle genannten nachcaesarianischen Regeln lassen jedoch noch keinen Einfluß der RB erkennen[44]. Auf die Nonnenregel des Caesarius griff schließlich noch im 7. Jh. Bischof Donatus von Besançon (ca. 624–660) zurück, als er für das Frauenkloster Jussa-Moutier eine Regula mixta zusammenstellte, die außerdem viel aus der RB und einiges aus der Regel Columbans übernahm, zu dessen Schülern Donatus zuvor gehörte[45]. Daß sich die Rhôneklöster so relativ früh durch die Einführung einer Regel eine straffere Organisation gaben, mußte sich positiv auf das gesamte Klosterleben auswirken. Sicher hat es dazu beigetragen, daß gerade in den südgallischen Klöstern jenes wache Interesse für theologisch-religiöse Fragen vorhanden war, wie es in der Diskussion um die augustinische Gnadenlehre sichtbar wird. Es fällt weiterhin auf, daß gerade die aus dem Rhônemönchtum kommenden Bischöfe eine besondere Bereitschaft zeigen, das öffentliche Leben sowohl im kirchlichen wie im staatlichen Bereich wirksam mitzugestalten.

Im mittleren und westlichen Raum des alten Gallien steht das Mönchtum zunächst weiter unter dem Einfluß des martinischen Ideals und behält seine alte Neigung zum Individualismus bei, der sich neben anderem im Verzicht auf die stabilitas loci und auf die Einführung einer festen Klosterregel kundtut. So kam es immer wieder zu planlosen, oft bald wieder aufgegebenen Klostergründungen einzelner Mönche, so daß das erste fränkische Nationalkonzil von Orléans 511, in deutlichem Rückgriff auf die Klosterordnung des Caesarius von Arles, die Errichtung von Mönchsniederlassungen von der Zustimmung des Ortsbischofs abhängig machte und die Seßhaftigkeit der Mönche vor-

[42] Vgl. *F. Prinz,* Frühes Mönchtum 77f und *G. Marié:* Études mérovingiennes (Paris 1953) 219–225.

[43] Text beider Regeln Aurelians: PL 68, 385–406.

[44] Die Regula Tarnatensis: PL 66, 977–988, die Regula Ferrioli ebd. 959–976. Siehe bes. *L. R. Delsalle,* Comparaison, datation, localisation relative des Règles monastiques de s. Césaire d'Arles, s. Ferréol d'Uzès et de la Regula Tarnatensis monasterii: Augustiniana 11 (1961) 5–26; *G. Holzherr,* Regula Ferrioli (Einsiedeln 1961); *F. Villegas:* RBén 84 (1974) 7–65 mit neuem Text bei Regula Tarnatensis.

[45] Text: PL 87, 273–298, dazu *S. G. Luff:* DR 70 (1952) 180–203 und *R. Hanslick:* Stpatr 10, 1 (TU 107, Berlin 1970) 100–104.

schrieb[46]. Daß diese Bestimmungen sich aber nur in bescheidenem Ausmaß durchsetzten, lassen noch die Berichte Gregors von Tours über das Mönchtum des ausgehenden 6. Jh. erkennen, für das immer noch der Mangel an Disziplin und Organisation charakteristisch bleibt.

Der entscheidende Impuls für eine Weiterentwicklung des merowingischen Mönchtums kam von außen, als der irische Mönch *Columban*[47] (ca. 543–615) mit 12 Gefährten um 590 ins Frankenreich kam und sich das Mönchsideal seiner Heimat[48] auf neuem Boden auswirken konnte. Als der Ire die Stelle des ersten Lehrers an der Schule seines Heimatklosters Bangor aufgab, um in die Ferne zu ziehen, war auch bei ihm das Motiv dafür die religiös verstandene Peregrinatio, wie er selbst in seinem Brief an die Bischöfe des Merowingerreiches betont[49]. Erst als er die bedrückende Lage der merowingischen Kirche aus eigener Anschauung kennengelernt hatte, entschloß er sich auch zu seelsorgerischer Arbeit unter der Bevölkerung, soweit sie im Rahmen klösterlichen Gemeinschaftslebens möglich war. Dabei war es von größter Bedeutung, daß Columban für seine Tätigkeit rasch die Billigung und Unterstützung Königs Sigiberts und der merowingischen Oberschicht fand, die von der Persönlichkeit des irischen Mönches stark beeindruckt waren. Am Südostabhang der Vogesen konnte er nacheinander drei Niederlassungen gründen, Annegray, Luxeuil und Fontaine[50], von denen die zweite nach der Größe der Anlage (Refektorium, Klosterschule, Gästehaus) und der schnell wachsenden Zahl der Mönche die bedeutendste wurde. Für diese Klöster schrieb Columban seine Regeln nieder, die *Regula monachorum* (10 Kapitel), die mehr die Grundhaltungen des asketischen Lebens der Mönche festlegt, und die *Regula coenobialis,* eine lose, mehr notizbuchartige Aufzeichnung von Bußen, die für Verfehlungen im Klosterleben auferlegt wurden[51]. Beide spiegeln Theorie und Praxis des irischen Heimatklosters Bangor wider, die dessen Abt Comgall dort eingeführt hatte. Dazu gehört vor allem der ernste, strenge, nach Innerlichkeit strebende Grundzug, der die Mönchsregel durchzieht, die Gebetsordnung (Kap. 7) und die detaillierten Bußbestimmungen der Regula coenobialis. Von Anfang an besaß die Gründung Columbans eine starke Ausstrahlungskraft, die sich in zwei wichtigen Zügen äußerte. Einmal wurde der fränkische Adel in einzigartiger Weise vom iroschottischen Mönchsideal angesprochen: seine Söhne wurden z. T. in Luxeuil erzogen oder traten dort als Mönche ein, Mönche aus Luxeuil wurden zu Bischöfen

[46] Concil. Aurel. (a. 511) can. 11.

[47] Hauptquelle die Vita Columbani des Mönches Jonas von Bobbio, ed. *B. Krusch:* MGSS rer. Mer. 4 (1902), eine ed. minor (Hannover 1905). Die Schriften Columbans ed. *G. S. M. Walker,* S. Columbani Opera (Dublin 1957).

[48] Zur Entwicklung und Eigenart des iroschottischen Mönchtums siehe oben Kap. 12.

[49] Columb., Ep. 2, 6.

[50] Jonas, Vita s. Columb. 1, 6; 1, 10.

[51] Die Regula monachorum: 122–142; die Regula coenobialis: 142–168 ed. *Walker.* Die handschriftliche Überlieferung beider Regeln weist viele spätere Erweiterungen auf, vgl. *Walker,* Introduction XLII–LII.

berufen, die dann Klöster nach Luxeuiler Vorbild ins Leben riefen oder in schon bestehenden Klöstern die Ordnung von Luxeuil einführten, und schließlich nahmen Laien zahlreiche Neugründungen sowohl in Neustrien wie in Austrasien und Nordburgund vor, so daß die Zahl der an Luxeuil orientierten Klöster im Lauf des 7. Jh. auf über hundert anstieg[52]. Die zunächst ausschließliche Geltung der Columbanregel wurde im Lauf des Jahrhunderts allerdings abgelöst durch eine *Regula mixta,* zu der sie sich mit Teilen der allmählich vordringenden Benediktinerregel entwickelte. Des weiteren ging von diesen Klöstern eine tiefreichende seelsorgerliche Wirkung aus, da die von ihnen empfohlene Privatbeichte, die Betonung ernster Bußgesinnung[53], kurz die Ausübung einer individuellen Seelsorge, einem tiefen Bedürfnis in allen Schichten der Bevölkerung entgegenkam. Dieser doppelte Erfolg des Luxeuiler Geistes wurde aber alsbald auch Anlaß zu einem ernsten Konflikt zwischen Mönchtum und Teilen des Episkopates wie auch mit König Theudebert II. Den Bischöfen mißfiel die relative Unabhängigkeit der irofränkischen Klöster ebenso wie die so wirksame seelsorgerliche Tätigkeit Columbans, beide, Bischöfe und König, ertrugen vor allem nicht die freimütige Sprache des irischen Mönches, der den Weltklerus unmißverständlich an seine Hirtenpflicht erinnerte und den König scharf wegen seines Konkubinates rügte. Dem gemeinsamen Druck beider mußte Columban schließlich weichen (610), der nach zweijähriger Missionsarbeit unter der noch heidnischen Bevölkerung zwischen dem Zürichsee und Bregenz im Herbst 612 über die Alpen wanderte und in Bobbio die letzte Stadt seiner Peregrinatio erreichte[54]. Das Wirken der Iroschotten auf fränkischem Boden wurde jedoch zu einem wichtigen Impuls für den religiösen Aufstieg der Bevölkerung des Merowingerreiches, der zum Beginn der Karolingerzeit festgestellt werden kann.

Das spanische Mönchtum

Die Entwicklung des spanischen Mönchtums im 5. Jh. wurde unterbrochen durch die Invasion der Vandalen, Suewen und Westgoten, es nahm aber nach der Konsolidierung der politischen Verhältnisse einen steten Aufschwung, der zu einer beachtlichen Blüte im 7. Jh. führte. Wie in Italien behielt auch hier das Eremitentum, vor allem auf den Balearen und in den Bergen Asturiens und Galiciens, seine Bedeutung[55], der Schwerpunkt lag jedoch in den an Zahl rasch

[52] Die Geschichte dieser Gründungen bei *F. Prinz* 121–151 mit den Karten V, VII A und VII B, zur *Regula mixta* ebd. 270–289.

[53] Die Echtheit der Bußgesinnung sollte sich bewähren in der Bereitschaft zu entsprechenden Bußleistungen, die Columban in zwei Katalogen, erhalten als Poenitentiale, zusammenstellte, siehe S. 168–180 *Walker* und die Sonderausgabe von *J. Laporte,* Le Pénitentiel de s. Colomban (Tournai 1958).

[54] Zur Chronologie dieser Lebensphase Columbans *J. O'Carroll:* IThQ 24 (1957) 76–95.

[55] Vgl. *M. C. Díaz y Díaz* a. a. O. und *A. Linage Conde* 244–250. Zu beachten ist vor allem die eigenwillige Gestalt des Eremiten Valerius von Bierzo.

wachsenden koinobitischen Niederlassungen, die ihre Entstehung zunächst Bischöfen und Mönchen, nach dem Übertritt König Rekkareds zum Katholizismus (589) auch dem regierenden Königshaus verdanken.

Bald nach 506 wurde das Kloster St. Martin von Asan gegründet (am Südhang der Pyrenäen nördlich von Huesca), dessen Abt Victorian durch Errichtung kleinerer, ihm aber unterstellter Niederlassungen für die Ausbreitung des Mönchtums bis zur Jahrhundertmitte († 558) tätig war[56]. Noch bedeutsamer war das Wirken des aus Pannonien stammenden Martin von Braga, der um 550 aus Palästina nach Galicien kam und hier das Kloster Dumio ins Leben rief, dem er als Abt bis zu seiner Berufung zum Bischof von Dumio vorstand (556). Durch eine von ihm übersetzte und bearbeitete Spruchsammlung ägyptischer Väter, die als „Regel" verwandt werden konnte, hat er seinem Kloster eine orientalische Ausrichtung gegeben, die es in die Nähe des martinischen Mönchtums in Gallien rückt[57]. Nicht ohne Einfluß auf das spanische Mönchtum war dann die Gründung des Klosters Servitanum im westgotischen Bereich durch Abt Donatus, der vor 570 mit 70 Mönchen und einer beträchtlichen Bibliothek aus Nordafrika eingewandert und bald zu hohem Ansehen gekommen war[58]. Sein Nachfolger Eutropius, der nach dem Konzil von Toledo 589 Bischof von Valencia wurde, hat in einer eigenen Schrift die straffe Disziplin seines Klosters verteidigt[59]. Man muß wohl annehmen, daß im Monasterium Servitanum die Augustinusregel befolgt wurde[60].

Die Abhandlung *De institutione virginis*, die Bischof *Leander* von Sevilla († ca. 600) für seine Schwester, die Nonne Florentina, verfaßte, verwertet Gedanken aus dem Schrifttum des Hieronymus (besonders dessen Brief 22 an Eustochium), aber auch Cassians und Augustins, während sich noch keine Spuren der Regel Benedikts nachweisen lassen[61]. Die *Regula monachorum* seines Bruders und Nachfolgers *Isidor* († 636) ist inhaltlich sowohl vom östlichen

[56] Seine Grabinschrift bei *J. Vives*, Inscripciones cristianas (Barcelona [2]1969) n. 284. Vgl. auch Ven. Fortun., Carm. 4, 11.

[57] Die *Sententiae patrum aegyptiorum* bei *C. W. Barlow*, Martini episcopi Bracarensis opera omnia (New Haven 1950) 30–51. Der Bischof von Braga nannte den gallischen Martin seinen *patronus* – siehe das von ihm selbst verfaßte Epitaphium S. 283 *Barlow* –, und Ven. Fortun., Carm. 5, 1 nennt ihn *Martini heres*.

[58] Ildefonsus Tolet., Vir. ill. 4; Joh. Biclar., Chron. ad a. 571. Der Verfasser der *Vitae patrum Emeritensium* 3 berichtet über die Ankunft einer weiteren Gruppe afrikanischer Mönche in Mérida, eine Nachricht, deren Kern zutreffen kann.

[59] Isidor. Hisp., Vir. ill. 45; 65. Die Schrift Eutrops *De districtione monachorum:* PL 80, 15–20 und bei *M. C. Díaz y Díaz*, Anecdota wisigothica (Salamanca 1958) 20–35. Über Eutrop auch *J. Vives:* DHGE 16, 84–86.

[60] *A. Manrique*, La Regla de s. Agustín en España durante los primeros siglos de su existencia: CD 182 (1969) 485–513, bes. 488 490.

[61] Die „Regel" Leanders ist in drei Fassungen überliefert: a) PL 72, 873–894; b) ed. *A. C. Vega*, S. Leandro de Sevilla. El ‚De instit. virg.' (El Escorial 1948) = PL Suppl. 4, 1421–49; c) ed. *J. Madoz:* AnBoll 67 (1949) 407–424. Zu den Quellen Leanders *ders.:* MiscMercati 1 (1946) 265–295 und *J. Campos Ruiz:* BAC 321, 9–19.

(Pachomius- und Macariusregeln, Cassian) wie vom westlichen (Hieronymus, Caesarius von Arles und vielleicht auch Benedikt) monastischen Schrifttum abhängig. Seine Eigenleistung besteht in der Klarheit und Abgewogenheit, mit denen er den ihm vorliegenden Stoff zu einer wohldurchdachten Regel formt[62]. Isidor berichtet auch von einem Zeitgenossen, dem Bischof Johannes von Gerona († vor 621), er habe das Kloster Biclarum an den Ausläufern der Pyrenäen gegründet und für dasselbe eine Regel geschrieben, die aber wohl als verloren zu gelten hat[63]. Ein hilfreicher Förderer des Mönchtums war ferner der Freund Isidors, Bischof Braulio von Zaragoza († 651), einst Zögling der Klosterschule von Sevilla[64]. Er stand im Briefwechsel mit Fructuosus von Braga († ca. 665), der aus vornehmer westgotischer Familie stammte, sein Vermögen zur Errichtung mehrerer Klöster in Galicien und an der Südküste Spaniens verwandte und später Bischof von Dumio und Metropolit von Braga wurde. Seine Regula monachorum greift auf Pachomios, Cassian und Isidor zurück, weist aber auch gewisse Parallelen zu Hieronymus und Augustinus auf[65]. Singulär ist ihre Vorschrift (cap. 22), daß der Mönch bei seinem Eintritt ins Kloster ein *Pactum* unterzeichnet, in dem er die Freiwilligkeit seines Entschlusses beteuert und sich in einer Art Vertrag zur Erfüllung der klösterlichen Satzungen verpflichtet[66]. Die Fructuosus wohl zu Unrecht zugeschriebene *Regula communis* nimmt Bezug auf eine weitere in Galicien übliche Sonderform von Klöstern, in denen ganze Familien auf ihrem Besitztum eine Art Klosterleben führten, das manche Mißstände nach sich zog[67].

Als besonders charakteristischen Zug des spanischen Mönchtums dieser Zeit wird man seine Aufgeschlossenheit für geistige Tätigkeit nennen dürfen, in der das Studium der Bibel, das nach Leanders Auffassung auch in den Frauenklöstern Pflicht ist, den bisherigen ersten Rang beibehält[68]. Für die täglich vorge-

62 *Regula monachorum:* PL 83, 867–904 und BAC 321, 79–125, über ihre Quellen siehe *R. Susin Alcubierre:* Salmanticensis 14 (1967) 371–394. Synodalbeschlüsse über das Mönchtum: Concil. Hispal. II can. 10 und 11; Concil. Tolet. IV can. 48–53; 56.

63 Isidor. Hisp., Vir. ill. 44. Dazu *J. Campos,* Juan de Biclaro (Madrid 1960) 32–41. *J. Pérez de Urbel:* Hispania 1 (1940) 9–39, 2 (1941) 32–52 möchte die Regel Juans mit der *Regula Magistri, A. C. Vega:* BRAH 16 (1969) 13–27 mit der *Regula Macarii* identifizieren.

64 *C. H. Lynch – P. Galindo,* S. Braulio, obispo de Zaragoza (Madrid 1950).

65 Zu Fructuosus vgl. *M. C. Díaz y Díaz:* DSp 5, 1541–46. Die anonyme Vita s. Fructuosi: PL 87, 459–470 und bei *F. C. Nock* (Washington 1946). Die *Regula monachorum:* PL 87, 1099–1110 und BAC 321, 129–162; ihre Quellen: *R. Grégoire:* RAM 43 (1967) 172–174; *J. Oroz-Reta:* Stpatr 10, 1 (TU 107, Berlin 1970) 407–412.

66 Muster eines solchen Pactums: PL 87, 1127–30; BAC 321, 208–211; zur Verbreitung des Brauches *C. J. Bishko:* Estudios Menéndez Pidal II (Madrid 1951) 514–531. Der von *I. Herwegen,* Das Pactum des hl. Fructuosus von Braga (Stuttgart 1907; Nachdr. Amsterdam 1965) angenommene germanische Charakter dieses Brauches ist ungewiß.

67 Die *Regula communis:* PL 87, 1111–27; BAC 321, 165–208, dazu *J. Orlandis,* Los monasterios familiares en España durante la alta edad media: Anuario de historia del derecho español 26 (1956) 5–46.

68 *J. Orlandis,* La ‚lectio divina' en el monasterio visigodo: Jus canon. 7 (1957) 149–156. Leand. Hisp., Reg. ad virg. 6.

schriebenen drei Stunden der „lectio" leiht sich der Mönch aus der Klosterbibliothek von Sevilla vom sacrarius seinen Lesestoff aus, zu dem auch die Schriften profaner Autoren gehören, soweit sie dem theologischen Studium förderlich sind[69]. Die bedeutenderen spanischen Bischöfe des 7. Jh. haben ihre beachtliche Bildung fast alle in den Klosterschulen von Sevilla, Toledo (Agali) oder Zaragoza erworben und haben deren scriptoria als Bischöfe weiterbenutzt und gefördert[70]. In diesem wachen Interesse für die geistige Arbeit darf man zu Recht den Einfluß des afrikanischen Mönchtums wirksam sehen, der von dem schon genannten Kloster Servitanum unter dem afrikanischen Abt Donatus ausging[71]. Es bleibt ein Verdienst des spanischen Mönchtums dieser Zeit, seiner Kirche einen Episkopat gegeben zu haben, der, gemessen an seiner asketischen und theologischen Bildung, einen hohen Rang in der lateinischen Kirche des 7. Jh. einnahm. Das religiöse Selbstverständnis dieses Mönchtums bleibt allerdings traditionell, wenn man es mit dem Eifer vergleicht, den es für die praktische Gestaltung des Klosterlebens durch Regeln, Synodalbeschlüsse und sonstige Schriften aufwendet. Man orientiert sich weitgehend an dem Ideengut, das von Hieronymus, Augustinus und Cassian vorgelegt wurde, und man versteht eine Besserung und Reform des Mönchtums jeweils im Sinne einer Rückkehr zu seiner ursprünglichen Idee[72].

Das Mönchtum Afrikas

Das vornehmlich durch die Initiative Augustins zu rascher Blüte gelangte afrikanische Mönchtum wurde noch in dessen letzten Lebensmonaten durch die Invasion der arianischen Vandalen ebenso in Mitleidenschaft gezogen wie die dortige katholische Kirche als Ganzes. Außer Kirchen und Friedhöfen wurden auch zahlreiche Klöster zerstört, zum Teil niedergebrannt und ihre Einwohner vertrieben, manche von ihnen fanden den Tod durch Schwert oder Folter, andere wurden in die Gefangenschaft verschleppt[73]. Es sind wohl hauptsächlich jene Klöster betroffen worden, die an dem Anmarschweg der Vandalen oder in der Provinz Africa Proconsularis lagen, dem eigentlichen Siedlungsgebiet der Vandalen. Da viele afrikanische Männerklöster auch Kleriker in ihrer Kommunität hatten, sind auch diese von dem Ausweisungsdekret des Königs Geiserich

[69] Isidor. Hisp., Reg. mon. 8, 1.

[70] *P. Riché*, Éducation et culture dans l'Occident barbare (Paris ³1973) 339–345. Zur profanen Bildung Isidors *J. Fontaine*, Isidore de Sévilla et la culture classique dans l'Espagne visigothique (Paris 1959) 735–762.

[71] *P. Riché* a.a.O. 345–348.

[72] Über die theologische Wertung des Mönchtums in der Westgotenzeit siehe *J. Fontaine* und *M. C. Díaz y Díaz*, Théologie de la vie monastique (Paris 1961) 353–369 371–383 und bei Fructuosus *R. Grégoire:* RAM 43 (1967) 159–176.

[73] Übereinstimmend Possidius, Vita s. Aug. 28, 7 und Victor Vit., Hist. persec. 1, 4–7. Ob die Vergewaltigung von Klosterfrauen durch Barbaren in der Provinz Mauretanien, von der Leo I., Ep. 12, 8 und 11 spricht, den Vandalen zugeschrieben werden muß, ist nicht sicher.

gegen die Kleriker erfaßt worden[74]. Über die Maßnahmen seines Vaters hinausgehend, hat König Hunerich (477–484) die völlige Unterdrückung aller Klöster geplant, da er sie durch einen Erlaß des Jahres 484 den Mauren überweisen ließ, nur sein Tod hat die Ausführung des Vorhabens verhindert[75]. In der Verfolgung Hunerichs sind außer Klerikern auch Mönche und Klosterfrauen zum Arianismus der Eroberer übergetreten[76], die Mehrheit hat sich jedoch in den schweren Belastungen hervorragend bewährt. Als König Gunthamund (484–496) nacheinander die Verfolgungs- und Verbannungsdekrete seines Vorgängers zurücknahm, konnten auch die vertriebenen Klosterbewohner zurückkehren und die Schäden der Verfolgung beseitigen, es kann sogar eine relativ rasche Regenerierung des Klosterlebens festgestellt werden, die sich, vor allem für die Provinz Byzacena, in der Vita des Bischofs Fulgentius von Ruspe († wahrscheinlich 527) widerspiegelt[77]. Wie vorher gibt es neben Klöstern, die nur Laien als Mitglieder haben und in der Minderheit sind, andere, in denen auch Kleriker und mit ihnen zuweilen der Bischof als Mönche leben[78].

Zu einer klosterrechtlich interessanten Diskussion kam es auf der Synode von Karthago 525, auf der ein Abt Petrus Klage gegen den Bischof Liberatus, Primas der Byzacena, erhob, weil er sein Kloster ganz der bischöflichen Jurisdiktion unterstellt habe und die Mönche wie seine Kleriker behandeln wollte. Das Konzil beschloß die volle Unabhängigkeit des Klosters vom Bischof, speziell die freie Abtswahl, und betonte, die dem Kloster von seinem Gründer gegebene Regel sei in jeder Hinsicht zu beachten, dem Bischof stehe nur das Weiherecht hinsichtlich der für den Gottesdienst im Kloster bestimmten Kleriker zu. Die Angelegenheit kam noch einmal auf dem karthagischen Konzil des Jahres 536 zur Sprache, auf dem ein Bischof Felix aus Numidien für die Bestätigung der Synodalbeschlüsse von 525 eintrat[79]. Des öfteren ist in den zeitgenössischen Quellen von einer Regel oder Ordnung die Rede, nach der die Klöster lebten. Es liegt zwar nahe, hier an die Augustinusregel zu denken, zumal das Andenken Augustins gerade in den afrikanischen Klöstern hochgehalten wurde, aber die Frage muß offenbleiben, weil es zur Zeit des Fulgentius Klöster von verschiedener Strenge der Observanz gab[80]. Daß jedoch augustinischer Geist in afrikanischen Klöstern des 5. und 6. Jh. weiterlebte, läßt sich aus dem Interesse schlie-

[74] Victor Vit., Hist. persec. 1, 14–15; 1, 51.

[75] *Passio septem monachorum* 5 (CSEL 7, 109): *universa monasteria virorum vel puellarum sanctarum gentibus id est Mauris cum habitatoribus donare praecepit.*

[76] Eine römische Synode des Jahres 487 setzt die Bedingungen für ihre Wiederaufnahme in die kirchliche Gemeinschaft fest: *Mansi* 7, 1056–58 1171–74, dazu *Hefele-Leclercq* 2, 934–935.

[77] Verfasser ist der Mönch und Diakon Ferrandus von Karthago: PL 65, 117–150. Kritische Ausgabe von *G. Lapeyre* (Paris 1929). Zum Todesjahr des Fulgentius siehe *C. Courtois*, Les Vandales et l'Afrique (Paris 1955) 300.

[78] *J. J. Gavigan* a.a.O. 150–153.

[79] Die Akten der Synoden: *Mansi* 8, 633–656 841–842 und Concilia Africae, CChr 249 (Turnhout 1974) 273–275 (concil. Carth. a. 525); 283 (concil. Carth. a. 536).

[80] Ferrandus, Vita s. Fulg. 12, 63; 28, 135.

ßen, das sie für das Studium der Bibel und die theologische Diskussion der Zeit erkennen lassen, wie es etwa die Mönche Ferrandus und Felix im Dreikapitelstreit beweisen.

Ein neuer Zug wurde in das Bild des afrikanischen Mönchtums eingetragen, als nach der byzantinischen Eroberung Nordafrikas durch Belisar (533/534) griechische Mönche auf der Flucht vor den Persern aus Palästina, Syrien und Ägypten oder später im Gefolge des monotheletischen Streites nach Nordafrika kamen und sich in der Proconsularis niederließen, in der in der 1. Hälfte des 7. Jh. vier byzantinische Klöster, darunter eine Laura S. Sabae, nachweisbar sind[81]. Zu den bekanntesten Vertretern dieses Mönchtums gehören, wenigstens zeitweise, die Äbte Sophronios und Thalassios, der von S. Saba und Maximos der Bekenner. Die drei letztgenannten reisten von Afrika aus nach Rom und nahmen an der Lateransynode des Jahres 649 teil, die sich mit dem monotheletischen Streit befaßte. Als um diese Zeit die arabische Invasion einsetzte, wurde mit der dortigen Kirche auch das nordafrikanische Mönchtum in die wechselvollen Kämpfe um den Besitz dieser Provinzen hineingezogen und teilte mit ihr das Schicksal eines langsamen, aber unaufhaltsamen Todes.

Über das irische und angelsächsische Mönchtum siehe oben Kap. 12 und 16 über die Mission bei den Iren und Angelsachsen.

22. *Kapitel*

Theologische Diskussionen

QUELLEN: Victor episcop. Vitensis, Historia persecutionis Africanae provinciae, ed. *M. Petschenig:* CSEL 7 (1881); Fulgentius Ruspensis, Opera, ed. *J. Fraipont:* CChr 91 u. 91a (Turnhout 1968); La Crónica de Juan Biclarense, ed. *P. Álvarez Rubiano:* AST 16 (1943) 16–42; Vitae Patrum Emeritensium: ActaSS Novembris I, 316–339 (Paris 1887) und *J. N. Garvin* (Washington 1946); Caesarius Arelatensis, Sermones, ed. *G. Morin:* CChr 103 u. 104 (²1953); Paulus Diaconus. Historia Langobardorum: MGSS rer. Lang. 45–187; Facundi episcopi ecclesiae Hermianensis opera omnia, edd. *J. M. Clement – R. van der Plaetse:* CChr 90 A (1974); Rustici contra Acephalos disputatio: PL 67, 1167–1254.

LITERATUR: *Hefele-Leclercq* (Paris 1907ff, Hildesheim – New York ²1973); *H. J. Diesner,* Fulgentius von Ruspe als Theologe und Kirchenpolitiker = Arbeiten zur Theologie I, 26 (Stuttgart 1966); *ders.,* Die Auswirkungen der Religionspolitik Thrasamunds und Hilderichs auf Ostgoten und Byzantiner = Sitzungsber. der sächs. Akademie d. Wiss. Phil.-hist. Kl. 113, 3, Berlin (1967); *M. C. Díaz y Díaz,* La cultura de la España visigótica del siglo VII: Settimane di Studio del Centro Italiano di studi sull'Alto Medioevo V (Spoleto 1958) 813–844; *E. E. Sestan,* La composizione etnica della società in rapporto allo svolgimento della civiltà in Italia nel secolo VII: ebd. 649–677; *O. Bertolini,* Le chiese Longobarde dopo la conversione al Cattolicesimo ed i loro rapporti con il papato: ebd. VII (1960) 455–492; *G. P. Bognetti,* La continuità delle sedi episcopali e l'azione di Roma nel regno Longobardo: ebd. VII (1960) 415–454; *F. J. Dölger,* Die Ehrfurchtsbezeigung beim Durchgang zwischen heidnischem Altar und christlicher Kirche. Arianische Gewissensbetäubung

[81] Über Name und Lage der byzantinischen Klöster siehe *J. J. Gavigan* a.a.O. 209–214.

in der Spätantike: AuC 6 (1940/50) 69f; *K.F. Stroheker*, Germanentum und Spätantike (Zürich – Stuttgart 1965); *F. Kauffmann*, Aus der Schule des Wulfila (Straßburg 1899); *M. Schanz – C. Hosius – G. Krüger*, Geschichte der römischen Literatur, IV, 2: Die Literatur des 5. u. 6. Jh. (München ²1959); *A. Grillmeier*, Christ in Christian Tradition (London 1965); *J.A. Jungmann*, Liturgisches Erbe und pastorale Gegenwart (Innsbruck 1960); *G.G. Lapeyre*, St. Fulgence de Ruspe (Paris 1929); *M.J. Delage*, s. zu Kap. 19; *L. Duchesne*, L'Église au 6ᵉ siècle (Paris 1925); *K. Schäferdiek*, Die Kirche in den Reichen der Westgoten und Suewen bis zur Errichtung der westgotischen katholischen Staatskirche = Arbeiten zur Kirchengeschichte 39 (Berlin 1967); *W. Goez*, Bemerkungen zu einem Bischofsgrab im Dom von Grado: ZKG 70 (1959) 121–140; *W. Meyer*, Die Spaltung des Patriarchats Aquileia. Abhdl. Ges. Wiss. Göttingen, Phil.-Hist. Kl. N. F. 2, 6 (1898).

Die Auseinandersetzung der Kirche mit dem Arianismus der Vandalen und Goten

Die Auseinandersetzung wurde seitens der Vandalen in Afrika als Verfolgung mit allen staatlichen Machtmitteln geführt. Das bezeugt die 488/489 veröffentlichte Geschichte der Verfolgung in der Provinz Afrika des Bischofs Victor von Vita, die freilich nicht nur historischer Bericht, sondern zugleich Instrument der Auseinandersetzung ist. Victor will (3, 62) alle diejenigen eines Besseren belehren, welche die Barbaren hochschätzen, und zeigen, daß die Barbaren Barbaren bleiben und nichts anderes im Sinn haben als die Vernichtung aller Römer; er identifiziert also Katholiken mit Römern und umgekehrt. Er schließt mit einem Gebet, Gott möge dieser Strafe für die Sünden der Römer ein Ende bereiten (3, 70), aber er hoffte wohl auch, die Byzantiner zu einem Eingreifen in Afrika bewegen zu können, was ihm allerdings nicht gelang. Über diesen Zweck hinaus bleibt die Schrift trotz aller Einseitigkeit eine der wichtigsten Quellen, aus der hervorgeht, daß die Vandalen zwar versuchten, die katholische afrikanische Bevölkerung zu gewinnen, aber auf Wiedertaufe von Übertretenden bestanden. Der römische Comes Sebastian, um den König Geiserich sich persönlich bemühte, lehnte Übertritt und Wiedertaufe so ab: „Wie Brot dadurch entsteht, daß Mehl durch Wasser und Feuer geht, so bin ich getauft und vom Feuer des Heiligen Geistes gekocht worden. Wenn man Brot wiederum zerstükkeln, neu einweichen und wiederbacken kann und es dadurch besser wird, dann will ich mich wiedertaufen lassen."[1] Hier schon läßt sich erkennen, daß die Auseinandersetzung mit dem Arianismus der Germanen nicht nur Sache der Theologen und Seelsorger, sondern auch der Laien war. Die Möglichkeiten für den Klerus waren außerordentlich eingeschränkt; Geiserich verbot nicht nur feierliche katholische Begräbnisse unter Gesang und Hymnen[2], weil er sie für werbewirksam hielt, sondern er ließ sich auch über die Predigten des katholischen Klerus berichten. Wer von Pharao oder Nabuchodonosor oder einer ähnlichen Gestalt des Alten Testamentes gesprochen hatte, dem wurde vorgeworfen, er habe den König damit gemeint, und der wurde ins Exil geschickt[3].

[1] Victor, hist. pers. 1, 6, 19–21. [2] Ebd. 1, 16. [3] Ebd. 1, 27.

Geiserich mag überempfindlich gewesen sein, aber man wird annehmen dürfen, daß tatsächlich die Predigten in dieser verschlüsselten Weise gegen den arianischen, die Kirche verfolgenden Herrscher kämpften. Hunerich, der Nachfolger des Geiserich, schrieb im Jahre 483 erneut das Bekenntnis der Synode von Rimini aus dem Jahre 359 für Nordafrika vor, weil sie wahrhaft ökumenisch gewesen sei[4]. Man sollte in den Vandalen nicht einfach Arianer, sondern Anhänger des verwaschenen Bekenntnisses von Rimini, also Homoier, sehen. Bemerkenswert ist, daß König Hunerich sich ausdrücklich auf die antiarianische Gesetzgebung der Kaiser berief, um sie nun gegen die Homousianer (die Katholiken) anzuwenden[5]. Als sich der oströmische Kaiser Zeno bei Hunerich dafür verwandte, in Karthago wieder eine katholische Bischofswahl zu gestatten, da verlangte er seinerseits Kultus- und Predigtfreiheit für die arianischen Bischöfe in Konstantinopel und den Ostprovinzen, sonst würden die karthagischen Kleriker exiliert. Hier ist wenigstens ansatzweise ein arianisches oder, besser gesagt, antikatholisch-germanisches ökumenisches Bewußtsein zu erkennen, welches der katholischen Kirche bedrohlich erscheinen mußte. So wollte der Klerus in Karthago lieber auf die Wahl eines Bischofs verzichten, mußte aber dem Willen des Volkes nachgeben[6].

Victor hat in seine Verfolgungsgeschichte ein Buch über den katholischen Glauben eingearbeitet[7], in dem er u. a. die chalkedonische Christologie, d. h. die Zwei-Naturen-Lehre, darlegt. Er ist sich also bewußt, daß erst in Chalkedon die endgültige Antwort auf Arius gegeben wurde. Erfolgreich von dorther argumentieren konnte freilich erst Fulgentius von Ruspe, der jüngere Zeitgenosse Victors[8]. Neben den Bibelargumenten, die aus dem ersten Arianer-Streit bekannt sind und schon im griechischen Sprachraum ausgebildet wurden, zieht Victor aus dem Wortlaut der altlateinischen Übersetzung Gewinn. So lautet Jr 9, 10 bei ihm: Sie hören nicht die Stimme der Substanz. Gemeint ist: die Hügel hören nicht mehr den Laut der Herden; so umschreibt Jeremias die Verlassenheit des für seine Sünden bestraften Landes Israel. Victor sieht in dieser Stelle einen Beweis dafür, daß die häretischen Arianer, die nichts von der gemeinsamen Substanz von Vater und Sohn wissen wollen, der Verdammung entgegengehen[9]. Offenbar haben die Vandalen in Afrika sich selbst als Katholiken bezeichnet, die römisch-katholischen Christen und die Donatisten dagegen gemeinsam mit dem Namen Homousianer belegt[10]. So konnte Fulgentius argumentieren, das Wort „katholisch" sei ebensowenig biblisch wie das homousios; die Arianer müßten sich gefallen lassen, daß man sie Tri-Usianer nennt[11].

[4] Ebd. 3, 5.
[5] Ebd. 3, 7 und 12.
[6] Ebd. 2, 2.
[7] Ebd. 2, 56–101.
[8] Siehe unten S. 291.
[9] Ähnlich Fulgentius in seinen Antworten an König Trasamund: CChr 91, Zeile 377.
[10] Fulgentius, ep. 9, 4.
[11] Antworten: CChr 91, Zeile 651 ff.

Aus den *Disziplinarmaßnahmen*, welche die Kirche ergreifen mußte, geht hervor, daß der Kampf gegen den Arianismus nicht immer erfolgreich war, sondern daß viele Gläubige, auch Kleriker, sich auf die Seite der Arianer ziehen ließen. So versammelte Papst Felix II. im Jahre 487 in Rom eine Synode des afrikanischen Episkopats, um die Probleme der in der Vandalenverfolgung Abgefallenen zu lösen. In seinem Brief an die Bischöfe Siziliens[12] teilte er das Ergebnis mit: Höhere Kleriker, die zu den Arianern übergegangen waren, sollten bis an ihr Lebensende Buße tun; niedere Kleriker, Mönche und Laien sollten drei Jahre unter den Hörenden und noch sieben Jahre unter den Büßern verbringen, zwei Jahre lang dürften sie sich an keiner Altargabe beteiligen[13]. Später bestimmte das Konzil von Lérida in Spanien im Jahre 523 (can. 9), daß alle, die sich ohne Zwang hatten wiedertaufen lassen, sieben Jahre unter den Katechumenen und dann noch zwei Jahre unter den Gläubigen nur mitbeten dürfen, bevor sie voll rekonziliiert werden. Bemerkenswert ist, daß da keine Regelung getroffen wurde für solche, die unter Zwang die Wiedertaufe akzeptiert hatten, wohl deshalb, weil die Westgoten in Spanien keinen Zwang anwendeten. In der Regel bestanden die Arianer, besser gesagt die antinizänischen Germanen, auf Wiedertaufe von zu ihnen Übertretenden. Erst der Westgotenkönig Leowigild ist i. J. 580 zur Erleichterung von Konversionen von dieser Forderung abgerückt[14]. Aber es gab schon um das Jahr 500 in Afrika Katholiken, die ohne Wiedertaufe zu den Arianern übergegangen waren und sich Hoffnung machten, nicht so schwer gesündigt zu haben und des ewigen Heiles nicht verlustig zu gehen[15]. Andererseits gab es, jedenfalls unter der Herrschaft des katholischen Chlodwig, der den arianischen Westgoten i. J. 507 den größten Teil Galliens entriß, Konversionen arianischer Kleriker. Für sie bestimmte das Konzil von Orléans, welches sich im Jahre 511 eben auf Anordnung Chlodwigs versammelte (can. 11), sie sollten vom katholischen Bischof durch Handauflegung ins Amt eingewiesen werden; arianische Kirchen sollten konsekriert werden. Das burgundische Reichskonzil, welches im Jahre 517 in Epaon tagte, bestimmte dagegen (can. 33), nur solche Kirchen sollten wieder in katholischen Gebrauch genommen werden, die vor ihrer Besetzung durch die Arianer schon katholisch waren; die andern seien zu sehr beschmutzt. Solche Entscheidungen waren natürlich nur im Herrschaftsbereich eines katholischen Fürsten möglich. Arianische Laien, die zum katholischen Christentum konvertierten, sollten durch Chrisamsalbung in die Kirche aufgenommen werden, welche nur in Notfällen der Presbyter spenden durfte[16], sonst der Bischof. Gregor von Tours berichtet, daß sowohl im fränkischen Gallien[17] als auch in Spanien so verfahren, manchmal dem Konvertiten sogar ein neuer Name gegeben wurde[18]. Gregor d. Gr.

[12] Vgl. *Hefele-Leclercq* 2, 2, S. 934f. [13] *Mansi* VII 1057C.
[14] Chronik des Johannes v. Biclaro 14, 2.
[15] Vgl. Fulgentius, De remissione peccatorum I, XXII, 1.
[16] Epaon 517 can. 16.
[17] Hist. IV, 27. [18] Ebd. V, 38; vgl. unten S. 288.

dagegen sieht die Rekonziliationssalbung für Arianer nur im Osten, im Westen dagegen die bloße Handauflegung angewendet[19]. Man wird aber kaum mit einem Wandel der Praxis zu rechnen haben, sondern an italisch-römischen Brauch denken, den Gregor allgemein für den westlichen hält.

Im 1. Drittel des 5. Jh. tat sich in Südgallien Cäsarius, der Bischof von Arles, als Bekämpfer des Arianismus hervor. Wichtiger als sein Werk über das Geheimnis der Heiligen Dreifaltigkeit und sein Brevier gegen die Häretiker ist ohne Zweifel, daß auf seine Einwirkung hin das Konzil von Vaison im Jahre 529 (can. 3) für alle Messen *das dreifache Sanctus* vorschrieb. So wollte man wohl zum Ausdruck bringen, daß die drei göttlichen Personen in gleicher Weise heilig, d.h. eines Wesens, sind; denn can. 5 bestimmt, daß, wie bisher schon im Orient, in Afrika und in Italien, jetzt auch in Südfrankreich das *„Wie es war im Anfang, so auch jetzt und immer"* dem Gloria Patri hinzuzufügen sei, um dem arianischen „Es war eine Zeit, da er nicht war" entgegenzuwirken. Zweifelsohne sind solche *liturgischen antihäretischen Maßnahmen* besonders erfolgreich und dauerhaft gewesen. In diesem Zusammenhang verdient erwähnt zu werden, daß die Einfügung des nizänisch-konstantinopolitanischen Glaubensbekenntnisses in die Messe, die in Konstantinopel zwar schon zu Beginn des 6. Jh. geschehen war, für den Westen eine antiarianische Maßnahme darstellte. Der Westgotenkönig Rekkared verfügte sofort, nachdem er mit seinem Volk zum katholischen Glauben übergetreten war, auf dem 3. Konzil von Toledo im Jahre 589 (Vorrede), daß von jetzt ab dieses Glaubensbekenntnis in allen Messen vor der Kommunion laut aufzusagen sei. Auch im spanischen Gotenreich Rekkareds entschied man sich wie schon vorher im Frankenreich Chlodwigs für die Übernahme arianischer Kleriker in den katholischen Klerus, wofern sie nur bereit waren, den Zölibat zu halten[20]. Allerdings scheint hier eine neue Weihe verlangt worden zu sein, jedenfalls ist davon die Rede, daß die „Segnung des Presbyterats" neu empfangen werden mußte.

Zwar berichtet Victor von Tunnuna[21] für das Jahr 507, daß man in den Thermen Theologie, d.h. die Trinitätslehre, diskutierte, aber von *Streitgesprächen* zwischen Theologen ist uns nur sehr wenig berichtet. Die Begegnung zwischen dem afrikanischen, nach Sardinien verbannten, aber für kurze Zeit nach Karthago gerufenen Bischof Fulgentius und dem arianischen Vandalenkönig Trasamund (etwa 515) stellt ein herausragendes Ereignis dar, welches man durchaus der Begegnung zwischen Ambrosius und Theodosius an die Seite stellen könnte[22]. Fulgentius hat bei dieser Gelegenheit sein noch erhaltenes dreibändiges Werk an König Trasamund verfaßt[23]. Wenig früher mag Bischof Avitus von Vienne in Südfrankreich mit dem noch arianischen Burgunderkönig

[19] Reg. Epp. XI, 52.
[20] 2. Konzil von Zaragoza 592 can. 1.
[21] MG Auct. ant. XI S. 139.
[22] *Diesner*, Religionspolitik 13.
[23] Siehe u. S. 291f.

Gundobad († 516) über die Trinität diskutiert haben[24]. Allerdings war die Lage im Burgunderreich anders als im afrikanischen Vandalenreich. Es gelang nämlich Avitus, Sigismund, den Sohn und Nachfolger des Gundobad, zum katholischen Glauben zu bekehren. Es nimmt nicht wunder, daß für die Zeit der Justinianischen Kriege gegen die Germanen keine Nachrichten über theologische Diskussionen vorliegen. Gegen Ende des 6. Jh. wird dann wenigstens von dem Streitgespräch zwischen dem katholischen Bischof Masona, der übrigens gotischer Abstammung war, und dem arianischen Bischof Sunna unter König Leowigild in Mérida berichtet[25]. Der Bericht macht aber den Eindruck von etwas Außergewöhnlichem. Masona habe unerwartet scholastisch klar und überzeugend argumentiert, so daß sein arianischer Gegner Sunna nicht gegen ihn bestehen konnte. Man war also davon überrascht, wie philosophisch-technisch dieser Bischof argumentieren konnte. Leider wird keines seiner Argumente angeführt. Man wird wohl annehmen müssen, daß solche Diskussionen nicht eben häufig waren[26], zumal Leowigild diese als theologischen Zweikampf um den Bischofsstuhl von Mérida abhalten ließ.

Gregor von Tours berichtet uns in seinem gegen Ende des 6. Jh. abgeschlossenen Geschichtswerk von zwei *Diskussionen*, die er selbst mit aus Spanien gekommenen gotischen Arianern geführt hat, ohne Zweifel deswegen so ausführlich, weil der Kampf gegen den Arianismus ihm ein bedeutendes Anliegen war, leitet er doch sein Gesamtwerk nicht nur mit dem nizänischen Glaubensbekenntnis ein, sondern widerlegt auch in der Vorrede das arianische Argument aus Markus 13,32 (der Sohn kennt den Zeitpunkt des Endes nicht), indem er unter diesem Sohn das ganze Volk der Christen versteht. Der Gote Agila, der nicht etwa Priester, sondern Gesandter des Königs Leowigild war, zeigte sich, wenn Gregor ihn auch recht abschätzig beurteilt, durchaus der Diskussion gewachsen[27]. Er wies darauf hin, daß der Vater nach Jo 14,28 größer ist als der Sohn, daß Christus traurig war und seinen Geist aufgab, wie das Matthäus-Evangelium (26,38 und 27,50) berichtet, ja er bezog auch den Heiligen Geist in die Auseinandersetzung ein: er sei verheißen und gesandt (... promissus – missus), also geringer als Vater und Sohn. Gregor versuchte, mit dem schlimmen Ende des Arius zu argumentieren, holte sich aber von Agila die verdiente Abfuhr: man dürfe eine fremde Religion niemals schmähen; das täten auch die Arianer nicht, vielmehr ließen sie es sogar zu, daß jemand auch eine heidnische Opferstätte durch Kopfneigen ehre[28].

Die Diskussion mit Oppila i. J. 584[29] läßt erkennen, daß sich der gotische Arianismus in Spanien inzwischen gewandelt hatte. Oppila bekannte sich als

[24] Vgl. Brief 53 des Avitus an Heraclius.
[25] Vitae Patrum Emeritensium 11.
[26] Das meint *Díaz y Díaz:* Settimane V, 185.
[27] Gregor. Tur., hist. V, 43.
[28] Vgl. dazu *F. J. Dölger:* AuC 6, S. 69f.
[29] Gregor. Tur., hist. VI, 40.

rechtgläubig (Vater, Sohn und Geist seien „unius virtutis") und nahm am Gottesdienst teil, ohne aber zu kommunizieren. Von Gregor dafür nachher zur Rede gestellt, erklärte er, wegen des Gloria Patri stutzig geworden zu sein. Man müsse dem Vater durch den Sohn im Heiligen Geist die Ehre darbringen. Daran erkannte Gregor ihn doch als Häretiker und diskutierte lange, aber erfolglos, um ihn von der Berechtigung der katholischen Formulierung (Ehre sei dem Vater und dem Sohn ...) zu überzeugen. Wenn man die Nachricht[30] hinzunimmt, der arianische Gotenkönig Leowigild habe angefangen, in katholischen Kirchen zu beten, und erklärt, der Sohn sei „aequalis Patri", nur den Heiligen Geist könne er nicht als Gott anerkennen, dann sieht man, wie tiefgreifend der Wandel war, den König Leowigild auf dem Arianerkonzil (dem einzigen, von dem wir wissen) von 580[31] durchgesetzt hat: Aufgabe der Forderung nach Wiedertaufe, Anerkennung der gleichen Göttlichkeit des Sohnes. Immerhin wundert man sich, daß der König dann so hartnäckig an der arianischen Form des Gloria Patri festhielt. Daraus ist wohl zu ersehen, daß die Arianer, erst recht die ihre Kirchen beherrschenden arianischen Könige, nicht eigentlich an theologisch reflektierten Überlegungen, sondern vielmehr an Traditionen, auch an liturgischen Formen hingen. Auf jeden Fall hat Leowigild, ohne das freilich zu wollen, so den Übertritt seines ganzen Volkes zum Katholizismus vorbereitet, indem überhaupt eine einschneidende Änderung verfügt wurde, welche außerdem schon den halben Weg zum nizänischen Bekenntnis darstellte[32]; denn dadurch mußte der im Grunde nur von der Tradition lebende Arianismus erschüttert werden. Andererseits dürfte Leowigild durch diesen tiefen Eingriff in Dogma und Kirchenzucht die Oberherrschaft der späteren katholischen Könige über die Kirche vorbereitet haben, zumal man damit rechnen muß, daß unter den Bischöfen des 3. Konzils von Toledo 589, auf dem König Rekkared schon so selbstherrlich auftrat, noch inzwischen konvertierte Teilnehmer der leowigildschen Arianersynode von 580 saßen.

Besondere Glaubensgespräche ergaben sich natürlich bei Gelegenheit von *Fürstenhochzeiten*, so etwa, als um 565 die arianischen Gotenprinzessinnen Brunichilde und Galaswinta aus Spanien als Gemahlinnen zu zwei Frankenkönigen kamen und sich auf „die Predigt der Bischöfe und die Ermahnung des Königs" hin bekehrten, die Heilige Dreieinigkeit bekannten und mit Chrisam gesalbt wurden[33]. Interessant ist, daß im umgekehrten Falle, wo also eine katholische Frankenprinzessin als Gemahlin eines arianischen Gotenfürsten nach Spanien kam, nämlich Ingundis zu Hermenegild, Gregor dieser selbst Predigttätigkeit zuschreibt. So habe sie erreicht, daß Hermenegild katholisch wurde, die Chrisamsalbung empfing und dabei sogar einen neuen Namen erhielt, nämlich Johannes[34]. Gregor hatte für alles Gotische, ja alles Spanische wenig Sympathie.

[30] Ebd. VI, 18. [31] Johannes Biclar., Chron. 14, 2.
[32] Vgl. *K. F. Stroheker*, Leowigild, in: *ders.*, Germanentum und Spätantike (Zürich – Stuttgart 1965) 134–191, bes. 174ff.
[33] Gregor. Tur., hist. IV, 27. [34] Ebd. V, 38.

So erwähnt er nicht die Wirksamkeit des Bischofs Leander von Sevilla, welche für die Konversion Hermenegilds von Bedeutung war, sondern nur die Mahnung, die der Bischof von Agde der durchziehenden Ingundis erteilte[35]. Für ihn ist ebenso wie für Gregor d. Gr. Hermenegild, der sich gegen seinen Vater auflehnte und schließlich im Gefängnis getötet wurde, ein Martyrer. Die katholischen spanischen Autoren des 7. Jh. dagegen sprechen nicht von Hermenegilds Konversion, sondern nur von seinem Bündnis mit den Griechen und seinem Aufruhr gegen den rechtmäßigen König Leowigild[36]. So schnell wandelte sich das Urteil durch die Beilegung des Arianerstreites. Wenn Gregor von Tours auch offenbar ein Interesse daran hatte, die Franken und somit auch die nach Spanien verheiratete fränkische Prinzessin Ingundis herauszustreichen, braucht man doch nicht an der Echtheit der Nachrichten über ihre Standhaftigkeit und ihre religiöse Bildung zu zweifeln. Sie erklärte in Spanien trotz der Drohungen und Handgreiflichkeiten ihrer Schwiegermutter, die sie übrigens in das arianische Taufbecken werfen ließ, um so eine Wiedertaufe zu erzwingen: „Es genügt doch, daß ich einmal durch das heilsame Taufbad von der Erbsünde gereinigt bin und die Heilige Dreieinigkeit in einer Gleichheit bekannt habe."[37] Die Standhaftigkeit Ingundis' mag König Leowigild mit dazu bestimmt haben, auf die Forderung nach Wiedertaufe zu verzichten[38]. Aus dem Verhalten der drei Prinzessinnen, aus dem Eingreifen des Leowigild und ähnlichen Vorgängen im vandalischen Afrika wird man schließen dürfen, daß katholisches Christentum auch bei neubekehrten germanischen Völkern ein individuelles Bekenntnisethos entwickelte, während arianisches Christentum vom germanischen Gefolgschaftsethos bestimmt blieb.

Die Arianismusbekämpfung konnte aber leicht ins andere Extrem ausschlagen. König Chilperich, der auch sonst recht anspruchsvoll auftrat, verfaßte einen Glaubenserlaß über die Dreifaltigkeit und wollte alle Bischöfe darauf verpflichten[39]. Gregor von Tours erkannte sofort, daß da nur der Sabellianismus eine Neuauflage erlebte, aber erst der Bischof von Albi konnte den König von seinem Vorhaben abbringen, das auf jeden Fall in die Gesamtauseinandersetzung mit dem Arianismus einzuordnen ist. Ein gut Teil dieser Auseinandersetzung wurde also von Laien getragen, wohl auch von Laien nichtadeligen Standes, wenn uns darüber auch ausführliche Nachrichten fehlen. So kommt das Verdienst an der Überwindung des Arianismus nicht nur den hervorragenden Bischofs- und Theologengestalten zu, sondern der Gesamtheit der römisch-katholischen Gläubigen.

Die arianischen Germanenherrschaften in Nordafrika und in Italien, die im 6. Jh. eine gegenläufige Entwicklung durchgemacht hatten in der Weise, daß

[35] Ebd. IX, 24.
[36] *Krusch-Levison*, Gregor. Tur.: MGSS rer. Mer. p. 244 nota 3.
[37] Gregor. Tur., hist. V, 38.
[38] Siehe oben S. 288.
[39] Gregor. Tur., hist. V, 44.

die Vandalen von der Intoleranz zu einer gewissen Toleranz den Katholiken gegenüber kamen, während es im Staate Theoderichs d. Gr. umgekehrt lief[40], endeten beide in der Mitte des 6. Jh. in den Rückeroberungskriegen Justinians. Die arianische Herrschaft der Westgoten in Spanien, die bis etwa 580 recht tolerant gewesen war, dann aber kurzzeitig unter Leowigild Druck auf die Katholiken ausgeübt hatte, wurde unter König Rekkared 586 katholisch, so daß gegen Ende des 6. Jh. eigentlich der Arianismus überall hätte überwunden sein können, wenn nicht die *Langobarden* für ein gewisses Nachspiel gesorgt hätten. Es läßt sich nicht genau feststellen, was sie eigentlich an Glauben nach Italien mitbrachten; sicher ist, daß viele von ihnen noch Heiden waren, aber als Verfolger der Katholiken traten sie nicht auf, wohl aber als brutale Krieger[41]. Religiös-kirchlich fühlten sich die Langobarden, obwohl Herren Italiens, den von ihnen Beherrschten unterlegen. Zwar gab es unter dem Langobardenkönig Rothari (also im zweiten Viertel des 7. Jh.) in vielen Städten Italiens neben dem katholischen auch einen arianischen Bischof[42], aber von theologischen Kontroversen hören wir nichts. Von etwa 640 an bis 680 bekehrten sich die Langobarden zum Katholizismus, was ihnen dadurch erleichtert wurde, daß die katholische Kirche entweder durch das Dreikapitelschisma[43] oder durch den Monotheletenstreit[44] in Opposition zu Byzanz stand, so daß sie nicht die Religion ihrer politischen Gegner anzunehmen brauchten[45].

Was die katholischen Autoren überliefern, läßt meist auf kein sehr hohes theologisches Niveau der Arianer schließen. Freilich, einige bedeutsame Zeugnisse sind uns doch erhalten. So dürfte der berühmte Codex Argenteus, die in Uppsala aufbewahrte, mit silberner Tinte geschriebene Bibelhandschrift, zur Zeit Theoderichs in Italien geschrieben worden sein und einen Beweis für hohe arianische religiöse Kultur darstellen. Daß es auch theologisch-wissenschaftlich hochstehende Arianer gab, läßt sich aus einem Codex schließen, der im 6. Jh. in Italien wahrscheinlich von einem gebildeten Goten geschrieben wurde[46]. Da findet sich auf dem breiten, ursprünglich freien Rand eines Ambrosius-Codex, der die beiden ersten Bücher De fide des Mailänder Bischofs und die Gesta Aquileiensia, also die Akten der Synode von Aquileia von 381, enthielt, die Dissertatio Maximini contra Ambrosium. Der Schreiber der Marginale legte also Wert darauf, den von Ambrosius beeinflußten Bericht über jene Synode dadurch zu korrigieren, daß er das Werk des Arianers Maximin gegen Ambrosius in den gleichen Codex hineinschrieb. Dieses theologische Niveau des gotischen Arianismus mag die staatliche Herrschaft überlebt haben. Jedenfalls dürfte die Streitschrift, welche Bischof Agnellus von Ravenna um

[40] *Diesner,* Religionspolitik 5 u. 19. [41] Vgl. *Sestan:* Settimane V, 661.
[42] Paulus Diaconus, Historia Langobardorum IV, 42.
[43] Vgl. S. 308f.
[44] Vgl. S. 212.
[45] *Sestan:* Settimane V, 664.
[46] So *Kauffmann* a.a.O. S. XXII.

560 gegen den Arianismus verfaßte[47], noch gegen arianische Goten gerichtet gewesen sein.

Im 7. Jh. läßt sich feststellen, daß der Bischof von *Pavia* direkt Rom unterstellt war und vom römischen Bischof geweiht wurde, obwohl Pavia eigentlich zur Mailänder Kirchenprovinz gehört. Dieser Fall ist die früheste *Exemtion* eines Bischofs im Westen, ja die einzige bis zum 11. Jh. überhaupt[48]. Zwar sollte wohl die langobardische Königsresidenz besonders geehrt werden, aber zustande gekommen ist diese Regelung als Folge des arianischen Streites. In Pavia war offenbar Anfang des 7. Jh. die katholische Sukzession erloschen, dann aber der arianische Bischof katholisch geworden; er hatte seine Konversion dem römischen Bischof angezeigt und war von ihm angenommen worden[49].

Leistung und Fortschritt, zugleich aber auch Gefährdung und Einseitigkeit der *antiarianischen Theologie,* die sich auf die Folgezeit, z.T. bis heute, auswirkten, lassen sich am deutlichsten bei *Fulgentius* erkennen. Zu Beginn des 6. Jh. Bischof der nordafrikanischen Stadt Ruspe, war er allerdings die längste Zeit seines Pontifikats als Verbannter in Sardinien. Er trat nicht nur als der größte lateinische Theologe seines Jahrhunderts, sondern auch als der entschlossenste und gründlichste Bekämpfer des von den Germanen verteidigten antinizänischen homöischen Glaubensbekenntnisses von Seleukia-Rimini hervor. In seinen antiarianischen Werken zitiert er hauptsächlich Cyprian und Tertullian, also vornizänische Autoren (nicht etwa Augustinus, von dem er so stark beeinflußt ist, daß man ihn den abgekürzten Augustinus nennen konnte), argumentiert aber gegen die auf dem Stand der Synode von Seleukia-Rimini[50] stehengebliebenen Germanen von der inzwischen erreichten Höhe der trinitätstheologischen und christologischen Dogmenentwicklung herab. So erklärt er etwa[51], er wolle so reden, daß man ihm weder die Vorstellung von 2 Christussen noch die Einführung einer vierten Person in die Trinität unterstellen könne; er hat also bei dieser im Grunde antiquierten Auseinandersetzung das antinestorianische Anliegen des 5. und das antiapollinaristische Anliegen des 4. Jh. präsent. Ja er kann sogar Ergebnisse der rein theologischen, nicht durch kirchliche Definitionen gestützten Entwicklung den Vandalen als heilsnotwendig vortragen. Das gilt vor allem von der psychologischen Trinitätsanalogie des Augustinus, die sich bei ihm als memoria – intelligentia (bzw. cogitatio oder verbum) – voluntas findet[52]. Gegen Fabian erklärt er[53] etwa, wer später die Wahrheit des Schöpfers selber erkennen wolle, müsse jetzt das Bild des Schöpfers im Spiegel des erschaffenen Menschen anschauen; durch diesen Glauben könne man zur Schau emporsteigen. Fulgentius ist aber nicht bei Augustinus

[47] *Schanz* a.a.O. IV, 2 S. 595.
[48] *Bertolini:* Settimane VII, 479.
[49] *Bognetti:* Settimane VII, 429.
[50] Vgl. Bd II, 1, S. 48ff dieses Handbuches.
[51] Ad Trasam. III, 2, 1.
[52] Contra Fastidiosum: CChr 91, Z. 643 694 774. [53] Fragm. 18, 4–6.

stehengeblieben, sondern in einigen christologischen Fragen weit über ihn hinausgegangen. Für Augustinus war die Seele des Erlösers sozusagen das Bindeglied zwischen seiner Gottheit und seiner Menschheit, so daß im Augenblick seines Todes die Gottheit nur noch mit der Seele, aber nicht mit dem Leib verbunden blieb[54]. Fulgentius dagegen betont wiederholt den Gedanken, die Gottheit Christi sei in seinem Tod auch mit dem Leib verbunden geblieben, ist also wenigstens in diesem Punkt von östlicher Christologie beeinflußt[55], denn der erste, der sich klar in diesem Sinne geäußert hat, scheint Gregor von Nyssa gewesen zu sein[56]. Fulgentius vertrat diese Lehre[57] wohl nicht nur, um die Allgegenwart der überirdischen Natur Christi zu betonen und daraus ihre Göttlichkeit zu beweisen, sondern auch um ihre Leidensunfähigkeit herauszustellen, die für die antinizänischen Germanen immer noch unannehmbar war, fanden sie doch in den biblischen Passionsberichten den Beweis für die geringere Göttlichkeit Christi[58]. Fulgentius entfaltet wenigstens eine elementare Psychologie Jesu: Seine menschliche Seele war es, von der es heißt, sie habe das Gute und das Böse noch nicht gewußt; von ihr wird gesagt, sie habe an Weisheit und Gnade zugenommen[59]. Auch darin zeigt sich der bedeutsame Fortschritt der nizänischen Position im Verhältnis zum Arianerstreit des 4. Jh. Erst recht ist es Frucht der inzwischen zum selbstverständlichen Besitz gewordenen katholischen Trinitätstheologie, wenn Fulgentius alle Erscheinungen und alle übernatürlichen Wirkungen der gesamten Trinität zuschreibt und die göttlichen Personen so sehr einander nähert, daß ihre Anrufung sich miteinander vermischt. Gegen das Argument des Antinizäners Fabian, das „Vater Unser" richte sich allein an den Vater und dem Vater allein werde das Opfer der Kirche dargebracht, Sohn und Geist seien also minderen Ranges, wehrt sich Fulgentius mit Entschiedenheit und behauptet, sowohl das „Vater Unser" als auch die Opfer der Kirche richteten sich an die ganze Trinität[60]; das gleiche gelte schon vom Gebet der Propheten; der Vater werde nur deswegen allein genannt, damit die Gefahr des Polytheismus vermieden werde[61]; weil die Trinität nur eine Substanz ist und in untrennbarer Kraft und Güte unser Heil wirkt, werde sie zusammen angerufen, auch unter dem Namen des Vaters[62]. Wenn Fulgentius die Vorstellung, Ex 3,14f sei auf die Person des Vaters allein zu beziehen und ihm allein käme das unveränderliche Sein zu, mit der Begründung ablehnt, daraus würde folgen, daß der Vater erschienen wäre[63], dann klingt dies recht archaisch und erinnert an die Vorstellungen der Apologeten[64] und der vornizänischen Theologie über-

[54] *Grillmeier* a.a.O. 325f 391f.
[55] *Ders.*, ebd. 283.
[56] Antirrheticus c. XVII.
[57] Ad Trasam. III, 1 u. 3; 30 u. 31; Contra Fastidiosum 20, 4 u.ö.
[58] Vgl. Ad Trasam. III, 19.
[59] Ebd. I, 8, 2 und III, 16, 4.
[60] Fragm. 31 und 34 gegen Fabian.
[61] Ebd. 29, 18 und 19.
[62] Fragm. 30, 5.
[63] Ad Trasam. III, 10, 3.
[64] Vgl. z.B. Justin, 1. Apol. 63, 10ff.

haupt. Deshalb erwartet man, daß dem Sohn das Erscheinen zugewiesen wird; Fulgentius interpretiert die Gotteserscheinung aber so: Gott hat sich durch eine „creatura subjecta" sichtbar gemacht; darum muß Ex 3, 14 auf die ganze Trinität bezogen werden[65]. Allerdings weiß Fulgentius noch davon, daß einige (aliquanti, offenbar nicht nur Antinizäner) die Gottesoffenbarungen des Alten Testamentes und das Herabsteigen Gottes auf den Sohn beziehen[66]: aber dieser Interpretation gehörte nicht die Zukunft.

Aber auch die Gegner des Fulgentius sind, obwohl sie sich auf die Kirchenversammlung von Seleukia-Rimini berufen, nicht völlig in der ersten Phase der trinitätstheologischen Diskussion stehengeblieben, sondern bezogen auch die Frage nach dem Heiligen Geist mit ein. Fabian z.B. hält den *Heiligen Geist* für ein untergeordnetes Wesen minderen Ranges, weil nicht um sein Kommen gebetet werde, sondern darum, daß er gesendet wird[67]. Hier wird also dem katholischerseits üblichen Argument für die Göttlichkeit des Heiligen Geistes aus der Taufformel ein Argument aus der Gebetspraxis der Kirche entgegengesetzt. Die Sendung des Heiligen Geistes kann aber nach Fulgentius nicht mit der Sendung der Engel verglichen werden, wie Fabian das tut[68]; der Geist gilt vielmehr deswegen als von Vater und Sohn gesendet[69], weil er vom Vater und vom Sohn ausgeht (a patre filioque procedit)[70]. Das später so umstrittene *„Filioque"* hat also wenigstens eine antiarianische Wurzel. Das Hervorgehen aber (processio) gibt dem Heiligen Geist einen ganz eigenen Rang. Während man das Gezeugt- oder Geborensein von dem einen Sohn auf die vielen (Adoptiv-)Söhne übertragen kann, gilt das Hervorgehen nur vom Heiligen Geist und kann von keiner Kreatur ausgesagt werden[71]. Fabian hatte sich nämlich für die geringere Göttlichkeit des Sohnes darauf berufen, daß der Mensch nach seinem (also des Sohnes Bild) geschaffen sei. Fulgentius aber besteht darauf, daß der Mensch ein Bild der ganzen Trinität ist[72]. Ohne die augustinische Trinitätsanalogie zu zitieren, verrät er, wie sehr er auch an dieser Stelle von ihr abhängig ist. Das bedeutet aber einerseits, daß nur noch der geistige Teil der Menschennatur als Bild Gottes verstanden wird, nämlich Gedächtnis – Erkenntnis – Liebe, als Darstellung von Vater, Wort und Geist, und andererseits, daß, ohne daß dies beabsichtigt ist, das Gottesverhältnis des Menschen nicht mehr als personale Beziehung, sondern als naturhafte Abbildlichkeit erscheint. Beides hat für christliche Moral und Frömmigkeit erhebliche Konsequenzen, insofern einerseits die gesamte Trinität als die eine Substanz Adressat von Gebet und Opfer ist[73] und andererseits etwa der Geschlechtlichkeit überhaupt keine po-

[65] Ad Trasam. III, 11, 1.
[66] Ebd. II, 10, 2.
[67] Vgl. fragm. 29, 14 gegen Fabian.
[68] Fragm. 28, 1.
[69] Fragm. 29, 18.
[70] Fragm. 19, 18 u.ä. 27, 7.
[71] Fragm. 27, 8.
[72] Fragm. 21, 3. [73] Vgl. oben S. 292.

sitive Bedeutung mehr zugewiesen werden kann[74]. Allerdings wurden die Gedanken des Fulgentius (und der anderen katholischen Verteidiger des Nizänums) nicht so sehr von ursprünglicher Leibfeindlichkeit in diese Richtung gedrängt als vielmehr durch die Einsicht, daß alle Aussagen über Gott nur in *Analogie* gemacht werden können. Die Nizänumsgegner dagegen wollten Göttliches so denken, wie sie Menschliches denken[75]. Ja, Fulgentius wirft ihnen vor, sie äußerten Gedanken von Fleisch und Blut, welche das Reich Gottes nicht erben können (vgl. 1 Kor 15,50). Solche Argumentation machte ohne Zweifel Eindruck, aber sie vermengte die Anforderung, die an philosophisches Denken gestellt werden muß, mit den neutestamentlichen Forderungen nach Buße und Umkehr.

Dem ehemals katholischen Mönch, dann arianischen Priester Fastidiosus, welcher meinte, aus der *Unteilbarkeit der Trinität* würde folgen, daß sie insgesamt geboren worden sei, gelitten habe usw.[76], antwortet Fulgentius mit Hilfe der chalkedonischen Christologie: Wie in Christus keine doppelte Person ist, obwohl die Eigenart jeder der beiden Naturen bestehenbleibt, so ist auch die Annahme der Menschennatur nicht der ganzen Trinität gemeinsam[77]. In diesem Zusammenhang muß auf eine bedeutsame Schwäche der Theologie des Fulgentius aufmerksam gemacht werden, welche offenbar nach Kompensation rief. Obwohl die *Einheit der Person* des Erlösers für Fulgentius ebenso gesicherter theologischer Besitz war wie die Zweiheit der Naturen, muß man feststellen, daß er keinen Begriff von Person im Sinne von Personalität hat, sondern persona fast wie etwas Naturhaftes versteht: Gelitten hat Gott im Menschen, weil die Person des Gottes und des Menschen nur eine ist; Gott hat nicht mit dem Menschen gelitten, weil in dem einen Christus nicht die Substanz des Gottes und des Menschen vermischt ist[78]. Wegen der Einheit der Person schreibt die Schrift das Leiden dem Sohne Gottes zu, aber die Gottheit Christi selber, welche dem Fleische nach für uns gelitten hat, muß als unsterblich und leidensunfähig bezeichnet werden[79]. Es erscheint also nicht die Person als Subjekt, sondern die Gottheit Christi. Schließlich kann Fulgentius sogar die Person-Einheit von Gott

[74] Vgl. Erbsündenlehre u. S. 297f.

[75] Cogitare divina sicut cogitat humana, fragm. 28, 16 gegen Fabian.

[76] Sermo Fast. Nr. 4.

[77] Contra Fast. Nr. 12. *Diesner* (Fulgentius 54) findet die Invektiven des Fulgentius gegen Fastidiosus nur einfach peinlich. Er versteht sie wohl als Ausdruck der in der Ketzerbekämpfung häufig geäußerten Überzeugung, daß Häretiker auch moralisch minderwertig sind. Die Behauptung des Fulgentius, der Mönch und Priester Fastidiosus sei der Unzucht verfallen und habe in ihr zwei Jahre gelebt und sich selber für glücklich gehalten, bis er offenbar ziemlich früh starb (contra Fast. 21,1 und 22,1), scheint aber Tatsachenkenntnis zu verraten. Vielleicht handelt es sich hier um einen Mönch, der u. a. deswegen zum „Arianismus" übergetreten war, um heiraten und doch Priester bleiben zu können. So gehörte dieser Fall in die Geschichte des Zölibats; andererseits läßt sich daran erkennen, daß die Katholiken es nicht nur mit Vandalen zu tun hatten, die schlecht Latein sprachen, sondern auch mit übergetretenen Lateinern.

[78] Ad Trasam. III, 18, 3.

[79] Ebd. III, 27, 2.

und Mensch in Christus, der zufolge Leiden und Auferstehung vom Sohn Gottes ausgesagt werden, mit der Natur-Einheit von Vater und Sohn, der zufolge die Hingabe des Sohnes durch den Vater zugleich eine Selbsthingabe des Sohnes ist, in Parallele setzen[80]. Wenn er andererseits sagt, sowohl Priester als auch Opfergabe seien Leistungen und Namen der menschlichen Natur Christi[81] oder der ganze Mensch habe sich selbst geopfert bzw. seine Seele eingesetzt[82], dann erscheint das Menschliche im Erlöser fast als ein selbständiges Subjekt neben der Gottheit Christi. So kommt Fulgentius in bedenkliche Nähe zum Nestorianismus, weil ihm einerseits die Aneignungslehre des Cyrill von Alexandrien (der Sohn Gottes hat das Fleisch mit all seinem Leiden zu seinem eigenen gemacht) fehlt und er sich andererseits in antiarianischer Frontstellung meint darauf versteifen zu müssen, daß die ganze Trinität Adressat des Opfers ist. Trotzdem gelingt es ihm dort, wo er auf die Begriffe Natur und Person verzichtet, sich nicht nur gut cyrillisch, sondern gesamtkirchlich-orthodox auszudrücken, indem er das von Chalkedon übernommene Schlagwort des Cyrill „ein und derselbe" verwendet. Ein und derselbe Christus hat in der Menschheit empfunden, was des Menschen ist, ist in der Gottheit aber leidensunfähig und unsterblich geblieben[83].

Andererseits führte die Auseinandersetzung mit der Vorstellung, Christus habe in seiner überirdischen Natur gelitten[84], Fulgentius zu der Behauptung, Christus habe zu dem Zweck eine vernünftige Seele mit ihren passiones angenommen, um unsere Seelen von allen passiones zu befreien[85]. Da wird Erlösung sehr einseitig, mehr stoisch als biblisch interpretiert; der Biblizismus der Arianer provozierte also bei den Katholiken ein Abrücken von der Bibel in Richtung auf philosophische Positionen. Auch das hat nachgewirkt, genauso wie die Vereinseitigung in der Trinitätstheologie. Während die Nizäner von Sardika (343) noch zugegeben hatten, daß der Vater eben auf Grund des Vaternamens größer ist als der Sohn, ist für Fulgentius der Sohn nur noch als der Inkarnierte dem Vater nachgeordnet[86], ja der Vater darf dem Sohn nicht einmal vorgezogen werden[87]. So führte der Antiarianismus zur völligen Einebnung der ökonomischen Trinitätstheologie.

Eine ähnliche Vereinseitigung läßt sich auch im *Kirchenbild* feststellen: die wahre Kirche ist fast nur durch den Glauben an die eine ungeteilte wesensgleiche Trinität gekennzeichnet[88]; der heilschaffende Glaube scheint allein das Bekenntnis zu dem substanziell einen Gott zu sein[89]. Die Verkündigung von

[80] Ebd. III, 32, 2.
[81] Ebd. III, 30, 5.
[82] Ebd. III, 18, 1.
[83] Ebd. III, 28, 3.
[84] Ebd. III, 19.
[85] Ebd. III, 21, 1.
[86] Contra Fastidiosum 8, 1.
[87] Nec praeferendus: respons.: CChr 91, Z. 614.
[88] Remiss. peccat. I, 22, 2. [89] Ebd. I, 21, 7.

Gottes Heilswirken im geschichtlichen Jesus tritt in den Hintergrund. Fulgentius beruft sich für seine Ekklesiologie auf Cyprian[90], aber für Cyprian gab es außerhalb der Kirche, der einen Mutter, überhaupt nichts Anerkennenswertes, Christliches, Gnadenhaftes. Fulgentius, als Erbe des augustinischen Antidonatismus, dagegen versucht folgenden Kompromiß: Die Kirche als Mutter ist wie Sara, die schismatischen oder häretischen Gemeinden sind mit der Magd zu vergleichen. Auch die Kinder der Magd können gerettet werden, wenn sie zur wahren Mutter kommen; dann erst nützt ihnen die Wahrheit des väterlichen Samens, nämlich die in der Häresie gültig gespendete Taufe[91]. Da sieht es doch so aus, als entscheide die Zugehörigkeit zur Kirche über die Wirksamkeit wahrer göttlicher Gnadengabe, als stehe die Kirche über Gott oder doch wenigstens dem gläubigen Empfinden, ja dem theologischen Denken näher. So ist auch dieser größte Theologe des Westens im 6. Jh. ein Beweis dafür, wie verhängnisvoll einerseits eine antihäretische Frontstellung ist, zumal dann, wenn die Entwicklung der Theologie über diesen Streitpunkt hinausgegangen ist, und wie notwendig andererseits die Rezeption der gesamten Leistung vorausgehender Theologengenerationen ist.

In der Tat lassen sich innerhalb katholischer Frömmigkeit und katholischer Glaubensäußerungen nach Abschluß der Auseinandersetzung mit dem Arianismus der Germanen Spuren dieses Kampfes finden, die zum Teil bis heute dauern[92]. Vor allem die spanische Liturgie verrät die Bemühung, die gleiche Göttlichkeit Christi und des Heiligen Geistes immer wieder zu betonen. Daß die Gebetsanrede gleitet und oft nicht deutlich ist, welche göttliche Person gemeint ist, scheint Absicht, nicht Nachlässigkeit zu sein. Ähnliches, wenn auch abgeschwächt, läßt sich in der gallikanischen Liturgie finden. Daß der spanische Bischof Braulio von Saragossa († 651) von dem Creator Christus Dominus spricht[93], hat in diesem Zusammenhang aber nicht die Bedeutung bekommen wie die Äußerungen Gregors d. Gr., die von ähnlicher Art sind. Er nennt etwa in der 7. Predigt zu Ezechiel 1–3 (Nr. 2) Christus sowohl Richter als auch Schöpfer; Christus ist unser Urheber (auctor noster, ebd. Nr. 4), Christus ist Urheber und Erlöser des Menschengeschlechtes (ebd. Nr. 12), Christus ist der Schöpfer aller, auch der Engel (ebd. Nr. 19); Christus ist der sublimis Deus, von dem bei Ezechiel die Rede ist (ebd. 8,2); Christus ist der immerwirkende Gott, der innerlich die Gnade eingießt, während er äußerlich den Menschen an sich zieht. Ja auch dort, wo Gregor gegen Pelagius betont, daß wir nur auf Grund des Geschenkes des Herrn etwas Gutes tun können (ebd. 9,2), läßt sich erkennen, daß er an Christus als den Gott denkt. Seine Einstellung ist also auch

[90] Ebd. I, 21, 1.

[91] Ebd. I, 23, 1.2.

[92] Vgl. dazu *J. A. Jungmann*, Die Abwehr des germanischen Arianismus und der Umbruch der religiösen Kultur im frühen Mittelalter, in: *ders.*, Liturgisches Erbe und pastorale Gegenwart (Innsbruck 1960) 3–86, bes. 41 u. 52ff.

[93] Ep. 20; vgl. *Jungmann* a.a.O. 41f Anm. 40 und 41.

in diesem Zusammenhang stärker anti-arianisch als anti-pelagianisch. Das zeigt sich sogar, wenn Gregor dem Bischof Desiderius von Vienne verbietet, Grammatik zu lehren, weil nicht in ein und demselben Mund das Lob Jupiters mit dem Lob Christi zusammen Platz haben könne[94]. Gregor stellt also instinktiv dem Jupiter, dem Obergott der Heiden, nicht etwa Gottvater, sondern Christus entgegen. Da Gregor mit seinen Briefen, Homilien, Bibelerklärungen für die ganze mittelalterliche Frömmigkeit von solcher Bedeutung gewesen ist, nimmt es nicht wunder, wenn diese Haltung weite Verbreitung fand; das Heliandlied z. B. ist ganz davon beeinflußt. Vielleicht ist noch der Brauch unserer Zeit, den Crucifixus einfach Herrgott zu nennen (vgl. Herrgottsschnitzer, Herrgottswinkel), ein letzter Ausläufer jenes antiarianischen Bemühens, die Göttlichkeit Christi mit allen Mitteln zu betonen. Auf jeden Fall wird man festhalten müssen, daß die Westkirche durch keine Auseinandersetzung so nachhaltig beeinflußt wurde wie durch die Arianismusbekämpfung. Die beiden noch zu behandelnden Kontroversen blieben eher Episoden.

Semipelagianerstreit

Fulgentius, von dem im Rahmen des Arianismusstreites ausführlich die Rede war[95], war aber auch der Vollender der augustinischen Gnadenlehre. Im Blick auf die sogenannten Semipelagianer, das heißt jene Theologen wie den Mönch Johannes Cassian und den Bischof Faustus von Riez in Südgallien, die das Heilsverlangen des Menschen als Leistung seines eigenen Willens und die Vorherbestimmung lediglich als Frucht des göttlichen Vorherwissens verstanden hatten und deren Auffassung auf gallischen Synoden nach 470 durchgedrungen war, verteidigte Fulgentius Augustinus, indem er dessen Lehre, wenn nicht übertrieb, so doch bis zu den äußersten Folgerungen vorantrieb. Bei Augustinus finden sich Widersprüche, nicht bei Fulgentius. Augustinus hat sich mehrere Male verbessert (in seinen Predigten hat er sich häufig und ziemlich weit entfernt von den Thesen, die er in der Polemik aufrechterhielt). Fulgentius dagegen kommt mit unerbittlicher Logik, ohne sich durch irgendeine Überlegung erweichen zu lassen, zu folgenden Hauptlehren:

Die Schuld unserer Stammeltern wird durch die Zeugung übertragen[96]. Alle Menschen sind des Heiles unwürdig und zur Verdammung verurteilt[97]. Der freie Wille ist von Grund auf unfähig, sich auf das Gute zu richten[98]. Die Gnade Gottes ist absolut notwendig, um jedes verdienstliche Werk zu beginnen, fortzuführen und zu einem guten Ende zu bringen[99]. Die Gnade Gottes ist absolut

[94] Reg. Epp. XI, 34. Grammatikstudium war tatsächlich ohne Studium antik-heidnischer, immer auch religiös gefärbter Texte nicht möglich.
[95] Siehe oben S. 291 ff.
[96] Verit. praedest. I, 4.5.
[97] Ebd. 7.
[98] Ebd. II, 5. [99] Ebd. II, 13.

ungeschuldet, alle sind ihrer unwürdig, sie wird den Menschen durch reine Barmherzigkeit und gemäß dem Gutdünken Gottes zugestanden[100]. Gott schaut nicht auf die zukünftigen Werke der Menschen, um sie für den Himmel vorherzubestimmen[101], sondern nur um sie zu den ewigen Strafen vorherzubestimmen[102]. Gottes Heilswillen ist nur insofern allgemein (1 Tim 2,4), als aus allen Nationen, allen Ständen und allen Altern Menschen erwählt werden[103]. Die ohne Taufe gestorbenen Kinder sind verdammt zu den ewigen Strafen[104]. Wo ihm entgegengehalten wird, nicht nur die *Taufe* sei zum Heil notwendig, sondern das Essen und Trinken des Herren-Leibes und -Blutes, kann Fulgentius den *Eucharistieempfang* so umdeuten: Weil alle Christen der eine Leib des Herrn sind, wird man dieses Leibes in dem Augenblick teilhaftig, indem man zu ihm hinzukommt, d.h. getauft wird[105]. Die Taufe verleiht also schon all das, was Inhalt der Eucharistie ist.

Im übrigen ist es nicht das Taufsakrament als solches, welches die Befreiung von der Sünde gewährt, sondern die Kinder werden durch den Dienst des Bekenntnisses anderer befreit, da sie auch durch die Fessel der Ungerechtigkeit anderer gebunden sind. Sie werden, wenn andere das geisterfüllte Bekenntnis sprechen, gereinigt, da sie ja auch durch die fleischliche Zeugung anderer befleckt sind[106]. Weil die Kinder also in doppelter Weise zum Unheil fremdbestimmt sind (durch den Ursprung und die Übertragung der Sünde), können sie auch zum Heil fremdbestimmt werden durch den Glauben und das Bekenntnis anderer. Da wird also einerseits das Sakrament spiritualisiert und relativiert, andererseits werden carnalis concubitus und spiritualis affectus so gegenübergestellt, als seien Geist (= Gnade) und Fleisch (= Sexualität) geradezu Naturgegensätze. Dieser Eindruck verstärkt sich, wenn die Ursünde des Menschen als Verlust der seelischen Gesundheit (animae sanitas) oder des Gewandes des Glaubens (vestimentum fidei) verstanden wird, so daß die fleischlichen Begierden dem Menschen Wunden schlagen[107]. Daß die Sünde des Adam im Gott-gleich-sein-Wollen bestand, nicht aber darin, daß das Fleisch die Oberhand gewann, das scheint hier vergessen zu sein. Dies ist aber nicht die einzige Vereinseitigung, die sich bei diesem großen Schüler und Testamentsvollstrecker des Augustinus feststellen läßt. Er interpretiert die Erlösung so konsequent als Neuschöpfung, daß der Mensch dazu überhaupt nichts beitragen kann[108] und Gottes Heilshandeln zeitlich jedem eigenen Tun des Menschen vorausgehen muß. Diese Befangenheit im Zeitschema und dieses geradezu naturale, ja mate-

[100] De fide 33 u. 34.
[101] Verit. praedest. III, 4.5.
[102] Ad Monimum I, 24.
[103] Verit. praedest. III, 15.
[104] De fide 70. Zum Ganzen: *G. G. Lapeyre*, St. Fulgence de Ruspe (Paris 1929) 271f.
[105] Ep. 12, 24 ad Ferrandum.
[106] Ebd. 12, 18.
[107] Ep. 17, 26.
[108] Ebd. 17, 39.

rielle Verständnis von Sündenmacht und Erlösungsgnade haben die Verständigung mit den Gegnern eines solchen überkonsequenten Augustinismus nicht erleichtert; auch schon damals wurden diese Lehren nicht uneingeschränkt von der Gesamtkirche übernommen, obwohl Fulgentius in der ganzen Christenheit als der Fachmann in der Gnadentheologie galt und man sich selbst von Konstantinopel aus an ihn wandte[109].

Einerseits behauptet Fulgentius, die ewige Bestrafung der Sünder sei deswegen gerecht, weil sie gar nicht aufhören wollten zu sündigen, vielmehr an der Sünde mehr Gefallen hätten als am Leben[110], andererseits gilt es ihm als frei von Gott verfügt, daß nur hier auf Erden Vergebung, danach nur noch Vergeltung geschieht; Gott könnte auch anders, er wolle aber nicht[111]. Die Ewigkeit der Strafe scheint für Fulgentius ein solches Anliegen zu sein, daß sie seine Exegese verfälscht; so wird ihm der Satz aus der Bergpredigt: „Du wirst nicht herauskommen, bis du den letzten Pfennig bezahlt hast" (Mt 5, 26), seltsamerweise zum Beweis für die nicht endende Höllenstrafe[112]. Daß er sich die Auferstehung der Toten so vorstellte, daß nur die Gerechten einen umgestalteten, verklärten Leib erhalten, die Sünder dagegen einen verweslichen und leidensfähigen[113], ist allerdings nicht seine Schuld, sondern Schuld der Textentwicklung, die aus 1 Kor 15,51 „Wir werden zwar nicht alle entschlafen, aber alle umgestaltet werden" gemacht hatte: „Wir werden zwar alle auferstehen, aber nicht alle umgestaltet werden."

Sosehr die Betonung der Gnade und damit der Allursächlichkeit Gottes dazu dient, den Menschen demütig zu machen und ihm jeden Stolz (etwa auf asketische Leistungen) zu nehmen, so kann doch gerade daraus andererseits ein unerhörter Autoritätsanspruch erfließen. So erklärt Fulgentius, er wolle über die Sündenvergebung dem Euthymius das schreiben, was Gott ihm eingibt; dann ist heilsnotwendig, genau das zu sagen; dann muß aber auch der Adressat das annehmen[114]. Wenigstens ebenso gefährlich ist die aber platte Anwendung der Prädestinationslehre auf die eigene Erfahrung, vor allem wenn sie mit antihäretischer Polemik Hand in Hand geht. So heißt es etwa in der Lebensbeschreibung des Fulgentius (XXI, 46), die von einem seiner Schüler stammt und seinen Geist verrät, der arianische Vandalenkönig Trasamund habe sich von Fulgentius nicht überzeugen lassen, weil „er nicht zum Heil vorausbestimmt war". Später hat Gregor von Tours nach diesem Maßstab zwischen arianischen Goten und katholischen Franken unterschieden und den Besitz Galliens als den Beweis für die Gottgefälligkeit der Franken angesehen[115]. Sosehr also das Eintreten des Fulgentius für die augustinische Gnadentheologie eine notwendige Antwort auf

[109] Vgl. Epp. 16 u. 17.
[110] Remiss. peccat. II, XXI, 3. [111] Ebd. II, XX, 2.
[112] Ebd. II, V, 1.
[113] Ebd. II, XI u. XII und De fide 37 u. 72.
[114] Remiss. peccat. I, III, 1.
[115] Gregor. Tur., hist. II 37.

den Semipelagianismus war, der mit dem „initium fidei" im Grunde doch wieder das ganze Heil auf den eigenen Willen des Menschen gebaut hatte, so wenig konnte diese Theologie das letzte Wort in der Frage sein. Die Gesamtkirche folgte weniger Fulgentius als vielmehr Gregor d. Gr. bzw. zunächst Cäsarius von Arles.

Cäsarius von Arles, der wenig jüngere Zeitgenosse des Fulgentius, hat in der Bekämpfung des Semipelagianismus nicht so einseitig Augustins Lehre zu Ende gedacht, sondern gewissermaßen auf das allgemein kirchlich erträgliche Maß reduziert. Seit der Verurteilung des Pelagius war es Überzeugung der gesamten Kirche, daß zu jedem verdienstvollen Werk die Gnade Gottes notwendig ist. Vor allem manchen Mönchskreisen, nicht nur in Afrika, sondern auch in Südgallien, schien aber die menschliche Freiheit durch die Lehre Augustins aufgehoben; durch die Theologie des Fulgentius waren solche Bedenken eher noch bestärkt worden. Freiheit schien nur gewahrt zu sein, wenn wenigstens der Anfang der Bekehrung, der erste Schritt zum Glauben, als Leistung des eigenen menschlichen Willens verstanden wurde. Wenn sich auch in diesem Sinn im 5. Jh. vor allem der Bischof Faustus von Riez geäußert hatte, der zuvor Mönch im Inselkloster Lérins gewesen war, darf man diesen sogenannten Semipelagianismus doch nicht für die charakteristische Geisteshaltung des Inselklosters halten, denn Cäsarius, welcher Augustinus gegen den Semipelagianismus zum Siege verhalf, blieb bis ans Ende seines Lebens ganz von Lérins geprägt. Allerdings besitzen wir von Cäsarius, anders als von Fulgentius, keine theologische Abhandlung über das Problem. Aber die ihm häufig in die Feder fließenden Ausdrücke wie: „mit Gottes Hilfe" oder: „wenn der Herr es gewährt" lassen erkennen, daß er wie Augustinus von der Notwendigkeit der Gnade Gottes zum Beginnen, zum Fortführen und zur Vollendung jedes guten Werkes überzeugt war[116]. Bei den Zuhörern seiner Predigten scheint Cäsarius keine pelagianischen oder semipelagianischen Irrmeinungen zu vermuten, jedenfalls sieht er sich eher genötigt, Stellung gegen die Leugner der menschlichen Willensfreiheit, Manichäer und Astrologen (mathematici), zu beziehen[117]. Der Wille ist für ihn deshalb so wichtig, weil er das äußere gute Werk geradezu ersetzen kann: Fasten und Almosen sind doppelt gut; Almosen allein ist wertvoll; Fasten allein, ohne Almosen, ist nicht verdienstlich, weil es sozusagen nur eine Form von Sparsamkeit, d. h. von Sorge für sich selbst ist. Wer aber gar nichts hat, wovon er Almosen geben könnte, dem genügt der gute Wille, heißt es doch: „Ehre Gott in der Höhe, und auf Erden Friede den Menschen guten Willens." Daß ausgerechnet die Predigt Nr. 199, in welcher sich diese Ausführungen finden (cap. 2), von allen Cäsarius-Predigten die weiteste Verbreitung gefunden hat, ist sicher kein Zufall. Es zeigt sich daran, daß die volkstümliche Predigt eher zum Moralisieren tendierte, als daß sie die Höhe augustinischer Gnadentheologie durchhalten konnte. Zwar bezog auch Augustinus das Wort aus dem Gesang der Engel (Lk

[116] *Delage:* SChr 175 (1970) 192f.
[117] *Delage:* ebd. 145.

2,14), welches in seinen frühen antipelagianischen Schriften bezeichnenderweise nicht vorkommt, in der Schrift „über die Gnade und den freien Willen" (2,4) auf den menschlichen Willen, aber er verstand ihn dabei ganz als Geschenk Gottes, nicht als Mindestleistung des Menschen, wie Cäsarius das tut. Zwar gab Cäsarius sich Mühe, das Material für seine Predigten, das er nahm, wo immer er es fand, z.B. auch bei Faustus von Riez oder in der Predigtsammlung des sogenannten Eusebius Gallicanus, im augustinischen Sinn umzuarbeiten[118], aber es blieben dann in seinen Musterpredigten doch Äußerungen stehen, wie sie dem Augustinus wohl nie über die Lippen gekommen wären. Unser Gott labe (pascitur) sich nicht an der Fülle der Almosengabe, sondern an dem Wohlwollen (benevolentia) des Gebers, heißt es in Sermo 197,4, der weitgehend von Faustus abhängt; ja Cäsarius kann sich sogar so ausdrücken, als müsse der Mensch ganz allein für sein ewiges Heil sorgen. In Sermo 198,2 sagt er zwar, die Seele werde durch die Speise des Wortes Gottes gelabt, erklärt dann aber: „Wenn wir schon jedes Jahr Scheunen, Speicher und Keller füllen, damit unser Fleisch für ein Jahr Speise habe, wieviel müssen wir dann zurücklegen, damit unsere Seele für die Ewigkeit den Unterhalt habe."

In der Auseinandersetzung mit seinen Amtskollegen setzte Cäsarius die Akzente anders. Da sah er sich auf der Synode von Valence 528 wegen seines grundsätzlichen Eintretens für Augustinus angegriffen. Bezeichnend für ihn ist, daß er nun nicht eine Kampfschrift gegen diese Synode verfaßte, sondern sich an den Römischen Stuhl wandte. Von dort gingen ihm als Antwort „einige (pauca) Kapitel" zu, die er selber als von den Vätern gemachte Auszüge aus der Heiligen Schrift bezeichnet[119]. Cäsarius legte sie einer Synode seiner Suffragane im Juli 529 in Orange vor, welche sie sich zu eigen machte. Diese Kapitel treten der Form nach mit einem erstaunlich geringen Autoritätsanspruch auf. Zwar sind die ersten acht, die über die Erbsünde (1 und 2) und Gnade (3–8) handeln, in die Form von Canones gekleidet, die mit „wenn einer"... beginnen, aber sie schließen nicht mit einem Anathematismus, sondern mit Urteilen wie: „widerspricht dem Propheten Isaias" oder „leistet dem Heiligen Geist Widerstand". Es werden die beiden Hauptirrtümer des Pelagius, nur der Leib des Menschen, nicht auch die Seele habe durch die Sünde Schaden genommen und Adam habe nur sich selbst, nicht seiner Nachkommenschaft geschadet, als schriftwidrig erwiesen. Dann geht es hauptsächlich darum, herauszustellen, daß Gott nicht auf die Entscheidung des menschlichen Willens zum Guten wartet, daß er nicht nur den Glauben vermehrt, sondern auch schon das „initium fidei", ja sogar das fromme Verlangen nach Glauben verleiht (can. 5); daß seine Gnade jeder guten menschlichen Regung vorausgeht (can. 6); daß die Natur des Menschen von sich aus ohne die Erleuchtung und Eingebung des Heiligen Geistes zu gar keinem guten heilsdienlichen Werk fähig ist (can. 7). Hier wird also eine scharfe Trennung zwischen allem Übernatürlich-Heilswirksamen und

[118] Vgl. *Delage:* ebd. 109, Anm. 2.
[119] *Denzinger-Schönmetzer* 370 ss.

allem Natürlich-Heilsunerheblichen gemacht. Und das gilt nicht nur für einen Teil der Menschen, so daß einige nur durch die Gnade, andere aber durch ihre eigene Willensentscheidung gerettet würden, sondern für alle (can. 8).

Die can. 9–25 stellen Auszüge aus den von Prosper von Aquitanien zusammengestellten Sentenzen aus den Werken Augustins dar. An einigen Stellen ist die Übereinstimmung nicht vollkommen, aber sachliche Veränderung läßt sich wohl nicht feststellen. Die Auswahl allerdings ist bezeichnend; es findet sich keine einzige Äußerung über die Vorherbestimmung oder über die Beharrlichkeit im Guten. Freilich ist dies nicht Verdienst des Cäsarius, sondern wohl jenes römischen Klerikers, welcher die Auswahl aus dem Augustinus-Florileg getroffen hat. Trotzdem stimmt diese Auswahl mit den Absichten des Cäsarius überein. Jedenfalls unterstreicht er in seinem Begleitbrief nachdrücklich die Notwendigkeit der zuvorkommenden göttlichen Gnade und die Unfähigkeit der menschlichen Natur, sich selbst das Heil zu erwerben[120]. Andererseits ist es ihm ein Anliegen, hervorzuheben, daß mit Hilfe der Gnade Christi die Gläubigen erfüllen sollen und können, was zum Seelenheil notwendig ist. Auf die Vorherbestimmung kommt er nur in der Weise zu sprechen, daß er die Vorstellung, einige seien durch die göttliche Allmacht zum Bösen vorherbestimmt, mit Entrüstung ablehnt. Das freilich hatte weder Augustinus noch sein überkonsequenter Schüler Fulgentius behauptet. Die Frage, in welchem Ausmaß doch von Vorherbestimmung gesprochen werden darf und muß, hat das Arausicanum II nicht beantwortet. Im übrigen ist es, obwohl Cäsarius von Papst Bonifaz II. noch einmal eine ausdrückliche Bestätigung erbeten und erhalten hatte, in welcher die allem guten Willen vorausgehende göttliche Gnade wiederum betont wurde[121], sehr bald in Vergessenheit geraten und erst in den Beratungen des Konzils von Trient wieder ans Licht gezogen worden. Aber Gregor d. Gr. folgt Augustin, von dem er weitgehend abhängt, nur so weit, wie es das Arausicanum tat, und zeigt so, daß die römische Tradition, als deren Ausdruck es zu verstehen ist, sich durchgehalten hat[122].

Dreikapitelstreit

Das Dekret, durch welches Kaiser Justinian Theodor von Mopsuestia, die anticyrillischen Werke des Theodoret von Kyros und den Brief des Ibas an Mari verurteilte[123], rief in der gesamten westlichen Kirche heftige Ablehnung hervor. Am schärfsten und ausführlichsten bekämpfte der afrikanische Bischof *Facundus von Hermiane* in seiner „Verteidigung der Drei Kapitel" das kaiserliche Dekret. Obwohl er sich über die Urheberschaft im klaren war, erklärte er, Justi-

[120] Ebd. 396.
[121] Ebd. 398.
[122] Vgl. unten S. 322f.
[123] Vgl. oben S. 30ff.

nian nicht für den Urheber halten zu wollen, weil er darin einen Widerspruch zu dem ihm sonst bekannten Glauben des Kaisers entdecke. Man müsse ja nach 1 Petr 2,17 Gott fürchten und den König ehren. So wolle er aus Furcht vor Gott widerlegen, was der Kirche Christi widerspricht, aber zur Ehre des Königs die Meinungen, die er bekämpfen müsse, nicht dem König anlasten, sondern den Eutychianern, die sich nur des furchtgebietenden, kaiserlichen Namens (terror personae) bedient hätten[124].

Facundus weiß sich mit Justinian darin einig, daß man zur Abgrenzung sowohl gegen Nestorianer wie gegen Eutychianer einerseits bekennen muß, daß einer aus der Trinität für uns gekreuzigt wurde, andererseits, daß Maria wahrhaft und eigentlich Gottesmutter genannt wird. Man müsse aber noch hinzufügen (das vermißt er offenbar bei Justinian), daß derselbe Herr Jesus Christus in zwei Naturen existiert, d.h., daß Gottheit und Menschheit in ihm unverkürzt sind[125]. Zwar befaßt sich Facundus im wesentlichen mit formalen Fragen, um zu zeigen, daß die Drei Kapitel nicht verurteilt werden dürfen, aber er bietet auch einige bemerkenswerte theologisch-inhaltliche Überlegungen. So findet er in Jo 1, 14 ein ausreichendes Schriftargument sowohl gegen Nestorianer als auch gegen Eutychianer und deren apollinaristische Ahnen: „Das Wort ist Fleisch geworden" bezeichnet die eine Person, weil derselbe, der Gott-Wort ist, Mensch wurde; „er wohnte in uns" zeigt, daß die beiden Naturen bleiben, weil ein anderes das ist, was einwohnt, und ein anderes, was als Wohnung dient[126]. Trotz dieser johanneischen Perspektive erklärt Facundus doch, daß man durch die Menschheit Christi zur Erkenntnis seiner Gottheit komme[127], und spricht damit eine für Theologie und Glaube immer gültige, wenn auch oft nicht genügend beachtete Grundregel aus.

Facundus glaubt nicht, daß die Eutychianer wirklich wieder in die Kirchengemeinschaft eintreten werden, wenn die Drei Kapitel verurteilt worden sind[128]. Der Angriff auf die Drei Kapitel sei nicht erfolgt, um das Chalcedonense vom Vorwurf der Nestorianismusfreundlichkeit zu entlasten und so für die Eutychianer annehmbar zu machen, sondern um es zu belasten und zu bekämpfen. Ginge es um die Verteidigung Cyrills, dann hätte man z.B. auch Isidor von Pelusium und Gennadius von Konstantinopel und andere, die sich hart über Cyrill ausgelassen haben, angreifen müssen[129]. Diesen Gedanken übernahm später auch der nachmalige Papst *Pelagius* in seiner noch als Diakon verfaßten, ebenfalls „Verteidigung der Drei Kapitel" genannten Schrift. Er folgte dem Facundus auch in folgendem Argument: Wenn das Lob für Cyrill das einzige Kriterium der Rechtgläubigkeit wäre, dann müßte man die Eutychianer für rechtgläubig halten[130]. Facundus geht aber in seiner Argumentation sicher zu

[124] Defens. II, 1, 3.
[125] Ebd. I, 2, 15.16.
[126] Ebd. VI, 4, 1–3. [127] Ebd. VII, 7, 6.
[128] Ebd. I, 2, 6–8.
[129] Ebd. II, 1, 2; II, 4, 1ff u. 12ff. [130] Ebd. VI, 2, 2ff.

weit, wenn er behauptet, der Ibasbrief dürfe deshalb jetzt nicht verurteilt werden, weil er in Chalkedon approbiert worden sei. In Chalkedon wurde nicht ein Synodalurteil über diesen Brief gefällt, genausowenig wie über die Werke des Theodoret, sondern es ging dort um die Person der genannten beiden Bischöfe, ob sie nämlich als Vollmitglieder der Synode anerkannt und auf ihren Bischofssitzen belassen werden dürften[131]. Später hat man römischerseits, um das 5. Konzil mit dem Chalcedonense vereinbaren zu können, erklärt, in Chalkedon habe es sich nur bis zur 6. Sitzung einschließlich, so weit also, wie die kaiserlichen Kommissare die Geschäftsordnung überwachten, um Sitzungen eines ökumenischen Konzils gehandelt; die weiteren, bei denen Theodoret und Ibas rehabilitiert wurden, seien nicht verbindlich und auch durch Papst Leo nicht approbiert worden[132].

Man wird dem Facundus vielleicht nicht zustimmen, aber doch eine gewisse Bewunderung zollen für die Geistesschärfe, mit der er den Ibasbrief verteidigt: Da Ibas den Cyrill erst wegen einer ihm unterstellten apollinaristischen Meinung angreift, ihn dann aber wegen seiner angeblichen Bekehrung vom apollinaristischen Irrtum lobt, bedeute eine Verurteilung des Ibasbriefes nichts anderes, als Cyrill nachträglich zum Nestorianer zu machen[133]. Bei Facundus muß man wie bei fast allen Gegnern des 2. Konstantinopolitanums und übrigens auch bei den Bekämpfern der Drei Kapitel – dieses schlechte Erbe hat die spätere Theologie weitgehend übernommen – einen Mangel an geschichtlichem Denken feststellen, wenn er etwa den Theodor von Mopsuestia mit dem Hinweis verteidigen will, er sei von so orthodoxen Lehrern wie Johannes Chrysostomus und Gregor von Nazianz gelobt worden[134]; Theodor hat beide lange genug überlebt, um noch in schwere Irrtümer verfallen zu können. Andererseits ist eine Einsicht des Facundus vielleicht heute noch hilfreich: Die Kirchenväter, die uns wie Himmelslichter erleuchten, erleiden genau wie diese manchmal Verfinsterungen, dann nämlich, wenn sie untereinander Streitigkeiten hatten, die wir nicht verstehen und nicht gutheißen können[135].

Daß Facundus aber gegen Ende seines Werkes[136], die Unionsbestrebungen, wie sie im Osten, vor allen Dingen von Kaiser Zeno, betrieben worden waren, dadurch ad absurdum zu führen versucht, daß er erklärt, wo ein Gott sei, könne auch nur eine Kirche und nicht etwa verschiedene Gemeinschaften der gleichen Kirche sein, mag zwar logisch erscheinen, läßt aber eine Unerbittlichkeit der Auseinandersetzungen befürchten, die dann im Laufe der Kirchengeschichte dem Christennamen keine Ehre eingebracht hat. Facundus selbst blieb tatsächlich so unerbittlich konsequent; Papst Pelagius dagegen, der als Diakon ent-

131 Vgl. *Duchesne* a.a.O. 224f.

132 So in einem wohl vom Diakon Gregor, dem nachmaligen Papst, an Bischof Elias v. Aquileia gerichteten Schreiben: Reg. Epp., Appendix III, 1; MGEp II, S. 463.

133 Defens. VI, 4, 13–15.

134 Ebd. VII, 7, 21ff u. 28ff.

135 Ebd. VI, 5, 32.33.

136 Ebd. XII, 4, 18.

schieden für die Drei Kapitel eingetreten war, dann wohl aber doch eingesehen hatte, daß durch das Konzil von 553 das Chalcedonense nicht abgewertet wurde, vielleicht auch durch den Hinweis, daß er der einzig in Frage kommende Nachfolger für Vigilius war, zu einem Stellungswechsel bewogen worden war[137], mußte sich von den unversöhnlichen Afrikanern (vor allem eben von Facundus) als „nekrodioktes" (Verfolger von Toten) schmähen lassen, weil er die Verurteilung des vor langer Zeit gestorbenen Theodor von Mopsuestia akzeptiert hatte. Dabei hatte Pelagius in seinem großen Glaubensbekenntnis, das er bei Amtsantritt in Rom ablegte, über Theodor geschwiegen, die Personen des Theodoret und des Ibas aber ausdrücklich verteidigt.

Am stärksten kompromittiert war natürlich das Andenken des Papstes *Vigilius*. Er verfiel gelegentlich geradezu einer damnatio memoriae, selbst dort, wo seine päpstlichen Entscheidungen in Geltung blieben. So beruft sich das erste Konzil von Bracara in Galicien i. J. 561 zwar viermal auf das Schreiben des Vigilius an Profuturus von Bracara (can. 4 und 5), ohne aber den Vigilius mit Namen zu nennen, obwohl es sonst alle Papsterlasse unter dem Namen des Verfassers anführt[138].

Die bedeutendste, auch für die Nachwelt wichtige theologische Leistung im Drei-Kapitel-Streit erbrachte der römische Diakon *Rusticus*, der Neffe des Vigilius. Er war von diesem wegen seines hartnäckigen Eintretens für die Drei Kapitel, d.h. wegen seines Widerstandes gegen das 5. als ökumenisch anerkannte Konzil, abgesetzt und exkommuniziert worden, fand aber in einem Akoimetenkloster in Konstantinopel Zuflucht. Dort redigierte er die lateinische Sammlung der Akten des Konzils von Ephesus, die aber nicht nur Dokumentationszwecken, sondern als Argument in der theologischen Auseinandersetzung dienen sollte. In diese griff er selbst mit großer Entschiedenheit und tiefeindringender Sachkenntnis ein. Zwar ist sein Werk über die Definitionen, das er selbst erwähnt[139], verloren, aber das Hauptergebnis scheint in die erhaltene Disputation gegen die Akephalen eingegangen zu sein. Rusticus bietet in ihr[140] den Ertrag der theologischen Gespräche, die er in Konstantinopel, in Antinoë in der Thebais und in Alexandrien geführt hatte. Er erweist sich in diesen Auseinandersetzungen als ein guter Kenner der aristotelischen Philosophie und entfaltet das theologisch-spekulative Argument, welches Boethius zur Geltung gebracht hatte[141], mit wahrer Meisterschaft. Zwar zeigt er sich in der Trinitätstheologie mehr östlichem Denken als dem des Augustinus und des Boethius verpflichtet, indem er nämlich die Dreiheit der göttlichen Personen nicht so sehr auf Relationen als vielmehr auf die Proprietates gründet[142]; in der Christologie aber fußt er auf der Persondefinition des Boethius und führt sie zugleich weiter. *Person*

137 *Duchesne* a.a.O. 228.
138 Vgl. *Schäferdiek* a.a.O. 125f.
139 PL 67, 1238B.
140 Vgl. Praefatio PL 67, 1170B.
141 Vgl. unten S. 311 u. 313.
142 PL 67, 1237C.

ist für ihn nicht die individuelle vernunftbegabte Substanz, sondern die individuelle vernunftbegabte Subsistenz. Dabei scheint er sich bewußt zu sein, daß Person im Gegensatz zur Natur nicht definiert, sondern allenfalls beschrieben werden kann. So ist die Person das Zusammenkommen (concursus) alles dessen, was die vernunftbegabte Subsistenz beschreibt[143].

Gewiß würde die individuelle Menschennatur des Erlösers, rein für sich betrachtet, das heißt von seiner Gottheit abgesehen, als Person erscheinen können, aber zu einer solchen Auffassung führt nicht die wahre Wirklichkeit, sondern der geistige Defekt, nämlich das Vergessen der Vereinigung (nämlich von Gottheit und Menschheit in Christus). In dem Augenblick aber, wo der Geist daran erinnert wird, daß das, was Mensch ist (im Erlöser), gewissermaßen nicht in sich selbst bleibt, sondern durch die Vereinigung Eigentum der Subsistenz des Gottwortes geworden ist, kann er es nicht mehr als Person ansehen[144]. Hier ist, ohne daß Cyrills Name fällt, doch dessen Aneignungslehre verarbeitet. So kann Rusticus weiter erklären, die Menschheit des Erlösers gehöre nicht losgelöst sich selbst, so wie das bei uns ist, sondern sei so mit dem Gottwort verbunden, daß sie ihm als Gewand und Werkzeug zu eigen sei[145]. So sei die Menschheit des Erlösers nicht so sehr selbst Subjekt als vielmehr in einem Subjekt. Damit wird klar, daß Subsistenz für Rusticus über die Substantialität hinaus *Subjektsein* besagt. So ist nicht nur der Schritt über Boethius hinaus getan und das ausgesprochen, was bei jenem noch fehlte[146], sondern auch mehr stillschweigend jene leoninische Formel korrigiert, in welcher das Wort und das Fleisch (des Erlösers) wie selbständige Subjekte erscheinen und die unter den Cyrillianern solches Ärgernis erregt hatte[147]. Hier wird auch von einem lateinischen Theologen klargestellt, und diese Klarheit ist gerade in der Auseinandersetzung mit Cyrillianern gewonnen, daß der Erlöser ein einziges Subjekt ist, aber nicht ein zusammengesetztes, sondern daß die göttliche Person als Subjekt der menschlichen Natur zu betrachten ist. Aristotelisch ausgedrückt, heißt dies, die Menschheit des Erlösers ist im Vergleich zum Gottwort nicht wie ein Subjekt, sondern wie ein Akzidenz zu verstehen[148].

Daß Rusticus das Verhältnis zwischen Gottheit und der Menschheit im Erlöser wiederum in Analogie zum Verhältnis von Seele und Leib im Menschen beschreibt[149], wie es schon die Theologie des 4. Jh. getan hatte, stellt nicht einen Rückfall in vorephesinische Denkweise dar, sondern zeigt, wie konsequent Rusticus das aristotelische Potenz-Akt- bzw. Materie-Form-Schema anwendete und so wenigstens für einen Augenblick scholastische Theologie schon vorwegnahm, die dann allerdings zu ihrem eigenen Schaden nicht so sehr auf Rusti-

[143] PL 67, 1238B.
[144] PL 67, 1239AB.
[145] Ebd. D.
[146] Siehe unten S. 312.
[147] Agit enim utraque forma... quod proprium est: Denzinger-Schönmetzer 294.
[148] PL 67, 1240C wörtlich so.
[149] Ebd. 1239D.

cus als vielmehr auf der weniger vollkommenen Persondefinition des Boethius aufbaute.

Folgen des Dreikapitelstreites

Sehr viel einschneidendere und dauerhaftere Folgen als die Exemtion des Bistums Pavia infolge des Arianerstreites[150] brachte der Drei-Kapitel-Streit für die norditalienische Kirchenorganisation. Beim Einfall der Langobarden nach Italien im Jahr 569 verlegte der Bischof von Mailand seinen Sitz nach Genua, wo er sich unter byzantinischem Schutz sicherer wußte; ebenso flüchtete der Metropolit von Aquileia in kaiserliches Gebiet, nämlich auf die Insel Grado. Beide Metropoliten lehnten das zweite Konzil von Konstantinopel ab, das heißt verteidigten die Drei Kapitel[151]. Die Byzantiner nahmen daran offenbar zunächst keinen Anstoß. Aber der Mailänder Bischof wurde, da er von den sizilischen Gütern seiner Kirche abhängig war, sehr schnell durch den römischen Bischof dazu gebracht, das zweite Konstantinopolitanum anzuerkennen und die Drei Kapitel zu verurteilen. Das führte dazu, daß das Bistum Como, welches eigentlich zur Mailänder Kirchenprovinz gehörte, gegen Ende des 6. Jh. sich nach Aquileia orientierte, das heißt sich von dort die Ordination eines die Drei Kapitel verteidigenden Bischofs erbat. So blieb Como dann bis ins 13. Jh. Suffraganbistum von Aquileia[152]. Daran läßt sich schon erkennen, daß die Frage der Drei Kapitel nicht nur den Episkopat, sondern auch den Klerus und das Volk bewegte, jedenfalls diejenigen aus Klerus und Volk, die als Wähler eines neuen Bischofs in Frage kamen.

Für die katholische Königin Theodelinde der noch weitgehend heidnischen bzw. arianischen Langobarden war es aus ihrer bayrischen Heimat so selbstverständlich, die Drei Kapitel anzuerkennen, daß sie sich weigerte, die Kirchengemeinschaft des Mailänder Bischofs zu akzeptieren, als sie erfuhr, daß er das zweite Konstantinopolitanum anerkannte. So sah sich Gregor d. Gr. genötigt, ihr ein Mahnschreiben zukommen zu lassen, in dem er das zweite Konstantinopolitanum verteidigt[153]. Das Schreiben ist allerdings nicht in die Hände der Königin gelangt, vielmehr hat der Mailänder Bischof Konstantius, in dessen Interesse es u. a. geschrieben war, es deshalb zurückgehalten, weil er wußte, daß die Königin durch diese Verteidigung des zweiten Konstantinopolitanums nur noch mehr aufgebracht werden würde. Gregor schrieb der Königin ein neues Mahnschreiben[154], in dem vom zweiten Konstantinopolitanum nicht mehr die Rede ist, und lobte den Bischof Konstantius von Mailand für seine Umsicht[155]. Gregor war also bereit, zunächst über die schismatische Zustimmung der Königin Theodelinde zu den Drei Kapiteln hinwegzusehen, weil er

[150] Siehe o. S. 291.
[151] Siehe o. S. 302f.
[152] *Bognetti:* Settimane VII, 429.
[153] Reg. Epp. IV, 4.
[154] Ebd. IV, 33.
[155] Ebd. IV, 37.

in ihr eine starke Bundesgenossin für die Bekehrung der Langobarden zum katholischen Glauben sah[156]. Im übrigen verteidigt er sich entschieden gegen den Vorwurf, vom Chalcedonense abgefallen zu sein; er verurteile vielmehr alle diejenigen, die von den vier Konzilien verurteilt worden seien, und anerkenne alle, die von ihnen anerkannt worden seien. Wenn er aber dem Mailänder Bischof gegenüber erklärt, das zweite Konstantinopolitanum, welches von vielen als 5. Synode gezählt werde, habe nichts über den Glauben, sondern nur über Personen entschieden, über welche in Chalkedon nichts gesagt worden sei, ist dies zumindest ungenau, denn das zweite Konstantinopolitanum hat sehr wohl de fide gehandelt, und es ist in Chalkedon sehr wohl de personis, nämlich von Theodoret und Ibas, die Rede gewesen.

Sehr viel entschlossener ging Gregor gegen den Bischof Severus von *Aquileia* vor, der ein Jahr lang vom byzantinischen Exarchen Smaragdus in Ravenna festgehalten worden war und während dieser Zeit mit den Gegnern der Drei Kapitel, das heißt den Anhängern des zweiten Konstantinopolitanum, Kirchengemeinschaft gehalten hatte[157]. Im Jahr darauf aber war er nach Grado, wohin das Patriarchat vor den Langobarden geflüchtet war, zurückgekehrt und hatte auf einer Synode, dem Drängen seiner Suffragane nachgebend, das zweite Konstantinopolitanum verworfen. Gregor bestellte ihn nun mit seinen Anhängern, das heißt mit den Bischöfen, die gleich ihm in Ravenna mit den Anhängern des zweiten Konstantinopolitanum Kirchengemeinschaft gehalten hatten, nach Rom, um dort in dieser Frage eine Synode abzuhalten[158]. Aus dem langen Bittschreiben der unter langobardischer Herrschaft befindlichen 10 Suffragane von Aquileia an Kaiser Maurikios von Byzanz läßt sich erkennen, daß Gregor den Patriarchen von Aquileia durch Polizeigewalt nach Rom holen lassen wollte, wobei er sich freilich auf eine Entscheidung des Kaisers aus dem Vorjahre stützte[159]. Im gleichen Sinne schrieben, wie aus dem Befehl des Kaisers an Gregor[160] hervorgeht, auch Severus selbst und die Suffragane des Severus, die sich auf byzantinischem Gebiet befanden. Dabei ist bemerkenswert, daß diese Bischöfe sich deshalb nicht vor einer von Gregor geleiteten Synode verantworten wollten, weil sie in ihm ihre gegnerische Partei erblickten, beim Kaiser dagegen unparteiisches Urteil zu finden hofften. Sie machten den Kaiser aber auch darauf aufmerksam, falls er nicht zu ihren Gunsten eingreife, würden zukünftige Bischofsordinationen in der Kirchenprovinz von Aquileia mit Hilfe der gallischen Erzbischöfe, die ja nahe seien, durchgeführt; das wäre dann zum Schaden der Kirche von Aquileia und zum Schaden der res publica, also des Römischen Reiches, beherrsche es doch bisher mittels der Kirche von Aquileia sogar Kirchen im Barbarenland. Der Kaiser befahl Gregor in ziemlich barschem Ton,

[156] Vgl. *Bognetti:* Settimane VII, 496.
[157] Paulus Diaconus, Hist. Langob. II, 26.
[158] Reg. Epp. I, 16.
[159] Ebd. I, 16a.
[160] Ebd. I, 16b.

einstweilen die Dinge auf sich beruhen zu lassen, bis in Norditalien wieder Ruhe eingekehrt sei, das heißt, bis Byzanz wieder die Oberhand gewonnen hätte. Aber dazu kam es nicht mehr; es gab keinen Sieg der Byzantiner über die Langobarden, aber es gab einen Regierungswechsel in Byzanz. Phokas stürzte den Maurikios und bemühte sich, die aquileiische Frage im Sinne Gregors d. Gr. zu lösen. Als im Jahre 607 Severus in Grado gestorben war (als Patriarch von Aquileia), ließ Phokas durch den Exarchen Smaragdus den romtreuen Candidian als Bischof einsetzen. Die Folge davon war, daß sich die Bischöfe im langobardischen Herrschaftsbereich von diesem neuen Patriarchen in Grado lossagten und in Aquileia selbst (in Alt-Aquileia, wie sie sagten) einen Anhänger der Drei Kapitel, nämlich Johannes, wählten, der dann als Bischof von Aquileia seinen Sitz in Cormons in Friaul nahm; später wurde der Sitz nach Cividale verlegt[161].

Vorübergehend scheint sogar in Grado ein Anhänger der Drei Kapitel auf den Patriarchenstuhl gelangt zu sein, aber Papst Honorius konnte nach dessen Vertreibung durch den Exarchen von Ravenna erreichen, daß der römische Subdiakon Primogenius in Grado gewählt und inthronisiert wurde. Die Grabinschrift des Honorius rühmt ihn also wegen der endgültigen Gewinnung Grados für die Orthodoxie, nicht wegen einer Vereinigung von Grado und Aquileia, die jedenfalls nur ein Zwischenspiel gewesen wäre[162]. Denn das Patriarchat Alt-Aquileia blieb bis zum Ende des 7. Jh., das heißt bis zur Synode von 698 in Pavia, schismatisch. Getrennt blieben die beiden Patriarchate für dauernd, jedenfalls so lange, bis das von Grado im 15. Jh. nach Venedig verlegt wurde, wo der Patriarch seit dem 12. Jh. dauernd residierte, und das von Aquileia im 18. Jh. aufgehoben wurde[163]. In der ganzen übrigen lateinischen Kirche erlosch der Widerstand gegen das zweite Konstantinopolitanum allmählich, ohne daß es darüber noch zu bedeutenden Kontroversen gekommen wäre.

23. Kapitel

Ausklang der altchristlichen lateinischen Literatur

QUELLEN: Boethius, The Theological Tractates with an English Translation, ed. *H. F. Stewart – E. K. Rand* (London – New York ⁸1968). – Cassiodor, De institutione divinarum litterarum: PL 70, 1105–1150, deutsch jetzt bei *K. S. Frank*, Frühes Mönchtum im Abendland. I Lebensnormen (Zürich – München 1975) 203–282; De artibus ac disciplinis liberalium litterarum: PL 70, 1149–1220; Variae u. De anima: CChr 96; Expositio Psalmorum: CChr 97 und 98. – Gregorius Magnus, Epistulae: MGEp I und II, vgl. zu Kap. 19; Moralia in Job: PL 75, 510–76, 782. Bücher I u. II, ed. *R. Gillet – A. de Gaudemaris:* SChr 32 (1950); In Ezechielem: CChr 142, ed. *M. Adriaen* (Turnhout 1971); Dialogi, ed. *U. Moricca* = Fonti per la storia d'Italia 57 (Rom 1924); Isidori Hispalensis episcopi opera omnia: PL 81–84.

161 Paulus Diaconus, Hist. Langob. IV, 33.

162 *Goez:* ZKG 70 (1959) 131.

163 *Meyer,* 12ff.

LITERATUR: *V. Schurr,* Die Trinitätslehre des Boethius im Lichte der skythischen Kontroversen = Forschungen zur christlichen Literatur- und Dogmengeschichte 18, 1 (Paderborn 1935); *M. Nedoncelle,* Les variations de Boèce sur la Personne: RevSR 29 (1955) 201–238; *P. Riché,* Éducation et Culture dans l'Occident Barbare, 6e–8e siècles (Paris 1962, ^{3}1973); *G. Ludwig,* Cassiodor über den Ursprung der abendländischen Schule (Frankfurt a. M. 1967); *A. Momigliano,* Cassiodorus and Italian Culture of his Time: Proceedings of the British Academy XLI 207–245 (London 1955); *R. Schlieben,* Christliche Theologie und Philosophie in der Spätantike. Die schulwissenschaftlichen Methoden der Psalmenexegese Cassiodors = Arbeiten zur Kirchengeschichte 46 (Berlin 1974); *F. Schneider,* Rom und Romgedanke im Mittelalter (München 1926); *F. H. Dudden,* Gregory the Great. His place in History and Thought, 2 Bde. (London 1905, ^{2}1967); *D. Hofmann,* Die geistige Auslegung der Schrift bei Gregor dem Großen = Münsterschwarzacher Studien 6 (1968); *V. Recchia,* Le Omelie di Gregorio Magno su Ezechiele (1–5) = Quaderni di „Vetera Christianorum" 8 (Bari 1974); *R. Manselli,* Gregorio Magno e la Bibbia: Settimane di Studio del Centro Italiano di studi sull'Alto Medioevo X (Spoleto 1963) 67–101; *R. Wasselynck,* L'influence de l'exégèse de S. Grégoire le Grand sur les commentaires bibliques médiévaux (VIIe–XIIe s.): RThAM 32 (1965) 157–204; *G. Dufner,* Die Dialoge Gregors d. Gr. im Wandel der Zeiten und Sprachen = Miscellanea Erudita XIX (Padua 1968); *Cl. Dagens,* La fin des temps et l'Église selon S. Grégoire le Grand: RSR 68 (1970) 273–288; *H. Hürten,* Gregor d. Gr. und der mittelalterliche Episkopat: ZKG 73 (1963) 16–42; *V. Monachino,* Gregorio I: Bibliotheca Sanctorum 7 (Rom 1966) col. 222–278 (Bibliographie); *H. J. Diesner,* Isidor von Sevilla und seine Zeit = Arbeiten zur Theologie 52 (Stuttgart 1973). Diesner hat eine „umfangreichere Studie über Isidor" angekündigt; *A. Borst,* Das Bild der Geschichte in der Enzyklopädie Isidors von Sevilla: DA 22 (1966) 1–62 (Bibliographie); *J. Fontaine,* Isidore de Sevilla et la culture classique dans l'Espagne visigothique, 2 Bde (Paris 1959); *M. C. Díaz y Díaz* s. zu Kap. 22; Isidoriana. Estudios sobre San Isidoro de Sevilla, en el XIV Centenario de su nacimiento (León 1961); *Fernández Alonso* s. zu Kap. 19; *Duchesne* s. zu Kap. 19.

Zwar ging das goldene Zeitalter der Patristik auch im lateinischen Westen im 5. Jh. zu Ende, aber die reichen Schätze der Bibelauslegung und die großen theologisch-spekulativen Leistungen der Väter wurden dem Mittelalter über den Untergang der alten Welt hinweg dadurch vermittelt, daß in dem hier zu überblickenden Zeitraum die Gedanken der Väter nachvollzogen und weitergedacht wurden (vor allem von Fulgentius von Ruspe), daß ihre Werke gesammelt und immer wieder abgeschrieben und für die Seelsorge und Predigt verwertet wurden (besonders durch Cäsarius von Arles). Es fanden sich weitblickende Männer, die aus dem allgemeinen Niedergang alles Wertvolle zu retten versuchten, ja es gelang wohl auch, ohne daß an neue Zeiten überhaupt gedacht wurde, vielmehr angesichts eines nahe geglaubten Endes der Geschichte, eine neue und dauerhafte Synthese des überkommenen Glaubens- und Gedankengutes vorzubereiten. Es ließen sich manche christliche Literaten nennen, Dichter und Verfasser von Heiligenviten, aber in diesem Kapitel sollen, nachdem Fulgentius und Cäsarius bei der Behandlung des Arianer- und des Semipelagianerstreites ausführlich zu Worte kamen, die vier großen Männer samt ihrer theologischen Leistung eingehend vorgestellt und gewürdigt werden, auf denen alle Geistigkeit und Frömmigkeit des Mittelalters wie auf vier Grundsäulen aufruht: Boethius, Cassiodor, Gregor der Große und Isidor von Sevilla.

Boethius

Boethius, der aus der hochadeligen römischen Familie der Anicier stammte, stand zu Beginn des 6. Jh. eine Reihe von Jahren im Dienste des Ostgotenkönigs Theoderich. Im Jahre 523 bzw. 524 wurde er des Hochverrates, das heißt der Verschwörung mit oströmischen Kreisen, angeklagt und hingerichtet. Im Gefängnis schrieb er zu seinem eigenen Trost das Werk „De Consolatione Philosophiae", welches zwar durchaus religiösen, aber nicht eindeutig christlichen Gehalt hat[1].

In die Geschichte des europäischen Geistes ist Boethius durch seine Übersetzungen aristotelischer Werke, vor allem der logischen Schriften, und die dazu verfaßten Kommentare als einer der großen Anreger mittelalterlichen Philosophierens eingegangen. Neben den philosophischen sind seine theologischen Schriften von geradezu verschwindendem Ausmaß[2]. Trotzdem haben sie für die Kirchengeschichte, vor allem für die Geschichte der Theologie und des Dogmas, eine außerordentlich große Bedeutung gewonnen. Durch sie ist Boethius zum Begründer des Argumentes aus der ratio theologica geworden, deren sich dann kaum ein halbes Jahrhundert später der römische Diakon Rusticus in seinem Kampf gegen die Entscheidungen des 5. Allgemeinen Konzils, das heißt bei seinem Eintreten für die Drei Kapitel, so meisterhaft bediente[3]. Dabei sind die vier Schriftchen über die „Einheit der Dreifaltigkeit", die „drei göttlichen Personen", das „Gutsein der Substanzen" und „die eine Person und die zwei Naturen" (in Christus) eher Gelegenheitsschriften[4].

Die erste hat Boethius nicht nur seinem Schwiegervater Symmachus und dessen anderem Schwiegersohn Patricius gewidmet, sondern auch deren Urteil unterbreitet. Weil er bei allen anderen Zeitgenossen nur geistige Trägheit und schlauen Neid entdeckte, hat er sich absichtlich knapp ausgedrückt und neue Wörter aus den philosophischen Disziplinen in die Theologie eingeführt, damit außer ihm und seinen beiden Adressaten niemand das Schriftchen verstehen könne, ja sogar von der Lektüre abgeschreckt werde[5]. Boethius war sich durchaus bewußt, etwas Unerhörtes zu wagen, aber er stützte sich auf die Autorität des Augustinus und wollte auch an dessen Schriften gemessen sein. Er legt in sieben Kapiteln dar, daß die göttliche Substanz reine Gestalt ist (forma), daß sie nicht der Zählbarkeit unterliegt, daß aristotelische Prädikamente auf Gott angewendet werden können, daß in Gott vor allem von Relationen die Rede sein muß, weil die Namen Vater und Sohn eine gegenseitige Beziehung ausdrükken, daß schließlich die Einheit Gottes in der Substanz, die Dreiheit in den Relationen begründet ist.

[1] Vgl. dazu *V. Schurr*, Trinitätslehre 3ff.
[2] Keine 30 Spalten bei Migne.
[3] Vgl. *Altaner-Stuiber* [7]1966, 564 und oben S. 305.
[4] Die Echtheit der kurzen Zusammenfassung des christlichen Glaubens (= Traktat IV) ist nicht gesichert.
[5] Prooemium.

Die drei anderen Schriftchen sind einem römischen Diakon Johannes, wohl dem nachmaligen Papst Johannes I. (523–526), gewidmet. Besonders wichtig ist der Traktat „über die eine Person und die zwei Naturen gegen Nestorius und Eutyches". Boethius erinnert in der Einleitung den Johannes daran, daß auf einem Konzil, an dem offenbar beide teilgenommen haben, ein Brief verlesen wurde[6], nach welchem die Eutychianer zwar den Christus aus zwei, aber nicht in zwei Naturen bekennen. Weil Boethius bei der Versammlung selbst nicht zu Wort kam, hatte er mit Johannes ein Gespräch vereinbart, an dem dann aber beide verhindert waren, so daß Boethius dem Johannes schreiben mußte, was er eigentlich mündlich hätte vortragen wollen. Diesem Zufall verdankt die Geschichte der Theologie eine Persondefinition, die in der Scholastik höchstes Ansehen genoß. Da es nämlich in dem Streit mit den Nestorianern und den Eutychianern um Person und Natur geht, untersucht Boethius zunächst (cap. 1), was eine Natur, und dann, was eine Person ist. Die Natur ist nicht nur statisch die einem jeden Ding eigene Seinsweise, sondern auch dynamisch die Antriebskraft der natürlichen Bewegung (motus principium), mit welcher etwa Feuer nach oben und Erde nach unten strebt. Was eine Person ist, versucht er, durch Ausschluß festzustellen: Person kann nicht in den Akzidentien sein, sondern nur in der Substanz, aber auch weder in nichtlebendigen Körpern noch in unvernünftigen Lebewesen; außerdem kann ein Allgemeinbegriff nicht Person sein. Zur Personalität gehört also Substantialität, Vernünftigkeit, Individualität[7]. Und so ergibt sich folgende Definition: persona est naturae rationalis individua substantia (cap. 3).

Boethius macht sofort darauf aufmerksam, daß er hier nicht die Etymologie von Person angibt, sondern eine Sachdefinition[8] dessen, was bei den Griechen Hypostase bedeutet. Aber er stößt nicht bis zum Eigentlichen der Person vor; die Idee des Subjektseins erfaßt er nicht[9], weil er von der Frage ausgeht, welche Naturen wohl Person hätten, die Person also als ein Kennzeichen besonderer Naturen betrachtet und sie selbst als etwas Naturhaftes versteht[10].

Die Definition des Boethius hat zwar auf die gesamte nachfolgende Theologie einen starken Einfluß ausgeübt, aber sie hat für seine eigene Auseinandersetzung mit Nestorius (cap. 4–7) kein einziges Argument geliefert. Person ist da lediglich das, dessen Einheit in der Zweiheit der Naturen des Erlösers behauptet wird. Weitergeführt wurde die christologische Spekulation erst durch die Persondefinition des Leontios von Byzanz (das Fürsichsein) und des schon genannten römischen, in Konstantinopel schreibenden Diakons Rusticus (das Insichbleiben)[11].

[6] Nach *V. Schurr,* Trinitätslehre 108 ff, der Brief skythischer Bischöfe, der bei *Mansi* VIII 221–226 aufbewahrt ist.

[7] Vgl. *Grillmeier:* LThK V (^{2}1960) 945.

[8] Allerdings bietet er in anderen, vor allem seinen philosophischen Schriften, andere Definitionen, die aber hier nicht interessieren. Vgl. *M. Nedoncelle:* RevSR 29 (1955) 201–238.

[9] Vgl. *Grillmeier:* LThK VIII (^{2}1963) 291.

[10] Ähnlich etwa auch sein Zeitgenosse Fulgentius; vgl. oben S. 294 f. [11] Vgl. oben S. 306.

Besonders bemerkenswert ist das Argument des Boethius, die (unterstellte) Zweipersonenchristologie des Nestorius werde der Neuheit (novum), der Größe (magnum) und der Einmaligkeit (semel) der Ankunft des Erlösers nicht gerecht. Enge Verbundenheit menschlicher Personen mit Gott habe es auch vorher gegeben; sie seien sogar deswegen Christus genannt worden. Dabei verweist Boethius allgemein auf die Autorität des Alten Testamentes, ohne aber eine einzige Schriftstelle anzuführen. Daran läßt sich erkennen, wie sich bei ihm das theologische Beweisverfahren von einzelnen Bibelargumenten frei macht, trotzdem aber überzeugt bleibt, allgemein biblisch zu sein.

Cassiodor

Cassiodor, der drei ostgotischen Königen in Italien als Minister gedient hatte, wovon die von ihm selbst herausgegebenen, weil von ihm formulierten Erlasse und Briefe der Herrscher (= Variae) zeugen, schied im Jahre 535 aus dem Dienst der immer römerfeindlicher werdenden gotischen Regierung und zog sich ins Privatleben zurück. Er hatte sich mit Papst Agapet geeinigt, in Rom eine *Theologische Hochschule* zu schaffen, in der berufsmäßige Lehrer dafür sorgen sollten, daß „einerseits die Seelen die heilsnotwendige Verkündigung empfangen könnten und daß andererseits die Sprache der Gläubigen nun die gleiche Pflege und Ausgestaltung empfangen sollte", wie heidnische Philologen und Dichter sie ihrer Sprache hatten angedeihen lassen, mit dem Unterschied freilich, daß alles, was vorgetragen wurde, „keusch und rein" sein, sich also deutlich von den Mythen und Dichtungen der Heiden unterscheiden sollte. Cassiodor hatte es als schmerzlich empfunden, daß es bisher für christliche Theologie, jedenfalls im Westen, noch keine wissenschaftliche Hochschule gab, wie sie im Osten früher in Alexandrien bestanden hatte und zu seiner Zeit im syrischen Edessa blühte[12]. An der Finanzierung der neuen römischen Hochschule, die Cassiodor zu einem guten Teil selbst bestreiten wollte, sollte die römische Kirche sich beteiligen; aber der Krieg, nämlich die von Justinian begonnene Reconquista Italiens, die schließlich zur Vernichtung des Ostgotenreiches führte, verhinderte die Ausführung des Planes. Nach Beendigung des Krieges kehrte Cassiodor, der sich inzwischen einige Jahre in Konstantinopel aufgehalten hatte, nach Italien zurück. Obwohl Justinian nun den staatlichen Professoren in Rom neue Gehaltsgarantien gab, um so die Kriegsschäden auf dem Bildungs-

[12] Instit. prooemium. Daß Cassiodor die Schule von Nisibis erwähnt, ist nach *G. Ludwig* (Cassiodor S. 101) einer der Hinweise darauf, daß er sein Kloster in die Linie der antiochenischen Exegese- und Bildungstradition stellen wollte, wie sie vor allem von Theodor von Mopsueste verkörpert worden war, also eine gewisse Distanz zur neuen Religionspolitik nach dem II. Constantinopolitanum suchte. *L. Duchesne* (a. a. O. S. 226) sieht in der Tatsache, daß Cassiodor gerade Theodor nicht erwähnt, den Beweis dafür, daß er nicht in brennende Fragen eingreifen wollte. Dann hätte allerdings eine ähnliche Abstinenz nahegelegen, was Origenes angeht.

sektor wiedergutzumachen[13], hat Cassiodor nicht mehr an seinen früheren Hochschulplan angeknüpft.

Er gründete vielmehr auf seinen Gütern in Süditalien ein Kloster, welches er Vivarium nannte und dessen Lebenszentrum die von ihm planmäßig mit viel finanziellem Einsatz zustande gebrachte Bibliothek darstellte. Er schrieb für die Mönche zwei kurze Studienanleitungen oder Lesepläne[14], durch welche sie in die in der Bibliothek vorhandene theologische bzw. philosophische Literatur eingeführt werden sollten. Er war sich bewußt, daß er damit einerseits notgedrungen an die Stelle des Professors trat (ad vicem magistri), daß andererseits seine beiden Einführungsschriften doch nicht ein lebendiges Professorenkollegium ersetzen konnten; das sollte vielmehr die Aufgabe der in der Bibliothek zusammengetragenen Schriften der Väter, vor allem der Bibelexegeten, sein. Da seinen Mönchen nur mit lateinischen Werken gedient war, ließ er einschlägige griechische Kommentare, von denen noch keine lateinische Übersetzung existierte, ins Lateinische übersetzen und fügte sie dem großen Kommentarwerk ein. Dieses bestand aus neun von Cassiodor selbst emendierten Codices, welche die Kommentare zu folgenden Teilen der Heiligen Schrift enthielten: 1. Oktateuch, 2. Königsbücher, 3. Propheten, 4. Psalter, 5. Salomon (Weisheitsbücher), 6. Hagiographen, 7. Evangelien, 8. Apostelbriefe, 9. Apostelgeschichte und Apokalypse[15].

Unter den Exegeten sind außer den großen lateinischen Vätern auch Griechen, wie Klemens von Alexandrien und Origenes, vertreten. Zu einigen biblischen Büchern fanden sich damals noch keine fortlaufenden Kommentare, wohl aber verstreute Äußerungen der großen Kirchenväter. So hat Cassiodor im Band II, also zu den Königsbüchern, u.a. die sechs Fragen und Antworten an Simplician von Augustinus und drei Fragen und Antworten des Hieronymus an Abundantius zusammengetragen. Trotz aller Mühe blieben aber Lücken im Kommentarwerk; Cassiodor versuchte sie u.a. dadurch zu schließen, daß er den Priester Bellator um die Abfassung von Kommentaren zu verschiedenen biblischen Büchern bat. Aber von all dem, was Bellator zu Cassiodors Sammelwerk beigesteuert hat – etwa zwei Bücher über Ruth und die anderen hervorragenden Frauen des AT[16] –, ist uns nichts erhalten. Das neunbändige Kommentarwerk scheint nicht vollständig kopiert worden, sondern bald untergegangen zu sein. Außer den Kommentatoren hat Cassiodor auch in die Bibel einführende Werke einiger Väter in einem besonderen Codex zusammengestellt.

Bei diesem ganzen Werk bestand seine Arbeit nicht nur im Zusammenstellen der ihm wichtig und hilfreich erscheinenden Vätertexte, sondern auch in der Herstellung eines zuverlässigen Bibeltextes, der geradezu eine Voraussetzung

[13] Novellae, App. VII, 22; *P. Riché*, Éducation 182.

[14] De institutione divinarum litterarum (= inst. PL 70, 1105–1150) und De artibus ac disciplinis liberalium litterarum (= art. ebd. 1149–1220).

[15] Inst. 1 und 9.

[16] Inst. 1.

für das Seelenheil darstellt. Das Wort von den zwei oder drei Zeugen, durch die jede Sache entschieden werden kann (Mt 18,16 = Dt 19,15b), welches bei Origenes als exegetisches Prinzip diente – mit zwei oder drei Bibelzitaten ist eine theologische Aussage zu beweisen[17] –, wird bei Cassiodor[18] zum textkritischen Grundsatz: zwei bis drei alte Codices garantieren eine Leseart.

Was den Text der Kommentare angeht, fühlte Cassiodor sich keineswegs zur treuen Konservierung des Überlieferten verpflichtet, vielmehr ist die Rechtgläubigkeit und der Erbauungswert einer Schrift oberster Maßstab. So sorgte er dafür, daß bei der Übersetzung von Kommentaren des Klemens Alexandrinus all dessen unvorsichtige (incaute) Äußerungen unterdrückt wurden. Cassiodor hat sich nicht davon beeindrucken lassen, daß ein Paulinenkommentar unter dem Namen des Papstes Gelasius umlief, sondern wenigstens im Römerbriefkommentar alle pelagianischen Irrtümer, die er darin entdeckte, korrigiert[19]. Manche Texte, mit denen er nicht einverstanden war, ließ er freilich doch so stehen, aber mit einem entsprechenden Vermerk am Rand, so vor allem in den Kommentaren des Origenes und des Tyconius[20]. Den Bibeltext hat Cassiodor außerdem mit Satzzeichen versehen, damit er sich besser vorlesen ließ. Die schon genannten 9 Codices hat er selbst bearbeitet, andere überließ er der Arbeit der im Kloster tätigen Notare. Aber auch die bloße Rechtschreibung war ihm für das Verständnis des Textes so wichtig, daß er noch im Alter von 93 Jahren für seine Mönche eine Schrift über die Rechtschreibung abfaßte, an deren Anfang er seine bisherigen theologischen Werke aufzählt. Daß er dabei mit dem Psalmenkommentar beginnt, läßt erkennen, daß er seine Schrift über die Seele einer früheren abgeschlossenen Lebensperiode zurechnet, der auch seine amtlichen Briefe (Variae) angehören.

Obwohl Cassiodor in der ganzen Heiligen Schrift das Licht von oben findet, bedeuten ihm doch der Psalter, die Propheten und die Apostelbriefe am meisten, sie stellen zugleich die tiefsten Abgründe und den Gipfel der ganzen Schrift dar[21]. Trotzdem sollen die Anfänger im Studium der Heiligen Schrift zuerst den vierten Codex zur Hand nehmen und sich so mit dem Psalterium vertraut machen[22]. Zunächst soll der Mönch sich mit der Lektüre der Heiligen Schrift ganz anfüllen, dann sich den Kommentatoren zuwenden[23].

Theologische Erkenntnis wird auf verschiedenen Wegen gewonnen: Zunächst soll man die introductores (z.B. Tyconius und Augustin) lesen, dann die expositores, an dritter Stelle die katholischen Lehrer, welche Frage-und-Antwort-Literatur hinterlassen haben. Schließlich muß man die gesamte überlieferte Väterliteratur sorgfältig durchforschen. Aber mit Lektüre allein ist es

[17] Matth. Com. 10, 15: GCS Origenes 10, 18, 29ff.
[18] Inst. 15.
[19] Inst. 8.
[20] Inst. 1 und 9.
[21] Inst. Praef.
[22] Inst. 4 und Psalt. praef. 16.
[23] Inst. praef.

nicht getan, es gibt Erkenntnis, die dem Mönch nur im Gespräch mit einem erfahrenen Alten zuteil wird[24]. Cassiodor hat seinen Leseplan für die Mönche zwar nach objektiven Notwendigkeiten entworfen, es soll aber auch die persönliche Eigenart des einzelnen zur Geltung kommen. So empfiehlt er jedem der Mönche, sich einen der großen Kirchenväter auszusuchen, mit dem er in ein inniges Zwiegespräch eintreten kann[25]. Cassiodor hoffte, daß seine Mönche durch eifriges Studium der großen Bibelerklärer fähig würden, selbst Bibelkommentare zu verfassen, damit auch die von den Vätern noch nicht behandelten Stellen ihre Auslegung fänden[26]. Er gab sich aber nicht der Hoffnung hin, aus allen seinen Mönchen Schriftgelehrte machen zu können, sondern rechnete damit, daß einige zu gar keiner geistigen Tätigkeit fähig waren. Sie sollten sich der Gartenarbeit widmen; für sie hielt die Klosterbibliothek Spezialliteratur zur Gartenkultur bereit[27].

Auch der einfache Mann im Kloster (vir simplex) soll doch in den Genuß einiger Kenntnisse über die weltliche Wissenschaft und Philosophie (mundanae litterae) kommen, weil sie zum Verständnis der Heiligen Schrift nicht wenig beitragen, was sich daraus erklärt, daß sie, abgesehen von einigen Hinzufügungen gelehrter Männer[28], ihren Ursprung aus der Heiligen Schrift haben, ja aus ihr geradezu gestohlen sind[29]. So hat z.B. Abraham als erster Arithmetik und Astronomie nach Ägypten gebracht[30]. Deshalb hätten die Väter die Lektüre solcher Werke empfohlen, weil wir dadurch von den fleischlichen Dingen abgezogen und zu den Dingen gelenkt werden, die nur mit dem Herzen erfaßt werden können. Die Abstraktion ist also ein Mittel zur Pflege der Spiritualität. Für spekulative Theologie aber hatte Cassiodor nichts übrig; die Väter interessierten ihn nur als Exegeten[31].

Den weltlichen Wissenschaften wendet sich Cassiodor aber nicht nur deswegen zu, weil er davon überzeugt ist, daß sie dem Verständnis der Heiligen Schrift dienen, sondern auch, weil er ihre Regeln und Maßstäbe in der Heiligen Schrift selbst angewendet findet, etwa im Buche Job alle Kunstgriffe der Dialektik. So fühlt er sich berechtigt und verpflichtet, seinen Mönchen auch eine vollständige Bibliothek der „artes“ zu hinterlassen und sie in das Studium der drei sprachwissenschaftlichen Disziplinen (Grammatik, Rhetorik und Dialektik) sowie der vier mathematischen Wissenschaften (Arithmetik, Geometrie, Musik und Astronomie) einzuführen. Dieses zweite Einführungsbuch stellt in der Tat

[24] Inst. 10. [25] Inst. 17.
[26] Inst. 26. [27] Inst. 28.
[28] Inst. 21. [29] Inst. 27.
[30] Art. 2 unter Verweis auf Josephus Flavius, Antiq. 1, 9.
[31] Vgl. *P. Riché*, Éducation 206f. In seinem Psalmenkommentar faßt Cassiodor die ganze antik-christliche Bildung zusammen. Für ihn ist der Psalmist ein Musterbeispiel für den „orator“ Ciceros. Aber erst das Hochmittelalter verstand die formale Wissenschaftlichkeit Cassiodors, wenn auch schon karolingische Exegeten ihn gern benützten, wie *Schlieben* S. 114f. hervorhebt.

ein Kompendium[32] der antiken Wissenschaftsleistungen dar und ist die Grundlage geworden für die mittelalterliche Einteilung der Artes in Trivium und Quadrivium. Das Kapitel über die Rhetorik etwa wäre als Einführung durchaus auch heute noch dienlich. Allerdings wundert man sich, wenn Cassiodor, der auch in diesem zweiten Einführungswerk immer seine Mönche anredet, erklärt, innerhalb der Prozeßrede – Gerichtsprozesse sind das Hauptbetätigungsfeld der Rhetorik – habe die Erzählung mit der Personenbeschreibung zu beginnen, wobei die Person, die zu „unserer" Partei gehört, gebührend herauszustreichen, eine Person der fremden Partei (aliena) aber herabzusetzen sei[33]. Solches wollte der greise Gründer von Vivarium seine Mönche wohl kaum lehren; vielmehr wird man in diesen Sätzen wörtliches Zitat aus einer Schrift vermuten, die Cassiodor in seiner Bibliothek hatte und die er für die Einleitungsschrift exzerpierte. Überhaupt scheint er, wie man wohl aus gelegentlichen, unbegründeten Wiederholungen schließen muß, nicht immer den Überblick behalten zu haben und einfach einem Codex, den er gerade in Händen hatte, gefolgt zu sein.

Man wundert sich, daß dieser Mann, der als großer Staatsmann gilt, dem die politisch erfolgreichen Entscheidungen der ostgotischen Regierung in Italien zugeschrieben werden und dem im Gegensatz zu dem Idealisten Boethius ein ausgewogener Realitätssinn zuerkannt wird[34], seinem Kloster keine Verfassung gegeben und keine Lebensordnung vorgeschrieben haben soll. So ist es nicht verwunderlich, daß man in Cassiodor den Verfasser der „Regula Magistri" gesucht hat. Aber die Tatsache, daß Cassiodor zu Beginn seiner letzten Schrift, der über die Rechtschreibung, in der er seine religiös-literarischen Leistungen aufzählt, eine Klosterregel nicht erwähnt, spricht nicht für ihn als Verfasser.

Es muß besonders hervorgehoben werden, daß Cassiodor, trotz aller Beschäftigung mit antiker Wissenschaft, doch großen Wert darauf legt, die inhaltlichen und formalen Unterschiede zwischen der Heiligen Schrift und der weltlichen Wissenschaft zu betonen. Nachdem er die Kosmologie des Varro knapp zusammengefaßt hat, beschließt er seine Einführung in die Wissenschaften mit der Aufforderung, sich mit dem zufriedenzugeben, was die Schrift über die Welt und den Menschen sagt[35]. Ja er meint sogar, daß die Semitismen, Anthropomorphismen und Übersetzungsfehler der Bibel Kennzeichen göttlicher Redeweise sind und deswegen nicht den Gesetzen profaner Sprach- oder Literaturwissenschaft unterworfen werden dürfen[36]. So hat Cassiodor trotz aller wissenschaftlichen Bemühungen doch eine fideistisch-autoritäre Haltung begründet, welche die Folgezeit lange beherrschte.

Gregor der Große

Gregor d. Gr., letzter der vier großen lateinischen Kirchenlehrer, lebte in einer Zeit, die große geistige Leistungen weder forderte – es gab keine ernsthaften

[32] *P. Riché* nennt es einen Digest.
[33] Art. 2 PL 70, 1158 C.
[34] Vgl. *Schneider* 84 und 88.
[35] Art. 7 PL 70, 1218 d.
[36] Inst. 15.

theologischen Kontroversen – noch zuließ –, die Sorge um einen Rest von Ruhe und Ordnung, ja um das tägliche Brot für die Armen erfüllte oft die ganze Aufmerksamkeit des römischen Bischofs. Gregor mußte die Verwaltung aller Besitztümer des Römischen Stuhles neu organisieren, da sie, meist in der Hand des örtlichen Episkopates, kaum Erträge gebracht hatten. Er sorgte für die rechte Verwendung der Gelder: da die in Südgallien gebräuchlichen Münzen in Italien nicht galten (sie hatten einen geringeren Goldgehalt), sollten an Ort und Stelle Kleider für die Armen in Rom und – Gregor war auch in den härtesten Zeiten nie nur Armenpfleger – junge englische Sklaven freigekauft werden, die in italienischen Klöstern Gott dienen sollten[37]. Gregor hätte seinen Beinamen „der Große" durchaus mit seinen kirchenpolitischen und seelsorgspraktischen Leistungen verdient, aber er war nicht nur Praktiker. Auch seine Briefe gaben, wo es erforderlich war, nicht nur Mahnung, sondern auch klare Antworten in theologischen Fragen. Eine Kammerfrau der byzantinischen Kaiserin wurde nicht nur zur Buße gemahnt, sondern auch darüber belehrt, daß es auf Erden keine Sicherheit über die erlangte Vergebung, ja über das Heil überhaupt geben kann[38]. Zur Beantwortung der Frage, ob alle von Christus in der Vorhölle Angetroffenen erlöst wurden, beruft Gregor sich nicht nur auf Filastrius und Augustinus, sondern beweist selbst aus der Bibel, daß nur die von Christus erlöst wurden, die gute Werke aufzuweisen hatten[39]. Gregors Briefe waren geradezu eine unerschöpfliche Fundgrube für Bischöfe und Seelsorger, die ein Vorbild suchten, aber Gregor hat noch stärker als Theoretiker des Hirtenamtes die Folgezeit beeinflußt. Schon bald nach Beginn seines Pontifikates verfaßte er, ähnlich wie Gregor von Nazianz, um zu zeigen, wie berechtigt sein Sträuben gewesen sei, seine „*Regula pastoralis*". Im ersten Teil beschreibt er den geeigneten Bischofskandidaten, im zweiten die Lebensweise, welche das Amt fordert, im dritten die notwendige Differenzierung im Predigen und schließt mit einer kurzen Mahnung zur Demut. Wenn Gregor die Leviratsehe (Dt 25,5 ff) auf das Bischofsamt auslegt und in dem verherrlichten Christus den verstorbenen älteren Bruder, im Bischof dagegen, gestützt auf Mt 28,10, den jüngeren Bruder sieht, der für Nachkommenschaft zu sorgen hat oder aber sich von der Frau (der Kirche) beschimpfen lassen muß (I,5), dann ist das nicht Exegese nach heute gültigen Maßstäben, aber zweifelsohne ein geeignetes Mittel, Ernst und Eifer für die Seelsorge einzuflößen. Gregor bezeugt und fordert ein Verantwortungsbewußtsein, das fast donatistisch gefärbt ist, wenn er fragt: Wie kann der von Gott Verzeihung für andere erlangen, der selbst nicht weiß, ob er mit ihm ausgesöhnt ist? (I,10). Wenn er andererseits in Gn 9,1 f (Furcht und Schrecken vor euch sei über allen Tieren) die Ablehnung jeder Herrschaft von Menschen über ihre Mitmenschen und damit eine Grenze für in der Seelsorge notwendige Tadel und Strafe findet (II,6), dürfte man ihm auch heute in der Sache zustimmen.

[37] Reg. Epp. V, 10.
[38] Ebd. VII, 22.
[39] Ebd. VII, 15.

Zwar sieht Gregor im Bischof eindeutig den Vorgesetzten, aber er betont, daß ein freimütiges Wort eines Untergebenen gerade als Zeichen demütigen Gehorsams anzusehen ist, jedenfalls von einem Seelsorger, der nicht von Eigenliebe erfüllt ist (II, 8). Daß Gregor Predigt mit Ermahnung gleichsetzt, ist wohl zeitbedingt einseitig, aber der dritte Teil der Pastoralregel bietet in der Aufzählung von vierunddreißig in der Praxis begegnenden Gegensatzpaaren (Fröhliche – Trauernde, Dreiste – Schüchterne, Eigensinnige – Wankelmütige, Tatsünder – Gedankensünder, solche, die Böses heimlich, Gutes öffentlich tun – solche, die heimlich Gutes tun, öffentlich aber einen schlechten Ruf haben usw.) eine solche differenzierte Beschreibung und Anleitung zur Vermahnung, daß man daraus noch heute Nutzen ziehen kann. Darin bewährt sich Gregors Auffassung vom Bischof als Seelenarzt; hätte er ihn nur als Verkünder verstanden, wäre eine solch reiche Symptomatik weder erforderlich noch möglich gewesen. So wundert es nicht, daß die Pastoralregel überall begeistert aufgenommen wurde, so in Spanien, wohin Gregor sie seinem Freunde Leander von Sevilla geschickt hatte, ja sogar im Osten, wo Kaiser Maurikios sie ins Griechische übersetzen ließ[40]. Im Reiche Karls des Großen verlangten mehrere Synoden von allen Bischöfen die Lektüre der Pastoralregel. In England sorgte König Alfred d. Gr. schon zu Ende des 9. Jh. für eine Übersetzung ins Angelsächsische (zusammen mit den Dialogen) und ließ jedem Bischof ein Exemplar überreichen[41]. Sie bedeutete für den Weltklerus das, was für das Mönchtum die Regula Benedicti darstellte[42]. Gregor hat über Jahrhunderte hinweg die Bischöfe geformt, welche ihrerseits die modernen Nationen geformt haben[43], und ist so zu dem großen Lehrer des Abendlandes geworden.

In der *Exegese* ist Gregor weniger originell, er faßt zusammen und gibt, freilich ohne das eigentlich zu wollen, war er doch vom nahen Ende überzeugt, an das Mittelalter weiter, was die Väter boten. Dabei steht er überraschenderweise dem Origenes näher als etwa Augustin und Ambrosius, sogar näher als Hieronymus[44]. In seinen Moralia in Job, einem 35 Bücher umfassenden Kommentar zum Buche Job, in dessen Vorrede[45] theoretisch die Unterscheidung der drei Schriftsinne erklärt wird, macht Gregor sich daran, dreifach Schriftauslegung zu demonstrieren, aber er hält die drei Ebenen, die er im 1. Buch so deutlich unterschieden hatte, nicht durch; schon im 4. interessiert der historische Sinn nicht mehr, und vom 5. ab wird nur noch allegorisch-moralisch ausgelegt[46], obwohl Gregor davon überzeugt ist, daß jeglicher Sinn verlorengeht, wenn man den historischen nicht ernst nimmt[47]. Die Unterscheidung der ver-

[40] Vgl. ebd. XII, 6.
[41] LThK² I 334f *(Brechter).*
[42] *Altaner-Stuiber,* ⁷1966, 468.
[43] *F.H. Dudden* a.a.O. I 239f.
[44] *D. Hofmann* a.a.O. 12.
[45] Widmungsschreiben an Bischof Leander v. Sevilla: Reg. Epp. V, 53a.
[46] *D. Hofmann* a.a.O. 12.
[47] In Ezech. 1–3, hom. 3, 4; Mor. 21, 3.

schiedenen Schriftsinne konnte die Folgezeit bei Gregor finden; streiten läßt sich aber über ihre Reihenfolge. Meist stellt Gregor den allegorisch-typischen Sinn, der teils über Christus, teils über die Kirche Auskunft gibt und so zweigeteilt ist, an die zweite, den moralischen, also die in allem Wort der Schrift enthaltenen Aufrufe zum Handeln, an die dritte Stelle[48], verwendet also die tiefere Einsicht nur als Begründung für den moralischen Anspruch des Bibelwortes. Letztes Ziel ist in dem Zusammenhang das Handeln bzw. innerhalb der Predigt die Mahnung. Bibel ist aber für Gregor nicht nur Grundlage der Predigt; sie soll auch privat gelesen werden; der Bibelleser ist geradezu der gute Mensch[49]. Im Rahmen der Predigten zu Ezechiel[50] scheint nicht die Aufforderung zum Handeln das Höchste und Letzte zu sein, vielmehr wächst das Wort Gottes mit dem Leser[51]. Die Forderungen sind nur das Äußere der Bibel, ihr Inneres aber bietet Verheißungen[52]. Ob man sich diesem Inneren der Schrift zuwendet, ist nicht völlig ins Belieben des Auslegers gestellt; wer es vernachlässigt, bringt sich um den wertvollsten Sinn des Wortes Gottes[53], den er den Hörern aber schuldet, weil nur so der Glaube seine Fülle gewinnt[54]. Dabei ist Gregor mit Origenes davon überzeugt, daß schon die Heilige Schrift selbst zur übertragenen Auslegung zwingt; er zählt nämlich alle Bilder, Vergleiche, Anthropomorphismen, die man heute als Wortsinn betrachten würde, zur allegorischen Aussage. So meint er, nur konsequent weiterzudenken, wo heutige wissenschaftliche Exegese eine Grenzüberschreitung sehen würde[55]. Trotzdem kann er in der Auslegung der Schrift sehr tolerant sein und zugestehen, daß der eine sich mit der Geschichte begnügt, die ihn auf die Länge freilich über sich selbst hinausführen wird[56], daß ein anderer die „intelligentia typica“, der dritte schließlich die „intelligentia per typum contemplativa“ sucht, das heißt also über die Typologie zur Kontemplation aufsteigt, ohne sich in den moralischen Sinn vertieft zu haben. Gregor rechnet aber auch damit, daß der Weg zur Kontemplation über historia, moralitas und die intelligentia allegoriae führt[57]. Diese Stelle (die bei Dudden und Hofmann wohl nicht genügend ernst genommen wird) läßt erkennen, daß Gregors Frömmigkeit nicht nur auf Askese und moralisches Handeln ausgerichtet ist, sondern daß seine im Grunde weltflüchtende Gesin-

48 Reg. Epp. V, 53a, 3; Moralia passim, bes. 1–3 u.ö. vgl. *D. Hofmann* a.a.O. 44ff.

49 Reg. Epp. IX, 15.

50 Zwölf zu Kap. 1–4, 3; zehn zu Kap. 40; daneben sind noch 40 kürzere Festtagspredigten zu Evangelientexten zu erwähnen, die aber in ihrer Volkstümlichkeit den Dialogi näherstehen als den Ezechielpredigten, welche an aufeinanderfolgenden Tagen gehalten wurden und ein religiös gebildeteres Publikum ansprechen und deshalb wohl als Zeugnis für Gregors eigenste Anschauung höher zu bewerten sind. Vgl. *V. Recchia* a.a.O. 31.

51 In Ezech. 1–4, hom. 7, 8.

52 Ebd. 9, 30.

53 Moral. 21, 1.

54 *R. Manselli:* Settimane X, 81f.

55 *D. Hofmann* a.a.O. 38.

56 In Ezech. 1–4, hom. 10,1.

57 Ebd. 7, 10.

nung um die Betrachtung des Unvergänglichen, um die Schau der verheißenen Güter kreist[58]. Moralität als Vorstufe zur Erkenntnis ist allgemein antik-philosophisch und etwa auch für Origenes selbstverständlich. War Gregor wirklich ein antiker Mensch, wohl der letzte, der zu uns spricht[59], dann konnte Moralität für ihn nicht das Höchste und Letzte sein[60]. Andererseits hat er durch diese aus Treue zur Überlieferung entspringende Anerkennung der Kontemplation als auf verschiedenen Wegen angestrebtes Ziel das geistige Leben der Folgezeit davor bewahrt, sich sofort durch Nützlichkeit bewähren zu müssen und so in purer Zweckmäßigkeit zu verkümmern[61].

Den breitesten Einfluß auf die Nachwelt hat Gregor aber durch seine *Dialogi de vita et miraculis patrum Italicorum* ausgeübt, weil sie nicht nur von Klerikern und Mönchen gelesen wurden wie die Moralia und die Pastoralregel, sondern ihren Weg zu den Laien fanden[62]. Gregor zeigt in diesen, nur künstlich in Dialogform gebrachten Erzählungen in vier Büchern, daß nicht nur der Orient, sondern auch Italien Asketen und Wundertäter aufzuweisen hat. Außer Paulinus von Nola und Benedikt von Nursia, dessen Taten das ganze zweite Buch füllen, sind die Helden kaum bekannt; so sind die Dialoge als historische Quelle nur sehr vorsichtig zu verwenden[63]. Es spricht sich aber darin nicht nur ein früher italienischer Nationalstolz aus[64], sondern auch die Einsicht des Seelsorgers und Promotors der Mission (bei den Langobarden und Angelsachsen), daß das Wort Gottes erst dort hochgeschätzt wird, wo man vom Leben der Heiligen beeindruckt ist[65]. So schickte Gregor seine Dialoge der katholischen Langobardenkönigin Theodelinde, in der er seine stärkste Verbündete für die Gewinnung dieses Volkes sah[66].

Gregor erzählt aber nicht nur erbaulich, er schiebt auch exegetisch-dogmatische Erörterungen ein, etwa über die Frage, wie die Heiligen trotz Röm 11, 33 (Wie unerforschlich sind seine Wege!) die Erkenntnisse der göttlichen Ratschlüsse haben und sie aussprechen (II, 16), oder wo die Hölle ist; ob auch die verdammten Seelen als unsterblich angesehen werden können (IV, 42–44); ob es eine jenseitige Läuterung gibt (IV, 25 u. 39); was kirchliches Begräbnis und Gebet den Verstorbenen nützen (IV, 51ff u. 55). Freilich werden auch solche Fragen nicht rein theoretisch oder exegetisch, sondern mit Hilfe von Beispielen,

58 Vgl. *R. Manselli:* Settimane X, 85f.

59 *P. Riché* a. a. O. 194: Gregor ist antik im Stil, in der Denkform und der Vorliebe für moralisierende Beispiele.

60 Vgl. Ezech. 1–3, hom. 3, 9; 10.11.25.43.

61 Isidor v. Sevilla übernimmt von Gregor die Dreistufung des Schriftsinnes, bei der an dritter und höchster Stelle der mystische Sinn steht (sententiae 1, 18; ord. creatur. 10); vgl. *R. Wasselynck:* RThAM 32 (1965) 158.

62 Vgl. *G. Dufner,* Die Dialoge Gregors d. Gr. im Wandel der Zeiten und Sprachen (Padua 1968).

63 *G. Dufner* a. a. O. 26ff.

64 Ebd. 23.

65 In Ezech. 1–3 hom. 10, 37.

66 Paul. Diac., hist. Langob. 4, 5.

Visionen und Träumen aus dem Leben der Heiligen beantwortet. Die Lehren vom Fegfeuer und von der sündentilgenden Kraft des Meßopfers fanden so ihren gesicherten Platz in der christlichen Frömmigkeit und von dort her in der Theologie. Daß ein Presbyter einem Verstorbenen durch eine Woche Büßen und tägliche Opferfeier Seelenruhe verschaffte, hat aber die Nachwelt nicht so beeindruckt wie die von Gregor als Abt selbst angeordnete dreißigtägige Meßfeier, durch die ein Mönch, der gegen die Armut verstoßen hatte, nach bußfertigem Sterben doch noch in die Gemeinschaft der Seligen aufgenommen wurde (IV, 55); nur dieser letzte Brauch lebt als gregorianische Messen fort.

Gregors Lehre von Buße und Fegfeuer beruht auf dem Grundsatz, daß keine Sünde ohne Sühne hinweggenommen wird[67], und ist so immer in der Gefahr eines gewissen Bilanzdenkens, die freilich dadurch gebannt wird, daß die Nutzlosigkeit äußerer Werke ohne Liebe häufig betont wird[68]. Der Grund für eine gewisse gedankliche Unausgewogenheit dieser Lehren über die Letzten Dinge liegt darin, daß Gregor einerseits dem so hoch verehrten Augustin doch nicht in allem gefolgt ist, andererseits Anschauungen, die bis dahin in der römischen Kirche vorherrschten, als erster formuliert und so fixiert hat[69]. Gregors Erbsündenlehre entspricht ganz derjenigen Augustins: die ganze Menschheit ist kollektiv verantwortlich für die Sünde Adams[70], ungetauft sterbende Kinder kommen in die Hölle[71]. Sexualität ist Hort der Sünde, Lust ist schon Befleckung[72]. In der Gnadenlehre aber nimmt Gregor etwa eine mittlere Stellung ein zwischen Augustin und dem Semipelagianismus: zwar ist auch der erste Anfang der Bekehrung Gnadengeschenk[73], aber der freie Wille ist nicht nur wie bei Augustin die Form der sich selbst realisierenden Gnade, sondern ein Faktor, der dazukommen muß; so versteht Gregor[74] das Pauluswort: „durch die Gnade Gottes bin ich, was ich bin" und: „ich habe mehr gearbeitet als alle" (1 Kor 15,10). Deshalb läßt Gregor die Idee von der unwiderstehlichen Gnade und der unbedingten Erwählung stillschweigend fallen und sieht in der Zustimmung des menschlichen Willens zur Gnadenanregung schon ein gewisses Verdienst. Daß Gott seine Gaben krönt, wenn er unsere Verdienste krönt, bedeutet für Gregor, daß der freie Wille Verdienste erwirbt und Gott schließlich sogar seine Gaben dem Menschen anrechnet[75]. Gregor kommt zu keiner Lehre von der Prädestination, weil ihm auch die Vorstellung von der praedestinatio post praevisa merita nicht zusagt[76]. Der strenge Augustinismus ist bei ihm durch die Erfordernisse der praktischen Moralunterweisung eingeschränkt; aber schon Augustin selbst

[67] Moral. 9, 54; 16, 82.
[68] *F. H. Dudden* a. a. O. II 440 zahlr. Belege.
[69] Ebd. II 374.
[70] Moral. 24, 7.
[71] Ebd. 9, 32.
[72] Reg. Epp. XI, 56a; Moral. 26, 44; 32, 39 u. ö.
[73] Moral. 22, 13; 33, 38 u. ö.
[74] Moral. 16, 30; 24, 24.
[75] Moral. 16, 30; vgl. *F. H. Dudden* II 338.
[76] *F. H. Dudden* II 400.

war in seinen Predigten nicht ganz konsequent geblieben, und mancher Verteidiger des Augustinismus zu Beginn des 5. Jh. hatte das auch nicht vermocht[77]. Gregor hat so die gleichen Überzeugungen wie die Synode von Orange[78], die ja nur Ausdruck römischer Augustinusrezeption war. Dem Mittelalter war sie nicht bekannt, aber es erhielt ihre Ideen über Gregor. Daß er der Nachwelt außer wichtigen Anregungen für Spiritualität und Mystik auch periphere christliche Inhalte vermachte, sei eben noch erwähnt: augustinisch inspiriertes Unwürdigkeitsgefühl begründet intensive Heiligenverehrung[79], zumal dann, wenn Christus als der kommende Richter gesehen wird[80]. Allerdings geht Gregor d. Gr. nicht so weit, die Heiligenverehrung als wesentlichen Teil des Christentums zu bezeichnen, wie sein wenig älterer Zeitgenosse Gregor von Tours das tat[81]. Schließlich erscheint auch der Teufel des Mittelalters, so wie er Dominikus oder Luther belästigte, in dieser Gestalt schon häufig in Gregors Dialogen über die italischen Väter. So hat Gregor nicht nur der Theologie der Folgezeit die Inhalte, sondern auch der Volksphantasie und damit der bildenden Kunst und Dichtung (Dante) eine Fülle von Vorstellungen geliefert[82].

Isidor

In dem allein schon wegen seines Umfangs und Informationsreichtums beeindruckenden literarischen Werk Isidors, der seit 600 Bischof von Sevilla war, nimmt die *Dreikapitelfrage* nur einen kleinen Raum ein, aber sie ist gewissermaßen eine Testfrage, mit deren Hilfe Isidors Position sich leicht ausmachen läßt. Im 6. Buch seiner großen Enzyklopädie, das über die kirchlichen Bücher und Pflichten handelt, spricht er auch von den Konzilsentscheidungen und hebt die vier verehrungswürdigen Synoden, welche hauptsächlich den ganzen Glauben umfassen, besonders hervor, ohne eine fünfte Synode auch nur zu erwähnen. Sie brauchte dadurch freilich noch nicht ausdrücklich ausgeschlossen zu sein; auch Gregor d. Gr. schwieg gelegentlich über sie. Im 7. Buch der Etymologiae (7, 12, 5), wo Isidor über Gott, die Engel und die Ordnungen der Gläubigen spricht, erklärt er den Namen „Patriarch" so: Patriarch ist, wer einen apostolischen Sitz innehat, z.B. der in Rom oder der in Antiochien oder der in Alexandrien. Konstantinopel wird also nicht als Patriarchat anerkannt. Im 8. Buch der Etymologien (8, 5, 66) heißt es, die Akephalen hätten ihren Namen daher, daß sich kein Urheber für sie ausmachen ließe, sie seien Bekämpfer der drei chalkedonischen Kapitel, sie leugneten die Eigenart der beiden Substanzen in Christus und erkennten in ihm nur eine Natur. Am deutlichsten äußert Isidor sich in seinem Schriftstellerkatalog[83], in dem er Theodor von Mopsuestia ausdrücklich

[77] Vgl. oben S. 300. [78] Vgl. oben S. 301f.
[79] Moral. 16, 64. [80] Hom. in Evgl. 32, 2.
[81] *R. H. Dudden* a.a.O. II 371.
[82] Ebd. II 437. [83] Vir. illust. 4.

rechtfertigt: er sei zwar von den Bischöfen der Akephalen auf Betreiben des Fürsten (Princeps) Justinian verurteilt worden, sei aber durch lobenswerte Männer empfohlen[84]. Hier wird also das Konzil von Konstantinopel von 553 als eine Synode häretischer Bischöfe der Akephalen, das heißt der unversöhnlichen Cyrillianer, bezeichnet. Damit ist eine Anerkennungsmöglichkeit für dieses Konzil grundsätzlich ausgeschlossen.

Daß Justinian nicht als König, sondern als Princeps bezeichnet wird, scheint nicht bedeutungslos zu sein. Für Isidor ist König ein Ehrenname: Den Namen König behält man nur, wenn man richtig handelt, man verliert ihn durch Sündigen[85]. Zwar ist auch der Titel „Princeps" eine Bezeichnung für Würde und Rang[86], aber König (βασιλεύς) bedeutet sehr viel mehr, nämlich daß die Könige wie eine Basis das Volk aufrechterhalten[87]. Justinian scheint also für Isidor keine solche Basis zu sein. Für Isidor gilt offenbar alles, was mit *Konstantinopel* zusammenhängt, als nicht vorbildlich. Hier ist nicht nur theologische Wertung, sondern auch das Schicksal der Familie Isidors bedeutsam geworden, welche wohl durch die Byzantiner aus Cartagena ausgewiesen wurde[88]. Isidor scheint aber ganz allgemein zentralisierte Weltreiche, also auch das Römerreich und damit erst recht Justinians Restaurationswerk, abzulehnen, denn in seinem Buch über die Grammatik[89] sagt er, jedes Volk, dessen die Römer sich bemächtigt hätten, habe mit seinen Schätzen auch die Fehler seiner Sprache und seiner Sitten nach Rom gebracht[90]. In Nationalstaaten kann also nie soviel Schlechtes zusammenkommen wie in einem Universalstaat.

Isidor ist in mancher Hinsicht mit Cassiodor zu vergleichen; während dieser aber nach seiner Wende zum religiösen Leben nur noch jüdischen und christlichen Geschichtsschreibern Wert zumaß[91], stellt Isidor in seinem großen Werk Sallust und Livius auf die gleiche Stufe mit Euseb und Hieronymus. So läßt sich bei Isidor gewissermaßen im Rückgriff auf Augustinus eine liberale Einschätzung der heidnisch-antiken *Wissenschaft* feststellen[92]. Isidors Werke sind kaum einem bestimmten Zweck unterworfen, sie sind selten apologetisch-polemisch, meist am Wissen als solchem interessiert. Er hatte sich selbst ein großes Wissen erworben, und er wollte es an jüngere Kleriker bzw. seine Kollegen weitergeben, die ihn ausdrücklich darum baten. Reifste Frucht seines bereitwilligen Eingehens auf solche Bitten, freilich auch seiner eigenen enzyklopädischen Neigungen und wohl auch der Mitarbeit eines ganzes Stabes von Sekretären sind die zwanzig Bücher der „Etymologiae", die ihren Namen davon haben, daß

[84] Vgl. Facundus oben S. 304.
[85] Etym. 9, 3, 4.
[86] Ebd. 9, 3, 21.
[87] Ebd. 9, 3, 18.
[88] Vgl. *H. J. Diesner,* Isidor 9f.
[89] Etym. 1, 32, 1.
[90] Vgl. *A. Borst:* DA 22 (1966) 41.
[91] Inst. 1, 17, 1.
[92] Vgl. *J. Fontaine* a. a. O. I 183.

Isidor sehr viele Worterklärungen bietet – Buch X ist ganz alphabetisch geordneten Worterklärungen gewidmet –, gelegentlich und vielleicht richtiger aber auch „Origines“ genannt werden, weil Isidor durch die Worterklärung dem Ursprung der Dinge auf den Grund zu kommen hoffte. Das Werk, in dem das gesamte zu Isidors Zeiten verfügbare Wissen zusammengefaßt ist[93], behandelt in seiner heutigen Gestalt die Grammatik (I), die Rhetorik und Dialektik (II), die vier mathematischen Disziplinen (das spätere Quadrivium) (III), die Medizin (IV), Gesetze und Zeiten mit einem Überblick über die sechs Zeitalter (V), die kirchlichen Bücher und Tätigkeiten (VI), Gott, Engel und die Ordnungen der Gläubigen (VII), die Kirche und verschiedene Sekten (VIII), Sprachen, Völkerschaften, Kriegsdienst und Verwandtschaftsgrade (IX), Worterklärungen (X), Mensch und Mißgeburten (XI), die Lebewesen (XII), die Welt und ihre Teile (XIII), die Erde und ihre Teile (XIV), Bauwerke und Ländereien (XV), Steine und Metalle (XVI), die Landwirtschaft (XVII), Krieg und Spiele (XVIII), Schiffe, Häuser und Kleider (XIX) und schließlich Hauswirtschaft und Vorratshaltung (XX). Die zwei Bücher über die Unterschiede der Namen und Dinge wirken wie eine Vorarbeit zur großen Enzyklopädie. Seine verschiedenen Schriften zur Bibel bieten eine Menge Realia, biblische Umwelt- und Zeitkunde, zugleich aber eine Fülle von Allegorien und Allegorisierungsmöglichkeiten, etwa auch der in der Bibel vorkommenden Zahlen, so daß die Prediger vieler Jahrhunderte sich hier ihr Rüstzeug holen konnten.

Isidor kann sich recht naiv über schwierige theologische Fragen äußern, wenn er z.B. in seinen „Differentiae rerum“ über Gott genauso direkt und simpel redet wie über Dinge des täglichen Lebens. Allerdings fügt er dann eine Serie von Fragen an, etwa: „Wie ist der Vater ungezeugt?“ oder: „Wer wird das alles verstehen?“[94]. Er läßt also erkennen, daß auch bei enzyklopädischer Darstellung die Theologie nicht einfach Exerzierplatz des Geistes ist, sondern höchste Ehrfurcht und Zurückhaltung erfordert. Im übrigen ist Isidor nicht nur der Bibel- oder Buchgelehrte, sondern ein Beobachter der Wirklichkeit auf Erden. In seinem fast nur aus Augustin schöpfenden systematisch-theologischen Werk (sententiae) muß er von der Prädestination sprechen und erklärt sie als Urteil Gottes, welches die einen nach dem Oberen und Inneren streben läßt, die anderen aber nach dem Unteren und Äußeren; dann aber betont er doch, in dieser großen Dunkelheit könne der Mensch die göttliche Anordnung nicht durchschauen (2, 6). Er hält also die Ordnung der *Erfahrung* und die Ordnung der theologischen *Glaubensaussage* auseinander und unterscheidet sich dadurch

[93] Bei Migne (PL 82) umfaßt das Werk 650 Spalten. Isidor kam es aber nicht darauf an, das Erbe der Antike um seiner selbst willen zu retten (vgl. *Díaz y Díaz:* Settimane V, 897), sondern es in den Dienst der Klerikerausbildung seiner Zeit zu stellen. Theologische Kontroversen brauchte Isidor kaum zu bestehen; die einzigen theologischen Gegner der Katholiken scheinen zu Beginn des 7. Jh. in Spanien die Juden gewesen zu sein, wie man wohl aus Isidors einziger polemischer Schrift „über den Glauben wider die Juden“ schließen muß, die aber erstaunlicherweise seiner Schwester Florentina gewidmet ist.

[94] Diff. II, 3, 10, PL 83, 71C.

sehr wohltuend von Fulgentius von Ruspe, bei dem die augustinische Prädestinationslehre dazu diente, zu beweisen, daß eben die arianischen Vandalen nicht zum Heil bestimmt waren[95], und von Gregor von Tours, der in der Geschichte den Beweis dafür sieht, daß die katholischen Franken dazu ausersehen waren, die arianischen Goten aus Gallien hinauszutreiben. Sicher spielte bei Isidor die große Erfahrung, die die spanische Kirche gemacht hatte, nämlich die Bekehrung der herrschenden Goten zum katholischen Glauben, eine entscheidende Rolle auch für sein theologisches Denken. Wahrscheinlich ist es auch so zu erklären, daß Isidor kein Mensch der Spätantike mehr ist, daß er keine Sehnsucht nach den alten Zuständen erkennen läßt, keine Begeisterung für das eine Reich, keinen Glauben an die Roma Aeterna, keine Angst vor dem Untergang der Welt, wie dies etwa bei Gregor von Tours oder noch viel deutlicher bei Gregor d. Gr. der Fall ist[96].

Man begreift, daß Isidor schon von seinen Zeitgenossen ob seines Wissens bewundert wurde und daß die Nachwelt diese reichen Schätze bereitwillig entgegennahm, ohne den Versuch zu machen, hinter Isidor zurückzugehen. So ist hauptsächlich Isidor der Durchbruch der sieben freien Künste im Frühmittelalter zu verdanken[97]. Seine Chronik, die etwa 615 abgeschlossen war, wurde schon ein Jahrzehnt später in Gallien verwendet und erweitert. Schon im 7. Jh. waren einige seiner Werke bis nach Irland verbreitet[98]. Ähnlich wie bei Cassiodor ist die *Grammatik* Isidors, nämlich das 1. Buch seiner Enzyklopädie, durchaus nicht eine Grammatik in unserem Sinn; sie ist vielmehr ein Einführungstraktat in die verschiedenen Tätigkeiten, die zu der einen Kunst, zu schreiben und sich auszudrücken, gehören[99]. Isidor ist der einzige, bei dem in diesem Jahrhundert fast alles klassische Gut der Antike über die sehr eingeengte Spätantike hinweg noch einmal anklingt. Für ihn sind die Artes Liberales ein ausgesprochenes Kulturinstrument, das heißt ein Werkzeug der Pflege des Gedankens und des Wortes. Auch darin unterscheidet er sich von seinem älteren Zeitgenossen Gregor d. Gr., der sich zwar in der Praxis sehr gepflegt ausdrücken konnte, etwa in der Vorrede zu den Moralia, aber grundsätzlich und theoretisch solche Bemühungen ablehnte[100]. Isidor zählt nach dem Beispiel des Augustinus[101] die Geschichtsschreibung zur Grammatik, weil alles, was der Erinnerung wert ist, aufgeschrieben wurde[102]. Während er in den anderen Punkten weitgehend den klassischen Vorbildern folgt, zeigt er sich in der Bestimmung der Geschichtsschreibung selbständig und betont, daß Geschichtsschreibung im Gegensatz zur

95 Siehe oben S. 299.
96 Vgl. *A. Borst* a.a.O. 59f.
97 Vgl. *B. Bischof*, Isidoriana 344.
98 Ebd. 321.
99 *J. Fontaine* a.a.O. I 206.
100 Reg. Epp. V, 53a, 5: die Worte des himmlischen Orakels dürfen nicht in die Regeln des (Grammatikers) Donatus eingezwängt werden.
101 Augustinus, de ordine 2, 12, 37.
102 Etym. 1, 42, 2.

Annalistik Werk von Augenzeugen ist, die alles wahrheitsgemäß vortragen. Hier ist die Definition der Geschichtsschreibung mit Hilfe des Evangelienbegriffs gewonnen, also christlich-theologisch bestimmt[103]. Auch wenn Isidor betont, daß die alten Geschichtsschreiber geschrieben haben, um spätere Zeiten zu belehren und zu erziehen[104], ist er durch das Neue Testament (Röm 15,4) beeinflußt.

Isidor hat im Unterschied zu Cassiodor, mit dem man ihn immer wieder vergleichen muß, eine *Mönchsregel* verfaßt und so auch für die praktische Lebensgestaltung der Mönche den Weg gewiesen. Dabei kümmerte er sich um die Tageseinteilung, um den Bauplan des Klosters (z.B. Lage der Krankenzellen), um die Ausgabe der Bücher usw... Die Mönche sollen sich nach der Meinung Isidors zwar durchaus der geistlichen Lesung widmen, ihr Leben soll aber hauptsächlich durch die Handarbeit gekennzeichnet sein, freilich nicht durch die schwere Feldarbeit, welche den Sklaven überlassen bleibt. Wenn schon die weltlichen Arbeiter bei der Arbeit unanständige Lieder singen, dann müssen die Mönche erst recht Christus während der Arbeit loben[105]. Isidors Kloster ist also, obwohl ihm sehr an der Bildung gelegen ist, kein Intellektuellenkloster wie das des Cassiodor. Aber Bildung des Klerus insgesamt ist ihm ein Anliegen. Deswegen beklagt das von ihm inspirierte 4. Konzil von Toledo im Jahre 633 (can. 25) besonders die Unwissenheit des Klerus und erlegt den Bischöfen die häufige Lektüre der Heiligen Schrift und der Canones auf. Auch Cäsarius von Arles hatte das Bibellesen als das Mittel der Bildung (und der persönlichen Heiligung) empfohlen. Die kirchenrechtlichen Bestimmungen als Pflichtlektüre sind ein neues Element, das sich daraus erklärt, daß inzwischen verschiedene Canonessammlungen, wie die des Dionysius Exiguus und vor allen Dingen die sogenannte spanische, entstanden waren.

Im Liber Ordinum (Nr. 43), der wohl nach Sevilla gehört, gibt es eine eigene Ordination für den Kleriker, dem die Sorge für die Bücher und die Schreiber anvertraut ist. Aus den Versen, mit denen Isidor von Sevilla selbst seine Bibliothek geziert hat[106], geht hervor, daß im Scriptorium äußerste Ruhe verlangt und ununterbrochene Arbeit der Schreiber vorausgesetzt wurde. Daraus läßt sich erkennen, daß nicht mehr wie in der Antike Vervielfältigungen nach Diktat, sondern lediglich Einzelabschriften, wohl nur nach Bedarf und auf Einzelbestellung hin, angefertigt wurden.

Isidor scheint selbst auch mündlich unterrichtet zu haben[107], vor allem aber in seinen Schriften bietet er[108] alles, was zur Bildung eines Klerikers damals erforderlich war, nämlich die Humaniora in den Büchern 1–3 und 10 der Enzy-

[103] *J. Fontaine* a.a.O. I 181.
[104] Etym. 1, 43.
[105] Reg. 5, 5 PL 83, 874B.
[106] Nr. 25–27, *Ch. Beeson,* Isidorstudien, München 1913, S. 166.
[107] Vgl. Ildefons v. Toledo, vir. illustr. 9, PL 87, 28.
[108] So *Fernández Alonso* a. a. O. 85f u. 89ff.

klopädie und in den beiden Büchern der Differenzen; die eigentliche Theologie in Buch 7 und 8 der Enzyklopädie und im 1. Buch der Sentenzen (Buch 2 und 3 befassen sich mit Moral und Seelenführung), darüber hinaus im Buch über den katholischen Glauben. Biblische Kenntnisse vermittelt er in der Schrift über die Väter, in den Allegorien und in den Fragen aus dem Alten und dem Neuen Testament. Wenn die Collectio Hispana tatsächlich von Isidor stammt[109], hat er auch für die kirchenrechtliche Unterweisung gesorgt. Die Pastoraltheologie schließlich ist im Buch über die kirchlichen Aufgaben und in den letzten Kapiteln der Sentenzen behandelt.

Daß Isidor kein besonders spekulativer Kopf war, kann man vor allem an seiner *Christologie* erkennen, die zwar durchaus orthodox ist und sich Mühe gibt, die Lehren der Väter aufzunehmen und zu bewahren, die aber die Leistungen der Spätzeit, vor allem die im Dreikapitelstreit erbrachten, nicht mehr wahrgenommen hat. Isidor kennt offenbar keinen Unterschied zwischen substantia und subsistentia, sagt er doch im 7. Buch seiner Enzyklopädie (7, 4, 11), daß in Gott drei Hypostasen seien, bedeute auf lateinisch entweder drei Personen oder drei Substanzen; aber lateinisch werde Substanz nicht im eigentlichen Sinne von Gott ausgesagt, sondern nur „abusive", denn im wahren Wortsinne bedeute Substanz bei den Griechen Person, nicht aber Natur. Interessant und für Isidor bezeichnend ist, daß er im 7. Buch seiner Enzyklopädie, wo er die verschiedenen Namen für den Sohn Gottes aufzählt, nicht nur das Homousios aufführt (7, 2, 14), sondern auch das Homoiusios (7, 2, 16); denn auch hierin zeigt sich, daß er stärker in Verbindung steht mit der christlichen Literatur des 4. und 5. Jh. als mit der des 6. Jh., hatte doch Hilarius die Homoiusianer als orthodox anerkannt.

Isidor verbietet den Christen, heidnische Dichtung zu lesen, er selbst aber zeigt sich darin recht bewandert. Hier muß man nicht eine Inkonsequenz entdecken wollen. Vielleicht war Isidor davon überzeugt, diese Arbeit des Lesens und Auswählens ein für allemal für die christliche Bildung besorgt zu haben. Jedenfalls scheint er angenommen zu haben, daß sich die Kleriker den Inhalt seiner Werke ganz zu eigen machen. So empfiehlt er, jeweils kurze Abschnitte zu lesen und zu überdenken[110]. Dabei soll man leise lesen, weil man so das Gelesene besser erfassen kann und weil die Stimme geschont wird. Noch besser allerdings als die Lektüre ist das gemeinsame wiederholende Gespräch über das Gelesene, weil dadurch, was dunkel oder zweifelhaft ist, durchsichtig wird[111]. Solches Gespräch *(Collatio)* war seit dem 5. Jh. in den Klöstern Brauch und setzt auch bei Isidor die Kloster- oder Klerikergemeinschaft voraus. Isidor lehnt aber das Streitgespräch entschieden ab. So wie die Collatio bildet, so zerstört die Contentio. Sie verliert den Sinn für die Wahrheit, erzeugt Streit, führt gar zu Gotteslästerung; um des eigenen Ruhmes willen wird dabei oft die Wahrheit

[109] So *Fernández Alonso* a. a. O. 92 mit einiger Reserve.

[110] Sent. 3, 14, 8–9.

[111] Ebd. 3, 14, 1–2.

geopfert; darum muß man Spitzfindigkeiten unbedingt meiden[112]. Sosehr also Isidor dem Mittelalter ein gut Teil seines Wissens vermittelt hat, zum Vater der scholastischen Theologie konnte er nicht werden, ist doch für sie der methodische Neuansatz der Auseinandersetzung mit sich widersprechenden Autoren und gerade das Streitgespräch charakteristisch.

Überblickt man das Werk der vier hier vorgestellten christlichen Schriftsteller der Spätantike – vor allem Fulgentius[113] und Cäsarius wären noch hinzuzurechnen –, dann erkennt man, daß sie das Glaubens- und Gedankengut der christlichen und der heidnischen Antike für eine neue, vom Mittelalter dann geschaffene Einheit bereitgestellt haben. Damit ist aber auch schon gesagt, daß sie selbst solche Einheit noch nicht zu schaffen vermochten. Diese Literatur fällt gegenüber den großen Leistungen des 4. und 5. Jh. stark ab, nicht nur in der sprachlichen Gestalt, sondern auch im theologischen Gehalt. Den Grund dafür wird man nicht nur im allgemeinen kulturellen Niedergang, in den Kriegswirren, den Zerstörungen und Tagesnöten suchen dürfen, sondern wohl vor allem in der Isolierung, in der sich diese Männer befanden. Cassiodor und Boethius haben es ausgesprochen, daß sie keine Gesprächspartner fanden; Isidor wurde von seinen Zeitgenossen bewundert und um neue Werke und neue Belehrung angegangen, Hilfe und Förderung aber konnte er von ihnen nicht erfahren. Am deutlichsten aber stellt sich diese Situation in den Dialogen Gregors d. Gr. dar: da gibt es zwar einen Gesprächspartner, aber er weiß eigentlich nichts zu sagen, kaum wirkliche Fragen zu stellen; selbst für den Fortgang des Gesprächs sorgt allein Gregor selbst. Neue große theologische Literatur konnte erst wieder entstehen, als eine neue Gemeinschaft geistig Gebildeter geboren war.

[112] Ebd. 3, 14, 4–5.

[113] Dabei verdient Fulgentius noch in formal-systematischer Hinsicht hervorgehoben zu werden. Sein Werk „De fide ad Petrum" stellt bereits eine solche Systematisierung im Sinne der späteren Scholastik dar, daß *A. Grillmeier* (Fulgentius von Ruspe: Scholastik 34, 1959, 526–565) von „Ur-Sentenzen" spricht.

ZEITTAFELN

I. PÄPSTE

Leo I.	440–461
Hilarus	461–468
Simplicius	468–483
Felix II (III)	483–492
Gelasius I	492–496
Anastasius II	496–498
Symmachus	498–514
Laurentius (Gegenpapst)	498–505
Hormisdas	514–523
Johannes I	523–526
Felix III (IV)	526–530
Bonifaz II	530–532
Dioskorus (Gegenpapst)	530
Johannes II	533–535
Agapet I	535–536
Silverius	536–537
Vigilius	537–555
Pelagius I	556–561
Johannes III	561–574
Benedikt I	575–579
Pelagius II	579–590
Gregor I	590–604
Sabinianus	604–606
Bonifaz III	607
Bonifaz IV	608–615
Deusdedit	615–618
Bonifaz V	619–625
Honorius I	625–638
Severinus	640
Johannes IV	640–642
Theodor I	642–649
Martin I	649–653
Eugen I	654–657
Vitalian	657–672
Adeodatus	672–676
Donus	676–678
Agatho	678–681
Leo II	682–683
Benedikt II	684–685
Johannes V	685–686
Konon	686–687
Theodor (Gegenpapst)	687
Paschalis (Gegenpapst)	687–692
Sergius I	687–701
Johannes VI	701–705

II. WICHTIGERE SYNODEN

1. Ökumenische Konzilien

Chalkedon	451
Konstantinopel II	553
Konstantinopel III	681

2. Synoden in Rom

462	Hilarus
487/8	Felix II
495	Gelasius
504	Symmachus
601	Gregor d. Gr.
649	Martin I
680	Agatho

3. Gallien (Frankenreich)

Tours	461
Arles	473
Agde	506 (Westgotenreich)
Orléans I	511
Epaon	517 (Burgunderreich)
Carpentras	527
Orange	529 (dogmatisch)
Vaison	529 (disziplinär)
Orléans II	533
Orléans III	538
Orléans IV	541
Orléans V	549
Tours	567
Mâcon I	zw. 581 u. 583
Mâcon II	585
Narbonne	589 (Westgotenreich)
Auxerre	zw. 561 u. 605 (Diözesansynode)
Paris	614
Clichy	626
Chalon (sur Saône)	zw. 647 u. 653
St. Jean de Losne	zw. 673 u. 675

4. Spanien (Westgotenreich)

Tarragona	516	
Gerona	517	
Toledo II	527	
Lérida	546	
Braga I	561	(Suewenreich)
Braga II	572	(Suewenreich)
Toledo III	589	
Sevilla II	619	
Toledo IV	633	
Toledo V	636	
Toledo VI	638	
Toledo VII	646	
Toledo VIII	653	
Toledo IX	655	
Toledo X	656	
Mérida	666	
Toledo XI	675	
Toledo XII	681	
Toledo XIII	683	
Toledo XIV	684	
Toledo XV	688	
Toledo XVI	693	
Toledo XVII	694	

5. Afrika

Karthago	484
Junca und Sufes	523
Karthago	525
Karthago	534
Karthago	550
Karthago	594
Karthago	645

6. England

„Augustins Eiche“	zw. 600 und 605
Whitby	664
Hertford	672
Hatfield	680
Burford	680
Twyford	684
Bapchild	698

III. BYZANTINISCHE KAISER

Marcian	450–457
Leo I	457–474
Zeno	474–475
Basiliskos	475–476
Zeno	476–491
Anastasios I	491–518
Justin I	518–527
Justinian	527–565
Justin II	565–578
Tiberios I	578–582
Maurikios	582–602
Phokas	602–610
Herakleios	610–641
Konstantin II	641
Konstantin III	641–668
Konstantin IV Pogonatos	668–685
Justinian II Rhinotmetos	685–695
Leontios	695–698
Tiberios II	698–705

IV. BEDEUTENDERE MEROWINGERKÖNIGE

Childerich I	457–482
Chlodwig I	482–511
Reims	
Theuderich I	511–534
Theudebert I	534–548
Theudebald	548–555
Orléans	
Chlodomer	511–524
Paris	
Childebert I	511–558
Soissons	
Chlothar I	511–561
Burgund (Orléans)	
Guntram	561–593
Austrien (Reims–Metz)	
Sigibert I	561–575
(verm. mit Brunhilde, † 613)	
Childebert II	575–596
Theudebert II	596–612
und Theuderich II	596–613
Sigibert III	639–656
Childerich II	662–675
Paris	
Charibert	561–567

Neustrien (Soissons-Paris)

Chilperich I	561–584
(verm. mit Fredegunde, † 596)	
Chlothar II	584–629
Dagobert I	629–639
Chlodwig II	640–657
Theuderich III	657–690
(gleichzeitig Aufstieg der Hausmeier)	

V. WESTGOTENKÖNIGE

Thorismund	451–453
Theoderich II	453–466
Eurich	466–484
Alarich	484–507
Gesalech	507–511
Theoderich d. Gr.	511–526
(von Italien aus)	
Amalarich	526–531
Theudis	531–548
Theudegisel	548–549
Agila I	549–552
Athanagild	552–567
Liuwa I	567–572
Leowigild	568–586
Rekkared	586–601
Liuwa II	601–603
Witterich	603–610
Gundemar	610–612
Sisebut	612–621
Swinthila	621–632
Sisenand	632–636
Chinthila	636–639
Tulga	639–642
Chindaswinth	642–652
Rekkeswinth	652–672
Wamba	672–680
Erwig	680–687
Egika	687–702

VI. OSTGOTENKÖNIGE

Theoderich d. Gr.	493–526
Amalasuntha	526–534
Theodahad	534–536
Witiges	536–540
Totila	541–552
Teja	552–553

VII. VANDALENKÖNIGE

Geiserich	428–477
Hunerich	477–484
Gunthamund	484–496
Thrasamund	496–523
Hilderich	523–530
Gelimer	530–534

VIII. LANGOBARDENKÖNIGE

Alboin	568–572
Kleph	572–574
Interregnum	574–584
Authari	584–590
Agilulf	590–616
Adaloald	616–627
Arioald	627–636
Rothari	636–652
Aripert	652–661
Grimoald	661–671
Pektarit	671–688
Kunipert	688–700

REGISTER